Klimaschutzpolitik – Das Ende der Komfortzone

Paul J. J. Welfens

Klimaschutzpolitik – Das Ende der Komfortzone

Neue wirtschaftliche und internationale Perspektiven zur Klimadebatte

Paul J. J. Welfens
Europäisches Institut für Internationale
Wirtschaftsbeziehungen (EIIW)
an der Universität Wuppertal
Wuppertal, Deutschland

ISBN 978-3-658-27883-0   ISBN 978-3-658-27884-7 (eBook)
https://doi.org/10.1007/978-3-658-27884-7

Die Deutsche Nationalbibliothek verzeichnet diese Publikation in der Deutschen Nationalbibliografie; detaillierte bibliografische Daten sind im Internet über http://dnb.d-nb.de abrufbar.

© Springer Fachmedien Wiesbaden GmbH, ein Teil von Springer Nature 2019
Das Werk einschließlich aller seiner Teile ist urheberrechtlich geschützt. Jede Verwertung, die nicht ausdrücklich vom Urheberrechtsgesetz zugelassen ist, bedarf der vorherigen Zustimmung des Verlags. Das gilt insbesondere für Vervielfältigungen, Bearbeitungen, Übersetzungen, Mikroverfilmungen und die Einspeicherung und Verarbeitung in elektronischen Systemen.
Die Wiedergabe von allgemein beschreibenden Bezeichnungen, Marken, Unternehmensnamen etc. in diesem Werk bedeutet nicht, dass diese frei durch jedermann benutzt werden dürfen. Die Berechtigung zur Benutzung unterliegt, auch ohne gesonderten Hinweis hierzu, den Regeln des Markenrechts. Die Rechte des jeweiligen Zeicheninhabers sind zu beachten.
Der Verlag, die Autoren und die Herausgeber gehen davon aus, dass die Angaben und Informationen in diesem Werk zum Zeitpunkt der Veröffentlichung vollständig und korrekt sind. Weder der Verlag, noch die Autoren oder die Herausgeber übernehmen, ausdrücklich oder implizit, Gewähr für den Inhalt des Werkes, etwaige Fehler oder Äußerungen. Der Verlag bleibt im Hinblick auf geografische Zuordnungen und Gebietsbezeichnungen in veröffentlichten Karten und Institutionsadressen neutral.

Springer ist ein Imprint der eingetragenen Gesellschaft Springer Fachmedien Wiesbaden GmbH und ist ein Teil von Springer Nature.
Die Anschrift der Gesellschaft ist: Abraham-Lincoln-Str. 46, 65189 Wiesbaden, Germany

Vorwort

Die langfristige Erderwärmung und der Klimaschutz sind seit 2016 weltweit zunehmend Hauptthemen in Gesellschaft, Politik und Wirtschaft geworden. Die Erwartungen der jungen Generation und auch der Erwachsenen in vielen Ländern an die Politik sind merklich angestiegen. Dabei sorgt die digitale Internetwelt dafür, dass über das Für und Wider von mehr Klimaschutzpolitik oder eben auch die Risiken des politischen Nichtstuns viel stärker international diskutiert wird als dies noch vor 2000 der Fall war. Dazu mag auch beitragen, dass Klimainstabilität tatsächlich ein globales Problem ist – also die Menschen in rund 200 Ländern beschäftigt. Das reicht von den um ihren Wohn- und Landwirtschaftsraum fürchtenden Menschen auf den Fidschi-Inseln bis hin zu den informations- und bildungsmäßig gut aufgestellten westlichen Ländern plus Russland, Japan, China, Indonesien, Brasilien, Mexiko, Südafrika und Indien, die als G20-Gruppe zusammen mit anderen Ländern aktiv sind. Da es um große Länder geht, sind die Fidschi-Inseln nicht dabei. Dort hofft die Regierung auf Unterstützung durch die UN. Der in vielen Ländern sichtbare große Widerspruch zwischen zögerlicher Klimaschutz- und Wirtschaftspolitik einerseits und den andererseits zunehmend mahnenden Berichten der internationalen Experten-Gruppe IPCC, wonach rasches und energischeres Politikhandeln beim Klimaschutz erforderlich ist, lässt bei vielen Millionen Menschen Besorgnis um eine sichere Zukunft aufkommen. Bei den Jugendlichen ist vor allem die Fridays-for-Future-Bewegung seit 2018 mit regelmäßigen Demonstrationen an jedem Freitag aktiv, um Klimasorgen zum Ausdruck zu bringen. Die traditionelle Umwelt- und Klimaschutzpolitik, die in der Vergangenheit sehr langsam über Jahre Teilergebnisse lieferte, steht zunehmend in der Kritik. Das Ende der politischen Komfortzone ist für viele Politiker/innen absehbar; und viele Menschen fragen, ob denn die Politik angekündigte Zielmarken beim Klimaschutz in 2030, 2040 oder 2050 erreichen wird. Hier sind neue langfristige Wählerinteressen entstanden, die den traditionell eher kurzfristig angelegten Politikerhorizonten entgegenstehen. Die Widersprüche sind unübersehbar.

Das ist der mittel- und langfristige Hintergrund für dieses Buch, das klimapolitische Fragen und ökonomische Aspekte verbindet mit Fragen der internationalen Politikkooperation speziell bei G20, aber auch bei der EU, der UN und anderen Institutionen. Natürlich wird auch die Frage aufgegriffen, ob denn ein einzelnes EU-Land – etwa die großen EU-Länder Deutschland,

Frankreich, Großbritannien und Italien – überhaupt eigenständig sinnvoll zu globaler Klimaschutzpolitik beitragen können: Denn jedes einzelne Land steht ja nur für 1 % bis 2 % der globalen Kohlendioxid-Emissionen, die als kritisch für die Erderwärmung angesehen werden. Letzteres stellt ab auf die durchschnittliche weltweite Erwärmung an Land und an der Meeresoberfläche. Natürlich können einzelne EU-Länder, so kann man zeigen, nur relativ wenig zum globalen Klimaschutz und zum für 2050 seitens vieler Länder angesetzten Ziel der globalen Klimaneutralität beitragen. Aber die Summe aller EU-Länder oder auch die G20-Gruppe, die mit 20 Ländern für 81 % der CO2-Emissionen in 2018 stand, kann sehr wohl ganz deutlich Impulse für einen wesentlich verbesserten Klimaschutz weltweit geben. Dabei geht es im Kern um Innovationsdynamik und politische Kooperation.

Klimaschutzpolitik schneller, wirksamer und weniger widersprüchlich sowie verständlicher als bisher zu entwickeln, kann man als sehr gewichtige Aufgabe für die Politik in der Periode 2020 bis 2050 sehen.

Das bedeutet, dass Klimaschutzpolitik nicht ein kleines Politikfeld am Rande für die EU, die EU-Mitgliedsländer, für die USA (oder Kalifornien, Texas, Massachusetts etc.), China, Japan, Indien, Russland, Türkei, Indonesien, Mexiko, Brasilien und andere Länder sein kann. Klimaschutzpolitik muss in die Mitte der Politik, auch der Wirtschaftspolitik, rücken. Weil Klimaschutzpolitik so wichtig und international wirksam ist, kann dabei eine eingeschränkte nationale Perspektive nicht angemessen sein. Es braucht eine breitere internationale Perspektive. Zudem ist Klimaschutzpolitik, so lässt sich zeigen, etwa mit Fragen der Verteilungspolitik und der Außenhandelspolitik sowie der Politik internationaler Organisationen vielfach verknüpft. Die bislang ziemlich isoliert betriebene Klimaschutzpolitik der meisten westlichen Länder ist nicht zielführend; und es gibt erstaunliche handwerkliche Fehler der Wirtschaftspolitik in diesem Kontext, die sehr hohe Kosten traditioneller Umwelt- und Klimapolitik bedeuten. Die Politisierung der Jugend bei Klimafragen dürfte von daher mittelfristig zu einem breiteren Politikinteresse führen. Wenn man sich die erheblichen – nach IPCC seit 2010 gestiegenen – globalen Klimarisiken ansieht, dann könnte man erwarten, dass aus Sicht der meisten Unternehmen, Politiker und Individuen die Rolle von Risiken verstärkt in den Vordergrund rücken. Das ist aber, betrachtet man eine Auswertung von Google Trend für 2014 bis Jahresmitte 2019 gar nicht der Fall.

Es fehlt offenbar teilweise ein angemessenes klimapolitisches Risikobewusstsein in weiten Teilen der Gesellschaft und der Wirtschaft. Ohne ein solches steigendes Risikobewusstsein fehlt aber die Motivation von Institutionen, Firmen und Politikern, sich mit großen Extraanstrengungen den neuen Herausforderungen zu stellen. Das erscheint als problematisch – es besteht von daher auch aus Sicht der Wirtschaftswissenschaften das Erfordernis, stärker auf eine öffentliche Debatte hinzuwirken. Es gilt, Risiken, Handlungsalternativen der Politik und des Einzelnen sowie die Kosten alternativer Maßnahmen einzuschätzen; und zwar weltweit.

Die Analyse mag man zur Vereinfachung auf die G20-Länder in einem ersten Analyseschritt verkürzen, aber auch das ist anspruchsvoll. Wenn man etwa in Deutschland oder Großbritannien oder Frankreich oder Japan oder China oder Indien oder Russland oder Brasilien oder den USA eine nationale Klimaschutzpolitik vorlegte, ohne gleichzeitig die Verbindungsperspektiven zu G20 zu entwickeln, wäre das fehlerhaft beim Weltthema Klimaschutz. Immerhin gibt es technologische Fortschritte, die ein globales Klimaschutz-Monitoring – eine Überprüfung der Politikfortschritte aller Länder und Regionen – erleichtern. Man denke etwa an die moderne Satellitentechnologie, die in Verbindung mit dem Internet jedem Erdenbürger klimakritische Informationen liefern kann; etwa zur Gewässerqualität und zur Luftqualität. Wenn das tatsächlich Milliarden Menschen mit Interesse für die eigene und anderen Regionen ansehen und diskutieren, wird Klimaschutzpolitik Teil einer neuen Welt-Innenpolitik. Das wird einen Umbau von Institutionen in vielfältiger Weise auslösen. Wenn man vernünftige Maßnahmen ergreift und international koordiniert, ist die angestrebte Klimaneutralität bis 2050 möglich. Aber die alten Rezepte der Politik sind wenig brauchbar, neue Initiativen und innovative Konzepte sind notwendig.

Es gibt eine europäische und globale Debatte über die Herausforderungen beim Klimawandel und die Möglichkeiten sinnvoller Klimapolitik. Hierzu liegt mit diesem Buch ein neuer Beitrag vor, der erstmals ökologische und ökonomische Aspekte mit den notwendigen Perspektiven zur Internationalen Politikkooperation verbindet. Ohne eine völlig neuartige verbindliche Organisation der G20-Länder in Sachen Klimaschutz ist das Ziel Klimaneutralität bis 2050 nicht zu erreichen. Dabei wird hier Klimaneutralität verstanden als ein globales Emissionsniveau im Jahr 2050 von 10 % des Niveaus in 1990. Dass dies eine große Veränderung sein wird, die mit enormen Strukturveränderungen in der Wirtschaft einhergeht, ist absehbar. Ohne kluge wirtschaftspolitische Weichenstellungen, massive Innovationsanstrengungen für eine CO2- und ressourcenleichte Wirtschaft und die Mobilisierung der Kreativität von Milliarden Menschen auf der Welt für mehrere Jahrzehnte wird man Klimaneutralität nicht erreichen können.

Da ist es gut, dass Millionen von Unternehmen auf der Welt Innovationen als etablierte Basis für Geschäftserfolg nutzen. Wie man die weltweite Innovationsdynamik von Unternehmen und Individuen im 21. Jahrhundert klimafreundlich verstärkt und verbindet, ist zu entscheiden. Erderwärmung und Klimadestabilisierung sind Weltprobleme, aber deshalb sind sie nicht unüberwindbar. Hier sind effiziente Lösungen gefragt, wobei Politikalternativen zur CO2-Minderung grundsätzlich sind: Verbote CO2-intensiver Aktivitäten, CO2-Steuern oder CO2-Zertifikatehandel, bei dem Unternehmen sich Emissionsrechte kaufen müssen (oder auch überschüssige Emissionsrechte verkaufen können). Ein globaler CO2-Zertifikatehandel kann hierbei ein effizienter Hauptimpuls für eine globale Problemlösung sein, wie zu zeigen ist. Vorausgesetzt wird dabei, dass man international stimmige und verlässliche neue Rahmenbedingungen politisch gestaltet, ergänzende Politikmaßnahmen sinnvoll einbezieht sowie internationale Koordinierung von Politikakteuren zuverlässig organisiert. Es lässt sich im Übrigen zeigen, dass CO2-Steuern und CO2-Zertifikatepreise keineswegs gleichwertige Instrumente sind. In der Regel bringen CO2-Zertifikate-Handelsansätze enorme internationale Effizienzgewinnen, sie machen für die beteiligten Länder die gewünschte Begrenzung der Erderwärmung kostengünstiger.

Der globale Bevölkerungszuwachs bis 2050 ist eine zusätzliche Herausforderung. Aber bei mehr gebildeten Köpfen kann die weltweit verfügbare Kreativität in Sachen grüner, klimafreundlicher Innovationen doch auch an kritischer Masse gewinnen. Die junge Generation ist die am besten gebildete der jüngeren Geschichte, mit Sicherheit auch die am besten vernetzte internationale Gruppe. Durch die Fridays-for-Future-Demonstrationen der Jugendlichen – und auch Erwachsener – in vielen Ländern der Welt gibt es mehr politischen Druck bei der Klimapolitik. Das kann nützlich sein.

Allerdings droht bei mangelnder Konzeption der Politikakteure auch die Gefahr ungeordneter Klimapolitik, deren Bausteine national und international nicht zusammenpassen: Ein stabiles globales Raumschiff Erde mit Klimaneutralität lässt sich nicht beliebig erbauen. Kostenminimierung beim Projekt Klimaneutralität, also eine ökonomisch effiziente Lösung, ist wichtig, da sonst enorme – und unnötige – Verteilungskonflikte entstehen werden (und Gelbwesten-Proteste, wie in Frankreich 2018, als dort die Regierung aus Umweltgründen Benzinpreise erhöhte, das Parlament aber die ursprünglich im Gesetz vorgesehenen Kompensationszahlungen an ärmere Haushalte aus unklaren Gründen strich); und man kann das Ziel Klimaneutralität bis 2050 oder 2055 nicht erreichen. Kostenminimierung heißt minimaler Ressourceneinsatz zur Erreichung eines vorgegebenen Zieles. Ressourceneinsatz-Minimierung – zudem Kreislaufwirtschaft – war schon bei der Nachhaltigkeitsdebatte ein wichtiges Thema.

Bei der Frage, wie man Klimaneutralität bis 2050 erreichen kann, betrachtet die vorgelegte Analyse die Rolle von Innovationen, Regulierungen, CO2-Steuern und Emissionszertifikatehandel sowie die Verteilungs- und Finanzmarkteffekte. Der CO2-Zertifikatehandel wird in manchen Internet-Diskussionen als eine Art fragwürdiger Ablasshandel eingestuft. In Wahrheit ist der Handel mit CO2-Emissionsrechten in der Regel die preiswerteste Methode, um das Ziel Klimaneutralität effizient und effektiv zu erreichen. Zumal der jährliche Rückgang der Emissionsmenge etwa in der EU mit einem bestimmten Prozentsatz von der Politik einfach und mehrjährig – also erwartbar – vorgegeben werden kann.

Den Anpassungspfad bei der CO2-Menge kann der Staat im Zeitablauf allein oder in Kooperation mit anderen Ländern vorgeben. Der sich ergebende CO2-Marktpreis verteuert CO2-intensive Produktion, was Anreize für Innovation und Strukturwandel gibt. Es bedarf einer Verantwortungsethik, bei der zu fragen ist, wie man das Ziel globale CO2-Emissionsminderung effizient sinnvoll erreichen kann. Klare Marktsignale, etwa bei CO2-Zertifikate-Handelssystemen, sind ein denkbarer Ansatzpunkt moderner Klimapolitik. Wenn Unternehmen sich fehlende Verschmutzungsrechte kaufen müssen oder überschüssige Rechte verkaufen können, entsteht ein Markt, der unter bestimmten Bedingungen effizient zur Emissionsminderung lokal, regional, national und weltweit führen kann – je nachdem wie groß man geografisch den Zertifikate-Handelsraum definiert. Dabei könnte man den Zertifikatehandel auf Handel zwischen emittierenden Unternehmen (bei der Produktion oder der Dienstleistung entsteht CO2) beschränken und längerfristige Transaktionen (z. B. an einem Zertifikate-Terminmarkt oder einem Zertifikate-Derivatemarkt) ausschließen. Oder man erlaubt einen größeren Transaktionsrahmen, der gegebenenfalls auch Nicht-Emittenten, etwa Banken, einbezieht. Das aber verlangt dann danach, den Zertifikatehandel in die internationale Finanzmarktregulierung einzubeziehen; das fehlt bislang. Diese wichtigen Fragen gilt es mit in den Blick zu nehmen bei den Perspektiven des Zertifikatehandels.

Der Fokus wird hierbei gerichtet nicht nur auf bestehende CO2-Zertifikate-Handelssysteme wie etwa in der EU, Kalifornien, Japan, China und Korea. Vielmehr geht es auch um die Möglichkeiten, durch Ausweitung solcher Handelssysteme auf die G20Plus-Staaten (G20 plus Nigeria) und schrittweise Integration der Systeme eine global preiswerte und effektive Klimaschutzpolitik umzusetzen. Es versteht sich, dass die Aktivitäten der USA, aber auch von Indien, Südafrika, Indonesien, Russland, Mexiko, Brasilien, Türkei und anderen Ländern – auch solcher aus der EU – in Sachen Klimaschutz gewichtig sind. Aber wie man ein stimmiges Ganzes aus G20 oder den 196 Ländern des

Pariser UN-Klimaprotokolls machen könnte, ist eine große, interessante Frage. Sobald auch Russland das Klimaprotokoll ratifiziert hat, ist eines der wenigen fehlenden G20-Länder beim Pariser Protokoll an Bord, was dann die Nichtmitwirkung der USA (und vorläufig auch der Türkei) dann um so sonderbarer macht. Je schneller man in den G20-Ländern den Zertifikatehandel aktiviert und international integriert, um so mehr wird von den US-Unternehmen und -Banken her der Druck auf die US-Administration steigen, beim G20-Klimaschutz und beim Pariser Abkommen mitzuwirken.

Natürlich gibt es für einzelne Länder national wichtige Fragen, aber ein internationales effizientes Zusammenspiel der Maßnahmen und Anpassungsprozesse aufs Analyse-Radar zu holen, ist unerlässlich: Jedes G20-Land – letztlich jedes Land der Erde – kann einen wesentlichen Beitrag auf dem Weg zur Klimaneutralität in 2050 leisten. Es gibt wenig an Erkenntnisproblemen in den Haupt-Handlungsfeldern. Doch welche optimale Verbindung der Einzelschritte wünschenswert und in Demokratien beziehungsweise der G20 mehrheitsfähig ist, kann man bislang nur teilweise absehen. Dass man die Innovationsdynamik von Millionen Unternehmen in der Weltwirtschaft wird verstärkt mobilisieren müssen, um Klimaneutralität bis 2050 zu erträglichen Kosten zu erreichen, liegt auf der Hand. Dabei wird man auf dem Weg zur Klimaneutralität national und international auch Kompromisse zu bestimmten Zeiten machen müssen. Das gehört zu einer Welt mit Vielfalt und gegenseitigem Respekt der Staaten untereinander zum Anpassungsprozess dazu. Zudem gibt es nicht nur das Ziel Klimastabilisierung, sondern es geht darum, gleichzeitig auch Einkommens-, Beschäftigungs- und Verteilungsziele zu erreichen. Es dürfte ja wenig nützen, Klimastabilisierung zu erreichen und zugleich in einer großen ökonomisch-politischen Instabilität zu landen.

Die notwendige ökonomische Analyse geht hier über die üblichen Ansätze deutlich hinaus und zeigt, dass Klimaschutzpolitik in Deutschland, Europa und weltweit auch mit neuen Problemen bei der Einkommensungleichheit verbunden ist. Ein Umverteilungseffekt sowohl zugunsten des Faktors Kapital wie zugunsten der qualifizierten Arbeitnehmer ist zu erwarten. Wie man Klimaschutzpolitik und eine flankierende Umverteilungs- und Weiterbildungspolitik miteinander kombinieren könnte, erscheint von daher als eine parallele Herausforderung zum Klimawandel. Eine kritische Erderwärmung zu verhindern, das verlangt nach einem Umbau der Energiewirtschaft und der Industrie sowie anderer Wirtschaftsbereiche. Internationale Kooperation in der Klimapolitik der Industrieländer beziehungsweise der G20-Länder ist dabei eine zusätzliche Herausforderung. Sie gilt es zu beachten, um Klimaneutralität zu erreichen und eine übermäßige Belastung der Exportwirtschaft einzelner Länder zu verhindern.

Dass es enorme Veränderungen in der Energie- und Wärmewirtschaft geben müsste, um Klimaneutralität zu erreichen, ist nicht schwer zu verstehen. Immerhin ist das Thema höhere Energiepreise und energiesparende Innovationen nicht wirklich neu, da die OPEC-Preisschocks der 1970er Jahre die Industrieländer schon in diesen Punkten mobilisierten. Allerdings, die Herausforderung Klimaneutralität verlangt eine andere Fokussierung, nämlich auf die G20-Länder (plus Nigeria, wie zu zeigen ist). Diese Ländergruppe trifft sich immerhin einmal jährlich und hat zum ersten Mal in 2009 mit dem Thema fossile Energiesubventionen im Pressekommuniqué ein Thema mit Klimarelevanz aufgegriffen. Allerdings, eine ganze Dekade lang ohne echte Fortschritte zu erreichen. Die Subventionen für fossile Energien – damit aber für CO_2-Emissionen – erreichten auch 2017 noch über 6 % des Welteinkommens. Das ist wie ein Förderprogramm von gut zwei Dutzend Ländern, um Klimasterbehilfe zu geben. Das ist ein unakzeptabler Widerspruch in einem Jahrhundert, das CO_2-Emissionsminderung für Klimaschutz und dabei einen langfristigen Umbau bei Mobilitäts- und Energiesystemen braucht.

Dass ein erhöhter Grad an Erneuerbaren Energien bei der Stromerzeugung unter Umständen das Risiko der Netzstabilität erhöht, ist in allen Ländern zu bedenken. Diesem Risiko ist durch optimiertes Netzwerkmanagement, inklusive Netzausbau, entgegen zu wirken. Die bisherige Stromversorgung hat ihre eigenen Risiken, zumal bei Atomstromerzeugung, bei der die Atomkraftwerke (AKWs) in keinem Land der Welt die Risiken eines schweren Reaktorunfalls in der Haftpflichtversicherung auch nur zu 1/1 000 abdecken – was auf eine versteckte massive Subvention beim Atomstrom hinausläuft (zum Vergleich: man stelle sich vor, dass man die Autohaftpflicht-Versicherung nur für kleine Parkrempler-Unfälle haben müsste, die großen Unfallschäden bezahlte der Steuerzahler).

Viele Klimaforscher und Ökonomen sowie Politikwissenschaftler und Juristen haben schon auf wichtige Zusammenhänge hingewiesen, die zu beachten sind, wenn das globale Kollektivgut Klimaschutz – verstanden als Klimaneutralität – erreicht werden soll. Die Beiträge und Diskussionen sind nicht immer zielführend. Das erkennt man am einfachsten, wenn man sich anschaut, wie bescheiden die Ergebnisse des ersten G20-Umweltgipfels in Japan in 2019 waren. Die im Hintergrund von Experten bereit gestellten Policy Papers überzeugen zum Teil wenig. Es fehlt insgesamt an Vorschlägen für ein Gesamtkonzept, das tatsächlich bis 2050 Klimaneutralität herbeiführt. Zu Teilpunkten in vielen Bereichen findet man allerdings interessante Beiträge.

Langjährige umweltpolitische Anknüpfungspunkte ergeben sich aus der Nachhaltigkeitsdebatte. Dabei haben sich Forscher, Wähler, Unternehmen und Politiker/innen seit den 1970er Jahren interessiert, wie man Wirtschafts- und Umweltpolitik so ausgestaltet, dass auch nachfolgende Generationen einen ähnlich hohen Lebensstandard erwarten können wie die jetzige Generation. Beim aktuellen Thema Erderwärmung geht es um die Risiken beim künftigen Wohlstand: Die Konsum-, Lebens- und Vermögensrisiken für künftige Generationen werden bei unzureichender Klimaschutzpolitik erheblich sein.

Wie man hinreichende politische Mobilisierung für eine bessere Klimaschutzpolitik an geeigneter Stelle erreicht, national und international, ist auch nicht einfach zu erkennen. In der Umwelt- beziehungsweise Klimaschutzpolitik ist ein hohes Maß an Kompetenz erforderlich; das findet sich in den Umweltministerien der Industrieländer nicht immer.

Allerdings ist tatsächlich auch eine Zusammenarbeit von Ministerien von der Sache her notwendig, was wenig gesehen wird: Klimapolitik hat ökonomische, verkehrswirtschaftliche und landwirtschaftliche Wirkungen plus staatliche Einnahmewirkungen, was das Finanzministerium einzubeziehen verlangt. Da internationale Kooperation so wichtig ist, geht es ohne Außenministerium nicht. In der Demokratie ist Klimapolitik also teilweise kompliziert. Dabei gilt es, Mehrheiten für eine neue, durchdachte Politik zu finden, die international anschlussfähig sein sollte. Demokratie verlangt wiederum nach Transparenz und Erklärung. Also sollte ein in Teilen komplexes Politikfeld wie die Klimapolitik auf einfache Strukturen und wichtige Punkte zurückgeführt und für die Bürgerschaft erklärt werden – auch von der Wissenschaft.

Die Rolle der Fridays-for-Future-Bewegung, die die Unentschlossenheit und Widersprüchlichkeit der Klimaschutzpolitik vieler Länder kritisiert, ist ein positiver Impuls für bessere Wirtschafts- und Klimapolitik. Die FFF-Demonstrationen bringen Besorgnis und Protest zum Ausdruck. Die Bewegung hat zu einer umfassenden öffentlichen Debatte über Klimaschutzpolitik binnen eines einzigen Jahres in vielen Ländern der Welt beigetragen. Da hier wesentliche Teile der Jugend sich engagieren, die ihre eigene Zukunft dunkel bedroht sehen, wird der Protest für mehr Klimaschutzpolitik wohl nicht so schnell abebben. Politik gerät dadurch unter mehr Erklärungs-, Handlungs- und Rechtfertigungsdruck. Wenn diese Impulse und die Arbeiten der Wissenschaft Politikerinnen und Politiker zu einer besseren Klimaschutzpolitik führen sollten, hätte die FFF-Bewegung ein großes Verdienst; und Greta Thunberg als prominente Vertreterin hat offenbar einiges in Bewegung gesetzt und ihre Stimme steht für die Forderungen vieler Jugendlicher.

Dass Thunberg mit ihren öffentlich bekundeten Klimasorgen nicht wenige Jugendliche auch in eine übertriebene Besorgnis führt, ist eine Nebenwirkung. Thunberg argumentiert, die Politik westlicher Länder habe zu wenig Versprechen in der Klimaschutzpolitik gehalten und die Politik vieler Länder sei unzureichend, um die Erderwärmung bis 2050 zu stoppen. Man kann sicher auch ergänzend zeigen, dass die gewählten Ansätze und Mittel zum Teil bedenklich ineffizient sind. Insgesamt ist es wichtig, einen öffentlichen und verständlichen Dialog zum Thema Erderwärmung und Klimapolitik zu organisieren: damit aus kritischen Fragen zur Gegenwart eine wirtschaftspolitisch vernünftige Antwort für eine gute Zukunft wird. Für Pessimismus besteht in der Klimaschutzpolitik dabei kein Anlass, zumal das Instrument des Zertifikatehandels erprobt und ausbaufähig weltweit ist.

Selbst die Politik führender EU-Länder ist im Übrigen erstaunlich wenig auf mehr globale Kooperation beim CO_2-Zertifikatehandel ausgerichtet: Ein wichtiges Erfolgsfeld der EU als Pioneer des CO_2-Zertifikatehandels wird hier auch von der EU-Kommission und dem Europäischen Parlament bislang nicht vernünftig kommuniziert und exportiert. Die EU erreicht ihre Klimaziele in 2020, und zwar vor allem durch den Zertifikatehandel – in der Wirtschaftswissenschaft von vielen Wissenschaftlern unterstützt.

Scientists4Future ist eine breite Gruppe von Klima- und Umweltforschern sowie Ökonomen, die Forderungen der FFF unterstützen. Bei Fridays for Future ist zu hoffen, dass die Proteste in einem vernünftigen Rahmen bleiben, Argumenten folgen und für verändertes Verhalten des Einzelnen und von Firmen wirksam werben. Viele Unternehmen und Dienstleistungsfirmen sind seit 2018 bemüht, sich stärker um ein positives Nachhaltigkeitsprofil zu bemühen – schon aus Imagegründen für den Markt. Wie viel Substanz da wirklich entsteht, wird man sehen.

Natürlich gibt es auch außerhalb des Rahmens der internationalen Gruppe Scientists4Future-Wissenschaftler, die mehr Klimaschutzpolitik fordern. Es ist im Übrigen nicht so, dass es nicht auch in der Wissenschaft einige Themen gibt, die kontrovers diskutiert werden. Aber das Problem eines menschengemachten Teils des Klimawandels erscheint doch bei allen führenden Forschungsinstituten – aus ganz verschiedenen Ländern – als gemeinsamer Befund. Wenn die Politik auf diese Befunde und Analysen nicht energisch reagieren wollte, wäre das merkwürdig und unverantwortlich. Ob die Politik in vielen Ländern gleichzeitig vernünftige Klimaschutzansätze entwickeln kann, auch die notwendigen politischen Mehrheiten findet, bleibt abzuwarten. Es nützt jedenfalls nichts, nur die Klimaschutzpolitik eines einzelnen Landes oder einer Handvoll Länder zu betrachten. Die Internationalität des Klimaschutzes ist eine besondere Herausforderung, letztlich der Tatsache geschuldet, dass es nur ein Klima für die ganze Welt(-Wirtschaft) gibt.

Auf der anderen Seite stehen viele Populisten, die offenbar von empirischen Befunden und umfassenden Simulationsanalysen wenig halten und das Problem Erderwärmung nicht als echte Herausforderung sehen. Niemand möchte aber in ein Flugzeug oder einen Hochgeschwindigkeitszug steigen, bei dem nicht Tausende Computer-Simulationen durchgeführt wurden, um sichere Systeme zu bauen. Beim Thema Klimaschutzpolitik gibt es im Hintergrund also auch eine Auseinandersetzung zwischen einer sehr einflussreichen, erfolgreichen Richtung in der Wissenschaft und einer politischen Gegenposition, die bisweilen sehr von Wunschdenken geprägt zu sein scheint. Qualitative und empirische Analysen sowie Simulationsanalysen und Experimentbefunde sind Basis erfolgreicher Wirtschaftspolitik.

Klimawandel ist durch die denkbare Verbindung zu einer hohen Zahl an Klimaflüchtlingen bei weiterer Erderwärmung ein spezielles Reizthema für viele Populisten, deren Markenkern Nationalismus, Protektionismus und Anti-Immigrationspolitik (im breiten Sinn des Wortes) ist; sonderbarerweise aber auch die Ablehnung der wissenschaftlichen Befunde zu einem menschengemachten Klimaproblem. Damit stellen sich Populisten quasi hinter die Zeit von Kopernikus (1473–1543), der als einer der letzten Wissenschaftler erleben musste, dass seine Fernrohr-Beobachtungen, die zum geozentrischen Weltbild führten, von der Spitze der Katholischen Kirche – getragen von Wunschdenken – abgelehnt wurden. Wunschdenken und eine erkennbare Unlust, sich mit wissenschaftlichen Befunden oder auch der Logik auseinander zu setzen, finden sich bei nicht wenigen Populisten.

Unvermeidlich zieht ein Weltthema wie Klimaschutz große Namen und viele Forschungsinstitute, aber auch besonders laute – bisweilen extreme – Stimmen an. In der Internetgesellschaft ist die Vielfalt der Sichtweisen größer als je zuvor bei internationalen Themen. Es ist Aufgabe der Wissenschaft, die Vielschichtigkeit und Komplexität von Klimaveränderungen und möglicher Klimaschutzpolitik auszuleuchten – der Öffentlichkeit die Hauptergebnisse der Debatte verständlich zu präsentieren. Das geschieht zu wenig. Bisweilen versucht die Politik, unbequeme wissenschaftliche Ergebnisse zu unterdrücken. Im Fall der USA ist das erstmals seit zwei Jahrhunderten der Fall, Präsident Trumps Administration spielt da eine seltsame unrühmliche Rolle; noch dazu wo ihr im Vergleich zur Obama-Administration rund 1 000 Experten fehlen – jeweils rund 100 wohl in den Schlüsselministerien Energie, Handel und Finanzministerium.

Aber in der G20 gab es zumindest in 2019 noch ein Verständnis, dass man auch ohne die USA in Sachen Kooperation beim Klimaschutz vorangehen wolle. Zu den besonders ehrgeizigen Ländern in Sachen grünes Wirtschaftswachstum gehört dabei im Übrigen Korea, aber auch einige Länder in Europa und vermutlich auch Japan und China. Die EU, China, Korea, Kalifornien, die Schweiz und Neuseeland sowie Kalifornien (und einige weitere US-Regionen) plus zwei kanadische Provinzen und zwei Präfekturen in Japan nutzen CO_2-Emissionszertifikate-Handelssysteme für Teile der Wirtschaft; insbesondere den Energiesektor, um Anreize für einen klimafreundlichen Strukturwandel zu geben: Unternehmen erhalten vom Staat eine Anfangsausstattung an CO_2-Zertifikaten oder kaufen von anderen Firmen solche Zertifikate, sodass ein CO_2-Zertifikatemarkt entsteht; in einem Land oder in mehreren Ländern einer Weltregion oder, so wird hier vorgeschlagen, auf G20-Ebene. Alternativ kann man eine CO_2-Bepreisung über eine CO_2-Besteuerung versuchen, wobei auch hier die Idee ist, durch eine Bepreisung Anreize zu geben, damit Unternehmen Investitionen und technischen Fortschritt Richtung CO_2-leichte Technologien lenken.

CO_2-Steuern sind aber wenig lenkungsgenau und grenzüberschreitende Steuern gibt es kaum (denkbar in Form bestimmter Zölle). Die Aussicht, einmal eingeführte Steuern eines Tages wieder aufzugeben, ist zudem im politischen System westlicher Demokratien – von der Schweiz abgesehen – vage. Die negativen Nebenwirkungen von Steuern können sehr beträchtlich sein, sodass CO_2-Steuern tendenziell eher eine Ergänzungsrolle zum Zertifikatehandel haben sollten. Zertifikapreise können schwanken und sie könnten unter Umständen stark ansteigen. Dem kann der Staat durch Neuausgabe von Zertifikaten notfalls entgegenwirken und möglicherweise kann man sich auch eine neue (internationale) Stabilisierungsinstitution vorstellen. Eine Art Internationale Zertifikatebank, für die man Regeln für ihre Arbeitsweise – bei Gründung der Institution – festzulegen hätte.

Wenn man in sehr vielen Ländern eine Abkehr von der Nutzung fossiler Energien auf breiter Basis umsetzen will, dann muss man offenbar Energieeinsparungen vornehmen und den Ausbau der Erneuerbaren Energien betreiben. Letzteres geschieht in allen G20-Ländern; aber dabei gibt es zahlreiche Probleme. Erreicht man Klimaneutralität rechtzeitig bis 2050? Wo doch eine Milliarde Menschen bislang noch gar keinen Strom hat? Wo doch die Politik in vielen Ländern zögerlich, manchmal auch unprofessionell ist.

Es muss für fast alle Länder davon ausgegangen werden, dass die notwendigen Schritte nicht einfach zu realisieren sein werden. In der EU zudem, wo ja wohl mehr als 80 % der Bevölkerung der EU-Länder der als Mittel zur Emissionssenkung wertvolle Emissionszertifikatehandel in der EU – seit 2005 aktiv – unbekannt ist. Es ist sonderbar, dass die Europäische Union hier eine wirtschaftspolitische Pionierinnovation entwickelt hat, aber kaum darüber spricht – und die notwendige politische Rückendeckung der Bürgerschaft so bislang nicht wirklich hat.

Dass die öffentliche und politische Diskussion sowie auch mancher Protest bei einem solchen Wissensdefizit zum Teil problematisch sind und in die Irre führen, kann man sich leicht vorstellen. Weshalb nationale Regierungen und die EU-Kommission dieses vorteilhafte System nicht erklärt haben, bleibt ein Rätsel. Aber immerhin haben andere Regionen und Länder das EU-Zertifikate-Handelssystem aufgenommen.

Bestehende Zertifikate-Handelssysteme, deren Obergrenze für Kohlendioxid-Emissionen jährlich abgesenkt werden, sind einerseits zielsicher, da man gut ausrechnen kann, wozu etwa eine jährliche Absenkung der akzeptierten Höchstmenge an Emissionen um 3 % pro Jahr führt. Andererseits sind bestehende Zertifikate-Handelssysteme in einigen Ländern mit Blick auf einige wichtige Punkte erstaunlich fehlerhaft. Das kann so nicht bleiben. Die Verbindung etwa zwischen Finanzmarktdynamik und der Preisentwicklung in Zertifikatemärkten ist im Übrigen wenig untersucht worden.

Speziell in Deutschland gibt es das Problem, dass die Regierung wiederholt über Mega-Kommissionen historische Entscheidungen in einer Art Ersatzparlament durchsetzt, was gegen demokratische Grundsätze steht. Die „Kohlekommission" (2018/2019 aktiv) mag gut gemeint sein, nach der Devise, dass die große Politik vorhatte, in einer Kommission viele einflussreiche Gruppen mitzunehmen. Aber die majestätische Zusammensetzung, noch ergänzt um Bundestagsabgeordnete, bedeutet, dass es ein Problem gibt: Eine breite öffentliche Diskussion zum Thema kann so ja niemals stattfinden. Man mag sich für bestimmte Lösungen in einer Gesellschaft, in einem Land, entscheiden, aber ohne eine vernünftige Debatte zur Sache im Parlament wird es nicht gehen. Wenn die Regierung über das Einschalten von Mega-Kommissionen öffentliche Debatten vermeidet, so mag ihr das bequem sein. Aber die Menschen in der Gesellschaft bei schwierigen Entscheidungen wirklich mitzunehmen, kann so jedenfalls nicht gelingen. Eine kritische parlamentarische Kontrolle der Regierungspolitik, die die Empfehlung der Mega-Kommission umsetzt, dürfte faktisch kaum möglich sein. Immerhin kann man Teile der EU-Klimapolitik als gut einstufen.

Dass die EU im Übrigen ihr eigenes Zertifikatesystem schon für den Zeitraum 2020–2040 ausbauen muss, um eine Chance zu einem vernünftigen EU-Beitrag zur Klimaneutralität bis 2050 zu haben, wird bislang nicht diskutiert.

Die jährliche Verminderung der CO2-Emissionsobergrenze von 2,2 % ab 2021 ist obendrein einfach unzureichend. Für die beiden Folgejahrzehnte nach 2030 droht ein selbst verursachter Quasi-Ölpreisschock, wenn man das System nicht zügig sinnvoll – ohne große Sprünge – anpasst. Bisher gilt: Man müsste für 2030–2050 auf gut 8 % jährliche Emissionsminderung übergehen, um Klimaneutralität in 2050 zu erreichen. Dann aber wird der CO2-Zertifikatepreis auf ein Mehrfaches des Niveaus von 2019 (27 €) ansteigen und, da praktisch jede Produktion und jeder Konsum mit Energie- und daher auch CO2-Verbrauch verbunden sind, wären Stagnation und Rezession in der EU-Wirtschaft und darüber hinaus denkbar. Der von der Politik geplante Rückgang bei der CO2-Obergrenze müsste 2021–2030 höher sein als bisher geplant, damit man in den beiden Jahrzehnten ab 2030 mit 6–7 % jährlicher Minderung der CO2-Menge auskommt. Durch eine internationale Integration von Zertifikate-Handelssystemen kann der Preisauftrieb bei CO2-Zertifikaten erheblich eingedämmt werden.

Ob sich die Politik in Sachen Anpassungspfad jenseits 2030 bislang viel gedacht hat, darf man bezweifeln. Bei einem von der Politik in der EU und der G20 sowie den US-Ländern selbst gewählten Zielpunkt 2050 kann es nicht so sein, dass man für 2020–2030 einen harmlos, leicht aussehenden Anpassungsprozess plant, der zugleich bedeutet, dass 2031–2050 ein Höllenritt der Wirtschaft Richtung Klimaneutralität notwendig wäre. Das kann ökonomisch, gesellschaftlich und politisch so nicht funktionieren. Was auch nicht funktionieren kann, ist ein EU-Modell, wo 45 % der Emissionen – aus Energiesektor und Industrieproduktion – dem Zertifikatehandel unterliegen und jährlich sinkende CO2-Emissionsmengen tatsächlich erreicht werden. Zugleich ist in den anderen Sektoren kaum ein vernünftiger Anreiz zur Emissionsminderung gegeben, die CO2-Emissionen steigen dann für 55 % der Emissionen sogar. Da steht Kalifornien mit 85 % Abdeckung der Emissionen beim CO2-Zertifikatehandel und programmierten –3 % bei der Emissionsmenge pro Jahr besser als die EU da.

Die Analyse zeigt, dass Klimaneutralität bis 2050 durchaus global zu erreichen ist. Aber die Aufgaben und Herausforderungen – hier dargestellt – sind sehr erheblich. Wenn man ein vernünftiges Konzept entwickelt und digitale sowie traditionelle Aufklärung zur Klimaschutzpolitik national und international umsetzt, so ist das Ziel erreichbar. Für Klimahysterie besteht kein Anlass, für ein Weiter-so in der Klimapolitik Deutschlands und anderer G20-Länder allerdings auch nicht.

Den G20-Ländern kommt große Bedeutung für die globale Klimaschutzpolitik zu, da sie für 80 % der weltweiten Emissionen stehen. Der G20 als Organisation fehlt es in einzelnen Feldern erkennbar an Ernsthaftigkeit in der Klimaschutzpolitik. 2009 beim G20-Gipfel von Seattle wurde betont, dass die globalen Subventionen für fossile Brennstoffe viel zu hoch seien und vermindert werden sollten. Das Sonderbare ist, dass die Höhe dieser Subventionen relativ zum Welteinkommen 2017 immer noch bei gut 6 % lagen – eine klare Rückführung der katastrophal hohen Subventionsquote ist nicht zu erkennen. Wie soll man eine CO_2-minimale Weltwirtschaft bis 2050 erreichen, wenn gigantische Subventionen von den G20-Ländern für CO_2-Emissionen auf Kosten der Steuerzahler gezahlt werden? Zugleich wird in vielen Ländern eine CO_2-Bepreisung eingeführt, über CO_2-Emissionzertifikate, die einen Marktpreis haben, oder über eine CO_2-Steuer in bestimmten Sektoren. Die Herausforderung im Energiesektor global betrachtet ist wegen dieser Widersprüche im Bereich der Klimaschutzpolitik vieler Länder enorm.

Wie man eine vernünftige G20Plus-Klimaschutzpolitik aufsetzen sollte, wird hier untersucht. Zudem werden viele Befunde aus der Wissenschaft miteinander auf neue Weise kombiniert. Wenn man nationale CO_2-Zertifikatesysteme einrichtet, so ist das sehr nützlich, aber die Marktpreise nationaler CO_2-Zertifikate werden relativ hoch sein in Europa (der EU plus Schweiz), den USA und China; die Preise in diesen Ländern werden unterschiedlich sein, natürlich auch in Indien, Russland und so weiter, sofern denn all diese Länder Zertifikate-Handelssysteme einführen. Erst die Integration der Zertifikatesysteme aller G20-Länder brächte einen niedrigeren – und G20-weit – einheitlichen CO_2-Zertifikatepreis, was wichtig für die Erhaltung von Arbeitsplätzen ist – und für effizienten Klimaschutz.

Ein neuartiges Problem bei der Perspektive mehr notwendiger Zusammenarbeit der G20-Länder heißt, dass die USA unter der Trump-Administration eine Art Aussteigerposition entwickelt haben. Selbst wenn die Vereinigten Staaten länger populistisch regiert werden sollten, wäre es lohnend für die G19-Länder, bei einer neuen Kooperation im Zertifikatehandel voranzugehen. Es gibt bislang keinen überzeugenden Ansatz für ein Mehr an Nachhaltigkeitskooperation bei der G20. Eine Art globales niederländisches Polder-Modell der Kooperation auf internationaler Ebene wäre wünschenswert; unklar ist einstweilen, wie man eine solche verstärkte Kooperation erreichen kann. Kooperation der Deichschützer von benachbarten Gemeinden und Städten im mittelalterlichen Holland war der Schlüssel zur Sicherung der Niederlande als Festland, die gemeinsame Motivation der Deichgrafen benachbarter Deichabschnitte zu kooperieren, lag auf der Hand. In der heutigen Zeit ist Kooperationsintensivierung bei G20 komplizierter.

Mehr Rationalität in der Klimaschutzpolitik ist nötig und möglich. Dass die Erderwärmung auch durch menschengemachte Einflüsse ein reales Problem ist, dürfte aus wissenschaftlicher Sicht nach fast 50 Jahren Forschung zum Thema Erderwärmung kaum jemand ernsthaft bestreiten – außer den Experten für Wunschdenken, den Populisten. Dass da auch ein US-Präsident, nämlich Donald Trump, mit unterwegs ist, kann erstaunen, wo die USA doch ihren globalen Aufstieg seit 1850 wesentlich der Kombination von funktionsfähiger Marktwirtschaft – Ausnahme die 1930er Jahre und die Jahre 2008/09 – und führendem Wissenschaftssystem im 20. Jahrhundert zu verdanken haben. Wenn Trump durch einen neuen Ausbau der Kohle- und Ölförderung sowie Rückbau von Umweltregulierungen etwas mehr Wirtschaftswachstum erzielt, so ist das wohlfahrtsökonomisch in längerfristiger Betrachtung für die USA nachteilig. Die Qualität des Wachstums sinkt, später werden die notwendigen Anpassungskosten umso höher sein. Von einem Schmelzen des Inlandeises an Nord- und Südpol wären die USA als ein Land, wo fast 40 % der Einwohner in Küstennähe wohnen, betroffen. New York liegt nicht im Gebirge, von einem langfristigen Anstieg des Meeresspiegels wäre nicht nur diese Großstadt in wichtigen Stadtteilen stark betroffen.

Im Übrigen gibt es in Sachen Klimaschutz auch weiteren Forschungsbedarf, der wichtige Bereiche der Wirtschaft betrifft: etwa zum Zusammenspiel von Aktienmarktentwicklung und dem Preis von CO_2-Zertifikaten. Die EU ist aufgefordert, ihre zu Beginn des 21. Jahrhunderts pionierhaften Schritte hin zum Zertifikatehandel fortzuführen und das funktionsfähige, exzellente System zu exportieren; dabei ihre zahlreichen Möglichkeiten zu nutzen, auf mehr als die Hälfte der Weltwirtschaft sinnvoll in Sachen Klimaschutzpolitik Einfluss zu nehmen und – sofern gewünscht – auch technische Hilfen für Partnerländer zu leisten. Wie man CO_2-Minderungspolitik, Innovationspolitik für CO_2-leichte Technologien und Produkte sowie CO_2-Besteuerung und Regulierungen (auch von Finanzmärkten) optimal kombiniert und dabei im Rahmen des Multilateralismus verankert, bleibt näher zu untersuchen. Multilateralismus heißt, eine sinnvolle Rolle Internationaler Organisationen für internationale oder gar globale Herausforderungen zu entwickeln: kleine Länder groß zu machen und die großen zivilisiert (*to make the small big and the big civilized*), um es in den Worten des Generaldirektors Roberto Azevêdo der Welthandelsorganisation aus 2017 zu sagen.

Klimaschutzpolitik braucht letztlich, dass man national und international die Hausaufgaben macht und mit Blick auf das Ziel Klimaschutzneutralität wohl auch exotische Handlungsmöglichkeiten wie sogenanntes Geo-Engineering (Klima-Abkühlungsmaßnahmen durch Eingriffe in die Atmosphäre) betrachtet. Wunderbar ist am Ende, dass auch jeder Einzelne einen wichtigen Beitrag selbst leisten kann, damit die Weltwirtschaft nicht langfristig durch immer mehr Extremwetter-Ereignisse, Überschwemmungen und klimabezogene Wirtschaftsstörungen aus dem Gleichgewicht gerät. Natürlich verursacht Klimaschutz auch Kosten, sie zu minimieren ist Aufgabe kluger Wirtschaftspolitik – und auch davon handelt dieses Buch, das einen Beitrag zur globalen Debatte leisten möchte.

Ein Aussteigen aus dem fossilen Energiezeitalter wird viele Gegner haben, etwa einige große Mineralölkonzerne, die ihre Gewinne aus dem Verkauf von Öl und Gas beziehen. Innovative Konzerne könnten allerdings auch neue synthetische CO_2-neutrale Kraftstoffe entwickeln. Dass führende Exportländer von Kohle und Öl nicht zu den natürlichen Förderern moderner Klimaschutzpolitik gehören werden, ist anzunehmen. Große Gasförderländer haben schon eher Interesse an Klimaschutzpolitik, da dies die Nachfrage von Kohle und Öl weg hin zu mehr Gasnachfrage – zumindest vorübergehend – verändert. Wenn man die Liste global führender Öl- und Gasförderländer anschaut, dann finden sich dort auch einige der G20-Länder. Wer sind die größten Produzenten von Solaranlagen? China, die USA, Kanada, Indien und die EU sowie im Mittelfeld die Vereinigten Arabischen Emirate hieß die Reihenfolge in 2018. Wer ist der global größte Windanlagennutzer? (UK). Wer sind die größten Anbieter von Windkraftanlagen Offshore? Dänemark, Deutschland, USA, China und Indien, wenn man die Firmensitze der entsprechenden Großunternehmen betrachtet. Bei den erneuerbaren Produktionskapazitäten für Solar und Wind gibt es eine interessante Ländermischung, wobei Japan, Russland und Frankreich nicht führend sind. Das kann nur bedeuten, dass hier große Potenziale noch zu realisieren sind. Kanada und Brasilien sowie Norwegen sind führende Länder bei Strom aus Wasserkraft. Auch hier gibt es große weitere Welt-Potenziale, wobei die führenden Firmen natürlich in vielen Ländern produzieren.

Die politische Ökonomie des Klimaschutzes besagt, dass sich Produzenteninteressen relativ leicht organisieren lassen und von daher könnte der Widerstand seitens Energiewirtschaft und Industrie gegen eine verstärkte Klimaschutzpolitik erheblich sein. Aus Sicht führender Industrieländer liegt in einem global besseren Klimaschutz aber auch die Chance, mehr moderne Investitions- und Konsumgüter zu exportieren.

Zu den neuen großen Akteuren – mit oft umfassenden Klagerechten – gehören die Umweltverbände in der EU und den USA sowie Kanada. Diese dürften eine eher geringe Neigung haben, ökonomische Anreize beim Klimaschutz wirken zu lassen. Denn hier wären die Profiteure ja Akteure am Markt. Manche Umweltverbände oder Kanzlei sieht eher in großen Prozessen – gegen Städte, Regierungen und Unternehmen – den Ansatzpunkt, dem Klimaschutz voran zu helfen – gelegentlich erkennbar auch aus Eigeninteressen. Die Verbraucher sind wegen ihrer großen Zahl und ihrer Unterschiedlichkeit national und international sehr schlecht zu organisieren – gegen sie dürfte sich manche neue Umweltregulierung seitens der Politik richten: bisweilen ein symbolischer Dirigismus, gegen die der Einzelne sich kaum wehren kann. Den entsprechenden Unmut von Millionen Wählerinnen und Wählern räumen dann wohl in viele Ländern die Populisten ab.

Klimaschutzpolitik könnte bei guten Weichenstellungen auf G20Plus-Ebene die Menschen der Welt einander näherbringen, da es ein gemeinsames Ziel zu erreichen gilt. Wenn dies rechtzeitig in Sachen Klimaneutralität gelingen sollte, so gibt es zusätzliche globale ökonomische Kooperationsgewinne außerhalb des Klimaschutzes, die die Kosten der Klimaschutzmaßnahmen sogar übersteigen könnten. Der Umzug auf einen klimaneutralen Planeten Erde ist eine Herausforderung für die Menschheit; es kann wie eine gelungene international organisierte Mondlandung auf der Erde werden.

Ohne mehr Innovationsdynamik und veränderte Finanzmärkte, die stärker als bisher nachhaltige Investitionsprojekte finanzieren, kann diese irdische Mondlandung nicht gelingen. Dieses Buch betont dabei auch die Verbindung von Finanzmarktdynamik und CO2-Emissionsentwicklung. Eine neue empirische Analyse von De Haas/Popov zeigt, dass Länder bei gut ausgebauten Aktienmärkten – bei sonst gleichen ökonomischen Kennziffern – geringere Pro-Kopf-Emissionen verzeichnen. Finanzmarktmodernisierung in Europa und anderen Regionen der Welt kann daher für mehr Wachstum und bessere Emissionsentwicklung wichtig sein.

Man wird auch seitens der Mitgliedsländer des Internationalen Währungsfonds neu darüber nachdenken müssen, welche Indikatoren bei der Überwachung der Wirtschaftspolitik der Mitgliedsländer im Fokus stehen sollten; kann man expansive Fiskalpolitik akzeptieren, wenn nicht auch ökonomisch sinnvolle Klimaschutzprojekte Teil eines (neuen) Standard-Maßnahmenpakets sind? Es wäre sinnvoll, hier nicht nur makroökonomische konventionelle Indikatoren zu nehmen, sondern etwa auch die „echte Sparquote" der Weltbank, die Bildungsinvestitionen zur normalen Sparquote hinzurechnet und den Abbau natürlicher Ressourcen abzieht. Klimaschutzpolitik führt naturgemäß zu mehr Interesse an den Themen Innovationsdynamik, Strukturwandel, Wirtschaftswachstum und Sozialpolitik als bisher. Man wird die wissenschaftlichen Analysen führender Universitäten und Institute dabei gut gebrauchen können.

Im April 2019 weilte ich zu einem Vortrag an der Universität Princeton und besuchte am Folgetag mit meiner Frau das Kunstmuseum dieser Universität. In der Ausstellung war ein Bild eines französischen Malers, François Boucher, zu sehen, das ausschnittsweise ein untergehendes Schiff und schiffbrüchige Menschen in einer Verzweiflungspose in den stürmischen Meereswellen zeigt: Man denkt bei dem 1748 entstandenen Bild des Helden Arion und der Gefährten im Meer, der von einem Delfin gerettet wird, heutzutage aber keineswegs an religiöse historische Bezüge. Mein Gedanke war unwillkürlich, dass das ein Bild zum Erderwärmungsproblem und zur drohenden Klimakatastrophe ist. Wenn man die NASA-Bilder zum Abschmelzen des Grönlandeises zwischen 1982 und 2012 sieht, dann erkennt man sofort ein ernstes strukturelles Problem beim in Jahrzehnten sichtbar schmelzenden Inlandseis in der Nordpolregion: steigender Meeresspiegel, Überschwemmungsgefahren. Teil I zeigt das bildliche Ergebnis der Zusammenschau von NASA-Foto und Boucher-Gemälde.

Allerdings fehlt gedanklich ein drittes Element, da ja das Nordpolfoto der NASA ein naturwissenschaftliches Dokument ist, während man das Boucher-Gemälde im Kern als emotionale Verzweiflungs- und Liebespose von Menschen einordnen mag: Es fehlt die menschliche Vernunft, nämlich der Beitrag des Nachdenkens zur Problemlösung in Sachen Klimaerwärmung. Dieses dritte Element präsentiert dieses Buch in ausgewählten Feldern und natürlich geht der Analyseblick auch kritisch auf Trumps Amerika, für das ein weiteres Schmelzen der Polkappen bei anhaltendem Anstieg des Meeresspiegels langfristig dramatische Probleme bereiten dürfte.

Die Regionen von Amazonas und Orinoko in Brasilien und Venezuela sind ungeheuer waldreich und mit den großen Wasserläufen wichtig für das Regionalklima, die riesigen Wälder Brasiliens und anderer Länder in Lateinamerika sind Teil der globalen Waldlunge. Ein privater Besuch in Ciudad Guayana in Venezuela vor rund drei Jahrzehnten zeigte schon damals, wie beeindruckend die Naturdimensionen in Teilen Lateinamerikas sind. Die Menschen sind in einigen Ländern der Region im Übrigen offenbar stolz auf die großartige vielfältige Natur, wie jeder Besucher Brasiliens gleich in den ersten Tagen lernt, wenn man mit brasilianischen Geldscheinen bezahlt – auf dem 50-Real-Schein ist ein Jaguar zu sehen.

Klimaschutzpolitik kann zur Klimaneutralität in 2050 führen, wenn nationale Politikansätze in den G20Plus-Ländern durchdacht entwickelt, die großen internationalen Kooperationserfordernisse bedacht, grüne Innovationsförderungen verstärkt betrieben und verteilungspolitische Flankierungserfordernisse sinnvoll angegangen werden.

Ob ärmeren Haushalten über mehr Transferzahlungen oder mehr über Weiterbildungsgutscheine oder über mehr Nachhaltigen Sozialen Wohnungsbau im Anpassungsprozess geholfen werden sollte, wird jedes Land selbst zu entscheiden haben. Während CO_2-Minderungsfragen stark im Fokus der Betrachtungen im Buch stehen, werden Fragen des Waldschutzes oder auch die Rolle von Aufforstungsprogrammen nur am Rande betrachtet. Soweit hier Emissionsminderungen durch Emissionszertifikatehandel mit der Dynamik anderer Märkte verbunden werden, etwa der Aktienmärkte, wird hier auf wichtige Zusammenhänge aufmerksam gemacht; aber sie sind noch wenig erforscht.

Im Kontext dieser Studie möchte ich einen besonderen Dank aussprechen für Gespräche in Washington DC, die ich 2017 bis 2019 mit verschiedenen Repräsentanten aus Politik, Wirtschaft und Forschung habe führen können. Hinweisen möchte ich darauf, dass meine US-Populismus-Analyse weitgehend zurückzuführen ist auf Einsichten, die ich bei meiner Teilnahme an der UN-Konferenz „New research on inequality and its impacts" der UN Department of Economic and Social Affairs (DESA) 2018 in New York habe gewinnen können – im Detail nachzulesen im Buch *Der Globale Trump/The Global Trump* (London, 2019). Für Diskussionen bin ich besonders auch Nan Yu, Vladimir Udalov und Evgeniya Yushkova (EIIW) sowie den Kollegen Raimund Bleischwitz und Paul Ekins, UCL, London und auch weiteren Mitwirkenden in zwei von mir und meinem Forscherteam mitgetragenen DFG-Projekten in China dankbar. Einige der innovativen Vorschläge, die hier insbesondere zu den Feldern Wohnungswirtschaft und Verkehrswirtschaft sowie Steuerpolitik vorgelegt werden, gehen auf Impulse aus der internationalen EIIW-Forschung zurück. Für Deutschland, die EU und die Weltwirtschaft ergeben sich hier wichtige Impulse – sie sollten auch national und international als Anregung in die Politik hineinwirken. Es gibt sicherlich kontroverse Punkte in diesem Buch und die Verantwortung für alle Darlegungen liegt allein bei mir.

Ich danke herzlich zahlreichen EIIW-Mitarbeitern für langjährige Unterstützung unserer Nachhaltigkeitsforschungen. Am EIIW geht mein besonderer Dank für technische Unterstützung an Frau Christina Wiens und Herrn Kennet Stave; bei wissenschaftlichem Gedankenaustausch nicht zuletzt Frau Tian Xiong, Frau Mara Lüdenbach, Frau Christina Peußner, Herrn David Hanrahan, Herrn Oliver Ebbers, Herrn Fabian Baier sowie Herrn Tobias Zander. Meiner Ehefrau Jola Welfens gilt sehr herzlicher Dank für große Geduld und lebhaften Gedankenaustausch zu Umwelt- und Klimafragen über viele Jahre. Ich bin schließlich dankbar dafür, dass dieses Buch fast gleichzeitig auf Deutsch, Englisch und Chinesisch sowie nachfolgend in anderen Sprachen erscheinen kann.

Wuppertal und Washington im Sommer 2019

Paul Welfens
Präsident des Europäischen Instituts für Internationale Wirtschaftsbeziehungen (EIIW) an der Bergischen Universität Wuppertal; Lehrstuhl Makroökonomik und Jean Monnet Professor für Europäische Wirtschaftsintegration an der Bergischen Universität Wuppertal, Rainer-Gruenter-Str. 21, D-42119 Wuppertal; Alfred Grosser Professorship 2007/08, Sciences Po, Paris, Research Fellow, IZA, Bonn; Non-Resident Senior Fellow at AICGS/Johns Hopkins University, Washington DC. Vorsitzender des bdvb Forschungsinstitutes, Düsseldorf

Inhaltsverzeichnis

Vorwort V
Abbildungs- und Tabellenverzeichnis XXXI

Teil I Hintergrund des Klimaproblems 1

1 Einleitung 3
   Der Einfluss des Populismus auf die Klimaschutzpolitik 7
   Perspektiven zur internationalen Politikkooperation 19

2 Das Klimaproblem und seine Folgen 29
   Klimaschutz als internationales Kollektivgut 30
   Klimaausgangslage bei G20 31
   Der Handel mit Emissionszertifikaten 35
   Klimaproblem 36
   Schadenshöhe von einer Tonne CO2 in Westeuropa:
   60 € oder 180 € pro Tonne CO2? 41
   Früheres Erfolgsfeld: Bekämpfung des Ozonlochs 43
   Suche nach Problemlösungen 44
   Klimaerwärmung, politische Neufokussierung und
   erste Langfriststudien 50
   CO2-Minderungssektoren und CO2-Anstiegssektoren 51
   BCG/Prognos-Studie zu Deutschland 53
   Abfederung der Transformation und der Anpassungskosten
   durch Staats-Sonderfonds 54
   Glaubwürdigkeitsprobleme in Deutschland 56
   Hauptfrage kompakt 57
   Emissionsrechte-Handel in der EU: ein innovativer Ansatz 58
   Wutproteste gegen Braunkohlerevier helfen Klima wenig 65
   Perspektiven für Erneuerbare Energien in G20-Ländern 67

3	Klimaschutzprobleme und Handlungsmöglichkeiten	71
	Eckpunkte der Klimaschutzdebatte	72
	Globale Erneuerbare-Energien-Perspektiven	76
	Windenergieperspektiven	78
	Ausweitung des EU-Emissionszertifikatehandels, Betrug und Finanzmarktperspektiven	79
	Unternehmensseitige Klimaneutralitätsfortschritte: Neukonzipierungen nötig	81
	Ausgangslage beim Klimaschutz in der EU	85
	CO_2-Steuersatz wirkt nicht wie CO_2-Zertifikatepreis	86
	Satellitenbilder-Auswertungen für Lateinamerika in 2019	91
	Fakten zu Deutschland und internationale Energiemarktperspektiven	94
4	Globale Erderwärmungsperspektiven	99
	Schmelzen des Inlandseises als langfristiges Problem	108
	Differenzierte Perspektiven zum Klimaproblem	110
5	Perspektiven zur Klimadiskussion und internationale Wirtschaftsaspekte	115
	Die klimapolitische Debatte und breitere Problemperspektiven	115
	84 Milliarden Menschen seit Anbeginn – Industrialisierung seit 1850	120
	Ökonomische Aufholprozesse und China-Schock	130
	Fridays-for-Future-Druck und internationale Klimaschutzperspektiven	133
	Internationale Trittbrettfahrerprobleme und die neue Trump-Politik	136
6	Falsche Klimadebatte?	141
7	Schwierige Beiratsperspektiven der Deutschen Bundesregierung	149

Teil II Was könnten Politik, Wirtschaft und Verbraucher leisten? 155

8   EU-Klimaschutz, Instrumente und internationale
    Kooperationsaspekte 157
    EU-Zielsetzungen, Klimapolitik-Konzeption und
    Klimaschutzprobleme 159

9   Vorbehalte gegenüber Klimaschutzproblemen 163
    Sachverständigenrat für Umweltfragen: Strompreisaufschläge
    zu hoch 165
    SVR für Umweltfragen: Neuer Rat für Generationengerechtigkeit 166
    Welche Instrumente bei der CO2-Minderung sind effizient? 167
    CO2-Steuerdebatte 169

10 Energiewirtschaftsmodernisierung und Länderinteressen 179
    Kann man die Subventionierung der Erneuerbaren Energien
    und des Atomstroms rechtfertigen? 189
    Klimaschutz ist mehr als Klimaschutzpolitik 191

11 Klimaschutzpolitik-Sondergutachten des Sachverständigenrates
    (SVR) 2019 197
    Wie soll man in Deutschland in der Klimapolitik vorgehen? 200
    Rolle multilateraler Entwicklungsbanken für die Transformation
    bei Energie und Verkehr 204
    Kostenaspekte der Energiewende 205

12 Fehler im Emissionszertifikatehandel? 209

13 Makroökonomische Aspekte der CO2-Bepreisung 215
    Was kostet globale Klimaneutralität? 218

14 Finanzmarktaspekte der CO2-Zertifikatemärkte
    in der Europäischen Union 225

15 Wohnungswirtschaft und Verkehrssektor 229

16 CO2-Steuer als vernünftiges Klimapolitik-Instrument 235

Teil III Multilateralismus als Lösungsbeitrag beim Klimaproblem 241

17 Internationale Perspektiven 243
Informationsdefizite als Herausforderung 243
Neue internationale Fakten und Perspektiven 245
G20-Klimaneutralitätsorganisation als neue Institution 251
Negativszenario 251
Gesellschaftsperspektiven 254

18 G20-Probleme bei der Klimaschutzpolitik 257

19 Globaler EIIW-vita-Nachhaltigkeitsindex und Grüne Anleihen: Chancen und Probleme 263
Nachhaltigkeit als Aufgabe 264
G20 270
EIIW-vita Nachhaltigkeitsindikator: OECD-kompatibler Ansatz 270
Politikperspektiven 275
Nachhaltigkeitsorientiertes EIIW-vita Staatsanleihen-Musterdepot ... 278

20 Schwachpunkte des EU-Emissionshandelssystems und Perspektiven zur Verbindung von Emissionshandelssystemen und WTO-Weiterentwicklung 283
Internationaler Klimazertifikatefonds IKF 286

Teil IV Konzepte und praktische Felder für mehr Nachhaltigkeit 289

21 Klimapolitikprobleme: Konzept einer Nachhaltigen Sozialen Marktwirtschaft 291

22 Wirtschaftspolitik-Konsequenzen: Innovations- und Mobilitätspolitik sowie globale Kooperation 299
Digitalisierung und Konsum 301
Aspekte zu Japans Zertifikate-Handelssystem und zu globaler Zertifikate-Marktintegration 304

23	Mobilitätspolitik	307
	Bahn-Politik als Problem in Deutschland und anderen Ländern	307
	Bahnprobleme in Deutschland	308
	Elektroautos als Systemproblem in Deutschland und Europa	311
24	Fazit: Internationale Kooperation und Klimaschutzkonzept	317
	Was ist zu tun?	318
	Emissionszertifikate, Schaden einer Tonne CO2, CO2-Steuersatz und Innovation	319
	Indien als wichtiges Land bei G20 und global verstärkter Klimaschutzpolitik	334
	Enorme Widersprüchlichkeit des EU-Anpassungspfades in der Klimapolitik	337
	Simulationen: Höhe des Vorteils global integrierter CO2-Zertifikate-Handelssysteme	340
	Möglichkeit zur Minderung der CO2-Kostenbelastung für die Industrie	341
	Befunde zur Kosten-Nutzen-Analyse beim CPB	345
	Neuansätze und kritische Summe von Einzelmaßnahmen unerlässlich	347
	Vier Punkte zum Schluss	351
25	Anhang	355
	Anhang 1: Klimapolitikinfo zu Kalifornien	355
	Anhang 2: CO2-Emissionen im Makromodell der geschlossenen Volkswirtschaft: Weltwirtschaft	364
	Anhang 3: Welt-Hitzekarte Juli 2019 (University of California at Berkeley)	366
	Anhang 4: Sustainability Development Goals	367
	Anhang 5: Mitglieder der „Kohle-Kommission"	368
	Anhang 6: Mitglieder der Ethik-Kommission zum Atomausstieg	370
	Anhang 7: G20+Plus	372
	Anhang 8: Optimale Emissionsminderung	374
	Anhang 9: Statistik der Treibhausgasemissionen – Emissionskataster	375
26	Literaturverzeichnis	379

Abbildungs- und Tabellenverzeichnis

Abb. 1 Langfristiger Anstieg der globalen durchschnittlichen Oberflächentemperatur, 1880–2018 38
Abb. 2 Emissionshandelssektor und Nicht-Emissionshandelssektor 52
Abb. 3 Struktur der Klimaschutzpolitik in der Europäischen Union 60
Abb. 4 EU-Zertifikatehandel (ETS = Emission Trading System): Höchstemissionsmengen und geplanter Absenkungspfad 64
Abb. 5 Drei Ansatzpunkte der Klimaschutzpolitik 86
Abb. 6 Rauchentwicklung in Brasilien im August 2019 (mit Einflüssen aus Bränden in Bolivien) 91
Abb. 7 Regionale Verteilung von Feinstaub in Lateinamerika im August 2019 92
Abb. 8 Aufforstungsmöglichkeiten weltweit 93
Abb. 9 Ausdehnung des arktischen Eisfeldes, 2012 (gelbe Linie steht für den Durchschnitt der 30 Vorjahre) 108
Abb. 10 Arion auf dem Delfin (1748), Gemälde von François Boucher 109
Abb. 11 Treibhausgasemissionen in 2000 nach der Quelle 113
Abb. 12 UN-Weltbevölkerungsprognosen bis 2100 (mittlere Variante) ... 121
Abb. 13 Nominaler CO2-Zertifikatepreis in der EU (Preis in Euro) 126
Abb. 14 Relativer CO2-Zertifikatepreis in der EU (relativer Preis: Zertifikatepreis dividiert durch Sozialproduktsdeflator, Preis in Euro) 126
Abb. 15 Erneuerbare Energien: Patentdynamik Chinas (nach „Office of First Filing") 132
Abb. 16 Handlungsansätze beim Klimaproblem 136
Abb. 17 Strategische Ansatzpunkte moderner integrierter Klimapolitik .. 137
Abb. 18 Anteil der Unterqualifizierten (kann nicht rechnen oder nicht lesen; oder beides nicht) an den Arbeitnehmern in ausgewählten OECD-Ländern 146
Abb. 19 Ansatzpunkte nationaler Klimapolitik und ergänzender Politikansätze 157
Abb. 20 Stromversorgung aus Erneuerbaren Energien, 2017 (GWh) 183

Abb. 21 Strom aus Erneuerbaren Energien (nach Arten in %), 2017 184
Abb. 22 Stromkapazitäten aus Erneuerbaren Energien,
         (nach Arten in %), 2018 184
Abb. 23 Verteilung der Windenergieintensität auf der Welt 185
Abb. 24 Eigenkapital multilateraler Entwicklungsbanken und
         der Weltbank (Milliarden $, 2017) 205
Abb. 25 EU-Emissionshandelssystem (EU-ETS) 210
Abb. 26 Top-10-RCA-Indikator, 2015 268
Abb. 27 RCA-Indikator G20 umweltfreundliche Produkte 270
Abb. 28 Welt-Nachhaltigkeits-Indikatorpositionen, 2000 272
Abb. 29 EIIW-vita-Indikator 2000–2015 Welt, China, Deutschland 273
Abb. 30 Ökologisch strukturierte Renditeentwicklung
         (Top-10- beziehungsweise Top-9-Sustainability-Länder) 280
Abb. 31 Umweltsteueraufkommen relativ zur Wirtschaftsleistung
         (Bruttoinlandsprodukt), 2016 297
Abb. 32 Herausforderungen: Klimaschutz-Politikaufgaben 333
Abb. 33 Widersprüchlichkeit der EU-Planungen zur Klimaschutzpolitik .. 338
Abb. 34 Schritte zu einem integrierten G20Plus-Zertifikatesystem 344

Tab. 1   Top-Gasförderländer (nachgewiesene Reserven) der Welt 180
Tab. 2   Hauptölförderländer der Welt 181
Tab. 3   Hauptkohleförderländer der Welt 182
Tab. 4   Bewertung verschiedener Optionen zur Bepreisung von CO_2 201
Tab. 5   CO2-Bepreisung in ausgewählten Ländern, 2018 238
Tab. 6   Kennzahlen im internationalen Vergleich 239
Tab. 7   G20-Länder: Bruttoinlandsprodukt (Kaufkraftparität, Dollar) 258
Tab. 8   Top- und Rangligaende – 10 RCA-Ranking-Länder
         (Führungsländer 2015: grünes Feld; Vergleich mit 2000) 267
Tab. 9   Langzeitveränderungen Top- und Schluss-Gruppe 272
Tab. 10 Gegenüberstellung, „Savings indicator = Sparindikator";
         „Renewables indicator/Anteil Erneuerbare Energien" und
         „RCA indicator/internationale grüne Wettbewerbsfähigkeit" 274
Tab. 11 EIIW-vita Nachhaltigkeitsindikator basiertes globales
         Staatsanleihen-Musterdepot 2000–2015 (SABIS-Strategie;
         EIIW-Berechnungen), 10-year Government Bonds
         der erfolgreichsten 10 Länder des RCA-Indikators 279

Teil I
Hintergrund des Klimaproblems

1
Einleitung

Die Klimaschutzdebatte in Deutschland, Europa und weltweit dürfte sich in der zweiten und dritten Dekade des 21. Jahrhunderts weiter intensivieren. 2017 war das wärmste Jahr in Sachen Oberflächentemperatur der Erde – seit Beginn der Aufzeichnungen 1880. Die beiden Jahre zuvor waren ähnlich rekordverdächtig, aber durch das regionale El-Niño-Phänomen in Lateinamerika verzerrt. Kurzfristige Wetterereignisse sind nicht dasselbe wie Klima, aber Klimaerwärmung im Trend und mehr Extremwetter-Situationen passen zusammen. Nicht umsonst sind große Versicherungen aktiv in Sachen Klimaforschung. Denn hieraus ergeben sich Schlussfolgerungen z. B. für erwartete Schadensfälle beziehungsweise Überschwemmungsrisiken weltweit.

Es gibt umfassendes Datenmaterial, das auf eine historisch hohe regionale und vermutlich auch globale Kohlendioxid-Konzentration hinweist. CO_2-Emissionen sind Treiber der globalen Erderwärmung. Seit 1957 wird auf einem Gipfel in Hawaii die CO_2-Konzentration laufend gemessen. Über Eiskern-Bohrungen kann man noch weiter zurück in die Erdgeschichte sehen. Messungsergebnisse solcher Bohrungen lassen vermuten, dass die CO_2-Konzentration 2018 so hoch war wie in den letzten 800 000 Jahren nicht. Die Weltorganisation für Meteorologie berichtet, dass die Zunahmen der CO_2-Konzentration hoch sind – vergleichbar einer CO_2-Konzentration gut zwei Millionen Jahre zurück. Die Temperatur damals war zwei bis drei Grad höher als heute, der Meeresspiegel 10 bis 20 Meter höher. Die neuere Temperaturerhöhung (global warming) und der Anstieg der CO_2-Konzentration seit 1850, also seit der Industrialisierung, treffen auf eine moderne Weltwirtschaft mit rund 7,5 Milliarden Menschen. Für diese bedeutet die Klimaerwärmung eine große Herausforderung – für Menschen auf Inseln, die durch den Anstieg der Ozeane den Boden unter den Füßen verlieren, bis zu Heißregionen in der Welt mit massiven Ernteausfällen. Natürlich gibt es seit etwa zwei Jahrzehnten eine zunehmend verstärkte Klimaschutzpolitik in den Industrieländern (OECD-Länder-Gruppe). Das Problem ist aber, dass zwar die CO_2-Emissionen der

OECD-Länder allmählich rückläufig sind, doch in China, Indien, Südafrika und vielen anderen Ländern steigen die CO2-Emissionen an.

Die Anpassungsprozesse der Wirtschaftspolitik und neue Weichenstellungen der Klimaschutzpolitik haben nationale und internationale Konsequenzen. Es geht am Ende um erhebliche Änderungen in Wirtschaft und Gesellschaft; notwendig sind noch mindestens drei Jahrzehnte beschleunigter Strukturwandel weltweit, was eine historische, zeitweise schwierige Umbruchsituation darstellen wird. Preise, Wirtschaftsstrukturen und Technologien werden sich ändern, damit verbunden aber auch weitere Schlüsselgrößen im Wirtschaftssystem der Industrie- und Schwellenländer oder auch der G20-Länder, der „führenden Länder der Weltwirtschaft", die sich jährlich zu einem globalen Weltwirtschaftsgipfel treffen. G20 heißt gut 60 % der Weltbevölkerung. Führende Klimaforscher der UN haben argumentiert, dass man bis 2050 „Klimaneutralität" erreichen müsste: Gegenüber 1990 – als Vergleichsjahr – sind dann aber die CO2-Emissionen um rund 90 % zu vermindern. Setzt man also 1990 = 100, dann steht die EU im Jahr 2020 etwa bei 70; bis man 2050 das Niveau von 10 erreicht, wird es dauern. In China, Indien, Indonesien und anderen Ländern ist seit 1990 der CO2-Ausstoß gestiegen und er wird auch vorläufig noch weitersteigen. Wie geht das zusammen in Nord und Süd? Welche Auswirkungen hat Klimaschutzpolitik längerfristig auf die Wirtschaft in einzelnen Ländern und in der Weltwirtschaft insgesamt? Was kostet Klimaneutralität, welche Anpassungspfade sind vernünftig?

Dieses Buch ist die erste Studie, die nicht die Klimaschutzthematik isoliert betrachtet, sondern auch damit verbundene Fragen der Einkommensungleichheit und der Innovationsdynamik sowie der Chancen für G20Plus-Kooperation (G20Plus = G20 plus Nigeria, das 2050 laut UN-Projektion ca. 400 Millionen Einwohner haben wird), die als entscheidende Voraussetzung für Klimaneutralität bis 2050 betrachtet wird. G20Plus steht für 80 % der weltweiten Kohlendioxid-Emissionen.

Während man über Klimaschutz sehr viel Fachliteratur finden kann, fehlen Analysen, wie die für Klimaneutralität global notwendige Kooperation von Ländern und Regionen stattfinden könnte. Nationale Klimaschutzpolitik in sehr vielen Ländern gleichzeitig ist Teil der notwendigen Schritte hin zu einer Klimanachhaltigkeit, die auch künftigen Generationen ähnliche Wohlstandschancen ermöglicht wie der aktuellen. Da laut ICAP Report (Emission Trading Worldwide, 2018) 2017 erst 15 % der globalen CO2-Emissionen durch Emissionshandelssysteme erfasst waren – sie starteten dank der EU im Jahr 2005 (5 % der globalen Emissionen umfassend) –, ist der Weg sehr weit: jedenfalls bis zu den gut 80 % der Weltemissionen, die hier mit Blick auf G20Plus als unerlässlich angesehen werden. Die Weltbank berichtet auf ihrer Website Mitte 2019, dass 38 Länder Zertifikate-Handelssysteme nutzten oder planten (https://carbonpricingdashboard.worldbank.org/map_data). Aber viele der entscheidenden G20-Länder fehlen, obwohl solche Handelssysteme effizient sind.

Es gibt keine erkennbaren Ansätze auf G20-Ebene, zügig mehr Emissionshandelssysteme für CO_2 in den G20-Ländern einzuführen, die bislang nicht mitwirken. Eine Ausnahme ist Mexiko, und hier kommen die Impulse nicht aus den G20. Die starke Fokussierung der offiziellen Politik in sehr vielen Regionen der Welt auf dem Pariser Abkommen mit über 190 Ländern ist teilweise sinnvoll, aber aufgrund der riesigen Länderzahl auch eine unnötige Selbstüberforderung. Wie also kann man nationale Klimaschutzpolitik sinnvoll koordinieren, welche Voraussetzungen für funktionsfähige internationale Kooperation in der Wirtschaftspolitik gibt es? Welche Kombination von Politikelementen ist nötig, damit Klimaneutralität mit hoher Sicherheit bis zum Jahr 2050 ohne Destabilisierung der Wirtschaft erreicht wird? Es wird gezeigt, dass die bisherige EU-Programmierung der jährlichen Minderung der Emissionsobergrenze für 2020–2030, nämlich –2,2 %, genau in eine solche Destabilisierung hineinführen wird, da 2030–2050 jährlich ein Rückgang der CO_2-Emissionen um 8 % bei der Obergrenze umzusetzen wäre. Das brächte Ende der 2020er Jahre eine Art Ölpreisschock, hier durch Zertifikatepreise bei wohl über 100 €/Tonne CO_2. Das ist ein ökonomisch riskanter, unsinniger Pfad, über den man sich bisher offenbar keine Gedanken zu machen scheint. Dringend müsste schon in der Dekade 2020–2030 der jährliche prozentuale Rückgang in der EU bei der Obergrenze schrittweise auf etwa 5 % hingeführt werden. Die großen Widersprüche in Teilen der Politik zeigen, dass man die Aufgabe Klimaneutralität bis 2050 bislang nicht wirklich ernst nimmt. Wenn man die Anpassungsschritte in den EU-Ländern und den anderen G20Plus-Ländern rechtzeitig auf den Weg bringt, kann Klimaneutralität bis 2050 allerdings durchaus erreicht werden.

Zu den obigen Fragen werden in diesem Buch neue Antworten entwickelt. Zudem werden die Alternativen Regulierung, Emissionszertifikate-Handelssystem und CO_2-Steuern plus andere Politikoptionen diskutiert und bestehende Widersprüche bei wichtigen politikrelevanten Fragen – etwa der Höhe der CO_2-Schäden pro Tonne CO_2-Emission – beleuchtet. Auch die Frage nach der besten Strategie für globale Klimaneutralität bis 2050 wird gestellt. Damit wird eine notwendige weltwirtschaftliche Perspektive entwickelt und ein nachvollziehbarer Erkenntnisgewinn zur nationalen und internationalen Klimaschutzdebatte geliefert. Die neuen, hier vorgelegten Analyse- und Politikperspektiven weichen teilweise von aktuellen Ansätzen in Deutschland, der EU und der UN ab, teilweise erweitern sie bestehende Ansätze.

Die Fridays-for-Future-Protestbewegung der Schülerschaft in vielen Ländern Europas, ja der Welt, steht für die große Besorgnis der jungen Generation, dass man ausreichende Klimaschutzpolitik in den Industrie- und Schwellenländern nicht rechtzeitig umsetzen will und wird. Millionen Menschen in der jungen Generation fragen sich, ob ihre Zukunft existenziell gefährdet ist und weshalb womöglich die nationale und internationale Politik nicht frühzeitig – jedenfalls rechtzeitig – klare Weichen für energischere Klimaschutzpolitik setzen will oder kann.

Das ist eine sehr berechtigte Frage, wobei ältere Menschen mit Blick auf Kinder oder die Enkelgeneration sich diese Besorgnis zum Teil auch zu eigen machen. Die Fridays-for-Future-Bewegung sorgt für mehr Handlungsdruck in der Politik, aber ob diese mit hinreichend Wissen dann rationale Politikalternativen sorgfältig betrachtet, ist unklar. Werden die Aktivisten der Fridays-for-Future-Bewegung kontrovers diskutieren und den Klima-Forschungsfortschritt beflügeln? Die Fridays-for-Future-Bewegung steht sicher für ein großes internationales Aktions- und Kooperationspotenzial. Eigentlich kann das Engagement der Jugend beim Klimaschutz Grund für Optimismus sein – Klimaschutzpolitik in sehr vielen Ländern kommt parallel unter Handlungsdruck.

Dass Greta Thunberg sich in ihrem Anfangsprotest vor das Schwedische Parlament setzte, kann man zunächst verwunderlich finden, da gerade Schweden durch eine frühe Kohlendioxid-Steuer in Kombination mit einem in anderen Sektoren angewandten EU-CO2-Zertifikatehandel einen auf dem europäischen Kontinent gegenüber 1990 vorbildlichen Rückgang beim CO2-Ausstoß erreicht hat. Greta Thunberg aber geht es erkennbar um eine europäische oder auch globale Klimaprotestbewegung. In Europa insgesamt sind die Schülerproteste ein Impuls für eine sonst eher lahme Klimapolitik, sich rascher zu entwickeln. Geht nun verstärkte europäische und globale Klimaschutzpolitik in die richtige Richtung? Mit hinreichendem Tempo? Auf diese wichtigen Fragen gilt es, Antworten zu finden. Wie ist Klimaschutzpolitik mit anderen Feldern der Wirtschaftspolitik sinnvoll zu verknüpfen? Eine breitere Problemsicht ist hier zunächst eher lästig, aber sie ist notwendig, wenn Klimaschutzpolitik erfolgreich sein soll.

Natürlich muss man aus ökonomisch-ökologisch-sozialer Sicht auch die Frage stellen, wie man gewünschten nationalen und letztlich globalen Klimaschutz zu minimalen Kosten erreichen kann – gibt es Fehlsteuerung beim Klimaschutz? Was müsste man besser machen? Welche Reihenfolge an Reformschritten, wie viel internationale Kooperation ist nötig und wie kann man sinnvolle Reformen der Bürgerschaft verständlich erklären? Wie vermeidet man, aus Klimapolitik eine Serie an teuren Jammerreformen oder eine Hysterie-Aktion zu machen? Wie kann man vielmehr beim Klimaschutz die kreativen Energien der Menschen für eine Herausforderung positiv und durchdacht sowie international vernetzt mobilisieren?

Die vorliegende Studie beleuchtet diese plus andere wichtige Fragen und die Besorgnisperspektiven in grundlegender ökonomisch-politischer Sicht. Die Antwort an die Jugend ist, dass man sich begründet Sorgen machen kann, aber zumindest vorläufig gute Chancen bestehen, rechtzeitig durch eine Abfolge von umfassenden Reformen in Europa, Nordamerika und Asien das 2-Grad-Ziel im Pariser UN-Klimavertrag zu erreichen. Gegenüber 1850, dem Beginn der Industrialisierung, soll die Erd-Durchschnittstemperatur um höchstens zwei Grad im 21. Jahrhundert ansteigen; nach Möglichkeit nur um 1,5 Grad. Das bedeutet, dass es um ein in dreifacher Hinsicht großes Ziel geht: ein Ziel für die ganze Welt, ein Ziel gleich für die ganze Hälfte des 21. Jahrhunderts und hoffentlich schon erreichbar in den 2040er Jahren; und ein Ziel, dessen Erreichung Grundlage für Wohlstand und Stabilität auf der Erde für viele Jahrzehnte ist.

Der Einfluss des Populismus auf die Klimaschutzpolitik

Dabei beschleunigen sich auch Veränderungen in anderen Politikbereichen, wobei der Trump-Populismus der USA die EU durch das Wegfallen der US-Integrationsunterstützung untergräbt; zusätzlich zum BREXIT-Projekt in Großbritannien. Trump steht für eine Beendigung der über 60-jährigen US-Unterstützung für EU-Integration. Der BREXIT ist nicht nur ein Projekt zum EU-Austritt Großbritanniens – genauer des United Kingdoms –, er steht auch für eine Art Abwendung von 45-jähriger britischer Mitwirkung in der Europäischen Union. Wenn politische Kooperationslinien innerhalb der EU nach so langer Zeit in einer Phase ohne ökonomische Notlage zerbrechen sollten, dann wird man sich fragen müssen, welchen angeblich langfristigen Kooperationsprojekten im Westen man noch trauen soll. Dass die Glaubwürdigkeit jeder UK-Regierung auf viele Jahre als international geschwächt erscheint, ist unabweisbar; die innerbritische und inneramerikanische Politikpolarisierung ist ein zum Teil offenbar auf das Internet zurückführbares Phänomen: Nationale Konsensbildung wird unter diesen Umständen schwieriger und langwieriger. Das wird auch internationale Klimaschutzkooperation wohl bedenklich verlangsamen. Es sind jedenfalls keine guten Voraussetzungen für ein Mehr an langfristigen internationalen Kooperationsprojekten. Nun ist aber gerade der Klimaschutz ein globales Kooperationsprojekt. Denn es gibt ja nur ein Klima für die Erde.

Der Aufstieg des Populismus ist ein Indiz dafür, dass in verschiedenen Ländern erhebliche Teile der Bevölkerung ein Identitätsproblem im Zuge langjähriger hoher Zuwanderung sehen. Möglicherweise auch, weil in einer digitalen Medienwelt die Integration von Zuwanderern sprachseitig langsamer als früher erfolgt. In New York hatte ich bei einer Fahrt zu einem Meeting bei der UN einmal einen Taxifahrer, der nur Spanisch sprach, was ich nicht als angenehm empfand, zumal mein Spanisch nicht gut ist. Eine einheitliche Sprache für die Verständigung aller in einem Land scheint doch wichtig zu sein für eine gemeinsame Wahrnehmung und ein Gefühl von Identität; natürlich auch für eine sinnvolle öffentliche und berufliche Debatte. Diversität nicht zu überdehnen, kann man als wichtiges Politikanliegen ansehen, da sonst der Gedanke nationaler Solidarität als ein grundlegendes Prinzip gesellschaftlichen Zusammenlebens nicht hinreichend in der breiten Öffentlichkeit akzeptiert wird. Wenn der Solidaritätsgedanke in vielen Ländern politisch geschwächt ist, dann wird auch international ein Solidaritäts- und Kooperationsdenken kaum stark sein können. Das aber ist eine Voraussetzung für globale Klimapolitik.

Wenn zudem in vielen Ländern die Kräfte von Globalisierung und Digitalisierung als unübersichtlich, unfair und zeitweise chaotisch wahrgenommen werden sollten (gelegentlich wohl verursacht durch eine zu schnelle Liberalisierung in manchen Feldern), so wird sich in Teilen der Bevölkerung die Suche nach einfachen neuen Antworten der Politik verstärken: Populistische autoritäre Strukturen werden sich ausbreiten, demokratische Regierungen womöglich eine verminderte Neigung zu öffentlichen Debatten in Bezug auf große Themen zeigen. Klimaschutz und Demokratie sollten aber zusammen gehen.

Da Populismus, Protektionismus und Nationalismus bedeuten, dass sich die internationale Kooperation im Zeichen von Anti-Multilateralismus – Ablehnung der Rolle internationaler Organisationen unter anderem durch die Trump-Administration – erschwert und sich die Effizienz von Umwelt- und Klimaschutzpolitik deutlich verschlechtern wird. Also werden sich die Kosten des Klimaschutzes deutlich erhöhen. Unter ungünstigen Umständen kann dann eine global rationale Klimaschutzpolitik unmöglich werden, was langfristig zu massiven neuen internationalen Konflikten führen dürfte, etwa via massiv erhöhter Zahl von Klimaflüchtlingen in der Weltwirtschaft, Immigrationsdruck für den Norden wegen im Süden der Weltwirtschaft stark ansteigender Häufigkeit von Hitzeperioden.

Mehr Immigrationsdruck heißt Expansionschancen für die Populisten. Da droht eine gefährliche Ungleichung. Im Übrigen zweifeln Populisten daran, dass es menschengemachten Klimawandel gebe. Häufig wird behauptet, ein Großteil der wissenschaftlichen Klimastudien zeige Zweifel an einem menschengemachten Einfluss, aber die NASA schrieb schon 2015, dass 97 % der Studien solch einen Einfluss aufzeigen und führende wissenschaftliche Institute einen solchen Einfluss annehmen (https://climate.nasa.gov/scientific-consensus/). Auf die 97 % sollte man vernünftigerweise nicht stark abstellen, denn nicht alle Studien sind methodisch überzeugend; eher darauf, dass die führenden Forschungsinstitute im Bereich Klimaforschung weltweit weitgehend ähnliche Befunde und Schlussfolgerungen in Sachen menschengemachte Erderwärmung vorgelegt haben. (Speziell in Deutschland gibt es allerdings einige Ökonomen, die unter sonderbarem Verweis auf Friedrich von Hayek und in Verkennung der Bedeutung empirischer Wirtschafts- und Klimaforschung meinen, man könnte keine fundierten Aussagen zur Erderwärmung machen; diese Ökonomen haben offenbar den Wissenschaftstheoretiker Karl Popper nicht verstanden.)

Menschengemachten Klimawandel gibt es laut den Populisten im Westen nicht, was auf eine Art Rückkehr in die Zeit vor Kopernikus hinauslaufen könnte. Kritische Zweifel an den „Eliten" werden zu einem Generalzweifel an jeder Erkenntnis und praktisch allen Institutionen erhoben, was eine abenteuerliche Sichtweise ist. Eine gewisse Anti-Wissenschaftseinstellung ist ein Merkmal von Populisten, die häufig Experten für Wunschdenken und einfache – dann oft auch populäre – Scheinlösungen sind. Auch beim BREXIT gibt es solche. Iain Duncan Smith als Ex-Chef der Tories zeigte im HARD Talk BBC Interview 2019, dass er von wissenschaftlichen Analysen nichts versteht: Zahlreiche Forschungsinstitutionen hätten die Bankenkrise 2008/09 nicht prognostiziert, es sei von ihnen daher keine vernünftige Prognose zum BREXIT zu erwarten – dabei sind die Wohlfahrtseffekte der britischen EU-Mitgliedschaft aus mehr als vier Jahrzehnten in einschlägigen empirischen Forschungen bestätigt worden, und das vorläufige BREXIT-Datum Ende Oktober 2019 (oder später) ist auch kein Geheimnis. Der Justizminister unter Cameron, Michael Gove, sagte im TV vor dem EU-Referendum, dass die Öffentlichkeit die Nase voll habe von der Sicht von Experten. In UK ist ein Teil der Konservativen auf sonderbare Weise gegen die stolze britische Wissenschaftstradition positioniert.

Viele Industrie- und Schwellenländer sind seit Jahren beim Klimaschutz engagiert; dazu gehört auch Deutschland, das im EU-Emissionszertifikate-Handelssystem (ETS) mitwirkt und durchaus Erfolge bei der Emissionsminderung vorweisen kann. Aber außerhalb dieses ETS-Bereiches, der Energie und Industrie umfasst, gibt es nach EU-Vereinbarungen (z. B. EU Klima-Aktions-Verordnung) eine Verpflichtung zur Emissionsminderung: Bis 2020 sind in den Sektoren außerhalb des EU-Emissionshandels die Emissionen um 14 %, bis 2030 um 38 % gegenüber 2005, zu vermindern. Dabei geht es um Landwirtschaft, Verkehr, Gebäude, wobei für 2013–2030 eine Obergrenze beim Emissionsvolumen festgesetzt wurde. Deutschland wird in diesem Bereich 2020 die Ziele verfehlen und dürfte auch mit Blick auf 2030 vor ernsten Problemen stehen. Dann muss Deutschland Emissionsrechte von anderen EU-Ländern kaufen, was mehrere Milliarden Euro kosten könnte.

Klimaschutzpolitik sollte man sorgfältig analysieren, öffentlich Pro- und Contra-Argumente diskutieren; dann effiziente Klimaschutzpolitik umsetzen. Die in Deutschland über viele Jahre sichtbare neue Tendenz der Bundespolitik, große Zukunftsfragen kaum noch im Parlament öffentlich zu diskutieren, sondern in Mega-Kommissionen – wie beim Kohleausstieg und beim Atomausstieg – als eine Art Ersatzparlament politisch majestätisch vorzuentscheiden, wird in diesem Buch kritisch gesehen. Nicht nur Klimaschutzpolitik, sondern alle großen Fragen von Wirtschaft, Gesellschaft, Politik und Sicherheit gilt es, in der repräsentativen Demokratie sichtbar und hörbar in der Gesellschaft und im Parlament zu diskutieren. Demokratie verträgt auf Dauer die Abgeschiedenheit majestätischer Mega-Kommissionen nicht. Im Parlament Mehrheitsabstimmungen umzusetzen, ohne zuvor die wichtigen Argumente, Fakten und Entscheidungsoptionen öffentlich diskutiert zu haben, und damit Gesellschaften umsteuern zu wollen, wird nicht funktionieren. Gerade große Änderungen wie bei der Klimaschutzpolitik brauchen Legitimität, das Mitnehmen der Menschen im Kopf. Klimaneutralität zu erreichen, ist keine Landung auf dem Mond, sondern eine auf der Erde. Erfolgreiche globale Klimaschutzpolitik könnte zehn Milliarden Menschen (2050) ein Neuvertrauen in die Fähigkeiten der Menschheit geben, Zukunftsfähigkeit gemeinsam, international friedlich zu gestalten. Da steht offenbar viel auf dem Spiel.

Zu mancher Klimafrage gibt es tendenziell komplizierte Antworten. Aber es gibt immerhin einige einfache Antworten zum Thema Klimawandel für drei Viertel der Welt, beispielsweise mehr Fahrradfahren, was mit Blick aufs Fahrrad nicht teuer ist, allerdings auch erhebliche Investitionen in einer Stadt erfordert – siehe etwa die Vorzeigestädte Kopenhagen, Amsterdam, Hamburg. Sichere neue Abbiegesysteme für den Lastkraftwagen-Fuhrpark sind überfällig, da LKWs allzu oft Radfahrer mangels guter Fahrersicht bei Abbiegemanövern überrollen. Viele andere Maßnahmen sind ebenfalls durch eigene Entscheidung des Einzelnen pro Klima denkbar. Aber ohne nationale und internationale

Politikmaßnahmen – ohne mehr Kooperation – wird man den notwendigen Klimaschutz nicht erreichen.

Führende OECD-Länder und Schwellenländer sind gefordert, durch mehr klimafreundliche Innovationsdynamik jeweils eigenständige Impulse für den Klimaschutz zu liefern und klimafreundliche Investitionen bei Infrastrukturen und Gebäudebau zu ermutigen. Österreich ist ein globales Führungsland bei emissionsneutralen Häusern, aber die EU schafft es trotz Binnenmarkt nicht, dass solche Häuser eine Chance haben, in den anderen EU27-Ländern gebaut zu werden. Das ist absurd – es gibt reale Problemlösungen, aber ihre Anwendung wird durch nationale klimaschädliche, protektionistische Regulierungen verhindert. Neben Fortschritten in der EU sind Schritte zur Kooperation beim Klimaschutz auf internationaler Ebene bei den G20-Ländern notwendig. Da geschieht auf UN-Konferenzen einiges, aber die Arbeiten sind zu wenig fokussiert. Einflussreiche EU-Länder und die EU selbst haben keine erkennbare Strategie, auf G20-Ebene ernsthafte Fortschritte zu erreichen. Es gibt alte G20-Pressekommuniqués, die die Rückführung der enormen Subventionen für fossile Energien fordern – geschehen aber ist praktisch nichts. Es gibt viele unverbindliche Ankündigungen, aber keine Website, wo man Ziele und Fortschritte bei der Zielerreichung sehen kann. So kann man Klimaneutralität sicher nicht erreichen.

Das Klimaproblem beim CO_2-Ausstoß ist nämlich wie das Internet, wirklich grenzenlos. Die Wirtschaftspolitik traditioneller Art ist nicht gut darin internationale Kollektivgüter bereitzustellen: ein sicheres Internet etwa oder eben hinreichenden Klimaschutz, der auf die Begrenzung der CO_2-Emissionenen (und ähnlicher Gase) weltweit hinausläuft. Dem Klima ist es mit Blick auf die Aufheizung der Erde beziehungsweise den Anstieg der mittleren Oberflächentemperatur egal, woher die jeweilige CO_2-Emission kommt. Gelingt es, beim Klimaschutz Fortschritte zu machen, so bleibt das nicht ohne Nebenwirkungen – etwa im Bereich der ökonomischen Ungleichheit in den Ländern der Welt. Hierbei gibt es politisch-soziale Verträglichkeitsgrenzen, die es zu beachten gilt. Sonst wird es mit dem Klimaschutz auf Dauer nichts werden. Die Wirtschaftspolitik ist insgesamt auf neue Art gefordert.

Wegen der Nebenwirkungen von Klimaschutzmaßnahmen sollte man ein breites Konzept der Wirtschaftspolitik entwickeln, und natürlich gilt es beim Klimaschutz auf die Kosten zu achten. Dringend vermeiden sollte man unnötig teure Klimaschutzmaßnahmen. Klimaneutralität zu erreichen, muss nicht vor allem populär sein (also etwa die Kohleverstromung sehr zügig vermindern), sondern sicher finanzierbar und kostenminimal organisiert; dann ist mehr Klimaschutz machbar und es bedarf eben einer großen globalen Klimaschutz-

Anstrengung der Politik. Dazu gehört auch ein Umbau des Steuersystems. Wieso Dänemark, die Niederlande und einige andere EU-Länder Einnahmen aus Umweltsteuern von 3,5 bis 4 % haben, während Deutschland gerade einmal gut 2 % verzeichnet, ist schwer zu verstehen. Höhere Ökosteuern, geringere Einkommens- und Körperschaftssteuersätze, das wäre ein Gewinn an Umweltqualität, Wachstum und Jobs in vielen EU-Ländern. Außerhalb der EU gilt das ganz ähnlich, mit am meisten in den USA, die unter Präsident Trump teilweise eine Anti-Umwelt- und Anti-Klimaschutzpolitik betreiben.

Umwelt- und Klimaschutz, Politik für Nachhaltigkeit werden langfristig an Gewicht gewinnen innerhalb der Wirtschaftspolitik, wo man die Rahmenbedingungen für mehr klimafreundliche Innovationen und CO_2-Minderung neu ausrichten sollte. Profilieren könnten sich in der Politik jene, die sich glaubwürdig hinter machbare Klimaschutzziele stellen, dafür die Unterstützung großer Teile der Bevölkerung zu erreichen vermögen und die notwendige internationale umfassende Kooperation zuverlässig entwickeln können.

CO_2-Emissionen sind ein weltweites Phänomen und deshalb können natürlich nicht allein Deutschland oder die EU – die für 2,2 % beziehungsweise 10 % der Klimagas-Emissionen stehend – das globale Klimaproblem lösen. Es bedarf schon eines größeren internationalen Ansatzes. Impulse dafür gibt es von einigen Seiten, auch aus Europa, doch hier sind die Maßnahmen bis 2020 noch deutlich unzureichend. Dabei gilt es, die gegenseitigen Abhängigkeiten etwa im Dreieck USA-Asien(China + Japan + Indien +...)-EU&Russland zu verstehen: Wenn ein großer Akteur, etwa die EU, effiziente Klimaschutzpolitik entwickelt, dann hat das positive Auswirkungen auf Asien und Nordamerika; und von dort gibt es positive ökonomische Rückwirkungen auf die EU, also Deutschland + Frankreich + Italien + UK + Niederlande etc. (und denkbar ist, dass andere Länder eben Klimapolitik-Ansätze der EU übernehmen, was die internationale Kooperation dann erleichtert). Das gilt sicher auch, wenn man im Ausgangspunkt China als großen Klimapolitik-Akteur betrachtet und dann die von dort ausgehenden Impulse auf Asien (ohne China), die EU und Nordamerika sowie die von dort auf China ausgehenden Rückwirkungen analysiert. Wer die gegenseitigen Abhängigkeiten international mitbedenkt, der kann effiziente Kooperationslösungen erreichen. Wenn man die Problematik aus der Perspektive eines Einzellandes wie Deutschland oder Niederlande betrachtet, dann kommt man nicht weit. Dann könnte man denken, dass Deutschland allein auch mit durchdachter Klimapolitik nichts erreichen kann. Eine solche Denkweise ist aber nicht angebracht, eine europäische – auch Russland einbeziehend – und globale Sicht ist häufig sinnvoll.

Aber die mögliche Reichweite der EU-Länder und der EU sollte man keinesfalls unterschätzen. Denn über internationale Organisationen lässt sich Einfluss nehmen, könnte man grüne Innovationsimpulse weltweit setzen; und dies muss auch in der wissenschaftlichen Analyse thematisiert werden (es wird allerdings in Deutschland im sehr lesenswerten Sondergutachten des Sachverständigenrates Wirtschaft 2019 (SVR 2019) kaum aufgenommen). Jedoch haben Deutschland und die EU auch Glaubwürdigkeitsprobleme, da etwa Zielvorgaben für 2020 nicht erreicht werden. Ein Teil der Glaubwürdigkeitsverluste ist dabei politisch selbst verursacht, da zu viele Ziele gleichzeitig gesetzt werden, die auch noch teilweise widersprüchlich sind. Bei der CO_2-Minderung verfehlt Deutschland sein nationales Ziel, aber die EU als Ganzes erreicht an der Stelle die eigene Zielmarke 2020. Es wird sicher auch auf die neue EU-Kommissionsvorsitzende ankommen, wenn es darum geht, von Brüssel aus mehr globale Klimapolitik-Impulse zu setzen.

Obendrein gibt es Effizienzprobleme: Man erreicht eine CO_2-Emissionsminderung nicht zu geringstmöglichen Kosten. Kalifornien deckt über Emissionszertifikatehandel 85 % der CO_2-Emissionen ab, die EU nur 45 %. Dabei ist die EU in der politischen Anwendung der Erfinder des CO_2-Zertifikatehandels und ist seit 2005 auf diese Weise aktiv. Beim CO_2-Zertifikatehandel entsteht ein Marktpreis für eine Tonne CO_2 und von diesem und seiner Entwicklung im Zeitablauf geht Anpassungsdruck auf Wirtschaft, private Haushalte und den Staat aus. Wenn man die G20-Länder alle zügig von der Nutzung eines umfassenden Zertifikatesystems überzeugen könnte, kann die Weltwirtschaft Klimaneutralität bis 2050 erreichen – wie sich zeigen lässt. Der Preismechanismus ist beim Zertifikatehandel wichtig, wobei natürlich ein sehr geringer Zertifikatepreis keine großen Innovationen und andere Anpassungen bei Firmen erwarten lässt. Es ist auch zu überlegen, wie man eine unnötig große Schwankungsbreite des Zertifikatepreises im Zeitablauf vermeiden kann.

In einer offenen Volkswirtschaft gilt es dabei, die Frage zu stellen, inwieweit man andere Länder zur Kooperation gewinnen kann. Das ist für die EU-Länder eine schwierige Frage in den Zeiten von Trump-Populismus und BREXIT, der als Projekt auch ein Populismus-Phänomen ist. Populismus heißt Nationalismus und Protektionismus, also gerade keine Weichenstellung für internationale Kooperation; nicht in der Handelspolitik und nicht in der Klimapolitik. Dabei ist Handelspolitik eigentlich schon Teil der Klimapolitik. Denn je mehr Freihandel weltweit besteht, desto größer der Wettbewerbsdruck hin zur Kosten- beziehungsweise Ressourceneinsatzminimierung in der Produktion.

Die ökonomische und politische Debatte des komplexen Klimaschutzthemas ist zum Teil verwirrend und selbst Experten-Analysen tragen gelegentlich wenig zur Aufklärung und zu einer vernünftigen Debatte bei. Die vorliegende Studie möchte einen klaren und dabei in Teilen auch neuen Beitrag zur Klimaschutzdebatte leisten. Neu ist die dargestellte analytische Verbindung von Klimaschutz-, Innovations-, Verteilungs- und Multilateralismus-Politik. Letzteres heißt, dass man internationale Organisationen sehr gezielt für die Innovations- und Klimaschutzpolitik nutzt; dabei natürlich eine Vielzahl von Ländern einbezieht. Neu ist aber auch, dass man bei einer gedanklichen Verbindung relevanter Politikbereiche am Ende auch weiter gehende Schlussfolgerungen ziehen muss, als die Politik in der EU oder in Kalifornien oder China oder Japan das bislang macht.

Es drohen in wenigen Jahrzehnten unumkehrbare Veränderungen beim Klima, große Wohlfahrtsverluste von 10–15 % weltweit und möglicherweise auch regionale und globale ökonomisch-politische Instabilität. Das geschieht, wenn man zu wenig Klimaschutz betreibt. Wenn man andererseits zu spät und ineffizient – also zu teuer in den ausgewählten Strategien und Maßnahmen – Klimaschutzpolitik realisiert, dann wird auch dies ernste negative wirtschaftliche Konsequenzen haben und Risiken für die internationale Stabilität mit sich bringen. Dabei sind Klimaflüchtlinge aus zu heißen Ländern im Süden der Welt, die Richtung Norden ziehen wollen, nur eines der denkbaren neuen Probleme in der EU.

Der EU-Zertifikatehandel für Kohlendioxid-Zertifikate ist weitgehend vorbildlich: Es ergeben sich Anreize für Energiewirtschaft und Industrie, die CO_2-Emissionen zu minimalen Kosten abzusenken gemäß einem politisch vorgegebenen Zeitpfad zur Absenkung der Emissionen. Dieser Zertifikatehandel sollte zügig von 45 % der Emissionen auf möglichst 85–90 % ausgeweitet werden und die EU sollte Handelspartner für den Zertifikatehandel gezielt gewinnen. Die Systeme kann man mittelfristig zusammenschalten, was die Kosten der CO_2-Emissionssenkung vermindert. China wird bis 2020 einen nationalen Zertifikatehandel umgesetzt haben, Kalifornien steht in den USA für ein sinnvolles CO_2-Zertifikatesystem, das 85 % der Emissionen umfasst. Kaliforniens System ist vom EU-Handelssystem mit inspiriert. Das schafft die Basis für EU-USA-Kooperation.

Fehlerhaft ist, so kann man spätestens seit 2010 feststellen, das Ausgeben von kostenlosen Zertifikaten in großem Ausmaß an Firmen im Exportsektor in der EU und im Energiesektor in Kalifornien. Die Schweiz vergibt großzügig kostenlose Zertifikate in Sektoren, bei denen man fürchtet, dass es sonst zu internationalen CO_2-Emissionsverlagerungen (carbon leakage) kommt: Die mit dem Emissionszertifikatehandel sich ergebende Verteuerung CO_2-intensiver Produktion könnte in Länder ohne solchen Zertifikatehandel und ohne

Kohlendioxid-Steuer verlagert werden. Dann drohen Jobverluste und letztlich wenig an Klimawirkung, wenn man nicht bei der Einführung des Zertifikatehandels großzügig einen hohen Anteil von kostenlosen Zertifikaten an Unternehmen in bestimmten Sektoren abgibt. Aber das bleibt nicht ohne Konsequenz bei der Vermögensverteilung.

In der EU sind Unternehmen in einigen Sektoren von Staatsseite in erheblichem Umfang kostenlos Zertifikate zugeteilt worden: Es heißt, um die internationale Wettbewerbsfähigkeit nicht zu beeinträchtigen. Hier geschieht teilweise zu viel, da man – so zeigen Analysen – den Unternehmen nur Zertifikate für etwa 20 % der Emissionsmenge kostenlos zuteilen muss, um den Unternehmensgewinn unverändert zu lassen. Eine darüber hinausgehende kostenlose Zuteilung an Zertifikaten ist eine staatliche Umverteilungspolitik zugunsten des Produktionsfaktors Kapital, dem Aktienkurssteigerungen in den Schoß fallen; natürlich auch in nicht wenigen Fällen zugunsten ausländischer Investoren. Das ist unfair, politisch unvernünftig. Es gibt eine seit 2010 sichtbare Kompetenzlücke in der Umweltpolitik, da die Problematik reichhaltiger kostenloser Ausgabe von Zertifikaten an Unternehmen in Deutschland und vielen anderen Ländern nicht bedacht worden ist.

Zudem zeigt sich, dass die Zertifikatepreise die Aktienkurse von Unternehmen im Energiesektor und in der Industrie in der EU beeinflussen: Wenn die Zertifikatepreise sinken, kommt es zu einem Impuls für sinkende Aktienkurse; wenn die Zertifikatepreise steigen, erhöhen sich die Aktienkurse. Ein Zertifikatemarkt wird ökonomisch für die Investitions- und Innovationsdynamik und damit auch das Wirtschaftswachstum des betreffenden Landes nicht nachteilig wirken. Wenn man also von 45 % der Emissionen in der EU auf 90 % hochgehen könnte, den Zertifikatehandel zügig ausweitet, wäre das klug.

Das Verständnis in der Öffentlichkeit für die Funktionsweise des EU-Zertifikatemarktes ist in Europa erstaunlich schwach; oder auch nicht erstaunlich, wenn man bedenkt, dass der Zertifikatehandel in der EU seit 2005 stattfindet, aber die Regierungen keinerlei Anstrengungen unternommen haben, die Logik des EU-Emissionszertifikatehandels zu erklären. Sehr vielen Schülern und Lehrern ist offensichtlich unklar, dass die von der „Kohlekommission" vorgeschlagene Stilllegung der Kohlekraftwerke bis 2038 etwa doppelt so teuer ist wie eigentlich nötig. Der Übergang von einer $CO2$-Emissionswelt zu einer klimaneutralen Erde ist wie ein großer schwieriger Umzug von einem Planeten auf einen anderen. Dabei sollte man den Umzug sorgfältig und risikominimal organisieren, zugleich den ärmeren Haushalten eine finanzielle Unterstützung aus einem Sonderfonds über zwei Jahrzehnte gewähren – eine Art historische

Umzugsprämie. Dafür kann man gut einen Sonderfonds aufsetzen, was bei historisch niedrigen Realzinssätzen nicht schwer zu finanzieren ist. Allerdings wird die Marktwirtschaft bei weiterhin negativen nominalen Zinssätzen für Staatsanleihen und Anleihen großer Unternehmen in Schwierigkeiten geraten. Die Europäische Zentralbank ist gehalten, den Zinssatz hochzuschleusen; eine lange Phase künstlich ultra-niedriger Zinssätze – gar eines negativen Realzinssatzes (Marktzinssatz minus Inflationsrate) – unterminiert die Sparneigung der Haushalte und führt zu Fehlinvestitionen.

Im Übrigen gilt auch, dass bei historisch niedrigen Zinssätzen der Staat durchdachte Infrastruktur- und Klimaprojekte verstärkt auf den Weg bringen sollte, da ja künftige Generationen auch einen erheblichen Nutzen davon haben werden, sodass eine Kreditfinanzierung doppelt sinnvoll ist. In der Verfassung Deutschlands ist eine problematisch enge strukturelle Defizitgrenze von 0,35 % des Bruttoinlandsprodukts verankert. Das führt bei Realisierung dieser Defizitquote und einem angenommenen realen Trend-Wirtschaftswachstum von 1,5 % zu einer langfristigen Schuldenquote von 23,3 %, was als zu niedrig erscheint; zumal das durchschnittliche Staatsanleihen-Rating in der Eurozone dadurch nach unten gezogen wird (Deutschland hat AAA, der Rest der Eurozone durchschnittlich in 2019 etwa B), was die private Investitionsfinanzierung in der ganzen Eurozone, auch in Deutschland, unnötig verteuern wird. Wenn Deutschland gar bei unter 0,35 % staatliche Defizitquote längerfristig bleiben wollte, wäre das erst recht problematisch. Es wäre teurer für die Volkswirtschaft 0,1 % Defizitquote – bei öffentlichen Unterinvestitionen – zu realisieren als 0,35 % Defizitquote mit vernünftigen Infrastruktur- und Klimaprojekten.

Mit der Kohlekommission – der „Kommission für Wachstum, Strukturwandel und Arbeitsplätze" – hat die Bundesregierung eine majestätisch besetzte Kommission geschaffen, die ungewollt die Demokratie untergräbt und wegen der Debatten-Beendigung autoritär wirkt. (Die Zusammensetzung der Kommission zum Atomausstieg war nach dem gleichen Muster gestrickt; dieser Punkt ist unabhängig davon relevant, dass es gute Argumente für einen Ausstieg aus der Atomkraft gibt.) Wenn die Öffentlichkeit keine Chance hat, die entsprechenden Gesetzgebungsvorhaben nach dem Kommissionsbericht noch zu diskutieren, so ist das demokratiefeindlich; da entstehen quasi-autoritäre Strukturen mitten in der Demokratie, das ist gegen die Offene Gesellschaft (im Sinne von Karl Popper) gerichtet. Bei der Kohlekommission ist das ökonomisch und klimapolitisch sowie sozial- und bildungspolitisch bedauerlich. Denn der mit Kosten von etwa 90 Milliarden € völlig unnötig überteuerte planwirtschaftliche Ausstieg aus Kohleverstromung und Kohleabbau bedeutet einen doppelt so hohen Preis für den Kohleausstieg, wie eigentlich nötig wäre: circa 500 € pro Kopf ist der Verlust für jeden in Deutschland, festgelegt von einer verwirrend zusammengesetzten Kommission – vom Roten Kreuz bis zu Greenpeace. Rund 45 Milliarden € Überteuerung sind ein enormer Betrag, der unter anderem in der Sozial- und Bildungspolitik fehlt.

Auch ohne staatlich festgelegten Kohleausstieg 2038 ergäbe sich bei Wirkenlassen des Zertifikatehandels im Zeitablauf ein großer Druck, Kohlekraftwerke wegen mangelnder Rentabilität still zu legen; bei einem denkbaren Zertifikatepreis von 30 € pro Tonne wäre der Druck natürlich größer als bei einem Zertifikatepreis von 10 € pro Tonne. Die Idee der Kohlekommission ist erkennbar, CO2-Emissionen da zu stoppen, wo sie sektoral gerade relativ hoch sind. Das ist ökonomisch aber nicht sinnvoll, da man CO2-Emissionen vor allem dort herunter fahren sollte, wo die (Grenz-)Kosten der CO-Minderung relativ niedrig sind. Genau das herauszufinden leistet der Zertifikatemarkt, eine Kohle-Kommission kann das nicht wissen – da folgen viele Mitglieder einem interessengeleiteten oder auch emotionalen Kompass. Wer so Emissions- und Zertifikatemarktlogik ignoriert, kann wohl populäre Symbolpolitik machen, aber einen effizienten Beitrag zur CO2-Minderung leistet man so nicht. Wenn man eine unnötig teure CO2-Minderung organisiert, geht das vor allem zulasten der ärmeren Haushalte. Wohlhabende Haushalte könnten auch unnötig hohe Strompreise leicht verkraften, arme Familien sicher nicht. Ist es nun so, dass Parteien, die Interessen armer Schichten vertreten wollen, auf Effizienzargumente bei der Klimapolitik besonders sorgfältig achten?

Wie man sieht, kann man durch eine unterregulierte Banken- beziehungsweise Marktwirtschaft wie im Vorfeld der Transatlantischen Bankenkrise 2008–2009 genauso Einkommensverluste säen wie durch einen bürokratisch-planwirtschaftlichen Kohleausstieg wie in Deutschland. Dieser ignoriert die Wirkkraft des Emissionshandels ebenso wie die wichtige Rolle relativer Preise und von Unternehmen im Wettbewerb, dem der Westen großenteils seinen Wohlstand zu verdanken hat.

Da der Klimaschutz ein globales Problem ist, nützt natürlich eine isolierte Klimaschutzpolitik in Deutschland oder der EU allein fast nichts; es kommt schon auf eine gute Vorbildwirkung und positive Netzwerkeffekte bei Partnerländern für eine vernünftige Klimaschutzpolitik an. Auch wenn die EU nur 10 % der Emissionen weltweit, Deutschland gar nur 2,2 %, verursacht, so sollte man nicht übersehen, dass es natürliche Bundesgenossen für die zum Teil vorbildliche Klimaschutzpolitik der Europäischen Union gibt. Die EU-Emissionszertifikatepolitik deckt seit 2005 immerhin 45 % der Emissionen ab, sie kann weiter ausgebaut und mit ähnlichen Politikansätzen in Kalifornien, Teilen

Kanadas und ganz Chinas sowie Japans (Tokio plus weitere Region) und Koreas kombiniert werden. Je umfassender der Zertifikatehandel in der Weltwirtschaft ist, desto günstiger wird der Übergang zu einer CO2-neutralen globalen Ökonomie bis 2050 vorausgesetzt, dass man bei der internationalen Finanzregulierung auch den Zertifikatehandel mit einbaut.

Als sinnvoll handelsfähige Institution wird die kompakte Gruppe G20Plus hier eingeordnet, nämlich die G20-Länder inklusive aller EU-Mitgliedsländer (zumal alle EU-Länder beim EU-Zertifikate-Handelssystem mitwirken) plus Nigeria, das bislang nicht zu den G20 zählt. Das der Bevölkerung nach im Jahr 2050 drittgrößte Land der Welt, Nigeria, in einem Prozess nicht beteiligen zu wollen, der bis 2050 auf Klimaneutralität abzielt, wäre sonderbar. Die G20 bestehen im Übrigen nicht nur aus reichen Ländern, sondern es gibt auch Länder mit mittlerem oder geringem Einkommen – ohne die Mitwirkung Russlands, Brasiliens, Indiens, Indonesiens wird es nicht gehen, ohne das sehr wohlhabende, aber wenig industrialisierte Saudi-Arabien auch nicht.

Längerfristig sollten alle G20-Länder Zertifikatesysteme haben; von der Vorteilhaftigkeit solcher Systeme wollen viele Länder der Welt erst noch überzeugt werden. Erneuerbare Energien müssen in jedem Fall langfristig einen wachsenden Anteil im Energiesektor auf der Angebotsseite darstellen, wobei erfreulicherweise jedes G20-Land Windstromerzeugung oder Solarstromerzeugung oder Geothermie-Stromerzeugung oder Wasserkraftwerke hat. Spanien und Brasilien sowie Italien und Indien können sowohl auf Solarstromerzeugung als auch auf Windkraft setzen, wobei Indien aus geografischen Gründen bei der Windstromerzeugung wenige Standortvorteile hat. Südafrika, die EU und die USA sowie China haben enorme Potenziale bei verschiedenen Arten Erneuerbarer Energien. In Dutzenden von Ländern gilt es Energie- und Produktionssysteme umzubauen; das ist eine komplizierte Herausforderung, wobei marktwirtschaftliche Signale wichtig sind.

Ein gewisses Risiko von Emissionszertifikatesystemen besteht vermutlich in der zeitweise erheblichen Schwankungsintensität der CO2-Zertifikatepreise: Sollte diese die Aktienkurse weniger stabil machen als bisher, so gibt es Zusatzkosten des ansonsten idealen Zertifikatemodells, bei dem Staaten, Städte oder Regionen im Zeitablauf sinkende Emissionsmengen für die Wirtschaft vorgeben. Grundsätzlich kann über einen Zertifikatehandel zwischen Unternehmen ein Marktpreis für Emissionen entstehen, der zu geringstmöglichen Kosten die gewünschte Emissionsminderung herbeiführt; sofern nur die Politik Jahr für Jahr die Obergrenze der Emissionsmenge vorangekündigt vermindert. Ob die Aktienmärkte ihrerseits die Preise von CO2-Zertifikaten beeinflussen, gilt es zu untersuchen.

Das eingeschlagene Tempo für die Emissionsminderung in Deutschland und Europa erscheint allerdings 2005–2019 als deutlich zu gering; die ab 2021 vorgesehene Minderung der CO2-Höchstmenge um jährlich −2,2 % ist ebenfalls zu gering, und die Regierung weiß das. Unter −5 % pro Jahr im Jahrzehnt nach 2020 wird man bis 2050 nicht an 90 % Klimaneutralität in der EU herankommen. Andererseits gibt es nicht nur Handlungsmöglichkeiten hin zu weniger Emissionen. Man kann auch über globale Aufforstungsstrategien – so die Argumentation von Wissenschaftlern aus der Eidgenössischen Technischen Hochschule (ETH) Zürich – den Problemdruck mindern, da eine Welt mit mehr Wäldern auch mehr CO2 absorbieren kann. Zudem kann man auch die Erdatmosphäre künstlich durch bestimmte Maßnahmen abkühlen. Doch sind diese sogenannten Geoengineering-Verfahren noch weiter zu untersuchen. Ob man auch CO2 aus der Atmosphäre durch bestimmte Technologien entziehen kann, gilt ebenfalls als wissenschaftlich wenig abgeklärt.

Perspektiven zur internationalen Politikkooperation

Wichtig sind längerfristig weltweite Maßnahmen, wobei das Pariser UN-Klimaabkommen von 2015 für 195 Länder einen gemeinsamen Weg auf Basis von Kooperation und geteilten Reformen für den Klimaschutz zu zeigen schien. Kooperation unter den größten 20 oder 30 Emissionsländern von CO2 ist unabdingbar für erfolgreichen mittelfristigen Klimaschutz weltweit. Möglicherweise kann der G20-Länderclub eine wichtige Funktion beim Klimaschutz übernehmen, zumal sich in Form der G20-Länder etwa 80 % der Weltwirtschaft finden. Allerdings ist die G20 kein homogener Club von Ländern mit sehr ähnlichen Interessen, sondern es gibt große und kleine, arme und reiche Länder. Sonderbarerweise sind sich seit 2017 gerade die reichen Länder nicht mehr einig beim Klimaschutz und der Grund dafür ist der Sieg von Donald Trump bei den US-Präsidentschaftswahlen Ende 2016.

Da die USA unter dem Populisten Trump aus dem Pariser Abkommen ausstiegen und weil Trump den Multilateralismus – die wichtige Rolle internationaler Organisationen – ablehnt, gibt es seit 2017 deutlich verschlechterte Aussichten für globale Politikkooperation. Das wird den Klimaschutz verteuern, zudem werden die USA wohl auch größere Klimabelastungen verursachen als noch 2015 erwartet. Schließlich sind bei der Klimapolitik in Deutschland und anderen EU-Ländern einige erhebliche Probleme aufgetreten; das deutsche Zwischenziel beim Klimaschutz, nämlich 40 % CO2-Minderung bis 2020 gegenüber 1990, wird klar verfehlt. Ob man durch eine deutlich verbesserte Politik bis 2030 und 2040 die von sehr vielen Wissenschaftlern betonten Grenzen bei der Erderwärmung um maximal 2 Grad – besser noch 1,5 Grad – bis Ende des 21. Jahrhunderts erreichen kann, erscheint daher als zweifelhaft. Es spricht jedenfalls nicht viel dafür, ohne Weiteres anzunehmen, dass die Akteure und Ansätze, die eine große Lücke bei der Zielerreichung 2020 zu verantworten haben, demnächst quasi automatisch bessere Zielerreichungsgrade für 2030 bringen werden.

Wer regierungsseitig Klimaschutzpolitik als Verunsicherungsansatz – aus Mangel an Wissen oder wegen Planlosigkeit – betreibt, fördert gefährlichen Populismus, der hinreichenden Klimaschutz verhindern wird. Man braucht einen klaren, durchdachten und machbaren nationalen und internationalen Fahrplan hin zur Klimaneutralität. Dafür wird es notwendig sein, dass die G20 viel stärker als bisher über Kooperation bei der Klimapolitik diskutieren. Wissenschaft, Wirtschaft, Politik sind gefordert, natürlich auch die Bürgerinnen und Bürger selbst oder auch partnerschaftliche internationale Städtenetzwerke. Dabei ist es bei der Klimapolitik im Übrigen jenseits der Lust auf Schlagzeilen nicht sinnvoll, sich zu verzetteln und immer neue Unruhepunkte zu schaffen, sich immer wieder einzelne Sektoren oder Wirtschaftsaktivitäten mit erhobenem Zeigefinger (Flugreisen heute, Schiffsreisen morgen, Autofahren übermorgen und Kohlekraftwerke jeden Tag) vorzunehmen. Es braucht einen Gesamtansatz, der alle Unternehmen in der Wirtschaft durch sinnvolle Anreize zur Klimaneutralität beitragen lässt. Wenn man das EU-Handelssystem auf 85 % der Emissionen ausweitet und auf weitere 10 % mit einer Emissionssteuer einwirkt, kann eine modernisierte Soziale Marktwirtschaft alle Aufgaben bewältigen. In jedem Jahr kann man dann die Klimaschutzfortschritte messen und versuchen abzusehen, ob laut Computer-Modellsimulation die langfristigen weiteren Anpassungsschritte ausreichen, um 2050 eine Ziellandung für das Raumschiff Erde zu erreichen. Solche Simulationsergebnisse haben sicherlich einen bestimmten Unsicherheitsbereich. Dabei dürften in der Regel langfristige Simulationsergebnisse einen etwas geringeren Unsicherheitsbereich haben als kurzfristige Analysen. Denn beträchtliche Politik- oder Innovationsimpulse werden eher langfristig zu einem neuen Marktgleichgewicht führen als kurzfristig und bei der Gleichgewichtsanalyse sind viele Computermodelle einfacher zu handhaben als bei den komplizierten Anpassungspfaden im kurzfristigen Zeithorizont.

Schon seit der Transatlantischen Bankenkrise gibt es eine große Verunsicherung im Westen, ob das ökonomische System vertrauenswürdig und hinreichend stabil ist. Wenn die Bürgerschaft das demokratische Politiksystem als nicht mehr handlungsfähig und hinreichend nachvollziehbar erfolgreich ansehen sollte, so wird der Stimmenanteil der neue Sicherheit versprechenden Politikakteure mit Autoritätsansätzen deutlich zunehmen. Da Klimaschutzpolitik notwendig international und in Teilen kompliziert ist, besteht großer Bedarf an Kompetenz in der Wirtschafts- und Klimaschutzpolitik, sonst entstehen durch Regierungsfehler eine Welle von Verunsicherungen und ein neuer Nährboden für Populismus. Da Populismus nationalistisch und protektionistisch ist, werden damit die internationale Arbeitsteilung und die Handelsexpansion gefährdet, also gerade für erfolgreichen Klimaschutz notwendige Effizienzgewinne durch sparsamen Umgang mit knappen (natürlichen) Ressourcen.

Es gibt im Rahmen einer möglichen Integration von CO_2-Zertifikate-Handelssystemen verschiedener Länder und Regionen neuartige Möglichkeiten für mehr globale Demokratie. Ein denkbarer Ansatzpunkt wäre dabei, für die Länder der G20-Gruppe ein supranational-globales Parlament zu schaffen – zum Teil basierend auf Ideen der westlichen Demokratien, zum Teil aber auch Ideen aus Asien und anderen Weltregionen aufnehmend. Ein solches Parlament könnte auch globale Internetfragen thematisieren und eine G20-Kommission könnte eine Art Exekutive als Gegenüber eines solchen Parlamentes werden.

Mögen auch manche Länder davon träumen, dass Erderwärmung und Klimawandel ihnen Vorteile bringen, für die große Mehrheit der Menschheit bringt die Erderwärmung ernste Probleme. Die sehr wohlhabenden Industrieländer können sich in manchen Bereichen gegen klimaverursachte Probleme auch mit kostspieligen Projekten wappnen: etwa mit höheren Dämmen, besser isolierten und stabileren Häusern und robusteren Infrastrukturen. Für viele Menschen in vielen armen Ländern wird es 2040 oder 2050 aber wenig Möglichkeiten geben, und möglicherweise ergibt sich dann auch ein verschärfter Emigrationsdruck vom heißen Süden in den noch halbwegs kühlen Norden der Weltwirtschaft. Dass die EU mit Millionen Klimaflüchtlingen leicht umgehen könnte, wird man nach den Erfahrungen der Flüchtlingswelle beim Syrien-Bürgerkrieg kaum annehmen können.

Es sind auch Widersprüche in der westlichen Klima- und Wirtschaftspolitik festzustellen, zumindest liefert ein Beratungsgremium der Deutschen Bundesregierung gelegentlich wenig Vernünftiges und schadet gar dem Klimaschutz durch ideologische und wenig wissenschaftsbasierte Texte; ausgerechnet der Wissenschaftliche Beirat Globale Umweltveränderungen ist hier 2019 sonderbar aufgefallen. Sicherlich hat man in Europa auch einige Fortschritte beim Klimaschutz gemacht, gerade in Deutschland und global kann darüber hinaus der technische Fortschritt zum Klimaschutz beitragen, wenn die Anreize und Diffusionsmechanismen in vielen Ländern stimmig sind und mächtige internationale Organisationen – etwa Weltbank, regionale Entwicklungsbanken und die G7 und die G20 – vernünftig und rechtzeitig handeln. Es gibt gerade aus EU-Sicht viel Handlungsspielraum, den es erst noch auszuloten gilt, wobei dies ein Mehr an Emissionszertifikatehandel und zeitweise CO_2-Steuern auch in Deutschland beinhalten könte – worauf der Sachverständigenrat zur Begutachtung der gesamtwirtschaftlichen Entwicklung in seinem Sondergutachten 2019 hingewiesen hat (SVR 2019). Das Gutachten thematisiert allerdings die Fragen der „grünen Innovationsdynamik" wenig und entwickelt auch kaum eine Sicht, wie von Deutschland und der EU ausgehend eine globale Klimaschutzpolitik entwickelt werden könnte. Ansatzpunkte dafür gibt es, so wird zu zeigen sein, durchaus, wobei auch die im Gutachten wenig berücksichtigten Verteilungseffekte klimaschutzfreundlicher Wirtschaftsentwicklung thematisiert werden, die sich als relative Lohnsatzerhöhung der qualifizierten Arbeitnehmer in Deutschland und den EU-Ländern zeigen werden.

Eine beunruhigte und ungeduldige Jugend mit ihren Fridays-for-Future-Protesten in Europa erzeugt seit 2018 erhöhten Lerndruck bei der Politik und in der Öffentlichkeit; auch das Rezo-YouTube-Video zur Europawahl (mit mehr als 15 Millionen Klicks) hat Impulse zur Klimareformdebatte gebracht. Der Politik gelingt es erkennbar nicht, jenseits von TV-Sendungen wichtige Informationen zu vermitteln – und das gilt nicht nur in Deutschland. Wie man Informationen breit und verständlich im Internet platziert, ist aus Sicht von Regierungen und Wissenschaftlern/Instituten kaum geklärt. Das Internet wird immer wichtiger für neue Ideen und vernetzte Initiativen.

Wenn aber bei der Klimapolitik die Bürgerinnen und Bürger mitgenommen werden sollen, wenn demokratische Debatte den Klimaschutz tragen soll, dann kann man Kommunikationspolitik nicht auf die über 30-Jährigen beschränken. Gerade die Jüngeren sind wenig TV-affin und die sozialen Netzwerke stehen für eine zersplitterte Öffentlichkeit, was nationale und internationale Klimapolitik schwer zu realisieren macht. Im Internet gibt es allerdings eine Tendenz zur groben Überzeichnung bestimmter Probleme und zu einer politische Kompromisse gefährdenden Radikalisierung von Positionen.

Arbeiten am Europäischen Institut für Internationale Wirtschaftsbeziehungen (EIIW) zu Umwelt-, Nachhaltigkeits- und Klimafragen sind über viele Jahre entwickelt worden; zahlreiche Forschungsbeiträge sind am EIIW im Rahmen von Projekten vorgelegt worden, in nicht wenigen Bereichen von mir selbst – auch wenn ich in anderen Analysefeldern ebenfalls aktiv war. Verschiedene Analyseperspektiven und Politikfelder habe ich hier sinnvoll zu verbinden versucht. Klimaschutzpolitik allein jedenfalls wird nicht funktionieren, Klimaneutralität braucht eine breitere Perspektive und den Blick auf die Weltwirtschaft. Gelegentlich macht das die Analyse weniger leicht, aber die Politikperspektiven umso vielversprechender.

Ein Ergebnis ist, dass man sinnvollerweise mit verschiedenen Szenarien wird arbeiten müssen: a) eine globale Kooperationsstrategie, die möglichst auch effizient in Sachen Klimaschutz sein sollte; dabei gibt es auch einige wenig geklärte Forschungsfragen, sodass man Pro und Contra weiterhin ausleuchten sollte; b) eine internationale Kooperationsstrategie ohne die USA, was für den Rest der Welt den Klimaschutz als Aufgabe um mehr als 20 % verschärfen dürfte – ob die alte westliche Allianz dann weiterhin funktionieren wird, ist unklar. Wenig wahrscheinlich erscheint vorläufig der Fall, dass die EU als politischer Aktionsraum zerfallen sollte und zugleich die USA beim Pariser Umweltabkommen verbleibt. Käme es dazu, so dürfte das 2-Grad-Ziel im 21. Jahrhundert nicht zu schaffen sein. Massive Klimaerwärmung und internationales Chaos sowie langsames Wachstum und erhöhte zyklische Instabilitäten dürften die Folge sein. Beim Klimaproblem gibt es tatsächlich langfristige Herausforderungen, hier hat die ökonomisch-ökologische Analyse immerhin einige gute Modellierungen vorzuweisen (hingegen sind kurzfristige Vorhersagen mit großer Unsicherheit in der Prognose behaftet).

Bei den Europa-Wahlen 2019 hat das Thema Klimawandel eine wichtige Rolle gespielt und die Fridays-for-Future(FFF)-Bewegung mit Greta Thunberg sorgt für neuen Reformdruck in der Klimapolitik in Europa und anderen Weltregionen; ähnlich wirkt die Rezo-Kritik auf YouTube. Bei aller Bewegungsdynamik von FFF stellt sich die Frage, ob das begrüßenswerte Engagement der Jugendlichen und die Orientierung der Wirtschaftspolitik in die richtige Richtung gehen. Zu später, unnötig teurer und schlecht kommunizierter Klimaschutz sind drei Risikopunkte für ein Verfehlen des Zieles klimaneutrale Weltwirtschaft 2050. Dieses Buch zeigt schlüssig auf, was in Europa, Asien und Nordamerika sowie anderen Regionen nötig ist: vernetzte breitere Emissionshandelssysteme aller G20-Länder, begrenzte Gratiszertifikate und ein Verständnis für die Nebenwirkungen – inklusive Verteilungseffekten – von globaler Klimaschutzpolitik; natürlich auch das praktische Engagement des Einzelnen, was allein beim Albedo-Effekt 5 % CO2-Minderung entspricht. Beim Albedo-Effekt geht es darum, dass die Farbe und Beschaffenheit von Oberflächen – z. B. Häusern und Straßen – einen Einfluss auf die Sonnenreflexion hat; Wärme geht zurück ins Weltall, und zwar bei hellen glatten Flächen mehr als bei rauhen schwarzen Flächen. Also bedeuten etwa mehr helle Dachflächen Hilfe fürs Klima (siehe hierzu das Schlusskapitel 24). Das Klimaschutzproblem kann im Übrigen zum Ausgangspunkt für ein G20-Parlament werden. Jeder Einzelne kann sich zugunsten von Klimastabilität – sogar kostenfrei – beim Umzug vom Emissionszeitalter auf einen CO2-neutralen Planeten – einbringen: für innovative Nachhaltige Soziale Marktwirtschaft.

Die vorliegende Studie basiert unter anderem auf den langjährigen Forschungen des EIIW im Bereich der Umwelt- und Klimapolitik. Das Europäische Institut für Internationale Wirtschaftsbeziehungen hat schon vor Jahren einen eigenen Globalen Nachhaltigkeitsindikator entwickelt.[1] Der EIIW-vita-Indikator umfasst in der Standardversion drei Säulen: den Anteil der Erneuerbaren Energien, die sogenannte echte Sparquote (nach Weltbank) und die internationale Wettbewerbsposition bei umweltfreundlichen Produkten – Letztere basiert im Wesentlichen auf vorangegangenen Positionsverbesserungen bei umweltrelevanten Innovationen. Die vorliegenden neuen Untersuchungsergebnisse zeigen, dass es Verbesserungen bei nachhaltigkeitsrelevanten Feldern in einer Reihe von Ländern gibt; gerade auch in China. Aber das globale Innovationstempo im Nachhaltigkeitsbereich ist zu gering. Der EIIW-vita-Indikator zeigt nicht nur indirekt, wie die grüne Innovationsdynamik und die Nachhaltigkeitsposition von über 100 Ländern der Welt sich über mehr als eine Dekade entwickelt haben. Der Indikator ist auch ein sinnvoller Ansatzpunkt für Nachhaltigkeitsinvestitionen. Wer nichterneuerbare Ressourcen relativ schnell abbaut, der gibt einen Teil des natürlichen Kapitalbestandes auf und beschädigt so die Grundlagen, um nachhaltigen Wohlstand auch für künftige Generationen zu sichern. Zu den wichtigen Publikationen im Forschungsbereich zählen eine Sonderveröffentlichung in der Fachzeitschrift International Economics and Economic Policy und verschiedene Bücher; unter anderem das von mir und Peter Hennicke verfasste Buch *Energiewende nach Fukushima*, das 2019 in japanischer Übersetzung erschienen ist. Hinzu kommen Publikationen im Rahmen des von der DFG geförderten Projekts Sincere, das mit Wissenschaftlern aus EU-Ländern und China durchgeführt wurde.

Dieses Buch ist ein Denk- und Erkenntnisangebot an alle, die sich mit Fragen des Klimaschutzes beschäftigen. Ich habe mich bemüht, diese Studie recht allgemeinverständlich zu schreiben; jedenfalls eine Sprache zu nutzen, die nicht unnötig kompliziert zu lesen oder durch viele Abkürzungen schwere Lesekost ist. Sie geht daher jeden mit Interesse an der Zukunft etwas an. Die wichtigen

---

[1] In diesem Zusammenhang ist das EIIW der vita Stiftung, Oberursel, für eine langjährige Forschungsunterstützung dankbar – und auch für den regen Gedankenaustausch mit Dr. Frank Müller.

Einsichten aus diesem Buch sind an verschiedenen Stellen, bezogen auf die öffentliche Debatte, neu:

1. Das Weltklima steht für ernste Stabilitätsprobleme, die globale ökonomische Destabilisierung bringen können.
2. Es gibt im Kern keinen Gegensatz von Freihandel und Umweltschutz, ganz anders als vielfach behauptet wird – wer Freihandel einschränkt oder schwerer macht, trägt direkt zu mehr Umweltproblemen weltweit bei.
3. Es fehlt eine globale klimafreundliche Innovationsförderpolitik, sodass es zu wenige klimafreundliche Innovationen gibt.
4. Eine stärker auf Emissionszertifikatehandel und Emissionssteuern setzende internationale Wirtschaftspolitik kann zum Klimaschutz sehr wesentlich beitragen.
5. Wenn der Staat sich in den Emissionshandelssektor mit Extra-Eingriffen einmischt, schwächt und destabilisiert das die Signalkraft des Zertifikate-Handelssystems; das schadet dem Klimaschutz.
6. Investoren und Investmentfonds, die sich an vernünftigen Nachhaltigkeitsindikatoren ausrichten, dürften langfristig einen Nutzenzuwachs für alle erzielen: nämlich eine längere durchschnittliche Lebenserwartung der Weltbevölkerung bei einem stabilisierten Weltklima.
7. Eine verstärkte Kooperation regionaler Integrationsräume und insbesondere auch der EU mit der ASEAN und China plus Russland, Brasilien und Indien könnte zur Klimastabilisierung entscheidend beitragen; gerade auch, falls die USA längere Zeit einem politischen Populismus verhaftet bleiben. Wünschenswert ist ein Zurück der USA zum Multilateralismus allemal.
8. Es gibt schließlich einen weiteren ökonomisch-ökologischen Forschungsbedarf, vor allem mit Blick auf eine stärkere Kooperation EU-USA-Asien; die schon bestehenden naturwissenschaftlichen Kooperationsansätze im Bereich der Naturwissenschaften (CERN, ITER als Beispiele) sollten daher auf sozialwissenschaftliche Fragestellungen ausgeweitet werden; Europa, China und die Vereinigten Staaten sollten im Umwelt- und Klimabereich zusammenarbeiten, aber auch über sinnvolle und notwendige Begleitmaßnahmen beim verschärften Strukturwandel in den Klimaschutzjahrzehnten gemeinsam nachdenken. Man kann sich bestimmte Dinge wünschen, aber ob Einsicht und Interessen hier eine entsprechende Realität herbeiführen, bleibt abzuwarten.
9. G20Plus kann ein wirkungsmächtiger Politikraum werden, wenn es gelingt, die CO_2-Emissionszertifikate-Handelssysteme dieser Länder zu integrieren.

10. Die Fridays-for-Future-Bewegung hat ein Potenzial, zu einem globalen Treiber für die Klimaschutzpolitik zu werden; viele Aktivisten werden wohl mittelfristig so wie viele Wissenschaftlerinnen und Wissenschaftler denken – internationale Zusammenarbeit ist wichtig und förderlich für Erkenntnisgewinn und Problemlösungen. Man wird sehen, ob es der FFF-Bewegung gelingen wird, in China, Russland, Brasilien und den USA sowie in anderen einflussreichen Ländern nachhaltig Fuß zu fassen.

Das Buch ist einfach aufgebaut. Basierend auf dem Hintergrund zum Klimaproblem (Teil I) widmet sich Teil II des Buches der Frage: Was können private Haushalte, Unternehmen und Politikakteure in Sachen Klimaschutz eigentlich Sinnvolles unternehmen? Teil III hat eine Multilateralismus-Perspektive: Hier ist die Frage, welche Rolle internationale Organisationen für die Klimaschutzpolitik spielen könnten und sollen – Klimaschutz als Herausforderung für global vernetzte Politik. Teil IV zeigt Perspektiven für neue Ansätze einerseits auf, richtet andererseits den Blick auf neue praktische konzeptionelle Handlungsmöglichkeiten. Klimaneutralität bis 2050 zu erreichen, ist grundsätzlich möglich. Aber das ist eine enorme globale Aufgabenstellung; einige Jahre mit ungemütlichen Anpassungsschritten sind notwendig, zudem eine echte wirtschaftspolitische Fokussierung in mindestens 20 Ländern gleichzeitig. Das ist eine Jahrhundertaufgabe, die man schaffen kann; für eine Reihe von Jahren heißt es für die Politik und einen Teil der Wirtschaft sowie der privaten Haushalte: Ende der Komfortzone. Es gilt, sich dieser Herausforderung energisch, umsichtig, klug und mit Risikomanagement zu stellen, jeder größere Schritt ist politisch, ökonomisch, klimapolitisch zu erklären. Verschiedene Wissenschaftlergruppen sind zur Zusammenarbeit aufgefordert; in diesem Sinne ist IPCC (International Panel on Climate Change, 1988 gegründet) als UN-Gruppe von Klimaschutzexperten zu wenig. Zudem kann auch die internetbasierte Vernetzung anderer Gruppen hilfreich sein, beispielsweise von klimaschutzfreundlichen Innovatoren im Rahmen eines Ansatzes „Offene Innovation".

Natürlich gibt es vonseiten der Politik in vielen Ländern große Ankündigungen zur Klimaschutzpolitik; wohl häufig auch energische langfristige Maßnahmen auf Basis durchdachter Konzepte. Aber es gibt womöglich auch ein Zuviel an Versprechen und wenig „politische Lieferung". In Großbritannien hat das Committee on Climate Change in einem Bericht 2019 für das Parlament auf viele Unstimmigkeiten und Defizite der Regierungspolitik hingewiesen, wobei die Regierung May für 2050 „netto null" (net zero) Emissionen als Ziel vorgegeben hat: Im nationalen Anpassungsprogramm gebe es 21 fehlende Punkte zu den 56 Risiken und Chancen, die im Bericht Climate Change Risk

Assessment (Einschätzung zu den Risiken des Klimawandels) erwähnt seien. Von den 25 Mitte 2018 vom Komitee identifizierten Hauptaktions-Politikelementen habe die Regierung ein Jahr später nur eines voll umgesetzt; in zehn Aktionsbereichen gebe es nicht einmal eine Teil-Realisierung, sodass die „saubere Wachstumsstrategie" der Regierung viele gute Absichten zeige, aber bislang wenig echter Politikfortschritt vorliege.

Das Committee on Climate Change schreibt 2019, die beim „Netto-Null-Ziel" zu erbringende CO2-Minderungsleistung sei 50 % höher als bei vorheriger Zielsetzung der Klimaschutzpolitik und 30 % höher als die Fortschritte, die im Zeitraum 1990–2018 erreicht worden seien. Zudem sei Großbritannien nicht vorbereitet auf denkbare negative globale Entwicklungen bei der Klimaschutzpolitik, was bis 2100 eine Temperaturzunahme von drei oder gar vier Grad bedeuten könnte. Hier sieht man am britischen Beispiel – auch wenn die UK-Regierung 2018/2019 vielleicht vor lauter BREXIT-Politik zu wenig Aufmerksamkeit für Klimapolitik hatte –, dass in führenden westlichen Ländern folgende Gefahr besteht: große Ankündigungen, zu wenig reale Politikanstrengungen. Es fehlt offenbar ein politisches und gesellschaftliches Bewusstsein, dass nationale Maßnahmen hin zur Klimaneutralität und internationale Kooperationsschritte in der Klimaschutzpolitik besondere Anstrengungen erfordern. Die Notwendigkeit für Politik, Gesellschaft und Wirtschaft, die gewohnte Komfortzone zu verlassen und mit außerordentlichen, durchdachten Konzepten eine große Klimaschutzaufgabe global rechtzeitig zu bewältigen, wird in westlichen Industriestaaten viel zu wenig gesehen. Das wird noch dadurch erschwert, dass sich politischer Populismus in den USA und Westeuropa wohl für einige Jahre, vermutlich Jahrzehnte, ausdehnt. Zudem könnte die Klimadebatte zu einer politischen Polarisierung beitragen, da sich einflussreichen Gruppen in der Gesellschaft in ihren Interessen übergangen und mit subjektiv unzumutbar hohen Anpassungskosten konfrontiert sind. Ein anderer Teil der Gesellschaft mag dauernd ein Defizit an engagierter Klimapolitik sehen und das für existenzbedrohlich halten. Gute Kommunikationspolitik von Regierung und internationalen Organisationen ist also unabdingbar, vernünftige Politik auch. Politiker werden auch ein Gespür für politische Psychologie brauchen: Wenn Bürger in der Schweiz via Krankenkasse eine CO2-Steuerrückerstattung jährlich in einem Betrag erhalten, so ist das viel besser als wenn der Staat durch geringes Absenkungen etwa der Strompreise (in Deutschland: der Umlage für Erneuerbare Energie – zur Finanzierung der Einspeisevergütungen bei solchen Energien) und leicht erhöhte Transfers an die Haushalte eine nur diffus wahrnehmbare Politik der Rückerstattung von CO2-Steuereinnahmen und gegebenenfalls Zertifikate-Verkaufseinnahmen an die privaten Haushalte organisierte.

Dieses Buch bringt eine Reihe neuer Einsichten mit; nicht zuletzt, dass bei einer erfolgreichen Klimaschutzpolitik der G20Plus-Länder Chancen für neue internationale Kooperationsgewinne bestehen. Diese könnten viel größer als die unbestreitbar erheblichen Kosten der Schritte hin zur Klimaneutralität sein. Die Fridays-for-Future-Bewegung sollte für Wissenschaft und Politik ein ernst zu nehmender Dialogpartner sein; diese Bewegung ist wegen ihrer großen Internationalität kreativ und interessant, vermutlich mittelfristig nicht einfach zu organisieren und zu führen.

Klimaschutzpolitik verlangt das Zusammenwirken mehrerer wissenschaftlicher Disziplinen und unabdingbar ist eine funktionsfähige internationale Kooperation, insbesondere der G20Plus-Länder. Dass das 2050 auf 400 Millionen Menschen geschätzte Nigeria als 20. Land in die G20 aufgenommen werden sollte, dürfte als Vorschlag nachvollziehbar sein. Ohne das bevölkerungsmäßig drittgrößte Land der Welt kann man nicht sinnvoll über Klimaschutzpolitik mit dem Ziel globale Klimaneutralität 2050 sprechen. Die vorgelegte Analyse wird hoffentlich ein hilfreicher Impuls – unter vielen notwendigen Impulsen – sein, um in einem international vernetzten neuartigen Politikprojekt geduldig, klug und energisch dieses Ziel zu erreichen und dabei die Soziale Marktwirtschaft nachhaltig global zu stärken.

Literatur

COMMITTEE ON CLIMATE CHANGE (2019), Reducing UK Emissions – 2019 Progress Report to Parliament, London, https://www.theccc.org.uk/publication/reducing-uk-emissions-2019-progress-report-to-parliament/, letzter Zugriff am 02.09.2019

SVR – Sachverständigenrat zur Begutachten der gesamtwirtschaftlichen Entwicklung (2019), Aufbruch zu einer neuen Klimapolitik, Sondergutachten Juli 2019: Berlin

2
Das Klimaproblem und seine Folgen

Das Weltklima-Problem ist unübersichtlich. Auf den ersten Blick ist es nicht einfach in seinen Haupt- und Nebenwirkungen zu verstehen. Aber es ist langfristig lebenswichtig für die Menschen auf der Erde. Es geht um ein allmähliches und langfristiges Erwärmungsproblem der Erde, das wesentlich mit der Industrialisierung und Verbrennung fossiler Brennstoffe über zwei Jahrhunderte verbunden ist. Eine größere Oberflächentemperatur der Erde hat wichtige Konsequenzen, da ein Anstieg der Meeresspiegel über ein Jahrhundert droht. Zudem gibt es zunehmend Extremwetterlagen und Überschwemmungen und neue Probleme in vielen Regionen der Welt, wo die schon hohe regionale Temperatur langfristig weiter ansteigt. Dabei ist Kohlendioxid-Emission, die insbesondere an der Energieerzeugung hängt, ein wichtiges Problem. Solche CO_2-Emissionen entstehen etwa bei der Energieerzeugung aus fossilen Brennstoffen. Diese Art der Energieerzeugung wird jährlich auch noch weltweit mit gigantischen Subventionen gefördert, was mit Blick auf den Klimaschutz sehr widersprüchlich ist. Die CO_2-Schäden im In- und Ausland rufen eher nach einer Verteuerung CO_2-intensiver Produktion oder entsprechender fossiler Energieerzeugung.

Das Klimaschutzproblem entsteht durch globale CO_2-Emissionen. Dem Klima ist es einerlei, wo die für Klimastabilität notwendige CO_2-Rückführung geschieht. Anders ausgedrückt: Das Treibhausgasproblem, die Erderwärmung, entsteht durch das Zusammenspiel der Emissionen aller Länder und nur alle Länder zusammen könnten letztlich zur Problemlösung beitragen. Dieser Kooperationsgedanke steht hinter dem Pariser-UN-Klima-Abkommen von 1995. Man kann den Kreis der geforderten Reformländer pragmatisch etwas einschränken: Zumindest sind die G20-Länder besonders gefordert, denn sie sind groß in Sachen Wirtschaft plus Emissionen und sie sind einflussreich. Aus Sicht der Klimawissenschaftler der UN ist die Aufgabe, bis 2050 die CO_2-Emissionen fast ganz abzuschaffen; also auch einen gigantischen Strukturwandel in der Weltwirtschaft hinzubekommen. Das sind keine kleinen Aufgaben und, wenn man in 2019 sah, wie schwer es schon der kompakten Gruppe reicher G7-Länder fiel, sich auf ein Pressekommuniqué nach dem Kanada-Gipfel zu verständigen, dann kann man sich denken, dass G20-Kooperation noch schwieriger ausfallen könnte. Dabei wird man schwerlich einfach sagen können: Nur marktwirtschaftliche Instrumente sind notwendig; es ist ein sinnvoller Mix von Ansätzen nötig, ein Grundkonsens der G20-Länder, in Kernbereichen international verlässlich zusammen zu arbeiten. Gelingt eine gemeinsame globale Zielerreichung bis 2050, so kann das wohl eine Phase nachhaltiger friedlicher Kooperation einleiten.

Klimaschutz als internationales Kollektivgut

Das Klimaproblem sieht komplizierter aus als es wirklich ist. Nach einer vereinfachenden Analyse erkennt man aber die Grundstruktur der Problematik leicht: Es geht um ein globales Kollektivgut, bei dem man nicht einfach auf nationale Marktlösungen bauen kann, sondern tatsächlich nationale und internationale Politik braucht. Eine internationale Kooperation, die zuverlässig die größten Länder beziehungsweise CO_2-Emittenten umfassen müsste, ist erforderlich – auf welchem Niveau beziehungsweise mit wie vielen Ländern man starten muss, wäre zu diskutieren. Das Pariser Abkommen mit 196 Unterzeichnerländern (wegen US-Präsident Trump effektiv 195, da er die US-Unterschrift zurückgezogen hat) sieht gut aus, doch eine bessere Aktionsgemeinschaft wäre zunächst die viel kompaktere G20. Die allerdings scheint – wiederum wegen der USA – nur begrenzt handlungsfähig.

Allerdings hat die G20 über die Jahre auch wichtige Themen von Bedeutung für den Klimaschutz aufgenommen; schon früh etwa argumentiert, dass die enorm hohen globalen Subventionen für fossile Energieträger zurückzuführen sind. Hier gab es Übereinstimmung, aber wenig Ernsthaftigkeit bei der Umsetzung. Klimaschutzpolitik heißt, Verantwortung wahrnehmen wollen und zielführende Politikmaßnahmen national und international einführen – vor allem sinnvolle Anreize für Wirtschaft und Verbraucher zu setzen und die Herausforderung einer Kooperation auf G20-Ebene neu und breiter anzunehmen.

Klimaausgangslage bei G20

2014–2016 haben die weltweiten Emissionen an CO_2 stagniert. Aber 2017 sind sie schon wieder um etwa 1,7 % angestiegen: In dem Jahr wurden 49 Giga-Tonnen CO_2 (genauer: CO_2-Äquivalent) weltweit emittiert, und zwar ohne Landnutzungs-Änderungseffekte. Das hat die Umweltorganisation der UN in ihrem Emissions-Lücken-Bericht 2018 mitgeteilt. Bis 2030 aber müssten die Klimagas-Emissionen weltweit um 25 % sinken, wenn man einen maximalen langfristigen Erderwärmungseffekt von knapp unter 2 Grad erreichen will (−55 % für ein 1,5-Grad-Ziel bis 2050). Das Grundproblem in der Dekade 2020–2030 ist, dass die OECD-Länder ihre Emissionen wohl absenken werden, aber China, Indien und andere G20-Länder dürften noch einen deutlichen Anstieg der CO_2-Emissionen realisieren. Der Weg zu sinkenden Emissionen führt über eine CO_2-Bepreisung, die Einsparanreize und Impulse für Innovationen zur CO_2-Minderung gibt. Möglicherweise auch für Produktinnovationen, die CO_2 als Produktionsinput in verkaufsfähige neuartige Produkte einbaut. Aber hier steht man erst am Anfang bei der Entwicklung von Märkten, die helfen könnten aus einem Problem ein Geschäft zu machen.

Wenn man vereinfachend davon ausgeht, dass eine Tonne CO_2 mit 30 $/Tonne durch eine entsprechende Steuer oder einen CO_2-Zertifikatepreis vernünftigerweise zu belasten ist – entspricht den geschätzten Schäden einer Tonne CO_2 (OECD, 2018: Emission Carbon Gap) –, dann haben die höchsten CO_2-Besteuerungslücken unter anderem folgende Länder in 2015 zu verzeichnen: Russland (100 % = 30 $ entfernt vom Bezugswert einer Tonne CO_2), Indonesien, Brasilien, China, Südafrika, Indien, die alle eine Lücke von über 85 % hatten; die Türkei und die USA lagen bei 75 %, Deutschland bei 53 %; und zwischen 45 % und 51 % lagen Italien, Großbritannien und Frankreich. Demnach ist die bisherige Bepreisung in den von der OECD betrachteten Industrieländern und den G20-Ländern weit von den Notwendigkeiten, von einem vernünftigen Wert, entfernt. Dabei wird noch gar nicht betrachtet, dass möglicherweise der Schaden einer Tonne CO_2 nicht 30 $, sondern 60 $ beträgt.

Klar ist, dass man Anreize zur Verminderung von schädlichen CO_2-Emissionen durch entsprechende finanzielle Belastungen geben sollte, wenn denn diese Emissionen nicht weiter steigen sollen; ja, deutlich zurückgehen sollten. Da die EU für 10 % der Emissionen auf der Welt steht, geht es auch um die Frage, wie man eine kritische Menge an kooperierenden Ländern zusammen bekommt. Bei der UN wären das fast 200 Länder, die dann für 100 % der globalen Emissionen stehen. Eine etwas überschaubarere Gruppe ist die G20, die 80 % der Weltemissionen repräsentiert. Die UN-Lösung wird langfristig wichtig sein und die UN-Vollversammlung 2019 zeigt exemplarisch mit dem Thema Klimapolitik, dass die Vereinten Nationen hier ein gewichtiges Forum sind. Es ist erwägenswert, das Thema Klimapolitik auch in den Sicherheitsrat zu ziehen, in dem die fünf ständigen Sicherheitsratsmitglieder USA, Russland, China, Frankreich und Großbritannien Mitglied sind – sowie weitere 20 Länder, die nach zwei Jahren von neuen weiteren 20 Ländern abgelöst werden (Deutschland gehört 2019 zu den 20 nicht-permanenten Mitgliedsländern im Sicherheitsrat; budgetmäßig sind die beiden wichtigsten Geldgeberländer USA und Deutschland). Man kann durchaus argumentieren, dass die Klimapolitik – oder als Problem die Erderwärmung – ein für die internationale Sicherheit wichtiges Thema ist und auf die Agenda des Sicherheitsrates gehört. Damit hätte man wiederum eine überschaubare Aktionsgruppe, in der Trittbrettfahrerverhalten wohl eine geringere Rolle in Verhalten der Länder spielt als bei der Generalversammlung. Natürlich besteht ein Risiko, dass eines der permanenten Mitgliedsländer ein Veto für Beschlüsse einlegt.

Aus pragmatischen Gründen scheint es allerdings vorziehenswert, internationale Kooperation in der Klimapolitik vor allem in der überschaubaren und mitgliederseitig stabilen G20-Gruppe zu organisieren. Wie sollte man insgesamt in einer Ländergruppe wie der G20 vorgehen? Wo sind gemeinsame langfristige Interessen, wo erschwert gegenseitige Konkurrenz auf den Weltmärkten eine kooperative Lösung? Da es beim weltweiten Erreichen von Klimaneutralität um einen Prozess bis etwa 2050 als Zieldatum geht, kann man immerhin über gemeinsame – langfristige – Grundlagenforschung in naturwissenschaftlichen und sozialwissenschaftlichen Projekten nachdenken: eine internationalisierte Grundlagenforschung zur CO_2-Minderung etwa bei den Themenfeldern Gebäude/Transport/Landwirtschaft. Hier gibt es einiges anzuschieben bei den G20-Ländern und darüber hinaus. Durch gemeinsame Grundlagen-Forschungsprojekte kann ein klimapolitisch nützliches Basisvertrauen innerhalb der G20 entstehen, da alle Länder von den gemeinsam finanzierten Projekten einen Vorteil haben werden. Da die Grundlagenforschung langfristig ist, spielen tendenziell kurzfristige Interessengegensätze von Ländern keine blockierende Rolle für Kooperation.

Diese G20-Länder werden 2030 für etwa 82 % der Weltemissionen stehen, aber in über 60 Entwicklungsländern könnten durch diese Emissionen im Norden der Weltwirtschaft ernste Probleme im Süden entstehen. Fair wäre es, wenn die reichen Länder im Norden für die Schäden der Weltwirtschaft im Süden aufkommen und den armen Ländern insbesondere durch Technologietransfer im Klimaschutzbereich bei der Bewältigung der Probleme aus erhöhter Erderwärmung helfen. In diesem Bereich geschieht tatsächlich manches in einer Nord-Süd-Kooperationsperspektive. Dabei ist die Weltbank besonders engagiert.

Ohne umfassende Klimaschutzmaßnahmen weltweit werden bis 2030 laut Angaben der Weltbank (Bericht: Climate Change Overview, 2019) zusätzlich wohl 100 Millionen Menschen in eine Armutssituation gelangen; bis 2050 könnte es bis zu 143 Millionen Klimaflüchtlingen in Entwicklungsländern geben. Durch Extremwetter-Krisen könnte sich eine globale Konsumminderung von 520 Milliarden $ ergeben, was 0,7 % des Welteinkommens entspricht. Sehr hohe weltweite Infrastrukturinvestitionen pro Klimafreundlichkeit sind notwendig: Binnen 15 Jahren rund 90 000 Milliarden $, was dem Welteinkommen eines Jahres (in 2030) entspricht. Wenn man den Übergang in eine klimafreundliche Weltwirtschaft bewältigt, so könnten die globalen Vorteile bis 2030 rund 20 % des Welteinkommens eines Jahres (hier: 2030) erreichen.

Im privaten Leben wie in der nationalen Wirtschaftspolitik und auch bei der internationalen Politikkooperation kann man viele Maßnahmen treffen und Vorteile erreichen; manchmal erst nach mühsamen Änderungen, Investitionen und Innovationen. Ob die eigenen Interessen und Rahmenbedingen dann bei vielen so sind, dass man die Ziele rechtzeitig erreicht, bleibt erst einmal abzuwarten. Aus wissenschaftlicher Sicht gibt es beim Thema Klimaneutralität zum Teil Erkenntnisprobleme, aus ökonomischer und wirtschaftspolitischer Sicht ein Handlungsproblem – seitens der Politik gegenüber der Bevölkerung auch ein Erklärungsproblem; und schließlich besteht ein globales Kooperationsproblem, da ja viele Länder friedlich, sinnvoll, effizient und verlässlich zusammenarbeiten müssten.

Da die G20-Länder 80 % in 2017 der weltweiten Emissionen darstellen – mit China, Indien und den USA als den drei Hauptemissionsländern –, kommt es für eine global erfolgreiche Klimaschutzpolitik darauf an, bei den G20-Ländern einen sinnvollen, abgestimmten Ansatz zu entwickeln: wie man Klimaneutralität bis 2050 erreichen könnte.

Die G20 sind bislang eine Ländergruppe, die regelmäßig tagt und gelegentlich einiges bewirkt. Aber eine echte Internationale Organisation ist die G20 nicht; es gibt kein echtes Sekretariat, kein Budget. Es fehlen auch im Bereich der Umweltpolitik jährliche – und später unterjährige – G20-Gipfel nur zur Klimapolitik. Wie man die G20 sinnvoll in die UN-Aktivitäten einbaut, ist bislang ebenfalls nicht diskutiert und entschieden worden.

Die beiden Wissenschaftler Robert Keohane und David Victor haben schon 2010 in einem Beitrag (KEOHANE/VICTOR, 2010) verschiedene Möglichkeiten zur internationalen Kooperation in der Klimapolitik diskutiert und betont, dass die G20-Gruppe ein in Klimafragen früh aktives internationales Diskussionsforum war. Allerdings in den ersten Jahren seit der Aktivierung der G20-Gruppe auf Ebene der Regierungschefs im November 2008 – im Kontext der Bankenkrise – mit einem teilweise nebensächlichen Fokus bei Klimafragen, etwa in 2009. Das aber lässt sich ab 2020, so wird hier argumentiert, grundsätzlich ändern. Die im Buch entwickelten Argumente für G20 beziehungsweise G20Plus als Klima-Hauptforum der internationalen Kooperation sind leicht nachvollziehbar. Tatsächlich hat die G20-Gruppe in 2019 immerhin auch erstmals – in Japan – einen Gipfel auf Ebene der Umweltminister organisiert. Wie man allerdings die Interessen der G20 pro Klimaneutralität breit mobilisieren kann, wird eine Herausforderung.

Es ist paradox, dass die G20-Gruppe ursprünglich seitens der Finanzminister der betreffenden Länder, als internationales Diskussionsforum ins Leben gerufen wurde, das erst im Jahr der Transatlantischen Bankenkrise zu einem global umfassend relevanten Treffen der Regierungschefs wurde. Vom Treffen der Regierungschefs wurde das Forum dann 2019 ausdifferenziert zu einem zusätzlichen Umweltminister-Forum. Damit werden Fragen des Klimaschutzes wohl langfristig auf der G20-Ebene eine sehr gewichtige Rolle spielen. Der traditionelle Fokus der G20 auf Finanzmarktfragen (entstanden 2008: in der Finanzkrise) passt im Übrigen wiederum als inhaltliche Ergänzung sehr gut zu den Transaktionen auf den CO_2-Zertifikatemärkten. Das ist wichtig, weil im Buch die Verbindung von Zertifikatemärkten und Finanzmärkten – etwa Aktienmärkten – mit als relevantes Problemfeld für die Klimaschutzpolitik betont wird. Wer nur Klimaschutzpolitik machen will und dabei die Effekte in Sachen Erhöhung der ökonomischen Ungleichheit plus mehr Finanzmarktdynamik (könnte auch bedeuten: mehr Finanzmarktinstabilität) übersieht, der dürfte in der Politik am Ende nicht erfolgreich wirken. Eine gute, funktionsfähige Lösungsarchitektur beim Klimaschutz ist national und global eine komplizierte Aufgabe. Dabei wird der CO_2-Zertifikatehandel notwendigerweise eine gewichtige Rolle spielen.

Der Handel mit Emissionszertifikaten

Emissionszertifikatehandel als System zur CO2-Minderung bedeutet, dass jeder, der etwa in der Stahlindustrie im Zuge der Stahlproduktion (konventionelle) Energie oder Kohle verbraucht oder im Stromsektor in einem Kohlekraftwerk Kohle verbrennt, sich so viele Verschmutzungsrechte – also CO2-Emissionseinheiten – besorgen muss, wie beim Produktionsprozess CO2-Mengen anfallen. Wenn als in dem hier betrachteten Beispielsfall ein drittes Unternehmen, ein Autohersteller bei der Autoproduktion, ebenfalls CO2 emittiert (beim energieverbrauchenden Pressvorgang für Karosserieteile), so mögen die CO2-Mengen 50, 30, 20 in den drei Unternehmen sein. Wenn in jedem Jahr die Gesamtemissionsmenge staatlich vorgegeben um 1 % sinkt, dann müsste bei unveränderten Produktionsmengen nun durch verbesserte, energiegünstigere und CO2-leichtere Produktionsverfahren die Gesamtmenge auf 99 Einheiten für die drei Unternehmen unserer Modellwirtschaft im Folgejahr sinken. Das ist die Grundidee des Zertifikatehandels. Gelingt es dem Autohersteller relativ leicht, durch Modernisierung und Innovation den Herstellungsprozess CO2-leichter zu machen – also etwa drei CO2-Einheiten einzusparen –, dann kann der Autohersteller zwei überschüssige Einheiten CO2 auf dem CO2-Zertifikatemarkt anbieten und der bei der Produktionsmenge expandierende Stahlhersteller kann zwei Einheiten zukaufen. Im Wettbewerbs- und Marktprozess ergibt sich in jedem Jahr neu, welche investitions- und innovationsstarken Unternehmen CO2-Emissionszertifikate anbieten können und welche Firmen sich zusätzlich zu einer oft vorhandenen kostenlosen Anfangsausstattung mit CO2-Zertifikaten zusätzliche Zertifikate auf dem Markt kaufen müssen. Gelingt es eines Tages der Stahlindustrie, die auf Koksnutzung basierende herkömmliche Stahlerzeugungs-Technologie umzustellen auf eine neue, die Wasserstoff statt Kohle nutzt sowie Strom aus Erneuerbaren Energien, dann könnte die Stahlindustrie große überschüssige Zertifikatemengen auf dem Zertifikatemarkt verkaufen. Allerdings darf man nicht vergessen, dass von Staatsseite her die jährlich insgesamt verfügbare Zertifikatemenge immer weiter abgesenkt wird. Wenn der Übergang auf CO2-leichte Technologien zunehmend schwieriger im Zeitablauf würde, wäre das Ergebnis, dass der Marktpreis der CO2-Zertifikate immer weiter ansteigt. Damit aber verstärkt sich der Anreiz, für innovative Unternehmen, mehr auf CO2-leichte Innovationsprojekte zu setzen.

Da der Zertifikatehandel die volkswirtschaftlich günstigste Form der CO2-Minderung bringt, lässt die EU – mit kalifornischer Brille betrachtet – fast die

Hälfte der möglichen CO2-Minderung viel zu teuer erledigen oder gar nicht. Natürlich könnte in einem gewissen Maß auch eine CO2-Steuer als CO2-Einsparanreiz für Produzenten oder Konsumenten hilfreich sein: in Sektoren, die nicht vom Zertifikatehandel abgedeckt sind. Aber eine Ausweitung des Zertifikatehandels sollte 2020–2050 klar im Vordergrund stehen, da dies die Kosten des Klimaschutzes mindert. Vor allem gibt es auch Zusatz-Chancen zur weiteren Kostenabsenkung, nämlich, wenn man mit anderen Ländern im Feld des Zertifikatehandels die Märkte integriert. Die Schweiz ist immerhin anschlussfähig mit ihrem Zertifikatehandel an die EU, die wiederum den Blick auf Kalifornien, Teile Japans, Korea, China, Neuseeland und Provinzen in Kanada lenken könnte, wo es ebenfalls einen solchen Handel gibt. Größere Zertifikatemärkte bringen am Ende für alle – und für das Klima – Vorteile.

Klimaproblem

Das Klima ist das Ergebnis eines komplexen Zusammenwirkens von Gegebenheiten auf der Erde und der Sonneneinstrahlung sowie der Erdrotation. Eine gut lesbare Einführung ist das Buch von Mojib Latif, „Bringen wir das Klima aus dem Takt?" (LATIF, 2007). Gemäß Milankovitch-Theorie bewegt sich die Erde langfristig auf eine neue Eiszeit zu – in etwa 20 000 Jahren –, allerdings kann sich zwischenzeitlich eine deutliche Erderwärmung ergeben; letzteres gemäß neuerer Beobachtungen und Klima-Erklärungsansätzen, an denen die IPCC-Expertengruppe wesentlich mitwirkt. Sie ist zusammengesetzt aus Experten der Weltorganisation für Meteorologie WMO und der Umweltorganisation der UN, der UNEP. Eine wesentliche Rolle für die Erderwärmung spielen demnach Kohlendioxid und andere „Klimagase", während für die sinkende CO_2-Absorptionskraft der Meere durch Versauerung allein CO_2 relevant ist. Stickstoff und Sauerstoff sind die Hauptbestandteile (99 %) der Luft, hinzu kommen sogenannte Spurengase, die lebenswichtig sind. Kohlendioxid hat 0,038 % Anteil in der Luft und ist wichtig für die Klimaentwicklung. Offenbar ist aus menschengemachten Gründen seit der Industrialisierung eine verstärkte Konzentration von Spurengasen eingetreten. Der vorindustrielle Wert bei CO2 lag bei einem Anteil von etwa 0,028 % (280 ppm; ppm= parts per million). Gegenüber 1850 deutlich zugenommen hat auch die Konzentration des sehr klimaschädlichen Methans und einiger anderer Gase, wobei man Methan in CO_2-Äquivalente mit Blick auf Erderwärmungseffekte umrechnen kann. Man kann also CO2, Methan (ist „gewichtiger" als CO2) und andere Klimagase zusammenrechnen und spricht dann von sogenannten CO2-Äquivalenten. CO2 und andere Klimagase führen zu einer Erwärmung der unteren Atmosphäre, die Wärme – über Sonnenstrahlung auf die Erde kommend – kann schlechter als bisher in den Weltraum zurück, sodass man eine Art Treibhauseffekt hat: So ähnlich wie das Sonnenlicht gut in ein Treibhaus aus Glas fällt, während die Wärme im Treibhaus gefangen bleibt, ist es mit dem Problem der Erderwärmung.

Höhere CO2-Konzentration in der Luft sorgt quasi für dickeres Glas, die Erderwärmung steigt über Jahrzehnte, Jahrhunderte an. Das hat Konsequenzen für Meeresströmungen und Luftzirkulationen sowie Abschmelzvorgänge beim Inlandeis auf Grönland (Arktis) und im Süden bei der Antarktis. Am Ende des 21. Jahrhunderts könnte der Meereswasserspiegel wegen Inlands-Eisabschmelzungen deutlich angestiegen sein und Überschwemmungsgefahren in vielen dichtbesiedelten Regionen der Welt nähmen dann zu. Die vorliegenden wissenschaftlichen Analysen haben zur Klimaentwicklung langfristige Computer-Modellierungen und Simulationen vorgelegt: Mit 95 % Wahrscheinlichkeit ist von einem menschengemachten Klimaproblem im frühen 21. Jahrhundert auszugehen. Selbst wenn der Mensch zum Klimaerwärmungsdruck von insgesamt 30 Grad nur 0,2 % beiträgt wären das 0,6 Grad plus „aus Menschenhand"; sind es 0,5 %, dann wäre der von Menschen verursachte Plusfaktor +1,5 Grad. Das Klimaerwärmungsproblem ist wissenschaftlich gut analysiert und folgt der Logik von Physik und Chemie. Wie man die CO2-Konzentration beziehungsweise die Herausforderung besserer Klimaschutz sinnvoll angehen kann, ist vor allem eine ökonomisch-politische Frage. Hier gibt es wichtige Fragen für die Wirtschaftspolitik, aber auch auf der Ebene der privaten Haushalte und der Unternehmen. Viele Großunternehmen dokumentieren ihre Nachhaltigkeitsziele und auch Klimaschutzaktivitäten in einem Nachhaltigkeitsbericht; exemplarisch kann man etwa die Allianz oder auch 3M (Deutschlandzentrale: 3M-Nachhaltigkeitsbericht 2019) unter den Großunternehmen betrachten – und natürlich Tausende innovationsstarker mittelständischer Firmen.

Da CO2-Emissionen zu 30 % bis 40 % in westlichen Industrieländern aus dem Energiesektor – vor allem der Stromproduktion – herrühren, ist eine Umstellung des Energiesektors hin auf einen höheren Anteil Erneuerbarer Energien in allen OECD-Ländern wichtig; aber auch in Schwellen- und Entwicklungsländern. Dabei darf man allerdings nicht vergessen, dass auch 2020 noch gilt, dass etwa 13 % der Menschheit – rund eine Milliarde arme Menschen – bislang noch gar keinen Stromanschluss haben. Ein Stromanschluss und stabile Stromlieferungen sind für die Befriedigung vieler Bedürfnisse, große Produktivität bei der Produktion und hohe Lebensqualität wichtig. Falls Mobilitätstechnologien künftig verstärkt von Elektromobilität geprägt sein werden, die auf Stromnutzung basiert, gilt das noch mehr als bisher.

In den Industrieländern ist aus Sicht von Parlamenten und Regierungen die übliche Zielsetzung, dass Wohlstand, Vollbeschäftigung, Preisniveaustabilität und Klimaneutralität als langfristige Zielpunkte gleichzeitig erreicht werden können und auch der Grad an ökonomischer Ungleichheit nicht jenseits kritischer Grenzen ansteigt. Vermutlich der wichtigste Beitrag zum Klimaschutz werden klimaschutzfreundliche Innovationen der Unternehmen sein sowie ein integrierter globaler Emissionszertifikatehandel. Wie der im Kern funktioniert, warum er ein so gutes Mittel zur Sicherung einer kostenminimalen CO_2-Minderung ist und weshalb ein erweiterter CO_2-Zertifikatehandel (Energieproduzenten, Industriefirmen etc. brauchen entsprechend der CO_2-Emission CO_2-Zertifikate, die am Markt zu kaufen sind) in der EU in einem solchen Kontext wichtig sein wird, gilt es verständlich zu erklären.

Abbildung 1 zeigt, dass die globale Durchschnittstemperatur seit 1880 um etwa 1 % angestiegen ist; an der längerfristigen Anstiegstendenz gibt es keinen Zweifel.

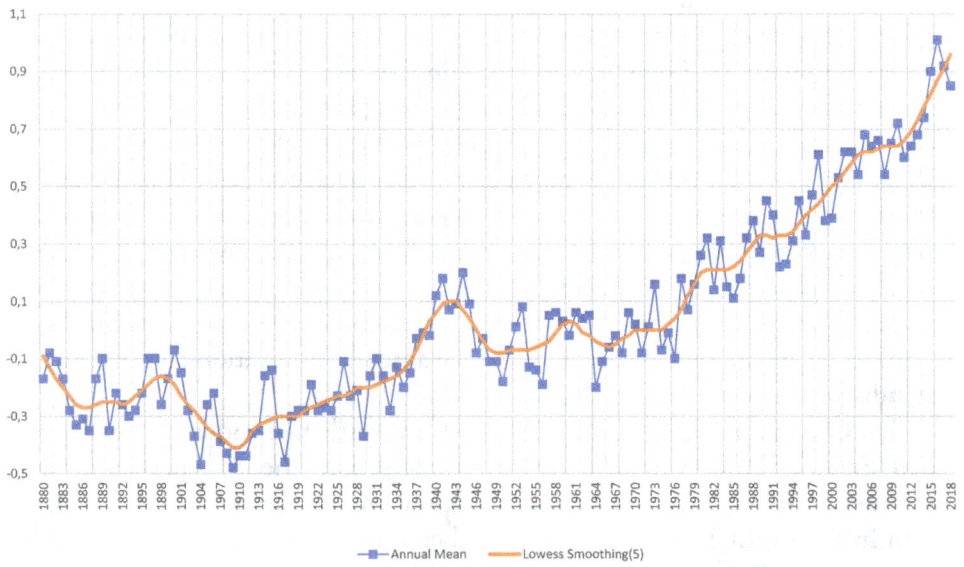

Abb. 1 Langfristiger Anstieg der globalen durchschnittlichen Oberflächentemperatur, 1880–2018 (Blau steht für Jahresdurchschnittstemperatur). (Quelle: Eigene Darstellung; Daten von NASA's Goddard Institute for Space Studies https://data.giss.nasa.gov/gistemp/graphs/)

Die Klimawissenschaftler sind sich, mit sehr wenigen Ausnahmen, sehr einig: Es gibt einen Teil der Klimaerwärmung, der menschengemacht ist; ohne Industrialisierung mit dem damit gekoppelten enormen Energieverbrauch gäbe es keine Klimaerwärmung in Höhe von fast ein Grad zwischen 1850 und 2020. Ob der festgestellte langfristige Anstieg von Menschen verursacht ist oder andere Gründe hat, ist nur teilweise relevant: Es zeigt sich erkennbar jedenfalls ein deutliches Erwärmungsproblem für die Erde, darauf muss die Menschheit eine geeignete Antwort finden. Der menschengemachte Erwärmungsimpuls mag überschaubar erscheinen, aber Systeme können kritische Zustände erreichen und menschengemachte Impulse können zu global kritischen Entwicklungen führen. Ein insgesamt erhitzter Planet schafft deutlich veränderte Bedingungen für Landwirtschaft und Meeresnutzung, landwirtschaftliche Erträge und Fischereierträge könnten durch globale Klimaerwärmung sinken. Wenn Hunger Teil des Klimaschutzproblems werden sollte, drohen neuartige gewalttätige Konflikte in einigen Regionen der Welt.

Die vergangenen 11 000 Jahre waren in den Temperaturen – bei allen Schwenkungen über die Jahrhunderte – halbwegs moderat. Was im 21. Jahrhundert beginnen dürfte, ist eine neue Heißzeit, wo sich die Menschen in sehr vielen Ländern an viel höhere Temperaturen gewöhnen müssen als bisher. In Maßen ist ein passives Gewöhnen möglich, aber eine solche Sicht ist natürlich als Reaktion der führenden Länder, auch der G20, unzureichend. Es ist bedrohlich, wenn in Australien im Januar 2019 49,5 Grad und in Südfrankreich Ende Juni 2019 45,5 Grad als Temperatur gemessen wird; jedenfalls wenn das Signale sind, die wir in künftigen Jahren immer aufs Neue sehen sollten. In Teilen Indiens brachte das Frühjahr – nicht zum ersten Mal in den letzten Jahren – Temperaturen von 50 Grad in einigen Regionen. Die Temperaturen in der Arktis sind seit 2010 um 3 bis 4 Grad höher als zu Beginn des 20. Jahrhunderts.

In der südlichen Antarktis ist es ein wenig besser, aber an beiden Pol-Kappen gibt es ein Schmelzproblem. Wenn die polaren Eiskappen in großem Umfang schmelzen, so steigt der globale Wasserspiegel und wichtige bisherige Windströmungen, die häufigen Wetterwechsel bringen – Dauerhitze also ebenso fernhalten wie Dauerregen – werden unzuverlässig. Ein wärmeres Meer auf einer wärmeren Erde kann weniger CO_2 absorbieren, das verschärfte das Treibhausproblem. Zudem, ein wärmeres Meer könnte bestimmte biologische Kreisläufe abschwächen, die Ergiebigkeit der Meere für die Fischer vermindern. Mehr Lebensmittelknappheit kann aus unzureichendem Klimaschutz längerfristig entstehen: keine freundliche Perspektive bei einer bis etwa 2100 weiterwachsenden Weltbevölkerung. Immerhin, mehr Köpfe – besser ausgebildet als frühere Generationen – heißt auch mehr Verstand auf der Erde, mehr Problemlösungsfähigkeit; so mag man hoffen.

Längere und häufigere Phasen von Dauerhitze und Starkregen sind für die betroffenen Regionen und Länder, für die dort lebenden Menschen, eine Herausforderung. Bei der globalen Erderwärmung spielen CO_2-Emissionen eine wichtige Rolle, die natürliche CO_2-Konzentration in der Luft steigt seit der Industrialisierung an. Die Konzentration von CO_2 in der Luft lag in den späten 1950er Jahren bei 315 ppm (Teile pro Million/parts per million). Der vorläufige Höchststand steht bei 416 ppm im Mai 2019. CO_2 in der Atmosphäre ist ein langfristig relativ stabiles Gas, das eine Lebenszeit von 80–100 Jahren dort hat. Auch dies ist ein Aspekt, der von Seiten der Politik, der Wirtschaft und der Wählerschaft stärker als in anderen Politikfeldern langfristiges Denken verlangt. In ökonomischer Sicht ist Wachstumstheorie unter Einbeziehung natürlicher Ressourcen und des Klimas wichtig.

Allen Versprechungen zum Trotz auf der UN-Klimakonferenz von Paris in 2015 ist der für die Erderwärmung maßgebliche Ausstoß von CO_2 – und ähnlich wirksamen Klimagasen – global weiter angestiegen (das geht noch) und wird absehbar noch viele Jahre weiter ansteigen. Fast 50 Milliarden Tonnen CO_2-Äquivalenz-Emissionen in 2018 sind auf Dauer zu viel, um die Erderwärmung zu stabilisieren beziehungsweise einen Anstieg von mehr als 1,5 Grad gegenüber der Industrialisierung zu verhindern (als bescheideneres Ziel wird oft die 2-Grad-Marke genannt, die bei der Pariser Klimakonferenz in der Tat wesentlich im Fokus stand).

Wegen der wissenschaftlichen Auswertungen von Eisbohrkernen in der Arktis weiß man in etwa, wie groß in den vergangenen drei Millionen Jahren die CO_2-Konzentration war. Es gibt keinen Zweifel, dass das frühe 21. Jahrhundert einen Rekord darstellt und dass dabei menschengemachte Emissionen – etwa im Zuge der Verbrennung fossiler Brennstoffe wie Kohle, Öl und Gas – hierzu ganz wesentlich beigetragen haben. Also sollten Menschen darüber zügig nachdenken und die Politik Rahmenbedingungen ändern, sinnvolle neue Anreize setzen, um CO_2-arme Produkte und Produktionsprozesse zu entwickeln; gegebenenfalls auch CO_2 aus der Atmosphäre zu entnehmen und dann klimaunschädlich zu speichern.

Da die Klimaerwärmung wesentlich durch CO_2-Emissionen und andere Klimagase bedingt ist, stellt sich die Frage, wie groß eigentlich der Schaden einer Tonne CO_2-Emissionen ist. Wenn die Produktion von Gütern X den Einsatz von Energie – genauer das Verbrennen fossile Brennstoffe erfordert –, dann wäre die Höhe des (Grenz-)Schadens ein Ansatzpunkt etwa für eine vernünftige Bemessung einer CO_2-Steuer. Wenn eine Tonne CO_2 110 € Schaden verursacht, während dies dem Güterproduzenten nicht bewusst ist, dann wäre eine mögliche Antwort des Staates auf diese Situation, dass durch die Einführung einer CO2-Steuer von 110 € die Produzenten den entstehenden Schaden einer CO2-Emission beachten müssten. Welche Hinweise auf die Höhe des CO2-Schadens kann man nutzen? Wie könnte man für den Fall, dass Unternehmen aus Land 1 produzieren und der CO2-Schaden entsteht im Kern in Land 2 (Nachbarland), sinnvoll reagieren: Soll Land 2 den Unternehmen von Land 1 eine CO2-Steuer auferlegen? Das ist kaum realistisch und riecht nach politischem Ärger. Da wäre es wohl besser – worauf zurückzukommen ist –, dass es ein gemeinsames Emissionszertifikate-Handelssystem gibt. Die besonders emissionsaktiven Unternehmen aus Land 1 könnten (Land 1 und 2 seien EU-Länder) innerhalb des EU-Zertifikatesystems sinnvoll handeln, nämlich in Land 2 Emissionszertifikate von Unternehmen mit überschüssigen CO2-Zertifikaten kaufen. Kommen wir aber zunächst auf die Schadenshöhe einer Tonne CO2 in Westeuropa zu sprechen. Da sind Wissenschaftler gefragt, die nach bestimmten Maßstäben die Höhe des CO2-Schadens zu ermitteln suchen; also fragen, wie groß ist der entstehende Schaden durch eine CO2-Emissionseinheit.

Schadenshöhe von einer Tonne CO2 in Westeuropa: 60 € oder 180 € pro Tonne CO2?

CO2 ist ein wichtiges Spurengas, zu viel davon bringt ökonomisch-ökologische Schäden. Aus Sicht der Wissenschaft ist seit etwa 1950 das globale CO2-Niveau zu hoch. Wie hoch ist nun der Schaden von einer zusätzlichen Tonne CO2 in Deutschland, der Schweiz oder anderen europäischen Ländern? Das deutsche Umweltbundesamt (UBA) hat am 20.10.2018 eine Pressemitteilung vorgelegt, wonach der Schaden von einer Tonne CO2 180 € pro Tonne beträgt. Das ist eine wichtige Größe, die zur Aussage führt, dass 2016 der Schaden durch CO2-Emissionen 164 Milliarden € betragen habe. Das macht rund 5 % des Bruttoinlandsprodukts – der Gesamtwirtschaftsleistung – in Deutschland aus. Diese Zahl ist zu diskutieren, sie erscheint übertrieben hoch. Es ist nämlich einigermaßen sonderbar, dass das Umweltbundesamt sich um entsprechende Untersuchungen aus der Schweiz – beauftragt vom dortigen Umweltbundesamt BAFU – nicht kümmert, obwohl doch eine wissenschaftlich solide Analyse die Vergleichszahlen aus vergleichbaren Ländern üblicherweise betrachten müsste.

Es ist jedenfalls interessant, einen Blick auf die Schweiz zu werfen, wo das Umweltbundesamt BAFU und das Bundesamt für Energie (BFE) 2007 eine Studie von ECOPLAN, Basel, erstellen und veröffentlichen ließ (Auswirkungen der Klimaänderung auf die Schweizer Volkswirtschaft (nationale Einflüsse)), um die erwarteten Schäden steigender Temperaturen für die Schweiz abzuschätzen: Demnach ist der Schadensverlauf bei 1 Grad oder 2 Grad globalem Temperaturanstieg bis 2100 noch überschaubar, etwa 1 Milliarde Schweizer Franken pro Jahr. Gemäß BAFU-Angaben betrugen die CO_2-Emissionen in 2007 21 Millionen Tonnen in der Schweiz (BAFU-Bericht: Emissionen von Treibhausgasen nach revidiertem CO_2-Gesetz und Kyoto-Protokoll, 2. Verpflichtungsperiode (2013–2020)). Das ergibt einen Schaden von 48 Schweizer Franken pro Tonne, also etwa 44 € pro Tonne CO_2 in 2007. Bei 3-Grad- oder 4-Grad- oder 5-Grad-Temperaturanstieg nehmen die Schadenskosten jedoch in der Simulationsanalyse von ECOPLAN dramatisch zu.

Es ist sehr unplausibel, dass in der Schweiz eine Tonne CO_2 einen Schaden von – auf 2016 hochgerechnet – rund 60 € verursacht, in Deutschland die entsprechende Größe aber 180 € pro Tonne CO_2 ist. Dabei ist das Pro-Kopf-Einkommen in der Schweiz höher als in Deutschland, zudem auch das Preisniveau. Es fehlt offenbar an einer wissenschaftlichen Diskussion zwischen den Wissenschaftlern aus europäischen Ländern, sonst könnten solche Unterschiede nicht zustande kommen. Der für die Schweiz ermittelte Wert scheint plausibler als der UBA-Wert, der unerklärlich weit vom CO_2-Zertifikatepreis in der EU entfernt ist (um 25 € pro Tonne); die Schweiz nimmt indirekt am EU-Zertifikate-Handelssystem teil. Das Bundesministerium für Umwelt als vorgesetzte Behörde des Umweltbundesamtes UBA hat sich um die aufgezeigten Widersprüche bislang nicht gekümmert – eine rationale Vorgehensweise ist das nicht. Dennoch ist die „magische" UBA-Zahl in Deutschland in der Debatte sehr einflussreich: Wenn etwa Fridays-for-Future-Bewegung die 180 € pro Tonne übernimmt – wie im August 2019 nach dem FFF-Kongress in Dortmund zu hören war –, dann schiebt das die Klimaschutzdiskussion in Deutschland in eine zu extreme Ausrichtung. Ein Schadenswert von 180 € pro Tonne macht natürlich viel entschiedenere Politikmaßnahmen notwendig als ein Schadenswert von 60 € pro Tonne. Eine Versachlichung der häufig sehr emotional – und ideologisch – geführten Debatte um den optimalen Klimaschutz in Deutschland, der EU und der Weltwirtschaft ist empfehlenswert. Die UBA-Zahl ist jedenfalls nicht sakrosankt und offenbar gibt es einen Mangel an kritischer Analyse in Deutschland.

Es ist bemerkenswert, dass der US-Klima-Makroökonom und Forschungspionier NORDHAUS (2017) für die USA 31 $ Schaden pro Tonne CO_2

ansetzt, und zwar für 2015 (in Preisen von 2010). Allerdings kann man auch darauf verweisen, dass die in den USA oft genannte Zahl von 37 $ pro Tonne in einer neuern Analyse als unterdimensioniert eingestuft wurde – eine neue Analyse geht von 220 $ pro Tonne aus (MOORE/DIAZ, 2015). Es mag für die USA unterschiedliche Analyseergebnisse einzelner Wissenschaftler geben. Aber in Europa gilt wiederum: In jedem Fall ist davon auszugehen, dass der Schaden pro Tonne CO2 in Deutschland und der Schweiz ähnlich hoch sein muss. Natürlich kann man auch einen Blick nach Österreich werfen (mit einem interessanten Bericht etwa zur Klimasituation; siehe Wegener-Institut, Das Treibhaus-Budget für Österreich, Universität Graz, 2017) oder in die Niederlande, nach Frankreich oder UK oder nach Spanien, Brasilien, Russland, China und so weiter.

Da Medien oft nach der Devise funktionieren Bad News is Good News – schlechte Nachrichten sind gute (verkaufsförderliche) Nachrichten mit dicken Schlagzeilen –, besteht vermutlich in der digitalen Mediengesellschaft eine zeitweise Übertreibungstendenz, der eine entsprechende öffentliche Aufgeregtheit beim Thema Klimaschutz entspricht. Notwendig für eine vernünftige Problemlösung ist aber eine differenzierte, kritische, solide, faktenbasierte Analyse, die die Ergebnisse der neueren wissenschaftlichen Befunde einbezieht. Man darf eigentlich erwarten, dass wissenschaftliche Beratungsinstitutionen von Regierungen auf dieser Linie arbeiten. Es ist bemerkenswerter Weise aber gerade in Deutschland festzustellen, dass zumindest eine wichtige Beratungsinstitution eine aufgeregte eigene ideologische Sichtweise entwickelt hat – in 2019 als großer Bericht vorstellt. Das kann man sonderbar und unangemessen finden, jedenfalls, wenn man den Ansatz kritisch-rationaler Wissenschaft verfolgt.

Früheres Erfolgsfeld: Bekämpfung des Ozonlochs

Es gibt nicht nur Probleme und Fehlschläge; man schaue sich frühere Problemfelder an, für die man internationale Lösungen fand. Beim Ozonloch-Problem beziehungsweise dem Montreal-Protokoll von 1987 gegen den FCKW-Einsatz (Fluor-Kohlenwasserstoffe galten als Haupttreiber des Ozonlochs) unterzeichneten anfänglich zwei Dutzend Länder und die EU, am Ende waren alle 197 UN-Mitgliedsländer an Bord. Durch das Ozonloch dringt Sonne viel stärker als sonst auf die Erde, was für Mensch und Tier riskant ist – Stichwort: Hautkrebs. Die Erfolge beim Ozonloch-Problem sind lehrreich. Wenn man eine größere Startgruppe für gemeinsames Handeln international gewinnen kann, dann kommen die anderen Länder im Zeitablauf bald an Bord. Das jedenfalls zeigt jedenfalls die erfolgreiche Bekämpfung des Ozonlochs.

Beim Klimaschutz sind die Probleme nicht einfach; jedenfalls wenn es um Maßnahmen zur Rückführung von CO2 geht. Auch ein denkbares Anpflanzen von Milliarden zusätzlicher Bäume in der Welt ist eine große und langfristige Aufgabe; denkbar, machbar, aber Zeit verschlingend. Die Emissionshandelssysteme verschiedener Länder zusammenzuführen, wäre vernünftig, wird aber vor 2030 kaum möglich sein. Denn bislang hat sich kein Politikakteur ein solches Ziel auf die Fahne geschrieben. Ganz einfach wird das nicht zu realisieren sein, selbst, wenn viele große Länder das wollten. Bis 2050 soll man global annähernd Klimaneutralität erreichen, sagt die Mehrheit der Klimaexperten. Drei Jahrzehnte Zeit für eine neuartige Klimaschutzpolitik vieler Ländern, die ab 2030 in vielen Feldern koordiniert werden sollte, das ist nicht gerade viel Anpassungszeit.

Schließlich gibt es bei verstärktem Klimaschutz ein Ungleichheitsproblem zu lösen, das bisher nicht auf der Agenda der Politik steht und dabei eher der nationalen als der internationalen Politik zuzurechnen ist: Es geht nicht um vorhandene Einkommensungleichheit in den Industrie- und Schwellenländern, sondern um die zunächst unvermeidliche Zunahme der Einkommensungleichheit im Sinn einer größeren Ungleichheit der Löhne von Qualifizierten relativ zu denen der Ungelernten; für die Korrektur und Begrenzung dieses Ungleichheitseffektes im Zuge eines Strukturwandels zugunsten von mehr klimafreundlichen Produkten und Produktionsprozessen bedarf es einer sinnvollen Begleitpolitik in den G20- beziehungsweise OECD- und Schwellenländern. Diesen Problemdreiklang (nationale Klimapolitik, internationale Koordinierung und Umverteilungs-/Sozialpolitik) gilt es zu erklären und erfolgreiche Klimapolitik wird es nur geben, wenn man alle drei Probleme gleichzeitig in sehr vielen Ländern sinnvoll angeht.

Suche nach Problemlösungen

Laut UN-Klimaexperten (IPCC) wäre bis 2030 bei den CO_2-Emissionen ein Rückgang um die Hälfte nötig. Nach 2050 sollten die CO_2-Emissionen bei „netto Null" liegen: Man kann aus Sicht eines Landes CO_2-Emissionen haben, müsste sie dann aber kompensieren: etwa durch Waldanpflanzungen in anderen Ländern. Der EU-Gipfel im Juni 2019 zeigte, dass in Sachen Verschärfung von CO2-Zielen in der EU28 keine Einigkeit besteht; vor allem einige osteuropäische EU-Länder wollen da nicht mitziehen und wollen nicht ehrgeiziger werden. Vielleicht ist das auch nicht notwendig, da es zunächst wichtig ist, die für 2020 gesetzten Zielmarken zu erreichen und sich zu überlegen, wie man bestehende Zieldefizite auf der Zeitachse bis 2030 dann erfolgreich bearbeiten will.

In der Tat haben die EU28-Länder einige Energieeffizienz- und Klimaschutzziele für 2020 verfehlt – das sieht man schon Anfang 2019. Allerdings: Wenn etwa alle G20-Länder (letztlich alle Länder der Welt) einen umfassenden CO2-Zertifikatehandel hätten, braucht man sich auch an der Stelle wenig Sorgen zu machen. Die Frage ist, wie man zu einem G20-Zertifikatehandel in recht überschaubarer Zeit kommen kann. Die Antwort findet sich in diesem Buch.

Nicht wenige EU-Länder machen gute Fortschritte bei der Absenkung der CO2-Emissionen im Inland, aber im Ausland gibt es auch versteckte CO2-Emissionen; etwa via Flugverkehr von EU-Bürgern in außereuropäische Ziele (genauer: Ziele außerhalb des Europäischen Wirtschaftsraumes). Seit 2012 sind Flüge innerhalb der EU im Zertifikatehandel eingebunden, außerhalb aber nicht. Auch die Schweiz ist hier interessant: Zu den sechs Tonnen Kohlendioxid-Emissionen pro Schweizer pro Jahr (2017) in der Schweiz kommen nochmals etwas höhere Mengen, die durch verschiedene Schweizer Aktivitäten außerhalb der Schweiz entstehen. Ähnliche Überlegungen gelten für Bürgerinnen und Bürger aus vielen EU-Ländern, aus Nordamerika und bestimmten Ländern Asiens.

Bei wichtigen OECD-Ländern sind die Probleme nicht viel anders als in der Schweiz, insbesondere haben die USA „Offshore-Emissionen" etwa in China, da ein großer Teil von CO2-intensiven Exporten Chinas Richtung USA gehen (und die USA hat ja insgesamt ein Leistungsbilanzdefizit, importiert gerade aus China wertmäßig mehr als exportiert wird). Wenn etwa die USA Stahl, Aluminium oder Computer aus China importieren, sind der in China bei der Produktion entstehende CO2-Ausstoß und der entsprechende Ressourcenverbrauch eigentlich den USA zuzurechnen; Berechnungen dazu gibt es in der Fachliteratur („embedded CO2 emissions"). Bei den internationalen Diskussionen auf G20-Ebene wäre es also angemessen, unter der Überschrift Lastenteilung die Emissionsmenge Chinas entsprechend zu korrigieren, die der USA und einiger anderer OECD-Länder gegenüber den Emissionen des jeweiligen Landes nach oben zu korrigieren, sofern Netto-Auslandsemissionen zu berücksichtigen sind.

Ob man eine Grenz-Ausgleichssteuer für CO2-intensive Importe einführen soll, könnte man diskutieren; als vielversprechend wird das hier nicht angesehen, da die beste Methode eindeutig ist, in anderen Ländern auch einen CO2-Zertifikatehandel einzuführen. China geht hier mit gutem Beispiel voran und realisiert nach regionalen Pilotphasen zum Zertifikatehandel ab 2020 einen nationalen Zertifikatehandel. Der deckt einen geringeren Teil an Emissionen ab, als dies in der EU der Fall ist. Aber China liegt hier vor den USA, wo neben Kalifornien noch eine überschaubare Gruppe (RGGI) von neun anderen Bundesstaaten – und zwar im Energiesektor – einen CO2-Emissionshandel durchführt. Die EU-Länder könnten gegenüber Ländern ohne adäquaten CO2-Zertifikatehandel eine Grenz-Ausgleichssteuer beim Import einführen, was vereinbar mit den Regeln der Welthandelsorganisation ist.

Wenn man keine hinreichende CO2-Minderung in Industrie- und Schwellenländern pro Jahr erreicht, wird man Zwischenziele hin zum langfristigen Ziel einer klimaneutralen Wirtschaft in 2050 nicht erreichen können. Tatsächlich haben EU-Länder keinen Mechanismus entwickelt, wie man absehbare Zielverfehlungen durch deutlich erhöhte Zielvorgaben für die jährliche CO2-Emissionsminderung in der EU beim Zertifikatehandel erreichen könnte (also –5 % jährlich ab 2025 statt der geplanten –2,2 % ab 2020) oder wie man durch schrittweise Erhöhung von CO2-Steuern in Sektoren außerhalb des Zertifikatehandels Fortschritte zuverlässig erreichen könnte. Schweden hat seit 1991 eine CO2-Steuer und liefert darüber auch gute Ergebnisbeiträge zum Klimaschutz. Die CO2-Steuer in Schweden greift in den Sektoren, wo der EU-Zertifikatehandel nicht wirkt.

Deutschland hat keine solche Steuer. Die Schweiz kennt bei den CO2-Steuersätzen eine Ziel-Erreichungsautomatik seit Jahren. Wenn die CO2-Emissionen nicht einen politisch festgelegten Zielerreichungspfad erreichen, erfolgt automatisch eine gewisse CO2-Steuererhöhung – bis hin zu einem politisch gedeckelten Höchstbetrag, mit dem man Planungssicherheit für Unternehmen schaffen will. Die Schweiz ist allerdings auch keine Insel der Seligen.

Die im Ausland anfallenden „quasi-schweizerischen CO2-Emissionen" sind nochmals etwas höher als die in der Schweiz selbst anfallenden, nämlich 8 Tonnen pro Kopf. Die Gesamtsumme beträgt für 2017 bei der Schweiz also 14 Tonnen pro Kopf (BUNDESAMT FÜR UMWELT (BAFU), 2018). Im Falle der Schweiz ist festzustellen, dass der inländische CO2-Fussabdruck (Emission pro Kopf) im Zeitablauf zurückgegangen ist, während die schweizerischen Auslandsemissionen anstiegen. Klar ist, dass eine Verteuerung CO2-intensiver Produktion oder Vorprodukte in Europa dazu führt, dass Unternehmen die entsprechende Produktion oder die Vorprodukte-Herstellung ins

Ausland verlagern werden: in Länder, wo es noch keine CO_2-Bepreisung gibt oder wo der CO_2-Preis – etwa in Form des Preises eines Emissionszertifikats oder einer CO_2-Steuer – noch relativ gering ist. Dieses CO_2-Leakage-Problem gilt es nicht aus den Augen zu verlieren. Es verliert an Bedeutung, wenn man in der großen Mehrheit der Länder CO_2-Zertifikate-Handelssysteme einführen und ausbauen kann. Bis 2025 sind hier dringend klare neue Weichenstellungen nötig.

Die Erde wird ein ziemlich unwohnlicher Ort für künftige Generationen in vielen Teilen werden, wenn nicht zügig ein viel besserer globaler Klimaschutz realisiert wird. Emissionsmindernde Innovationen sind hier wichtig, nicht nur neue Produkte, sondern vor allem auch klimafreundlichere Herstellungsverfahren. Jeder CO_2-Emittent auf der Welt ist am Ende wichtig. Denn für die globale CO_2-Konzentration beziehungsweise das Klimaerwärmungsproblem kommt es auf die weltweite Höhe der Emissionen an. Das bedeutet, aus ökonomischer Sicht gesprochen, dass es beim Klimaschutz um ein globales Kollektivgut geht: Alle Menschen auf der Welt teilen den Nutzen von mehr Klimaschutz, es gibt keine Rivalität in der Nutzung einer stabilen Erdatmosphäre. Eine vernünftige Bereitstellung eines internationalen Kollektivgutes ist aber, wie die Erfahrung lehrt (und die Modellierung zeigt), schwer zu erreichen. Fast alle Menschen haben ein Interesse an einem stabilen Klima beziehungsweise an Klimaschutz, aber natürlich gibt es eine Neigung zum Trittbrettfahrerverhalten: Nichts zahlen, aber hoffen, dass andere schon für genügend Klimaschutz rechtzeitig sorgen werden.

Wenn man an die großen Länder der Welt denkt, dann müsste man also diese Hauptemittenten an einen Tisch bringen und verbindliche CO_2-Minderungspolitik vereinbaren. Die Zahl der Länder, um die es vor allem geht, ist eigentlich überschaubar und diese Ländergruppe trifft sich auch regelmäßig, nämlich die G20. Diese Länder verabschieden Ziele und Empfehlungen, nachzulesen in Pressemitteilungen. Da sollen etwa, so heißt es seit einer Dekade, die gewaltigen Subventionen für fossile Energienutzung (Kohle, Öl, Gas) abgebaut werden. Weltweit gesehen waren sie in 2018 etwa vierfach so hoch wie die globalen Ausgaben für Forschung und Entwicklung.

Das ist ein gigantischer Widerspruch: Klimaschutz heißt, dass man fossile Energieträger in der Energienutzung deutlich zurückdrängen müsste, vor allem Kohle und in vielen Bereichen auch Öl, während zugleich Erneuerbare Energien zumindest bei Forschung & Entwicklung durch Subventionen zu unterstützen wären. Entsprechend ergibt sich eine Spezialisierung bestimmter Länder im Bereich umweltfreundlicher Exportprodukte in den Ländern, die relativ hohe Pro-Kopf-Einkommen und führende Technologiepositionen von vielen

Firmen bei „grünen Technologien" haben. Auf die Frage der internationalen Wettbewerbsfähigkeit bei umweltfreundlichen Produkten wird zurück zu kommen sein – vor allem im Schlusskapitel.

Während die Situation in Europa halbwegs vernünftig ist, kann man das für bestimmte andere Industrieländer nicht ohne Weiteres sagen. US-Präsident Trump etwa unternimmt mit großem Aufwand Schritte, um in den USA die Kohleförderung wieder hochzufahren; das macht ökonomisch und klimapolitisch keinen Sinn. Bei manchem Schwellenland ist die Problem-Ausgangslage nicht einfach. In Indien etwa ist die ausgebaute Kohleförderung ein fester Teil der Staatswirtschaft: Indiens Kohlebergwerke sind Teil eines Staatskonzerns, der Kredit von staatlichen Banken für die Kohleförderung erhält, wobei die Staatsbahn die geförderte Kohle durchs halbe Land transportiert. Es gibt also viele regionale und national aufgestellte Interessengruppen, die weiterhin Kohle fördern wollen. Australien ist hier ebenfalls ein Land mit Fragezeichen bei der nationalen Kohlepolitik. Deutschland ist nicht viel besser, da es trotz Einbeziehung der Kohleverstromung – als Teil des Energiesektors – in den Zertifikatehandel 2018/2019 eine Art planwirtschaftlichen Kohleausstieg via „Kohlekommission-Vorschlag" regierungsseitig plant, und zwar zu unnötig hohen Kosten, wie sich noch zeigen wird.

Die Hauptemittenten heißen China, USA, EU, Indien, Indonesien, Japan, Brasilien, OPEC-Länder und die sind tatsächlich in der Gruppe der G20 aktiv, und zwar in jährlichen Treffen seit Ende 2008. Aber, ob dieses Gremium überhaupt noch in Sachen Klimaschutz handlungsfähig ist, erscheint bisweilen als zweifelhaft. Beim G20-Gipfel in Osaka im Juni 2019 gab es erstmals zeitweise eine Dreier-Koalition gegen umfassende zügige Klimaschutzpolitik, nämlich die USA unter dem populistischen Präsidenten Trump, der zeitweise Brasilien und Saudi-Arabien auf seine Seite holte.

Der Osaka-G20-Gipfel endet dann doch mit einer 19:1-Position im Abschlussdokument, wobei 1 für Trumps USA steht. Trump lobte die US-Wasser- und Luftqualität und sagte vor der TV-Kamera, dass er kein Wirtschaftswachstum der USA zugunsten von globaler Nachhaltigkeit beziehungsweise von Klimaschutzpolitik aufs Spiel setzen wollte. Das klingt nach einem reichen Verwandten, der nichts für besseren Hochwasserschutz investieren möchte und Teile seines Vermögens im absehbaren nächsten Hochwasser verlieren wird. Trump ist zudem wählerfern an dieser Stelle. Denn viele US-Bürgerinnen und US-Bürger sind bereit, für Umweltschutz auf etwas Wachstum zu verzichten – das zeigt sich in den Ergebnissen des World Value Surveys, eines großen internationalen Umfrageprojekts.

Gibt es bisherige globale Umweltschutzprojekte, die erfolgreich waren? Das Montrealer-Protokoll von 1987 – unterzeichnet zunächst von 24 Ländern und der EU – mit dem nachfolgenden Wiener Abkommen zur Bekämpfung des Ozonlochs, das durch die Emission von FCKWs (Fluorchlorkohlenwasserstoffen) zustande gekommen war, ist eine Erfolgsgeschichte. Das Ozonloch über der Antarktis hat sich seit etwa 2010 deutlich verkleinert, das FCKW-Volumen in der Atmosphäre ist zurückgegangen. Die Industriestaaten brachten rund 1 Milliarde $ in einem speziellen Fonds auf, damit die Entwicklungsländer bei Umstellungsprojekten aus der FCKW-Wirtschaft beziehungsweise der Nutzung von FCKW-Stoffen mittelfristig mitwirken konnten.

Bei den CO_2-Emissionen ist auch ein Umstellungshilfefonds für arme Länder nötig, aber beim Thema Erderwärmung geht es um viel größere Dimensionen. Binnen drei Jahrzehnten kann man immerhin, so zeigt das Ozonloch-Problem, durchaus Erfolge erzielen. Allerdings war das vor den Zeiten des Populismus im Westen; das Populismus-Phänomen in der Politik betrifft sichtbar nicht nur die USA unter Präsident Trump und Brasilien mit seinem Präsidenten Bolsonaro, sondern auch Großbritannien (mit dem BREXIT-Projekt) und Italien sowie einige osteuropäische EU-Länder.

Es kommt beim Klimaschutz nicht nur auf Staaten an, sondern auch auf Investoren und natürlich das Verhalten der privaten Haushalte selbst. Immerhin gibt es seit 2008 ein verstärktes Interesse großer Investoren an mehr nachhaltigen Investments. Es gibt Initiativen, dass Firmen nicht nur Finanzkennziffern abliefern, sondern auch Informationen über die Höhe von CO_2-Emissionen. Man kann sich Länder – aus Investorensicht – unter dem Aspekt ansehen, wie hoch der Anteil der Erneuerbaren Energien ist und wie stark die internationale Wettbewerbsfähigkeit bei umweltfreundlichen Produkten ist sowie wie nachhaltig die nationale „echte" Sparquote ist (EIIW-vita Indikator). Eine hinreichende Ersparnis ist notwendig, um die Kapitalsubstanz der Unternehmen und damit die Basis für künftige Produktion zu erhalten; und darüber hinaus ist zu beachten, dass auch Investitionen in die Bildung ein Teil der Substanzerhaltung in einer Gesellschaft sind, die künftigen Generationen ähnlich gute Chancen beim Lebensstandard sichern will, wie er bei der jetzigen Generation erfüllt ist.

Klimaerwärmung, politische Neufokussierung und erste Langfriststudien

Das Jahr 2017 war das wärmste seit verfügbaren internationalen Temperaturaufzeichnungen in 1800. Die beiden Vorjahre waren die nächstwärmsten seit 1800, allerdings gab es ein besonderes Windphänomen in Südamerika, den El Niño, der die Temperaturen über Meer und Land immer etwas ansteigen lässt (OLIVIER/PETERS, 2018). Die globale Durchschnittstemperatur über Land und Meer lag 0,84 Grad über dem Durchschnitt des 20. Jahrhunderts – über Land war der Anstieg 1,31 Grad. Bei der Erderwärmung beziehungsweise beim Klimaproblem geht es um langfristige Änderungen und Perspektiven. In der Politikdebatte mag dabei ein Jahr mit Hitzeperioden eine aufgeregte Klimadebatte verursachen, obwohl es beim Klimaproblem nicht um das Ergebnis in einem einzelnen Jahr geht.

Aber die politische Aufregung und Aufmerksamkeit werden vermutlich in vielen Ländern im 21. Jahrhundert auch durch das Wetter stark bestimmt; ein Wahljahr mit extremen Wetterereignissen im Vorfeld wird wohl Umweltparteien und Parteien mit Fokus auf Klimapolitik erhöhte Stimmenanteile bescheren. Die Europa-Wahlen 2019 waren ein gewisser Vorgeschmack in dieser Hinsicht, die Gewinner der Wahlen waren Umweltparteien, die Liberalen und die Populisten. Letztere behaupten, wie auch US-Präsident Donald Trump, es gäbe keine besorgniserregende menschengemachte Klimaerwärmung. Das ist eine naive Fehlsicht, wenn man die Ergebnisse der Wissenschaft Ernst nimmt (ROYAL SOCIETY, 2009).

Aus Sicht der Wissenschaft – der ganz überwiegenden Meinung der Experten an Hochschulen, Instituten und Forschungslabors weltweit – sollte im 21. Jahrhundert die globale Durchschnittstemperatur höchstens 2 Grad über der Marke zu Beginn der Industrialisierung liegen, sonst drohen weltweite Probleme durch Hitze, Überschwemmungen, Zunahme von Extremwetterereignissen und den Folgeproblemen, inklusive Millionen von Klimaflüchtlingen. Einige Probleme werden national und regional sein, ernste Wirtschaftsprobleme in großen Ländern wie USA, EU und Japan oder China werden leicht zu einer internationalen Herausforderung werden. Da man nicht einfach auf Mond, Mars oder andere Himmelskörper wird umziehen können, sollte man klugerweise den Anstieg der Erderwärmung durch sinnvolle Maßnahmen energisch begrenzen. Die für diese Erwärmung wichtigen Klimagase sind CO_2 (73 %) und Methan (CH_4: ca. 18 %). Methan und andere Emissionen (z. B. NO_2 und F-Gase) mit Erwärmungseffekt werden in CO_2-Äquivalente umgerechnet.

CO2-Minderungssektoren und CO2-Anstiegssektoren

Zu den wichtigsten Ansatzpunkten der CO2-Minderung gehört der CO2-Zertifikatehandel, wo die EU ein Pionier seit 2005 ist. Unternehmen aus dem Sektor Energie und der Wirtschaft müssen sich CO2-Emissionsrechte besorgen, nur dann können sie produzieren. Es gibt teilweise eine kostenlose Anfangsausstattung für diese Unternehmen – der Staat verschenkt Zertifikate zu einem gewissen Teil – und weitere notwendige CO2-Emissionsrechte müssen dann von den Unternehmen am Zertifikatemarkt zum Marktpreis gekauft werden; etwa indem ein altes Kohlekraftwerk Emissionsrechte von einem modernen Gaskraftwerk kauft, das Emissionszertifikate überschüssig hat. Bei Zertifikatepreisen von 15 $ bis 50 $ pro Tonne (oder ähnliche Beträge in Euro) verteuert sich auch die Produktion. In der EU kann der Zertifikatehandel natürlich grenzüberschreitend zwischen Ländern erfolgen. Kaliforniens Zertifikatehandel ist mit zwei Provinzen in Kanada verkoppelt.

In der EU gibt es – nicht erstaunlich – einen großen Unterschied zwischen der Entwicklung im Emissionshandelssektor (Energie plus Wirtschaft: 45 % der Emissionen abdeckend), wo 2017 die Emissionen programmgemäß, wie jedes Jahr, um 1,74 % sinken, während außerhalb des Emissionshandelssektors die Emissionen um etwa 3,4 % in 2017 angestiegen sind: mit dem Gesamtergebnis einer EU-Emissionserhöhung von 1,1 %. Die EU-Gesamt-Emissionserhöhung von 1,1 % in 2017 und die Unterschiede zwischen −1,74 % und +3,4 % zeigen, dass der Emissionshandelssektor CO2-Minderung bringt und das System funktioniert. Zudem wird klar, wie problematisch es ist, 55 % der Emissionen ohne vernünftige CO2-Bepreisung zu haben. Denn hier liegt, vereinfacht gesprochen, ein Emissionsanstiegssektor vor.

Kalifornien hat politisch vorgegeben −3 % pro Jahr als Emissionsminderungsrate bis 2020, und zwar für 85 % der Emissionen, die vom Emissionshandelssektor abgedeckt werden. Selbst wenn Kalifornien +3 % außerhalb des Emissionshandelssektors bei den Emissionen hätte, so wäre der Gesamteffekt −2,1 % in Kalifornien. Die EU bleibt bisher, obwohl Pionier im Zertifikatehandel, also deutlich hinter dem Möglichen und Notwendigen zurück. Man sieht schon hier, dass die EU und andere Länder der G20-Gruppe gut beraten wären, beim Zertifikatehandel auf 85 % bis 90 % zu gehen und eine programmierte jährliche Minderung der CO2-Grenze von mindestens −3 % mittelfristig vorzugeben; wie sich zeigen lässt auch hier eher −5 % bis −6 %. In den Sektoren und Bereichen, die nicht im Zertifikatehandel enthalten sind, braucht es CO2-Steuern und Regulierungen; nur da, wo ein allzu komplexes und teures

System entstünde, kann ein kleiner Rest von Wirtschaft und Konsum ohne deutlichen Anpassungsdruck bleiben. Grundsätzlich ist denkbar, in einer Zwei-Länder-Modellwirtschaft (z. B. EU als „Land 1" und Kalifornien als „Land 2", oder EU und China, oder Nord und Süd; siehe Abbildung 2) eine Integration der Zertifikate-Handelssektoren erfolgt, was natürlich einen gemeinsamen Zertifikatepreis zur Folge hat. Eine Integration kann man grundsätzlich empfehlen, wenn der Abdeckungsgrad von Land 1 und Land 2 bei den Emissionen in etwa gleich groß ist (EU mit 45 % ist zu gering gegenüber 85 % in Kalifornien – seit 2015; nach Start 2013). Obwohl Kalifornien einen größeren Abdeckungsgrad als die EU hat, ist der Preis Mitte 2019 mit umgerechnet etwa 14 €/Tonne CO_2 in Kalifornien nur etwa halb so hoch wie in der EU. Eine Integration der Märkte EU/Kalifornien brächte für die EU eine Preissenkung, wobei EU-Firmen beziehungsweise Firmen aus der Eurozone Emissionszertifikate von Unternehmen in Kalifornien ankaufen und entsprechend der US-Leistungsbilanzsaldo dadurch verbessert wird. Zudem ergibt sich auch eine Dollaraufwertung.

Abb. 2 Emissionshandelssektor und Nicht-Emissionshandelssektor.
(Quelle: Eigene Darstellung)

Fünf Länder in der Weltwirtschaft plus die EU stehen für 63 % der Weltemissionen: Japan 3 %, Russland 5 %, Indien 7 %, EU gut 9 %, USA 13 %, China 27 % in 2017. Indien verzeichnete +2,9 %, China +1,1 %, die EU +1,1 %, Russland +1 %, Japan +0,3 % und die USA +0,1 % im Jahr 2017 (Angaben nach OLIVIER/PETERS, 2018). Wären alle diese Länder Kaliforniens Modell gefolgt, hätte man wohl in jedem Land einen Schrumpfungswert der Emissionen gehabt; also negative prozentuale Änderungssätze. Es sei erwähnt, dass Kalifornien mit 40 Millionen Einwohnern etwa 3/4 des Bruttoinlandsprodukts von Deutschland in 2018 verzeichnete und nur die Hälfte der Emissionen, was bedeutet, dass die CO2-Emissionen pro Einkommenseinheit in Kalifornien nur 2/3 so hoch wie in Deutschland waren. Ein Teil des Kalifornien-Vorteils kommt aus der stärkeren Dienstleistungsorientierung, aber ein anderer Teil auch aus dem umfassenderen Emissionszertifikateansatz – im Vergleich zur EU beziehungsweise Deutschland. Natürlich wäre aus Sicht eines Landes, das einen CO2-Zertifikatehandel einführt, der zu erwartende Verlust an internationalen Marktanteilen geringer, wenn andere Länder gleichzeitig auch einen Zertifikatehandel für dieselben Sektoren einführen. Aber der Produktionskostenaspekt, der bei einem dann notwendigen Kauf von Zertifikaten entsteht, ist nur ein Element der Unternehmensentwicklung. Wenn etwa die Preise der gefertigten Produkte ansteigen, könnten die Gewinne der Unternehmen und deren Rendite zunehmen; es käme dann zu höheren internationalen Kapitalzuflüssen, die den realen Zinssatz und damit die Investitionskosten senken –, allerdings auch über eine Währungsaufwertung (bei flexiblen Wechselkursen) das Exportgeschäft etwas erschweren. Jedenfalls genügt nicht einfach der Blick auf die Kostenseite der Unternehmen, wenn man einen Zertifikatehandel einführt.

In den USA hat neben Kalifornien eine Gruppe von neun Bundesstaaten plus drei weitere Bundesstaaten einen gering dimensionierten Zertifikatehandel; zudem haben einen Zertifikatehandel die EU, China auf nationaler Basis ab 2020 (bisher Testregionen) und Japan in zwei Regionen (Tokio und Saitama). Russland und Indien haben keinen Zertifikatehandel. Je mehr Länder einen Zertifikatehandel haben, umso besser für das Klima und umso vorteilhafter auch für die Anbieter und Exporteure von Modernisierungsinvestitionen und moderner Software. Denn besserer Klimaschutz geht nur mit besseren neuen Produktionstechnologien. Deutschland dürfte hier neben anderen EU-Ländern, Japan, China und den USA auf der Gewinnerseite international stehen.

BCG/Prognos-Studie zu Deutschland

Es gibt nur wenige umfassende Modellierungen für eine CO2-Absenkung bis hin zur Klimaneutralität in 2050. Vom Bundesverband der Deutschen Industrie (BDI) gibt es eine Studie; die von der Boston Consulting Group und

Prognos durchgeführte Modellierung ist nicht gut nachvollziehbar, einige offensichtliche Annahmen sind fragwürdig und daher auch einige der Schlussfolgerungen. Im Kern lautet der Hauptbefund, dass eine erhöhte Jahres-Investitionsquote notwendig ist, die um 1 % bis 2 % ansteigen müsste; das ist ein sehr beträchtlicher Anstieg, den man als unrealistisch einstufen kann. Die Schlussfolgerung der BDI-Studie lautet: „Die direkten volkswirtschaftlichen Mehrkosten nach Abzug von Energieeinsparungen lägen bei etwa 470–960 Milliarden € bis 2050 (etwa 15–30 Milliarden € pro Jahr), davon ca. 240 Milliarden € für bestehende Anstrengungen." Demnach müsste man jährlich knapp 0,5 % des Bruttoinlandsprodukts als Nettokosten der Klimawende für Deutschland über 30 Jahre ansetzen. Bei einer deutlichen Fremdwachstumsrate von 1,5 % ist das erheblich.

Abfederung der Transformation und der Anpassungskosten durch Staats-Sonderfonds

Bei dieser Größenordnung erscheint es sinnvoll, einen staatlichen Klimaschutz-Investment- und Innovationsförderfonds (KIFÖ) aufzusetzen, der teilweise über einen Klimaschutz-Solidarsteuerzuschlag zu finanzieren wäre. Wenn der Staat (Bund) 30-jährige Anleihen über 300 Milliarden € aufnähme, dürfte ein solcher zweckgebundene Betrag einer zu gründenden Sonderinstitution zu einem Zinssatz von nahe Null zu finanzieren sein. Der KIFÖ-Vorschlag, wie er hier entwickelt wird, wäre im Übrigen auch im Einklang mit anderen Studien, wie die etwa 2019 vorgelegten wissenschaftlichen Studien beim Bundesministerium für Umwelt. Allerdings geht der hier gemachte Vorschlag davon aus, dass die jährlichen Nettokosten der Klimawende geringer sind als in der BCG-Prognos-Studie, und zwar insbesondere deshalb, weil es bis 2025 gelingen sollte, die CO_2-Zertifikate-Handelssyteme von EU-Korea-Kalifornien-Kanada (Ontario & Quebec), China-Japan (Tokio und weitere Regionen) zusammenzuführen, wobei hierzu mehrjährige Vorbereitungen und Verhandlungen notwendig sind. Es wäre bei einem solch vernetzten Handelssystem, das idealerweise tatsächlich nur wenige Akteure umfassen sollte – bei mehr als 20 Ländern hat man häufig Trittbrettfahrerprobleme und Verhandlungslösungen sind dann auch sehr langwierig –, vermutlich notwendig, China eine gewisse Kompensation für die Mitwirkung zu zahlen. Im Übrigen müsste ein jährlicher Reduktionsplan bei den CO_2-Mengen verbindlich festgeschrieben werden. Die globale Effizienz eines solchen Systems ist für alle Menschen auf der Welt wichtig, da hier eine kostenminimale CO2-Minderung erreicht werden kann.

Dabei ist allerdings auch zu prüfen, ob Schwankungen im „globalen" CO2-Zertifikatepreis Destabilisierungseffekte in den Finanzmärkten haben. Falls ein solcher Effekt signifikant einträte, wäre zu erwarten, dass die Welt-Investitionsquote und vermutlich auch die globale Innovationsdynamik wegen steigender Kapital- beziehungsweise Finanzierungskosten zurückgehen. Das bedeutet dann, dass man eine verstärkte Rolle für CO2-Steuern erwägen müsste. Zu erwägen ist im Übrigen allerdings auch, eine Besteuerung der Eigenkapitalrendite-Volatilität von Banken und anderen Finanzinstitutionen einzuführen (wie vom Autor bereits im Kontext der Transatlantischen Bankenkrise vorgeschlagen), was möglicherweise auch die Volatilität der Preise auf den Finanzmärkten vermindern könnte.

Von der Wiedervereinigung Deutschlands her ist der wirtschaftspolitische Fall eines „Soli" bekannt – und die sonderbare Neigung in Teilen der Politik, den für einen Sonderfall eingeführten Soli-Steuerzuschlag nach Auslaufen der ostdeutschen Anpassungsprogramme drei Jahrzehnte nach dem Start nicht abschaffen zu wollen, was politisch unfair ist. (Hier könnte man argumentieren, dass auch ein Klima-Soli erst gar nicht eingeführt werden sollte, weil dann in 2050 dasselbe Problem neu droht; zu hoffen ist hier auf das Bundesverfassungsgericht, das die Politik zum Auslaufenlassen des Wiedervereinigungssoli für alle Steuerzahler zwingen könnte.) Das Niveau der Bundesausgaben wird gemäß KIFÖ-Vorschlag für 30 Jahre um etwa 8 % ansteigen, die Staatsverbrauchsquote stiege um 1/4 Prozentpunkt. Hauptproblem wäre es, klimaschutzpolitisch sinnvolle Maßnahmen beziehungsweise effiziente Projekte – etwa bei der Innovationsförderung – zu identifizieren: insbesondere im Bereich von klimaschutzförderlichen Innovationsprojekten, Verkehrsprojekten und energetischen Stadtsanierungsprojekten. Es wird vernünftigerweise ein begrenztes Vertrauen in staatliche Bürokratie geben, sinnvolle Innovationsprojekte zu finanzieren, sodass man den privaten Sektor und die Wissenschaft sowie Stiftungen wird einbeziehen müssen. Großen Wert sollte man dabei insgesamt auf Transparenz und Anti-Korruptionsmaßnahmen legen, denn ein so großer Sonderinvestitionsfonds lädt zu Fehlverhalten an manchen Stellen sicherlich ein.

Glaubwürdigkeitsprobleme in Deutschland

Es gibt wirtschaftspolitische Widersprüche in Deutschland, die man nicht übersehen sollte, wenn man vernünftige Klimaschutzpolitik will. Die Glaubwürdigkeit und der internationale Einfluss Deutschlands und der EU werden durch Untererfüllung der Klimaschutzziele 2020 geschwächt. In Deutschland und einigen anderen EU-Ländern gibt es bislang eine hohe Abdeckung der CO_2-Emissionen bei Industrie und Energie, aber bei der Mobilität und beim Thema Wohnungswirtschaft sowie Agrarwirtschaft gibt es viel zu tun. Hingegen hat Schweden über eine seit 1991 eingeführte CO_2-Steuer diese Sektoren mit wichtigen Emissionseinsparanreizen konfrontiert, wobei etwa im Gebäudebereich eine verstärkte Nutzung von Fernwärme zu CO_2-Minderungen beigetragen hat.

Dass im Übrigen staatliche Bedienstete bei internationalen Flügen außerhalb der EU Kosten für CO_2-Kompensation als Teil der Reisekosten geltend machen könnten, müsste unabhängig vom KIFÖ selbstverständlich bei allen staatlichen Ebenen eingeführt werden; von der Kommune über die Regionen/Bundesländer bis zur nationalen Ebene (Bund) und zur EU. Das sind nur einige exemplarische einfache Politikpunkte. Bund und Länder rufen eine Art Klimanotstand aus, weigern sich aber, CO_2-Kompensationskosten für Flüge außerhalb der EU als Teil der Flugkosten anzuerkennen. Das ist ein enormer Widerspruch in Deutschland.

In Deutschland ist zudem das Thema Fernwärme für sehr viele Haushalte und Unternehmen ein Ärgernis, da hier sehr lange Vertragsbindungszeiten von bis zu zehn Jahren bestehen und damit die Wettbewerbsintensität gering ist, was insgesamt zu häufig stark überteuerten Angeboten führt, die auch noch mit kommunalen Interessen zum Nachteil der Kunden verkoppelt sind (SAUGA, 2019). Während der Stromsektor regulatorisch der Bundesnetzagentur unterliegt, fehlt eine solche institutionelle Überwachung im Fernwärmemarkt – die zuständigen Landeskartellbehörden sind in der Regel untätig. Hier gibt es also klaren Reformbedarf, zu dem die Bundesregierung jedoch in 2019 sonderbar schweigsam aufgestellt war. Vertragslaufzeiten sollten keinesfalls länger als drei Jahre sein und grundsätzlich sollte den Kunden freistehen, auf andere Angebote ohne Probleme zu wechseln. Das ist eine exemplarische Reformpolitik für bessere Klimaschutzpolitik.

Hauptfrage kompakt

Die Hauptfrage lautet natürlich, wie kann man effizient bis 2050 eine klimaneutrale Weltwirtschaft erreichen und wie geeignet sind vorliegende Ansätze in den G20Plus-Ländern? Diese umfassen gut 60 % der Weltbevölkerung, 80 % des Welteinkommens und 80 % der Weltemissionen an CO_2. G20Plus meint bisherige G20 Plus Nigeria (die EU ist über einzelnen Länder bei G20 repräsentiert, zudem durch den EU-Kommissionschef). Was braucht man für Klimaneutralität?

- Mehr als G20Plus – richtig buchstabiert – und die nachfolgenden Punkte braucht man kaum, um Klimaneutralität für die Erde in 2050 zu erreichen;
- sofern man die richtigen neuartigen Politikansätze zügig umsetzt, die zum Teil gerade auch in der EU in Form des Emissions-Zertifikatesystems für 45 % der Emissionen vorhanden sind – eine Ausweitung auf 85 % ist sinnvoll;
- sofern man eine angemessene Anpassungsgeschwindigkeit – sprich jährliche CO_2-Reduzierungsgeschwindigkeit bei CO_2-Emissionshandelssystemen – festsetzt: in der EU, Kalifornien, China, Korea, Japan, Kanada und den anderen G20Plus-Ländern;
- sofern hinreichende Unterstützung durch die Fridays-for-Future-Bewegung mobilisiert werden kann;
- sofern die passende globale Vernetzungsstrategie der nationalen und regionalen Zertifikate-Handelssystemen bei G20Plus realisiert wird – und man dabei die tatsächlichen Einflussmöglichkeiten der EU-Länder sowie der Kooperationsoptionen umfassend nutzt;
- sofern man die Verteilungseffekte des globalen Klimaschutzes vernünftig begrenzt und zugleich rechtzeitig verstärkte Innovationsförderpolitik betreibt;
- sofern jeder Einzelne mit fast kostenlosen Möglichkeiten und genug Enthusiasmus beim Weiß-Streichen von Dächern – dem Eintreten für einen verbesserten Albedo-Effekt auf Basis heller glatter Flächen – mitwirkt. Man wird es den Mitmenschen wohl klugerweise eher als etwas schwer zu Leistendes, aber als eine Art Privileg des Mitmachens, darstellen wollen und damit der Klugheit eines Tom Sawyers folgen, der die Strafarbeit des Zaunstreichens in eine mit anderen leicht zu teilenden Bürde (in Mark Twains Buch „Tom Sawyer und Huckleberry Finn") umzuwandeln wusste.

Am Ende des Buches stehen alle Hauptpunkte auf zwei Seiten: Eine Seite Text und eine Übersicht als Fazit der ganzen Studie: eine neue Sicht des globalen Klimaschutzproblems.

Emissionsrechte-Handel in der EU: ein innovativer Ansatz

Aus ökonomisch-ökologischer Sicht ist das Klimaschutzproblem eine überschaubare Aufgabe: Es sollen hinreichend viel Treibhausgas eingespart werden, wozu knappe Ressourcen – und Technologien – eingesetzt werden müssen. Bei dieser Aufgabe gilt es, die Kosten je eingesparter Tonne CO_2 zu minimieren; spiegelbildlich, also anders ausgedrückt: die CO_2-Emissionsminderung je eingesetzter Ressourceneinheit ist zu maximieren. Wie kann man das erreichen? Die Antwort heißt im Kern: Man braucht ein Emissionszertifikate-Handelssystem, das man mit bestimmten politischen Vorgaben arbeiten lassen sollte. Ein solches Handelssystem für CO_2-Emissionen (oder andere Emissionen) bringt einen Gleichgewichtspreis, der – falls das System vernünftig funktioniert und insbesondere nicht durch Zusatzeingriffe der Politik unterminiert wird – allen Unternehmen im Emissionshandelssektor sagt, bis zu welchen (Grenz-)Kosten sich CO_2-Einsparmaßnahmen lohnen. Ein Unternehmen, das höhere (Grenz-)Kosten hat, wird sich CO_2-Zertifikate von relativ innovativen Firmen mit Überschuss-Zertifikaten kaufen. Die Überschuss-Zertifikate wird das innovative Unternehmen in der Bilanz als ein Vermögensobjekt aufführen und dabei in etwa zum Marktpreis bewerten. Das ist ein sehr einfaches System, das sehr vernünftige Anreize setzt. Es lohnt sich, genauer darüber nachzudenken und es zu verstehen, denn es ist der Schlüssel zum globalen Klimaschutz. Allerdings besteht die Gefahr, dass ungeduldige Politikeingriffe diesen Schlüssel unbeabsichtigt (oder auch absichtlich) verbiegen. Dann bleibt das Tor zur Klimaneutralität in 2050 wohl verschlossen, was eine globale Tragödie wäre.

> **Box 1: Zertifikate-Handelssystem**
>
> Der Schlüssel zum Klimaschutz ist der Emissionszertifikatehandel (solche Handelssysteme wurden schon für verschiedene Schadstoff-Reduzierungen erfolgreich genutzt, etwa bei der Rückführung der Schwefelemissionen in Nordamerika und in Europa). Er basiert auf der einfachen Idee, dass Unternehmen mit CO_2-Ausstoß – etwa Kraftwerke bei der Verbrennung von Kohl, Öl oder Gas – sich mengenmäßig entsprechend viel Zertifikate besorgen müssen; sofern der Staat CO_2-Zertifikate nicht verschenkt, müssen sie im Zertifikatemarkt erworben werden.

Dort treten als Anbieter solche Unternehmen auf, die durch Modernisierungsinvestitionen und Innovationen CO2-Emissionsminderungen relativ leicht geschafft haben: Überschüssige Zertifikate werden im EU-CO2-Emissionsmarkt an solche Firmen verkauft, die zu wenig Zertifikate haben. Da jährlich die Obergrenze der zulässigen Gesamtemissionen um einen bestimmten Prozentsatz sinkt, entsteht ein Innovationsdruck hin zu CO2-leichteren Produktionstechnologien und zur Substitution etwa von Kohlekraftwerken durch emissionsfreie Windkraftanlagen. Der Wert der Emissionszertifikate ergibt sich im Zertifikatemarkt durch das Zusammenspiel von Angebot und Nachfrage. Je höher der Zertifikatepreis, desto größer der Einsparanreiz zur Emissionsminderung und zur Innovation. Mitte 2019 lag der Zertifikatepreis in der EU bei etwa 26 € pro Tonne. In Kalifornien lag der entsprechende Zertifikatepreis aber nur bei umgerechnet etwa 14 € pro Tonne. Da für das Erderwärmungsproblem und damit das Klimaproblem nur die weltweite Gesamtmenge wichtig ist, kann man Klimaschutz dadurch verbilligen, dass die Zertifikate-Handelssysteme der EU, der USA und Chinas sowie anderer Länder zusammengeschaltet werden. Mit Blick auf die G20Plus-Länder, das sind alle G20-Länder plus Nigeria – sie stehen für 80 % der globalen CO2-Emissionen –, ist festzustellen, dass über die Hälfte der G20-Länder noch kein Emissionszertifikatesystem haben.

In Abbildung 3 wird die Struktur der EU-Klimapolitik vereinfacht dargestellt. Abgesehen von Regulierungen – etwa zum Flottenverbrauch bei PKW-Herstellern – gibt es einen Handel mit Emissionszertifikaten. Er umfasst 45 % der gesamten CO2-Emissionen (genauer: Klimagase) in der Europäischen Union und zwar in allen EU-Mitgliedsländern den Energiesektor und die Industrie. Für beide Bereiche zusammengenommen und für die gesamte EU wird eine jährliche Höchstmenge an CO2-Emissionen festgelegt, die nach Vorgaben der Politik bis 2030 und 2040 absinken soll. Es gibt andere Regionen und Länder in der Welt, in denen dieser Zertifikatehandel auch stattfindet, zum Teil auch umfassender, wie nämlich in Kalifornien. Die EU wird sich mittelfristig entscheiden müssen, inwieweit der bestehende Zertifikate-Handelsansatz ausgedehnt werden soll; das Steuerungssignal beim Zertifikatehandel ist der sich am Markt ergebende Preis für CO2-Verschmutzungsrechte von Unternehmen. Wenn Unternehmen produktionsmäßig expandieren wollen und zu wenig Verschmutzungsrechte haben, können sie von anderen Unternehmen Verschmutzungsrechte zukaufen. Indem der Staat die für Energie plus Industrie zusammengenommen zulässige Höchstmenge für die EU im Zeitablauf nach einem bekannten Reduzierungspfad herabsetzt, kann in der EU für rund die Hälfte der Emissionen zuverlässig ein Herunterschleusen auf eine Emissionsmenge von nahe Null erreicht werden – Zeithorizont ist 2050.

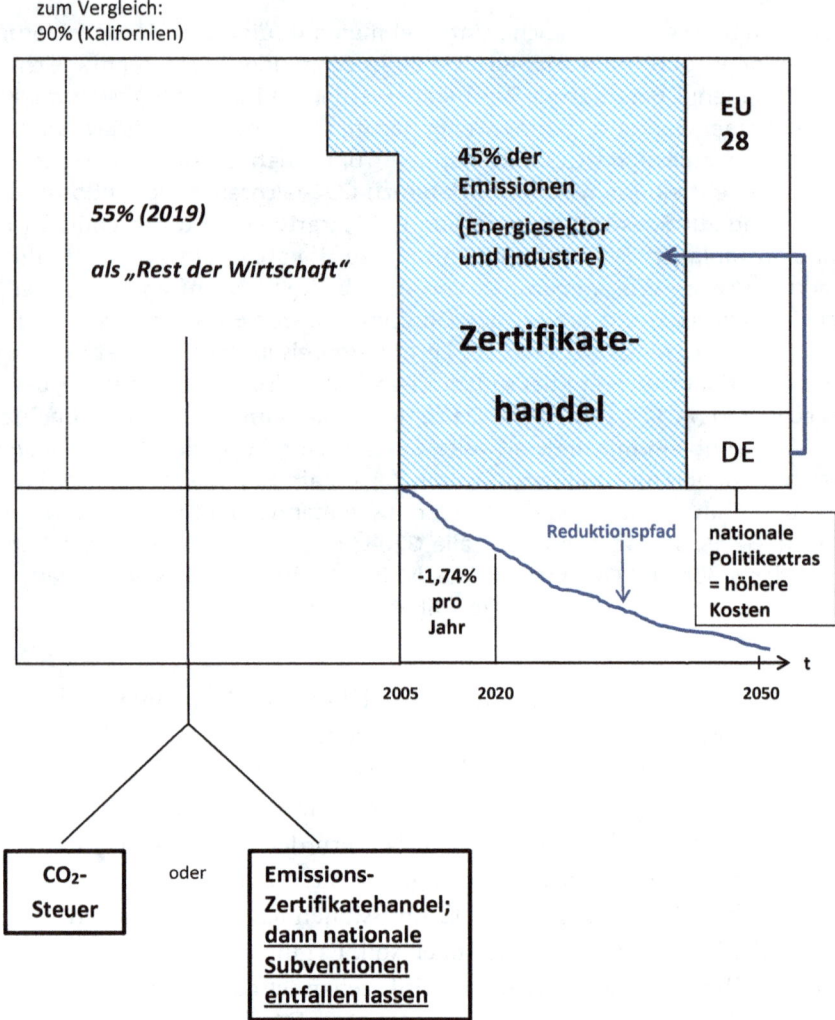

Abb. 3 Struktur der Klimaschutzpolitik in der Europäischen Union. (Quelle: Eigene Darstellung)

Sofern die Ausweitung des Zertifikatehandels in andere Produktionsbereiche und den Konsum der Privaten (z. B. privates Autofahren) ausgedehnt wird, kann der größte Teil der Wirtschaft entsprechend für den Klimaschutz gesteuert werden. „Restsektoren" könnte man über CO2-Steuren auch mit Anreizen versehen, CO2-Emissionen einzusparen. Sofern nationale Regierungen im Bereich von Energie und Industrie (beides ist im Zertifikatehandel erfasst) zusätzliche nationale Projekte zur CO2-Minderung starten, hat das in der Regel nur den Effekt, die Kosten des Klimaschutzes nach oben zu treiben. Anders ist dies in Bereichen ohne Erfassung durch den Zertifikatehandel – hier kann möglicherweise die Einführung einer CO2-Steuer als „Preissignal" beziehungsweise Anreiz auch zugunsten von mehr Klimaschutz wirken. Abbildung 3 verdeutlicht die aufgeführten Punkte mit Blick auf die EU, wobei als Staatseingriff etwa Subventionen für Unternehmen mit CO2-leichten Technologien in Sektoren außerhalb des Emissionshandelssektors betrachtet werden. Wird der CO2-Emissionshandels-Sektor ausgebaut, dann sollten solche Subventionen oder andere Eingriffe des Staates zurück geführt werden (eine Ausnahme sind Subventionen für die Forschungsförderung). Solche Eingriffe verteuern die CO2-Minderung unnötig und schwächen das Preissignal der CO2-Zertifikatemärkte.

Emissionen zu mindern ist ein ökonomisches Standardproblem und die EU sowie Kalifornien und einige andere Politikakteure auf der Welt haben hierzu Vorbildliches vorzuweisen, nämlich die Einführung eines Emissionsrechte-Handelssystems:

- Bezogen auf die EU heißt das, dass man für die EU eine maximale Jahres-Emissionsmenge festsetzt im Bereich Energie und Industrie – für 28 Länder gemeinsam.
- Dann versteigert man eine entsprechende Menge unter den Kraftwerken und Unternehmen, wobei diesen erlaubt ist, die Zertifikate untereinander zu handeln (einen Teil der Zertifikate haben Unternehmen des Exportsektors umsonst erhalten, da man ihre internationale Wettbewerbsfähigkeit nicht schwächen wollte). Damit ergibt sich in der EU ein Zertifikate-Marktpreis. Dieser Marktpreis gibt wichtige Anreize: Je höher er ist, desto größer sind die CO2-Einsparanreize für die Wirtschaft. Allerdings macht es keinen Sinn, beliebig hohe Preise herbeizuführen. Es ist mindestens zu erreichen, dass die EU bis 2050 klimaneutral wirtschaftet und dass Ähnliches auch in anderen Regionen der Welt erreicht werden muss.
- Die EU vermindert Jahr für Jahr die Obergrenze der zulässigen Emissionsmenge – etwa jährlich um 1,7 %, ab 2020 um 2,2 % (in Kalifornien ist der jährliche Rückgang mit 3 % vorgegeben, der Emissionszertifikatehandel umfasst 85 % der CO2-Emissionen, wobei kalifornische Firmen mit Unternehmen aus den kanadischen Provinzen Quebec und Ontario mit handeln dürfen).
- Wenn ein nennenswerter Teil der Wirtschaft – und des privaten Konsums (Ausflüge ins Grüne mit einem Benzinauto verursachen auch CO2-Emissionen) – nicht in den Emissionshandel in der EU einbezogen ist, so kann man über CO2-Besteuerung nachdenken, wobei die Nebenwirkungen der

CO2-Steuer zu bedenken sind; und ob es etwa gelingt, andere Länder zu einer parallelen CO2-Steuereinführung zu motivieren. Denn dann ist die Zahl der bedrohten Jobs in den entsprechend besteuerten Sektoren geringer als bei einem nationalen Alleingang. In Sektoren, wo ein CO2-Rückgang pro Mengeneinheit sehr kostspielig ist, sollte man aus ökonomischer Sicht große Projekte unterlassen; es rechnet sich für die Volkswirtschaft nicht. Wenn ein Land dennoch wirtschaftspolitisch hier ansetzt, dann sind die volkswirtschaftlichen Kosten in Form von Einkommens- und Jobverlusten hoch. Ein solides Wissen über die Kostenstrukturen in Sektoren und Firmen ist daher zu mobilisieren. Der Emissionszertifikatehandel macht genau das: Die Unternehmen mit geringen CO2-Vermeidungskosten werden sich melden, um überschüssige CO2-Zertifikate an andere Industriefirmen mit hohen Vermeidungskosten zu verkaufen. Der Emissionszertifikatemarkt deckt die entsprechenden Informationen beziehungsweise Fähigkeiten und Bedarfe auf. Man kann einen solchen Markt für die Präfektur von Tokio (und die von Saitama) lokal aufsetzen oder für Kalifornien in einem US-Bundesstaat oder für die EU28-Länder als Politikclub oder für die ganze Weltwirtschaft. Da Klimaschutz ein globales Kollektivgut ist, wäre ein sehr großer internationaler Markt für Emissionszertifikate tatsächlich eine vernünftige Sache; am Ende womöglich gar ein globaler Markt, der allerdings auch ein gewisses Maß an Regulierung braucht. Gemäß dem Prinzip des Schiffbaus mit seinen Schotts zur Verhinderung eines Komplett-Wassereinbruchs könnte man auch an eine Reihe von regionalen Emissionszertifikatemärkten denken, die nach bestimmten Regeln auch untereinander vernetzt werden können. Hier gibt es offenbar Analogien zu den Finanzmärkten und es ist nicht auszuschließen, dass man erst in einem schwierigen Lernprozess herausfindet, wie man die Regeln für große internationale Märkte klug setzen kann.

- Wenn man in dem EU-Emissionszertifikate-Handelssystem für Energiewirtschaft und Industrie zusätzlich nationale Emissionsminderungsmaßnahmen ergreift, so mag das als Schlagzeile auf der Titelseite einer Zeitung gut ankommen, aber es ist – mit sehr wenigen Ausnahmen – sinnlos. Denn wenn etwa eine nationale sektorale Sondermaßnahme 20 Millionen Tonnen CO2-Ausstoß in einem Jahr wegnimmt (etwa durch Schließung eines Kohlekraftwerks in 2021), so bedeutet das wegen der EU-Gesamtmengenbegrenzung dann nur, dass für andere Unternehmen in Deutschland oder anderen EU-Ländern 20 Millionen Tonnen Emissionseinheiten frei werden. Auch das 1999 in Deutschland eingeführte Erneuerbare-Energien-Gesetz (EEG) ist nicht unproblematisch – in Grenzen kann es als global nützlicher Impuls betrachtet werden. Das EEG sieht vor, dass Betreiber von Solar- und Windanlagen (und anderen Erneuerbaren Energien) über viele Jahre Strom-Garantiepreise vom Staat gezahlt bekommen, die deutlich über dem Marktpreis liegen. Strom aus Erneuerbaren Energien wird bevorzugt ins Netz eingespeist. Die Haushalts-Stromkunden zahlen im Wesentlichen über künstlich erhöhte Strompreise diese Subventionen von immerhin etwa 20 Milliarden € pro Jahr – das sind 250 € pro Kopf im Jahr. Die Stromwirtschaft ist ein Fünftel des Energiesektors in 2018 in Deutschland, wird allerdings bei Ausbau der Elektro-Fahrzeugflotte weiter anteilsmäßig wachsen. Auch beim EEG kann man sagen, dass hier das Problem besteht, dass eingesparte CO_2-Mengen im Stromsektor durch mehr Wind- und Solarstrom dem Klima in der EU wenig bringen, da wegen der vorgegebenen EU-Gesamtmenge nun einfach andere Unternehmen in Deutschland oder anderen EU-Ländern die „Einsparmenge aus EEG" als neue Freimenge nutzen können. Ein gutes Argument allerdings kann man für das EEG dennoch anführen, denn die entsprechenden Anlagen sind skalenintensiv: Je höher die im Zeitablauf aufsummierte Produktionsmenge etwa an Solaranlagen oder Windkraftanlagen ist, desto niedriger wird der EU-Preis- beziehungsweise Weltmarktpreis dieser Produkte sein. Das EEG hat also den Effekt, dass in allen Ländern der Welt die Nutzung von Solar- und Windstrom billiger wird. Das hilft sicherlich in Sachen Klimaschutzbeitrag gerade auch in Ländern außerhalb der EU. Da die Energieerzeugung weltweit für etwa 1/3 der CO_2-Emissionen steht, können sich Deutschland und andere EU-Länder mit entsprechenden Einspeise-Garantiepreisen für Erneuerbare Energien eine Art Klimaschutzeffekt anrechnen (es ist das Gegenteil des CO_2-Leakage-Effekts). 2019 waren die Preise für Wind- und Solarstrom soweit gesunken, dass man in der EU und anderen Regionen der Welt Windkraftwerke ohne Subventionen des Staates bauen kann; in Indien und einigen anderen Ländern der Welt kann auch Solarstromproduktion ohne Subventionen installiert werden (in Deutschland ist das vorläufig wohl nicht einmal im sonnigen Freiburg möglich). Es ist eine sehr wichtige Einsicht, dass im Rahmen eines EU-Emissionshandelssystems vorgenommene zusätzliche sektorale CO_2-Einsparaktionen nationaler Politik in der Regel reine Steuerzahlergelder-Verschwendung sind. Wer 45 Milliarden € effektlos mit solchen Eingriffen verschwendet, handelt unverantwortlich oder will sich gute Schlagzeilen auf Kosten von 82 Millionen Steuerzahlern besorgen, die anteilig jeder mit 500 € heimlich zur Kasse gebeten werden – so wie beim Kohleausstieg gemäß „Kohlekommission". Es wäre viel besser, jeder erhielte 500 € als Gutschein für Weiterbildung oder Urlaubszuschuss für die Kinder im Fall von kinderreichen Familien oder von Alleinerziehenden.

- Die tatsächlichen EU-Emissionsmengen bei CO2 im Bereich Energiewirtschaft und Industrie sind in keinem Jahr höher als die EU-seitig festgesetzten Obergrenzen gewesen, wie Abbildung 4 – basierend auf WEIMANN (2019) – zeigt.

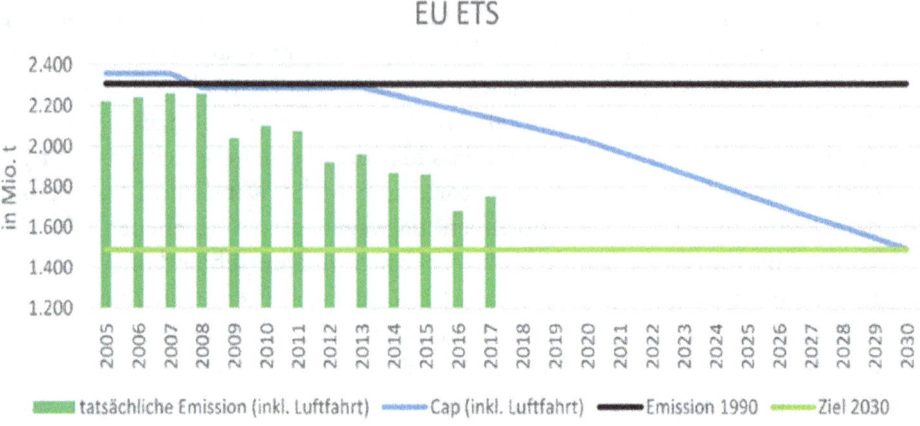

Abb. 4 EU-Zertifikatehandel (ETS = Emission Trading System): Höchstemissionsmengen und geplanter Absenkungspfad (blau). (Quelle: Weimann (2019), Der Ausstieg aus der Kohle: alternativlos oder verantwortungslos?, Perspektiven der Wirtschaftspolitik, De Gruyter, Vol. 20 (1), S. 19)

Die Einführung des EEG war mit Blick auf das Sinken der Emissionen im Energiesektor ein überschaubarer Erfolg in Deutschland. In der EU hat man vereinbart, dass die jährliche Höchstmenge an CO2 bis 2020 um 1,74 % sinken muss, ab dem Jahr 2021 um 2,2 %. Die CO2-Emissionsminderung soll 2030 43 % im Vergleich zu 1990 im kombinierten Emissionshandelssektor Energie plus Industrie sein. Die Höhe der von beiden Sektoren tatsächlich beanspruchten – also eingelösten – Emissionsrechte lag 2005 bis 2018 unter dem ausgegebenen Emissionsrechte-Volumen. Ein Grund hierfür ist die Große Rezession, also die Finanzkrise 2008–2010. 2016 waren bereits 25 % Rückgang gegenüber 1990 erreicht. Der Emissionshandel war zudem reformiert worden: 2014 wurde ein sogenanntes Backloading gemacht, sodass 2014–2016 immerhin 900 Millionen Tonnen CO2-Emissionsrechte nicht versteigert wurden – das sollte 2019/2020 nachgeholt werden. Es kam anders, da man schon im Jahr 2015 eine „Marktstabilisierungsreserve" beschlossen hat. Die zurückgehaltenen 900 Millionen zertifizierte Tonnen kamen in diese Reserve, die aufgefüllt werden sollte nach der Regel: Sobald die aggregierten Überschüsse 833 Millionen Tonnen übersteigen, sind 12 % der gesamten Überschüsse der Reserve zuzuführen. Als Resultat dieser und anderer Reformen wird man im Jahr 2023 Emissionsberechtigungen von etwa 1,2 Gigatonnen an Kohlendioxid-Emissionen löschen (zu Einzelheiten und zum nachfolgenden Gesichtspunkt siehe teilweise WEIMANN, 2019).

Die zusätzlichen nationalen CO2-Minderungsbestrebungen auf nationaler Ebene schaffen also ein doppeltes „Redundanzproblem" – eine Art Übererfüllungsproblem bei der CO2-Minderung: Redundanzaspekt Nr. 1 besteht darin, dass nationale Einspeisevergütungen für Erneuerbare Energien faktisch für CO2-Minderungskosten stehen, die viel höher als der CO2-Zertifikatepreis sind. Zweitens sorgt eine mit spezifischen Projekten erreichte nationale CO2-Emissionsminderung im EU-Land in der Regel dafür, dass die anderen EU-Länder dann genau so viele Zusatzemissionen realisieren können, wie in Deutschland vermindert wurden. Wird durch immer neue nationale (politische) Zusatzminderungsprojekte immer wieder die EU-Obergrenze bei den Emissionen deutlich unterschritten, so sind die CO2-Zertifikate-Marktpreise ohne ökonomische Bedeutung: Die Marktpreissignale können dann nicht ihre effizienzstärkende Macht entfalten. Stattdessen gibt es eine Art planwirtschaftliche Klimaschutzpolitik. Wollte die Regierung die 250 Millionen Tonnen CO2-Emission im Jahr bis 2038 aus dem Markt kaufen, indem man pro Jahr einen gleichmäßigen Ankauf von CO2-Zertifikaten macht, die bis 2038 dann den 250 Millionen Tonnen der Kohlverstromung entspricht, so beliefen sich die kumulierten Zertifikate-Ankaufkosten – nach WEIMANN (2019) – auf 47 Milliarden €.

Wutproteste gegen Braunkohlerevier helfen Klima wenig

Es gibt immer neue Proteste gegen den Braunkohle-Tagebau in Deutschland. Das Aktionsbündnis „Kohle ersetzen" rief im Sommer 2019 zu einer Blockadeaktion auf. Hinter den Protesten vieler Jugendlicher steht die Sorge um das Klima und die Kohleverstromung ist dabei ein symbolischer Hauptgegner, obwohl der ganze Energiesektor und die Industrie seit 2005 in den EU-Emissionsrechtehandel eingebunden sind. Der sieht so aus, dass eine jährliche Obergrenze durch die EU-Länder beziehungsweise die EU festgelegt worden ist, wobei die Emissionshöchstmenge aktuell jährlich um 1,74 % bis 2020 sinkt; danach um 2,2 % jährlich. Dieses für 45 % der Emissionen geltende Emissionsrechte-Handelssystem bringt zuverlässig die CO2-Emissionen im kombinierten Emissionshandelssektor (Energie plus Industrie) auf immer niedrigere Werte: 2030 sind –43 % gegenüber 1990 angestrebt und das Ziel ist schon 2020 mit etwa –27 % als erwarteter Wert auf gutem Wege. Das System funktioniert ähnlich in Kalifornien, wo sogar 85 % der Emissionen ins Zertifikate-Handelssystem aufgenommen sind. Dieser Zertifikatehandel veranlasst Unternehmen und Kraftwerksbetreiber mit hohen (Grenz-)Kosten der Emissionsvermeidung im Markt von anderen Unternehmen, mit niedrigen Kosten der Emissionsminderung, Zertifikate zu kaufen.

Im Effekt werden zu volkswirtschaftlich geringsten Kosten die Emissionen über einen Emissionsmarkt so vermindert, wie der Staat das eben über die Höchstmengen vorgegeben hat – der Marktpreis für ein Zertifikat liegt Mitte 2019 bei 26 € pro Tonne CO_2. Die einfache und überzeugende Logik des Emissionszertifikatehandels, der zudem auch in der Republik Korea, in China und in Teilen Japans umgesetzt wird, hat im Fall der EU natürlich eine klare Konsequenz für zusätzliche Braunkohlestillegungen: Wenn also 2038 etwa 250 Millionen Tonnen Emissionen des Braunkohle- und Steinkohlesektors in Deutschland durch Stilllegung gemäß Plan der Kohlekommission wegfallen, geschieht das zu unnötig hohen Kosten.

Ökonomisch und klimaschutzpolitisch sinnvoll ist es nicht, die größten Emissionsunternehmen vom Markt zu nehmen – auch wenn das der eigenen Klimafurcht emotional plausibel erscheinen mag. Dem Klima wird am meisten dann klug geholfen, wenn man dort die Emissionen massiv zurückführt, wo die Kosten der Emissionsminderung am geringsten sind. Genau das wird durch den Emissionszertifikatehandel erreicht. Mehr Emissionszertifikatehandel in der EU und weltweit ist wünschenswert. Da hat auch Rezo(Musik) mit seinen Video-Anmerkungen auf Youtube vor den Europa-Wahlen 2019 Recht, als er unzureichende Anstrengungen der Bundesregierung bei der Klimapolitik kritisiert. Wenn Kalifornien seit 2015 85 % der Emissionen mit CO_2-Zertifikatehandel abdeckt, hätte man das in der EU auch längst machen können. Von der Bundesregierung war 2018 dazu nichts zu hören, nach den Europa-Wahlen 2019 gab es immerhin eine zaghafte Debatte in Teilen der Bundesregierung. Bei den Europa-Wahlen erschien aus Sicht deutscher Wähler das Klimathema als drittwichtiges wie die Analyse der Forschungsgruppe Wahlen gezeigt hat.

Ein Besuch von Greta Thunberg bei den Braunkohle-Protestgruppen in Nordrhein-Westfalen am 10. August 2019 brachte den Ruf, dass man früher aus der Braunkohleverstromung aussteigen sollte als 2038. Das klingt irgendwie gut, aber vernünftig ist das nicht. Es lohnt sich hingegen, zu demonstrieren dafür, dass die jährliche Rückführung der Obergrenzen bei den CO-Emissionen in der EU – beim Zertifikatehandel – ab 2025 höher als die geplanten 2,2 % sind. Diese Größenordnung ist zu gering, um längerfristig (bis 2050) Klimaneutralität zu erreichen. –5 % jährliche Rückführung der CO_2-Emissionsobergrenze ab 2025 wäre eine Zahl, für die sich Demonstrationen in der EU lohnen. Weltweit gilt eine ähnliche Logik.

Ein breiter Ausstieg aus Kohle und Öl – später auch aus Erdgas – ist nicht zum Nulltarif zu haben. Zunächst bedeutet ein solcher Ausstieg, dass ein Teil des Kapitalbestandes entwertet wird; ein Erdbeben hätte ökonomisch gesehen ähnliche Wirkungen. Es wird bei einem Übergang zu CO_2-leichter Produktion Gewinner- und Verlierersektoren geben; der Strukturwandel wird sich beschleunigen und auch der Verlust von Arbeitsplätzen in einigen Sektoren wird sich dabei ergeben, während zugleich in anderen Sektoren neue Arbeitsplätze entstehen können.

Perspektiven für Erneuerbare Energien in G20-Ländern

Da zumindest die G20Plus-Länder eine solche Transformation in etwa parallel zu bewältigen haben werden, gibt es auch einige aus dieser Parallelität und Vernetzung entstehende Gewinne; man denke an die Massenproduktionsvorteile die entstehen, wenn in den G20Plus-Ländern verstärkt Solar- und Windenergieproduktion entwickelt wird.

Die Expansionschancen Erneuerbarer Energien sind weltweit groß. Die USA fangen gerade erst mit großen Offshore-Windkraftanlagen an. Südafrika – zeitweise fasziniert unter Präsident Zuma von der Möglichkeit, sechs Atomkraftwerke von Russland bauen zu lassen – hat sich unter dem Zuma-Nachfolger entschieden, zu dem früheren großen Ausbauprojekt bei Erneuerbaren Energien zurück zu gehen. Südafrika hat einzigartige natürliche Bedingungen für Solar- und Windenergie, wobei natürlich das Stromnetz auszubauen und zu modernisieren ist.

Indien kann einen raschen Ausbau seiner Solarstromproduktion wohl bis 2030 und darüber hinaus voranbringen, wobei Indien selbst zum Exporteur von Solaranlagen werden dürfte. China wird in der Produktion von Erneuerbaren Energien eine starke Rolle spielen, da der Inlandsmarkt groß ist und die Qualität der Luft in vielen Großstädte durch das Abschalten von Kohlekraftwerken verbessert werden kann: vor allem durch das Ersetzen von Kohleheizungen durch Erdgasheizungen. Auch in Teilen Indiens kann das ein wichtiger Aspekt sein, wobei bessere Luftqualität und CO_2-Minderung Hand in Hand gehen.

Russland hat mit der EU zeitweise Energiemodernisierungsprojekte betrieben, ist aber wegen der großen fossilen Energieressourcen wohl nur begrenzt gewillt, Windenergie und Solarstrom sowie Wasserkraft- und Geothermie-Stromproduktion zu entwickeln. Auf die Produktion von Kohle wird man wohl mittelfristig verzichten können. Für Russland, aber auch für die Türkei gilt in Sachen Kohleförderung das, was schon für die USA im 20. Jahrhundert galt: Tödliche Unfälle in der Kohleförderung sind relativ häufig, die USA haben in einem Jahrhundert 100 000 Tote verzeichnet.

Es gibt manches G20-Land, für das der Ausbau der Erneuerbaren Energien ein Modernisierungs- und Wachstumsimpuls sein könnte. Dazu gehören etwa Argentinien und Indonesien. Argentinien hat enorme Möglichkeiten bei Windstrom; das über Jahre am Staatsbankrott entlang schlitternde Land kann hier bei der Energiesektormodernisierung gut Hilfe von der Inter-Amerikanischen Entwicklungsbank und der Weltbank sowie auch von der EU beziehungsweise von EU-Ländern brauchen – man denke hier insbesondere an Spanien.

Kanada und Brasilien sind führende G20-Länder bei den Erneuerbaren Energien, wobei Wasserkraft in beiden Ländern eine wichtige Rolle spielt. Brasilien könnte aus politischen Gründen bei der Klimaschutzpolitik zurück fallen, da Präsident Bolsonaro als Populist ein menschengemachtes Erderwärmungsproblem verneint.

Deutschland, Frankreich, Großbritannien und Italien könnten mit ihrer Erfahrung beim Emissionshandel der EU (seit 2005) eine positive Rolle spielen, wenn es darum geht, andere G20-Länder zu ermutigen, Emissionshandelssystem einzuführen und schrittweise auszubauen. Diese vier Länder könnten sich auch bei der G20 einsetzen, dass Nigeria als 20. Land zu den bisherigen 19 & EU dazukommt, wobei die EU die anderen EU-Länder vertritt. Nigeria hat große Potenziale beim Solarstrom, vermutlich auch bei Windstrom. Japan und Korea dürften wie die EU-Länder als Technologielieferanten bei Erneuerbaren Energien eine erhebliche Rolle in vielen G20Plus-Ländern spielen können. Deutschland ist bei Windstromanlagen vor allem Offshore – als mit Windanlagen im Küstenbereich – gut aufgestellt; Anbieter aus Deutschland beziehungsweise der EU sind vor allem bei großen Windkraftanlagen zusammen mit Japan international führend. Saudi-Arabien hat bislang wenig Erneuerbare Energien, aber natürlich kann auch in diesem Land langfristig ein hoher Anteil an solchen Energien realisiert werden, sofern entsprechend investiert wird. Auch ein ölreiches Land wie Mexiko steht vor besonderen Herausforderungen und Chancen, wobei politisch die Weichen für ein Emissionshandelssystem schon gestellt sind.

Die G20-Länder haben bislang als Gruppe wenig Aufmerksamkeit auf den Klimaschutz gelenkt, sofern man von einem kritischen Pressekommuniqué zur Subventionierung von fossilen Energien beim G20-Gipfel von Seattle absieht. Eine Zusammenkunft der Umweltminister der G20-Länder gab es erstmals überhaupt in 2019, 20 Jahre nach dem Seattle-Gipfel. Das Treffen der Umweltminister in Japan mag in verschiedener Weise nützlich gewesen sein. Aber in den Beschlüssen ist keinerlei Konzept für eine gemeinsame oder abstimmte Strategie erkennbar. Mit Blick auf den Zeithorizont für Klimaneutralität in 2050 bleibt nicht viel Zeit dafür, dass die G20 (oder G20Plus) sich in Sachen Klimaschutzpolitik vernünftig organisieren und auch für das Vorliegen substanzieller Policy Paper als Impulse für konzeptionellen Fortschritt sorgen.

Der Übergang zur Klimaneutralität wird zeitweise erhebliche Kosten und auch Anpassungsdruck im Strukturwandel für alle G20-Länder bringen. Möglicherweise kann die Herausforderung Erderwärmung und Klimaschutz auch wichtige Vorteile bringen:

- Das Thema Erderwärmung könnte die Klimaprobleme bestreitenden Populisten zurückzudrängen helfen; da Populismus Nationalismus und Protektionismus bedeutet, ergäbe sich so eine verbesserte Basis allgemein für internationale Politikkooperation – und ökonomische Kooperationsgewinne können für viele Länder erheblich sein und sich positiv auf Wachstum und Jobs auswirken. Bessere Bedingungen für Freihandel könnten die Kosten der Transformation zu CO2-leichten Produktionstechnologien und Produktion weltweit senken.
- Die Kooperationsvorteile im G20-Raum (und bei G20Plus) könnten in vielen Bereichen erheblich sein: Wenn durch vernetzte G20-Klimaschutzpolitik internationale Kooperation gestärkt wird, könnten vermutlich verbesserte Möglichkeiten einer gemeinsamen Wettbewerbspolitik auf globaler Ebene entstehen und auch eine sinnvolle Internet-Rahmenregulierung erfolgen, wobei so Prosperität und Stabilität gestärkt werden könnten. Auch sinnvolle Mindestregulierungen bei Banken und Finanzmärkten könnten ein Gewinn sein. Diese Vorteile könnten die Kosten der Schritte hin zur Klimaneutralität bei weitem überwiegen.

Es ist vor diesem Hintergrund wichtig, dass Deutschland und andere EU-Länder bei der Klimaschutzpolitik nicht eine Strategie der Nabelschau verfolgen, sondern von vorn herein diesen Politikbereich geduldig als Chance zur Errichtung einer Nachhaltigen Globalen Marktwirtschaft auffassen. Wenn Deutschland intern seine Widersprüche bei der Politik der Erneuerbaren Energien überwindet, wird das die globale Handlungsfähigkeit Deutschlands und der EU stärken. Deutschland ist ein widersprüchliches Land in Sachen Windkraft, da man wegen unzureichenden Ausbaus von Nord-Süd-Stromleitungen in Deutschland – Widerstand gibt es hier auch von lokalen Umweltgruppen – den Windstrom von Anlagen in der Nordsee teilweise gar nicht ins

Netz speisen kann. Deutschland muss dann den Windanlagen-Betreibern Entschädigungen zahlen. Man muss beim Umbau des Energiesektors Richtung Erneuerbare Energien einen Systemansatz realisieren, da nicht nur Einzelpunkte der notwendigen Modernisierung betrachtet werden sollten, sondern die Gesamtheit aller notwendigen Umbauelemente.

Es wäre einfach viel preiswerter und besser, wenn die Bundesregierung sich einsetzte dafür, dass der CO2-Zertifikatehandel von 45 % auf 85 % – oder gar 90 % – der Emissionen ausgeweitet wird und dass ab 2025 der jährliche Rückgang bei der EU-Höchstmenge – 5 % wäre. Radikale administrative Kohleausstiegsschritte in Deutschland mögen sich ideologisch gut anfühlen und sind damit akzeptabel für eine entsprechende Gesinnungsethik, wobei man sich ohne Bezug auf die Kosten, beziehungsweise Alternativen, nur fragt, um welche noblen Ziele es geht. Wer aber wirklich auch unter Einbeziehung der Haupt- und Nebenwirkungen langfristig für sich oder die Kinder- und Enkelgenerationen etwas Vernünftiges beim Klimaschutz erreichen will, der wird sich im Sinn von Verantwortungsethik auch um die zentralen Kosten-Nutzen-Aspekte und eben den besten Weg zur Klimaneutralität bis 2050 kümmern und dabei die Notwendigkeit zu einer wirklich globalen Zusammenarbeit von vielen Ländern bedenken wollen.

Literatur

BAFU (2018), Klimapolitik der Schweiz – Umsetzung des Übereinkommens von Paris, Umwelt-Info 2018, Bundesamt für Umwelt, Schweizerische Eidgenossenschaft, BAFU: Bern

KEOHANE, R.; VICTOR, D. (2010), The Regime Complex for Climate Change, The Harvard Project on International Climate Agreements, Harvard Kennedy School, Discussion Paper 10-33, January

LATIF, M. (2007), Bringen wir das Klima aus dem Takt? Hintergründe und Prognosen. Forum für Verantwortung, Fischer Taschenbuch

MOORE, F.; DIAZ, D.B. (2015), Temperature impacts on economic growth warrant stringent mitigation policy, *Nature Climate Change*, Vol. 5, 127–131 https://www.nature.com/articles/nclimate2481

NORDHAUS, W. D. (2017), Revisiting the Social Cost of Carbon, PNAS February 14, 2017 114 (7) 1518-1523 https://doi.org/10.1073/pnas.1609244114

OLIVIER, J. G. J.; PETERS, J. A. H. W. (2018), Trends in Global CO2 and Total Greenhouse Gas Emissions: 2018 Report, PBL Netherlands Environmental Assessment Agency, The Hague

ROYAL SOCIETY (2009), Geoengineering the climate – Science, governance and uncertainty, The Royal Society, RS Policy Document 10/09, September, London

SAUGA, M. (2019), Unheilige Allianz, DER SPIEGEL, Nr. 30, 20.07.2019

WEIMANN (2019), Der Ausstieg aus der Kohle: alternativlos oder verantwortungslos?, Perspektiven der Wirtschaftspolitik, De Gruyter, Vol. 20 (1), 14-22 https://www.degruyter.com/downloadpdf/j/pwp.2019.20.issue-1/pwp-2019-0011/pwp-2019-0011.pdf

3
Klimaschutzprobleme und Handlungsmöglichkeiten

Wenn man die Klimaschutzprobleme in Deutschland, Europa und der Weltwirtschaft ernst nimmt, dann ist es notwendig, das Ausmaß des Problemdrucks weltweit zu erfassen und die Betroffenheit einzelner Länder und Regionen – sowie die Anteile einzelner Länder an den CO2-Emissionen. Wenn manche Klimapolitik-Gegner argumentieren, dass etwa Deutschland mit 2 % Anteil an den Weltemissionen zu klein sei, um problemrelevant bei der Erderwärmung zu sein, dann ist das kein sinnvoller Einwand: Denn 50 × 2 % = 100 %, also man braucht nur 50 ähnlich „kleine" Emissionsländer zusammen zu zählen, dann hat man in etwa das globale Emissionsniveau. Es ist in der Realität eigentlich noch etwas einfacher, da man die G20-Länder mobilisieren müsste – da ist auch Deutschland dabei –, um 80 % der Weltemissionen an Kohlendioxid anzugehen (im Weiteren wird argumentiert, dass man G20Plus braucht, nämlich zu den G20 auch Nigeria hinzunehmen müsste). Wenn die G20-Länder bis 2050 die Emissionen um 90 % gegenüber 1990 senken könnten, so wären die globalen Emissionen um 72 % durch die G20 gesunken. Dabei wird hier die EU-Vetretung bei G20 so eingeordnet, dass letztlich bei G20 die EU-Länder vertreten sind, was ja auch in Sachen EU-Zertifikatehandel Sinn macht. Denn hier wirken alle EU-Länder ja zusammen. G20 zusammen mit den Beiträgen der vielen wirklich kleinen Länder erbringt dann die notwendige Gesamtreduktion um etwa 90 % bis 2050. Man wird allerdings nicht davon ausgehen können, dass G20 ohne verlässliche Weichenstellungen für eine bessere Kooperationsstrategie ein ab 2025 oder 2030 klimapolitisch handlungsfähiger Akteur sein wird.

Im Übrigen kann Deutschland zusammen mit anderen OECD-Ländern über multilaterale Banken – dort sind EU-Länder und andere Industrieländer Mitglieder – Anreize geben und weltweit Druck aufbauen, dass man klimapolitisch in allen Regionen der Weltwirtschaft vernünftige Problemlösungsbeiträge leistet. In Deutschland wird von Populisten, die Klimapolitikgegner sind, gern das Argument vorgebracht, Deutschland könne mit 2,2 % Anteil an den globalen CO_2-Emissionen keinen wichtigen Beitrag zur Klimaschutzpolitik leisten. Das aber ist kein solides Argument, sondern Unfug. Es ist ja bei allen internationalen Kollektivgütern – z. B. NATO-Verteidigung oder Freihandel (via Mitgliedschaft von rund 150 Ländern in der Welthandelsorganisation) – so, dass viele Länder einen gemeinsamen Nutzen haben, wobei im Fall von Dutzenden Mitgliedsländern oder gar über 100 Mitgliedsländern der Beitrag einzelner Länder gering aussehen mag. Es wird aber im Übrigen auch niemand den Hochwasserschutz in Ländern mit Meeresküsten abschaffen wollen, weil bei Überschwemmungen meistens nur einige wenige Ortschaften Hochwasserprobleme haben (Ausnahme: ein großes Überschwemmungsjahr, wie im Fall der Niederlande im Jahr 1953, als es eine Flutkatastrophe mit vielen Toten und Überschwemmung größerer Regionen der Niederlande gab). Bei Kollektivgütern funktionieren Marktlösungen nicht, die eigentliche Entscheidung für die Bereitstellung von Hochwasserschutz etwa muss durch politische Entscheidungen getroffen werden; auf dieser Basis können dann Marktakteure im Wettbewerb etwa Hochwasserschutz-Projekte realisieren. In friesischen Dörfern in Norddeutschland in Küstennähe heißt ein Sprichwort: Wer nicht will deichen, der muss weichen; wer also keinen Finanzbeitrag zum Hochwasserschutz leisten will, der muss woanders hinziehen. Beim Klimaschutz ist eine solche Sanktion nicht leicht möglich, da man solche Einwohner, die zum Klimaschutz nicht beitragen wollen, nicht einfach auf eine internationale Raumstation oder einen anderen Planeten schicken kann. Klar ist nur, dass Populisten, die wissenschaftliche Erkenntnisse zur Erderwärmung ohne nachvollziehbare Gründe ablehnen, unverantwortlich handeln und letztlich Trittbrettfahrer beim Klimaschutz sind. Das schließt nicht aus, dass in einigen Ländern Populisten eine politische Mehrheit bei Wahlen erringen. Aber längerfristig ist Populismus dem Leben auf der Erde wohl nicht zuträglich und mit Kants Kategorischem Imperativ ist er sicher auch nicht vereinbar (vereinfacht: Was du nicht willst, das man dir tu, das füg auch keinem anderen zu).

Eckpunkte der Klimaschutzdebatte

Wenn man einige wenige Eckpunkte zur Klimaschutzdebatte formuliert, dann sieht man sofort, dass nationale und internationale Klimaschutzpolitik zwischen verschiedenen Alternativen entscheiden muss. Und dass ein Fokus ausschließlich auf der Klimaschutzpolitik aus einer Perspektive der Wirtschaftspolitik nicht ausreichend sein wird. Denn die gleichzeitige Klimaschutzpolitik in vielen Ländern hat wichtige ökonomische Effekte. Für das Verständnis der Klimaschutzperspektiven ist eine Reihe grundlegender Punkte wichtig, wobei man zunächst die CO2-Emissionen im Fokus hat, aber auch äquivalente andere Emissionen (man spricht daher von CO2-Äquivalente-Emissionen).

- Der Rückgang der CO2-Äquivalente-Emissionen in 2020 hätte laut deutscher Bundesregierung gegenüber 1990 40 % betragen sollen, mehr als 32 % sind aber für Deutschland kaum zu erwarten. Die Erreichung der Klimaziele für 2030 – Minderung um 55 % gegenüber 1990 – und 2050 (minus 80 bis 95 %) ist dann auch nicht zuverlässig zu erwarten. Nicht einmal symbolisch ist im Übrigen der Fuhrpark der Bundesregierung auf der Höhe der Zeit, Anfang 2019 war der Anteil der E-Fahrzeuge unter 10 %.
- Seit 2005 gilt für den Energiesektor und die Industrie ein verpflichtendes Mitwirken beim EU-Emissionszertifikatehandel, und zwar für relativ große Unternehmen. Die Politik legt den EU-weiten Reduktionspfad bei den CO2-Emissionen für Industrie und Energiesektor fest, wobei die betreffenden Firmen auf Basis der verfügbaren beziehungsweise zugeteilten (oder auch vom Staat per Auktion vergebenen) Emissionszertifikate miteinander handeln, um regelgerecht zu produzieren und auf günstige Weise durch Strukturwandel im Produktmix und durch CO2-senkende Emissionen eigene Unternehmensziele zu erreichen. Da bei Transport, Wohnen und Landwirtschaft mengenmäßige Emissionsbegrenzungen fehlen – es gibt allerdings Emissionsvorgaben für die produzierte Fahrzeugflotte von Autokonzernen und damit indirekt bei einem Teil des Transports –, ist mittelfristig eine Ausweitung des Emissionszertifikatehandels nötig oder aber man müsste über eine sektorale (oder auch sektorübergreifende) CO2-Steuer Anreize zur Minderung der sektoralen CO2-Emissionen vornehmen. Kaum sinnvoll wäre es, wenn CO2-Besteuerung und Emissionszertifikate in einem Sektor zugleich realisiert würden – einen Mindestpreis für Emissionszertifikate kann man allerdings als unteren Quasi-CO2-Steuersatz ansehen. Von etwa 25 € in den ersten Jahren des EU-Emissionshandels ist der Preis pro Tonne CO2 zeitweise auf kaum 5 €/Tonne gefallen, dann in 2018/2019 wieder deutlich angestiegen und dürfte im Jahresverlauf 2019 bei etwa 27 €/Tonne liegen. Bei einer Auktion von CO2-Zertifikaten entstehen für den Staat einmalige Einnahmen – in der Eurozone oder der EU könnte hier auch eine breitere Einnahmenbasis entstehen. Die CO2-Mengen werden in der EU im Zeitablauf abgesenkt, was Impulse zur CO2-Einsparung in den Wirtschaftssektoren zur Folge hat, die in den Zertifika-

tehandel einbezogen sind (zum US-Ansatz in Kalifornien siehe die Info-Box im Anhang 1; im Zeitraum 2015–2020 sinkt die zulässige Emissionsmenge jährlich um 3 %, danach um einen voraussichtlich höheren Satz).
- CO2-Steuersätze geben Verbrauchern und Unternehmen klare Signale, inwieweit sich CO2-Minderung bei bestimmten Aktivitäten lohnt und wenn ein ansteigender Steuersatz-Pfad angekündigt wird, dürfte dies erst recht gelten. Allerdings ist eine CO2-Steuer ein relativ ungenaues Instrument, da der Gesetzgeber die Technologieanpassung und letztlich die Mengenreaktion der Unternehmen im betroffenen Sektor oder auch der relevanten privaten Haushalte abschätzen muss. Eine CO2-Steuer wirkt langfristig allerdings mit einiger Sicherheit, wenn sie im Zeitablauf deutlich ansteigt. Um eine faire Lastenverteilung zu erreichen, bietet es sich an, die Einnahmen aus einer CO2-Steuer den privaten Haushalten weitgehend zurück zu erstatten.
- Ab 2020 hat das Nichterreichen von Emissionsminderungen finanzielle Konsequenzen, da EU-Länder mit Nichterreichung von verabredeten Emissionsminderungen dann in anderen Ländern Emissionszertifikate ankaufen müssen. Da nur ganz wenige EU-Länder die Ziele übererfüllen, könnten sich für Länder wie etwa Deutschland oder Spanien erhebliche staatliche Budgetbelastungen aus milliardenteuren Ankäufen von ausländischen Emissionszertifikaten ergeben.
- Nicht auszuschließen ist, dass neue synthetische CO2-neutrale Kraftstoffe für Mobilität mit Autos, Schiffen und Flugzeugen langfristig eine gewisse Rolle spielen werden. Deutschland ist im Forschungsbereich international mit führend.
- Die Ausweitung des CO2-Zertifikatehandels ist gegenüber einer CO2-Steuer in vielen Sektoren ökonomisch aus Effizienzgründen vorziehenswert. Allerdings ist zu untersuchen, ob die Volatilität des CO2-Zertifikatepreises in der EU einen Verstärkungseffekt bei der Volatilität des Aktienpreisindexes hat, was wiederum die Investitions-und Innovationsdynamik beeinträchtigen könnte. In einem solchen Fall einer positiven Korrelation könnten CO2-Steuern eine größere Rolle spielen als sonst.
- Grundlegend verschärfter Klimaschutz weltweit wird in den Dekaden 2020–2040 zur Konsequenz haben, dass verstärkt eine Nachfrage nach klimafreundlichen Produkten entsteht, was die Preise dieser Produkte EU-weit und letztlich weltweit nach oben treibt – zumal ja Klimaschutzpolitik auch in anderen Ländern und Regionen gemacht wird. Da klimafreundliche Produkte in der Erzeugung relativ viel qualifizierte Arbeit benötigen, nehmen die Löhne der Qualifizierten gegenüber den Ungelernten zu, sodass ei-

ne verstärkte Ungleichheit in fast allen Ländern droht; darauf aber muss die Politik eine Antwort finden.
- Deutschland und die EU haben viele Möglichkeiten, den EU-Emissionszertifikatehandel mit dem entsprechenden Handel in anderen Ländern (oder Regionen oder Städten) zu verbinden und damit die Verminderung von Emissionen günstiger im globalen Maßstab zu erreichen; zudem könnte man mehr Länder für den Zertifikatehandel gewinnen.
- Die Förderung klimafreundlicher Innovationen ist sehr wesentlich, da sich hier entscheidet, wie viel an Emissionsminderung letztlich über Emissionszertifikatehandel und CO2-Steuern erreicht werden soll. Solche Innovationen können in den OECD-Ländern, aber auch weltweit gefördert werden, wobei Deutschland beziehungsweise die EU-Länder durch Mitgliedschaft in regionalen multilateralen Banken und der Weltbank gute Möglichkeiten haben, hier wesentlich Impulse zu setzen, was bislang eine kaum realisierte Politikoption ist. Die gelegentlich in der Debatte zu hörende Argumentation, dass Deutschland oder die EU keine Möglichkeiten hätten, um Einfluss auf eine vernünftige globale Klimaschutzpolitik zu nehmen, ist falsch und irreführend.
- Wenn der EU-Zertifikatehandel mit dem in Korea, China, Kalifornien und Japan (Japan und eine weitere Region) sowie Kanada (einige Regionen) zusammengeführt werden könnte, würden sich die Kosten der CO2-Minderung gerade in den EU-Ländern vermindern; Deutschland könnte notwendige Zusatzzertifikate mittelfristig dann preiswerter außerhalb der EU ankaufen. Eine Integration verschiedener Zertifikate-Handelssysteme muss allerdings sorgfältig organisiert werden, internationale politische Kooperation ist unabdingbar.
- Maßnahmen zur Abkühlung der Atmosphäre sind denkbar im Rahmen eines sogenannten Geoengineerings.
- Der Staat ist in Deutschland in Sachen Klimaschutzpolitik bei Bund und Ländern sehr widersprüchlich, da etwa Bundes- und Landesbedienstete, die bei außereuropäischen Flügen Emissionszertifikate als Kompensation kaufen, die Kosten bei Dienstreiseabrechnungen nicht geltend machen können (in der EU sind nur innereuropäische Flüge Teil des Emissionszertifikatehandels); an dieser Widersprüchlichkeit sind viele Parteien in den verschiedenen Regierungen beteiligt.

Für die Bundesrepublik Deutschland gibt es eine BDI-Studie (BCG/PROGNOS, 2019, siehe untenstehende Box 2), die eine Reihe interessanter Einsichten liefert: Bis 2050 soll eine Rückführung der Klimagase gegenüber

1990 um 61 % erreicht werden, wenn die derzeitigen Anstrengungen fortgeführt und absehbare Technologien berücksichtigt werden. Gegenüber dem Ziel der Bundesregierung bleibt dann wohl eine Lücke von rund 30 % in 2050. Tatsächlich kann man aber mit einer Ausweitung des Zertifikatehandels, der in der EU etwa 90 % der Emissionen erfassen könnte, und verstärkter Innovationsförderung bis 2050 das Ziel Klimaneutralität erreichen. Eine Ziellücke, die möglicherweise verbleibt, kann über besondere Maßnahmen beschlossen werden: z. B. Maßnahmen zur Abkühlung des Klimas über „Geoengineering". Darauf wird noch einzugehen sein.

Globale Erneuerbare-Energien-Perspektiven

Die Investitions- und Leistungsdaten zu den Erneuerbaren Energien in 2018 sehen in Teilen ermutigend aus, soweit man den Ausbau Erneuerbarer Energien als zentral für große Schritte hin zu langfristiger Klimaneutralität ansieht. 171 Gigawatt betrug die Installation neuer Erneuerbarer-Energie-Kapazitäten in 2018 nach Angaben von IRENA (Organisation mit Sitz in den Vereinigten Arabischen Emiraten). Solar- und Windstromausbau machten in 2018 84 % des globalen Anstiegs bei den Erneuerbaren Energien aus, beide Energieformen expandierten zusammen mit 7,9 % Zuwachs, womit dann 1/3 der Weltenergiekapazitäten aus Erneuerbaren Energien besteht. Asien stand für 61 % der zusätzlichen Installationen an Erneuerbaren Energien, wobei Schwellen- und Entwicklungsländer in 2018 die Expansion bei diesen Energien anführten. Nach Art der Erneuerbaren Energien waren die Entwicklungen in der Weltwirtschaft wie folgt:

- Wasserkraft: relativ schwaches globales Wachstum, aber immerhin hat China einen beträchtlichen Expansionsschritt gemacht (+8,5 Gigawatt, was etwa acht Atomkraftwerken in Standardgröße von 1 Gigawatt entspricht).
- Die globalen Winderzeugungskapazitäten stiegen um 49 Gigawatt in 2018, wobei China und die USA am stärksten ausbauten, nämlich 20 Gigawatt beziehungsweise 7 Gigawatt. Mehr als 1 Gigawatt-Ausbau gab es in Brasilien, Frankreich, Deutschland, Indien und Großbritannien.
- Drei Länder expandierten bei Bioenergie relativ stark, nämlich China (2 Gigawatt), Indien (0,7 Gigawatt) und Großbritannien (0,9 Gigawatt).
- Die Solarenergie wurde um 94 Gigawatt ausgebaut, was +24 % entspricht. Asien war Nummer 1 beim Ausbau mit einer Zunahme von 64 Gigawatt, also etwa 70 % des globalen Ausbaus; dabei standen China, Indien, Japan

und die Republik Korea an der Spitze – in Fortsetzung bisheriger Trends in Asien. Auch die USA, Australien und Deutschland bauten deutlich aus, nämlich +8,4 Gigawatt beziehungsweise +3,8 und 3,6 Gigawatt. Andere gewichtige Expansionsländer waren Brasilien, Ägypten, Pakistan, Mexiko, Türkei und Niederlande.

- Geothermische Stromerzeugung: Zunahme um 0,539 Gigawatt, wovon die Türkei (+0,219 Gigawatt) und Indonesien (0,137 Gigawatt) führend waren, gefolgt von den USA, Mexiko und Neuseeland.

Der weltweite Kapazitätsbestand erreichte 2018 immerhin 2 351 Gigawatt, was ein Drittel der installierten Kapazität ausmacht. Wasserkraft stand für 1 172 Gigawatt, also etwa die Hälfte der Erneuerbaren Energien. Wind- und Solarenergie machten 564 Gigawatt beziehungsweise 480 Gigawatt aus; Bioenergie stand für 121 Gigawatt, Geothermische Energie für 13 Gigawatt (alle Angaben aus dem Bericht von IRENA, 2019). Die Massenproduktionsvorteile bei Wind- und Solarenergie werden längerfristig weiter Kostensenkungen bei diesen beiden Arten Erneuerbarer Energien bringen, wobei ein steigender Anteil Erneuerbarer Energien natürlich auch Fortschritte bei Speichermöglichkeiten erfordert – also Batterien oder Pumpspeicherkraftwerken (bei Überschuss-Stromproduktion wird Wasser in einen höher gelegenen Speichersee gepumpt, der bei Bedarf zur Stromproduktion wieder entleert werden kann). Da die globale Autoindustrie erst um 2015 allmählich in die Elektromobilität als Thematik verstärkt eingestiegen ist, dürften ab 2025 verfügbare neue Batterietechnologien aus dem Automobilbereich und neue Massenproduktionsvorteile auch Fortschritte im Batteriebereich bei der Stromerzeugung erheblich voranbringen. Man kann argumentieren, dass mehr Elektromobilität dann die Nachfrage nach Strom in vielen Ländern der Welt stark erhöhen wird; aber in den OECD-Ländern sollte um 2030 autonomes Fahren ein wichtiges Thema für die Realität werden und ab 2040 kann man ausgebaute Systeme für autonomes Fahren erwarten. Das setzt natürlich voraus, dass tatsächlich etwa in der EU, Europa, China, Japan, USA, Russland etc. mobile breitbandige Kommunikationsnetze flächendeckend in den Hauptregionen vorhanden sind. Da sich dann aber ein erheblicher Teil der Haushalte kein eigene Auto mehr kaufen wird, sondern auf Transport-Abodienste verschiedener Anbieter setzen wird (Autofahren als Service), könnte die Zahl der Autos erheblich sinken. Riesige hochwertige Parkflächen in den Städten werden dann frei und Wohnen und Mobilität ließe sich bei neu gebauten Stadtvierteln ganz neu definieren. Die Breitband-Mobilfunkversorgen in der Fläche in Deutschland ist mit Blick auf 2020 und 2025 unzureichend, der Flickenteppich an Funklöchern ist Fakt, und da in den Ausschreibungen und Verträgen mit Mobilfunkbetreibern keine vernünftigen Strafzahlungen für Funkloch-Entstehung verankert sind, dürfte vor 2030 für autonomes Fahren kein wirklich brauchbares Netz verfügbar sein. Wie Deutschlands innovationsstarke Autohersteller da globale Weltmarktführer bei autonomem Fahren werden wollen, ist einigermaßen unklar.

Windenergieperspektiven

Deutschland hat Probleme beim Ausbau der Windenergie, da in vielen Regionen notwendige Neubauten von Stromleitungen durch Bürgerproteste verhindert werden. Die Perspektiven für die globale Entwicklung Erneuerbarer Energien aber sind günstig, gerade auch bei der Windenergie. Der Global Wind Energy Council geht davon aus, dass 2019 ein Neubau von Kapazitäten von 59 000 Megawatt (MW) erfolgt. Das entspricht der Leistung von 59 Atomkraftwerken. 2018 betrugen die Investitionen in Windenergie 129 Milliarden $, wobei der Anstieg 3 % betrug; bei sinkenden Preisen einer Kilowattstunde Windenergie bedeuten 3 % dann einen erheblichen realen Anstieg gegenüber 2017. Für den Zeitraum 2019 bis 2023 geht der Global Wind Energy Council für Asien davon aus, dass der Zubau von Windenergie an Land 145 000 Megawatt sein wird, für Europa plus Nord- und Südamerika wird ein Zubau von etwa 59 000 Megawatt erwartet.

Durch größere Windräder kann im Zeitablauf durch „Repowering" die Windenergie ausgebaut werden, allerdings gibt es in dicht besiedelten Ländern auch Grenzen im Zuge der Lärmemissionen von Windfarmen. Es gibt mit Blick auf Häuser und Ortschaften entsprechende Mindestabstandsregulierungen bei Windmühlen. Die Mindestabstandsgebote spielen zum Teil auch eine Rolle bei Windfarmen im Meer, wo Deutschland viele größere Abstände zu den Stränden verlangt als etwa Großbritannien. Beim Ausbau der Windenergie gilt es ein ähnliches Problem zu beachten wie bei der Sonnenenergie: Wegen der zeitweise fehlenden Stetigkeit von Wind- und Sonnenenergie muss mehr in Leitungsnetze investiert werden und auch die Bedeutung des internationalen Stromhandels steigt: Bei Überschüssen in Land X sollte es leicht möglich sein, Strom in Nachbarländer zu liefern, wenn in Land X gerade wenig Wind weht und kaum Sonne strahlt, so sollte ein Stromimport ohne Problem technisch möglich sein. Hier allerdings fehlen oft ausreichend dimensionierte Stromkoppel-Stellen an den Grenzen benachbarter Länder, und zwar in fast allen Regionen der Welt. Auch hier ist mehr internationale Kooperation sinnvoll und notwendig. Dass man im Übrigen auch erfolgreich grenzüberschreitende Strombörsen schaffen kann, haben die skandinavischen Länder schon seit Jahrzehnten gezeigt.

Ausweitung des EU-Emissionszertifikatehandels, Betrug und Finanzmarktperspektiven

Der EU-Emissionszertifikatehandel ist ein sehr gutes Instrument zur effizienten Verminderung von CO_2-Emissionen. Jedes große Unternehmen, das Energie (gemeint: Strom aus nichterneuerbaren Quellen) und fossile Energieträger direkt verbraucht (z. B. Stahlhersteller, die üblicherweise Kokskohle im Produktionsprozess nutzen und dabei dann CO_2 emittieren), muss sich Zertifikate in Höhe der erwarteten CO_2-Emissionsmenge für jedes Produktionsjahr besorgen. Hier sind auch Statistiken und Zahlen an die Behörden zu melden. Sofern das Unternehmen die notwendigen Zertifikate nicht vom Staat geschenkt bekommt, muss das Unternehmen mit Bedarf an Zertifikaten diese von anderen Unternehmen im Emissionshandelssektor (Energie plus Industrie) kaufen. Bei einem bestimmten Preis werden innovationsstarke Firmen, die Energieverbrauch und CO_2-Ausstoß durch bessere Technologien senken konnten, hinreichend viele „Überschuss-Zertifikate" anbieten. Durch Angebot und Nachfrage bei Zertifikaten ergibt sich also ein gleichgewichtiger Marktpreis für CO_2-Zertifikate: Angebot und Nachfrage sind dann ausgeglichen, zugleich entsteht so im Zeitablauf ein Signal Richtung mehr oder weniger CO_2-Innovationsprojekte bei Unternehmen. Wenn die Zertifikatepreise im Zeitablauf ansteigen, ist dies ein starker Anreiz, mehr solcher Innovationsprojekte zu realisieren und entsprechend auch in Forschung & Entwicklung zu investieren. Da die in der EU im Emissionshandelssektor verfügbare Menge Jahr für Jahr sinkt – durch Vorgaben der EU beziehungsweise der EU-Mitgliedsländer –, kann sich ein Preiserhöhungsdruck bei den Zertifikaten ergeben. Dem wirkt allerdings die Innovationsdynamik von Unternehmen, die CO_2-ärmere Produktionsprozesse einführen, entgegen.

Da die EU 45 % der Emissionen durch den Zertifikatehandel abdeckt, ist dringend eine baldige Ausweitung dieses Zertifikatehandels wünschenswert. Hier ist eine Aufgabe für die Von-der-Leyen-Kommission, den Europäischen Rat der Staats- und Regierungschefs und das Europäische Parlament. Denkbar wäre, dass einzelne EU-Länder, etwa Deutschland, vorübergehend national den Zertifikatehandel auf andere Sektoren ausweiten und abwarten, dass die EU mittelfristig den Zertifikatehandel ausweitet. Das könnte etwa im Transportsektor allerdings auch Probleme bringen, da etwa so entstehende Verteuerungen bei Kraftstoffen einen verstärkten deutschen „Tanktourismus" in EU-Nachbarländern auslösen würden. Es wäre sicherlich besser, dass man versucht, in der EU zügig für alle Mitgliedsländer den Zertifikatehandel schrittweise deutlich auszuweiten: bis 2025 auf mindestens 85 %.

Ein ernstes Problem beim Emissionszertifikatehandel in der Europäischen Union ist Betrug, wie sich in verschiedenen EU-Ländern gezeigt hat. Exemplarisch ist ein Fall aus Frankreich, wo über Jahre Betrüger mit dem Kaufen und Verkaufen von Zertifikaten – ohne und mit Mehrwertsteuer – einen Milliardenschaden für den französischen Staat verursachten, wie man einer AFP-Nachricht im September 2019 entnehmen konnte. Dass hier ein neues Betrugsfeld von erheblicher Größenordnung entsteht, kann man mit Besorgnis sehen. Inwieweit auch umfängliche Spekulationen mit Zertifikaten längerfristig international stattfinden, wird man sich nicht nur aus Forschersicht sorgfältig anschauen müssen.

Ein liberales Marktumfeld mag für manche Zwecke nützlich sein, aber die Transatlantische Finanzmarktkrise 2008/09 sollte als ein Warnsignal mit anhaltenden Wirkungen mit Blick auf die internationalen Finanzmärkte aufgefasst werden. Ein kritischer Blick Richtung USA unter Trump und Großbritannien (unter May und Johnson als Premierminister) in den Jahren 2017–2019 lässt allerdings Zweifel an den Gesamtperspektiven aufkommen, da beide Länder regierungsseitig Möglichkeiten einer neuen Finanzmarktderegulierung diskutiert und die USA auch in ersten Schritten umgesetzt haben. Der CO_2-Zertifikatehandel wird früher oder später ein erheblicher Teil des Wertpapierhandels in den Industrie- und Schwellenländern für viele Jahrzehnte sein, sodass man sich mit dieser neuen Thematik ernsthaft auseinander setzen sollte. Das kann durchaus international neue Herausforderungen unter anderem mit Blick auf die Industrieländer und die G20-Länder bedeuten:

- Wenn man die Zertifikate-Handelssysteme von EU, China, USA (gegebenenfalls nur Kalifornien), Japan (gegebenenfalls nur einige Präfekturen), Korea und anderer Länder zu einem Gesamtsystem integrieren wollte, dann müsste man nicht nur diese institutionelle Herausforderung sorgfältig angehen, sondern wäre gut beraten, auch die Finanzmarkt-Aufsichtsregeln stärker zu koordinieren.
- Da die Bank für Internationalen Zahlungsausgleich (BIZ) zumindest mit Blick auf eine Rahmenregulierung der Großbanken in Industrieländern seit Jahren aktiv ist, könnte man erwägen, die BIZ hier in Sachen Finanzmarkt-

regulierung aber auch in Sachen Regulierung von Transaktionen auf CO2-Zertifikatemärkten frühzeitig einzubeziehen; dabei ist allerdings zu bedenken, dass nicht alle G20-Länder Mitglied der BIZ sind, sodass auch eine breitere Mitgliedsbasis der BIZ zu schaffen wäre. Auch das ist eine Herausforderung, die bislang überhaupt nicht einmal im Ansatz betrachtet worden ist.

Natürlich kann man argumentieren, dass mit breiter aufgestellten erfahrenen Internationalen Organisationen – wie etwa der BIZ – auch neue Beiträge zur Lösung der Herausforderung Klimaneutralität der Weltwirtschaft mobilisiert werden könnten. Die EU-Länder sind aufgefordert, hier zusammen mit Partnerländern aus dem Bereich G20 (oder G20Plus) entsprechend Initiativen zu entwickeln.

Unternehmensseitige Klimaneutralitätsfortschritte: Neukonzipierungen nötig

Die Großunternehmen sind von Gesetz wegen gehalten, als Ergänzung zur Bilanz auch Nachhaltigkeitsmaßnahmen-Infos zu veröffentlichen. Die Mehrzahl der Firmen aber sind natürlich kleine- und mittlere Unternehmen, wobei im Übrigen gerade im Dienstleistungssektor (z. B. Softwarefirmen, Versicherungen, Banken) oft noch wenig Orientierung Richtung Klimaneutralität und Nachhaltigkeit zu erkennen ist. Dabei muss umgekehrt eine Erderwärmungstendenz ja die Firmen mit Blick auf die Mitarbeiterschaft und die Stabilität von Geschäfts- und Politikperspektiven besorgen:

- Mitarbeiterinnen und Mitarbeiter könnten häufiger krank werden (aus Sicht von Krankenversicherungen gilt dies natürlich auch für die Kundenseite).
- Störungen in der Produktion und bei internationalen und nationalen Produktions- und Logistikketten könnten entstehen.
- Schäden in Immobilien und anderen Vermögenswerten sind denkbar – etwa durch Extremwetterereignisse.
- Die Wirtschaftspolitik könnte durch immer neue klimapolitische Aufgaben in den Standardaktivitätsbereichen weniger verlässlich werden, zudem drohen erhöhte CO2-Steuersätze oder auch steigende Zertifikatepreise.

Jedes Unternehmen kann ohne Weiteres in Schlüsselbereichen selbst Klimapolitik betreiben:

- Produktion, Vertrieb und Transport/Mobilität der Mitarbeiterschaft sollten CO2-leicht ausgestaltet werden, was z. B. Konsequenzen für Kauf/Leasing von Fahrzeugen haben wird, aber auch für die Auswahl neuer Technologien. Die Frage der Ermöglichung von Home-Office-Arbeit für Mitarbeiter ist unter Familien-, Motivations- und Klimaschutzaspekten zu sehen. Wer Zuhause arbeitet, muss nicht mit Auto oder Bahn zum Arbeitsplatz pendeln. Hier wiederum sind Infos und Berechnungen notwendig, da man sonst später für die Kommunikation des Unternehmens nicht die realisierten Fortschrittselemente angemessen darstellen kann – das aber ist wichtig im Innen- und Außenverhältnis.
- Im Bereich der Informations- und Kommunikationstechnologie sind neue durchdachte Konzepte notwendig und das Bewusstsein der Mitarbeiterschaft für relevante Zusammenhänge beim Einsparen von Energie und Emissionen gilt es zu schärfen.
- Alle Gebäude und Baumaßnahmen sind auf CO2-Leichtigkeit beziehungsweise Nachhaltigkeit hin zu überprüfen, Modernisierungsmaßnahmen bei Lichtkonzepten, Wärme und Stromnutzung sollten ebenfalls in dieser Richtung bedacht werden.
- Bei der Auswahl von Partnerfirmen und Zulieferern sind CO2-leicht-Aspekte zu bedenken, wobei hier auch neue Informationen zu besorgen sind.
- Falls man in den CO2-Zertifikatehandel einbezogen ist oder wird, so sind entsprechende Bilanzanalysen – auch Simulationen – sinnvoll, damit man etwa die Auswirkung einer Zuteilung von Gratiszertifikaten sowie von steigenden und sinkenden Zertifikaten-Preisen richtig einordnet. Eine optimale Zertifikatebeschaffungs- und Zertifkateverkaufsstrategie ist zu entwickeln.
- Die Kommunikationsstrategie und das Marketing müssen neu ausgerichtet und um klimapolitische Aspekte und Aktivitäten im Unternehmen sinnvoll ergänzt werden. Hier geht es um die Entwicklung der Identität des Unternehmens, aber auch um Imagegewinn und um Signale bei der Mitarbeiter- und Partnerfirmenwerbung.

Hier liegt für viele Jahre für Millionen von Unternehmen in den Industrie- und Schwellenländern eine Fülle von wichtigen Herausforderungen.

Box 2: BDI-Studie (BCG/Prognos, 2019) Pfade zum Klimaschutz

„Mit einer Fortsetzung derzeitiger Anstrengungen in Form bestehender Maßnahmen, beschlossener politischer und regulatorischer Rahmenbedingungen sowie absehbarer Technologieentwicklungen (‚Referenzpfad') werden bis 2050 ca. 61 % Treibhausgas(THG)-Reduktion gegenüber 1990 erreicht. Es verbleibt damit eine Lücke von 19 bis 34 Prozentpunkten zu den deutschen Klimazielen.

- 80 % Treibhausgas-Reduktion sind technisch möglich und in den betrachteten Szenarien volkswirtschaftlich verkraftbar. Die Umsetzung würde allerdings eine deutliche Verstärkung bestehender Anstrengungen, politische Umsteuerungen und ohne globalen Klimaschutzkonsens einen wirksamen Carbon-Leakage-Schutz erfordern.
- 95 % Treibhausgas-Reduktion wären an der Grenze absehbarer technischer Machbarkeit und heutiger gesellschaftlicher Akzeptanz. Eine solche Reduktion (über den 80-%-Pfad hinaus noch einmal um drei Viertel) erfordert praktisch Nullemissionen für weite Teile der deutschen Volkswirtschaft. Dies würde neben einem weitestgehenden Verzicht auf alle fossilen Brennstoffe (feste, flüssige und gasförmige Energieträger) unter anderem den Import erneuerbarer Kraftstoffe (Power-to-Liquid/-Gas), den selektiven Einsatz aktuell unpopulärer Technologien wie Carbon-Capture-and-Storage (CCS) und sogar weniger Emissionen im Tierbestand bedeuten – eine erfolgreiche Umsetzung wäre nur bei ähnlich hohen Ambitionen in den meisten anderen Ländern vorstellbar.
- Mehrere ‚Game-Changer' könnten die Erreichung der Klimaziele in den nächsten Jahrzehnten potenziell erleichtern und günstiger gestalten (unter anderem Technologien für die Wasserstoffwirtschaft und Carbon-Capture-and-Utilization-Verfahren). Ihre Einsatzreife ist aktuell noch nicht sicher absehbar und wird daher zur Erreichung der Ziele nicht unterstellt. Sie müssten allerdings mit Priorität erforscht und entwickelt werden.
- Die kosteneffiziente Erreichung der Klimapfade würde aus heutiger Sicht in Summe Mehrinvestitionen von 1,5 bis 2,3 Billionen € bis 2050 gegenüber einem Szenario ohne verstärkten Klimaschutz erfordern, davon ca. 530 Milliarden € für eine Fortschreibung bereits bestehender Anstrengungen (im Referenzpfad). Dies entspricht bis 2050 durchschnittlichen jährlichen Mehrinvestitionen in Höhe von ca. 1,2 bis 1,8 % des deutschen Bruttoinlandsprodukts (BIP). Die direkten volkswirtschaftlichen Mehrkosten nach Abzug von Energieeinsparungen lägen bei etwa 470 bis 960 Milliarden € bis 2050 (etwa 15 bis 30 Milliarden € pro Jahr), davon ca. 240 Milliarden € für bestehende Anstrengungen. Mehrinvestitionen enthalten alle zusätzlichen Investitionen zur Erreichung der Klimapfade über die im Referenzszenario getroffenen Investitionen hinaus. Zur Berechnung der Mehrkosten wurden diese mit 2 % volkswirtschaftlichem Realzins über die Lebensdauer des jeweiligen Kapitalguts annualisiert. Energiekosteneinsparungen und -ausgaben wurden gegengerechnet. Hierfür wurden Grenzübergangspreise für

fossile Energieträger und Stromsystemkosten angesetzt. Die Mehrinvestitionen und -kosten für nichtwirtschaftliche Maßnahmen des Referenzszenarios wurden darüber hinaus grob abgeschätzt.
- Bei optimaler politischer Umsetzung wären die gesamtwirtschaftlichen Auswirkungen der betrachteten Klimapfade dennoch neutral (‚schwarze Null'), im betrachteten 80-%-Klimapfad wäre dies sogar im Szenario ohne globalen Konsens der Fall. Dabei wäre jedoch ein umfangreicherer Schutz gefährdeter Industrien nötig, um dem Risiko einer Schwächung industrieller Wertschöpfung zu begegnen – in Form eines wirksamen Carbon-Leakage-Schutzes und langfristig verlässlicher Ausgleichsregelungen für Industrien im internationalen Wettbewerb.
- Erfolgreiche Klimaschutzbemühungen wären mit einer umfangreichen Erneuerung aller Sektoren der deutschen Volkswirtschaft verbunden und könnten deutschen Exporteuren weitere Chancen in wachsenden ‚Klimaschutzmärkten' eröffnen. Studien erwarten, dass das Weltmarktvolumen der wichtigsten Klimatechnologien bis 2030 auf 1 bis 2 Billionen € pro Jahr wachsen wird. Deutsche Unternehmen können für diesen globalen Wachstumsmarkt ihre Technologieposition stärken.
- Gleichzeitig wird der anstehende Transformationsprozess Deutschland vor erhebliche Umsetzungsherausforderungen stellen. Die betrachteten Klimapfade sind volkswirtschaftlich kosteneffizient und unterstellen eine ideale Umsetzung unter anderem im Sinne sektorübergreifender Optimierung und ‚richtiger Entscheidungen zum richtigen Zeitpunkt'. Fehlsteuerungen in der Umsetzung – wie z. B. in der Energiewende durch Überförderungen und die Verzögerung des Netzausbaus beobachtbar – können die Kosten und Risiken erheblich steigen oder das Ziel sogar unerreichbar werden lassen.
- Erfolgreicher Klimaschutz in Deutschland könnte einerseits international Nachahmer motivieren. Andererseits wären im Fall signifikant negativer wirtschaftlicher Auswirkungen die deutschen Klimaschutzbemühungen sogar kontraproduktiv, da sie andere Staaten abschrecken würden, während der deutsche Anteil am globalen THG-Ausstoß (rund 2 %) das Klima allein nicht wesentlich beeinflusst. Eine international vergleichbar ambitionierte Umsetzung zumindest in den größten Volkswirtschaften (G20) würde diese Risiken deutlich mindern und deutschen Unternehmen außerdem breitere Exportchancen eröffnen.
- Eine erfolgreiche Erreichung der deutschen Klimaziele und eine positive internationale Multiplikatorwirkung sind daher ein politischer, gesellschaftlicher und wirtschaftlicher Kraftakt. Gefragt ist eine weitsichtige Klima-, Industrie- und Gesellschaftspolitik ‚aus einem Guss', die auf Wettbewerb und Kosteneffizienz setzt, gesellschaftliche Lasten fair verteilt, Akzeptanz für die Maßnahmen sicherstellt sowie den Erhalt und Ausbau industrieller Wertschöpfung priorisiert. Dazu bedarf es für das ‚Großprojekt Klimaschutz' einer langfristigen politischen Begleitung."

Ausgangslage beim Klimaschutz in der EU

Es gibt einen klaren Ausgangspunkt zur Klimaschutzpolitik in Westeuropa, der heißt, dass 45 % der Emissionen – nämlich die Bereiche Energiewirtschaft und Industrie – vom CO2-Emissionszertifikatehandel erfasst sind. Kalifornien macht vor, dass auch 85 % gingen, was man sich bei Europäischen Kommission und dem Europäischen Rat als Zielmarke binnen einiger Jahre vornehmen könnte. Vermutlich können auch in der EU grundsätzlich 80 % bis 90 % erreicht werden, wobei dieser Ansatz – mit vorgegebener Emissionsgesamtmenge (im Zeitablauf sinkend) – bei der CO2-Emissionsminderung der kostengünstigste ist. Es bleiben allerdings auch das Geoengineering zur Abkühlung der Atmosphäre und die Aufforstung von Wäldern, wie das vor allem eine Studie von Wissenschaftlern an der ETH Zürich vorschlägt. Die beiden letzten Ansätze sind nur teilweise erforscht.

Übergangsweise, so argumentiert in Deutschland der Wirtschafts-Sachverständigenrat im Sondergutachten 2019 (SVR, 2019) mit Blick auf vermutete langwierige Verhandlungen in der EU, kann man in den Sektoren ohne Zertifikatehandel eine CO2-Steuer einführen. Deren Aufkommen sollte an die Bürgerschaft zurückgegeben werden. Einen Restbereich der Wirtschaft wird man wohl mit Regulierungen exklusiv oder ergänzend bedenken, um auch dort einen spezifischen CO2-Emissionsrückgang zu bewirken (Abbildung 5). Vorschriften zur CO2-Minderung sind aus ökonomischer Sicht oft wenig treffsicher und teuer, wenn man Neben- und Folgewirkungen bedenkt. Wie viel Zertifikatehandel zu welchen Preisen man braucht, hängt wesentlich von klimaschutzförderlicher Innovationspolitik ab; solange innovationsinduzierte CO2-Minderung billiger ist als der Emissionszertifikatepreis, sollte man die entsprechende Forschungsförderung ausbauen – natürlich auch mit einem wesentlichen Schwerpunkt bei entsprechender Grundlagenforschung. Der Innovationsförderung sollte man wohl ein hohes Gewicht beimessen.

Im Übrigen könnte der Preis für Emissionszertifikate deutlich fallen, sobald die EU und China einen gemeinsamen Zertifikatehandelsraum bilden; die EU könnte China einen beträchtlichen Umwelt- und Klimaschutztechnologietransfer anbieten, wenn China Zustimmung für einen gemeinsamen Zertifikateraum geben würde. 2019 ist der Emissionszertifikatepreis in China deutlich geringer als der in der EU. Der Atmosphäre ist es einerlei, in welchen Ländern der CO2-Ausstoß vermindert wird.

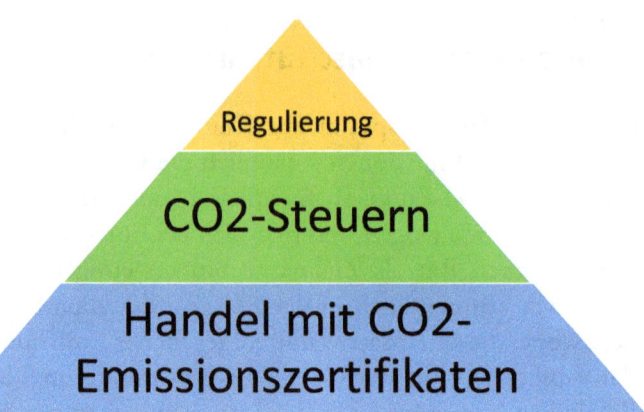

Abb. 5 Drei Ansatzpunkte der Klimaschutzpolitik. (Quelle: Eigene Darstellung)

CO2-Steuersatz wirkt nicht wie CO2-Zertifikatepreis

Ein CO2-Steuersatz – mit einem Steuerbetrag pro Tonne CO2 – kann vom Staat in einer bestimmten Höhe festgesetzt werden. Dahinter steckt die Idee, dass die Produzenten (oder Konsumenten) von CO2-intensiven Gütern einen Anreiz erhalten, auf andere, weniger CO2-intensive Güter und Technologien umzustellen. Im Ergebnis sinken die CO2-Emissionen. Den gleichen Anreiz erhält man grundsätzlich, wenn man einen Zertifikatehandel nutzt: Als Unternehmen muss man zum Marktpreis ein CO2-Zertifikat im Zertifikatemarkt kaufen, das zu einer Emission von einer Tonne CO2 berechtigt (oder X Tonnen, wenn man eine Menge X bei der Produktion emittiert); Verkäufer der Zertifikate sind Unternehmen mit einem CO2-Zertifikateüberschuss. Oder aber man vermindert durch eigene Investitionen in neue Maschinen oder Technologien die Emissionen um eine Tonne. Natürlich wird jedes Unternehmen bei der Alternative „CO2-Zertifikat kaufen oder eigene Investition zur CO2-Minderung vornehmen" einen Vergleich durchführen – was kostet ein Zertifikat und wie hoch sind alternativ die eigenen CO2-Minderungskosten. Wenn der Zertifikatepreis beispielsweise bei 25 € pro Tonne liegt, dann lohnt sich für jedes Unternehmen mit geringeren CO2-Minderungskosten lieber selbst zusätzlich zu investieren beziehungsweise neue CO2-leichtere Technologien einzuführen.

Am Ende, im Markt-Gleichgewicht, wird man eine Situation im Zertifikatemarkt haben, bei der eines der Unternehmen gerade minimal höhere CO2-Vermeidungskosten hat als der Marktpreis von 25 € pro Tonne. Etwas vereinfacht kann man daher sagen, dass der Marktpreis indirekt Auskunft gibt, wie hoch die Vermeidungskosten (für die nächste CO2 Minderungseinheit) der Unternehmen sind. Die Vermeidungskosten sind eine wichtige Größe bei der Klimaschutzpolitik.

Den grundlegenden Unterschied zwischen Bepreisung über eine CO2-Steuer und den CO2-Zertifikatehandel sollte man verstehen (abgesehen vom Aspekt, dass der Staat in wichtigen Sektoren den Unternehmen oft eine kostenlose Anfangsausstattung mit Zertifikaten schenkt). Der Unterschied zwischen CO2-Steuersatz und CO2-Zertifikatepreis liegt darin, dass ein Zertifikatesystem verschiedener Länder in einem System zusammengeführt – „integriert" – werden kann, was zu weltweit geringeren Kosten der CO2-Minderung führt. Bei einem dann global einheitlichen CO2-Zertifikate-Weltmarktpreis sind die durchschnittlichen Kosten der CO2-Minderung in der Weltwirtschaft deutlich geringer als im Fall der Nutzung von CO2-Steuern (das Wort durchschnittlich bezieht sich auf die Durchschnitts-Kostenhöhe der Länder). CO2-Steuer-Systeme verschiedener Länder kann man nicht integrieren. Denn wohl niemals werden Parlamente aus verschiedenen Ländern zustimmen, dass man einen gemeinsamen Weltsteuersatz bei der CO2-Besteuerung setzt. Auch wird ein Parlament nicht erlauben, dass andere Länder die Steuersätze im Land festlegen. Wenn die ganze Welt ein einziger Staat wäre, sähe die Situation anders aus.

Nur auf den ersten Blick sind beide Arten der Bepreisung von CO2 sehr ähnlich oder gleichwertig. Denn man könnte argumentieren: Ob ein Unternehmen 30 € CO2-Steuer bezahlt oder aber 30 € CO-Zertifikatepreis pro Tonne, das spielt keine Rolle. Aber beide Ansätze, CO2-Steuer oder Zertifikatepreise, sind als System nicht gleichwertig in einer Weltwirtschaft mit offenen Volkswirtschaften mit Innovationsdynamik. Nur wenn die Weltwirtschaft ein einziges Land wäre oder wenn die (Grenz-)Vermeidungskosten einer Tonne CO2 in allen Ländern gleich hoch wären, machte es für die Wirtschaft und die CO2-Minderung keinen Unterschied, ob man eine CO2-Steuer hat oder ein CO2-Zertifikatesystem. Die Weltwirtschaft besteht aber aus 200 Ländern, die jeweils unterschiedliche CO2-Minderungskosten haben. Es dürfte ausreichen, im weiteren den großen Unterschied zwischen CO2-Steuer und CO2-Zertifikatepreis an einem einfachen Zwei-Länder-Fall zu verdeutlichen.

Dass die Vermeidungskosten schon innerhalb der OECD-Länder-Gruppe ziemlich unterschiedlich sind, ergibt etwa der Blick auf die EU, Kalifornien und Korea im Sommer 2019, wo die EU einen Zertifikatepreis von gut 25 €/Tonne CO2 verzeichnete. In Kalifornien aber lag der Preis eines CO2-Zertifikats im dortigen Zertifikate-Handelssystem nur bei etwa 15 € pro

Tonne CO_2 (in Korea war der Zertifikatepreis nochmals niedriger als in Kalifornien). Dabei deckt das kalifornische Zertifikate-Handelssystem 85 % der CO_2-Emissionen ab und damit einen mehr als doppelt so hohen Anteil der Emissionen wie die EU. Man muss sich klar machen, dass in der EU der Zertifikatepreis für eine Tonne CO_2 von 25 €/Tonne bedeutet, dass die CO_2-Vermeidungskosten (beim letzten Käufer eines CO_2-Emissionszertifikates) offenbar gerade bei 25 € pro Tonne liegen. Denn sonst würde die entsprechende Unternehmung das Zertifikat nicht kaufen, sondern eben durch eigene Investitionen in CO_2-Vermeidung die Emission um eine weitere Einheit absenken. Sobald die eigenen CO_2-Vermeidungskosten im Unternehmen höher als der Zertifikatepreis (hier 25 € pro Tonne) sind, wird das entsprechende Unternehmen lieber eine Zertifikateeinheit im Zertifikatemarkt kaufen: eben ein Verschmutzungsrecht für eine Tonne CO_2 zusätzlich. Wenn es nationale oder regionale CO_2-Handelssysteme gibt, dann gibt der Zertifikate-Marktpreis eben zugleich jeweils eine Information, wie hoch die (Grenz-)Vermeidungskosten sind: also die Kosten zur Vermeidung einer weiteren Tonne CO_2 in Unternehmen. Nachfolgend wird noch zur Vereinfachung angenommen, dass in Kalifornien und in der EU die politisch jährlich vorgegebene CO_2-Minderungsrate bei einem gleich hohen Prozentsatz liegt (z. B. 3 % pro Jahr).

Wenn also als Beispielsfall nun eine politisch beschlossene Integration der Zertifikatemärkte von EU und Kalifornien erfolgte, dann wird in der EU bei einem anfänglichen Zertifikatepreis von 25 € als dem „Land" mit dem anfänglich relativ hohen Zertifikatepreis ein Import von Zertifikaten aus Kalifornien erfolgen (dort ist der Zertifikatepreis mit 15 € pro Tonne ja niedriger als in der EU mit den schon erwähnten 25 € pro Tonne). Dabei wird der Zertifikatepreis in Kalifornien deutlich ansteigen; sagen wir, von 15 € pro Tonne auf 20 € pro Tonne. Damit lohnt es sich nun für mehr Unternehmen in Kalifornien, verstärkt in CO_2-Vermeidung zu investieren oder entsprechende Innovationsprojekte zur CO_2-Minderung auf den Weg zu bringen. Die Kosten hierfür sind zunächst (siehe spiegelbildlich den anfänglich geringen Zertifikatepreis von 15 € pro Tonne) geringer als in der EU.

In der EU wiederum profitieren die Unternehmen, weil der Import von Zertifikaten aus Kalifornien billiger im integrierten System EU-Kalifornien als ohne Marktintegration ist: nämlich etwa 20 € statt 25 €. Das treibt transatlantisch den EU-Zertifikatepreis hier auf 20 € pro Tonne, sodass schließlich der Zertifikatepreis in Kalifornien und der EU gleich hoch ist und bei 20 € liegt (das ist analog zum Weltmarkt-Güterpreis für handelsfähige Güter in einem denkbaren Freihandelssystem von zwei Ländern).

Wenn im kombinierten Zertifikate-Handelsraum die Obergrenze bei den CO_2-Emissionen jährlich −3 % ist, so wird man diese Minderung im integrierten Handelssystem insgesamt erreichen, aber in einer geografisch anderen Kombination als bei isolierten Zertifikate-Handelssystemen oder bei nationalen CO_2-Besteuerungen: Mehr CO_2-Minderung ergibt sich in Kalifornien, weniger in der EU. Dem Klima ist das egal, aber für den kombinierten EU-Kalifornien-Wirtschaftsraum macht das einen Unterschied. Für die EU-Wirtschaft heißt das, dass wegen der Kostendämpfung durch internationalen Zertifikatehandel jetzt mehr produziert werden kann und damit der Lebensstandard höher ist als ohne integriertes Zertifikate-Handelssystem.

Für die US-Wirtschaft beziehungsweise in Kalifornien heißt das, dass die Firmen größere Gewinne – eben auch aus dem Export von CO_2-Zertifikaten nach Europa – haben als sonst. Das freut die Aktionäre; oft sind das Pensionsfonds von bestimmten Berufsgruppen, etwa Lehrern oder Feuerwehrleuten, die jetzt profitieren. Stärker profitable Unternehmen zahlen meist auch relativ höhere Löhne. Im Übrigen profitiert die US-Wirtschaft auch in Form höherer Güterexporte und damit eines höheren Realeinkommens, da die Verbilligung der Emissionszertifikate in der EU einen positiven Produktions- und Beschäftigungseffekt in der EU hat; es wird dann mehr importiert – dabei eben auch mehr aus den USA. Die Expansion der US-Exportwirtschaft erhöht das US-Realeinkommen und dann kann auch die EU etwas mehr Richtung USA exportieren.

Wie hoch sind die weltweiten CO_2-Minderungskosten bei CO_2-Besteuerung in der Weltwirtschaft – wieder zur Vereinfachung auf zwei Regionen bezogen – im Vergleich zur allgemeinen Anwendung von Zertifikatehandel im integrierten Zertifikate-Handelssystem? Nehmen wir nun an, dass es zwei Regionen in der Weltwirtschaft gibt: den „Norden" (2/3 der Weltwirtschaft: mit hohem Pro-Kopf-Einkommen und relativ hohem Preis- sowie Kostenniveau) und die andere Region „Süden" (1/3 der Weltwirtschaft: geringes Pro-Kopf-Einkommen und geringes Preis- und Kostenniveau), die jeweils ein isoliertes Zertifikate-Handelssystem oder eine regionale CO_2-Steuer haben: 40 €/Tonne CO_2 im Norden, 10 €/Tonne im Süden für beide Bepreisungsfälle; also bei einer CO_2-Steuer oder bei einem Zertifikatehandel. Im Norden sind Preis- und Kostenniveau höher als im Süden vor allem deshalb, weil die Preise nichthandelsfähiger Güter höher als im Süden sind. Das anfängliche globale Emissionsniveau sei 40 Milliarden Tonnen CO_2.

Wenn der Vermeidungsaufwand bei CO_2-Emissionen im Norden dem Anteil an der Weltwirtschaft entspricht (also 2/3), dann sind die globalen CO_2-Vermeidungskosten einfach gegeben durch $(2/3) \times 40 + (1/3) \times 10$, was einem durchschnittlichen Kostenaufwand von 30 € pro Tonne entspricht. Das sind also globale Kosten von 30 € pro Tonne × 40 Milliarden Tonnen CO_2-Weltemission; also 1 200 Milliarden € – etwa 1 300 Milliarden Dollar – Vermeidungskosten für die Weltwirtschaft pro Jahr. Das sind 1,6 % des Welteinkommens in 2018, also eine erhebliche Größe.

Wenn man ein integriertes Zertifikatesystem hat, käme annahmegemäß ein Weltpreis von 20 €/Tonne heraus. Geht man wieder von 40 Milliarden Tonnen CO_2 Weltemission im Jahr aus, dann liegt man bei einem integrierten Zertifikatesystem (Norden+Süden; entspricht in etwa G20-Ländern) bei 800 Milliarden € als Kosten der CO_2-Minderung. Das sind 1,1 % des Welteinkommens. Durch die Nutzung eines integrierten Zertifikate-Handelssystems ergibt sich also eine Einsparung der globalen CO_2-Vermeidungskosten um 400 Milliarden €: also 1/3 der Kosten, die man bei einem System mit CO_2-Steuern hat. Nur in einem integrierten Zertifikatesystem kann man solch enorme Effizienzgewinne, also Kosteneinsparungen, erzielen. Es wäre ökonomisch und auch moralisch – wenn man gegen Ressourcenverschwendung ist – also nicht zu verteidigen, wenn man sich nicht bemühte, ein international breites Zertifikate-Handelssystem zu errichten.

Ähnliche Effizienzgewinne in einer Weltwirtschaft mit unterschiedlichen nationalen CO_2-Steuersystemen sind nicht möglich. Bei einem CO_2-Steuersystem ergäbe sich eine ähnliche Wirkung wie im integrierten Zertifikate-Handelssystem nur, wenn das Parlament im Norden beschließen wollte, dass man einen hohen Anteil der eigenen CO_2-Steuereinnahmen an den armen Süden für CO_2-Minderungsmaßnahmen transferierte; das ist eine realitätsferne Vorstellung und dürfte zudem enorme Korruptionsprobleme bringen. Da der Norden sich schon – von Norwegen und wenigen anderen Ländern abgesehen – seit Jahrzehnten schwer tut, auch nur die bei der UN versprochenen 1 % des Bruttoinlandsprodukts an den Süden zur Unterstützung der Entwicklung zu transferieren, wird man realistisch sein wollen. Man kann nicht annehmen, dass weiter steigende Zahlungen vom Norden an den Süden machbar sind: diesmal allerdings auch für konkrete nützliche Gegenleistungen für den Norden beziehungsweise die Weltwirtschaft, nämlich CO_2-Minderung.

Nehmen wir zur weiteren Verdeutlichung schließlich an, dass in Indien das Einsparen einer Tonne CO_2 nur halb so viel kostet wie in den USA oder der EU. Bei einem integrierten CO_2-Handelssystem wird dies dazu führen, dass US-Firmen und EU-Firmen, die Zertifikate brauchen, preiswert Zertifikate aus Indien kaufen. Das wird dann Indien früher als westliche Länder zu einem Strukturwandel Richtung CO_2-leichte Dienstleistungen und entsprechende Industrien führen. Man stelle sich vor, dass Indien bei einem Strukturvergleich 2020 etwa zwei Jahrzehnte hinter einem westlichen Vergleichsland liegt; dann wird die indische Wirtschaftsentwicklung ab 2021 nicht eine einfache Art von

Imitation der Entwicklung eines westlichen Landes sein, wo im Zeitablauf der Dienstleistungsanteil um jährlich X Prozent in der Gesamtwertschöpfung angestiegen ist; vielmehr wird sich Indiens Wirtschaftsentwicklung viel früher – im Vergleich zur früheren historischen Entwicklung in den USA und der EU – auf CO2-leichte Produktionsstrukturen hin bewegen.

Satellitenbilder-Auswertungen für Lateinamerika in 2019

Brandrodungen und Brände in Brasiliens Wäldern haben im August 2019 erhebliches mediales Interesse in der ganzen Welt erlebt, denn mit Blick auf Klimastabilität sind natürlich die großen Wälder in Brasilien, Bolivien und anderen Ländern Lateinamerikas von großer Bedeutung. Diese und andere Wälder in der Welt absorbieren CO2 in großen Mengen – zudem sind auch die Ozeane Senken für Kohlendioxid.

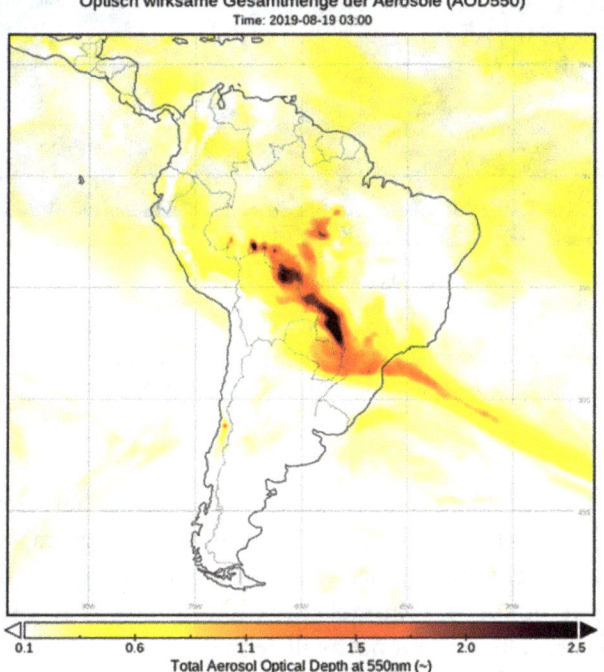

Abb. 6 Rauchentwicklung in Brasilien im August 2019 (mit Einflüssen aus Bränden in Bolivien). (Quelle: EDEO GmbH (mit Projektförderung von StmWi Bayern); der Autor dankt dem EDEO, Roding, Germany, für die freundliche Überlassung dieser Karte; erstellt unter Verwendung von Copernicus CAMS Daten 2019.)

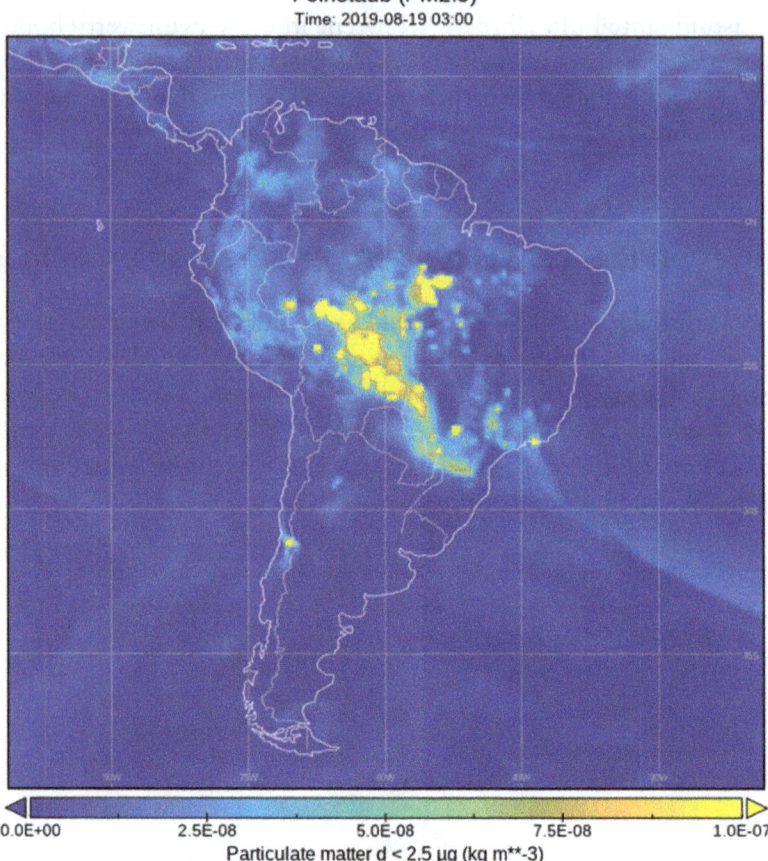

Abb. 7 Regionale Verteilung von Feinstaub in Lateinamerika im August 2019. (Quelle: EDEO GmbH (mit Projektförderung von StmWi Bayern); der Autor dankt dem EDEO, Roding, Germany, für die freundliche Überlassung dieser Karte; erstellt unter Verwendung von Copernicus CAMS Daten 2019.)

Wie man in den in Abbildungen 6 und 7 dargestellten Satelliten-Bildauswertungen sieht (Sentinel-2-Satelliten aus Copernicus-Programm), war die Rauchentwicklung im August ganz erheblich; die gesundheitsschädlich mit der Brandentwicklung verbundene Feinstaubentwicklung lässt sich aus dem zweiten Satellitenbild ebenfalls sehr gut nachvollziehen.

Dank moderner Satellitentechnik kann realisierter Natur- und Umweltschutz sowie letztlich auch ein Teil der klimapolitikrelevanten Fakten in der Entwickelung recht präzise beobachtet werden. Hier ergeben sich völlig neue Möglichkeiten, auch regionale, internationale und globale Politikkooperation sinnvoll zu realisieren, von Klima- bis zum Gewässerschutz. Es wäre wünschenswert, wenn Deutschland beziehungsweise die EU hier verstärkt aktiv werden könnten, da der Nutzen für die Wirtschafts- und Klimapolitik sehr erheblich sein dürfte. Zudem kann ein viel stärkeres Klimabewusstsein in der Öffentlichkeit auf Basis von sattelitenbild-basierter visualisierter Zusammenhänge entstehen.

Thomas Crowther und andere Forscher von der ETH Zürich haben auf Basis von Satellitendaten ermittelt, welche Rolle eine globale Wiederaufforstungspolitik als Klimaschutzpolitik spielen könnte (Abbildung 8): Schätzungen gehen dahin, dass bei einer engagierten Aufforstungspolitik 2/3 der seit der Industrialisierung ausgestoßenen CO_2-Mengen von etwa 300 Milliarden Tonnen absorbiert werden. Das setzt allerdings Aufforstungs- und Waldwachstumszeiträume von etwa einem halben Jahrhundert voraus, während in der Realität die globale Waldmenge durch Abholzung Jahr für Jahr sinkt. Nähme man den Ansatz der ETH-Forscher in Sachen Aufforstung auf, so sollten die Hauptaufforstungsländer sein: Russland (151 Millionen Hektar), Vereinigte Staaten (103 Millionen Hektar), Kanada (78 Millionen Hektar), Australien (58 Millionen Hektar), Brasilien (50 Millionen Hektar) und China (40 Millionen Hektar) (vgl. Abbildung 8).

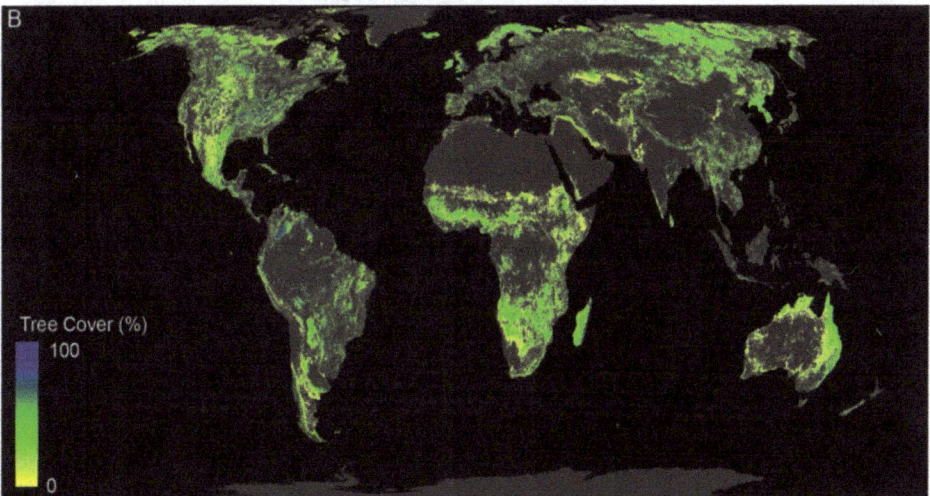

Abb. 8 Aufforstungsmöglichkeiten weltweit (helle Flächen = Aufforstungsreserve oder Wüste). (Quelle: ETH ZURICH/CROWTHER LAB (2019), https://ethz.ch/en/news-and-events/eth-news/news/2019/07/how-trees-could-save-the-climate.html)

Fakten zu Deutschland und internationale Energiemarktperspektiven

Neben der Energiewirtschaft und der Industrie sowie dem Transportsektor sind die privaten Haushalte mit einem Anteil an den Treibhausgasemissionen von 10 % wesentlich; die Haushalte in Deutschland konnten im Zeitraum 1990–2016 die Emissionen um 31 % vermindern. Ein Problemsektor ist die Landwirtschaft mit einem Emissionsanteil von 8 % bei den Treibhausgasen in 2016 gewesen, wobei der Anteil an der gesamtwirtschaftlichen Wertschöpfung 1 % beträgt. Die Landwirtschaft ist rückständig bei der Minderung von CO_2, im Zeitraum 1990–2016 war der Rückgang etwa 20 %. Laut Bundesregierung (BMU) hat der Sektor Landnutzung, Landnutzungsänderung und Forstwirtschaft die CO_2-Emissionen netto um 14,5 Millionen Tonnen CO_2-Äquivalente gesenkt. Wegen der Intensivbewirtschaftung der Böden war deren Speicherfähigkeit bei Treibhausgasen 2016 noch halb so hoch wie 1990. Der deutsche Treibhausgasausstoß von 905 Millionen CO_2-Äquivalenten im Jahr 2016 steht für einen Rückgang von 27,3 % gegenüber 1990, wobei die Energiewirtschaft mit 37,8 % Anteil an den deutschen Gesamtemissionen 2016 den höchsten Anteil hatte. Der Verkehrssektor stand 2016 für 18 % der Emissionen in Deutschland, er stieg erstmals seit 2004 gegenüber dem Vergleichsniveau 1990 wieder an.

Der globale CO_2-Ausstoß betrug 2016 4,8 Tonnen pro Kopf im globalen Durchschnitt, wobei Asien, Brasilien, Nordafrika, Indien und das Subsahare-Afrika unter dem Weltdurchschnitt lagen. Die EU – ohne Deutschland – lag bei 6 Tonnen pro Kopf, Deutschland bei gut 9 Tonnen pro Kopf, Russland und Australien bei etwa 12 Tonnen pro Kopf und die USA und Kanada bei 16 Tonnen. Wenn die westlichen Industrieländer und Japan sowie Russland und China sowie andere Länder den CO_2-Ausstoß jeweils zügig absolut senken, dann hat das einen ökonomisch-ökologischen Nutzen für diese Länder und die ganze Welt und senkt zudem klimawandelbedingte Fluchtursachen. Aber weil jedes einzelne Land nur relativ wenig zum Klimaproblem der Welt beiträgt, ist der Anreiz grundsätzlich eher schwach, sich beim Klimaschutz zu engagieren. Es bedarf für Fortschritte schon einer gewissen gesellschaftlichen und politischen Vernunft vieler Länder beziehungsweise in den Politiksystemen vieler Länder und zudem sind erhöhte klimafreundliche Innovationen gefragt. Innovationsstarkes Unternehmertum weltweit und auch das Mitdenken und Mitwirken der privaten Haushalte sind wichtig.

Für 2025 geht die Bundesregierung davon aus, dass durch verstärkte Digitalisierung 50 Millionen Tonnen CO2-Äquivalente eingespart werden können. Deutschlands Klimaschutzplan 2050 legt erstmalig – so betont es das Bundesumweltministerium (BMU, 2018) – auch CO2-Minderungsziele für einzelne Sektoren fest. Für die Sektoren der Wirtschaft wurden bis 2030 Zielkorridore für Sektoren festgelegt, wobei ein Rückgang um 55 % gegenüber 1990 bis dahin erreicht werden soll. Sektorale Rückgangsziele sind aus ökonomischer Sicht sonderbar, da durch solche Vorgaben der Klimaschutz unnötig verteuert wird; dem Klima ist es egal, welche Sektoren welchen Beitrag erbringen, Hauptsache, die Treibhausgasemissionen gehen zurück. Die Politik kann nicht wissen, wie die jeweiligen sektoralen CO2-Minderungskosten sind, wie man also die Klimaschutzkosten minimiert. Dies leistet eben der Zertifikatehandel.

Die Ineffizienzen in der deutschen Klimapolitik kann man wohl bei mindestens 1 % des Bruttoinlandsprodukts ansetzen, das ist so viel wie alle Innovationsförderausgaben von Bund und Ländern. Immerhin fördert die Bundesregierung über 500 Projekte in Entwicklungsländern im Kontext des internationalen Klimaschutzes. Die höchsten Anteile der Erneuerbaren Energien bei der Bruttostromerzeugung nach Energieträgern in Deutschland waren 2017 Windkraft (48,8 %), Biomasse (20 %), Photovoltaik (18,3), Wasserkraft (9,3) sowie Hausmüllverbrennung mit 2,7 %. Windkraftenergieprojekte im Meer konnten 2017 überwiegend ohne Subvention des Staates im Rahmen von Ausschreibungsverfahren vereinbart werden. Damit ist also die Windkraft wettbewerbsfähig. Sie wäre es noch viel mehr, wenn nicht die Kernkraft in Deutschland praktisch ohne nennenswerte Haftpflichtversicherung liefe – also versteckt subventioniert wird. Wenn ein Atomkraftmeiler statt mit 2,5 Milliarden € Haftpflichtversicherung mit 200 Milliarden € zu versichern wäre – das ist die Größenordnung eines schweren Unglücks wie in Fukushima –, dann wären die Atomkraftanlage schon vor dem gesetzlich vorgegebenen Auslaufjahr 2022 am Ende. Zur AKW-Haftpflichtversicherungsproblematik habe ich selbst in einem die Diskussion in Deutschland sehr belebenden Beitrag im „Handelsblatt" einmal Stellung bezogen und darauf aufmerksam gemacht, dass Atomkraftanlagen für eine umfassende Haftpflichtversicherung keine Versicherungspolice am Markt erhalten könnten (WELFENS, 2011, Handelsblatt). Die „Handelsblatt"-Redaktion entschied damals, den Vorstandsvorsitzenden der Allianz zu fragen, ob man eine umfassende Haftpflichtversicherung für ein Atomkraftwerk bei der Allianz kaufen könnte: Die Antwort damals war ein klares Nein (FLAUGER/STRATMANN, 2011, Handelsblatt).

Nicht nur die Atomkraft wird in fast allen AKW-Ländern erheblich subventioniert. Vielmehr gibt es auch eine erstaunliche weltweite Subventionierung von fossilen Energien. Das Ausmaß betrug als Anteil am Welteinkommen im Jahr 2013 enorme 6,5 %. Im Jahr 2015 lagen die Subventionen immer noch bei 4 700 Milliarden $ weltweit, was 6,3 % des Welteinkommens ausmachte (COADY ET. AL, 2015; COADY ET AL, 2019).

Marktmäßige Signale zum Erderwärmungsrisiko gibt es nur indirekt. Es ist klar, dass Rückversicherungen und Versicherungen mehr langfristige Schadensfälle durch Extremwetterlagen haben werden und Millionen von Immobilieneigentümern werden erhöhte Schäden – auch unversicherte Fälle – haben. Es wäre wünschenswert, dass bei Immobilienversicherungen formelmäßig sichtbar die Klimarisiken eingepreist würden. Das hieße dann umgekehrt, dass weltweite Fortschritte bei der Klimaschutzpolitik zu geringeren Immobilienversicherungspreisen und geringeren Mietpreissteigerungen führen werden: nachvollziehbar für jeden. In einigen Fällen kann das Haftungsrisiko etwa der Kohleverstromung so hoch werden, dass Kohle nicht mehr für die Stromerzeugung eingesetzt wird. Denkbar ist das etwa in den USA. Denn die Schadenersatzsummen, die bislang etwa Zigarettenhersteller zahlen mussten, könnten in noch höheren Dimensionen eines Tages auf Kohlekraftwerke zukommen.

Was wiederum die Expansionschancen etwa von Wind-, Solar- und Windkraftanlagen angeht, so ist es sehr wichtig, dass die Hersteller von Strom aus Erneuerbaren Energien Zugang zum Stromnetz erhalten. Das ist keineswegs selbstverständlich, wie Fälle in China und China/Argentinien und auch in Europa zeigen. Der Internationale Währungsfonds sollte für alle Mitgliedsländer eine jährliche Übersicht veröffentlichen. Denn hier geht es auch um makroökonomische Wachstums- und Stabilitätsaspekte. So könnte politischer Druck aufgebaut werden – nämlich durch Transparenz und internationale Vergleiche –, damit nicht Netzmonopolisten wichtige Fortschritte beim Klimaschutz künstlich verbauen.

Literatur

BCG/Prognos (2019), Pfade zum Klimaschutz, Studie für BDI, Januar 2018, https://www.prognos.com/uploads/tx_atwpubdb/20180118_BDI_Studie_Klimapfade_fuer_Deutschland_01.pdf

BMU (2018), Klimaschutz in Zahlen – Fakten, Trends und Impulse deutscher Klimapolitik, Ausgabe 2018, Bundesministerium für Umwelt, Naturschutz und nukleare Sicherheit: Berlin, https://www.bmu.de/fileadmin/Daten_BMU/Pools/Broschueren/klimaschutz_in_zahlen_2018_bf.pdf

COADY, D. ET AL. (2015), How Large Are Global Energy Subsidies?, IMF Working Paper, Washington DC

COADY, D. ET AL. (2019), Global Fossil Fuel Subsidies Remain Large: An Update Based on Country-Level Estimates, IMF Working Paper, Washington DC

ETH ZURICH/CROWTHER LAB (2019), https://ethz.ch/en/news-and-events/eth-news/news/2019/07/how-trees-could-save-the-climate.html

FLAUGER, J.; STRATMANN, K. (2011), Die wahren Kosten der Kernkraft, Handelsblatt 24.03.2011, S. 1

IRENA (2019), Renewable Capacity Statistics 2019, International Renewable Energy Agency, IRENA, Abu Dhabi

SVR – Sachverständigenrat zur Begutachten der gesamtwirtschaftlichen Entwicklung (2019), Aufbruch zu einer neuen Klimapolitik, Sondergutachten Juli 2019: Berlin

WELFENS, P. J. J. (2011), Atomstrom ist extrem teuer, Handelsblatt, 24.03.2011, 9

4
Globale Erderwärmungsperspektiven

Die globale Erderwärmung ist für Milliarden von Menschen im 21. Jahrhundert ein Problem. Deutschland hat die Klimaziele 2020 absehbar verfehlt, die EU als Ganzes liegt etwas besser; die Welt insgesamt hinter dem UN-Klimaschutzabkommen von Paris. Wie genau man die Ziele für 2030 – das ist die nächste Klippe und Zielmarke – erreichen will, ist unklar. Es fehlt dabei in der Ökonomie nicht an Modellen, etwa seit den 1970er Jahren, wie man den CO_2-Ausstoß sinnvoll vermindern kann. Ökonomen wie William Nordhaus und Thomas Schelling etwa haben früh auf die Energieaspekte von Produktion und Konsum hingewiesen. Zahlreiche Ökonomen, Klimaforscher beziehungsweise Physiker und Ingenieure haben die Mechanismen der globalen Erwärmung durch CO_2-Ausstoß etwa bei der Stromerzeugung aus fossilen Brennstoffen, wie Öl, Kohle, Gas, analysiert. Wie stark menschengemacht die Klimaerwärmung ist, erscheint unter Wissenschaftlern wenig strittig. Dass natürliche Schwankungen die industrialisierungsbedingt erhöhten weltweiten CO_2-Ausstöße seit 1850 überlagern, wird von niemandem ernstlich in Frage gestellt.

Wie schnell die Wirtschaftspolitik in Industrie- und Schwellen- sowie Entwicklungsländern mit energisch koordinierten Gegenmaßnahmen handeln könnte und sollte, ist nicht ganz klar. Dass Probleme des Klimawandels im 21. Jahrhundert eine ernste Herausforderung sind, kann man kaum übersehen; natürlich könnten staatliche Impulse und sinnvoll kanalisierte Marktkräfte eine rechtzeitige Anpassung der globalen Wirtschaft grundsätzlich erreichen. Aber einfach wird das nicht, da ja mindestens die 20 größten CO_2-Emittenten der Welt kooperieren müssten. Nach mehr internationaler Kooperation sieht die Weltwirtschaft aber seit dem Amtsantritt von US-Präsident Trump gerade nicht aus. Zudem ist im Zeitraum 2019–2030 eine sehr deutliche Beschleunigung beim Emissionsrückgang gegenüber 1990–2018 geboten. Aber auch wenn Marktwirtschaften innovations- und leistungsstark sind, ist zu fragen, wie die notwendige Beschleunigung bei dem Rückführen der Klimagase CO_2, Methan etc. denn erfolgen kann.

© Springer Fachmedien Wiesbaden GmbH, ein Teil von Springer Nature 2019
P. J. J. Welfens, *Klimaschutzpolitik – Das Ende der Komfortzone*,
https://doi.org/10.1007/978-3-658-27884-7_4

Das Klimaproblem ist aus wissenschaftlicher und wirtschaftspolitischer Sicht seit dem 1997 geschlossenen Kyoto-Abkommen der UN ein großes Thema: CO2-Emissionen, die etwa beim Verbrennen fossiler Brennstoffe wie Öl, Kohle und Gas entstehen, tragen zur Erderwärmung seit der Industrialisierung im 19. Jahrhundert massiv bei. Eine steigende Erwärmung wiederum führt zum Abschmelzen der Eisflächen in Grönland, im Hochgebirge Europas, Asiens und Afrikas sowie bei der südlichen Polkappe: Am Nordpol geht der Eisbär zwangsweise baden, am Südpol können die Pinguine dann kaum noch auf dem Eis stehen und New York, Baltimore, San Francisco, Yokohama, Tokyo, Manila, Shanghai, Rotterdam, Hamburg, Venedig und viele andere Hafenstädte stehen langfristig vor dem Problem schwerer Überschwemmungen.

Hohe globale ökonomische Verluste entstehen nicht nur durch Überschwemmung, sondern auch durch verstärkte Extremwetterprobleme – Starkregen, Hagel, Stürme. Im STERN-Report von 2006 (STERN, 2006) wurden die Kosten der Klimaerwärmung grob beziffert und da diese Kosten hoch sind, lohnt es sich global gesehen, in Klimaschutz zu investieren. Bedeuten die im STERN-Bericht aufgezeigten Einkommensverluste von 10 % bis 15 % des Welteinkommens bei fehlender energischer Klimapolitik, dass die Menschen in vielen Ländern einen klaren Impuls für energischere Klimapolitik entwickeln werden? Eine positive klare Antwort hierauf gibt es sicher nicht. Denn die BREXIT-Entscheidung in Großbritannien in der Volksbefragung im Juni 2016 und folgende BREXIT-Debatte in UK hat gezeigt, dass sich die BREXIT-Befürworter von Expertenprognosen mit BREXIT-bedingten erwarteten Einkommensrückgängen um 10 % bei einem harten BREXIT kaum beeindrucken lassen. Dabei geht es beim populistischen BREXIT-Thema immerhin um von den Briten selbst ökonomisch und politisch zu verdauende Kosten eines britischen EU-Austritts auf lange Sicht. Wie sollen da international erwartete Realeinkommensverluste bei einer weiteren deutlichen Klimaerwärmung beeindrucken, wo man davon ausgehen kann, dass industrialisierte Länder in vielen Fällen doch in der Lage sein werden, sich etwa über höhere Deiche und andere Maßnahmen gegen steigende Meeresspegel und mehr Überschwemmungsphänomene sowie Extremwetter zu wappnen. Die größeren relativen Schäden entstehen laut STERN-Bericht in den Entwicklungsländern. Wenn es etwa in Afrika plötzlich eines Tages viele Millionen Klimaflüchtlinge gibt, die nach Norden, Richtung EU-Länder, und auch nach Asien drängen, dann treffen die entstehenden Anpassungsprobleme in bevorzugten Einwanderungs- und Asylländern immer nur einige wenig Länder.

Dass sich ökonomische Regierungsberater mit dem Thema Klimaschutz befassen, ist – abgesehen vom STERN Review in UK – eher ein seltener Fall. Nur wenig findet sich etwa beim US Council of Economic Advisors in den Jahresgutachten für den US-Präsidenten und auch beim Sachverständigenrat zur Begutachtung der Gesamtwirtschaftlichen Entwicklung in Deutschland wird das Thema nur am Rande (2016; 2019 allerdings Sondergutachten) aufgenommen. Die Kritik an der Großen Koalition mit ihrer unzureichenden Klimapolitik hat im Vorfeld der Europa-Wahlen 2019 deutlich zugenommen. Das Video des YouTubers Rezo, der eigentlich aus der Musikszene kommt und zwei Wochen vor den Wahlen seine politische Kritik formulierte, ist interessant, technisch gut gemacht, in den ökonomischen Argumenten zum Teil verfehlt, aber bei der Kritik an der Berliner Klimapolitik im Kern treffend. In jedem Fall hat Rezo mit über fünf Millionen Clicks vor der Europa-Wahl der Großen Koalition einen Schrecken eingejagt und vermutlich den Grünen mit zu einem sehr guten Wahlergebnis verholfen.

Sonderbar mutet an, dass etwa die Welthandelsorganisation zuletzt 1999 eine größere Publikation zum Umweltthema hatte, nämlich Trade and the Environment (Handel und Umwelt). Natürlich sind Außenhandelsfragen für Klimaprobleme wichtig. Es geht um lange globale Transportketten: mit Zwischen- und Endprodukten, ganz überwiegend transportiert mit Schiffen, die mit Schweröl angetrieben werden und sehr hohe Emissionen verzeichnen. Darüber hinaus geht es im Fall von CO2-Steuern auch um die Frage, inwieweit diese auf Importe in bestimmten Sektoren zu erheben ist und welche Innovations- und Strukturwirkungen hier entstehen. Man kann es als positive Entwicklung sehen, dass in Österreich vorbildliche Innovationen im Bereich klimaneutrales Wohnen realisiert werden konnten: Beim Bau entsprechender Häuser hat Österreich in Europa und weltweit einen Vorsprung (DACHS/BUDDE, 2019).

Die Frage nach angemessener Bepreisung von CO2-Emissionen ist ökonomisch nicht schwer zu lösen. Man hat die Durchschnitts- und Grenzkosten von einer Tonne CO2-Emissionen zu ermitteln. Das Umweltbundesamt kam 2018 mit einer Publikation heraus, die besagte, dass 180 € der Schaden durch eine Tonne CO2 sei. Für 2016 wurden CO2-Emissionsschäden von 164 Milliarden € für Deutschland ermittelt; das wären etwa 2 % des Nationaleinkommens. Gelänge es, den CO2-Ausstoß in Deutschland und weltweit deutlich zu senken, dann gäbe es verminderte Umweltschäden und Gesundheitskosten. Wie hoch sollte man denn den Preis für eine Tonne CO2 setzen, um bis 2030 einen vernünftigen Reduktionspfad bei CO2 zu erreichen? Folgt man der Höhe der CO2-Steuer in Schweden und der Schweiz in 2016, dann sollten es wohl gut 100 € sein. Im ökonomischen optimalen Gleichgewicht einer Volkswirtschaft muss gelten, dass der Schaden einer zusätzlichen Tonne CO2 gerade so hoch ist wie der Preis eines CO2-Zertifikats oder eben einer CO2-Steuer. Der Emissionszertifikatepreis von etwa 20 € zu Ende 2018 in der EU ist da vergleichsweise niedrig. Man könnte den Zertifikatepreise seitens der EU-Länder durch staatlichen beziehungsweise EU-weiten Ankauf von CO2-Zertifikaten auf etwa 60–100 € hochschleusen. Das wäre natürlich mit staatlichen Ankaufsaufwendungen der abzuschöpfenden CO2-Zertifikate verbunden. Viele Unternehmen mit überschüssigen Zertifikaten hätten Buchgewinne in der Bilanz, die Renditen von innovationsstarken Unternehmen – mit niedriger CO2-Intensität der Produktion – werden ansteigen.

Beim CO2-Ausstoß und anderen klimaschädlichen Gasemissionen spielt es keine Rolle, von welchem Land sie herkommen. Von daher sind alle Länder aufgefordert, bei der Klimapolitik international kooperativ mitzuwirken. Allerdings ist Klimaschutz aus ökonomischer Sicht ein globales Kollektivgut, sodass die Anreize für die einzelnen Länder nicht hoch sind, ihren wahren Bedarf an Klimaschutz zu äußern. Erst recht gibt es keine hohen Anreize, sich finanziell und mit eigenen kostspieligen Reformen beim Klimaschutz zu engagieren. Es gibt klare Trittbrettfahrerprobleme, bei dem ein einzelnes Land keine eigenen Anstrengungen zum Klimaschutz leistet, sondern einfach wartet, dass andere Länder ihrerseits die CO2-Emissionen massiv drücken. Da Klimaschutz ein Welt-Gemeinschaftsgut ist, kommt es langfristig auf ein effektives globales Kooperieren aller Länder an.

Es mag schwierig sein, 200 Länder an einen Tisch zu bekommen. Aber natürlich müssten die führenden Industrie- und Schwellenländer eigentlich vorbildlich zusammenwirken: Die G20-Länder, die etwa 60 % der Weltbevölkerung, 81 % des Welteinkommens und 80 % der Weltemissionen bei CO2 in 2018 darstellten, sollten kooperieren. Diese Gruppe ist halbwegs überschaubar, trifft sich jährlich und hat mit den USA, China, Indien, der EU und Japan auch die Hauptemittenten an Bord. Allerdings ist diese Ländergruppierung ökonomisch sehr unterschiedlich, etwa mit Blick aufs Pro-Kopf-Einkommen; aus unterschiedlichen Interessen wiederum erwächst wenig Neigung zur Kooperation. Seit der Wahl von Trump zum US-Präsidenten ist die USA zudem weitgehend ein politischer Ausfall auf G7-Ebene wie auf G20-Ebene. Wie kann das US-Problem gelöst werden, was steckt da eigentlich dahinter?

Bei einer Klimaproblemstellung, die sehr energische Reform- und Kooperationspolitik bis 2030 und 2040 verlangt, ist der Ausfall des großen Politik- und Wirtschaftsakteurs Vereinigte Staaten ein ernstes Problem. Allerdings wird Klimaschutzpolitik nicht nur auf der Ebene von Staaten gemacht, sondern es gibt auch Bundesstaaten – in den USA etwa Kalifornien – und nationale sowie internationale Städte-Netzwerke, die eine engagierte Klimapolitik betreiben.

Das ungelöste Klimaproblem beeinflusste immerhin stark die Ergebnisse der Europa-Wahlen in 2019 und Mängel im Handeln der Bundesregierung führten zu einer breiten öffentlichen Debatte in Deutschland. Die schlechten Wahlergebnisse für die Volksparteien brachten die Koalition in Berlin fast zum Scheitern. Allerdings gibt es bei diesen Parteien auch Beharrungskräfte, die meinen, man könnte die Klimaprobleme für einige Jahre aussitzen. Das ist kein sinnvoller Ansatz. Denn beim Klimaproblem läuft der Erde beziehungsweise der Menschheit die Zeit davon.

Bei der Debatte um die Frage, wie man wichtige Klimaziele national und global erreichen kann, gibt es in Deutschland und Europa sowie in den USA heftige Auseinandersetzungen. Viele Länder, inklusive China, können darauf verweisen, dass die CO_2-Emissionsintensität des Wirtschaftens sinkt. Im Zeitablauf wird pro Produktionseinheit in der Regel weniger (fossile) Energie genutzt und daher sinkt der spezifische CO_2-Ausstoß; also der „Klimadruck" pro produzierter Mengeneinheit. Wenn allerdings die Produktionsmenge stark steigt, so nehmen die Klimaprobleme weiter zu. Das kann bei Überschreitung der Erwärmungsmarke von 1,5 Grad – gegenüber der Zeit der Industrialisierung, also um 1850 – durchaus dramatische Folgen für die Erde haben. Klimaerwärmung heißt nicht nur, dass es mehr Überschwemmungen gibt, sondern auch die Extremwetter-Ereignisse nehmen in vielen Regionen der Welt zu: Ökonomisch gewichtige Schadensfälle für den Einzelnen, für Regionen und Länder, natürlich auch für Versicherungen; aber vermutlich ist weniger als ein Drittel der globalen Schadensfälle versichert. Selbst das genügt schon, für steigende Versicherungsprämien im relevanten Markt zu sorgen. Produktionsstörungen, beschädigte Häuser und der Druck von möglicherweise Millionen Klimaflüchtlingen könnten zu ernsten politischen und ökonomischen Stabilitätsproblemen beitragen.

Die längerfristige globale Wachstumsrate der Produktion liegt um 3 %, was binnen 75 Jahren eine Verneunfachung der Weltproduktion bedeutet. Wenn es keine radikale Entkopplung von Produktion und Emission gibt, droht offenbar ein Klimaunglück für die Welt; denn Klimaqualität ist ein Weltphänomen. Notwendig für eine klare Begrenzung der Klimaerwärmung ist ein absolutes Senken der CO_2-Emissionen und ähnlicher Emissionen (noch schlimmer pro Emissionseinheit ist etwa Methan). Wo das nicht möglich ist, ersatzweise eine Kompensation, etwa durch Anpflanzen neuer Wälder. Das wäre dann immerhin klimaneutral und die Bundesregierung unter der Physikerin Merkel strebt das bis 2050 an. Dass die Bundesregierung ihre eigenen Ziele 2020 deutlich verfehlen wird, zeigt unter anderem Mängel der Großen Koalition; da sich die Volksparteien über viele Jahre zu wenig organisiert als GroKo aufgestellt haben, fehlt eine scharfe Opposition, die der Regierung in Sachen Klimapolitik Beine machen kann. Die größte Oppositionspartei im Deutschen Bundestag, die AfD, ist gleich eine Klimaproblem-Leugnerin und von daher ein ziemlicher Totalausfall (und ihr rechtspopulistischer Ton macht sie häufig ohnehin unglaubwürdig). Die Grünen waren nach den Bundestagswahlen 2017 als kleinste Oppositionspartei in den Bundestag eingezogen.

Erst mit den Europa-Wahlen erlebten die Grünen einen bundesweiten Höhenflug, der sie mit über 20 % der Stimmen zur zweitstärksten Partei machte. Ende Mai lagen die Grünen in Deutschland erstmals in einer Umfrage (Forsa für RTL/n-tv) vor CDU/CSU, was zeigt, dass die Programmatik der Grünen einerseits und ein subjektiv empfundener Klimadruck andererseits zu deutlichen Verschiebungen bei der Wählerschafts-Orientierung führen. Die Bundesregierung, seit 2019 mit einem „Klimakabinett" unterwegs, ist mit ihrer Reaktionsgeschwindigkeit hinter den Erfordernissen; die Taktrate beim Arbeiten ist zu langsam und die Denkverbote, die sich in Teilen der Regierung Deutschlands in Sachen Ausweitung des Zertifikatehandels und Rolle von $CO2$-Steuern zeigen, sind sonderbar, traditionalistisch. Gerade die global mit führende Export- und Technologienation Deutschland zeigte sich 2019 regierungsseitig vor allem national bei der Klimapolitik orientiert, obwohl diese ohne eine starke internationale Kooperationskomponente nicht effizient und erfolgreich sein kann. Dass im Klimakabinett verschiedene Ministerien zusammen arbeiten, ist gut. Dass das Auswärtige Amt dort fehlt, ist unverständlich und deutet schon hier auf einen grundlegenden konzeptionellen Mangel hin. Kluge Klimapolitik eines großen EU-Landes wird immer nach einer stimmigen EU-Verankerung fragen und damit verbunden Möglichkeiten einer G20-Strategie im Auge haben: wie man die führenden Länder der Welt letztlich einbeziehen kann in handels- und innovationspolitisch sowie regulierungspolitisch sinnvolle Kooperation, auch als Basis für global integrierte Zertifikatemärkte. Wenn die Rahmenbedingungen national und global auf den Märkten sinnvoll verankert sind, dann sind global integrierte Zertifikatemärkte der G20-Länder der Schlüssel, um globale Klimaneutralität effizient zu erreichen (also zu geringen Kosten).

Ein zeitweiser Rückgang der Grünen-Stimmen ist als normale Politikdynamik anzunehmen, aber die Politik der Großen Koalition hat sich insbesondere weit von der Jugend entfernt. Viele Wählerinnen und Wähler haben jedenfalls mit Blick auf die Europa-Wahlen angegeben, dass die Klimathematik für sie besonders wichtig war: Mit Blick auf die EU und die Europäische Kommission ist das durchaus auch sinnvoll.

Ein musikaktiver YouTuber Rezo hat die Parteien zwei Wochen vor den Europa-Wahlen massiv unter Druck gesetzt: mit dem YouTube Video „Zerstörung der CDU". In dem 55-Minuten-Videoclip wirft der junge Mann mit 155 000 Followern einen kritischen Blick auf die Politik der Großen Koalition, wobei der Fokus neben ökonomischer Ungleichheit die Militärpolitik der USA und Deutschlands umfasst; und dann auch die Klimapolitik, die als sehr unzureichend und ignorant in Bezug auf die Ergebnisse der Klimaforschung eingestuft wird. Abgeraten wird von einer Wahl von CDU und SPD sowie der AfD. Binnen drei Wochen hatte das Video fast 15 Millionen Clicks und die besonders kritisch angegangene CDU hatte außer einer elfseitigen schriftlichen Gegenerklärung nichts anzubieten – außer einem Gesprächsangebot, wie das im Übrigen auch von der SPD kam.

Da die Grünen bei den unter 60-Jährigen die Mehrheit der Stimmen bei den Europa-Wahlen erhielten, stehen die bisherigen Volksparteien vor einer potenziellen Existenzkrise. Mit der klimabezogenen Fridays-for-Future-Bewegung von Schülerinnen und Schülern, die mit Freitagsdemos in europäischen Ländern in 2018 und 2019 dann weltweit für bessere Klimapolitik demonstrierten, kommen die etablierten Parteien in einer Reihe von Ländern unter neuen Anpassungsdruck; wobei ja schon Globalisierung, Digitalisierung und die wirre US-Politik unter Präsident Trump für große Probleme in vielen Handlungsfeldern gleichzeitig sorgen.

Emissionsfortschritte in vielen OECD-Ländern und in China sind zeitweise festzustellen. Aber um das globale absolute CO_2-Emissionsniveau zu senken, das für den Klimawandel entscheidend ist, reichen diese Fortschritte noch nicht. Denn die global produzierte Gütermenge steigt laufend weiter an, nicht verwunderlich bei hohen Wachstumsraten des Realeinkommens in vielen Ländern Asiens und bei der weltweit starken Zunahme der Bevölkerung: von 7 Milliarden Menschen in 2010 auf 9 bis 10 Milliarden bis zur Mitte des 21. Jahrhunderts. Die nachhaltig verträgliche CO_2-Emission pro Kopf sollte längerfristig nicht mehr als 1 Tonne CO_2-Emissionen pro Jahr betragen, der Durchschnittswert weltweit liegt aber in 2018 bei gut 4 Tonnen CO_2-Emissionen.

Bis 2050 sind nur drei Jahrzehnte Zeit, um etwa in den OECD-Ländern sehr erhebliche Fortschritte zu machen. Ein wichtiger Beitrag hierbei kann der Übergang zu Erneuerbaren Energien in ganzer Breite sein, allerdings müssen auch neue Stromleitungen gebaut werden. Wenn etwa in Deutschland erheblich in Windfarmen in Nord- und Ostsee investiert wird, so macht das nur Sinn, wenn es auch neue Stromleitungen zu den Hauptverbrauchern in der Industrie in Süddeutschland gibt. Gegen den Leitungsausbau sperren sich jedoch viele Gemeinden beziehungsweise Protestgruppen. Im Übrigen ist der Ausstieg aus Atomstrom – in 2022 in Deutschland vorgesehen – und beim Kohlestrom bis 2038 eine große und teure Herausforderung, wobei auch vorzeitig große Abschreibungen bei Maschinen und Anlagen sowie Jobverluste entstehen.

Was ist seitens der Wirtschaftspolitik national und international zu tun? Aus ökonomischer Sicht gilt es nachzudenken über mehr Handel mit Emissionszertifikaten, was bislang nur in der EU, China und wenigen anderen Ländern realisiert wird; und ergänzend geht es um klimafreundliche Innovationen und zusätzlich auch um die Frage der Einführung einer CO2-Steuer in bestimmten Wirtschaftsbereichen – gekoppelt mit einer teilweisen oder vollständigen Rückgabe der CO2-Steuereinnahmen an die privaten Haushalte. Letzteres entspräche dem Vorgehen in der Schweiz und Schweden, wobei man im schwedischen Modell in den 25 Jahren seit Einführung einer CO2-Steuer in 1991 einen Rückgang der Emissionen um 25 % erreicht hat. Und zwar bei gleichzeitigem Produktionsanstieg im Zeitraum 1991–2016 um 75 %.

In Deutschland ist der Ausstieg aus der Kohleverstromung und damit aus der Kohleförderung bis 2038 vorgesehen – gefördert mit etwa 40 Milliarden € an Anpassungshilfen für die Kohleregionen aus Steuermitteln. Wie Deutschland eine kluge CO2-Minderungspolitik erreichen kann, wird kontrovers diskutiert. Der in der Europäischen Union beschlossenen und praktizierte Handel mit CO2-Verschmutzungsrechten („CO2-Zertifikatehandel") hat einige Effekte im Laufe der Zeit erbracht. Aber eine Phase von Niedrigpreisen für die Tonne CO2-Zertifikat hat dem Ansatz zeitweise einen Teil der erhofften Wirkung genommen. Zudem umfasst der Zertifikatehandel kaum die Hälfte der Wirtschaft. Dass es gute Erfolge mit einer Kombination von Zertifikatehandel und CO2-Besteuerung gibt, lässt sich in Schweden gut nachvollziehen, wo von 1991 bis 2019 der CO2-Preis auf etwa 110 € pro Tonne gestiegen ist. Allerdings können natürlich weder Schweden noch die Schweiz oder auch Deutschland allein das Klimaproblem bewältigen. Denn für die Klimaerhitzung ist der weltweite Ausstoß an CO2 und „CO2-äquivalenten" Gasen (z. B. auch Methan, was unter anderem in der Landwirtschaft wichtig ist) entscheidend. Wenn man allerdings bei einigen Ländern sehr gute Fortschritte in Sachen Verminderung der CO2-Emissionen sieht, so kann das anderen Ländern als Modell für die Emissionsverminderung dienen.

Politikinnovationen mit globalem Fokus sind nötig. Denkbar und sinnvoll ist es, international bestimmte innovative Maßnahmen gemeinsam zu vereinbaren. Dabei kann gemeinsam heißen, eine übergreifende Forschungs- und Innovationsinitiative Europa-USA-China-Japan-Brasilien-Indien-Südafrika zu realisieren. Erwägenswert ist etwa, dass jedes Land CO2-Steuern oder verstärkte CO2-Emissionshandelsansätze schrittweise einführt und bis 2025 0,1 % des Bruttoinlandsprodukts aus diesem Aufkommen in einen globalen Innovationsfördertopf einbringt. Die USA, die EU28 und China müssten dann etwa 2020 zu etwa gleichen Teilen in einen Fördertopf einzahlen, um den sich Firmen und Firmenkonsortien aus diesen Ländern bewerben könnten. Die Patentlaufzeiten könnten dabei im Interesse einer schnelleren Diffusion emissionsmindernder Technologien verkürzt werden, wobei aus Steuermitteln die Unternehmen eine gewisse Entschädigung für die Verkürzung der Patentlaufzeit von 20 auf zehn Jahre erhalten. Wenn die Klimaschutzziele dann allmählich ohne Verkürzung von Patentlaufzeiten erreicht werden können, so sollten die üblichen 20 Jahre Patentlaufzeit auch wieder gelten.

Wissenschaftliche Analysen zum Klimawandel zeigen den Ernst der Weltlage auf mittlere und lange Sicht. Nicht einmal Klimapolitik-Skeptiker können die alten Postkarten aus der Schweiz und anderen Alpenländern in Europa leugnen, die große Gletscher zeigen um 1900 und kleine Gletscher im selben Berggebiet um 2000. Auch wird kaum ein Mensch mit Verstand die Fotos ignorieren können, die etwa die NASA von den Nordpol-Eisflächen zu verschiedenen Zeitpunkten gezeigt hat: mit klaren Befunden, dass nämlich längerfristig die Eisflächen abnehmen, also abschmelzen und daher steigt der Meeresspiegel an. Die globale Klimaerwärmung kommt nach Ansicht von gut 90 % der Klimaforscher wesentlich aus menschengemachten Veränderungen seit etwa 1825, nämlich der Industrialisierung mit ihrem enormen Hunger nach Energie – fast immer fossiler Energie mit dem Ausstoß mit CO2. Zum Kohlendioxid kommen allerdings noch andere Emissionen, die als Impulse für Klimaerwärmung gelten: etwa Methan.

Gegen die Klimaerwärmung kann man auf verschiedene Weise vorgehen, manche Maßnahmen bei Haushalten und Wirtschaft versursacht Kosten, einige Maßnahmen verlangen nach internationaler Kooperation der Wirtschaftspolitik; einige Maßnahmen sind fast kostenlos, aber verlangen immerhin ein Umdenken und etwas Wissen im Vorfeld – etwa beim Albedo-Effekt, der nahelegt: helle Dächer auf Häusern, Autos, Zügen, Bussen, Lastwagen, um mehr Sonnenlicht als bisher zu reflektieren. Jeder Einzelne kann selbst Entscheidungen für mehr Klimaschutz treffen, aber natürlich ist auch die große Politik gefordert; zu einer mehr zuverlässigen Klimaschutzpolitik, die nicht nur Ziele setzt, sondern sich durchdacht und transparent um die Zielerreichung bemüht. Einige Aktivisten im Bereich der Klimapolitik wollen die Menschen und insbesondere die Politiker aufschrecken, etwa die junge Schwedin Greta Thunberg, die seit 2018 eine Fridays-for-Future-Protestbewegung in großen Teilen Europas angeschoben hat; und auch bei prominenten Institutionen als Rednerin eingeladen wurde. Das mag die Klimapolitik beschleunigen.

Schmelzen des Inlandseises als langfristiges Problem

Das NASA-Foto aus 2012 zeigt, dass die Ausdehnung des arktischen Eisfeldes gegenüber dem Durchschnitt der 30 Vorjahre – gelbe Linie – enorm geschrumpft ist (Abbildung 9). Ein großer Teil des langfristigen Rückgangs des Eisfeldes ist der Klimaerwärmung zuzuschreiben. Schmelzen große Teile des Eisfeldes in der Arktis und in der Antarktis, so könnte binnen eines Jahrhunderts der Meerwasserspiegel um 1 m bis 3 Meter steigen. Bisher vorherrschende Windströmungen um den Globus könnten sich deutlich ändern; auch wichtige Meeresströmungen dürften instabil werden, etwa der für Europa wichtige Golfstrom.

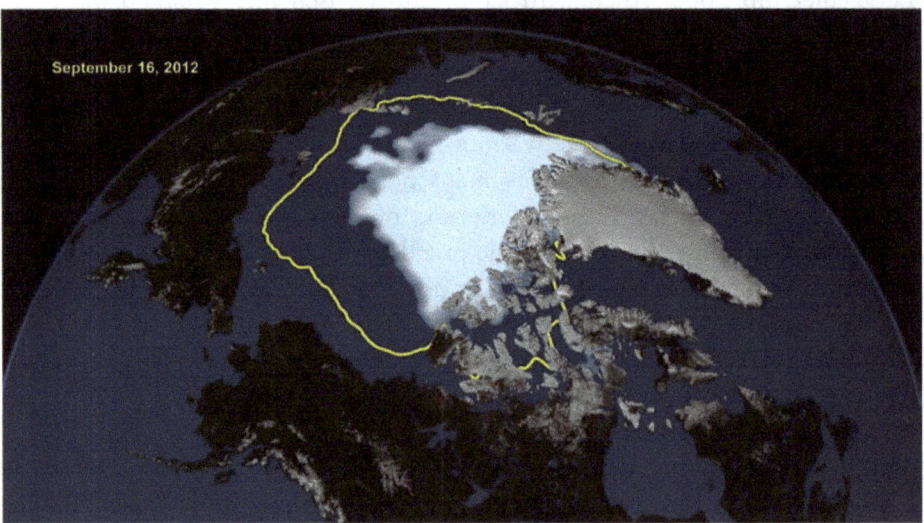

Abb. 9 Ausdehnung des arktischen Eisfeldes, 2012 (gelbe Linie steht für den Durchschnitt der 30 Vorjahre). (Quelle: NASA/Goddard Scientific Visualization Studio, https://www.nasa.gov/topics/earth/features/2012-seaicemin.html)

Das folgende Boucher-Gemälde (Abbildung 10) – von 1748, zu sehen im Museum der Universität Princeton – schafft eine Gedankenassoziation, die nahe liegt. Wenn das Inlandseis über die nächsten 50 Jahre stark abschmelzen sollte, werden Überschwemmungen in vielen Teilen der Erde ein ernstes Problem werden. (Es geht bei Bouchers Bild um Arion, der von seinen missgünstigen, raubgierigen Mitreisenden im Schiff ins Meer gescheucht wurde, wo er jedoch von einem Delfin gerettet wird – und die schöne Sirene Leucosie ist auch zu sehen, in die sich der junge Schiffbrüchige verliebte. Seine habgierigen Mitreisenden jedoch sind wegen des Sturmes selbst Schiffbrüchige geworden. Arion soll wohl den französischen König Ludwig XV allegorisch darstellen.)

Abb. 10 Arion auf dem Delfin (1748), Gemälde von François Boucher. (Quelle: Arion on the Dolphin, 1748, François Boucher, Oil on canvas. Princeton University Art Museum purchase, Fowler McCormick, Class of 1921, Fund.)

Die Erhöhung des Meeresspiegels hat erhebliche politische Konsequenzen, unter anderem weil ganze Inseln und Atolle verschwinden könnten – und damit auch die Gebietsansprüche bestimmter Länder: von denen, die sich als Eigentümer dieser Inseln und Atolle betrachten. Japans Regierung hat dank Forschungen an der Universität Tokio schon die Züchtung von Korallen über Jahre gefördert, damit man dem Anstieg des Meeresspiegels entgegenwirken kann. Die südlichste Erhebung Japans ist das Atoll Okinotori – von Japan als Insel bezeichnet (ergibt mehr Ressourcennutzungsrechte im Umfeld dieser Erhebung, fast 1 800 km südlich von Tokio) –, die durch Korallen-Züchtungen Japans aufgestockt wird und daher trotz Anstieg des Meeresspiegels vor dem Untergang gerettet werden könnte. Dann wiederum kann Japan große Meeres-Gebietsansprüche Tausende Kilometer südlich der japanischen Hauptinseln aufrechterhalten; dabei geht es um Fischereigewässer und natürlich Ressourcen im Meer, im Zweifelsfall kommen noch Standortinteressen für die Marine oder die Luftwaffe, fürs Militär, hinzu.

Wenn Inseln oder Korallenbänke im Meer verschwinden oder neu auftauchen, ändert sich also die politische Macht von Ländern und Regionen; das kann sicherheitspolitisch destabilisierend wirken. Umwelt- beziehungsweise Klimapolitik ist also auch Geo- und Machtpolitik. Laut Artikel 121 des Seerechtsübereinkommens der Vereinten Nationen kann man für aus dem Meer herausragende Felsen, die für menschliche Besiedlung ungeeignet sind oder ein ökonomisches Eigenleben nicht zulassen, sagen, dass sie keine ausschließliche Wirtschaftszone und keinen Festlandsockel haben.

Differenzierte Perspektiven zum Klimaproblem

Es gibt unübersehbare Klimaprobleme im frühen 21. Jahrhundert, aber es mangelt auch nicht an vielen positiven privaten Initiativen in vielen klimabezogenen Feldern: Etwa bei der Erhaltung des Regenwaldes, wo zwar seit 1900 große Flächen – etwa so viel wie die Fläche Deutschland plus Italien – gerodet worden sind, aber auch durch private Stiftungen und Ankäufe von einzelnen Investoren Millionen Hektar Wald unter Schutz gestellt worden sind. In Westeuropa hat sich die Qualität des Wassers in den Flüssen seit etwa 2000 deutlich gebessert, gefährdete Arten im Meer und im Gebirge haben sich erholt – wie bei Kegelrobben und Gämsen. In Lateinamerika gibt es immer noch riesige Wälder und große Flusssysteme, etwa Amazonas und Orinoko, für die sich schon Alexander Humboldt bei seinen Forschungsreisen so sehr interessierte. Der Orinoko ist ein riesiger Fluss, der etwa die zehnfache Wassermenge des Rheins mit sich führt und, so fand schon Humboldt heraus, durch einen Fluss auch mit dem Amazonas verbunden ist. Ich selbst stand an Silvester 1978 dschungelnah an den Ufern des Orinoko, in Venezuela (nahe Ciudad Guayana), wo eine Schweizer Aluminiumfirma ein Aluminiumwerk errichten wollte – damals besuchte ich meine Eltern zu Weihnachten und der Orinoko beeindruckte schon durch seine schiere Größe. Also können selbst Schiffe mit hohem Tiefgang den Fluss hinauffahren und erst Materialien für ein Aluminiumwerk anliefern und später das auch mit Wasserstrom produzierte Aluminium auf die Märkte der Welt hinaus transportieren.

Die Neuproduktion von Aluminium ist sehr energieintensiv, Produktion auf Basis von Recycling-Aluminium ist viel weniger aufwändig. 90 % des Welthandels wird über Schiffstransporte abgewickelt. Mindestens so enorm wie den Fluss fand ich damals die unglaubliche Vegetation am Rande des Dschungels und die Freundlichkeit und Fröhlichkeit der Venezolaner haben mich beeindruckt, wobei ich das tägliche mehrfach Abspielen der Nationalhymne auf dem nationalen TV-Sender wiederum seltsam fand.

Dass Venezuela unter Präsident Maduro ein ökonomisches Mega-Problem hat, ist unübersehbar. Nachhaltige Politik hat schon der Volksheld Hugo Chavez nicht geliefert, aber dieser Präsident brannte eine Dekade lang ein ideologisches Feuerwerk in der Wirtschaftspolitik ab, die angeblich zugunsten der Armen wirkte. Aber Anfang 2019 mussten viele Menschen in der Hauptstadt Caracas wegen des zeitweisen Zusammenbruchs der Strom- und Wasserversorgung Trinkwasser aus Abwasserkanälen trinken. Im Übrigen war Benzin 2019 ähnlich unglaublich billig wie in den späten 1970er Jahren: wenige Euro-Cent (oder Dollar-Cent) pro Liter, was schon in den 1970er Jahren zu der ungesunden Entwicklung führte, dass es in Venezuela fast nur große, benzindurstige US-Autos gab.

Das Wirtschaftswachstum war schon in den 1970er Jahren in Venezuela stark auf die staatlichen Öleinnahmen ausgerichtet – es gibt eine ganze Literatur zum zweifelhaften Vorteil von Ländern, die reich mit natürlichen Bodenschätzen ausgestattet sind. Solche mögen durchaus, bei kluger Wirtschaftspolitik, auf lange Sicht von Vorteil sein, aber die vielen negativen Ländererfahrungen in den Bereichen Korruptionsexplosion, geringe Bildungsanreize und schwache Innovationsdynamik geben zu denken. Sind ressourcenreiche Länder wichtige Impulsgeber für den technischen Fortschritt, für höhere Energieeffizienz und gute Klimapolitik? Hier ist ein differenziertes Bild zu zeichnen. Es gibt insgesamt auch bei den G20-Ländern erstaunlich hohe Subventionen bei Energie. Das ist gerade das Gegenteil von Klimaschutz, da üblicherweise die entsprechenden Energiesubventionen sich meist auf fossile Energien beziehen: Damit gibt der Staat also Anreize für erhöhten Energieverbrauch und damit auch für künstlich erhöhte CO_2-Emissionen.

Dass Klimapolitik selbst auch zu internationalen Konflikten beiträgt, ist offensichtlich. Die USA sind unter Präsident Trump aus dem Pariser Klima-Abkommen von 2015 ausgestiegen, die Frage, wie man mit größeren Zahlen von Klimaflüchtlingen umgehen wird, zeichnet sich auch am Horizont ab. Schon jetzt weiß man etwa aus der EU-Flüchtlingsdebatte 2015–2018, dass sich Länder über die Verteilung einer größeren Zahl von Flüchtlingen nicht leicht einigen können. Vielleicht bringt die globale Erderwärmung für einige

Länder und Weltregionen auch ökonomische Vorteile; selbst das kann aber international ein Problem werden. Denn wenn die Gewinner der Klimaerwärmung ökonomisch führende Länder der Weltwirtschaft wären, dann erzeugte dies international größeren Wanderungsdruck. Um das Klimaproblem global zu verstehen und zu lösen, muss man sich also verschiedene Aspekte ansehen. Natürlich ist auch die Fridays-for-Future-Protestwelle zu betrachten, die immerhin der Politik Beine macht: Jedenfalls den Druck erhöht, die national und international festgelegten Klimaziele auch einzuhalten. Allerdings übersieht der Klimaprotest indirekt auch, wo die großen Emissions-Lobbyisten sitzen, nämlich in einigen großen Autokonzernen und natürlich bei Ölkonzernen auf der ganzen Welt. Auf einer Tagung in St. Petersburg vor einigen Jahren ging es unter anderem um Energie- und Klimafragen. Allerdings äußerte ein Vertreter des Energieministeriums, dass die Klimaerwärmung für Russland doch Vorteile brächte – Zugang zu fossilen Energieressourcen in der Südpolregion und eine eisfreie Nordpassage (von Japan könnte man dann an Russlands Nordküsten vorbei Richtung USA bequem Schiffstransporte durchführen) hieße, dass man im Vergleich zur bisherigen Route durch den Suez-Kanal nur 2/3 der Reisedistanz Japan-USA hätte. Aber Klimaerwärmung hieße auch, dass die Aufweichung der Permafrostböden in Sibirien dort verstärkt Methan entweichen lässt und zugleich Häuser und Infrastrukturen im Boden versinken könnten. Das Aufweichen von Permafrostböden könnte auch in Nordamerika ein ernstes Problem werden.

Öl hat die Mobilität in der Weltwirtschaft seit etwa 1900 geprägt und es gibt auch weiterhin hohe globale Reserven relativ zum Weltverbrauch. Dass uns demnächst – in wenigen Jahrzehnten – das Öl ausgeht, ist eine in Teilen der Umweltforschung verbreitete Fehleinschätzung. Aber wir sollten weltweit wohl die Ölförderung klugerweise dennoch deutlich zurückfahren. Denn die Nutzung fossiler Energien für Stromerzeugung und Transport geht eben einher mit erhöhten CO_2-Emissionen. Öl und Gas könnten in der Chemieindustrie weiter (und verstärkt) eine Rolle spielen.

Wie ist der Energiehunger der Welt zu stillen, bei immer mehr Menschen? Auch hier ist die Antwort nicht einfach: Ob man weltweit hinreichend rasch genügend erneuerbare Energiekapazitäten aufbauen kann, gilt es zu überlegen – und wie hoch die Kosten dafür sein werden. Ist die Lage verzweifelt? Besteht Anlass zur Panik? Anlass zur Besorgnis offensichtlich schon, aber es gibt auch durchaus gute Möglichkeiten, die Erderwärmung zu begrenzen; dabei könnte auch zeitweiser Konsumverzicht in wohlhabenden Ländern eine Rolle spielen. Es ist zu bedenken, dass es um langfristige Herausforderungen geht: Klimaänderungen sind langfristige Phänomene, kurzfristige Wetterprobleme sind mit Blick aufs Klima weniger wichtig. Auch wenn sie als zunehmende Extremwetter-Probleme bei anhaltender Klimaerwärmung für die Betroffenen schwierig zu bewältigen sein dürften.

Der STERN-Report hat schon betont, dass die relativ armen Länder zu den Verlierern einer starken Klimaerwärmung gehören werden; vor allem die Menschen in den Ländern Afrikas stünden vor erheblichen Problemen. Zurecht hat der STERN-Report auch argumentiert, dass man eine Ausweitung des Zertifikatehandels anstreben sollte. Nur ist seit 2006 an dieser Stelle nur wenig passiert, wenn man von Kalifornien, China und Korea sowie einigen anderen Ländern und Regionen absieht. Mit Blick auf die G20-Länder ist sicherlich mehr möglich und hier sollten auch die EU-Länder sich für viele Jahre ernsthaft engagieren. Die Situation mit Blick auf die globale Emissionsstruktur war im Jahr 2000 dergestalt, dass weltweit CO2-Emissionen aus dem Energiebereich 24 % darstellten und aus Industrie und Verkehr jeweils 14 %. Wie die Abbildung 11 zeigt, tragen auch die Bereiche Gebäude und Landwirtschaft zu den CO2-Emissionen wesentlich bei.

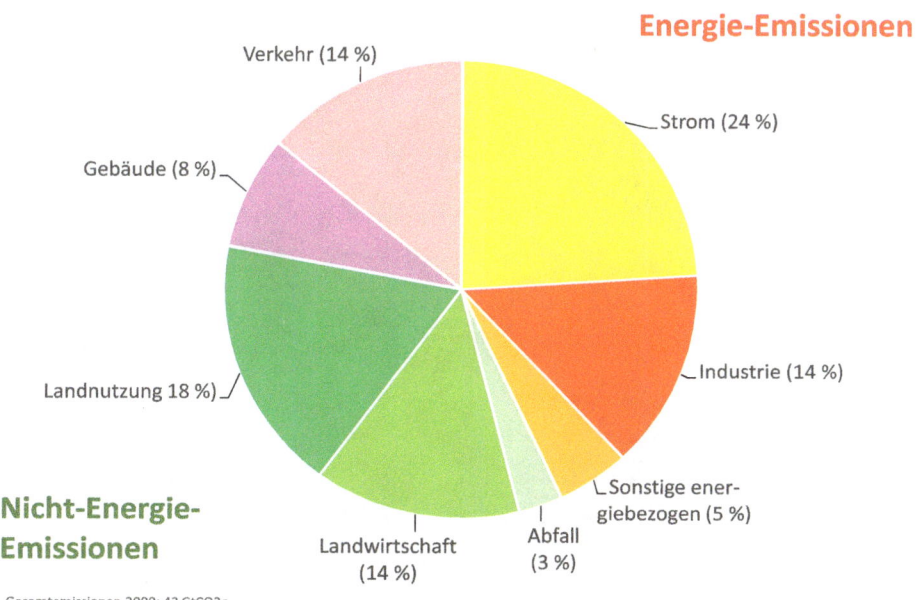

Abb. 11 Treibhausgasemissionen in 2000 nach der Quelle. (Quelle: Erstellt von Stern Review anhand von Daten, die mit dem World Resources Institute Climate Analysis Indicators Tool (CAIT), Online Datenbank Version 3.0, gewonnen wurden)

Literatur

DACHS, B.; BUDDE, B. (2019), Fallstudie Nachhaltiges Bauen und Lead Markets in Österreich, in Welfens, P. J. J. (Hg.), EU-Strukturwandel, Leitmärkte und Technoglobalisierung, Oldenbourg: de Gruyter Verlag

STERN, N. (2006), The Stern Review on the Economics of Climate Change, commissioned by Her Majesty's Government of the United Kingdom, October 2006

5
Perspektiven zur Klimadiskussion und internationale Wirtschaftsaspekte

Die klimapolitische Debatte und breitere Problemperspektiven

Man kann langfristige Klimafragen in unterschiedlicher Weise angehen. Eine denkbare Variante ist, dass man zurückschaut auf die etwa 200 000 Jahre, als nach jetzigem Forschungsstand der Homo sapiens – der moderne Mensch – die Erde betrat, in der Evolution auf Erden sichtbar wurde. Seit der Industrialisierung um 1850 in Europa haben sich die Perspektiven aber deutlich geändert. Die vielen Innovationen haben dauerhaftes Wirtschaftswachstum hervorgebracht, die Revolution in der Agrarwirtschaft (z. B. Nutzung von Kunstdünger, aber auch von Traktoren) hat die Produktivität des Sektors enorm erhöht und zu einem Arbeitskräfteüberschuss in der Landwirtschaft beziehungsweise auf dem Lande geführt, sodass die Industrie in der Stadt – genauer meist an den Rändern der Stadt – infolge reichlich verfügbarer Arbeitskräfte gut gedeihen konnte. Mithilfe von Arbeit, Kapital und Energie jedenfalls ging die Industrielle Revolution voran, das führende Industrieland um 1860 war noch England/UK, später holte Deutschland um 1900 stark auf. Zuvor aber war schon um etwa 1880 die USA zur größten Wirtschaftsmacht aufgestiegen; allerdings lange, ohne an der internationalen Politikentwicklung aktiv mitzuwirken. Das änderte sich erst mit dem ersten internationalen Washingtoner Flottenabkommen von 1921, das UK, Frankreich, Japan und die USA an einen Tisch brachte und für die USA vor allem eine wichtige Anerkennung seiner Positionen im Pazifik beinhaltete. Die USA als Weltmacht waren damals erstmals vorstellbar – keine Weltmachtposition ohne große Flottenmacht. Natürlich war der US-Präsident Woodrow Wilson schon 1918 als einflussreicher Politiker zu den Versailler Friedensverhandlungen nach dem Ersten Weltkrieg erschienen und viele Elemente der vereinbarten Nachkriegsordnung stammten von den Wilson-Plänen.. Nur dass damals der US-Kongress die Ratifizierung des Versailler Vertrags beziehungsweise der US-Mitgliedschaft im neugründeten US-Völkerbund verweigerte. Nach 1945 sind hingegen die USA führendes Land bei den Internationalen Organisationen geworden und haben auch die EU-Integration über mehr als sechs Jahrzehnte unterstützt. Noch unter Präsident Obama gab es auch eine starke transatlantische Kooperation in der Klima- und Umweltpolitik.

Bei der klimapolitischen Debatte in Europa, den USA, Asien und weltweit geht es zunächst um die Frage, ob es durch CO_2-Emissionen aus Produktion und Konsum ein langfristiges Klimaproblem gibt, das im Wesentlichen umfassen dürfte:

- Anstieg des Meeresspiegels und davon ausgehender Untergang bestimmter bewohnter Insel- und Küstenregionen der Welt und natürlich erhöhte Überschwemmungsgefahren; die Vermögenswerte von Immobilien in überschwemmungsgefährdeten Gebieten werden sinken, die Versicherungsprämien steigen.
- Anstieg der Extremwetterereignisse, die mit der Erderwärmung verbunden sind; hier drohen Produktionsrückgänge und Vermögensverluste für betroffene Individuen beziehungsweise Regionen. Zudem ergeben sich steigende Gesundheitskosten bei Globaler Erwärmung, sodass die Sozialversicherungsbeiträge und die Arbeitskosten jobgefährdend ansteigen.
- Anstieg der Zahl der Klimaflüchtlinge, die wohl vor allem aus dem Süden beziehungsweise den Entwicklungsländern Richtung EU, Asien und Nordamerika drängen werden. Wenn man die zeitweise politische Destabilisierung Deutschlands in 2015 im Zuge der wenig organisierten Grenzöffnung für Bürgerkriegsflüchtlinge aus Syrien und Flüchtlinge aus anderen Ländern sieht, so könnte eine denkbare Klima-Migrationsproblematik zumindest ähnliche Politikdestabilisierungsimpulse in Aufnahmeländern bringen.
- Starker Strukturwandel in vielen Ländern, die für einen Teil der erheblichen Anpassungskosten bei einer deutlichen Erderwärmung stehen; einige Regionen beziehungsweise Länder könnten allerdings auch von der Erderwärmung profitieren.
- Durch Fragen der nationalen Klimaschutzpolitik großer CO_2-Emittenten-Länder und auch durch die internationale Debatte um Maßnahmen in verschiedenen Ländern für Anpassungen, um mit erhöhter Erwärmung vernünftig leben zu können (z. B. mehr Nutzung von Klimatisierungsgeräten in Wohnungen und Fabriken), können völlig neue internationale Konflikte entstehen und alte Allianzen destabilisiert werden. Man kann sich z. B. kaum vorstellen, dass etwa die EU-Länder auf Dauer nachhaltig gute Bezie-

hungen zu den USA haben werden, wenn dort etwa unter der Trump-Administration die Weichen für eine längere Nutzung von Kohlkraftwerken – auch noch bei großzügigeren Emissionsregulierungen, die die Obama-Politik weithin rückgängig machen – demonstrativ gestellt werden sollten; und womöglich auch von populistischen Trump-Präsidentennachfolgern noch schärfer gestellt werden als schon in der Trump-Administration 2018/2019 diskutiert. Es hat schon Signalcharakter, dass Trump einen ehemaligen Kohle-Lobbyisten zum Chef der nationalen Umweltbehörde aussuchte. Wenn die USA relativ hohe CO_2-Werte ohne Not ausstoßen sollten, so wird man dies seitens großer Teil der EU-Öffentlichkeit als US-Angriff auf Wohlstand und Stabilität Europas und der Welt insgesamt ansehen. Denn natürlich versteht jeder, dass Klimaschutz eine globale Herausforderung für alle Länder ist.

- Bei der Frage der nationalen Klimapolitik kann man aus ökonomisch-ökologischer Sicht nicht stehen bleiben, denn bei offenen Volkswirtschaften entsteht eben auch oft ein internationales CO_2-Verlagerungsproblem: Denn die Anreize zur Minderung der CO_2-Intensität in vielen EU-Ländern sind zugleich ein Anreiz, größere Vorproduktionsbereiche international auszulagern – und zwar gerade auch hin zu Ländern, wo die CO_2-Emissionsthematik von Seiten der Politik eher weich angegangen wird; in der Fachliteratur läuft diese Thematik unter der Überschrift Carbon Leakage (CO_2-Leckage-Problem). PETERS ET AL. (2011) haben in ihrer Analyse gezeigt, dass der Anteil der CO_2-Emissionen aus dem globalen Handel von 20 % in 1990 auf 26 % in 2008 längerfristig angestiegen ist; durch erhöhten Außenhandel stieg der Anteil der Entwicklungsländer von 0,4 Gigatonnen CO_2-Emissionen auf 1,6 Gigatonnen in der genannten Zeitspanne; es gibt also ein Carbon-Leakage-Problem, aber es ist überschaubar. Im Übrigen wird man auch im Fall Chinas – mit großem Exportüberschuss gegenüber den USA über viel Jahre – davon ausgehen können, dass faktisch rund 1/3 der CO_2-Emissionen des Landes eigentlich Handelspartnerländern zuzurechnen sind; ein Teil der etwa den USA (über Input-Output-Tabellen zur Produktion exportierter Güter von China Richtung USA) zurechenbaren Emissionen in China müsste also in der Tat mit als US-Problem betrachtet werden. Das Problem wird noch dadurch verschlimmert, dass 90 % des Welthandels auf Schiffen transportiert werden, wobei die meisten Frachter emissionsintensives Schweröl verwenden; erst seit etwa 2018 gibt es verstärkte Bemühungen von Reedern, den relativ sauberen Marinediesel oder Flüssiggas für umgerüstete Schiffsmotoren oder solches Gas für neuproduzierte Frachter zu verwenden.

- Sofern Trumps Protektionismus den Welthandel beeinträchtigt, könnte dies Chinas Exportüberschüsse gegenüber den USA vermindern und zugleich den CO2-Ausstoß der USA erhöhen. Vermutlich wird auch der globale Technologietransfer bei CO2-Minderungstechnologien durch US-Protektionismus vermindert. Protektionismus hat also auch Klimaproblemeffekte zur Folge und schon wegen der verminderten globalen Produktionseffizienz dürfte der Zusammenhang negativ sein: Protektionismus führt zu weniger Klimaschutz.
- Eine isolierte klimapolitische Perspektive ist unangebracht. Denn Klimapolitik ist nicht kostenlos und ein erhöhter ökonomischer und wirtschaftspolitischer Druck in Industrie- und Schwellenländern, CO2-arme Produktion zu erhöhen beziehungsweise die Emissionsintensität der Produktion bei CO2 zu vermindern, hat erhebliche Konsequenzen für den Strukturwandel – das ist seitens der Wirtschaftspolitik mit zu bedenken. Wenn CO2-arme Produkte verstärkt nachgefragt werden und diese Produkte qualifikationsintensiv produziert werden (in den entsprechenden Sektoren ist bei der Produktion der Anteil der Qualifizierten relativ zu den Ungelernten hoch), dann steigt eben in den Arbeitsmärkten die Nachfrage nach Qualifizierten. Hier ist dann die Bildungs- und Weiterbildungspolitik der Regierungen mit gefragt und natürlich spielt auch die Einwanderungspolitik eine Rolle: Gelingt es in wesentlichen Immigrationsländern deutlich verstärkt, eine Zuwanderung von Qualifizierten zu realisieren, so wird es mit Blick auf die notwendige Verfügbarkeit von qualifizierten Arbeitskräften relativ wenig kompliziert sein, tatsächlich eine stärker auf Klimaschutz ausgerichtete Wirtschaftsentwicklung politisch und gesellschaftlich anzustoßen.
- Wie stark die Bereitschaft von Wählerinnen und Wählern ist, die von Wissenschaftlern im IPCC deutlich formulierten Warnungen vor einer deutlichen Erderwärmung anzunehmen, könnte auch von eigenen Interessen geprägt sein – so könnte man etwa untersuchen, ob Diesel-PKW-Besitzer/innen (sie werden wohl besondere Vermögensverluste bei ihren Autos erleiden, sofern es zu lokalen oder regionalen Dieselfahrverboten kommt) der Erderwärmungsthese von Menschenhand skeptischer gegenüberstehen als Besitzer von Benzin-Autos oder (nur) Fahrrädern. Für eine erfolgversprechende Klimapolitik käme es bei einem solchen vermuteten Zusammenhang dann auch auf eine kluge Politiksequenz an. Es wäre unter anderem wichtig, dass die Politik zunächst gegenüber Diesel-Betrugsfällen in der Industrie konsequent und mit klarem Kurs pro Konsumentenschutz vorzugehen. Wenn das politische System das Vertrauen von großen Teilen der Wählerschaft verliert, wird die politische Steuerungsfähigkeit westlicher Länder deutlich zurück gehen; sie ist ohnehin schon durch die Expansion

des Internet geschwächt, die für eine deutlich stärker als früher zersplitterte Öffentlichkeit sorgt. Zudem gibt es wohl auch einem größeren Teil der Unterschicht – oft vermutlich klimaskeptisch eingestellt – ein neue Stimme in der Politikdebatte, was indirekt auch die Expansion populistischer Parteien stimuliert, die gerade auch weniger gebildeten Wählerinnen und Wähler gern nach dem Mund reden. In der Demokratie ist eine internetbasiert verstärkte Wahlbeteiligung natürlich auch dann willkommen, wenn hier das relative Gewicht der Unterschichtwählerschaft zunimmt; seitens der herrschenden Eliten mag hier ein Problem auftreten, aber es zeigt sich dann eben auch die verstärkte Notwendigkeit, mehr in Bildung und Weiterbildung seitens der Politik zu investieren. In alternden Gesellschaften mag das allerdings oft schwierig sein, weil politische Mehrheiten sich eher für Rentenerhöhungen als für eine Expansion des Weiterbildungsbudgets mobilisieren lassen. Von der demografischen Entwicklung her könnten Deutschland, Italien, Spanien, Portugal und Griechenland ab 2025 vor erheblichen Problemen mit Blick auf die deutliche erwartete Alterung der Erwerbsbevölkerung stehen; im Gegensatz zu Frankreich und UK etwa. Das hier Kooperation in der EU sich ab 2025 erschweren dürfte, ist anzunehmen.

- Spielt der globale Bevölkerungszuwachs bis 2050 eine problemverschärfende Rolle beim Klimaschutz? Die Antwort von BRETSCHGER (2019) in einer anspruchsvollen Wachstumsmodellierung mit endogenen Innovationen – Innovationsdynamik und Wirtschaftswachstum werden im Modell erklärt – ist ein vorsichtiges Nein: Denn die Zunahme der Bevölkerung weltweit heißt eben auch, dass es leichter werden dürfte, dank Verfügbarkeit von mehr Qualifizierten in den Arbeitsmärkten auch den Forschungssektor expandieren zu lassen. Es ist denkbar, dass die Zunahme an globalem Problemdruck durch eine wachsende Weltbevölkerung – dies heißt unter anderem mehr Produktion und daher tendenziell auch mehr Energieverbrauch und daher höhere CO_2-Emissionen – durch eine verstärkte Expansion der Forschungs- und Innovationsdynamik zumindest kompensiert wird. Der Bretschger-Beitrag, der eine Multi-Sektor-Wachstumsmodell ist: Mehr Klimaproblemdruck kann auch mehr „klimanützliche" Innovationsdynamik bringen, sofern der Forschungssektor der Volkswirtschaft wächst: Die langfristige Wachstumsrate des Pro-Kopf-Konsums im Gleichgewicht hängt positiv von der Innovationswachstumsrate ab und ist relativ hoch, wenn die Produktionselastizitäten (eine solche Elastizität gibt an, wie stark die Produktion bei einem höheren Einsatz eines Produktionsfaktors um 1 % dann ansteigt, und zwar auch in Prozent) von Arbeit und Kapital bei Endprodukten hoch sind sowie die von Arbeit im Forschungssektor hoch und die Zeitdiskontrate niedrig sind. Eine niedrige Zeitdiskontrate bedeutet, dass die Präferenz der Haushalte für Gegenwartseinkommen nicht sehr hoch ist: also die Haushalte bereit sind, auf eine Einheit Gegenwartskonsum zu verzichten, wenn sich dadurch – also durch Sparen – ein etwas höheres künftiges Konsumniveau erreichen lässt.

Für eine breitere Problemsicht und eine vernünftige Modellierung sprechen also viele gute Argumente, für eine allgemeine Skepsis besteht kein Anlass. Allerdings sollte man sich aus punktuellen Partialanalysen nur begrenzte Einsichten für die Klimaschutz- beziehungsweise die Wirtschaftspolitik insgesamt erwarten.

84 Milliarden Menschen seit Anbeginn – Industrialisierung seit 1850

Die Erde, wie sie die Astronauten aus dem Weltall gezeigt haben, ist ein blauer Planet. Sie ist etwa 4 Milliarden Jahre alt und hat nochmals etwa so viele Jahre vor sich, wenn man der modernen Physik vertraut – danach jedenfalls ist die Kraft der Sonne verbraucht. Die Menschen bevölkern seit rund 200 000 Jahren den Planeten Erde. Insgesamt haben schätzungsweise 86 Milliarden Menschen den Planeten bis etwa 2000 in dieser Zeit als Lebensraum genutzt (LESCH/ZAUN, 2008). Die Einwohnerzahl auf der Erde soll zunächst bis etwa 2050 noch weiter ansteigen – 10 Milliarden Menschen könnten dann die Erde bewohnen (Abbildung 12); in 2100 werden rund 11 Milliarden Menschen als Bevölkerungszahl erwartet.

Alle brauchen Nahrung, Energie, Transport- und Internetdienste und ein Dach über dem Kopf sowie Konsumgüter. Damit sind schon die Gründe für Energieverbrauch und CO_2-Emissionen oder ähnliche klimaschädliche Gase angesprochen. Wird es mit zusätzlichen zwei bis drei Milliarden Menschen schwerer, konfliktreicher, auf der Erde zusammen zu leben? Oder aber wird die global bestausgebildete Weltbevölkerung letztlich auch die vorhandenen Standardprobleme und neue Probleme besser lösen als frühere Generationen? Wird es genügend technischen, auch klimafreundlichen, grünen Fortschritt geben?

Wie viel Forschungsförderung braucht man hier, ist die vorhandene staatliche Förderung von Forschung & Entwicklung (F&E) ausreichend beziehungsweise angemessen? Gibt es genügend grenzüberschreitende F&E-Kooperation, also etwa hinreichend starke Zusammenarbeit von Multis bei Innovationsprojekten und hinreichend starke Internationalisierung von Forschung & Entwicklung. Wenn früher jede IBM-Tochter im Ausland quasi eine kleine Tochter von IBM in den USA (Hauptquartier in der Nähe von New York war), so hat IBM nach einer Krise in den 1990er Jahren eine neue globale IBM gebaut, die ein Netzwerk national spezialisierter Wissensteams darstellt. Da muss dann jede IBM-Tochter auf der Welt einen „Team-Beitrag" zur gesamten IBM-Konzernleistung beitragen. Das macht IBM kompetenzmäßig insgesamt noch besser, aber auch verletzlicher, da verschiedene IBM-Töchter aus verschiedenen Ländern effizient miteinander zusammenarbeiten müssen, um optimale IBM-Leistungen für die Kunden abzuliefern: Die wollen eigentlich weniger Großrechner-Anlagen, sondern immer mehr digitalisierte innovative computerbasierte Dienstleistungen. Die moderne Weltwirtschaft ist geprägt durch internationale Arbeitsteilung im Sinn der Produktion verschiedener Güter in verschiedenen Ländern, wobei wissens- und kapitalintensive Produktion an Bedeutung weltweit gewonnen haben.

Dabei ist China seit der Öffnung zur Weltwirtschaft in 1978 zunehmend ein gewichtiger Akteur geworden und schon 2018 war das reale Bruttoinlandsprodukt – in vergleichbaren Kaufkraftparitäten – bei den USA. der EU28 und China etwa gleich groß: jeweils etwa 17 %. Die G20-Länder, die eine einflussreiche Gruppe von großen und mächtigen 20 Ländern (plus EU repräsentiert durch den EU-Kommissionspräsident) darstellen, stehen für rund 80 % der Weltwirtschaft, soweit man auf das reale Bruttoinlandsprodukt abstellt. Wird es der G20-Gruppe oder der UN mit über 190 Mitgliedsländern gelingen, die globalen Klimaprobleme zu lösen?

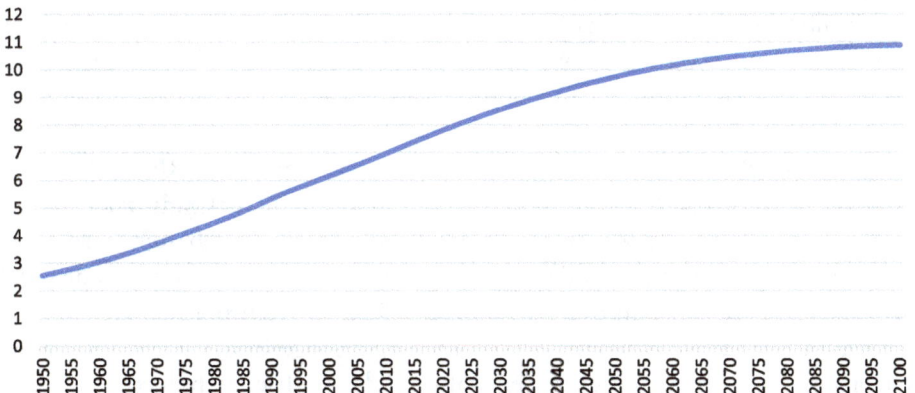

Abb. 12 UN-Weltbevölkerungsprognosen bis 2100 (mittlere Variante). (Quelle: Eigene Darstellung, UN Daten, United Nations, DESA/Population Division, World Population Prospects 2019 https://population.un.org/wpp/)

Ein erstes Hoch der Weltbevölkerung ergab sich um 1900 mit etwa 1,5 Milliarden Einwohnern. Aus der Klimaforschung kommen seit etwa 1980 kritische Berichte, dass die Menschheit sich im 21. Jahrhundert auf den Klimawandel vorbereiten sollte. Denn durch eigenes Handeln haben die Menschen in Europa und Nordamerika im 19. und 20. Jahrhundert, seit etwa 1950 auch Japan, Korea, Indien und China massiv zum CO_2-Ausstoß beigetragen, was die Erderwärmung laufend erhöht. Denn der Eintrag von CO_2-Emissionen in die Atmosphäre, wie sie etwa beim Verbrennen von Kohle, Öl und Gas entstehen – natürlich auch bei einem Vulkanausbruch –, sorgt für einen Anstieg der mittleren Erdtemperatur, auch der Temperatur der Meere.

Eine erhöhte CO_2-Konzentration in der Atmosphäre lässt die Reflexion der auf die Erde einstrahlenden Sonnenwärme weniger gut ins Weltall zurück: Es ergibt sich eine Art Treibhauseffekt, der nicht ohne Folgen ist. Für Gletscher, Arktis und Antarktis sind das keine guten Zukunftsaussichten und weil Schmelzwasser dann das Volumen der Meere ansteigen lässt, sind auch die Perspektiven für die großen Hafenstädte und viele Küstenregionen in der Welt dann offenbar schlecht. In vielen Ländern mit Küsten lebt die Mehrheit in weniger als 100 Kilometer Entfernung vom Meer. Den Anstieg des Meeresspiegels kann man durch bestimmte Bau- und Deichmaßnahmen in seinen Folgen und Risiken teilweise begrenzen. Aber eine Erhöhung der globalen Erdtemperatur um mehr als 2 Grad wird man auf der Erde nur schwer im 21. Jahrhundert ordentlich bewältigen können. Vielmehr wären Millionen Klimaflüchtlinge zur Mitte oder zum Ende des Jahrhunderts zu erwarten, massive Konflikte zwischen Ländern und Regionen sind denkbar.

Es ist offensichtlich, dass das Klima als Weltphänomen die Zusammenarbeit aller größeren Länder erfordert; dann aber muss es als bedrohlich erscheinen, wenn etwa ein populistischer US-Präsident wie Trump gegen zahlreiche Länder ökonomisch und politisch zu Felde zieht und dabei obendrein versucht, den EU-Club zu zerschlagen. Wenn man davon ausgeht, dass der STERN-Bericht in etwa korrekt die Prognose machte (STERN, 2006), dass langfristig 10 % bis 15 % globaler realer Einkommensrückgang zu erwarten sind, wenn das 2-Grad-Ziel in der Klimapolitik nicht eingehalten wird, dann muss man sich klar machen, dass die genannten Größenordnungen bedrohlich sein dürften, selbst wenn der Einkommensrückgang sich über einen größeren Zeitraum verteilt als etwa die Einkommensrückgänge in den USA und Westeuropa in den frühen 1930er Jahren während der Weltwirtschaftskrise.

Wie kann man zur Klimastabilisierung beitragen? Offenbar sollte man die CO_2-Emissionen und ähnlich wirksame Gase deutlich zurückführen; zudem sind Flankierungsmaßnahmen für vom Klimawandel negativ betroffene Länder beziehungsweise Weltregionen notwendig. Das Problem ist dabei allerdings, dass die Anpassungszeiträume laut Studien aus der Wissenschaft recht begrenzt sind: Weniger als etwa zwei bis drei Jahrzehnte bleiben, um eine globale Dekarbonisierung der Weltwirtschaft zu erreichen. Das wird ohne besondere Maßnahmen und kluge Kooperation auf internationaler Ebene nicht zu machen sein.

Einige Gewinnerregionen der globalen Erwärmung wird es auch geben. Aber deren Zahl wird sich in Grenzen halten. Was Physiker, Chemiker, Geologen und Meeresforscher sowie Meteorologen bislang zum Thema Klimaforschung beigetragen haben, heißt vereinfacht – auf Basis des STERN-Berichts – im Kern Folgendes:

- Es besteht im 21. Jahrhundert eine sehr ernste Gefahr, dass die Erderwärmung über die als kritisch angesehene 2-Grad-Marke – gemessen als Anstieg der Temperatur gegenüber 00850 – hinausgeht. Kommt eine Erhöhung etwa um 3 Grad, dann ergäbe sich vermutlich ein beschleunigter und unumkehrbarer Destabilisierungsprozess des Klimas und der Wirtschaftsentwicklung; jedenfalls gibt es dann ernste neue globale und regionale Lebensrisiken. Es könnte sich eine national oder regional sowie global destabilisierende internationale Massenmigration auf Basis von Klimakrisen ergeben. Die Folge wären völlig neue ernsthafte internationale Konflikte.
- Es gibt nur ein Weltklima, und zwar als langfristiges Phänomen. Sich dem Klimaproblem beziehungsweise dem Treibhausgaseffekt durch Politikeingriffe entgegen zu stellen, ist möglich, aber auch nicht ganz einfach: Große Emissionsländer müssten mit klimafreundlichen Innovationen und entsprechenden Investitionen vorangehen, eine Mindestzahl von Ländern aus Nord und Süd sowie Ost und West müssten auf neuartige Weise zusammen arbeiten. Das wird wohl zumindest seit der Trump-Wahl in den USA im November 2016 und der Wahl des Populisten Bolsonaro in Brasilien schwierig zu erreichen sein. Populisten sind Nationalisten, Protektionisten und Egoisten – wie soll da verstärkte internationale Kooperation zustande kommen?
- Einige führende Klimaschutzländer wie Schweden und die Schweiz haben vorzeigbare CO2-Emissionsminderungen binnen zwei Jahrzehnten als ersten Schritt erreicht; zudem auch die EU im Bereich der Wirtschaft von handelbaren CO2-Emissionszertifikaten – diese aber decken weniger als die Hälfte der Wirtschaft ab. Einige Länder haben sich für 2020 große Ziele gesteckt, werden diese aber verfehlen, wie es etwa der Fall Deutschland zeigt.

Die Politik will nun auf 2030 neu fokussieren, dürfte aber ohne Neuansätze auch diese Ziele nicht erreichen. Was bedeutet das für die junge Generation?

- Klimawichtige Länder wie China und Russland sind bislang noch relativ wenig in die globalen Emissionsminderungsanstrengungen eingebunden. Natürlich können auch diese Länder durch technischen Fortschritt, ökonomischen Strukturwandel und Verhaltensänderungen der Bevölkerung zur Klimastabilisierung beitragen. Aber ob und wie das zu erreichen sein wird, ist unklar. Unter US-Präsident-Trump haben sich die Beziehungen der USA zu beiden genannten Ländern verschlechtert, die USA sind gleich ganz aus dem UN-Klimaschutzabkommen als Land ausgestiegen (nicht hingegen Kalifornien als Bundesstaat und einige andere Regionen in den USA).

Zu bedenken ist dabei auch, dass die Bevölkerungszahl um 1900 etwa 1,5 Milliarden weltweit betrug. Um 2050 dürfte die Weltbevölkerung mit etwa 10 Milliarden einen historischen Gipfelpunkt erreichen, danach soll sie laut UN-Prognosen nur noch langsam steigen. Mit solch großen Zahlen kann man auf den ersten Blick nicht sehr viel anfangen. Klar aber ist, dass die Erde ein erhebliches Bevölkerungswachstum seit der Industrialisierung, also seit etwa 1850 zu verkraften hat. 200 Jahre Verbrennung fossiler Brennstoffe in enormen Mengen werden bis 2050 nicht ohne Spuren an der Atmosphäre vorbei gehen. Natürlich hat es auch früher schon Phasen mit erheblichen Anstiegen der CO_2-Konzentration in der Erdatmosphäre gegeben, aber nicht stark bedingt durch menschliche Aktivitäten.

Die EU-Länder haben zugesagt, bis 2030 die CO_2-Emissionen um 40 % zu senken, und zwar gegenüber 1990. In 2020 sollte die EU die CO_2-Emissionen um 20 % vermindert, den Anteil der Erneuerbaren Energien bei mindestens 20 % stehen haben; zudem soll die Energieeffizienz um 20 % angestiegen sein. Wie steht es um das 20:20:20-Ziel der Europäischen Union. Wird es erreicht? Wenn das Ziel nicht erreicht wird, wo liegt das Problem und was ist bei den großen Ländern USA, China und Russland festzustellen? Was Deutschlands Klimaziele für 2020 angeht, nämlich gegenüber 1990 die CO_2-Emissionen um 40 % zu mindern, ist die Nichterfüllung der Zielmarke sehr deutlich. Schon von daher staut sich Druck gerade in der Klimapolitik einerseits und allgemein in der Wirtschaftspolitik andererseits auf. Deutschlands Regierungen hatten relativ anspruchsvolle Ziele aufgestellt, da man mit dem Referenzjahr 1990 gerade ein Jahr als Bezugspunkt hatte, in dem die wenig energieeffiziente sozialistische DDR in den Statistiken Deutschlands mitgezählt wurde. Zugleich hoffte man in Berlin, dass der oft hohe technische Fortschritt in Deutschland die Zielmarke relativ leicht zu erreichen erlauben sollte.

Mit den EU-Ländern hatte man zudem Emissionsverbesserungs-Ziele vereinbart, die für 45 % der CO2-Emissionen – also der Produktion neuer Güter und Dienste – auf einen Handel mit Emissionszertifikaten setzte. Da kann man die Zielerreichung durch administrative Stilllegung von Zertifikaten oder den staatlichen Ankauf von „überschüssigen" Emissionszertifikaten grundsätzlich erreichen, sofern sich die EU-Länder einigen, wann und wie stark die Emissionszertifikate für Firmen vermindert werden sollen. In der ersten Ausgaberunde von Emissionszertifikaten ist die EU beziehungsweise die Gemeinschaft der EU-Länder relativ großzügig gegenüber Industriefirmen gewesen, da man die internationale Wettbewerbsfähigkeit von Unternehmen nicht durch den Emissionszertifikatehandel beziehungsweise hohe Zertifikatepreise beeinträchtigen wollte. Hier ging es also primär um Produktions- und Jobinteressen in EU-Ländern, die zunächst im Vordergrund der Wirtschaftspolitik standen.

Ein Zertifikatehandel gibt effiziente Emissionsminderungsanreize für die Firmen, die CO2-intensive Produktion haben. Millionen Unternehmen haben ein spezielles Wissen darüber, wie hoch die (Grenz-)Vermeidungskosten von CO2-Emissionen bei der eigenen Produktion sind. Durch die Bepreisung von Verschmutzungsrechten (CO2-Emissionen) wird ein millionenfacher Anpassungsprozess unter Mobilisierung relevanten Wissens der Unternehmen in Gang gesetzt. Daher können die Firmen durch geeignete technische Modernisierungen und Innovationen Richtung CO2-Ausstoßminderung reagieren oder aber zusätzliche Emissionszertifikate von anderen Firmen in der EU ankaufen. Das bringt eine kosteneffiziente Emissionsminderung, wobei allerdings mögliche Probleme darin bestehen, dass der CO2-Zertifikatepreis sehr niedrig ist – was unzureichende Anreize für technischen Fortschritt bedeutet. Oder der relative Zertifikatepreis (Zertifikatepreis durch gesamtwirtschaftlichen Preisindex, nämlich Sozialproduktsdeflator; siehe Abbildungen 13 und 14) schwankt sehr stark, sodass die Unternehmen keine vernünftige Orientierung in ihrer Innovations- und Investitionspolitik haben.

Wie die Abbildungen zeigen, ist in der EU der Preis der Emissionszertifikate von anfänglich bald 20 € pro Tonne stark gefallen, vor allem durch die Transatlantische Bankenkrise, die ein Abfallen des Zertifikatepreises aus mehreren Gründen brachte; insbesondere weil die gesamtwirtschaftliche Produktion in vielen EU-Ländern, also auch die Zertifikatenachfrage von Unternehmen, nach 2008 deutlich zurück ging. Sicherlich haben die Emissionszertifikate auch Innovationsanreize und bestimmte Investitionsanreize gesetzt, nämlich CO2-arme Technologien stärker expandieren lassen.

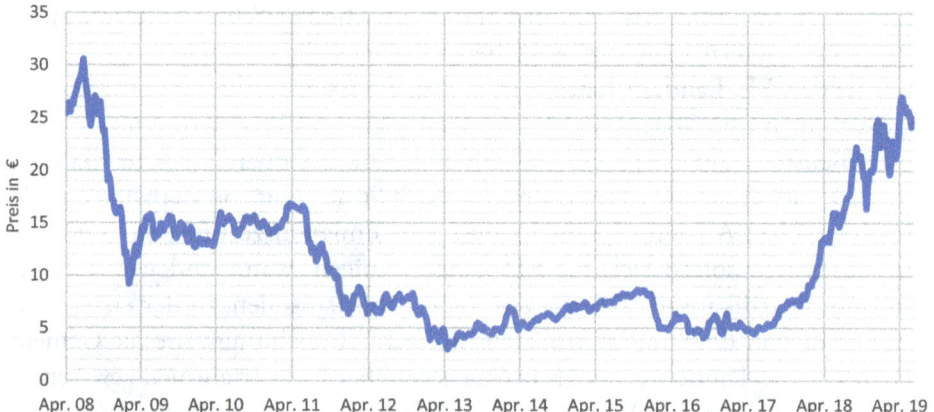

Abb. 13 Nominaler CO2-Zertifikatepreis in der EU (Preis in Euro) – Price of CO2 Allowances in the EU ETS from April 2008 to April 2019 (weekly data points). (Quelle: Eigene Darstellung, Daten von Sandbag Smarter Climate Policy, https://sandbag.org.uk/carbon-price-viewer/ (10.09.2019))

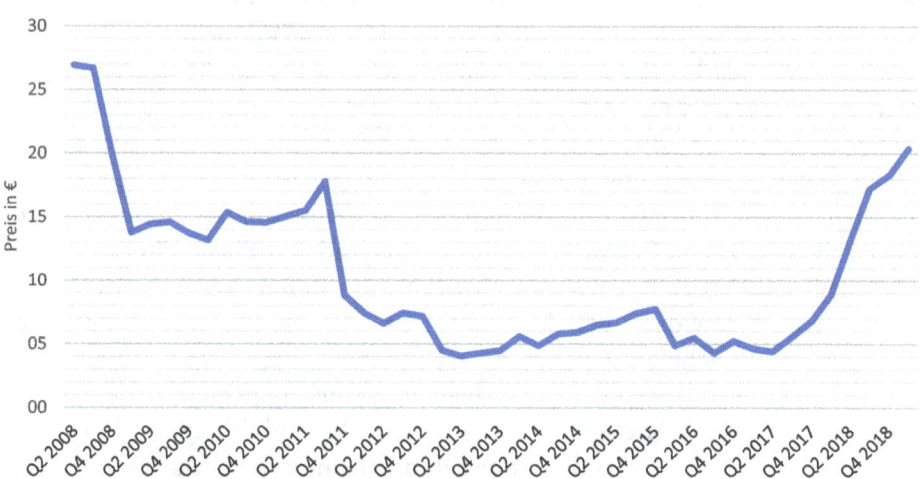

Abb. 14 Relativer CO2-Zertifikatepreis in der EU (relativer Preis: Zertifikatepreis dividiert durch Sozialproduktsdeflator, Preis in Euro) – Real Price of CO2 Allowances in the EU ETS from Q2 2008 to Q1 2019 (quarterly data points). (Quelle: Eigene Berechnungen und Darstellung; Daten von Sandbag Smarter Climate Policy, https://sandbag.org.uk/carbon-price-viewer/ (10.09.2019) und Eurostat)

In UK hat man einen Mindestpreis bei CO-Zertifikaten für Energieproduzenten eingeführt; das gibt Unternehmen eine gewisse Stabilität bei der Emissionsplanung. In 2019 erwartete man, dass bei einem Ausscheiden von UK aus der EU die britischen Firmen einen Überschuss an Zertifikaten mit sich nähmen, die – ohne verhandelte EU-UK-Anschlussregelung – für den EU-Emissionszertifikatemarkt nicht mehr für den Handel künftig verfügbar wären. Daher ist in der EU mit einem zumindest vorübergehenden Anstiegsdruck bei den Zertifikatspreisen im BREXIT-Kontext zu rechnen.

Grundsätzlich ist ein globaler Zertifikatehandel wünschenswert, der zu einem weltweit einheitlichen Preis führen würde. Davon ist man aber vorläufig weit entfernt. Immerhin gibt es auch in Nordamerika einen teilweisen Zertifikatehandel, etwa weil Kalifornien mit einigen Bundesstaaten in Kanada solchen Zertifikatehandel betreibt. Grundsätzlich sieht man an diesem Beispiel, dass der Zertifikatehandel direkt und indirekte einen Einfluss auf die Leistungsbilanzposition von Ländern haben kann. Wenn kanadische Firmen netto einen Zertifikateimport aus Kalifornien vornehmen – also in den USA Verschmutzungsrechte für die Produktion kaufen –, so heißt das zunächst, dass Kanadas bilaterale Handelsposition beziehungsweise die Leistungsbilanz sich verschlechtert, die der USA verbessert.

Wenn die USA und Kanada insgesamt einen gemeinsamen Emissionshandelsraum vereinbaren könnten, brächte das eine Verbesserung der US-Leistungsbilanz und bei vernünftiger US-Wirtschaftspolitik einen starken Rückgang der globalen CO_2-Emissionen. Denn immerhin ist die USA der zweitgrößte CO_2-Emittent hinter China in 2018 auf der Welt gewesen. Natürlich könnte man in den Emissionshandel auch China einbeziehen beziehungsweise einen gemeinsamen Emissionshandelsraum USA-Kanada-EU-China-Japan aufbauen, was entsprechender internationaler Kooperation bedarf. Eigentlich könnten die G20-Länder, die für etwa 80 % des Welteinkommens stehen, längerfristig einen solchen Emissionszertifikatehandel vereinbaren.

Nicht alle G20-Länder haben einen Emissionszertifikatehandel. Aber immerhin hat China in 2018 einen nationalen Emissionszertifikatehandel begonnen, nachdem man zunächst regional einen Zertifikatehandel für einige Jahre realisiert hatte. Ob man einen G20-Zerfikatehandel realisiert, zu dem natürlich auch weitere Länder stoßen könnten, hängt davon ab, ob in den G20-Ländern der Wille zu einem solchen Handel ausreichend vorhanden ist; in der Praxis wohl auch davon, dass in der Ausgangssituation die internationalen Preisunterschiede nicht allzu groß sind. Ein G20-Handel wird natürlich zu einem einheitlichen Preis führen und entsprechend wird in Ländern mit hohen Zertifikatepreisen ein starker Zertifikateimport zustande kommen, was tendenziell Produktion und Export von emissionsintensiven Gütern begünstigt – unter der Annahme, dass bei Errichtung eines globalen Handelssystems die Preise der Emissionszertifikate für viele Länder fallen werden. Für einige Länder ergeben sich, ausgehend von der Ausgangssituation, natürlich (relative) Zertifikate-Preiserhöhungen. Davon gehen verstärkte Anreize zur Einsparung von CO2-Emissionen durch Innovation und Strukturwandel aus, was wiederum auch einen Impuls zur Verminderung der emissionsintensiven Güterexporte bedeutet; der Gesamt-Handelseffekt ist unklar. Von einem globalen Emissionszertifikatehandel ist die Weltwirtschaft in 2020 vermutlich noch eine Dekade entfernt, aber es wäre sicherlich vernünftig, wirtschaftspolitische Weichen in diese Richtung in Nordamerika, Europa, Asien, Australien, Afrika und Lateinamerika zu stellen.

Eine wichtige Frage in Sachen Emissionsverminderung bei CO2 richtet sich in der EU auf die Sektoren, die nicht in den Emissionszertifikatehandel einbezogen sind: Es geht um Gebäudewirtschaft (Wohnungsnutzung), Transport, Agrarwirtschaft, Luftverkehr (außerhalb der EU), Schiffsverkehr, was zum Teil komplizierte Fragen aufwirft: Soll man über eine CO2-Besteuerung seitens des Staates einwirken oder sollen die Teilsektoren neu in ein System des nationalen oder EU-weiten CO2-Zertifikatehandels einbezogen werden? Natürlich kann in manchen Fällen jeder Einzelne beim Emissionszertifikatehandel oder bei einem äquivalenten Kompensationskauf von CO2-Guthaben selbst handeln. Meinen USA-Flug nach Washington DC und den Rückflug aus den USA kompensierte ich CO2-mäßig durch einen im Internet durchgeführten Kauf eines Zertifikats bei Atmosfair, wobei man den CO2-Ausstoß nur für den Rückflug Frankfurt – Washington DC kaufen konnte; mit Blick auf die tatsächliche Route Frankfurt – Washington DC und zurück New York – Frankfurt kaufte ich ein Zertifikat, das nach Atmosfair-Angaben etwa 95 % des (Gabel-)Flugs kompensierte; einen Gabelflug kann man bei Atmosfair nicht exakt kompensieren. Die Ausgaben für das CO2-Neutralitätszertifikat wollte ich aus meinem Lehrstuhl-Budget bestreiten. An vielen (vermutlich allen) Universitäten in Deutschland gilt, dass die Verwaltungen solche Ausgaben nicht als Dienstreiseausgaben akzeptieren wollen; das ist natürlich ein großer Politikwiderspruch. Denn das bedeutet, dass die nationale und internationale Politik eigentlich Klimaschutzpolitik wollen. Aber wenn Beamte und Angestellte innerhalb des Staatssystems das im Bereich Flugreisen ernst nehmen wollen, wird das nicht akzeptiert. Das geht so nicht.

Sind die Menschen beziehungsweise die Länder auf der Welt gut vorbereitet, um der Klimaerwärmung rund um den Globus entgegen zu treten? Einerseits ja, weil es ja so viele gut ausgebildete Menschen auf der Erde gibt wie nie zuvor. Andererseits nein, denn es gibt rund 200 Länder und die Neigung, verlässlich beim Klimaschutz international zusammen zu arbeiten, ist weltweit relativ begrenzt. Eine große Zahl von Ländern bedeutet, dass es schwierig ist, das internationale Kollektivgut Klimaschutz rechtzeitig hinreichend bereitzustellen beziehungsweise globale Kooperation zu organisieren. Es war mühsam genug, seitens der UN die Weltklimakonferenzen zu organisieren und tatsächlich eine Vereinbarung aller Länder in 2015 zu erreichen – die USA traten unter Präsident Trump aus dem globalen Klimaschutzabkommen von Paris wieder aus. Das missfällt nicht nur Frankreich und den Europäern, sondern vielen Menschen in allen Weltregionen. Präsident Trump versucht durch Abbau von Naturschutz in den USA, US-Ausstieg aus internationalen Klimaschutzverpflichtungen und erhöhte US-Öl- und US-Gasexporte seine Ziele zu verfolgen: etwa Minderung des Handelsbilanzdefizits. Aber dies geschieht zu einem hohen Preis für die USA und die ganze Weltwirtschaft, dass nämlich die Klimaerwärmung weiter deutlich ansteigt und sich Extrem-Wetterphänomene und Überschwemmungen auf der Erde verstärkt zeigen werden. Das kostet Menschenleben, mindert das globale Realeinkommen und erhöht wegen steigender Schadenszahlen in der Versicherungswirtschaft die weltweiten Kosten des Klimawandels.

Was kann man grundsätzlich unternehmen, um die Klimaerwärmung sinnvoll zu begrenzen? Der CO_2-Ausstoß sollte hinreichend bei Güterproduktion und Konsum verteuert werden, wobei in einigen Sektoren Steuern auf CO_2-Emissionen (oder auf ähnliche CO_2-äquivalente Emissionen) zu erheben sind; oder aber es kommt zu einem regionalen oder globalen Emissionshandel – mit dem Handel von Emissionszertifikate: Firmen etwa in der Europäischen Union müssen im Industrie- und Energiesektor entsprechend den eigenen Produktionszielen hinreichende Emissionszertifikate besitzen; oder aber von anderen Firmen solche CO_2-Emissionszertifikate erwerben.

Viele Jugendliche in Europa und weltweit machen sich Sorgen über die Klimaerwärmung und die Wirtschafts- beziehungsweise Klimapolitik der Industrie- und Schwellenländer, inklusive China. Der Blick richtet sich auf die nächsten hundert Jahre, das 21. Jahrhundert. Folgt man Greta Thunberg und anderen Klimaaktivisten, dann besteht Grund für Klimapanik. Das Britische Unterhaus hat am 1. Mai 2019 eine Klimakrisensituation erklärt; immerhin ist das Parlament dann einmal nicht mit dem ewigen Dauerbrenner BREXIT beschäftigt. Nur wenige Wochen später erfolgt der Staatsbesuch in UK durch den Mann, der ein menschengemachtes globales Klimaproblem bestreitet: Donald Trump, Präsident der Vereinigten Staaten. Das Land mit der größten Bevölkerung der Welt, also auch das von Klimaveränderungen potenziell am meisten betroffene Land, ist zugleich in 2018 der größte Emittent von Treibhausgasen: China. Immerhin hat China im Frühjahr versprochen, die neue Seidenstraße klimafreundlich zu gestalten. Die neue Transportverbindung China-Europa, zu Wasser und zu Lande, soll die Klimaerwärmung nicht weiter erhöhen.

China selbst aber wird noch über ein Jahrzehnt immer mehr Treibhausgas, also CO2-Emissionen haben. Das Klimaproblem löst sich also nicht von selbst, zumal auch andere Länder steigende CO2-Emissionen verzeichnen; immerhin gibt es einige Länder, die seit Jahren fallende CO2-Emissionen verzeichnen. Für die Klimaerwärmung spielt es keine Rolle, aus welchen Ländern die CO2-Emissionen kommen, jede Tonne zusätzliches CO2-Emissionen trägt zur Klimaerwärmung bei. Die aber soll laut internationaler Expertenmeinung unbedingt gestoppt werden: Laut 2-Grad-Ziel soll gegenüber der Industrialisierung eine Temperaturzunahme der mittleren Erdtemperatur um nicht mehr als 2 Grad erfolgen; besser noch höchsten 1,5 Grad Plus. Nur dann wird vermieden, dass es zu einem kritischen Anstieg der Weltmeere und drastischen ökologischen und ökonomischen Problemen kommt.

Die Blickwinkel auf die Herausforderung der Klimaerwärmung sind ganz unterschiedlich: Die Fridays-for-Future-Bewegung folgt in ihren Forderungen dem Umweltbundesamt, das einen Preis von 180 € pro Tonne CO2 fordert, um bis 2030 den CO2-Ausstoß um über die Hälfte und bis 2050 auf Netto-Null zu vermindern; die britische Energy Transitions Commission ETC glaubt hingegen, dass nur geringe Preiserhöhungen bei energieintensiven Gütern zur Erreichung des 2-Grad-Ziels notwendig sei (HÄRING, 2019) – Clive Spash/Tone Smith im Themenheft „Ecological Economics" der Fachzeitschrift „Real World Economics Review" äußern sich skeptisch, dass man die für Klimastabilisierung notwendigen großen Änderungen im ökonomischen System mit den üblichen marginalen Analysen angemessen erfassen könnte und auch Herman Daly äußert sich in diesem Sonderheft skeptisch, da der globale Energie- und Ressourcenverbrauch laufend weiter steigt. In der Schweiz und in Schweden sinken die CO2-Emissionen seit vielen Jahren: CO-Emissionen werden durch einen CO2-Preis in der Schweiz durch eine Zusatzsteuer von etwa 80 € pro Tonne gebremst; wenn die CO2-Emissionen nicht weiter nach dem staatlich vorgegebenen Referenzpfad sinkt, erhöht sich der Steuersatz automatisch- bis zu einer Deckelobergrenze.

Ökonomische Aufholprozesse und China-Schock

In den 1970er Jahren waren die westlichen Marktwirtschaften und Japan 1974 und 1979/80 von einer jeweiligen Vervierfachung der Rohölpreise getroffen: Es gab politisch bedingte OPEC-Preisschocks, die zu erheblichen Instabilitäten in vielen OECD-Ländern führten und zudem erhöhte Arbeitslosenquoten und steigende Inflationsraten brachten. Die Ölpreisschocks wirkten als Verhaltensanreize: Denn die Konsumenten und Produzenten setzten danach viel stärker als früher auf energieeffiziente Produkte und Produktionsverfahren. Die Energieintensität der Produktion in der EU war 2015 nur etwa noch halb so hoch wie 1980. Relative Preisänderungen setzten Anpassungsprozesse bei Nachfrager wie bei Anbietern in Gang, auf der Seite der Güterproduzenten gab es viele energiesparende Innovationen, bei den Ölproduzenten konnten die Anbieter neue Lagerfelder erschließen – auch solche in Küstengewässern und in tieferen Gewässern der Weltmeere. Geht uns demnächst das Öl – oder Kohle und Gas – aus? Mit einiger Sicherheit nicht.

Folgt man dem BP World Energy Report über viele Jahre und Jahrzehnte, dann hat sich die Relation von Weltvorräten, nutzbar zum jeweils herrschenden Weltmarktpreis, zur Weltnachfrage über Jahrzehnte weiter erhöht: Die Größenordnung der Relation liegt bei etwa 40 bei Öl, bei etwa 60 bei Gas und bei etwa 200 bei Kohle; so viele Jahre würden die aktuellen globalen Reserven noch ausreichen, um bei aktuellem weltweiten Verbrauchsniveau die Nachfrage noch bedienen zu können. Es ist auch erfreulich, dass wohl bei weiteren Öl- und Gaspreiserhöhungen die globale Vorratsrelation noch weiter als 40 ansteigen wird. Allerdings ist es nicht empfehlenswert, etwa die Öl- und Kohlvorräte noch sehr lange breit zu nutzen – ganz sicher nicht bei den herrschenden aktuellen Technologien. Der weltweite CO_2-Ausstoß wäre bald einfach so gigantisch hoch, dass von Wissenschaftlern als kritisch angesehene Erwärmungsmarken beim Klima bald gerissen werden würden. Aus der Klimaerwärmung wiederum würden hohe weltweite Einkommens- und Vermögensverluste entstehen, Destabilisierung von Wirtschaft und Politik in vielen Weltregionen könnten weitere Folgen sein.

Die Weltwirtschaft sah bis etwa 1978 in einer langfristigen Perspektive (über Jahrzehnte hinweg) weitgehend ökonomisch stabil aus – mit einem armen und bevölkerungsreichen China in Asien. Seit jenem Jahr hat China sich zur Weltwirtschaft geöffnet und eine Marktwirtschaft, mit vielen Staatsunternehmen, eingeführt: Binnen 40 Jahren ist das Land zur größten Volkswirtschaft aufgestiegen, gemessen am nationalen Produktionsergebnis beziehungsweise dem realen Bruttoinlandsprodukt in Kaufkraftparitäten. China Anfang 2019 war so groß wie die EU28 oder wie die USA; und die Zahl der Armen in China ist von etwa 900 Millionen in 1978 auf unter 80 Millionen in 2018 gefallen und in kaum einem Jahrzehnt dürfte die Armut in China weitgehend verschwunden sein. Allerdings lag Chinas Pro-Kopf-Einkommen 2018 noch bei knapp einem Drittel des Wertes der USA oder Westeuropas. Von daher kann man erwarten, dass China gegenüber den USA und Westeuropa bis etwa

2050 ökonomisch weiter aufholen wird; auch ökologische Fortschritte sind zu erwarten – ob sie ausreichend sind, um stark zu Nachhaltigkeitsfortschritten beizutragen, bleibt abzuwarten. Dass Chinas Anteil an Weltproduktion und -export zwischen 1978 und 2018 sehr stark gestiegen ist, wirkt im Westen und Teilen Asiens als ökonomischer Anpassungsschock. Zugleich sind Chinas Märkte groß und wachsend und stellen somit für viele Top-Firmen aus Europa und den USA seit etwa 2015 den größten Absatzmarkt dar. China ist also auch eine ökonomische Lokomotive für die Welt.

In der Nähe von Shanghai gibt es eine neue Vorzeigestadt mit gut 100 000 Einwohnern, Linggang, die CO2-neutral ist. Es fehlt in China nicht an großen Projekten etwa im Bereich E-Bus-Mobilität, wo man zumindest regional klimaschutzrelevante Entwicklungen angestoßen hat. Europa wäre gut beraten bei solchen Projekten auch mit China zu kooperieren.

Wie die Abbildung 15 zeigt, konnte China patentmäßig im Bereich Erneuerbare Energien in den Jahren 2006–2011 enorme Fortschritte verzeichnen gegenüber der Dekade zuvor – bei Solarenergie waren die Verbesserungen besonders eindrucksvoll.

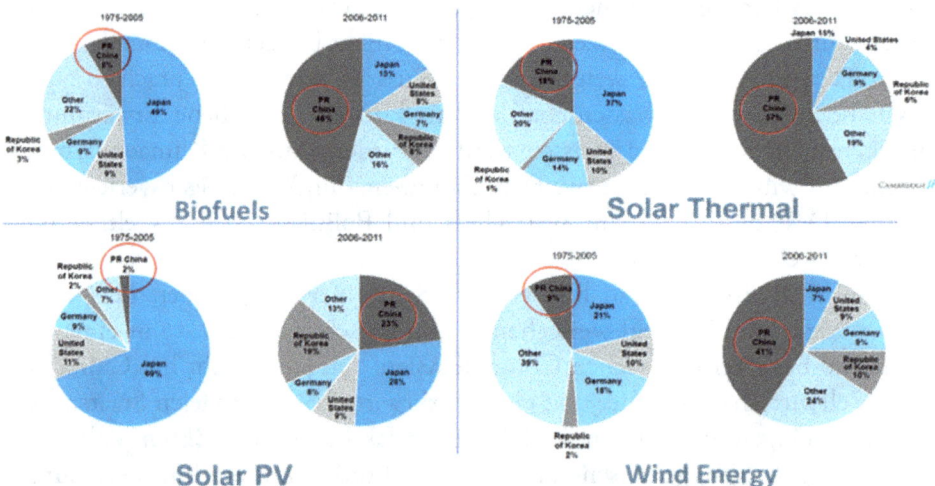

Abb. 15 Erneuerbare Energien: Patentdynamik Chinas (nach „Office of First Filing"). (Quelle: Helm, S.; Tannock, Q.; I. Iliev, I. (2014), Renewable Energy Technology: Evolution and Policy Implications—Evidence from Patent Literature. Global Challenges Report, WIPO: Geneva, https://www.wipo.int/edocs/pubdocs/en/wipo_pub_gc_3.pdf)

Fridays-for-Future-Druck und internationale Klimaschutzperspektiven

Naturwissenschaftler aus der ganzen Welt, die sich mit Klimafragen befassen, stellen in einer ganz überwiegenden Mehrheit sehr klar fest, dass der seit 1900 beobachtete Klimaerwärmungseffekt im Kern menschengemacht ist und letztlich ein Nebeneffekt der Industrialisierung ist; damit zusammenhängend auch der Nutzung von fossilen Brennstoffen. Die Verbrennung riesiger Kohle-, Öl- und Gasmengen hat enorme Mengen an CO_2 seit 1850 in die Atmosphäre freigesetzt, wobei dies um 1900 eben 1,5 Milliarden Menschen machten; mit etwas besseren Technologien waren es aber in 2018 gut 7 Milliarden Menschen.

Greta Thunberg hat in 2018 mit ihren Protesten vor dem Schwedischen Parlament – gegen unzureichende Klimapolitik gerichtet – ein von Millionen Jugendlichen in Europa und anderen Weltregionen aufgenommenes Signal gegeben. Über traditionelle Medien und das Internet international verbreitet haben Freitags-Schülerproteste zur Schulzeit in Deutschland und anderen EU-Ländern sowie darüber hinaus ein großes Medienecho gefunden. Die Fridays-for-Future-Bewegung hat in 2019 in Deutschland mit einem Kongress in Dortmund ihre Kampagnenfähigkeit erhöht. Die Bewegung weist darauf hin, dass sie Tausende von Wissenschaftlern hinter sich weiß. Auf der Webseite heißt es:

Warum auf eine Zukunft bauen, die bald nicht mehr existieren wird? Unsere Antwort auf diese Frage ist der Klimastreik: Wir streiken für eine wirkungsvolle Politik, die dem Ausmaß der Klimakrise gerecht wird. Wir haben zehn Jahre, um unsere Ziele zu erreichen. Auf geht's!

Im Namen der Wissenschaft: Über 27 000 Wissenschaftler allein im deutschsprachigen Raum stehen hinter uns und unterstützen unsere Forderungen. Wir fordern von der Politik nicht mehr als die Berücksichtigung wissenschaftlicher Fakten.

Thunberg als 16-Jährige ist sympathisch, aber gelegentlich eine große Vereinfacherin. Dass sie ausgerechnet gegen Schwedens Klimapolitik anfänglich protestierte, mutet ein wenig seltsam an. Denn Schweden ist eines der erfolgreichsten Klimaschutzländer. Dank Zusammenwirken von CO_2-Zertifikatepolitik und CO_2-Steuer (seit 1991) sowie anderer Maßnahmen ist im Zeitraum 1991–2016 ein beeindruckender Rückgang der CO_2-Emissionen von 26 % entstanden (zugleich stieg das reale Bruttoinlandsprodukt um 75 %). Das ist neben

Großbritannien eine der stärksten Reduktionsleistungen in der EU in diesem Zeitraum. Die Stimmenanteile der Grünen-Partei in Schweden sind im Übrigen bei den Europa-Wahlen 2019 kaum gestiegen. In Deutschland und einigen anderen EU-Ländern war allerdings der Anstieg der Grünen-Stimmanteile erheblich. Insgesamt waren bei den Europa-Wahlen die Grünen neben den Liberalen die Gewinner. Vermutlich werden anhaltende extreme Wetterereignisse in EU-Ländern und in anderen Teilen der Welt die Klimabesorgnis vieler Menschen weiter langfristig verstärken, Umwelt- und Klimapolitik sollten daher in der Politik demokratischer Länder in Europa gestärkt werden.

Nicht wenige Politiker treten gegenüber der Fridays-for-Future-Protestbewegung altväterlich auf; etwa als FDP-Chef Lindner im Frühjahr äußerte, dass Klimapolitik eine Sache für Experten sei. Das ist eine elitäre Sicht, die auch wenig Bereitschaft zum öffentlichen Politikdialog mit der Jugend andeutet.

Als problematisch wiederum kann man bei Greta Thunberg eine breite Selbstermächtigung sehen. So hat sie per Twitter-Botschaft am 12. Juni zu einem Generalstreik als Unterstützung der Schülerproteste für September 2019 aufgerufen. Eine Übertreibungstendenz bei Teilen der Thunberg-Protestaktivitäten ist sichtbar und vermutlich ist auch der Wissensstand vieler Schülerinnen und Schüler durch einige Wissenslücken beim Klimaschutzthema geprägt – das kann man Ihnen allerdings oft schlecht vorwerfen, da etwa in Deutschland die Bundesregierung seit 2005 zum Thema Klimaschutz kaum landesweite Aufklärung gemacht hat; nur wenige Bundesländer haben das Thema Klimaschutz in den Lehrplänen solide eingebaut. Wenn Greta Thunberg Managern und Politikern auf dem Davos-Gipfel von 2019 entgegenruft, dass sie in Panik sei und sie wolle, dass diese ihre Panik auch spürten, kann man das ernsthaft finden; oder auch gefährlich, denn wenn man z. B. im Beruf als Arzt/Ärztin oder Lokführer/in oder Manager/in in Panik handeln wollte, wird man in der Regel keine vernünftigen Entscheidungen treffen.

Für Panik besteht außerdem kein Anlass angesichts sichtbarer Klimaschutzfortschritte in einigen Industrie- und Schwellenländern. Grund zur Besorgnis gibt es allerdings, da ja insgesamt die Klimaschutzfortschritte global zu langsam sind, um das von Wissenschaftlern beschworene 2-Grad-Ziel im Zeitfenster 2030–2050 zu erreichen. Von einem 1,5-Grad-Ziel ganz zu schweigen.

Da das Problem der Klimaerwärmung im Wesentlichen durch die Emission von CO_2 (und anderen Gasen) zustande kommt, sind die entsprechenden grundsätzlichen Ansatzpunkte für eine Problemlösung zu bedenken:

- CO2-Emissionsminderung; hier sind ökonomische Anreize notwendig.
- CO2-Absorption durch Wälder beziehungsweise Aufforstung, sodass mehr CO2 gespeichert werden kann.
- Man kann schließlich die Reflektionsintensität der Sonne auf der Erde erhöhen; es gibt einen „Albedoeffekt", schwarze Flächen haben einen Rückstrahleffekt von Null, weiße Flächen einen von nahe 100 %. Der natürliche globale Albedoeffekt liegt bei etwa 30 %. Man kann versuchen, durch ein Mehr an weißen Oberflächen auf der Erde der Klimaerwärmung entgegen zu wirken, etwa indem man die Dächer von Häusern, Autos etc. weiß wählt, oder auch für helle Straßenbeläge sorgt. Die Klimaerwärmung kann neutralisiert werden, indem man bei der Sonnenreflektion auf der Erde von 30 auf 34 W/m^2 übergeht. Nach LENTON/VAUGHAN (2009) bringt eine Nutzung eines verbesserten Albedo-Effekts bei 2,3 % der Erdoberfläche einen globalen Kühlungseffekt von etwa $-0,2$ W/m^2; das wäre immerhin ein Kühleffekt, der 5 % des notwendigen Gesamtkühlungserfordernisses entspricht – wenn die CO2-Emissionen selbst nicht vermindert werden. Von der ROYAL SOCIETY (2009, 25) wurde behauptet, dass die jährlichen Kosten einer solchen „Weiß-Aktion" für 1 % der Erdoberfläche (circa 10^{12} Quadratmeter) bei etwa 300 Milliarden Dollar pro Jahr liegen. Diese Sichtweise ist falsch, da man bei Neubauten etwa von Häusern gar keine Zusatzkosten hätte, sofern es eine Regulierung pro helle oder weiße Dächer gäbe. Dächer in Bestand von Immobilien müssen ohnehin alle vierzig Jahre ersetzt werden oder neu gestrichen werden. Man kann höchstens zusätzlichen Reinigungskosten für helle Dächer annehmen. Deren Einsatz macht klimapolitisch in nördlichen Breitengraden aber wenig Sinn. Allerdings kann man die Reflektionsintensität der Atmosphäre auch durch „geoengineering" erhöhen, nämlich erstens durch Sulfat-Injektion in der Stratosphäre und zweitens durch Salz-Einsprühen bei Wolken über dem Meer, wobei die beiden Methoden zu Änderungen der mittleren Oberflächentemperatur und der extremen Temperaturen sowie der Niederschläge führen. Beide Methoden führen tatsächlich zu verbesserten globalen Albedoeffekten, aber es gibt dann veränderte regionale Klimaprobleme, was zusätzliche soziale und politische Konflikte bringt (ASWATHY ET AL., 2015). Die genannten möglichen Ansatzpunkte zum Klimaschutz zeigt Abbildung 16.

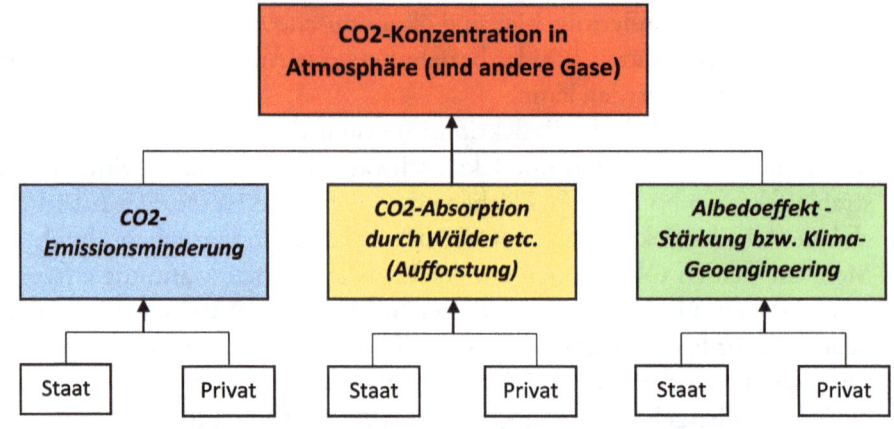

Abb. 16 Handlungsansätze beim Klimaproblem. (Quelle: Eigene Darstellung)

Internationale Trittbrettfahrerprobleme und die neue Trump-Politik

Wenn man eine Nachfrage nach Getränken erfassen will, ist das in keinem Land und an kaum einem Ort ein größeres Problem. Man kann eine Umfrage im lokalen Markt durchführen und per Fragebogen herauszufinden versuchen, wie groß die Nachfrage bei verschiedenen Preisen wäre. Wenn Anbieter beziehungsweise Getränkeproduzenten solche Informationen haben, werden sie ein vernünftiges Angebot bereitstellen. Im Markt ergibt sich ein Gleichgewichtspreis. Wer mehr oder zumindest diesen Preis bereit zu zahlen ist, der wird mit Getränken versorgt.

Bei öffentlichen Gütern, bei Kollektivgütern wie etwa der Lichtleistung eines Leuchtturms an einer Hafeneinfahrt mit einem gefährlichen Felsen direkt im Einfahrtsbereich ist eine Umfrage unter Kapitänen wenig hilfreich. Kaum jemand wird seine wahre Nachfrage nach Leuchtturmlicht angeben, jeder mag darauf hoffen, dass die anderen schon zahlen werden. Wenn der Leuchtturm erst einmal da ist, kann jeder vom Licht profitieren, der eine sichere Hafeneinfahrt sucht. Oder man denke an Hochwasserschutz in einem Ort an der Meeresküste, wo es in letzter Zeit häufig Überschwemmungen gab – also gibt es Bedarf an einer Erhöhung der Hochwassermauer? Wenn ein Marketinginstitut Fragebögen verteilt, um herauszufinden, wie stark die Nachfrage nach erhöhtem Hochwasserschutz ist, so wird man ein Blatt mit der Frage verteilen: Sind sie an erhöhtem Hochwasserschutz interessiert? A) Ja – die Kosten pro Bürger liegen bei etwa 1 000 €, zahlbar in zehn Jahresraten (über erhöhte lokale Steuern/Gebühren); B) Nein. Es könnte sein, dass alle Bürgerinnen und Bürger mehr Hochwasserschutz wünschen und auch eine Zahlungsbereitschaft von mehr als 100 € pro Jahr hätten. Aber alle bei der Umfrage eingesammelten Zettel zeigen ein Kreuz bei B). Hier ist natürlich strategisches Nachfrager-Verhalten das Problem. Weil damit zu rechnen ist, wird das Angebot an lokalen oder nationalen Kollektivgütern politisch in den jeweiligen Parlamenten entschieden. Beim Klimaschutz ist das Problem der Nachfrageerfassung tatsächlich von der Sache her eine Weltherausforderung. Denn es gibt ja nur ein Klima für alle Länder und alle Menschen der Welt zusammen. Gibt es ein Weltparlament? Zunächst ist die Antwort noch Nein.

Wer sind die großen CO2-Emittenten, die Verursacher des Treibhauseffektes? Und wie könnte man die Hauptemittenten – oder gar alle – dazu bringen, ihren Beitrag zur Klimastabilisierung zu erreichen? Hier gibt es ein Problem der nationalen Klimapolitik und der internationalen Klimapolitik.

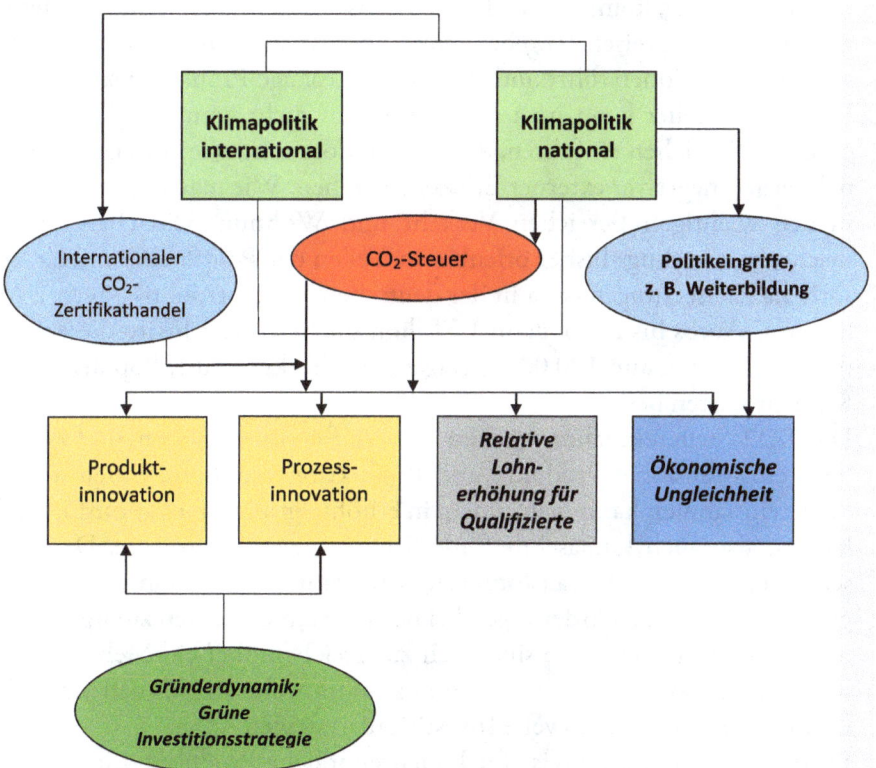

Abb. 17 Strategische Ansatzpunkte moderner integrierter Klimapolitik. (Quelle: Eigene Darstellung)

Zu den wichtigen Ansatzpunkten der Klimapolitik gehören als Instrumente (siehe auch Abbildung 17):

- CO_2-Zertifikatehandel: Der findet in der Regel – und in jedem Fall in der EU – grenzüberschreitend statt und gibt Anreize, zu einer kostenminimierenden CO_2-Minderung. Die Unternehmen, die hohe Kosten bei der CO_2-Minderung haben, kaufen Zertifikate (also Emissionsrechte bei CO_2) von Unternehmen mit relativ geringen CO_2-Vermeidungskosten. Die EU-Länder haben Branchen mit starker internationaler Konkurrenz in der ersten Zertifikate-Handelsrunde begünstigt, indem sie diesen weitgehend kostenlos Emissionszertifikate zuteilten. Längerfristig ist dies aber weder in der EU noch in China oder Nordamerika – und anderen Weltregionen – eine vernünftige Strategie. Es ist wichtig, dass möglichst alle Handelssektoren in einen regionalen, besser noch globalen Zertifikatehandel einbezogen sind. Wenn die CO_2-Bepreisung in einem Land allerdings hoch ist, in anderen Ländern niedrig, kommt es zu Produktionsverlagerungen in die Länder mit geringen CO_2-Preisen (gegebenenfalls auch Null-Preis), was zu erhöhten globalen Emissionen führt und als Carbon-Leakage-Problem bekannt ist.
- Eine CO_2-Steuer kann man sinnvoll in den nicht vom Zertifikatehandel erfassten Bereichen einführen, damit auch dort sinnvolle Anreize zur Internalisierung negativer externer Effekte entstehen. Wie man das insbesondere in den wichtigen Bereichen Verkehr und Wohnungswirtschaft sinnvoll macht, ist allerdings bisher offenbar in Teilen der Politik eher unklar. Illusorische Zielsetzungen etwa in der deutschen Verkehrspolitik – erst 2 Millionen E-Autos bis 2020, dann 1 Million solcher Autos bis zu diesem Jahr, dann Ist-Wert kaum 100 000 – tragen zu Politikverdruss, Populismus und Klimaprotesten bei.
- Die CO_2-Steuereinnahmen geben Anreize für Innovationen, und zwar für neue emissionsarme Produkte und Produktionsverfahren. Einen Teil der Steuereinnahmen kann man zudem in erhöhte grüne Innovationsförderung lenken, also auch klimaschutzförderliche Innovationsprojekte. Da Klimaschutz eine globale Herausforderung ist, könnte man daran denken, auch grenzübergreifende Förderungen bei bestimmten Projekten zu organisieren. Mehr grüne Innovationen sind auch zu erreichen über ein Mehr an Gründerdynamik, vor allem wenn der Fokus auf umwelt- und klimafreundlichen Gründungen beziehungsweise Investitionsstrategien ist.
- Da die Erhöhung der Preise für klimafreundliche Produkte – in der Regel qualifikationsintensiv hergestellt, also unter Einsatz von relativ vielen qualifizierten Arbeitskräften – zu einer verstärkten Nachfrage nach Qualifizier-

ten in den Industrieländern führt, steigt die ökonomische Ungleichheit in diesen Ländern an: Die Ungelernten verzeichnen eine schlechtere Einkommensposition im Zeitablauf, denkbar ist auch, dass deren Einkommen in realer Rechnung zeitweise absolut sinken.

- Wenn man die Ungelernten in der Gesellschaft bei der Klimapolitik mitnehmen will, so sind angemessene politische Weichenstellungen notwendig; etwa verstärkte Initiativen zur Weiterbildung als Ansatzpunkt zur Begrenzung der ökonomischen Ungleichheit. Viele EU-Länder – und erst recht die USA – sind weit vom Spitzenwert der staatlichen Weiterbildungsausgaben von 0,5 % des Bruttoinlandsprodukts in Dänemark entfernt.

Wenn man grüne Innovationen fördert, so ergibt sich eine doppelte Internalisierung: Positive externe Effekte bei Innovationsdiensten werden internalisiert beziehungsweise es entstehen dank staatlicher Forschungsförderung mehr Innovationen als sonst. Da die Innovationsprojekte emissionsmindernd – insbesondere bei CO2-Emissionen – sind, führt die Anwendung der grünen Produkt- und Prozessinnovationen zu einer Internalisierung von negativen externen Klimaschadens-Effekten. In diesem Bereich könnten wohl alle Industrie- und Schwellenländer mehr leisten. In Deutschland sind Bund und Länder in der Forschungsförderung verstärkt gefragt, Ähnliches gilt in Österreich und der Schweiz mit Blick auf das Zusammenspiel von nationaler und regionaler Innovationsförderung. Schließlich sind alle EU- und G20-Länder gefragt.

Literatur

ASWATHY, V. N.; BOUCHER, O.; QUAAS, M.; NIEMEIER, U.; MURI, H.; MÜLMENSTÄDT, J.; QUAAS, J. (2015), Climate extremes in multi-model simulations of stratospheric aerosol and marine cloud brightening climate engineering, *Atmospheric Chemistry and Physics*, 15, 9593–9610, https://doi.org/10.5194/acp-15-9593-2015

BRETSCHGER, L. (2019), Malthus in the Light of Climate Change, CER-ETH – Center of Economic Research at ETH Zurich Working Paper 19/320

HÄRING, N. (2019), Experten-Kommission hält Klimarettung aus der Portokasse für möglich, Handelsblatt Online Edition, 28.04.19, letzter Zugriff am 17.07.2019, https://www.handelsblatt.com/politik/deutschland/umweltpolitik-experten-kommission-haelt-klimarettung-aus-der-portokasse-fuer-moeglich/24260878.html?ticket=ST-10234801-U7otBXQIoXKfZMeEqHWN-ap3

LENTON, T. M.; VAUGHAN, N. E. (2009), The radiative forcing potential of different climate geoengineering options, Atmospheric Chemistry and Physics Discussions 9, 2559–2608

LESCH, H.; ZAUN, H. (2008), Die kürzeste Geschichte allen Lebens, München: Piper

PETERS, G. P.; MINX, J.C.; WEBER C.L.; EDENHOFER, O. (2011), Growth in emission transfers via international trade from 1990 to 2008, Proceedings of the National Academy of the Sciences of the United States of America, 108(21), 8903-8908, https://doi.org/10.1073/pnas.1006388108

ROYAL SOCIETY (2009), Geoengineering the climate – Science, governance and uncertainty, The Royal Society, RS Policy Document 10/09, September, London

STERN, N. (2006), The Stern Review on the Economics of Climate Change, commissioned by Her Majesty's Government of the United Kingdom, published October 2006

6
Falsche Klimadebatte?

In der Öffentlichkeit gibt es eine teilweise sehr lebhafte, emotionale Debatte über Fragen der Erderwärmung und der Klimapolitik. Dabei streiten sich einige Gruppen vor allem über Faktenfragen. Wieder andere betonen, dass es um die Frage nach dem besten Weg in der Klimapolitik gehe; und noch andere zeigen zahlreiche Falschinfos in digitalen Medien auf oder auch die Widersprüche unzureichender Klimapolitik in Deutschland und Frankreich, wo die Regierungen beider Länder ihre jeweiligen Klimazielmarken in 2020 nicht erreichen. Das sind alles wichtige Punkte, aber die ganze Klimadebatte ist bislang falsch aufgehängt, da nicht bedacht und mitdiskutiert wird, dass Klimaschutzpolitik einen beschleunigten Strukturwandel in Europa, Asien und Nordamerika sowie weiteren Weltregionen erfordert – dass aber zugleich gerade dadurch die ökonomische Ungleichheit in fast allen Ländern absehbar zunimmt. Diese zunehmende Ungleichheit ist ein großes politisches Risiko in vielen Ländern und dürfte einerseits die Populisten-Stimmanteile zu mehren helfen. Andererseits könnte sie die Klimaschutzpolitik auf hintere Ränge auf der politischen Agenda vieler Länder drängen und damit die eigentlich notwendige globale Kooperationspolitik massiv erschweren.

Man sollte von daher bestimmten Ungleichheitsfragen in die theoretische und praktisch-politische Debatte einbeziehen – dies geschieht in der vorliegenden Studie erstmals –, da man sonst wohl beim Klimaschutz nicht wirklich erfolgreich sein kann. Da es nur ein Weltklima als internationales Kollektivgut gibt, sind Fragen der internationalen Kooperation ebenfalls wesentlich. Wegen der populistischen Trump-Administration in den USA, die das Land aus dem Pariser UN-Klimaabkommen von 2015 zurückgezogen hat, gibt es zunächst eine große Lücke. Selbst wenn man nicht auf die 196 anfänglichen Unterzeichnerstaaten des Pariser Abkommens setzen wollte, sondern den Fokus auf die G20-Länder richtet, so ist auch hier wieder einer der beiden wichtigsten Akteure, nämlich die USA, nicht dabei. Der Widerstand gegen das Annehmen der Analysebefunde der Klimaforschung – einer kleinen Gegenminderheit unter den Wissenschaftlern kann man kein Gewicht beimessen – mag auch in vielen Industrieländern bei Millionen Menschen erheblich sein: etwa bei den Besitzern von Diesel-Autos, die z. B. in Deutschland bei „älteren" Motoren (älter heißt oft: nur drei Jahre alt) nicht mehr in bestimmte Städte einfahren dürfen. Kein Diesel-Besitzer hört gern die Nachricht, dass man im falschen Auto sitzt und sich eigentlich jetzt für viel Geld ein neues Auto kaufen müsste.

Psychologisch naheliegend ist für manche eine innere Konfliktlösung, die da einfach heißt: Den menschengemachten Klimawandel gibt es ja vielleicht doch nicht und wenn der US-Präsident Zweifel hat, dann kann ich auch Zweifel haben. Aber Donald Trump ist erstens kein Wissenschaftler, sondern gelernter Bauunternehmer – er versteht einiges von Betonmischen, Immobilienprojekten und Twitternutzung, aber eine Kompetenz in Sachen Klima hat er nicht. Seine ganze Administration ist in vielen ökonomischen und ökologischen Bereichen deutlich unterbesetzt, sein Zynismus ist gelegentlich zudem ein Signal in sich: Etwa indem er einen Kohlelobbyisten zum Chef der US-Umweltbehörde ernannte. Das ist einfach dreist und für die USA auch dumm, denn voreingenommene Behördenleiter („politischer Top-Manager") ohne Kompetenz im Arbeitsfeld haben noch in keiner Behörde der Welt und auch in keinem Unternehmen je etwas Vernünftiges in Sachen Arbeit geleistet. Man kennt gelegentlich aus dem eigenen Umfeld den Ärger mit kompetenzmäßigen Fehlbesetzungen; und man kennt es aus amüsanten Theaterstücken, bei denen man herrlich lachen kann, da große Aufgaben und große Inkompetenz in der Kombination zu vergnüglichen Verwicklungen auf der Bühne führen. Im wahren Leben sind Fehlbesetzungen nicht vergnüglich, sie widersprechen natürlich dem Leistungsprinzip und auch dem verwaltungsmäßigen Kompetenzprinzip, das wirtschaftlich führende Staaten in der Regel beachten.

Zur Lösung des Klimaproblems braucht man einerseits eine vernünftige wissenschaftliche Analyse und in der Politik hinreichende, verlässliche Kooperation. Das Klimaproblem ist zunächst inhaltlich an der Erderwärmung – aber auch einigen anderen Indikatoren – festzumachen; die Messergebnisse über Jahrzehnte und Jahrhunderte seit etwa 1850 lassen an den Tendenzen keinen Zweifel: Das Problem ist da und es wird mit jedem Jahrzehnt ernster. Dem Klimaproblem entgegenwirken kann, abgesehen von politisch organisierten Eingriffen in die Wirtschafts- und Konsumweise, die in den Industrie- und Schwellenländern vorhandene Innovationsdynamik; ein Teil davon ist zufällig einerseits und absichtsvoll in manchen Bereichen andererseits „grüne Innovationsdynamik", nämlich klimaschutzförderlich. Wenn man an energie- und damit auch kosten- sowie emissionssparende neue Methoden der Betonproduktion oder der Stahlproduktion denkt, dann hat man eben sowohl die Kostensenkungsaspekte, die viele Anwender zu realisieren versuchen werden; aber man hat als zweite Seite der Medaille natürlich auch eine CO2-Emissionsminderung. Im Konsumbereich kann der Einzelne durch sein Verhalten auch zum Klimaschutz beitragen: Wer einmal weniger als bisher in der Woche Rindfleisch isst, der sorgt für weniger Rindfleischnachfrage und damit einer Verminderung der Kuh- und Rinderherden. Das bedeutet weniger durch kuhliche Verdauungsprozesse verursachten Methanausstoß, der wiederum besonders schädlich fürs Klima ist.

Die betroffenen Bauern werden dann weniger Rinder halten und vermutlich mehr in Geflügel- oder Schweinezucht investieren. Da es über sieben Milliarden Menschen auf der Welt gibt, kann fast jeder selber etwas für den Klimaschutz machen. Milliarden oder Millionen Einzelbeiträge stehen dann oft für einen großen globalen Effekt. Was beim Klimaschutz jedoch eine große ökonomisch-politische Herausforderung sein wird, ist die sich ergebende verschärfte Einkommensungleichheit. Der Klimaschutz schafft nicht so sehr mehr Ungleichheit zwischen den Ländern, also etwa einen Anstieg der Pro-Kopf-Einkommensunterschiede im Vergleich Norden zu Süden der Weltwirtschaft. Die Einkommensungleichheit steigt an innerhalb fast aller Industrie- und Schwellenländern, und zwar in der Form eines erhöhten Lohnvorsprungs der qualifizierten Arbeitnehmer. Dieser Lohnvorsprung steigt ohnehin längerfristig, und zwar aus zwei Gründen (siehe JAUMOTTE ET AL., 2008) – und dazu kommt dann noch die Klimaschutzpolitik (von mir hier betont):

- Es gibt weltweit einen in Sachen Arbeitsnachfrage (nach Qualifizierten relativ zu Ungelernten) bestehenden Verzerrungseffekt zugunsten der Qualifizierten: Immer mehr Informations- und Kommunikationstechnologie – IKT – wird eingesetzt in den Unternehmen und Behörden, sodass IKT-bedingt bei den Unternehmen strukturell die Nachfrage nach qualifizierten Arbeitnehmern zunimmt; dabei ist nicht ausgeschlossen, dass vielleicht eines Tages IKT-Anwendungen so standardisiert und einfach sind, dass man auch ohne große Bildung/Ausbildung Computer aller Art gut bedienen kann, aber es kann Jahrzehnte bis zu diesem dann für die Ungelernten wichtigen Punkt dauern (in den 1920er Jahren waren Elektromotoren soweit standardisiert und in der Nutzung vereinfacht worden, dass in den USA die Lohnprämien der Qualifizierten sanken).
- Wegen der Finanzglobalisierung, die weltweit sinkende Realzinssätze für Kreditnehmer bringt, haben diejenigen einen Vorteil, die entweder schon Vermögen – nutzbar als Sicherheit für einen zusätzlichen Bankkredit – haben oder ein relativ gutes Einkommen; in letzterem Fall kann man Eigenkapital ansparen und erhält dann eben einen gewünschten Immobilien-

oder Anschaffungskredit zu einem sehr günstigen Zinssatz bei der Bank. Die Ungelernten hingegen haben geringe Einkommen, oft zu wenig, um Eigenkapital anzusparen; und dann kann man natürlich auch nicht hoffen, von den günstiger gewordenen Krediten direkt selbst zu profitieren.
- Die weltweit steigende Nachfrage nach für den Klimaschutz wichtigen emissionsmindernden Produkten – sie sind in der Herstellung in der Regel qualifikationsintensiv – bedeutet nach dem Stolper-Samuelson-Theorem, dass die relativen Löhne der Qualifizierten ansteigen werden. Das bedeutet grundsätzlich, dass mehr Klimaschutz auch mehr ökonomische Ungleichheit im genannten Sinn hervorbringt. Wenn aber die Löhne der Ungelernten relativ sinken, dann gilt es seitens der Politik stärker als bisher zu überlegen, ob man möglicherweise über eine stärkere Besteuerung der Qualifizierten Zusatzeinnahmen erzeugen kann, damit man etwas höhere Transferzahlungen für Geringqualifizierte oder Ungelernte leisten kann; das sollte etwa in Deutschland machbar sein, wenn man bedenkt, dass der Anteil der Ungelernten an allen Arbeitnehmern bei 10 % bis 20 % (je nach Schätzung liegt). Schwieriger ist das schon in Frankreich, Italien und den USA, wo der Anteil der Ungelernten deutlich höher ist. Besser wäre es allerdings wohl, wenn der Anteil der Ungelernten sinken könnte.
- Im Fall zunehmender Ungleichheit wären staatliche – und auch private – Aktivitäten für mehr Weiterbildung sehr angebracht. Der Staat gibt in den USA und UK praktisch nichts für die Weiterbildung aus, in der Schweiz (immerhin fast immer bei Vollbeschäftigung) etwa 0,2 % des Bruttoinlandsprodukts, in Deutschland 0,25 % und in Dänemark gut 0,5 %. Dass Italien und Frankreich sowie die USA Probleme mit ihrem Bildungssystem dahingehend haben, dass ein hoher Anteil von Kindern intellektuelle Grundkenntnisse wie Lesen und Rechnen nicht richtig beigebracht bekommen, ist gemäß der nachfolgenden Grafik (Abbildung 18) im Übrigen offensichtlich . Dass mehr Aufwendungen für Bildung und Weiterbildung nicht zum Nulltarif zu haben sind, ist auch klar. Möglicherweise könnte man einen kleinen Teil von CO_2-Steuereinnahmen nutzen, um gerade auch Qualifizierungsprogramme für die Ungelernten zusätzlich aufzusetzen. Aus niederländischen Studien (FOUARGE/SCHILS/DE GRIP, 2013) ist bekannt, dass die Bildungsrendite Qualifizierter und Ungelernter in etwa gleich hoch ist, aber die Motivation zur Weiterbildung bei Ungelernten deutlich schwächer ist als bei Qualifizierten. Ohne ein besonderes Motivationsprogramm für mehr Weiterbildung gerade der Ungelernten und Geringqualifizierten wird man die Klimawende wohl nicht zustanden bringen. Denn wenn die Einkommensunterschiede in allen Industrieländern und

Schwellenländern nochmals deutlich durch die Klimaschutzpolitik zunehmen sollten, wird das eben auch politische Widerstände gerade bei den Geringverdienern gegen Klimaschutzmaßnahmen hervorbringen. Die Erde wieder in ein Nachhaltigkeitsgleichgewicht zu bringen und zugleich die soziale beziehungsweise politische Balance zu behalten, das ist die Kunst kluger Klimaschutzpolitik. Es bedarf also nicht nur vernünftiger Bepreisungen von CO2-Emissionen durch Zertifikatesysteme oder CO2-Steuern und natürlich auch bessere Förderung von Forschung & Entwicklung, es braucht auch eine durchdachte Weiterbildungspolitik; in Deutschland ist letzteres teilweise ein Aktionsfeld der Politik in Bund und Ländern, aber es geht häufig auch um die Träger der Mitbestimmung, die etwa in Tarifverträgen Weiterbildungsprogramme für alle vereinbaren könnten (die IG Metall hat in Deutschland hier eine gewisse Pionierarbeit geleistet, dazu kommen abertausende engagierte mittelständische Unternehmen, aber auch viele Großunternehmen – offenbar mit Bosch in manchen Betriebsstätten als Ausnahme; sogar ohne Ausbildungsaktivitäten).
- Ob die Wirtschafts- beziehungsweise Klimapolitik vernünftige Maßnahmen diskutiert, konzipiert und umsetzt, hängt von vielen Dingen ab. Eine wichtige Rolle spielen dabei die wissenschaftlichen Beiräte der Ministerien, die wissenschaftlich fundierte Analysen abgeben sollen, auf deren Basis die Politikakteure dann ihrerseits Handlungsalternativen auswählen, für die es politische Mehrheiten zu finden gilt. Zu den einflussreichen Beiräten im Klima- und Umweltbereich gehört der Wissenschaftliche Beirat der Deutschen Bundesregierung für Globale Umweltveränderungen (WGBU), der eine Reihe gewichtiger Gutachten und Studien veröffentlich hat – in 2019 allerdings mit einem recht ideologischen „Gutachten" zum Thema digitale Zukunft auffiel; außerdem sind in Deutschland der Sachverständigenrat für Umweltfragen und der „SVR Wirtschaft" einflussreich.

Der Anteil der Arbeitnehmer mit sehr geringen Qualifikationen ist in Italien, Spanien, Frankreich und den USA, Irland, Polen und UK relativ hoch, da der Anteil über 25 % liegt (Italien über 35 %). Von daher sind Qualifizierungserfordernisse gerade in diesen Ländern besonders wichtig; Deutschland ist auch nicht in einer sehr viel besseren Position. Wie man an Norwegen, der Slowakischen Republik, Niederlande, Finnland und Japan sehen kann, sollte es möglich sein, durch Verbesserungen im Bildungssystem den Anteil der sehr gering Qualifizierten auf etwa 15 % abzusenken (Abbildung 18). Die Klimaschutzmodernisierungsdekaden werden in jedem Fall mit verstärkter Nachfrage nach qualifizierten Arbeitskräften einhergehen. Die Zuwanderungsgesetze vieler OECD-Länder setzen schon entsprechende Akzente.

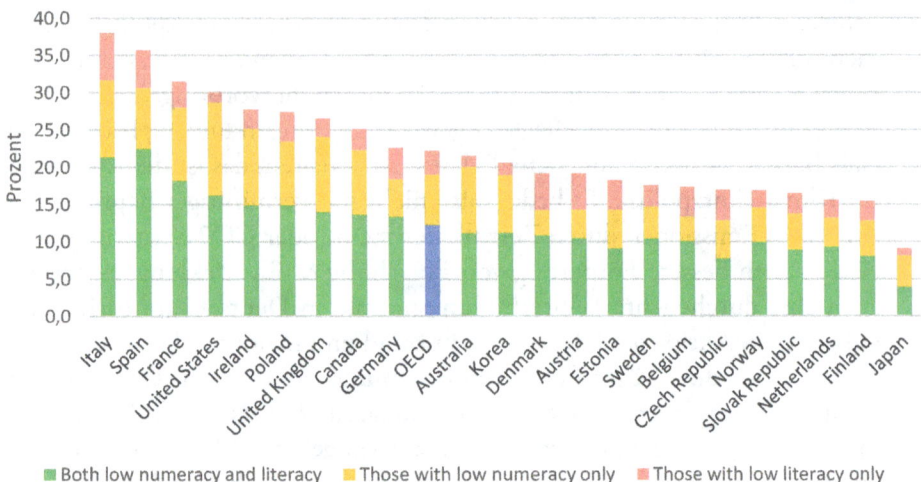

Abb. 18 Anteil der Unterqualifizierten (kann nicht rechnen oder nicht lesen; oder beides nicht) an den Arbeitnehmern in ausgewählten OECD-Ländern. (Quelle: Eigene Darstellung; Daten von OECD (2017), Abb. 38, S. 51, EIIW-Darstellung)

Note: working age adults refers to all adults aged 16-65. Data is from the year 2012. Low-skilled are defined as those who are below level 2 on either literacy or numeracy by the Survey of Adult Skills of the OECD Programme for the International Assessment of Adult Competencies (PIAAC). Low-skilled adults struggle with basic quantitative reasoning or have difficulty with simple written information. Data for Belgium refers to Flanders. Data for the United Kingdom are calculated as the population weighted average of England and Northern Ireland. The OECD aggregate is calculated as an unweighted average of 22 OECD countries (with the data for England and Northern Ireland combined by population weights) that participated in the first round of the Survey of Adult Skills.

Hinweis: Erwerbsalter ist bezogen auf die Altersgruppen 16 bis 65, alle Angaben für 2012.

Einige Klimapolitikakteure denken oft wenig über die Nebenwirkungen von mehr Klimaschutz und mehr grünen Innovationen nach und könnten sich plötzlich erheblichen gesellschaftlichen Widerständen quasi auf einem Nebengleis der großen Klimapolitik gegenübersehen; nämlich beim Thema ökonomische Ungleichheit – und dann könnte Klimaschutzpolitik auch politisch zerbrechen. In den USA jedenfalls gibt es gerade im Bereich der Ungleichheit große Probleme, da die untere Hälfte der Einkommensbezieher zwischen 1991 und 2014 einen massiven Rückgang des Einkommensanteils erlebt hat (von

21 % auf 13 % gefallen); und zwar viel stärker als dies im gleichen Zeitraum in Westeuropa der Fall war.

Von daher braucht dann erfolgversprechende Klimaschutzpolitik auch einen erweiterten Politik-Mix, mit dem man im Dreieck Nordamerika-Europa-Asien – oder auf G-20-Ebene – gestaltend oder kontrollierend eingreifen sollte. Dass man obendrein eine neuartige Kommunikationspolitik nutzen sollte, um eine stark fragmentierte Öffentlichkeit einzubeziehen, ergibt sich dabei als Zusatzbedingung. Einfach ist das insgesamt nicht, aber als machbar erscheint es schon, wenn man eine vernünftige Politikreihenfolge und einen stimmigen Politikmix umsetzt.

Literatur

FOUARGE, D.; SCHILS, T.; DE GRIP, A. (2013), Why Do Low-Educated Workers Invest Less in Further Training?, *Applied Economics*, 45 (18), 2587-2601

JAUMOTTE, F.; LALL, S.; PAPAGEORGIOUS, C. (2008), Rising Income Inequality: Technology, or Trade and Financial Globalization, IMF Working Paper WP/08/185, Washington DC

7
Schwierige Beiratsperspektiven der Deutschen Bundesregierung

Es fehlt der Deutschen Bundesregierung nicht an Beiräten in Sachen Klimaschutz. Dabei spielt der Wissenschaftliche Beirat der Bundesregierung Globale Umweltveränderungen (WBGU) eine sichtbare Rolle und manche interessanten Analysen finden sich auf der Website des WBGU. Allerdings sind die Formulierungen des WBGU gelegentlich enorm abgehoben und unverständlich für 99 % der Bevölkerung und vermutlich auch für viele Politiker: Das Gutachten „Unsere gemeinsame digitale Zukunft" (WBGU, 2019; im Internet verfügbar waren im Juni 2019 sonderbarer Weise nur die Zusammenfassung und das Kapitel 9 mit den Politikempfehlungen) ist ein solches Negativ-Beispiel, das Umwelt- und Philosophie- sowie Wirtschafts- und Digitalaspekte teilweise hochtrabend, ideologisch, unsystematisch, ohne vernünftigen Fachliteratur-Bezug und daher auch wenig sachkundig verknüpft. Auch wenn die Einleitung zum Gutachten schon auf den besonderen philosophischen Aufsatz hinweist und beim Leser eine gewisse Relativierung bei der Lektüre vorschlägt, so kann man kritisch anmerken:

- Die „gesamtphilosophische Analyse" kann nicht Aufgabe eines Umweltbeirates der Deutschen Bundesregierung sein; die präsentierten Analysen sind hochgradig ideologisch aufgeladen, inhaltlich wenig nachvollziehbar und zudem sind sie so überladen, dass hier in Wahrheit kein Beitrag zur politischen und gesellschaftlichen Debatte geleistet wird. Eigentlich kann man nicht einmal aus wissenschaftlicher Sicht dieses oberflächliche Digital-Gutachten kritisieren. Im Gegenteil, die WBGU-Analyse trägt wohl negativ zum Ansehen der Institution, der Deutschen Bundesregierung und auch negativ zum Verständnis der Bürgerschaft in Sachen Klimapolitik bei. Das Gutachten Unsere gemeinsame digitale Zukunft ist ein Tiefpunkt wissenschaftlicher Politikberatung in Deutschland, es ist eine Verschwendung von Steuergeldern und steht für die Geringschätzung der verantwortlichen Wissenschaftler (die das Gutachten schrieben) für die Leserinnen und Leser. Zeit ist bekanntlich auch ein wertvolles Gut.

- Von digitaler Analyse versteht der WBGU erkennbar nicht viel, was sich auch aus der Zusammensetzung des Gremiums – immerhin neun Mitglieder – einfach ablesen lässt. Den Stand der wissenschaftlichen Analyse zum Bereich Digitale Wirtschaft/Weltwirtschaft und Klimaschutz gibt die Studie nicht im Ansatz wieder (z. B. WELFENS/LUTZ, 2012; ITU, 2019), ein Einbeziehen der relevanten empirischen Analysen ist nicht erkennbar. Es gibt im WBGU fast keine Wissenschaftler/innen, die sich in ihren wissenschaftlichen Publikationen erkennbar mit Digitaler Wirtschafts- und Umweltdynamik beschäftigt haben; die Literaturliste ist völlig lückenhaft. Ein solches Gutachten sollte, sofern man übliche Standards der Wissenschaft und der wissenschaftlichen Beratung Ernst nimmt, in dieser Form nicht veröffentlicht worden sein. Man erweist dem Klimaschutz und der Umweltpolitik sowie dem Ansehen der Bundesrepublik Deutschland – und der Wissenschaft – keinen Dienst, wenn man ideologische, normative, spekulative Texte mit globalen politischen Hauptinhalten als angebliches wissenschaftliches Gutachten veröffentlicht. Man würde gern wissen, warum für ideologische Texte Steuerzahlergelder in welcher Höhe verausgabt wurden. Natürlich steht es den Wissenschaftler/innen frei, ihre politischen Sichtweisen außerhalb der WBGU als private Buchpublikation zu veröffentlichen. Aber, dass man in wesentlichen Teilen unwissenschaftliche Texte in neun Kapiteln unter der Überschrift WBGU publiziert, ist nicht akzeptabel und beschädigt Politik, Wissenschaft und Demokratie. Indem man nämlich für normative politische Thesen sich den erhabenen Mantel eines eigentlich angesehenen Regierungs-Beratergremiums umhängt, verschafft man sich unfairer Weise ein großes Zusatzgewicht in der politischen Diskussion – das läuft nicht auf eine offene demokratische Debatte zur Digitalen Zukunft und zum Klimaschutz, sondern auf eine Manipulation der Öffentlichkeit hinaus. Hier sind sicher Konsequenzen zu ziehen.

Man kann sich nur wundern, dass die Politik das Gutachten nicht zurückweist. Kapitel 9 insbesondere – als Text zu den Schlussfolgerungen – ist ein weithin realitätsferner, normativer Text, der seitenlang politisch-ideologische Sprüche und Wunschdenken formuliert: Für die Öffentlichkeit wie die Politik kann das kaum nützlich sein. Die Gutachter haben sich eine Thematik gestellt, die sie inhaltlich erkennbar nicht beherrschen und wo sie auch bei grundlegenden Problemen zum Thema keine vernünftige Analyse betreiben; so wird zwar zigfach betont, dass es zu viel ökonomische Ungleichheit gebe, die der Staat korrigieren solle, es werden aber zwei doch offensichtlich grundlegende Aspekte nicht thematisiert:

- Führt eine verstärkte Klimaschutzpolitik, die man politisch vermutlich in sehr vielen Ländern – und auch in Deutschland insbesondere – will, zu weniger Ungleichheit oder mehr Ungleichheit, wobei man Ungleichheit im Pro-Kopf-Einkommen (nach Kaufkraftparität) zwischen Ländern oder auch innerhalb von Ländern untersuchen müsste. Sofern verstärkte Klimaschutzpolitik zu einem verstärkten Außenhandel führt, dürften die Einkommensunterschiede zwischen den Ländern sich – gemäß dem Heckscher-Ohlin-Samuelson-Theorem – vermindern, wie dies auch die empirische Analyse von JAUMOTTE ET AL. (2008) gezeigt hat. Allerdings zeigten die Autoren auch, dass die Expansion von Informations- und Kommunikationstechnologienutzung in der Produktion zu einer relativ erhöhten Nachfrage nach Qualifizierten in praktisch allen Ländern führt, sodass in sehr vielen Ländern dann die ökonomische Ungleichheit ansteigt – definiert durch die Lohnrelation von Qualifizierten zu Ungelernten. Das wäre etwa ein offenbar wichtiger Analysepunkt zum Thema Ungleichheit und Digitale Wirtschaftsexpansion gewesen, aber im Gutachten liest man dazu nichts.
- Wenn es denn erhöhte Einkommensungleichheit in Industrie-, Schwellen- und Entwicklungsländern gerade im Zuge der digitalen Entwicklung beziehungsweise Expansion gibt, dann wäre zu fragen, ob und wie der Staat dem entgegenwirken kann. Immerhin gibt es z. B. eine Studie zu den Niederlanden (FOUARGE/SCHILS/DE GRIP (2013)), die empirische Evidenz dafür bietet, dass die Bildungsrenditen in Sachen Weiterbildung bei Ungelernten und Qualifizierten praktisch gleich hoch sind; dass allerdings Ungelernte besondere Motivationsprobleme beim Thema Weiterbildung haben (etwa, weil Angst vor Prüfungen in der Gruppe der Ungelernten relativ verbreitet ist). Daher wäre wiederum zu überlegen, wie man staatlicherseits oder durch gesellschaftliche Aktionen gerade auch Ungelernte in besonderer Weise zur Weiterbildung motivieren kann; etwa indem man seitens der Politik in den Bundesländern oder beim Bund oder bei der EU Pilotprojekte gerade in Sachen Weiterbildung von Ungelernten macht und Erfolgsfälle sinnvoll digital in sozialen Netzwerken und in herkömmlichen Medien kommuniziert. Über diesen Schritt könnte man dann Ungleichheit vermindern. Das wäre eine für die Politik interessante, in der Sache – zumindest wohl bei Industrieländern – fundierte Herangehensweise für Reformpolitik.

Was also liest die Leserschaft im WBGU-Gutachten (WBGU, 2019, S. 1) in der Zusammenfassung?

Dieses Gutachten stellt die bisher größte Herausforderung dar, der sich der WBGU seit seiner Gründung im Rio-Jahr 1992 gestellt hat: in intellektueller, in politischer und in ethischer Hinsicht. Denn der WBGU dehnt den Analyseraum über seinen Kernkompetenzbereich hinaus aus, weil das künftige Schicksal der planetarischen Umwelt massiv vom Fortgang der digitalen Revolution abhängen wird. Er mischt sich in einen gesellschaftlichen Diskurs ein, der immer hektischer geführt wird, weil es um die globale Innovationsführerschaft im 21. Jahrhundert geht. Und er versucht, Antworten auf Kernfragen zu finden – Fragen nach der mittelfristigen Zukunft, ja sogar nach dem schieren Fortbestand des Anthropos auf der Erde. Nur wenn es gelingt, die digitalen Umbrüche in Richtung Nachhaltigkeit auszurichten, kann die Nachhaltigkeitstransformation gelingen. Digitalisierung droht ansonsten als Brandbeschleuniger von Wachstumsmustern zu wirken, die die planetarischen Leitplanken durchbrechen. Nachhaltigkeitspioniere müssen die Chancen von Digitalisierung nutzen und zugleich deren Risiken einhegen. Ignorieren oder vernachlässigen diejenigen, die versuchen, Nachhaltigkeitstransformationen voranzubringen, die Digitalisierungsdynamiken, wird die Große Transformation zur Nachhaltigkeit auf der Strecke bleiben. Der WBGU plädiert also für die Fortsetzung und Beschleunigung der Großen Transformation mit digitalen Mitteln. Zudem wird deutlich, dass Digitalisierung unsere Gesellschaften so tiefgreifend verändern wird, dass auch unser Nachhaltigkeitsverständnis radikal weiterentwickelt werden muss. Der WBGU zeigt Richtungen für die nächste Generation von Nachhaltigkeitsparadigmen auf und geht dabei weit über die Perspektiven der Agenda 2030 hinaus.

Einen solchen Epochenbruch in der Menschheitsgeschichte einzuordnen und zugleich handfeste Politikberatung zu betreiben, ist ambitioniert und spannungsgeladen. Doch selbst wenn man mit manchen Einschätzungen dieser grundlegenden Veränderungen danebenliegen sollte, kann dies nutzbringend sein, indem man ein wenig Licht auf die Wege vorauswirft, welche Kundigere nun rasch beschreiten sollten.

Dies ist gewissermaßen eine Warnung: <u>Dieses Gutachten des WBGU versucht, eine Ganzheitsbetrachtung der Digitalisierung im Kontext der nachhaltigen Entwicklung unserer vielfach bedrohten Zivilisation zu leisten, die bisher kaum vorliegt. Dies ist ein enormer Anspruch, der – wenn überhaupt – nur mit Schwächen, Verallgemeinerungen und Auslassungen erfüllt werden kann. Entsprechend ist das Gutachten zu lesen</u> [Unterstreichung des Autors]*.*

Um aber eine wohlwollende und gewinnbringende Rezeption zu erleichtern, weicht auch der Aufbau dieses WBGU-Gutachtens vom Üblichen ab: Der eigent-

lichen Zusammenfassung ist diesmal ein erzählerischer Essay vorangestellt. Dieser versucht nicht nur den Gedankenbogen des Gutachtens vorzuzeichnen, sondern auch die immense thematische Landschaft anzudeuten, die neben lichten Ebenen und sich abzeichnenden neuen Möglichkeitsräumen für Nachhaltigkeitsreformen auch tiefe Abgründe umfasst. Das Narrativ handelt auf diesem Terrain von den digitalen Möglichkeiten und Gefährdungen der Bewahrung dessen, was die Evolution bis zum Eintritt der Erde ins Anthropozän hervorgebracht hat, und von der denkbaren Schöpfung neuer digitaler Wesenheiten beziehungsweise der möglichen Substitution humaner durch maschinelle Intelligenz. Danach folgt eine Zusammenfassung der Kernbotschaften des Gutachtens, der einzelnen Kapitel sowie der Handlungs- und Forschungsempfehlungen.

Manche dieser Gefährdungen sind unumstritten (z. B. Disruptionen auf den Arbeitsmärkten), die Größenordnung der Veränderungen ist jedoch offen. Die Eintrittswahrscheinlichkeiten anderer Systemrisiken sind signifikant (z. B. Überschreitung planetarischer Leitplanken, digitaler Autoritarismus, weiterer Machtzuwachs großer Digitalunternehmen), während andere Eintrittswahrscheinlichkeiten aus heutiger Sicht eher niedrig sind (z. B. Akzeptanz von Human Enhancement zur Schaffung eines optimierten Homo sapiens). Doch auch letztere Systemrisiken sind nicht zu vernachlässigen, denn würde der Schadensfall eintreten, hätten sie umfassende Auswirkungen auf die Zukunft der Zivilisation. Der WBGU identifiziert Systemrisiken im Digitalen Zeitalter wie die folgenden:

- *Überschreitung planetarischer Leitplanken durch digital getriebene, ressourcen- und emissionsintensive Wachstumsmuster.*
- *Entmachtung des Individuums, Gefährdung der Privatheit und Unterminierung digitalisierter Öffentlichkeiten durch digital ermächtigten Autoritarismus beziehungsweise Totalitarismus.*
- *Unterminierung von Demokratie und Deliberation durch normativ und institutionell nicht eingebettete automatisierte Entscheidungsunterstützung oder -findung.*
- *Dominanz von Unternehmen, die sich staatlicher Kontrolle entziehen, angetrieben durch weitere datenbasierte Machtkonzentration.*
- *Disruption der Arbeitsmärkte durch umfassende Automatisierung datengetriebener Tätigkeiten und Gefahr zunehmender „Irrelevanz der menschlichen Arbeitskraft" für die Wirtschaft.*
- *Vertiefte Spaltung der Weltgesellschaft durch eingeschränkten Zugang und Nutzung digitaler Potenziale hauptsächlich durch wohlhabende Minderheiten der Weltgesellschaft.*
- *Missbrauch der Technisierung des Menschen auf Grundlage von Human-Enhancement-Philosophien und -Methoden.*

Es ist zudem wichtig, sich zu vergegenwärtigen, dass die digitalen Umwälzungen auf Gesellschaften treffen, die bereits durch Globalisierung, den Aufstieg neuer Mächte, Fluchtbewegungen und autoritäre Populismen verunsichert sind. Die Bugwellen der Digitalisierung treffen zusammen mit der aktuellen Krise Europas und des Westens sowie mit Frontalangriffen gegen eine kooperations- und regelbasierte multilaterale Weltordnung. Die Systemrisiken des Digitalen Zeitalters könnten sich mit den bereits existierenden Fliehkräften in vielen Gesellschaften verschränken und diese verstärken.

Das Ganze ist nicht solide und ideologisch geladen.

Literatur

FOUARGE, D.; SCHILS, T.; DE GRIP, A. (2013), Why Do Low-Educated Workers Invest Less in Further Training?, *Applied Economics*, 45 (18), 2587-2601

ITU (2019), Turning digital technology innovation into climate action, International Telecommunication Union, Geneva

JAUMOTTE, F.; LALL, S.; PAPAGEORGIOUS, C. (2008), Rising Income Inequality: Technology, or Trade and Financial Globalization, IMF Working Paper WP/08/185, Washington DC

WBGU-Wissenschaftlicher Beirat der Bundesregierung Globale Umweltveränderungen, (2019), Unsere gemeinsame digitale Zukunft, Zusammenfassung, Berlin: WBGU, https://www.wbgu.de/de/publikationen/publikation/unsere-gemeinsame-digitale-zukunft#sektion-1

WELFENS, P. J. J.; LUTZ, C. (2012), Green ICT dynamics: key issues and findings for Germany, Mineral Economics, Vol. 24(2), 155-163

Teil II
Was könnten Politik, Wirtschaft und Verbraucher leisten?

8
EU-Klimaschutz, Instrumente und internationale Kooperationsaspekte

Die EU hat bei Energie und Industrie, also bei etwa der Hälfte der Produktion, einen CO_2-Zertifikatehandel. Wie man den in der EU deutlich und zügig für alle EU-Mitgliedsländer – etwa bei Transport und Wohnungswirtschaft – ausbaut, ist vorläufig nicht zu erkennen; die Ablehnung der Kandidatur von Frau von der Leyen für die Position des Kommissionspräsidenten ist ein Signal aus dem Europäischen Parlament, dass Umwelt- und Klimathemen bei den Wahlen trotz gestärkter Grünen-Fraktion in der EU nicht im Vordergrund stehen dürften. Das wiederum dürfte die Neigung der EU28-Länder mindern, beim Klimaschutz aktiv zusammen zu wirken. Nachfolgend sind relevante Alternativen, möglicherweise auch im Paket realisiert, aufgeführt (siehe Abbildung 19):

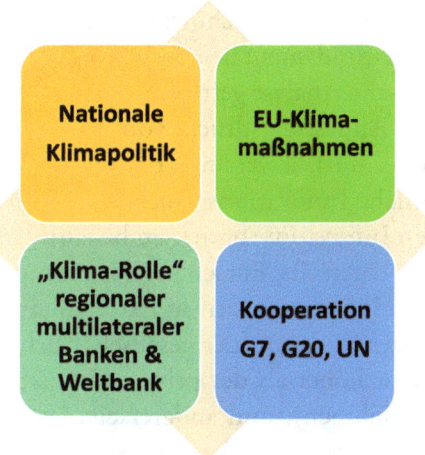

Abb. 19 Ansatzpunkte nationaler Klimapolitik und ergänzender Politikansätze. (Quelle: Eigene Darstellung)

© Springer Fachmedien Wiesbaden GmbH, ein Teil von Springer Nature 2019
P. J. J. Welfens, *Klimaschutzpolitik – Das Ende der Komfortzone*,
https://doi.org/10.1007/978-3-658-27884-7_8

- Eine Ausweitung des CO2-Zertifikatehandels kann durchaus nur für eine Teilgruppe von Ländern erfolgen, etwa für die Länder der Eurozone; im Grenzfall auch nur für Deutschland und Frankreich (sofern man nicht einfach nur einen nationalen Emissionszertifikatehandel realisieren will).
- Eine mögliche Vorgehensweise kann auch darin liegen, dass EU-Länder und etwa Japan, Korea und andere Länder eine Integration im Sinn eines gemeinsamen Zertifikatehandels verabreden, das wird in jedem Fall – bei vorgegebenen Mengenzielen – zu geringeren Kosten beim Klimaschutz für die beteiligten Länder und Industrie führen.
- Ein mögliches Problem bei einer Ausweitung und Internationalisierung des Emissionszertifikatehandels liegt darin, dass die Volatilität des Zertifikatepreises und damit auch der Aktienkurse in den beteiligten Ländern zunehmen könnte, was auf eine Erhöhung der Risikoprämie für Investitionen und für Innovationsprojekte hinausliefe: Eine höhere Volatilität des Zertifikatepreises kann sich im Zuge etwa von eigenständigen Übertragungseffekten von Finanzmarktvolatilität auf die Volatilität der Zertifikatepreis ergeben, soweit nämlich Firmen oder Banken Zertifikate auch spekulativ im Rahmen portfoliotheoretischer Investitionsmodelle kaufen. Allerdings kann auch das Gegenteil eintreten, da man im Zuge von integriertem Zertifikatehandel auch eine größere Liquidität in den erweiterten Zertifikatemärkten erwarten könnte, sodass die Volatilität der Emissionszertifikate sinkt. Davon wiederum könnten auch geringere Aktienkursvolatilitäten ausgehen, soweit die Aktivierung von überschüssigen Zertifikaten in börsennotierten Unternehmen unter fundamentalen Bewertungsaspekten betrachtet wird. Hier ist eine empirische Analyse gefragt.
- Der ökonomische Anpassungsdruck von erweitertem Zertifikatehandel kann in Ländern vermutlich verringert werden, wenn zugleich verstärkte klimaschutzförderliche Innovationsprojekte gefördert werden – hier gibt es bei entsprechenden Innovationsprojekten bekanntlich eine doppelte positive Externalität, da einerseits Forschungsförderung in einem bestimmten Ausmaß durch die Höhe der positiven Externalität bei Innovationsprojekten gerechtfertigt werden kann (der gesellschaftliche Grenznutzen der grünen Innovationen ist höher als der private Grenznutzen für die jeweiligen forschenden Unternehmen); und andererseits ist mit klimaschutzförderlichen Innovationsprojekten bei der Anwendung eine Verminderung der Klimaschadenseffekte durch die Anwendung von solchen entsprechenden Innovationen zu erwarten, was indirekt natürlich den Preisauftrieb bei den Emissionszertifikaten mindert und daher die Kosten des Klimaschutzes via Emissionsminderung absenkt.

Von daher ist zu untersuchen, wie sich die Volatilität der Emissionszertifikatepreise in der EU im Zeitablauf entwickelt hat und wie diese Schwankungsintensität der CO2-Zertifikatepreise in Verbindung zur Aktienkurs-Schwankungsintensität steht.

EU-Zielsetzungen, Klimapolitik-Konzeption und Klimaschutzprobleme

Die EU hat sich als Ziel gesetzt, bis 2020 die CO2-Emissionen gegenüber 1990 um 20 % zu senken. Dieses Ziel wird wohl erreicht werden, da man 2017 schon bei −22 % stand (Eurostat, 2019, Greenhouse Gas Emission Statistics − Emission Inventories); 2030 will man bei −40 % stehen, wobei das Vergleichsjahr wiederum 1990 ist. Die EU erreicht Emissionsminderungsziele durch zwei Konzeptionselemente der Klimapolitik:

- Im Emissionshandelssektor (Energiesektor und Industrie), der 45 % der CO2-Emissionen abdeckt, gibt es ein Emissionszertifikate-Handelssystem, das über einen CO2-Zertifikatemarktpreis Anreize zur Emissionsminderung und entsprechenden Innovationen der Unternehmen gibt. Firmen mit solchen Innovationen haben selbst dann oft einen Zertifikateüberschuss, der im EU-Zertifikatemarkt verkauft werden kann.
- Außerhalb des Emissionshandelssektors gibt es besondere Maßnahmen („Effort-Sharing Decisions") für einzelne Sektoren, die als Vergleichsjahr 2005 haben und seit 2013 Emissionsminderungen durch nationale Maßnahmen oder EU-weite Vorgaben geben: etwa bei Verbrauchsminderungsvorgaben für die produzierte Autoflotte von Autofirmen. Zielvorgaben sind bis 2030 gesetzt. Aus ökonomischer Sicht ist diese Vorgehensweise wenig sinnvoll und relativ ineffizient − z. B. sichtbar in einer unnötigen Verteuerung von Autos, wo die Senkung der Emissionen um eine Tonne CO2 enorm teuer ist im Vergleich mit anderen Sektoren. Es wäre viel besser, den Emissionshandelssektor − Kalifornien folgend − auf 85 % der CO2-Emissionen in der EU auszuweiten; vermutlich wären auch 90 % machbar. Jedenfalls ist der Emissionszertifikatehandel ein sehr zielsicheres, einfaches und effizientes, also kostengünstiges System: Der Staat gibt vor, um wie viel jährlich die CO2-Menge sinken soll; das ist allerdings eine kritisch wichtige Zahl mit Blick auf das Zieljahr 2050 in Sachen Klimaneutralität (das wird hier als −90 % im Emissionsniveau gegenüber 1990 interpretiert). Den Rest

müssen die vom Zertifikatehandel betroffenen Unternehmen unter sich durch Verkauf und Kauf von Emissionszertifikaten ausmachen, wobei die meisten Unternehmen auch auf CO2-mindernde Innovationen setzen werden. Am Markt bildet sich ein entsprechender Marktpreis, der zugleich auch angibt, wie hoch die Kosten der Vermeidung einer (zusätzlichen) Tonne CO2 ist. 2019 lag in der EU beim Zertifikatehandel der Zertifikatepreis bei etwa 27 €/Tonne CO2. Wenn also die EU-Kommission den Autokonzernen wegen Klimaschutz Senkungen des Kraftstoffverbrauches aufdrückt, deren Kosten 150 €/Tonne CO2-Minderung bedeutet, so ist das ineffizient: Die Kosten zahlen die Autofahrer über unnötige hohe Auto-Preiserhöhungen. Unklar ist im Übrigen wohl, was man mit der lobbymäßig sehr stark organisierten Landwirtschaft machen soll, die 1 % der EU-Wertschöpfung darstellt, aber 10 % der Emissionen. Im Prinzip müsste man die Rinderhaltung durch eine Strafsteuer verteuern, da Kühe große Mengen Methan bei der Verdauung ausstoßen, wobei eine Mengeneinheit Methan 25 Mal so klimaschädlich ist wie eine Mengeneinheit CO2. Bei einer CO2-Steuer für die Landwirtschaft wäre Rinderhaltung weniger lohnend, den Anreiz zur Ermittlung von Futtermitteln, die weniger Methanausstoß bei Kühen zur Folge haben, wäre hoch. Die EU-Kommission hat, wohl auch dem Druck der EU-Mitgliedsländer folgend, seit 2013 eine wenig sinnvolle Klimapolitik betrieben (eingebettet in die sogenannte EU-Wachstumsstrategie), da man keine Ausweitung des CO2-Zertifikatehandels vorgenommen hat. Dabei zeigt Kalifornien seit 2015, dass 85 % Abdeckung der CO2-Emissionen problemlos geht; und der Preis eines CO2-Zertifikats in 2018/2019 in Kalifornien war niedriger als in der EU. Sobald man in der EU wirklich den Zertifikatehandel auf 85 % oder 90 % ausgeweitet hat, kann man fast alle die bestehenden sektoralen Politikeingriffe unterlassen. Es gibt dann einen positiven Realeinkommenseffekt für fast alle Haushalte, da effiziente Politik die bisher relativ ineffiziente ersetzt. Der Transportsektor in der EU sollte unbedingt binnen weniger Jahre in den Zertifikatehandel einbezogen werden. Herkömmliches Benzin wird dann teurer werden, Strom müsste eigentlich billiger werden, wenn der technische Fortschritt bei den Erneuerbaren Energien weltweit wie in der Dekade nach 2008 vorangeht. Wenn Strom billiger wird, so gibt es einen „Rebound-Effekt" bei stromnutzenden Fahrzeugen, Maschinen und Geräten. Rebound meint einen gewissen Schaukelstuhleffekt: Wenn z. B. Strom billiger wird, dann lohnt es sich für Unternehmen mehr als bisher, strombetriebene Maschinen oder strombasierte Internetdienste zu nutzen. Dann steigt der Stromverbrauch wieder ein wenig an.

In ihrer Handelspolitik hat die EU Klimaschutzziele bislang kaum berücksichtigt. So kann man den EU-Mercosur-Freihandelsvertrag von 2019 kritisieren (noch nicht ratifiziert), da er Brasilien und anderen Mercosur-Ländern große Anreize gibt, den Fleischexport künftig zu erhöhen. Damit aber entstehen eben verstärkte Anreize für Brandrodung der Amazonas-Wälder, woran eigentlich wohl weder die Mehrheit der Menschen in Brasilien noch in der EU ein langfristiges Interesse hat. Jedenfalls wäre es vernünftig, bei Freihandelsverhandlungen Klimaschutzaspekte sorgfältig einzubauen. Selbstverständlich ist es politisch-psychologisch im Übrigen unpassend, wenn die EU sich gegenüber Brasilien quasi-kolonial in Sachen Amazonas-Waldschutz aufspielen wollte. Es wäre besser, die führenden globalen Wald-Länder – fast alle in der G20 – in ein globales Waldschutzprojekt einzubeziehen. Vermutlich klingt es ein wenig abstrakt: Was die Niederlande in ihrem regional kooperativen Poldermodell des Hochwasserschutzes vorbildlich schon seit dem 17. Jahrhundert praktizieren, das sollten im Kontext globaler Wald- und Klimaschutz eben die G20Plus-Länder ab 2025 erreichen. Wichtig ist, dass hier keine kurzfristigen Eingriffe der Politik einzelner Länder erfolgt, sondern dass man eine langfristige Konzeption hat, die man gemeinsam im Zeitablauf weiter entwickelt. Dabei könnten G20-Länder auch gemeinsame Forschung anschieben, etwa bei Passiv-Immobilien für Verwaltungszwecke. Neugebaute Verwaltungsgebäude sollten mindestens ein Passiv-Haus sein, möglicherweise über Solarstromproduktion sogar ein Negativ-Energiehaus. Hierzu ließen sich auf EU- und OECD-Ebene wie auf G20-Ebene sicher leicht sinnvolle Arbeitsgruppen entwickeln und Modellprojekte fördern.

9
Vorbehalte gegenüber Klimaschutzproblemen

Nicht alle Analysen der Klimaforschung sind ohne Zweifel und gelegentlich verwirrten auch Irrtümer bei der Forschung die Debatte. Aber die vielen Hunderten Ozeanographen, Geologen, Physiker, Chemiker, Biologen, Ökonomen und Mathematiker, die Analysen beigetragen haben, konnten insgesamt ein recht klares Bild der Erderwärmung zeichnen, die sich nicht durch natürliche Temperaturschwankungen oder zufällige Änderungen der Sonnenaktivität erklären lassen, sondern auf menschengemachte Ursachen klar hindeuten. Die Verbrennung von CO_2 über zwei Jahrhunderte auf der Erde hat ihre Spuren hinterlassen. Zum Thema Forschungsirrtümer: Vor einigen Jahren führte ein Zahlendreher, ungeprüft vom IPCC (UN-organisierte Forschergruppe Intergovernmental Panel for Climate Change) aus einer Veröffentlichung übernommen, zu einiger Aufregung. Statt 2350 als Berechnung eines russischen Klimaforschers zum möglichen Abschmelzzeitpunkt der Himalaja-Gletscher infolge Erderwärmung war zu lesen, dass 2035 solches Unheil drohte. Immerhin wurde nach einigen Monaten dieses Problem entdeckt und korrigiert. Es ist natürlich kritisierenswert, dass der IPCC unkritisch eine Sekundärquelle mit einem sehr unplausiblen Befund übernahm.

Für Nachrichten im TV oder auch in Zeitungen gilt der alte Satz „Bad News is Good News". So kann aus der Medienwelt mit ihrem Eigeninteresse an hohen Einschaltquoten und Leserzahlen – Ähnliches kann in der digitalen Welt geschehen – eine Übertreibungstendenz entstehen. Bei Berichten zur Erderwärmung ist nicht mehr und nicht weniger eine kritische Perspektive anzuwenden wie in anderen Feldern der Wissenschaft. Die überwiegende Mehrheit der klimabezogenen Analysepapiere bejaht, dass die Erderwärmung im Wesentlichen menschengemacht ist. Ein bekannter deutscher Ozeanograph wurde vor einigen Jahren von einer TV-Nachrichtenredaktion angerufen: Man sei an einem Interview interessiert, zumal ja das Sommerwetter so heiß sei; da käme bei der Zuschauerschaft das Thema Klimaerwärmung ja automatisch auf den Aufmerksamkeitsradar – und sicher seien ja neue bedrohlichere Zahlen zur Klimaentwicklung zu vermelden. Der Ozeanograph verwies darauf, dass Wetter als kurzfristiges Phänomen nicht dasselbe wie Klima sei und betonte, dass die Modellierungsergebnisse keine schlechteren Werte als bisher bekannt in der mittel- und langfristigen Prognose ergäben. Es kam kein TV-Interview zustande.

Übertriebene Befürchtungen in wichtigen Politikfeldern sind im Übrigen auch unangebracht. So besagt das berühmte Hotelling-Modell für nichterneuerbare Ressourcen, dass aus einem intertemporalen Gewinnmaximierungskalkül des Besitzers einer Öllagerstätte im Gleichgewicht gelten muss: Ölpreis minus Förderkosten einer – zusätzlichen – Einheit der Ressource mal Zinssatz = (erwartete) Steigerungsrate des Preises der natürlichen Ressource. Die Idee ist mit Blick auf die letzte gerade noch jetzt geförderte Ressourceneinheit einfach: Der Cash-flow (Differenz von Ölpreis und Stückförderkosten) multipliziert mit dem Zinssatz, den man auf der Bank für den Cash-Flow aus der gerade aktuell geförderten Einheit erhalten könnte, muss eben gerade gleich sein der Ölpreissteigerungsrate; letztere entspricht gerade der realisierbaren Rendite für eine zusätzlich noch im Boden gelassenen Ressourceneinheit. Falls man den ziemlich realitätsfernen Fall von Null Förderkosten betrachtet, wird daraus der Satz: Der Angebotspreis der natürlichen Ressourcen steigt jedes Jahr an und zwar in Höhe des Nominalzinssatzes auf Staatsanleihen. Wenn man von der unnormalen Zinssituations-Dekade in den westlichen Ländern nach der Bankenkrise 2008 abstrahiert (mit zeitweise Zinssätzen von Null oder gar Negativ-Zinssätzen), so bedeutet das offenbar, dass man einen unentwegten Anstieg etwa der Ölpreise zu erwarten hätte. Das ist aber so nicht der Fall. Denn man muss unter anderem Bedenken, dass es auch in der Ölförderung technischen Fortschritt gibt und dass es auch energiesparende Innovationen in vielen Industrien geben mag.

Die traditionelle Politik hat sich in manchen Feldern angewöhnt, Versprechungen gegenüber der Wählerschaft zu machen, ohne dass man ernsthaft entsprechende Ergebnisse zum angekündigten Zeitraum liefert. Das ist in der Klimapolitik global sicher ein Problem insofern, als ja mindestens die G20-Länder als relevante Großakteure für deutliche Verbesserungen beim Klimaschutz notwendigerweise zu mobilisieren sind. Aber bei der nationalen Zielsetzung und den nationalen Politikergebnissen fällt es natürlich auf, wenn Zwischenziele – etwa für 2020 – von Deutschland deutlich verfehlt werden und im Übrigen auch von der EU insgesamt nicht erreicht werden. Weniger als jedes sechste EU-Land wird 2020 feststellen können, dass man die nationalen Ziele erreicht hat. Im Internet-Zeitalter muss jedoch die Politik zumindest national mit massiver digital vernetzter Kritik rechnen, wenn gerade bei dem für junge Menschen sehr wichtigen Klimathema die Politik große Versprechungen macht und dann große Zielverfehlungen realisiert. Wer als Regierung 2 Millionen Elektroautos bis 2020 verspricht (Bundesregierung in Deutschland) und gerade mal etwa 100 000 elektrische Fahrzeuge hinbekommt, der kann rasch in ernste Glaubwürdigkeitsprobleme geraten. Solche Probleme bedeuten, dass die Ankündigungspolitik der Regierung weniger durchschlagskräftig sein wird. Jede Untererfüllung von Klimaschutzzielen untergräbt die Glaubwürdigkeit der Politik insgesamt; von daher kann eine Zunahme politischer Glaubwürdigkeitsprobleme insgesamt zu einer ökonomischen Systemkrise mangels reduzierter Politikeffektivität führen. Es gilt also auch hier, dass es bei der Klimapolitik eben nicht nur um Klimapolitik geht.

Sachverständigenrat für Umweltfragen: Strompreisaufschläge zu hoch

Im Jahresgutachten des Sachverständigenrates für Umwelt (in Deutschland) wird darauf hingewiesen, dass es keine widerspruchsfreie CO_2-Bepreisung etwa für Strom, Diesel, Benzin und Erdgas gibt. Dabei kann man allerdings bei Benzin und Diesel bisher argumentieren, dass die Mineralölsteuern indirekt zur Finanzierung des Straßensystems in Deutschland dienen. Wenn allerdings im Bereich der Mobilität durch E-Autos, E-Busse und E-Lastkraftwagen die genannten Energieträger alle enge Substitute werden, dann sind sehr unterschiedliche CO_2-Belastungen der Energieträger ein Problem, das zu Ineffizienzen führt. Jedenfalls erscheint mit einem CO_2-Preis von 181 €/Tonne CO_2 der Strom (der Haushalte) zu hoch besteuert zu sein, nämlich viel höher als bei Diesel, Benzin und Erdgas. Der Strompreisaufschlag ist nahe an den vom Umweltbundesamt geschätzten Schädigungskosten einer Tonne CO_2, was erst recht widersprüchlich ist, da die anderen CO_2-Bepreisungen weit weg von der relevanten Größenordnung sind. Allerdings ist auch anzumerken, dass bei vernünftiger Innovationsförderung zur CO_2-Minderung die (marginalen) CO_2-Schadenskosten deutlich absinken sollten. Der SRU (Sachverständigenrat für Umweltfragen, 2019, S. 202) schreibt:

Die Bepreisung ist nicht konsistent an Energiegehalt und CO_2-Emissionen ausgerichtet: So ist die energiebezogene Belastung auf elektrischen Strom mit 13,6 ct/kWh (2018) deutlich höher als auf Kraftstoffe (Benzin 9,8 ct/kWh und Diesel 6,8 ct/kWh) und Heizstoffe im Wärmesektor (leichtes Heizöl 1,7 ct/kWh und

Erdgas 1,5 ct/kWh) (ebd., S. 217). Auch in Bezug auf die beim Energieverbrauch entstehenden CO2-Emissionen ergibt sich keine einheitliche Belastung über die verschiedenen Energieträger: Erneut sind Heizstoffe mit Abstand am geringsten belastet. So liegt die Belastung auf den elektrischen Strom bei rund 181 €/Tonne CO2, für Benzin bei 276 €/t und Diesel bei 177 €/t. Heizöl und Erdgas sind dagegen mit rund 23 und rund 27 €/t sehr gering belastet (ebd., S. 218).

Dies führt – insbesondere im Zuge der zunehmenden Sektorkopplung – zu volkswirtschaftlichen Ineffizienzen und Verzerrungen im Energiesystem. So werden durch die derzeitige Energiebesteuerung kaum Anreize für eine flexible und energieeffiziente Nutzung erneuerbaren Stroms im Wärmesektor gegeben (ebd., S. 219). Angesichts der Klimaziele des Klimaabkommens von Paris, der europäischen und deutschen Energie- und Klimaziele, der entsprechenden knappen verbleibenden Emissionsbudgets und der noch relativ umfangreichen Vorräte fossiler Energieträger ist nicht zu erwarten, dass die notwendigen Anreize und Energiepreissignale vom Markt ausgehen werden. Daher ist es erforderlich, dass der Staat verstärkt eine steuernde Rolle einnimmt (SRU, 2017b, S. 122; 2013b, S. 6).

SVR für Umweltfragen: Neuer Rat für Generationengerechtigkeit

Der Sachverständigenrat für Umwelt hat in einem Sondergutachten Ende Juni 2019 gefordert, einen neuen Rat für Generationengerechtigkeit bei der Deutschen Bundesregierung einzusetzen, der für zwölf Jahre je zur Hälfte von Bundestag und Bundesrat gewählt werden solle und insbesondere Sachverstand in den Bereichen Umwelt-, Sozial- und Wirtschaftspolitik mitbringen sollte. Der neue Rat soll die Macht haben, über ein Veto Gesetzesvorhaben für maximal drei Monate zu stoppen – das Mitglied des Rates Lamia Messari-Becker, Professorin für Gebäudetechnologie und Bauphysik, Universität Bielefeld, spricht sich allerdings gegen eine solche Schwächung des Parlaments aus. In der Gutachten-Kurzfassung ist dieser Vorbehalt nicht zu lesen. In der Frankfurter Allgemeinen Zeitung (PENNEKAMP, 2019) heißt es, dass der Einwand von Messari-Becker nur in der Langfassung zu lesen sei, wo es heißt, dass der Inhalt der abweichenden Auffassung „zum Bedauern der anderen Ratsmitglieder erstmalig im Zuge der finalen Gutachtenabstimmung vorgelegt" wurde und daher im Rat nicht mehr debattiert werden konnte, sondern nur zur Kenntnis genommen wurde. Frau Messari-Becker widersprach in einer Stellungnahme: „Die Darstellung des Rates ist unwahr ... Ich habe meine inhaltlichen Bedenken in den Ratssitzungen geäußert und die betreffenden Punkte deutlich und kritisch hinterfragt." Der Rat fordert zudem, dass das Umweltministerium mehr Macht erhalten sollte, nämlich Gesetze auch außerhalb seines Zuständigkeitsbereiches zu initiieren etwa in den Bereichen Landwirtschaft und Verkehr. Zudem sollte der Bundesumweltminister künftig das Recht haben, Gesetzesentwürfe über ein aufschiebendes Veto im Bundeskabinett zu verzögern – bislang hat nur der Bundesfinanzminister ein solches Veto-Recht.

Welche Instrumente bei der CO2-Minderung sind effizient?

Grundsätzlich kommen als Instrumente zur CO2-Emissionsminderung in Frage, dass der Staat Auflagen macht – also z. B. eine Vorgabe für den PKW-Flottenverbrauch und damit auch für die CO2-Emissionen bei Autoherstellern; oder es werden Emissionsmengen für eine Region oder ein Land oder mehrere Länder – z. B. EU-Länder zusammen – festgelegt und dann ergibt sich die Basis der Zertifikatezuteilung einerseits und der Versteigerung andererseits an bestimmte Industriesektoren (als Beispiel) und der Emissionsgesamtmenge, wie hoch der Preis für eine Tonne CO2 ist. Oder man legt eine CO2-Steuer fest, also etwa 50 € pro Tonne CO2 für die Sektoren 1–3 (was immer das konkret bedeutet); oder der Staat setzt auf die Förderung von klimafreundlichen Technologien und Produkten. Was sind die Vor- und Nachteile der Instrumente-Alternativen?

- Treffgenau ist der CO2-Zertifikatekandel, da ja die Emissionsmenge genau vorab festgelegt ist. Firmen aus verschiedenen Ländern in der EU können miteinander CO2-Zertifikate handeln – das ist effizient beziehungsweise führt dazu, dass die gewünschte Emissionsmenge (als Obergrenze gedacht) zu den geringstmöglichen Kosten realisiert werden kann. Das hält demnach auch die Jobverluste durch Kostennachteile in Grenzen; am ehesten zu Jobverlusten kommt es im Sektor der handelsfähigen Güter, weshalb man in der EU vielfach Exportsektoren Freimengen in der ersten Handelsperiode der Zertifikate großzügig eingeräumt hat. Da die Zertifikatepreise im Zeitablauf stark schwanken können, gehen vom Zertifikatepreis vermutlich nur geringe Innovationswirkungen aus; bei starken Schwankungen des Zertifikatepreises sind die Firmen unsicher, ob sich CO2-mindernde Innovationsprojekte lohnen. Wirklich effizient ist ein globaler Zertifikatehandel.

- Eine CO2-Steuer hat den Nachteil, dass sie möglicherweise kompliziert und damit teuer umzusetzen ist; zudem ist unklar, wie man international eine sinnvolle „Steuerpreis-Struktur" etwa in der EU oder weltweit erhalten kann. Das Beispiel der CO2-Steuer in Schweden zeigt allerdings, dass eine solche Steuer zu relativ geringen Kosten bei relativ großen Firmen oder Importeuren umgesetzt werden kann.
- Auflagen sind ein kostspieliges Instrument, zumal der Staat beziehungsweise die Akteure der Wirtschaftspolitik nicht wissen können, zu welchen (Grenz-)Vermeidungskosten etwa das Instrument einer Benzin- oder Dieselverbrauchsobergrenze für die verkauften Flotten (Mix aller verkauften Automodelle, gewichtet) von Autoherstellern sind. Dass der Staat überhaupt zu einem solche ineffizienten Instrument greift – siehe USA und EU –, zeigt vermutlich nur, wie groß die Angst der Politik vor der geballten Auto-Lobbymacht ist: In vielen EU-Ländern steht die Autoindustrie für viele Jobs – und damit Wählerstimmen – und auch die Spendenliste der Autohersteller Richtung Parteien dürfte nicht ohne Gewicht sein. Bevor die Autoindustrie also mit einer CO2-Steuer oder der Verkehrssektor mit CO2-Zertifikatehandel seitens der Politik effektiv und wohl auch effizient konfrontiert wird, sucht die Politik eine Art stillen Kompromiss mit der Autoindustrie. Die hat dann von der Politik eine Art Innovationsvorgabe, denn die Innovationsdynamik bei den Produkten, sprich neuen Autos, muss hinreichend hoch sein, um die Vorgaben der Politik zu erreichen. Wie der Diesel-Skandal bei VW und anderen deutschen Autoherstellern gezeigt hat, entstehen aber auch absurde Anreize bei einigen Herstellern, die letztlich über Betrugsversuche die Vorgaben der Politik auszuhebeln versuchen.
- Innovationsförderung Richtung klimafreundliche Produktinnovationen und Prozessinnovationen – also neue Herstellungsverfahren – sind grundsätzlich sehr erwägenswert: Die Innovationsförderung sollte so hoch sein, wie die positiven externen Innovationseffekte (Übertragungseffekte etwa vom Innovationsdienste-Sektor i in andere Sektoren $j = 1,2...N$) in anderen Sektoren sind. Eine optimale Innovationsförderung wird den Unterschied zwischen dem gesellschaftlichen (globalen) Grenznutzen einer grünen Innovation und dem privaten Nutzen von Anwendern grüner F&E-Ergebnisse durch eine entsprechende Subvention vergüten wollen. Inwieweit gezielte „grüne Innovationen" beziehungsweise klimafreundliche Projekte von Firmen in Forschung & Entwicklung unterstützt werden sollten, ist nicht ganz einfach zu ermitteln: Es bedarf einer wissenschaftlichen Analyse dazu, wie groß und weitreichend – geografisch – denn die positiven Innovationseffekte allgemein sind. Zudem ist zu untersuchen, ob es Besonderheiten bei klimafreundlichen Innovationsprojekten gibt.

Es ist einigermaßen unklar, inwieweit die deutsche und EU-seitige Innovationsförderung hinreichend gut in Sachen wissenschaftlicher Analyse aufgestellt sind. Internationale Transfers bei neuen Technologien gibt es im Übrigen via gehandelte neue Produkte einerseits und andererseits auch über multinationale Unternehmen und ihre im Ausland aktiven Tochterfirmen. Österreich ist ein Beispiel dafür, dass ein EU-Land verstärkt ausländische Investoren zwecks Stärkung von Forschung- und Wachstumsdynamik ins Land geholt hat (DACHS, 2019).

CO2-Steuerdebatte

Die CO2-Steuerdebatte geht zumindest in die 1980er Jahre zurück, als man in weiten Teilen der Wissenschaft verstand, dass die Aufheizung der globalen Durchschnittstemperatur durch die Verbrennung fossiler Brennstoffe ein Klimaproblem schafft. Wer also in einem Industrieland oder Schwellenland energieintensiv produziert – dabei nicht etwa Wasserkraft oder Geothermie für die Stromerzeugung verwendet –, der schafft indirekt ein Problem in allen anderen Ländern. Denn bei der Verbrennung fossiler Energien für Stromerzeugung oder Transport/Mobilität wird CO2 freigesetzt, das teilweise auf der Erde von Pflanzen und Wäldern gebunden werden kann, aber netto in die Atmosphäre und andere Luftschichten gelangt und dabei zur Erderwärmung, letztlich einem globalen Klimaproblem, beiträgt. Besserer Klimaschutz binnen weniger Jahrzehnte, ja die Rückführung der CO2-Emissionen von gegenwärtig einem weltweiten Durchschnitt von 4 Tonnen CO2 pro Kopf auf nahe 0 bis Ende des Jahrhunderts, ist eine große Aufgabe; bis 2020 und 2030 sind wichtige Zwischenziele zu erreichen, aber um auf notwendige Zielpfade bei der Emissionsminderung zu kommen, bedarf es großer Anstrengungen. Das ist eine schlechte Nachricht für fast alle Produzenten auf der Welt und besonders die armen Länder, die ökonomisch aufholen wollen durch Industrialisierung. Wie kann man Emissionsminderung zu den geringstmöglichen Kosten in Deutschland, Frankreich, UK, den USA, China, Indien, Japan und anderen Ländern erreichen?

Grundsätzlich kann man hinreichenden Klimaschutz erreichen, wenn alle Länder oder zumindest alle großen Länder Strom auf Basis Erneuerbarer Energien produzieren und zudem Verkehrs- und Wohnungswirtschaft ohne CO2-Emissionen sind. Es bleiben einige Sonderprobleme, wie die Landwirtschaft, wo bei der Rinder- und Kuhhaltung große Mengen Methan entstehen, das besonders klimaschädlich ist (Methan entspricht in Sachen Klimaerwärmung einem Mehrfachen von CO2; damit kommen indirekt auch Fragen der Ernährung und des Lebensstils auf den Radar). Zudem könnten bei der Klimaerwärmung Methanfreisetzungen in aufweichenden Permafrostböden entstehen. Von daher kann Klimaerwärmung ab einem bestimmten Punkt sich auch beschleunigen. Bei der Frage der Anreize für die Einsparung von CO2 und ähnlichen Gasen sind mengenmäßige Vorgaben in Verbindung mit Emissionszertifikaten und einem entsprechenden Zertifikatehandel wichtig. Die EU hat hier eine gewisse Pionierrolle gespielt, wobei stark dem internationalen Wettbewerb ausgesetzte Sektoren kostenlose Zertifikate erhielten. Es ergibt sich ein Zertifikatepreis, der einen Anreiz zur CO2-Minderung geben sollte. Besonders sinnvoll sind beim EU-Ansatz nationale Sondereinsparungsvorgaben der Politik meist nicht, da wegen des EU-weiten Minderungszieles der Effekt der ist, dass in anderen Ländern der EU andere Länder entsprechend mehr CO2-Emissionen haben werden. Eine Ausnahme bis zu einem bestimmten Fördergrad sind staatlich garantierte Einspeisevergütungen bei skalenintensiven Technologien für Erneuerbare Energien, also insbesondere die Solaranlagen – teilweise auch Windkraftanlagen –, denn wenn es statische und dynamischen Massenproduktionsvorteile gibt, so hilft etwa die Förderung in Deutschland, Italien, Spanien, Frankreich, USA etc., dass der Weltmarktpreis für solche Anlagen sinkt und somit alle Länder der Welt leichter als bisher preisgünstig solche Anlage erstellen und in solche Anlagen investieren können. Was die Anreizwirkungen bei großen Solar- und Windkraftanlagen angeht, so sind fest garantierte Einspeisevergütungen ein erhebliches Problem. Besser sind die in Deutschland seit 2017 praktizierten Ausschreibungsmodelle, bei dem jeweils der Anbieter mit dem geringsten Subventionserfordernis den Zuschlag erhält. Windkraftanlagen im Meer (offshore) konnten schon ohne Subventionszahlung des Staates seither starten. Die Differenz zwischen Marktwert des Stromes und allen vom Staat gezahlten Einspeisevergütungen ist erheblich, wobei letztere auf viele Jahre festgeschrieben sind und vom Staat eigentlich schon früher hätten herabgesetzt werden sollen für jede Neuanlage. In 2015 beliefen sich in Deutschland die Einspeisevergütungen auf 27 Milliarden €, der Marktwert des Stromes auf etwa 7 Milliarden, sodass 20 Milliarden € an Subventionserfordernis blieben. Das ist ein großer Betrag, den man möglicherweise mit Hinweis auf Innovationseffekte und vermiedene CO2-Emissionen rechtfertigen kann. Bei durchdachter Politik hätte man wohl auch mit 2/3 des Subventionsbetrags den fast gleichen Effekt erreicht. Die CO2-Emissionen im Energiesektor Deutschlands sind zwischen 2016 und 1990 von 466 Millionen Tonnen auf 343 Millionen Tonnen gefallen, wobei es eine wesentliche Rolle Erneuerbarer Energien für den Rückgang um 123 Millionen Tonnen gab. Geht man davon aus, dass der Schaden einer Tonne CO2 180 € pro Tonne beträgt, so ist der Wert der CO2-Emissionsreduktion 22 Milliarden €. Da ein Teil des Rückgangs der CO2-Emissionen aus Effizienzverbesserungen bei fossiler Energieverbrennung kommt – vermutlich ein Viertel –, wäre eine Förderung Erneuerbarer Energien in Höhe von 3/4 × 22 Milliarden angemessen gewesen: 16,5 Milliarden € wären demnach adäquat gewesen, die Überförderung betrug demnach 5,5 Milliarden €. Einen Teil der Überförderung kann man wohl rechtfertigen, wenn man auch eine erhöhte Nutzung von Skaleneffekten bei Solar- und Windenergie sowie bei den entsprechenden Produktinnovationen nationale und internationale Innovationsübertragungseffekte in Betracht zieht. Das Problem einer Überförderung bleibt gleichwohl, es wurden also Steuergelder verschwendet.

Zur Klimaschutzproblematik formulierte in Deutschland der Sachverständigenrat Wirtschaft 2016 (SVR, 2016):

Beim Klimagipfel von Paris haben sich 195 Staaten auf ambitionierte Klimaziele verständigt und bis zum Ende des Jahrhunderts netto einen Emissionsausstoß von null („Emissionsneutralität") für alle Sektoren in allen Ländern vereinbart. Dies bestätigt Deutschland zwar in seinem eigenen Bemühen um den Übergang zu einem nachhaltigen System der Energieversorgung. Doch eine Energiewende, die primär dem Klimaschutz dienen soll, kann nicht sinnvoll im Alleingang einer einzelnen Volkswirtschaft betrieben werden. Ohne die Einführung eines globalen Emissionshandels oder einer globalen CO2-Steuer würde eine glaubwürdige und volkswirtschaftlich effiziente Strategie fehlen, um die vereinbarten globalen Ziele tatsächlich zu erreichen.

Diese globale Strategie wäre glaubwürdig, da die Teilnahme an einem globalen System eine weit größere Bindungswirkung entfalten würde als das bloße Versprechen, nationale Emissionsziele zu erreichen. sie wäre volkswirtschaftlich effizient, da sie im Gegensatz zu einer getrennten Vorgehensweise die Vorzüge der internationalen Arbeitsteilung bei der Emissionsvermeidung nutzen kann. Stattdessen jeweils mit getrennter Anstrengung nationale oder gar regional noch kleinteiligere Emissionsziele zu verfolgen, vergeudet hingegen volkswirtschaftliche Ressourcen. Damit der Klimagipfel von Paris tatsächlich als Startpunkt für die Einführung eines globalen Emissionshandels dienen kann, müsste es gelingen, dass mit einer effizienten globalen Strategie verbundene Verteilungsproblem auf dem Verhandlungsweg zu lösen.

Die deutsche Energie- und Klimapolitik konzentriert sich bislang hingegen auf die eigene Energiewende. Diese basiert auf dem „Energiekonzept 2010" und dem nach der Reaktorkatastrophe von Fukushima beschlossenen Energiewende-Paket, das auf unterschiedlichen Ebenen eine Vielzahl an Zielvorgaben formuliert, die bis zum Jahr 2050 erreicht werden sollen. Nach heutigem Stand ist allerdings davon auszugehen, dass ein Großteil dieser Ziele nicht erreicht werden wird. Dies betrifft insbesondere das Hauptziel der Verringerung der Treibhausgasemissionen um 40 % im Jahr 2020 im Vergleich zum Bezugsjahr 1990.

Die Bundesregierung hat auf diese absehbaren Zielverfehlungen in planwirtschaftlicher Ausrichtung mit verschiedenen Aktionsprogrammen und -plänen mit über 100 Einzelmaß- nahmen reagiert, welche die Energiewende zwangsläufig immer mehr verteuern werden. anstelle dieser Feinsteuerung sollte in den kommenden Jahren die internationale Dimension der Energiewende in den Vordergrund rücken, verbunden mit einem klaren Bekenntnis der Bundesregierung zum Europäischen Emissionshandelssystem (EU-ETS) als Leitinstrument. Insbesondere sollte darauf hingewirkt werden, den Zertifikatehandel auf den Verkehrssektor, die Privathaushalte und die bisher ausgenommenen Industrien zu erweitern. nationale Förderinstrumente und zahlreiche Subventionstatbestände würden dadurch überflüssig.

Die frühe Kritik des Sachverständigenrates (SVR, 2016) an der Klimapolitik bisheriger Bundesregierungen hat einige gute Punkte. Denn wenn man schon Klimaschutz erreichen soll und will in kurzer Zeit, dann wäre es ja nur klug, beim Thema Weltklimaschutz – es geht um ein globales Gut beziehungsweise bei CO2-Emissionen um ein Weltrisiko – Reformwege bei der Minderung von solchen Emissionen zu suchen, die kostenminimierend sind. Denn angesichts hoher Kosten bei einem komplizierten Projekt, das in wenigen Jahrzehnten realisiert werden sollte, wäre es sicher sehr vernünftig, unnötige Kostensteigerungen zu vermeiden. Wer in Deutschland durch unzureichendes klimapolitisches Reformdesign 5 Milliarden € pro Jahr beim Klimaschutz unnötig verausgabt, der verschwendet – glaubt man Arbeits- und Sozialminister Heil – so viel Geld, dass diese gerade der Höhe der notwendigen Mittel für eine Grundrente entspricht. Grundsätzlich wäre eine Ausweitung des Emissionshandels in der EU wünschenswert und auch mehr internationale beziehungsweise globale Kooperation. Aber seit dem Juni 2016 – dem Jahr der zitierten SVR-Analyse – haben sich die Voraussetzungen für internationale Kooperation erheblich verschlechtert; denn am 23. Juni gab es eine EU-Austrittsmehrheit in Großbritannien, womit dann wohl demnächst ein wichtiges großes EU-Land die Europäische Union nach über 45 Jahren Mitgliedschaft verlässt. Das lässt wenig Gutes in Sachen Multilateralismus, also der internationalen Zusammenarbeit und Betonung der wichtigen Rolle internationaler Organisationen (die EU selbst ist eine solche Organisation), erwarten. Noch mehr gilt diese Perspektive seit dem Amtsantritt von Donald Trump, der den Multilateralismus zurückweist, seine Privatmeinung zur Klimaentwicklung sonderbarerweise für wichtiger als die von hunderten US-amerikanischer und anderer „Klima-Wissenschaftler" (etwa aus den Bereichen Physik, Meteorologie, Biologie, Ökonomie und Ozeanographie) mit einschlägiger Forschung hält. Wenn mit den USA die größte westliche Volkswirtschaft – mit etwa 17 % Anteil am Welteinkommen in 2015, dem Jahr der Unterzeichnung des Pariser Abkommens – aus effizienten, marktwirtschaftlichen Ansätzen der Klimapolitik aussteigt, so ist das eine gewichtige Verschlechterung der Perspektiven für erfolgreichen Klimaschutz. Wenn die USA wegen politischer Populisten die Uhr bei Umwelt- und Klimaschutz zurückdrehen, wird es schwer, eine dramatische Klimaentwicklung aufzuhalten. Denn die USA fallen dann nicht nur beim Klimaschutz – abgesehen von einigen Bundesstaaten mit eigenen Programmen, etwa Kalifornien – als Akteur aus, sondern beeinflussen sicherlich auch viele andere Länder negativ. Dies war schon 2018 in Brasilien bei der Wahl des neuen populistischen Präsidenten Bolsonaro zu sehen. Dabei geht es nicht nur um die Rückführung von CO_2-Emissionen, sondern bei Brasilien natürlich auch um seine riesigen Wälder, die als Senke für solche Emissionen dienen und für den Klimaschutz große Bedeutung haben. Man braucht nicht viel Fantasie, um sich vorzustellen, das bei Nichterreichung der Klimaschutzziele in 2040 oder 2050 und fortgesetzter Klimaschädigungspolitik von Brasilien sehr ernste internationale Konflikte entstehen könnten – bis hin zu neuen militärischen Konfliktszenarien. Solche Szenarien gilt es von vornherein zu vermeiden und von daher ist zuverlässige globale Kooperation beim Klimaschutz fortlaufend wichtig. Umso gefährlicher ist wiederum die Trump-Politik, die gegenüber vielen Ländern – von Iran über Russland, Mexiko, China und der EU – die Ansatzpunkte für internationale Kooperation schwächt oder zerstört. Es ist im Übrigen eine sehr unamerikanische Politik, dass ein Präsident von wissenschaftlichen Erkenntnissen nichts wissen will.

Die Trump-Administration ist eine Gefahr für die internationale Stabilität in mehrerer Hinsicht. Trump fehlen in der Administration etwa 1 000 Experten, allein im Finanzministerium und im Wirtschaftsministerium sowie im Umweltministerium dürften es gut 200 sein. Entsprechend gibt es große Kompetenzschwächen bei Trump, der von den etwa 4 000 politischen Ernennungen in der Vorgänger-Administration unter Präsident Obama nur etwa 3 000 füllen konnte (WELFENS, 2019). Nach den vielen sonderbaren Trump-Aussagen im Wahlkampf, bei der Vereidigung des Präsidenten und in den ersten Monaten der Amtszeit waren viele gute Wissenschaftler – von Ökonomie bis Klimaforschung – kaum noch an einer zeitweisen Karriere in der US-Administration in Washington DC interessiert. Selbst ein republikanisch-orientierter

Steuerfachmann wie der angesehene Ökonom Kevin Hassett, der Chef des wichtigen Beratergremiums Council of Economic Advisers bei Trump in 2017/2018 war (er kam vom American Enterprise Institute, einem arbeitgebernahen Forschungsinstitut), entschied nach gerade zwei Jahren Amtszeit im Juni 2019 aus dem Amt zu scheiden. Sollte Trump wiedergewählt werden oder die USA zu einem verlängerten Politikpopulismus mittelfristig überwechseln, so ergäben sich daraus sehr ernste Probleme für die USA selbst, aber auch für die globale Klimapolitik.

Man kann aus ökonomischer Sicht durchaus gute Gründe finden, den in der EU nur 45 % der Emissionen umfassenden Emissionszertifikatehandels auszuweiten und auch mehr international zu kooperieren bei diesem besonderen Handel (etwa mit China und Kalifornien und Korea). Aber, dass zumindest vorübergehend internationale Politikkooperation schwierig zu werden scheint, sollte man eben auch verstärkt die Rolle von CO_2-Steuern als Ergänzung zum Emissionszertifikatehandel erwägen. Das schließt nicht aus, dass man in der internationalen Wirtschaftspolitik etwa bei gemeinsamen Innovationsförderansätzen bei den OECD-Ländern und darüber hinaus neu und verstärkt zusammenarbeitet. Soweit man bei Emissionszertifikatehandel, CO_2-Steuern und klimafreundlicher Innovationsförderung nicht hinreichend zusammenarbeitet, wird man dann nationale oder auch EU-weite Anpassungsmaßnahmen erwägen müssen: Wie man etwa mit einer Überschreitung des 2-Grad-Zieles (oder auch des 1,5-Grad-Zieles) am besten zurechtkommt.

Da nur ein Teil der Wertschöpfung vom Zertifikatehandel erfasst ist, gilt es auch über ergänzende Maßnahmen für eine CO_2-Steuer in den Restsektoren nachzudenken. Hier kann man eine CO_2-Steuer national oder in Kooperation mit anderen Ländern einführen. Zudem sind Innovationsförderungen zur CO_2-Minderung denkbar; als bürokratisches Instrument auch Auflagen für Unternehmen oder private Haushalte. Schließlich auch Waldanpflanzungsprogramme, denn Wälder sind „Senken" für CO_2, absorbieren das CO_2 also. Grundsätzlich ist bei aller Fokussierung auf das Klimaschutzproblem nicht zu übersehen, dass es auch andere wichtige Politikfelder gibt: etwa beim Artenschutz, wo die UN auf Basis von wissenschaftlichen Analysen in 2019 deutliche Besorgnis ausdrückte.

Im Kyoto-Abkommen von 1997 wurden Möglichkeiten für Industrieländer festgelegt, dass sie ihre beziehungsweise die von Firmen zugesagten Emissionsminderungsziele auch durch Kompensationsmaßnahmen in Entwicklungsländern erreichen könnten, hierzu bedarf es natürlich entsprechender Kooperationsvereinbarungen. Das Pariser Abkommen der UN (Nachfolgeabkommen von Kyoto-Protokoll) von 2005 sieht vor, dass die 195 Unterzeichnerstaaten bis Ende des 21. Jahrhunderts eine CO2-neutrale Wirtschaft vorweisen können. Soweit man nicht selbst in einem Land ein Wirtschaften ohne CO2-Emissionen erreichen kann, wären eben auch Kompensationsmaßnahmen im Ausland zulässig.

Viele Akteure, Wissenschaftler und Politiker haben zur Debatte um eine CO2-Steuer beigetragen. Wenn man der komplexen Frage nachgehen will, wie hoch eine CO2-Steuer sein sollte und welche Effekte sich daraus ergeben – möglicherweise in Verbindung auch mit CO2-Emissionszertifikatehandel –, so braucht man den Blick auf Länder mit langjähriger CO2-Erfahrung, die relevante Fachliteratur und auf Makromodelle mit Einbeziehung einer CO2-Steuer. Bei den vorliegenden Erfahrungen in Europa, kann man den Blick unter anderem richten auf die Schweiz, UK und Frankreich (sowie Schweden und Österreich), wie das der Wissenschaftliche Dienst des Deutschen Bundestages – unter der Überschrift Sachstandsdebatte – gemacht hat (WISSENSCHAFTLICHE DIENSTE, 2018b). Allerdings ist auffallend, dass der Wissenschaftliche Dienst praktisch die relevante Fachliteratur ignoriert, also gar nicht leistet, was ein Wissenschaftlicher Dienst eines Parlamentes eigentlich leisten sollte. Stattdessen wird in dem Bericht stark Bezug genommen auf Vorschläge von Nicht-Regierungsorganisationen, die sich im Feld ökologische Steuerreform profiliert haben; aber eigentlich nur mit einer Partial-Analyse, die keine umfassende angemessene Sichtweise zu Fragen der ökonomisch-ökologischen Effekte einer CO2-Steuer für den Deutschen Bundestag bietet. Die Nicht-Regierungsorganisationen, die erwähnt werden, lauten Forum Sozial-ökologische Marktwirtschaft und CO2-Abgabe e.V., die beide mit Studien aus 2017 aufgeführt werden (für Teilaspekte der CO2-Steuer nützliche Analysen, aber eben keine breitere Modellierung). Wenn man seitens des Deutschen Bundestages eine so wichtige Frage wie die CO2-Steuer auf so dünner analytischer Grundlage behandelt, drohen wohl erhebliche Fehlsteuerungen bei der Einführung einer solchen Steuer in Deutschland. Da wiederum viele Länder der Welt auf Deutschland in Sachen CO2-Steuerdebatte schauen, ist die dünne Studie des Wissenschaftlichen Dienstes ein doppeltes Problem.

Die Analyse des Wissenschaftlichen Dienstes geht von daher an wesentlichen Punkten eines so wichtigen Projekts wie einer CO2-Steuer in einigen Feldern weitgehend, in anderen völlig vorbei:

- Was sind die Auswirkungen in Sachen CO2-Minderung? Immerhin geht die Studie des Wissenschaftlichen Dienstes des Deutschen Bundestages von einem möglichen Aufkommen von etwa 8 Milliarden € pro Jahr aus, das wären rund 0,25 % des Bruttoinlandsprodukts. Mit Blick auf mögliche

Lenkungseffekte, die die CO2-Volumina und daher die CO2-Steuerbasis vermindern, wird darauf verwiesen, dass die CO2-Steuereinnahmen eher bei knapp 5 Milliarden € liegen könnten. Die zusätzlichen Steuereffekte (man denke an Effekte etwa bei der Einkommens-, Körperschafts- und Mehrwertsteuer) beziehungsweise Minderungen bei den Sozialeinnahmen insgesamt könnten aber unter Berücksichtigung negativer Produktionseffekte im Kontext der CO2-Steuer womöglich bei den Gesamteinnahmen des Staates nahe Null liegen: nämlich dann, wenn das reale Bruttoinlandsprodukt um rund 15 Milliarden sinken sollte. Bei einer allgemeinen Steuerquote – ohne CO2-Steuern – von etwa 20 % käme es zu Steuereinnahmeminderungseffekten von 3 Milliarden € und nochmals 3 Milliarden € weniger Sozialbeitragsaufkommen (hier von etwa 20 % Sozialabgabenquote ausgehend). Jedenfalls sind die makroökonomischen Gesamteffekte und dabei auch die Gesamteinnahmeneffekte für den Staat zu beachten. All das schließt nicht aus, dass man den überwiegenden Teil des CO2-Steueraufkommens an die Bürgerschaft seitens des Staates zurückgibt.

- Eine unbedingt notwendige beschleunigte Minderung der CO2-Intensitäten in Produktion und Konsum – ein Teil des Autoverkehrs ist privater Konsum und dabei durchaus CO2-intensiv – sollte zuverlässig erreicht werden. Aber ohne mehr grüne beziehungsweise CO2-mindernde Innovationsdynamik (Produktinnovationen einerseits und andererseits Prozessinnovationen betreffend) wird man die von Seiten der Bundesregierung gesetzten Emissionsminderungsziele für 2030 nicht erreichen. Die fehlende Thematisierung der Innovationsdimension erscheint als wesentlicher Mangel der Studie.
- Welche internationalen Auswirkungen hatte die CO2-Steuer Frankreichs – eines relativ großen Landes in der EU? Oder auch: Welche internationalen Auswirkungen hatte denn die Mindesthöhe für den CO2-Emissionszertifikatepreis in UK?
- Welche sind die Auswirkungen einer CO2-Steuer auf Arbeitsmarkt, Beschäftigung, Leistungsbilanz, Staatshaushalt und das Preisniveau?
- Will man für Deutschland verschiedene sinnvolle Optionen – auch etwa im Rahmen der deutschen EU-Ratspräsidentschaft – untersuchen, so sind Fragen der EU-Kooperation einerseits und Fragen der G20-Kooperation bei der CO2-Steuer oder bei anderen Steuern mit zu thematisieren.

Zu den interessanten Studien der Fachliteratur gehört eine auf die Niederlande bezogene Modellierung für eine CO2-Steuer-Einführung von 50 € pro Tonne (KEARNEY, 2018). Betrachtet werden unter anderem die Effekte auf die Exporte beziehungsweise auf die Exportpreise sowie die mittelfristige Entwicklung der Realeinkommen und der Beschäftigung; zudem wird die fiskalische Verwendung der Steuereinnahmen thematisiert: Zusätzliche Steuereinnahmen werden zur Senkung des staatlichen Defizits verwendet; oder aber die Sozialbeiträge werden vermindert; oder aber die Körperschaftssteuersätze werden herabgesetzt. Dabei werden drei Szenarien betrachtet, nämlich ein nationaler Alleingang bei der Einführung einer nationalen CO_2-Steuer, oder eine koordinierte CO_2-Steuer-Einführung in den nordeuropäischen Ländern (ohne Irland und UK) oder auch die Einführung einer EU-weiten CO_2-Steuer. Der Exportpreisanstieg ist mit 1,5 % relativ am höchsten bei dem Fall einer EU-weiten CO_2-Steuer, allerdings ist die Verschlechterung der niederländischen internationalen Wettbewerbsfähigkeit in diesem Fall relativ gering. Nach fünf Jahren beträgt der Rückgang beim Realeinkommen nicht mehr als 0,5 % im ungünstigsten Fall. Wenn die Sozialversicherungsbeiträge gesenkt werden, so erhöhen sich Konsum und Immobilienpreise, was wiederum im modifizierten NiGEM-Modell, das in der Analyse verwendet wird, zu einer nur geringen Dämpfung des realen Bruttoinlandsprodukts führt. Die genannten Fallkonstellationen dürften auch für Deutschland relativ wichtig sein. Die von den Exportdämpfungseffekten ausgehenden Einkommensdämpfungseffekte könnten etwas niedriger als in den Niederlanden sein, weil die Exportquote Deutschlands geringer als in den Niederlanden ist. Zudem dürfte die deutsche Wirtschaft als eines der global führenden Länder beim Export von Maschinen und Anlagen – die Nachfrage nach CO_2-optimierten Maschinen steigt europaweit bei Einführung einer EU-weiten CO_2-Steuer – profitieren, da die Exporte des Maschinenbausektors mittelfristig ansteigen werden. Es gilt allerdings auch hier zu bedenken, dass der Fachkräftemangel im Maschinenbau hier von der sektoralen Beschäftigungsseite eine Barriere sein könnte.

Eine CO_2-Steuer kann man sinnvollerweise am besten einführen:

1. In Kooperation mit anderen Volkswirtschaften, also etwa in der EU beziehungsweise im Europäischen Wirtschaftsraum (EU plus Liechtenstein, Norwegen), sowie ergänzend auch um die Schweiz.
2. Eine CO_2-Steuer sollte man über mehrere Jahre nach einem bekannten Zeitpfad real ansteigen lassen. Die Wirtschaft braucht eine verlässliche Orientierung.
3. Zumindest längerfristig sollte eine CO_2-Steuer nicht weit vom Preis der Emissionszertifikate entfernt sein, weil es sonst zu erheblichen Ineffizienzen bei der Klimaschutzpolitik kommt; empfehlenswert ist im Übrigen eine CO_2-Steuer in der Eurozone, die man zumindest zu einem geringen Teil

für mehr klimaschutzförderliche gemeinsame Forschungsförderung in der Eurozone verwenden könnte.
4. Die EU selbst sollte insbesondere mit der ASEAN und anderen regionalen Integrationsräumen (z. B. Mercosur, ECOWAS) auch in der Klimaschutzpolitik kooperieren.

Der überwiegende Teil der CO2-Steuereinnahmen sollte allerdings an die Bürgerschaft zurückgegeben werden. Man wird bei einer internationalen Kooperation jenseits der EU gut beraten sein, wenn man ärmeren Ländern eine geringere CO2-Steuer für mindestens eine Dekade zugesteht als sie in reichen OECD-Ländern gilt.

Literatur

DACHS, B. (2019), Techno-Globalisierung als Motor des Aufholprozesses in österreichischen Innovationssystem, in: Welfens, P. J. J. (Hg.), EU-Strukturwandel, Leitmärkte und Technoglobalisierung, Oldenbourg: de Gruyter Verlag

KEARNEY, I. (2018), The macroeconomic effects of a carbon tax in the Netherlands, 13. September 2018, https://www.dnb.nl/binaries/appendix3_tcm46-379582.pdf

PENNEKAMP, J. (2019), Regierungsberater: Mehr Macht für das Umweltministerium, Vetorecht für Umweltministerium und Generationenrat, Frankfurter Allgemeine Zeitung, FAZ Online edition, 27.06.2019, https://www.faz.net/aktuell/wirtschaft/regierungsberater-mehr-macht-fuer-das-umweltministerium-16257225.html, letzter Zugriff am 22.07.2019

SRU – Sachverständigenrat für Umweltfragen (2019), Demokratisch regieren in ökologischen Grenzen – Zur Legitimation von Umweltpolitik, Sondergutachten Juni 2019, SRU: Berlin

SVR – Sachverständigenrat zur Begutachten der gesamtwirtschaftlichen Entwicklung (2016), Zeit für Reformen, Jahresgutachten 2016/17, November 2016: Berlin

WELFENS, P. J. J. (2019), The Global Trump – Structural US Populism and Economic Conflicts with Europe and Asia, Palgrave Macmillan: London

WISSENSCHAFTLICHE DIENSTE (2018b), Die CO2-Abgabe in der Schweiz, Frankreich und Großbritannien, Mögliche Modelle einer CO2-Abgabe für Deutschland, Sachstand, Deutscher Bundestag, WD 8-3000-027/18, April 2018

10
Energiewirtschaftsmodernisierung und Länderinteressen

Ein Hauptelement der Klimaschutzdebatte richtet sich dabei auf die Modernisierung der Energiewirtschaft, die rund 40 % zu den CO2-Emissionen in den Industrieländern über lange Zeit beitrug. Der Energiesektor wiederum ist von großen Multis international geprägt, die allerdings zum Teil versuchen, aus dem Stammgeschäft mit fossilen Brennstoffen in den Bereich der Erneuerbaren Energien hineinzuwachsen. Wie man binnen weniger Jahrzehnte die CO2-Emisssionen senkt, ist grundsätzlich klar – man braucht statt fossiler Energiewirtschaft eine, die auf Erneuerbaren Energien (Wasser, Solar, Wind, Geothermie) basiert; notfalls auch Atomkraftwerke, sofern man inhärente Sicherheit in der Art des Reaktorbaus erreichen kann, sodass ein Mega-Unfall bauartbedingt ausgeschlossen ist. Allerdings haben auch Atomkraftwerke Schwachpunkte, da Wasserkühlung erforderlich ist. Im Juli 2019 musste in Deutschland das AKW Gronau kurzfristig vom Netz genommen werden, da das Kühlwasser des Flusses wegen der Rekordhitze – Extremwetter, das vermutlich mit dem Klimawandel zusammenhängt – nicht nutzbar war. Auch in Frankreich mussten zwei AKWs aus ähnlichen Gründen vom Netz genommen werden. Niedrigwasser in Flüssen und zu warmes Wasser, was bei einer längeren Sommerhitzeperiode sich ergeben kann, sind von daher auch ein Risiko im Betrieb von Atomkraftwerken. In der EU wäre Frankreich hier besonders verwundbar.

Dass man Kohle- und Öllagerstätten aufgeben soll, wird die Hauptförderländer in diesem Bereich, nämlich bei Kohle China, Indien, USA, Australien, Indonesien, Russland und Südafrika sowie auch Deutschland (siehe nachfolgende Tabelle) nicht erfreuen; ob man ein sicheres Carbon Capture & Storage (CO2-Abscheidungs- und Einlagerungsverfahren) wird entwickeln können, ist zweifelhaft. Bei Öl sind die Haupterzeugerländer USA, Saudi Arabien, Russland, Kanada, Iran, Irak, China, Vereinigte Arabische Emirate, Kuwait, Brasilien, Venezuela und Mexiko und auch hier dürfte der Widerstand gegen einen

Ausstieg aus dem bislang wertvollen Öl groß sein, zumal mit Ausnahme der USA und Brasiliens die genannten Länder hohe staatliche Einnahmen aus der Ölförderung haben. Zudem kann man Tausende hochbezahlte Jobs an politische Freunde der herrschenden Politiker vergeben, wenn es erforderlich ist. Gas ist CO2-mäßig günstiger als Kohle und Öl, zudem ist es ein gutes Substitut für beide; Gaskraftwerke können binnen Minuten startklar sein und sind daher von der Stromangebotsseite in Dunkelphasen mit Windstille auf Jahrzehnte unersetzlich; bis man vielleicht eines Tages preiswerte Mega-Batterien zur Überwindung der Zeit mit Dunkelflaute hat. Bei den Haupt-Gasförderländern stehen Russland, Iran, Nigeria, die USA sowie arabische Länder im Vordergrund auf der Angebotsseite. Diese ist nicht wie beim Öl ein vollkommener Weltmarkt, sondern durch regionale Angebote auf Basis von Pipelinenetzen geprägt, mit einigen regionalen Preisunterschieden. Aber mit dem zunehmenden Angebot an Flüssiggas (LNG), das auf Schiffen transportiert wird, wird der Gasmarkt zunehmend global und auch eine interregionale Preiskonvergenz könnte bald absehbar sein. Die Hauptgasförderländer sind USA, Russland, Iran, Kanada, Katar, China, Norwegen, Australien, Saudi-Arabien, Algerien, Turkmenistan, Indonesien, Usbekistan, die Niederlande, UK und Rumänien (Tabellen 1 bis 3). Sie könnten bei der Umstellung von Kohle/Öl auf Gasbetrieb im Kraftwerksektor und bei Schiffen und Bussen/LWKs im Kontext des Klimaschutzes profitieren. Einige der Hauptölförderländer sind keine Gasförderländer und werden daher mehr Klimaschutz kaum aktiv unterstützen. Mit Blick auf die Kohleförderländer gilt eine ähnliche Logik.

Tab. 1 Top-Gasförderländer (nachgewiesene Reserven) der Welt

Top-Gasförderländer (nachgewiesene Reserven) der Welt	in Milliarden Kubikmeter		
	2017	2000	1990
Vereinigten Staaten von Amerika***	767	544	507
Russland***	694	573	629
Iran*	209	59	23
Kanada*	184	182	109
Katar	166	24	6,25
China***	147	27	15
Norwegen*	128	53	28
Australien**	99	33	20
Saudi Arabien*	98	38	24

Top-Gasförderländer (nachgewiesene Reserven) der Welt	in Milliarden Kubikmeter		
	2017	2000	1990
Algerien	95	82	46
Turkmenistan	81	47	85
Indonesien**	71	70	48
Usbekistan	64	56	41
Niederlande	44	73	76
Vereinigtes Königreich*	42	115	50
Rumänien	11	14	28
* auch ein wichtiges Gas- und Ölförderland ** auch ein wichtiges Gas- und Kohleförderland *** wichtiges Gas-, Öl- und Kohleförderland			

Quelle: Eigene Darstellung; Global Energy Statistical Yearbook 2018
https://yearbook.enerdata.net/natural-gas/world-natural-gas-production-statistics.html

Tab. 2 Hauptölförderländer der Welt

Hauptölförderländer der Welt	in Millionen Tonnen		
	2017	2000	1990
Vereinigte Staaten	580	353	413
Saudi Arabien	560	436	342
Russland	547	322	524
Kanada	240	125	92
Iran	216	199	164
Irak	195	129	104
China	194	163	138
Vereinigte Arabische Emirate	176	121	92
Kuwait	152	105	46
Brasilien	140	64	33
Venezuela	119	174	115
Mexiko	108	169	151
Norwegen	82	161	82
Vereinigtes Königreich	47	126	92

Quelle: Eigene Darstellung; Global Energy Statistical Yearbook 2018
https://yearbook.enerdata.net/crude-oil/world-production-statitistics.html

Tab. 3 Hauptkohleförderländer der Welt

Hauptkohleförderländer der Welt	in Millionen Tonnen		
	2017	2000	1990
China	3 349	1 355	1 040
Indien	717	336	225
Vereinigte Staaten	701	972	934
Australien	478	307	205
Indonesien	461	79	10
Russland	387	242	377
Republik Südafrika	259	224	175
Deutschland	175	205	434
Polen	127	163	215
Kasachstan	106	77	131
Ukraine	30	63	159

Quelle: Eigene Darstellung; Global Energy Statistical Yearbook 2018
https://yearbook.enerdata.net/coal-lignite/coal-production-data.html

Die USA drängen aus ökonomisch-politischen Gründen unter Präsident Trump auf deutlich erhöhte Flüssiggas-Exporte. Verbündete in der Nato sollen US-LNG-Gas kaufen – es ist etwa 10 % teurer als Gas aus Pipelines, etwa Gas aus Russland. Bislang wird Öl vor allem für Mobilität von Autos, LKWs, Bussen und Schiffen sowie Flugzeugen eingesetzt. Grundsätzlich könnten Gas oder Strom – idealerweise aus Erneuerbaren Energien – das Öl hier ersetzen. Gas und Kohle sind wichtig für die Stromerzeugung, wobei Kohle und Atomkraft in der Regel die Grundlast abdecken, während Lastspitzen über Gas-Kraftwerke oder Pumpspeicher-Kraftwerke bedient werden. Der Umbau der Energiewirtschaft ist langwierig und teuer, der Kapitaleinsatz pro Arbeitskraft in diesem Sektor ist sehr hoch. Von daher bedeutet Umbau der Energiewirtschaft, dass ein Teil des Kapitalbestandes abzuschreiben ist, was einen Wertverlust für die Aktien entsprechender Firmen bedeutet. Man kann auch fragen, wer umgekehrt von der Energiewende und der Dekarbonisierung der Wirtschaft (Dekarbonisierung heißt CO_2-intensive Produktionsbereiche stark zu begrenzen oder zu beenden beziehungsweise auf neue Produktionsverfahren ohne nennenswerte CO_2-Emissionen umzustellen) profitieren wird: Innovative Maschinenbauproduzenten, wichtige Akteure der Digitalwirtschaft – auf sie wird man bei der Dekarbonisierung zurückgreifen müssen – und die Solar- und Windenergiefirmen sowie Hersteller von Maschinen für Wasserstromerzeugung und Geothermie werden profitieren. Die Solarstrommärkte und die Windstrommärkte sind aus EU-Sicht wichtige Leitmärkte (KORUS, 2019).

Der weltweite Anteil der Erneuerbaren Energie am Stromkonsum betrug in den Jahren 2015–2017 rund 24 % und ist nur minimal gestiegen (Angabe nach IRENA). Nach Regionen ist Asien in 2017 eindeutig der größte Erzeuger von Strom aus erneuerbaren Quellen gewesen (2 394 Terrawattstunden TWh), gefolgt von Nordamerika mit 1 202 TWh und 1 211 TWh in Europa. Die Zahlen für Südamerika waren mit 787 TWh relativ klein, das gilt auch für Afrika 153 TWh. Bei der absoluten Höhe der Erneuerbaren Energien in 2017 lagen China, die USA, Brasilien, Kanada und Deutschland plus Indien, Russland, Japan, Norwegen und Italien vorn (siehe Abbildungen 20 bis 22).

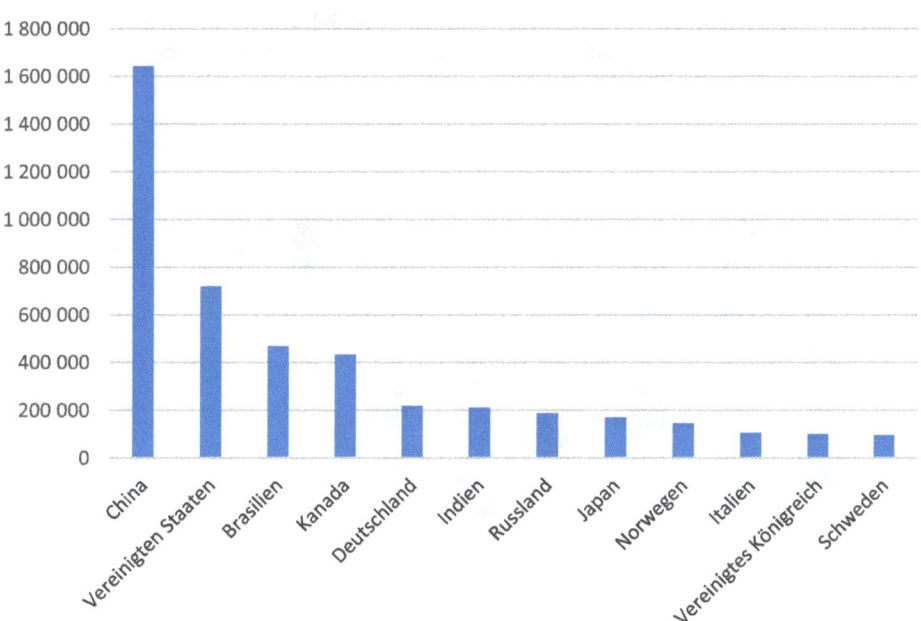

Abb. 20 Stromversorgung aus Erneuerbaren Energien, 2017 (GWh). (Quelle: Eigene Darstellung; Daten von IRENA (2019), Renewable capacity statistics 2019, International Renewable Energy Agency (IRENA), Abu Dhabi)

184 Energiewirtschaftsmodernisierung und Länderinteressen

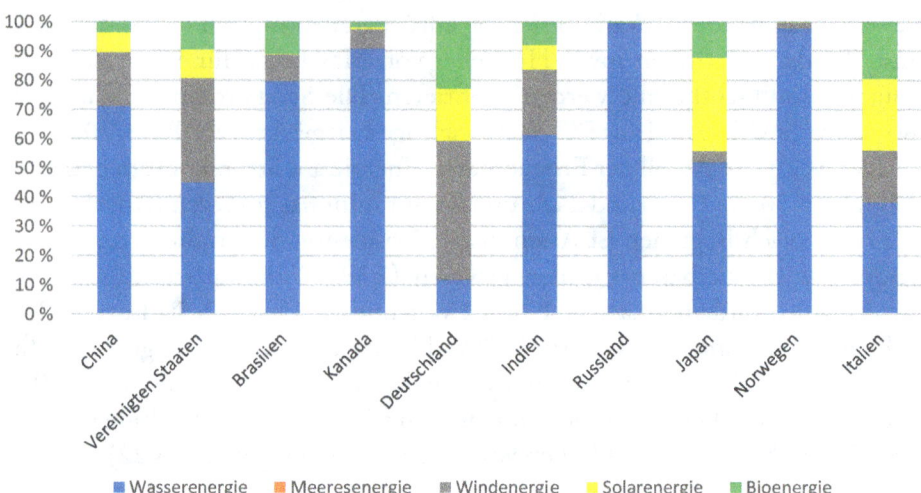

Abb. 21 Strom aus Erneuerbaren Energien (nach Arten in %), 2017. (Quelle: Eigene Darstellung, Daten von IRENA Renewable capacity statistics 2019, International Renewable Energy Agency (IRENA), Abu Dhabi)

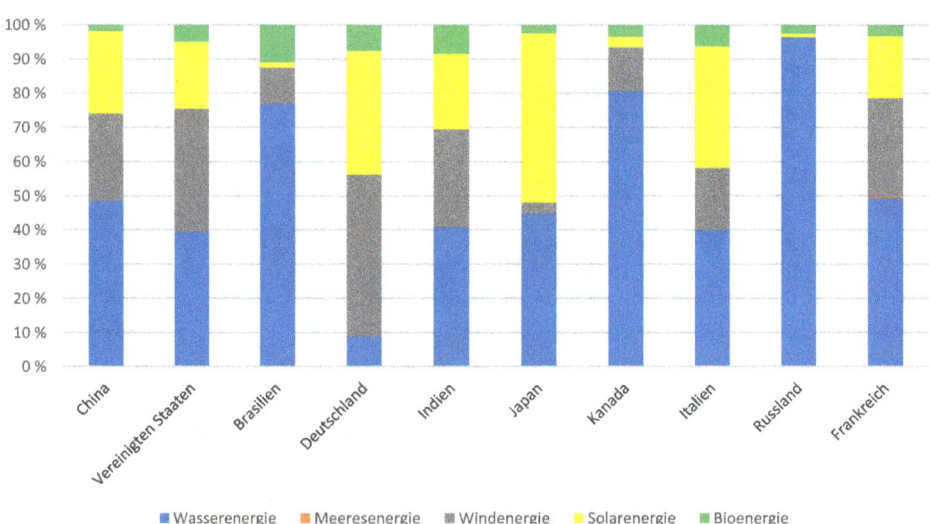

Abb. 22 Stromkapazitäten aus Erneuerbaren Energien, (nach Arten in %), 2018. (Quelle: Eigene Darstellung; Daten von IRENA Renewable capacity statistics 2019, International Renewable Energy Agency (IRENA), Abu Dhabi)

Die globale Windverteilung zeigt die regional unterschiedlichen Chancen für die Stromerzeugung aus Wind. Nordamerika und Teile Südamerikas sind bevorteilt (Abbildung 23). Der tägliche massive Wind in Patagonien, den Südregionen von Chile und Argentinien, ist so stark, dass man dort Strom für ganz Lateinamerika herstellen könnte. Dazu braucht man aber erstens hohe Investitionen in Windparks und zweitens Investitionen in Stromleitungen, die den Strom nach Norden zu den Verbrauchern führen. Es gibt immerhin ein großes chinesisches Windpark-Projekt in Patagonien.

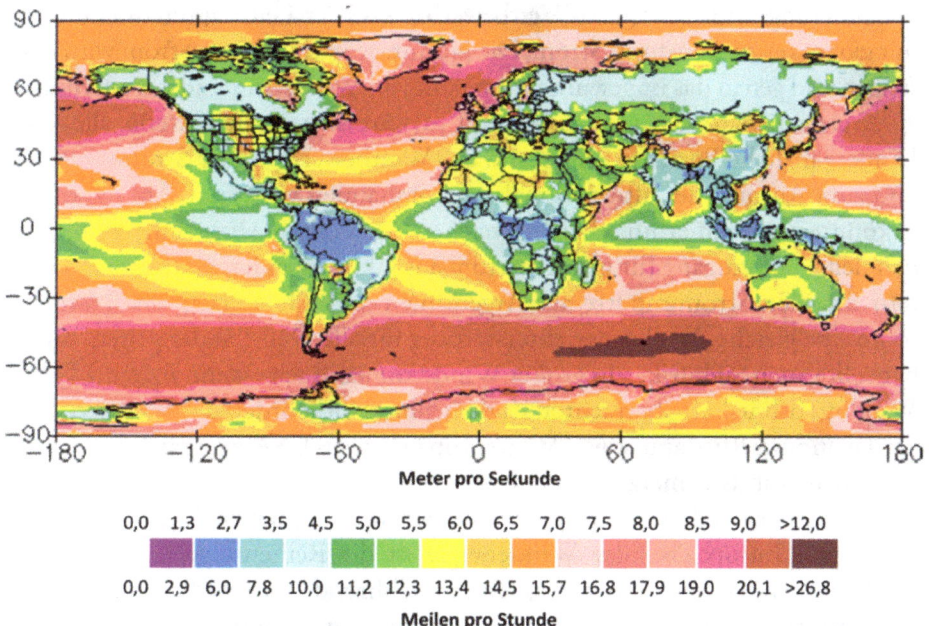

Abb. 23 Verteilung der Windenergieintensität auf der Welt. (Quelle: NASA (2004), NASA Surface Meteorology and Solar Energy: Methodology, 12/16/2004, S. 47)

Dabei ist nicht sichergestellt, dass die Eigentümer der Stromnetze im Norden neue Stromanbieter von Windfarmen aus Patagonien in ihre Netze lassen. Oft sind nämlich die Stromnetz-Eigentümer auch Stromerzeuger und wenn sie fremde neue Anbieter (Kraftwerke) zuließen, fielen die Strompreise und damit die Gewinne der eigenen Kraftwerke. Hier ist der Staat mit seiner Wettbewerbspolitik gefordert, den Stromsektormodellen in UK und in Polen zu folgen (im Fall Polen war der Autor an der Entwicklung des Stromsektors nach 1991 mit dem Kollegen George Yarrow von der Universität Oxford im Rahmen eines EU-Projekts selbst beteiligt): Es gibt eine nationale staatliche Stromnetzagentur, wobei unabhängige private oder staatliche Kraftwerke ihren Strom in einem Wettbewerbsverfahren ins Netz einspeisen. Sorgt man nicht für eine solche Sektorstruktur im Rahmen einer staatlichen Regulierung, so werden hohe Monopolpreise der Leitungsnutzung kombiniert mit hohen Preisen der Stromerzeugung für hohe Strompreise sorgen, was die Industrieproduktion abbremst. Hat man aber ein Wettbewerbsmodell mit Trennung von Stromnetzbetrieb und Stromerzeugung, dann kann man den Strom von weit herholen – gerade auch Wind- oder Solar- oder Wasserstrom. Es gibt mehr preiswerten Strom aus Erneuerbaren Energien, eine staatliche Preisregulierung der Netznutzung sorgt für Quasi-Wettbewerbspreise der Leitungsnutzung und damit gibt es relativ günstigen Strom. Die Nachfrage nach grünem Strom wird dann steigen und genau das ist gewünscht im Sinn von Wohlstand und Klimaschutz.

Argentinien ist ein G20-Land und es wäre angemessen, wenn alle G20-Länder jährliche Berichte zum Stand des Wettbewerbs in der Stromwirtschaft und zum Ausmaß des internationalen Stromhandels vorlegten. Auf diese Weise könnte man immerhin sehen, in welchem Maße etwa Argentinien und Brasilien den Marktzugang für grünen Strom aus Chile blockieren oder auch inwiefern Brasilien Stromimporte aus Argentinien und Chile erschwert. Natürlich sollte eine gleiche Art der Berichterstattung für alle G20-Länder gelten. Offenbar sollte auch Südafrika ein großes Windstromland sein, wenn man die NASA Windintensitätskarte betrachtet. Zudem gibt es im Norden der Weltwirtschaft für Japan und Russland sowie Westeuropa und die USA geografische Vorteile in Sachen Windstromerzeugung.

Die größten Solarstromproduzenten der Welt stehen in China, den USA, Japan und Europa, bei der Windenergie ist die Reihenfolge Europa, Japan, USA und China (IRENA-Statistiken). Die führenden Solaranlagen-Produzenten sind nicht identisch mit den Hauptproduzenten von Solarstrom auf der Welt. Internationale Handelsstörungen werden daher die Produktion von Solarstrom verteuern und ähnlich gilt dies im Bereich von windbasierter Stromerzeugung.

Dass man auch weiter Atomkraftwerke in bestimmten Ländern bauen wird, ist absehbar; China, Russland, USA, UK und Frankreich sind hier wichtige Produzenten von Atomstrom, aber der Anteil des Atomstroms soll zumindest in Frankreich längerfristig laut Präsident Macron rückläufig sein und unter 50 % fallen. Wenn man deutlich mehr Windenergie-Erzeugung aufbaut, gibt es ein regionales Transportproblem und damit die Notwendigkeit, neue Stromleitungen zu bauen. Das wiederum ruft häufig den Widerstand von Bürgerinnen und Bürger hervor, die sich zwar Strom aus Erneuerbaren wünschen, aber – wie etwa in Deutschland – keine neuen oberirdischen oder unterirdischen Stromleitungen wünschen. In Deutschland gilt es etwa, den Windstrom aus dem Norden zu den Industrie- und Wohnzentren im Süden Deutschlands hinzuleiten. Bei der Finanzierung über die Erneuerbare-Energien-Umlage entstehen dabei einige sonderbare unsichtbare Transferzahlungen zwischen Regionen beziehungsweise Bundesländern in Deutschland.

> **Box 3: Starke Benachteiligung Nordrhein-Westfalens durch Finanzierungsmodus der Erneuerbaren Energien**
>
> Das bevölkerungsreichste Bundesland Deutschland ist Nordrhein-Westfalen, dessen Einwohnerzahl mit 17 Millionen etwa so hoch wie in den Niederlanden ist. Die 16 Bundesländer sind in Deutschland in ein interregionales Umverteilungssystem bei den Steuereinnahmen eingebunden: Bundesländer mit hohen Pro-Kopf-Einnahmen sollen dabei Bundesländer mit geringen Pro-Kopf-Einnahmen durch Transfers stützen. Es gibt neben dem offiziellen interregionalen Umverteilungssystem noch ein weithin unbekanntes System der Umverteilung, das über die Stromrechnung beziehungsweise die regional ungleiche Verteilung von Erneuerbaren Energien entsteht. Die privaten Haushalte zahlen im Rahmen des Erneuerbare Energiengesetzes einen Aufschlag auf den Strompreis zur Förderung Erneuerbarer Energien (also etwa für die Finanzierung der garantierten Einspeisevergütungen für die Betreiber von Solaranlagen oder Windstromanlagen; die Mehrzahl der Windstromanlagen sind in den nördlichen Bundesländern, nämlich Schleswig-Holstein und Niedersachsen).
>
> Es sind nicht nur NRW-Politikfaktoren, die die Wachstumsdynamik Nordrhein-Westfalens belasten – und alte Strukturprobleme in Teilen des Ruhrgebiets obendrein. Vielmehr gibt es auch auf der Bundesebene beziehungsweise in der Bundespolitik Negativ-Impulse für NRW: Allen voran das unausgewogene Erneuerbare Energien-Gesetz von 2009 – mit zwei Novellierungen –, die faktisch für NRW eine Art zweiten verdeckten Länder-Finanzausgleich via Strompreis beziehungsweise Stromrechnungen der privaten Haushalte und Einspeisevergütungen für Produzenten von erneuerbarem Strom in anderen Ländern bedeuten: Die Größenordnung 2014/2015 war etwa 0,5 % des NRW-Bruttoinlandsprodukts beziehungsweise 3 Milliarden € im Jahr – Tendenz im Zeitablauf: weiter steigend. Für NRW sind über die Jahre die über die Stromrechnung der Haushalte abfließenden Beträge gestiegen, Bayern war über mehrere Jahre finanziell ein Nettozufluss-Land, wechselte allerdings 2014 in eine leichte Netto-Zahlerposition, während das Bundesland Schleswig-Holstein eine erhebliche Netto-Zufluss-Position verzeichnet (MENGES/UNTIEDT, 2016). Der kumulierte NRW-Abfluss-Betrag über die von den Haushalten gezahlten Stromrechnungen im Zeitraum 2010–2014 betrug rund 9,5 Milliarden €, was einer Pro-Kopf-Zahlung von 500 € an andere Bundesländer entspricht. Geht man für 2015–2017 jeweils von 3,5 Milliarden NRW-bezogenen Zahlungen via Stromrechnungen der Haushalte aus, so ergibt sich für 2010–2017 eine Gesamtsumme von etwa 20 Milliarden €, was mehr als 1 000 € pro Kopf entspricht.

> NRW hat eine klare Zahlposition unter den Bundesländern. Es ist dabei nicht ausgeschlossen, dass über verschiedene Wirkungskanäle ein Teil der faktischen Umverteilungsmittel aus anderen Bundesländern nach NRW zurückfließt (etwa, wenn E.ON und RWE als Stromproduzenten in Norddeutschland Windparks betreiben, aber der Rückflussfaktor dürfte gering sein). Dieser verdeckte Länderfinanzausgleich II könnte bis 2020 auf fast 1 % des NRW-Bruttoinlandsprodukts ansteigen, da Baden-Württemberg im Zuge des raschen Ausbaus der Erneuerbaren Energien von einem faktischen Zahler-Land zu einem Netto-Empfängerland werden wird und dann der Kaufkraftentzug bei den NRW-Haushalten weiter ansteigt. Hier müsste sich die Landespolitik seit Jahren auf Bundesebene dem unfairen – und vom Gesetzgeber ja ursprünglich in dieser Form auch niemals beabsichtigten – Länder-Umverteilungsmechanismus via Stromrechnungen der privaten Haushalte entgegenstellen. Kaufkraftentzug für NRW heißt Nachfrage-Schwächung und damit verbundene Investitions- und Wachstumsminderung. Die Einrechnung des strompreisbasierten verdeckten Länderfinanzausgleichs in den normalen Länderfinanzausgleich beziehungsweise ein sinnvolles Anrechnungsmodell wäre hier zu fordern.

Während man in Deutschland 2022 aus dem Atomstrom aussteigen will, kommt noch der Ausstieg aus der Kohleverstromung bis 2038 hinzu. Das sind jedenfalls staatlich verordnete große Änderungen für Deutschland und ganz klar ist nicht, ob die Reihenfolge klimapolitisch vernünftig ist; vielleicht wäre es besser, bis 2030 aus der Kohleverstromung auszusteigen, die klimapolitisch günstigen Atomkraftwerke (AKW) aber bis 2040 noch laufen zu lassen. Zumindest klimapolitisch gesehen sind Atomkraftwerke als günstig einzustufen, da sie fast keine CO_2-Emissionen haben. Allerdings haben sie andere große Risiken und ein sehr großer Unfall wie im japanischen Fukushima hat andeutungsweise verdeutlicht, wie enorm hoch die Kosten eines Größten Anzunehmenden Unfalls (GAU) bei einem Atom-Kraftwerk sein könnten. Dass in Deutschland Atomkraft-Anlagen nur für miserable 2,5 Milliarden € Haftpflicht-Versicherung haben müssen, zeigt eine stille gewaltige Subventionierung, ohne die Atomstrom im 20. Jahrhundert nie in Europa wettbewerbsfähig gewesen wäre.

Diese Subventionierung von Atomstrom wiederum hat die Expansion der Erneuerbaren Energien enorm behindert. Der Staat musste über die Erhöhung der Strompreise bei den privaten Haushalten (wegen der Erneuerbaren Energien-Umlage) etwa in Deutschland bei den Erneuerbaren jährlich 10–20 Milliarden € an verdeckten Subventionen ins Stromsystem pumpen, um den Durchbruch der Erneuerbaren Energien nach jahrelanger Subventionierung über den Strompreis (vor allem der privaten Haushalte) zu erreichen. Ist die

Subventionierung der Erneuerbaren Energien durch die privaten Haushalte beziehungsweise die EEG-Umlage angemessen, oder ist sie zu hoch?

Der Umbau der bisherigen CO_2-intensiven Wirtschaft, inklusive Wohnungswirtschaft und Verkehrssektor, ist eine gigantische historische Aufgabe: Welche Haupt- und Nebeneffekte bringen Schritte hin zu einer stärker klimaschutzfreundlichen Wirtschaftsstruktur; mit neuartigen Produkten und Produktionsverfahren entstehen Millionen neue Jobs, während zugleich Millionen alte Jobs verloren gehen – wie ist der Nettoeffekt bei Beschäftigung, Realeinkommen und Nettoexporten sowie dem Staatshaushalt? Um wie viel wird die Lebenserwartung ansteigen, welche Länder werden Gewinner und Verlierer in der Weltwirtschaft sein? Welches Maß an globaler Koordination ist für rechtzeitigen starken Klimaschutz notwendig, wie fördert man hinreichende internationale Koordination und welche Internationalen Organisationen spielen dabei eine wichtige Rolle?

In der modernen Internet-Gesellschaft gibt es eine Tendenz, dass sich Millionen von Haushalten Sorgen um falsche Probleme machen. In den USA etwa wird in Umfragen das Ausmaß der Globalisierung der Vereinigten Staaten völlig überschätzt – in allen den Befragten genannten Feldern. In Europa wiederum werden von den Befragten in anderen Umfragen die Höhe der Arbeitslosenquoten in verschiedenen Ländern um den Faktor 2 oder 3 klar überschätzt. Wenn aber die Arbeitslosenquote deutlich überschätzt wird, dann machen sich Menschen Jobsorgen, wo diese eigentlich so groß gar nicht sein sollten; sogar in der Schweiz wird die Arbeitslosenquote um etwa den Faktor 2 überschätzt. Wer sich innerlich und politisch mit vor allem eingebildeten Problemen beschäftigt, der hat oft nicht hinreichend Energie, um wirklich gewichtige Problemfelder erfolgreich anzugehen. Woher kommt eigentlich die genannte Fehlwahrnehmung in den USA beziehungsweise Europa?

Kann man die Subventionierung der Erneuerbaren Energien und des Atomstroms rechtfertigen?

Pro Kilowattstunde Strom zahlen private Haushalte immerhin gut 6 Cents, in der Summe eines Jahres bringt diese Erneuerbare Energien-Umlage zur Finanzierung der Garantie-Einspeisepreise unter anderem für Solar- und Windstromproduzenten etwa 20 Milliarden €, während der Marktpreis der erzeugten Strommenge bei etwa 2 Milliarden € im Jahr 2018 lag. Ökonomen werden eine Subventionierung von 18 Milliarden € pro Jahr nur befürworten, wenn es positive externe Effekte von 18 Milliarden € gab – gegebenenfalls in der Form vermiedener Schäden bei erhöhter Stromproduktion aus fossilen Quellen. Das Umweltbundesamt gibt die Schäden durch CO_2-Emissionen für 2016 mit etwa 160 Milliarden € an; da der Stromsektor etwa 1/3 der CO_2-Emissionen darstellt und etwa 32 % des Stroms aus Erneuerbaren in dem Jahr kam, haben die vermiedenen CO_2-Emissionen via Erneuerbarer Energieerzeugung eine Schädigung von 10 % von 160 Milliarden €, also 16 Milliarden € zu vermeiden geholfen. Da ist eine Subventionierung der Erneuerbaren von 18 Milliarden € in etwa zu vertreten. Einwenden kann man, dass die UBA-Zahl von 180 € Schaden pro Tonne CO_2 unplausibel hoch ist. Geht man von 60 € Schaden pro Tonne CO_2 aus, dann ist das Erneuerbare-Energien-Gesetz wenig vernünftig.

Das gilt selbst dann, wenn man argumentiert, dass die faktisch starke Subventionierung von Solar- und Windkraftanlagen in Deutschland auf dem Weltmarkt für sinkende Preise bei diesen Anlagen – via statische und dynamische Massenproduktionsvorteile – gesorgt hat. Man könnte argumentieren, dass die so erzielte schnelle Installation von Solar- und Windkraftanlagen in China, Indien, USA und anderen Ländern zu positiven internationalen externen Effekten geführt hat, da eine CO_2-Emissionsminderung etwa in China um eine Tonne zu einer Schadensminderung in Deutschland um etwa 1,8 € führt: Dabei wird hier davon ausgegangen, dass Deutschland für 1 % der Weltbevölkerung steht und daher eine CO_2-Emissionsminderung um eine Tonne in China – bei einer pro-Bevölkerungseinheit in der Welt sich ergebende Schadens- oder Nutzenaufteilung – bedeutet, dass der Schaden in Deutschland (180 € pro Tonne CO_2 laut UBA) zu 1 % vermindert wird. Ob man eine solche Zurechnung für sinnvoll hält, wäre zu diskutieren.

Das Thema Subventionierung von Energieformen ist auch im Blick etwa auf die Atomkraft relevant, wie sich zeigen lässt. Der mittelgroße Fukushima-Unfall dürfte gut 200 Milliarden $ an Kosten verursacht haben, von denen der Staat – also die Steuerzahler – einen großen Anteil übernehmen. Ein GAU nahe einer deutschen Großstadt hätte Kosten, die das Bruttoinlandsprodukt von fast 3 500 Milliarden € (2018) übersteigen könnten. Die Politik in Deutschland ist mit der Risikobepreisung bei AKWs in Deutschland nicht vernünftig umgegangen; Atomkraftwerke sind laut Gesetzesvorgabe mit einer Haftpflichtversicherungssumme von 2,5 Milliarden € abzusichern. Das ist so, als wenn man Auto fahren könnte und nur die Stoßstangen versichern müsste; das würde jeder für absurd halten, aber bei Atomkraftwerken verhalten wir uns so. Gemessen an den zu versichernden normalen Risiken läuft das in Deutschland und vielen anderen OECD-Ländern auf eine verdeckte Subventionierung der AKWs hinaus (siehe zur Debatte HENNICKE/WELFENS, 2012). Es ist im Übrigen auch gar keine normale marktmäßige umfassende Haftversicherungspolice zu kaufen – selbst die größten Versicherer finden keine Rückversicherer und von daher sind die AKWs unter Einrechnung der Risikokosten nicht marktfähig. 2022 endet das nun in Deutschland, was große Abschreibungen auf Kapital in der AKW-Energiewirtschaft bedeutet.

Wenn man einen Blick nach Japan wirft, so hat dort die Unvernunft auch nach Fukushima kein Ende. Die AKW-Reaktoren sind in Japan wieder ans Netz gegangen und nicht einmal die besonders in Sachen Tsunami-Gefahr riskanten Atomkraftwerke auf der Pazifikseite der japanischen Hauptinseln hat man sofort geschlossen. Was den Fukushima-Unfall angeht, so kann man Japan Glück im Unglück bescheinigen: Dass sich nämlich nicht im Meeresraum um die AKW-Unglücksstelle zufällig ein Kreuzfahrtschiff mit US-Touristen befunden hat; bei radioaktiver Verseuchung von US-Touristen hätten US-Gerichte wohl Hunderte Millionen Dollar an Entschädigung pro Person in Urteilen gegen den Fukushima-Betreiber verhängen können (man denke zum Vergleich an die Monsanto-Klagen in den USA beim Unkrautvernichter Roundup, der unter bestimmten Bedingungen wohl als krebsauslösend gelten muss). Im Übrigen ist bemerkenswert, dass einem Containerschiff aus Japan am Tag 20 der Fukushima-Katastrophe die Einfahrt in den Hafen der Universitätsstadt Xiamen – gegenüber Taiwan gelegen – wegen zu hoher Radioaktivitätswerte verweigert wurde.

Klimaschutz ist mehr als Klimaschutzpolitik

Zumindest die Jugendlichen machen sich in Dutzenden Ländern erhebliche Sorgen um die Frage der Globalen Erwärmung und einige Tausend Wissenschaftler finden diese Besorgnis durchaus angemessen in der Gesamtausrichtung: Die Politik in führenden Industrieländern – vielleicht auch in Schwellenländern – macht zu wenig, zu viele Zielvorgaben sind gesetzt worden, die die Politik saumselig nicht erreicht hat. Ursprünglich wollte die Bundesregierung etwa in Deutschland bis 2020 zwei Millionen Elektrofahrzeuge auf der Straße haben, dann hat man das Ziel in 2016 auf eine Million heruntergesetzt und auch dieses Ziel scheint merkwürdig unerreichbar; kaum 100 000 sind zu erwarten. Die große Politik in Berlin kann dankbar sein, dass wenigstens das Bundesunternehmen Deutsche Post in Verbindung mit innovativen Wissenschaftlern und Unternehmensgründer der Technischen Hochschule Aachen für einige Tausend elektrische Paket-Verteilfahrzeuge „Streetscooter" gesorgt hat. Der Fuhrpark der Bundesregierung sieht bescheiden aus, keine 10 % der Fahrzeuge waren bis Ende 2018 elektrisch, obwohl es deutsche und ausländische Fahrzeuge in ziemlicher Fülle gibt.

Bei Elektrobussen sind deutsche Anbieter weit hinten und das ganze Thema Elektromobilität sieht nach Arbeitsplatzverlusten aus, zumal komplexe Autoteile wie das bisherige Getriebe im Elektroauto entfallen. Die ganz große Politik hat 2015 ein Pariser Klimaabkommen geliefert, aber es hat nur bis Anfang 2017 gedauert, da ergab sich eine neuartige Schieflage: Der zweigrößte CO_2-Emittent und historisch gesehen größte überhaupt – wenn man auf kumulierte CO_2-Emissionen abstellt –, die USA haben sich unter dem populistischen Präsidenten Trump aus dem UN-Klimaabkommen von Paris zurückgezogen.

Aus einer schrulligen und wenig kompetenten Sicht meint Trump, dass es keine menschengemachte Klimaerwärmung gebe und das „Klimaproblem" von China ausgedacht worden sei, um die USA im internationalen Wettbewerb zu schwächen; der gelernte Bauunternehmer Trump widerspricht also Tausenden führenden US-Wissenschaftlern und vielen Tausenden Klimaforschern beziehungsweise Experten (Physikern, Metereologen, Geologen, Ozeanologen) in der Welt. Davon ist nichts zu halten. Für übertrieben mag man die Fridays-for-Future Demonstrationen halten, die Schülerinnen und Schüler in Europa und anderen Teilen der Welt – angeführt von der Schwedin Greta Thunberg – seit 2018 veranstalten. Aber hier stimmt zumindest die Richtung und natürlich ist es naheliegend, dass sich die Jugendlichen um ihre Zukunft Sorgen machen. Vermutlich stimmt einige von ihnen auch nachdenklich, dass in vielen Ländern die Politik in Sachen Klimaschutz Großes verspricht, aber oft nur in kleiner Münze liefert.

In den USA fahren immer mehr Menschen energiehungrige SUVs, also durstige und ressourcen-intensiv hergestellte Geländewagen. Denn die sind halt nicht reguliert von der Politik, weil sie unter die Kategorie LKWs fallen; und so hat sich die Design-, Produktions- und Marketingfantasie der großen US-Autokonzerne und auch der in den USA produzierenden japanischen und deutschen Hersteller diesen Mega-Autos zugewandt. Das ist eigentlich unverantwortlich. Wozu braucht man in den US-Großstädten riesige Geländewagen oder für Kleinfamilien sieben- oder neunsitzige Minibusse? Eine Besteuerung von Autos auch nach Gewicht ist wohl erwägenswert.

In Japan gibt es wegen der vielen engen Straßen eher wenige große Autos und die japanische Umweltpolitik hat durchaus auch einige Ansätze vorzuweisen – etwa das Top-Runner-Konzept –, das für eine rasche Diffusion umweltfreundlicher Innovationen sorgt; denn alle Firmen müssen in recht kurzer Zeit die Innovationen der jeweils führenden Firmen übernehmen. Unter der Regierung Preußens gab es auch schon einmal ähnliche Ansätze bei Maschinen: die Preußische Regierung zahlte Unternehmern einen Kaufzuschuss bei neuen Maschinen – meistens aus England kommend –, wenn der betreffende Unternehmer die jeweilige Maschine einer Mindestzahl anderer Unternehmer vorführte und erklärte. Aber ist sichergestellt, dass grüne Innovationen hinreichend verfügbar sein werden und dass auch eine rasche Diffusion erfolgen wird in Asien und Europa sowie anderen Weltregionen?

Vielleicht werden sehr zahlreiche klimafreundliche Innovationen von Firmen in Nordamerika, Europa, Asien und anderen Regionen entwickelt, aber die Dynamik oder Chaotik der internationalen politischen Beziehungen oder auch wichtiger nationaler Politiksysteme ist so, dass da keine vernünftige, effektive und effiziente internationale Kooperation zustande kommt. Womöglich gibt es schon bald weltweit eine kritische Zahl von populistischen Politikern, die mangels Kompetenz und wegen ihres Neo-Nationalismus und ihrer Ablehnung von Multilateralismus – also auch der Rolle internationaler Organisationen – eine vernünftige internationale Kooperation beim Klimaschutz verhindern? Womöglich fokussiert auch die nationale Politikdebatte aus bestimmten, teils sonderbaren Gründen die Energie der Politikerinnen und Politiker auf Scheinprobleme. Da bleibt am Ende im Bereich Klimaschutz nicht genügend an politischer Energie übrig, um notwendige Gesetze, Verordnungen und Informationen auf den Weg zu bringen. An solchen Problemen besteht, wie zu zeigen wird, in der Tat kein Mangel. So überschätzen etwa US-Bürger das Ausmaß der Globalisierung sehr stark, was zu Ängsten in Sachen Globalisierung und Multilateralismus führt, Menschen in Europa wiederum überschätzten in 2018 etwa die Arbeitslosenquote um mehr als das Doppelte. Das bedeutet natürlich, dass sich Menschen und Politiker dann mit Aktivitäten sehr stark auf Scheinthemen fokussieren, während etwa das Ausmaß des Klimaproblems womöglich unterschätzt wird. Sonderbar kann man auch finden, dass die führenden Autobauer der Welt, etwa gerade jene aus Deutschland, nur überschaubaren Ehrgeiz zeigen, fossilen Energieverbrauch und CO_2-Emissionen von Autos und LKWs zu senken.

Ein Teil möglicher Verzögerungen und Probleme klimafreundlicher Innovationspolitik ist bislang nicht auf dem Radar der Politik: etwa die Frage, wie sich eine erhöhte globale Nachfrage nach klimafreundlichen Produkten auf Strukturwandel und Einkommensungleichheit in Deutschland und anderen Ländern auswirkt. Es kann als ziemlich ausgeschlossen gelten, dass ohne sinnvolle Flankierungsmaßnahmen – hier aufgezeigt – eine in den Industrie- und

Schwellenländern steigende Nachfrage nach klimafreundlichen Produkten zu einem stabilen gesellschaftlichen und politischen Prozess führt. Vielmehr führt eine deutliche globale Nachfrageerhöhung zu einer erhöhten Nachfrage nach qualifizierten Arbeitnehmern und damit auch einer steigenden Relation der Löhne der Qualifizierten zu denen von Ungelernten: Die Ungleichheit der Einkommen steigt so in fast allen Ländern der Welt zusätzlich, jenseits der ohnehin technologisch sich ergebenden Ungleichheitstendenzen beim Einkommen. Wie kann man gleichzeitig klimafreundlichen Fortschritt, eine Begrenzung der Einkommensungleichheit in Industrie- und Schwellenländern sowie hinreichend viel an internationaler Politikkooperation erreichen? Wie können die Unternehmen dazu gebracht werden, klimafreundliche Produkt- und Prozessinnovationen als willkommene Herausforderungen anzusehen, statt womöglich nach Wegen zu suchen, sich um neue Anforderungen bei Effizienz und Emissionsminderung zu drücken?

CO_2-Minderungsanreize gibt es in der EU beziehungsweise in Deutschland vor allem durch die CO_2-Zertifikate, die Unternehmen als Verschmutzungsrecht in der Regel zu einem Marktpreis kaufen müssen. Mit kaum 27 € pro Tonne CO_2 in 2019 lag hier der Preis deutlich unter den 180 € Schaden pro Tonne CO_2-Emission, die das Umweltbundesamt nannte. Eine CO_2-Steuer sollte aus ökonomischer Sicht die Höhe des CO_2-Schadens widerspiegeln. Die UBA-Schätzung ist umstritten, aber die Politik gibt sich bislang einigermaßen sorglos, obwohl ja der Preisunterschied von 180 € und 27 € pro Tonne CO_2 im Zertifikatehandel enorm ist. Zudem muss Deutschland angesichts überschaubarer CO_2-Minderungsfortschritte im Zeitraum 1990–2016 dann im Folgezeitraum bis 2030 dreifach so hohe Emissionsminderungsraten erreichen wie im erstgenannten Zeitraum. Das sieht nach einer schwierigen Aufgabe aus und man kann nur in Ansätzen erkennen, dass die Bundesregierung und auch die EU angemessene Schritte unternehmen, um die Zielmarken für 2040 und 2050 zu erreichen. Je später man mit ernsthaften Reformen beginnt, um so krasser und hektischer werden die Anpassungsaktivitäten im Jahrzehnt 2040 bis 2050.

Dass die Diesel-Betrügereien ausgerechnet aus Deutschland kamen und der Staat dann bei den betreffenden Firmen, etwa Volkswagen, Audi, Porsche, nicht energisch durchgriff, ist auf den ersten Blick schwer zu verstehen. Auf den zweiten nicht, denn die führenden Autofirmen sind große und einflussreiche Lobbyisten. Dass sich Volksparteien durch Wegsehen und politische Lahmheit sowie Themen-Ignoranz sich vielleicht ein großes Grab selbst schaufeln könnten, wurde zur Europa-Wahl 2019 Ende Mai unter anderem in Deutschland ansatzweise deutlich.

Ohne ein umfassendes analytisches Verständnis der Probleme in den Bereichen Ökonomie-Ökologie-Politik wird es dabei keine historischen Fortschritte und Erfolge geben. Diese Studie kann naturgemäß auch nur ein bescheidener, aber hoffentlich wichtiger, kritischer Beitrag dabei sein. Allerdings zeichnet sich die Studie durch ein Zusammendenken von Ansätzen in Europa, Nordamerika, Lateinamerika und Asien aus, zudem werden erstmals neue Perspektiven einer klimafreundlichen Wohnungs- und Verkehrspolitik in bestimmten Bereichen aufgezeigt. Die bisherigen Anreize in den Industrieländern, auch in Deutschland, sind wenig zielführend in Sachen effizienter Fortschritte zur Klimafreundlichkeit. Dabei geht es aus der hier entwickelten Sicht auch um eine sinnvolle Verbindung von Beiträgen zum Klimafortschritt und zur Bezahlbarkeit solchen Fortschritts – das ist eine Denkaufgabe für Ökonomen und sicher wichtig für die soziale Akzeptanz von Klimapolitik in westlichen Marktwirtschaften. Überzogene Klimapolitik ohne soziale Akzeptanz wäre ein Sprungbrett für die Expansion von noch mehr Populismus in westlichen Ländern und anderen Weltregionen als schon bis 2019 sichtbar geworden war. Populisten in westlichen Ländern bestreiten, dass es ein wichtiges Klimaschutzproblem gibt und dass menschengemachte Einflüsse bei der globalen Temperaturerwärmung eine Rolle spielen. Populisten sind oft Experten bei schönen Versprechungen und Wunschdenken. Demgegenüber kann man von der Wissenschaft erwarten, dass sie zunächst Fakten erfasst und analysiert, dann verschiedene Problemlösungsalternativen aufzeigt und die Politik schließlich entscheidet, welche Alternative sie für sinnvoll und mehrheitsfähig hält.

Literatur

HENNICKE, P.; WELFENS, P. J. J. (2012), Energiewende nach Fukushima: Deutscher Sonderweg oder weltweites Vorbild?, München: oekom Verlag

KORUS, A. (2019), Erneuerbare Energien und Leitmärkte in der EU und Deutschland, in: Welfens, Paul (Hg.) (2019), EU-Strukturwandel, Leitmärkte und Techno-Globalisierung, Oldenbourg, De Gruyter

MENGES, R.; UNTIEDT, G. (2016), Ökostromförderung in Schleswig-Holstein: Empirische Analyse der regionalen Verteilungswirkungen der EEG-Zahlungsströme, Studie im Auftrag der KSH-Gesellschaft für Energie- und Klimaschutz Schleswig-Holstein GmbH, Kiel, GEFRA, Münster

11
Klimaschutzpolitik-Sondergutachten des Sachverständigenrates (SVR) 2019

Das Sondergutachten des Sachverständigenrates zur Begutachtung der Gesamtwirtschaftlichen Entwicklung „Aufbruch zu einer neuen Klimapolitik" (SVR, 2019) betont, dass global einheitliche CO_2-Zertifikatepreise und eine Ausweitung der CO_2-Emissionszertifikate jenseits von Industrie und Energiesektor nützlich wären. Im Kern betrachtet der Ökonomen-Sachverständigenrat alternative Maßnahmen zur Emissionsminderung, wie CO_2-Emissionszertifikate und eine CO_2-Steuer. Eine CO_2-Steuer außerhalb der Sektoren, die mit CO_2-Emissionszertifikaten arbeiten, wird als vorübergehende pragmatische Klimaschutzlösung betrachtet, obwohl hier nicht klar sei, wie stark eine CO_2-Steuer (in Bereichen ohne Zertifikatehandel) Richtung CO_2-Minderung Impulse für die Haushalte und die betroffenen Sektoren gibt. Vorziehenswert sei mittel- und langfristig eine Ausweitung der Bereiche mit CO_2-Emissionszertifikatehandel in der EU. Dem kann man grundsätzlich sicher zustimmen und viele Textpassagen sind für Fachökonomen gut lesbar. Deutschland solle nicht Vorreiter beim Klimaschutz, sondern Vorbild sein. Dennoch kann man eine ganze Reihe von kritischen Punkten zu diesem wichtigen Gutachten notieren, die zum Teil auch grundsätzlicher Natur sind:

- Fragen der klimafreundlichen Innovationspolitik werden nur am Rande betrachtet – im hintersten Teil der Analyse, obwohl man von der ökonomischen Logik her klimaschutzfreundliche Innovationen als grundlegend wichtige Problemlösungsmöglichkeit betrachten sollte und im Übrigen innerhalb der Regierung (in Deutschland und in den meisten OECD-Ländern und G20) ja andere Ministerien zuständig für Forschungsförderung sind als das Umweltministerium.
- CO_2-Zertifikatepreise schwanken ganz erheblich und börsennotierte Energie- und Industriefirmen mit Zertifikateüberschuss – sie sind zu bilanzieren nach geltenden Regeln – erleben daher über Zertifikatepreisschwankungen

auch Schwankungen der Aktienkurse, wobei eine erhöhte Volatilität von Aktienkursen einen Negativeinfluss auf Investitionen und Innovationen haben dürfte; dieser Aspekt aber ist beim Vergleich der Politikoptionen CO_2-Zertifikate oder stabile beziehungsweise vorhersehbar ansteigende CO_2-Steuersätze mit zu bedenken.

- Optionen zur technischen Abkühlung (Geoengineering) der Atmosphäre werden praktisch gar nicht erörtert, was eine erhebliche Verengung der Analyse bedeutet. Es gibt eine Reihe von Methoden, die auch schon in DFG-Projekten unter Beteiligung von Naturwissenschaftlern und Ökonomen untersucht worden sind.
- Nicht thematisiert wird die von einer verstärkten Klimaschutzpolitik ausgehende Zunahme der Einkommensungleichheit in den Industrie- und Schwellenländern. Der SVR weist zwar darauf hin, dass CO_2-arme Produktion in der Regel kapitalintensiv ist; CO_2-arme Produkte und Produktionsverfahren sind aber vor allem relativ qualifikationsintensiv, sodass die Nachfrage nach qualifizierten Arbeitskräften relativ zunehmen wird und damit die Lohnprämie zugunsten der Qualifizierten – gegenüber Ungelernten – zunimmt. Steigende Ungleichheit aber kann ein Blockadestein bei der Transformation zu einer klimaschutzfreundlichen Gesellschaft werden. Wenn allgemein in den OECD-Ländern und in China plus den ASEAN-Ländern die Nachfrage nach klimafreundlichen Produkten steigt – sie sind in der Herstellung qualifikationsintensiv –, dann steigt der Preis dieser Produkte und daher wird die Entlohnung des relativ intensiv eingesetzten Produktionsfaktors zunehmen: Das ist qualifizierte Arbeit und häufig auch Kapital. Auf die sich ergebende verschärfte Ungleichheits-Problematik, die zulasten der Ungelernten und Geringqualifizierten geht, gilt es eine Antwort zu finden.
- Die Kapitalmarktperspektiven zum Klimaschutz werden kaum angesprochen, wobei doch gerade die Finanzierung besserer, klimafreundlicherer Infrastrukturen und auch eine andere, nämlich klimaschutzbewusstere Orientierung von Investoren national und international wichtig ist. In diesem Kontext ist auch die Rolle multilateraler Banken und der Weltbank anzusprechen, die – auch auf Vorschlag Deutschlands oder anderer europäischer Länder hin – Klimaschutzprojekte im Ausland beziehungsweise in wichtigen Partnerländern mitfinanzieren könnten. Deutschland – und Frankreich, UK – ist unter anderem Mitglied bei der Weltbank, der Asiatischen Entwicklungsbank und der „Osteuropabank" EBRD. Auch Fragen des Versicherungsschutzes bei unterschiedlichen Energieträgern werden nicht angesprochen, obwohl doch die Kernkraft mit einer gesetzlichen Mindestvor-

gabe von 2,5 Milliarden € Haftpflichtversicherung in Deutschland eine enorme indirekte Subventionierung erhält. Bei einer umfassenden Haftpflichtversicherungsvorgabe durch den Staat wäre Kernenergie unrentabel – keine Versicherung der Welt wäre bereit, einen GAU mit einem erwarteten Schaden von ca. 5 000 Milliarden €, das 1,5-fache des Jahres-Bruttoinlandsprodukts von Deutschland, zu einem Preis zu versichern, der die Kernenergie noch im Markt ließe (HENNICKE/WELFENS, 2012).

- Es wird im SVR-Gutachten hingewiesen darauf, dass ein großer Einfluss Deutschlands am internationalen Verhandlungstisch wünschenswert sei. Aber weitere Überlegungen gibt es hierzu eigentlich nicht, obwohl mit Blick auf den Sachverhalt, dass Deutschland kaum für 3 % der weltweiten CO2-Emissionen und die EU für nur etwa 10 % steht, die Frage einer klimapolitischen Globalisierungsstrategie aus deutscher und EU-seitiger Sicht sehr wichtig ist. Ein denkbarer Ansatz wäre, dass die EU und China ihren CO2-Emissionshandel zusammenlegen und dabei zugleich auch eine verstärkte Forschungskooperation in Bereichen des Klimaschutzes vornehmen – möglicherweise mit Erweiterungsoptionen um ASEAN-Länder, Mercosur-Länder oder NAFTA-Länder oder einzelne US-Bundesstaaten sowie kanadische Bundesstaaten. Auf die Notwendigkeit, die regionalen Entwicklungsbanken und die Weltbank einzubeziehen, ist bereits hingewiesen worden; bislang fehlt hier eine Strategie von Seiten Berlin beziehungsweise von Seiten führender EU-Länder.

- Die Deutsche Bundesregierung hat gegenüber der jungen Generation beim Klimaschutz ein enormes Glaubwürdigkeitsproblem, wie die Fridays-for-Future-Proteste der Schülerschaft in Deutschland zeigen; sie hat dies auch gegenüber einem breiteren Teil der Bevölkerung. Denn wer als Regierung (Große Koalition) eine Ankündigung über eine Million Elektrofahrzeuge als Ziel in 2020 macht und dann bei 100 000 landet, hat entweder wenig Verständnis über das Setzen von Zielen oder ist überhaupt in einem Teilbereich inkompetent. Dass eine Regierung international großes Verhandlungsgewicht haben kann, die im Inland ein sichtbares großes Reputations- oder Kompetenzproblem hat, ist kaum vorstellbar.

- Die Untersuchungen des Sachverständigenrates sind für weite Teile der Öffentlichkeit ziemlich unverständlich, eine einzige anschauliche Grafik mit einzelnen Handlungsfeldern wird präsentiert – neben Schaubildern mit Zeitreihen oder vergleichenden Balkengrafiken. Dabei hat doch der SVR das Ziel, gerade auch die Debatte in der Öffentlichkeit zu fördern. In einer Phase, in der Teile der Gesellschaft wissenschaftliche naturwissenschaftliche oder ökonomische Analysen zum Klimawandel ganz ablehnen – wie offenbar weite Teile rechtspopulistischer Parteien – oder als betroffene Jugendgruppen einer inneren Panik nahe sind, wäre es doch sehr wichtig, eine ausgewogene und gut fundierte Studie zu den Handlungsmöglichkeiten in der Klimaschutzpolitik in einer verständlichen Form zur Hand zu haben. Die Zusammenfassung ist nur ansatzweise in dieser Hinsicht hilfreich, ein YouTube-Video vermisst man.

Wie soll man in Deutschland in der Klimapolitik vorgehen?

In seinem Sondergutachten 2019 hat der Sachverständigenrat zur Begutachtung der gesamtwirtschaftlichen Entwicklung die Frage gestellt, wie man in der Klimapolitik vorangehen soll. Die wesentlichen Alternativen sind

- Ausweitung des bestehenden EU-Zertifikate-Handelssystems (ETS),
- Einführung eines neuen EU-Zertifikate-Handelssystems für bislang nicht vom ETS erfasste Sektoren,
- Einführung einer CO2-Steuer in bislang nicht vom ETS erfassten Sektoren,
- Ordnungsrechtliche Ansätze für bislang nicht vom ETS erfasste Sektoren.

Wenn man die Ausgangssituation in 2019 betrachtet, so kann man die vier vorhandenen Alternativen unter verschiedenen Aspekten betrachten: z. B. mit Blick auf die Kosteneffizienz, die administrative Umsetzbarkeit, die Zeitnähe der politischen Umsetzbarkeit, die Planungssicherheit für die Akteure und die Europäische Anschlussfähigkeit sowie andere Punkte, die in den weißen Feldern der Tabelle 4 stehen. Aus Sicht des Sachverständigenrates spricht kurzfristig eine Reihe von Punkten für die Einführung einer CO2-Steuer, unter anderem kann man die Einführung einer solchen Steuer mit anderen Ländern koordinieren, zudem gibt es vor allem einen geringen Aufwand bei der Verwaltung, es gibt eine kurzfristige Umsetzbarkeit und ein zusätzliches Steueraufkommen. Das kann man so sehen, wonach zunächst CO2-Steuern pragmatisch einzuführen wären in den Sektoren außerhalb der 45 % der Emissionen, die im EU-Emissionshandel abgedeckt werden; längerfristig soll dann ein Übergang erfolgen Richtung Ausweitung des EU-Emissionshandelssystems.

Tab. 4 Bewertung verschiedener Optionen zur Bepreisung von CO_2

	Einbeziehung zusätzlicher Sektoren in das EU-ETS	Separates Emissionshandels-System für Nicht-EU-ETS-Sektoren	CO_2-Steuer für Nicht-EU-ETS-Sektoren	Nachrichtlich: Ordnungsrecht
Erreichen der 2021–2030-Ziele nach EU-Lastenteilungsverordnung	Keine nationalen Ziele mehr notwendig	Bei Beibehaltung des Pfads für Zertifikatausgabe	Regelmäßige Nachsteuerung notwendig	Herausfordernd, kleinteilige Nachsteuerung notwendig
Kosteneffizienz	Sektorübergreifend und EU-weit	Innerhalb Systemgrenzen	Innerhalb Systemgrenzen	Gering
Administrative Umsetzbarkeit	Mittlerer Aufwand (Monitoring)	Mittlerer Aufwand (Monitoring)	Relativ geringer Aufwand	Mittlerer Aufwand (Durchsetzung notwendig)
Zeitnahe politische Umsetzbarkeit	Mittelfristig, EU-Verhandlungen	Kurz- bis mittelfristig	Kurzfristig	Kurzfristig
Aufkommen zur Rückverteilung	Zusätzliches Aufkommen	Zusätzliches Aufkommen	Zusätzliches Aufkommen	Kein zusätzliches Aufkommen
Reaktionen auf Änderungen der konjunkturellen Rahmenbedingungen	Endogene Reaktion	Endogene Reaktion	Nachsteuerung schwierig	Nachsteuerung schwierig
Planungssicherheit für Akteure	Preiskorridor möglich zu Lasten der Zielerreichung	Preiskorridor möglich zu Lasten der Zielerreichung	Fester Preispfad nur ohne Nachsteuerung	Abhängig von Ausgestaltung
Europäische Anschlussfähigkeit	Gemeinsames EU-Instrument	Verknüpfung möglich	Koordinierte Steuersätze möglich	Gering

■ = Option erfüllt Kriterium weitgehend, ■ = neutral, ■ = Option erfüllt Kriterium eher nicht

Quelle: SVR (2019), Aufbruch zu einer neuen Klimapolitik, Sachverständigenrat zur Begutachten der gesamtwirtschaftlichen Entwicklung, Juli 2019, S. 62

Aber man kann die Sicht des Sachverständigenrates auch für nicht angemessen erachten, wenn man folgende Aspekte sieht:

- CO2-Steuern einmal eingeführt, wird die Politik nur höchst zögerlich abschaffen. Viele Abgeordnete meinen, dass die Abschaffung von Steuern X Budgetlücken beim Staat schafft und generell Forderungen nach Abschaffung weiterer Steuern nach sich zieht: Die politische Verteilungsmasse aus Sicht der Abgeordneten sinkt, was die eigene Popularität zu beschränken droht. Es besteht mit Blick auf eine parallele Einführung von CO2-Steuern in EU-Ländern das Risiko, dass ähnliche Politikperspektiven einen wünschenswerten mittelfristigen Übergang zu einem ausgeweiteten Emissionshandelssystem auf Dauer sehr erschweren. Über CO2-Steuern vermittelte Anreize zur CO2-Minderung sind kaum zielgerecht zu entwickeln; gegenüber einem Emissionshandelssystem ist die Steuerungseffizienz in der Regel längerfristig unterlegen.
- Die Vorteile einer direkten Ausweitung des Emissionshandelssystems – oder auch eines zusätzlichen Emissionshandelssystems – sind in Sachen Kosteneffizienz sehr gut (bei ETS-Ausweitung auf weitere Sektoren) oder zumindest gut. Kalifornien hat mit 85 % Anteil der Emissionen in seinem Emissionshandelssystem (Kalifornien+Quebec) eine sehr breite Abdeckung geschafft. So viel Emissionshandel müsste also auch in der EU möglich sein. Auch 90 % sind denkbar.
- Jede Art von EU-Zertifikate-Handelssystem sollte mittel- und langfristig mit den Zertifikate-Handelssystemen anderer Länder zusammengeschlossen werden; also zunächst EU mit Republik Korea und China plus Japan (Tokyo und weitere Provinz) plus Kalifornien mitsamt Provinzen in Kanada. Unter dem wichtigen Aspekt der globalen Anschlussfähigkeit – hiernach fragt der SVR nicht – ist also eine Ausweitung des Emissionshandelssystems der EU oder auch die Neueinrichtung eines Emissionshandelssystems für zusätzliche Sektoren deutlich einer CO2-Steuer überlegen.
- Natürlich könnten am Ende vermutlich 15–20 % der Wertschöpfung beziehungsweise der Produktion übrigbleiben, wo man Emissionshandelssysteme nicht einführen kann. Hier ist dann eine CO2-Steuer als Methode der Bepreisung von CO2-Ausstoß sinnvoll.
- Wenn Deutschland oder die EU eine internationale Vorbildrolle spielen soll, dann wäre eben ein breites Emissionshandelssystem ein wichtiges richtiges Signal für viele andere Länder, allen voran etwa Indien und Japan.

Aus EU-Sicht wäre es naheliegend, sich in Handelsverträgen und gegenüber großen Handelspartnern für ein Emissionszertifikate-Handelssystem beziehungsweise gekoppelte, also international integrierte Zertifikate-Handelssysteme, einzusetzen. Japan, das nur in Tokio und einer weiteren Präfektur Saitama ein Zertifikate-Handelssystem hat, sollte auf die Ausweitung seines Emissionshandelssystems angesprochen werden – spätestens wenn die EU-Länder ihr Emissionshandelssystem ausweiten. Die Integration der Handelssysteme EU-Japan im nächsten Schritt wäre für beide Seiten vorteilhaft. Die (Grenz-) Kosten der Emissionsminderung werden dann für beide Seiten wohl sinken; und natürlich wäre auch die Integration mit anderen Ländern mit Emissionszertifikate-Handelsystemen sinnvoll.

Es gibt im Übrigen einen paradoxen Grund, weshalb Flottenhöchstgrenzen für die Emissionswerte sinnvoll bei der Transformation zur Klimaneutralität sein könnten:

- Es entsteht so nämlich Druck, einen kritisch hohen Anteil an Hybrid- und Elektrofahrzeugen zu bauen – bis hin zu einer veränderten Pro-E-Mobilität Lobby-Position großer Autofirmen. Wenn in Deutschland und Frankreich die großen Autokonzerne sich nicht mehr gegen die Elektro-Mobilität positionieren, sondern pro E-Mobilität, dann dürfte das der Politik den Systemwechsel hin zu deutlich mehr Klimaschutz erleichtern.
- Da es im Automobilbau – auch bei E-Autos – Skaleneffekte statischer und dynamischer Art gibt, wird es nach einer gewissen Zeit hoher Anteile von E-Autos an der Gesamtproduktion von Automobilen eine Art Selbstbeschleunigung der E-Auto-Expansion geben. Deutlich preiswertere und umweltfreundlichere Batterien dürften Teil der Expansion der Elektrofahrzeuge sein. Man kann Batterien auch mit weniger seltenen Erden bauen als bisher.

In China, den USA, Japan und Korea kann man ähnliche Argumente mit Blick auf die Autoindustrie formulieren, wobei die USA mit dem Pionierunternehmen Tesla ein wichtiges innovatives Automobilunternehmen haben. Dass der Tesla-Chef Elon Musk seine Patente in Sachen Elektromobilität freiwillig offenlegt, damit sich E-Autos schneller weltweit durchsetzen können, ist bemerkenswert. Die Innovationsdynamik, die Marktwirtschaften unter bestimmten Bedingungen in hohem Maße bieten, kann ein Schlüssel zu Nachhaltigkeit und Klimaschutzpolitik sein.

Die vorliegende Studie bietet – wie schon angesprochen – einen Mehrwert, da die zeitweise Erhöhung der Einkommensungleichheit betrachtet wird und auch Maßnahmen zur Minderung der erhöhten Einkommensungleichheit vorgeschlagen werden. Zudem werden Optionen zur globalen Aufforstung ebenso thematisiert wie Möglichkeiten, über Geoengineering eine Abkühlung der Erdatmosphäre zu erreichen. Schließlich werden hier auch Aspekte zu einer Modernisierung der internationalen Organisationen Richtung Klimaschutz betrachtet; siehe etwa das Beispiel der für die Staaten Osteuropas im Bereich internationale öffentliche Finanzierung zuständigen EBRD („Osteuropa-Bank" in London).

Rolle multilateraler Entwicklungsbanken für die Transformation bei Energie und Verkehr

Die EBRD („Osteuropa-Bank") hat 2017 in ihrem Jahresbericht den Fokus auf Umweltpolitik- und Nachhaltigkeitsfragen gelegt, wobei die Osteuropa-Bank tatsächlich auch zahlreiche Projekte in den osteuropäischen EU-Ländern mitfinanziert hat (EBRD, 2017). Wichtig in diesem Kontext ist, dass die EBRD-Projekte in der Regel auch Effizienzgewinne und häufig auch Innovationsprojekte mit unterstützen; zum Teil auch Forschungs- beziehungsweise Innovationsprojekte, die klimaschutzfreundliche Effekte im Fall der Realisierung in der Wirtschaft hätten. Wenn man sich also fragt, wer klimaschutzfreundliche Innovationsprojekte mit anschieben soll, so geht es natürlich einerseits um die Unternehmen, andererseits aber auch um die Kapitalmärkte und in diesem Kontext auch um die multilateralen Entwicklungsbanken: Von der EBRD über die Interamerikanische Entwicklungsbank bis zur Afrikanischen Entwicklungsbank und die Asiatische Entwicklungsbank sowie die in Peking angesiedelte junge Asian Infrastructure Investment Bank (AIIB) sowie die Weltbank; vom Eigenkapital her sind die beiden letztgenannten auch gleich die Größten (siehe Abbildung 24). Es gibt also weltweit erhebliche Möglichkeiten, um etwa gerade die langfristigen Modernisierungserfordernisse im Energiesektor und im Verkehrssektor auch über multilaterale Banken mitzufinanzieren. Und es gibt enorme Möglichkeiten für die in diesen Banken vertretenen EU-Länder, auch außerhalb Europas Weichenstellungen für mehr Klimaschutzpolitik weltweit vorzunehmen. Die entsprechenden EU-Länder müssten sich sinnvoller Weise in dieser Frage zusammensetzen – auch unter Einbeziehung der Europäischen Kommission – und eine entsprechende Strategie entwickeln. Hier wird man sehen, welche Rolle die neue EU-Kommissionspräsidentin spielen kann und will.

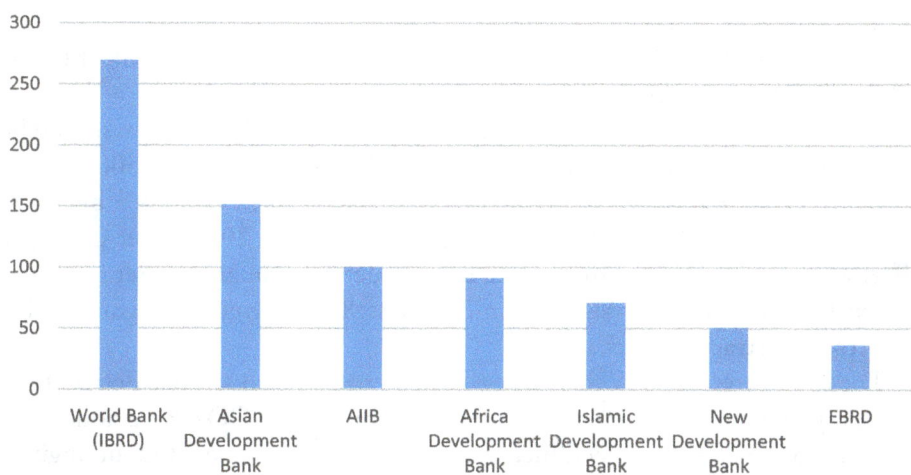

Abb. 24 Eigenkapital multilateraler Entwicklungsbanken und der Weltbank (Milliarden $, 2017). (Quelle: Eigene Berechnungen und Darstellung nach Angaben der relevanten Banken für 2017)

Kostenaspekte der Energiewende

In einem Gutachten der deutschen Wissenschaftsakademien (Projekt „Energiesysteme der Zukunft" (Esys)) hat sich eine Reihe wichtiger Befunde zum Thema effizienter Klimaschutz ergeben. Die zusammenfassende Darstellung von PITTEL/HENNING (2019) betont folgende Punkte:

- Wenn man eine CO_2-Neutralität bis 2050 in Deutschland erreichen will, so ergeben sich Anpassungskosten in Form von Investitionen, Importen von Energieträgern, Wartungs- und Betriebskosten von Anlagen sowie die inländische Herstellung bestimmter Energieträger: Als Differenz aus dem Klimaschutzszenario und dem gegenwärtigen Entwicklungspfad (Business-As-Usual-Szenario) ergeben sich Kosten der Energiewende, die man als kumulierte systemische Gesamtkosten bezeichnen kann; in einer weiteren Perspektive kann man jenseits des Energiesektors auch die anderen Sektoren der Volkswirtschaft und schließlich in einem Komplettansatz auch die sogenannten externen Kosten der CO_2-Emissionen einbeziehen. Dies sind im Wesentlichen die Folgekosten des Klimawandels, wie sie etwa im STERN-Bericht erfasst wurden. Die Kosten für eine Tonne CO_2-Emissionen werden von PITTEL/HENNING mit Blick auf die Weltwirtschaft auf

40–350 € beziffert. Die externen Kosten der Treibhausgasemissionen Deutschlands in 2018 liegen von daher im Bereich von 35–300 Milliarden €. Das ist ein großer Wertebereich.

- Auf Basis von Modellrechnungen ergeben sich kumulative systemische Mehrkosten bei der Energiewende bis 2050 in einer Höhe von 500 Milliarden € bis zu gut 3 000 Milliarden €. Das entspricht etwa 0,04 % bis 2,5 % des Bruttoinlandsprodukts in Deutschland im Jahr 2019. Eher geringere Kosten ergeben sich wenn etwa in der EU der Strommarkt besser integriert wird, etwa durch den Ausbau von Kuppelstellen im grenzüberschreitenden Stromübertragungsnetz.
- Die erwarteten CO2-Vermeidungskosten ergeben sich aus der Betrachtung der systemischen Mehrkosten und den vermiedenen CO2-Emissionen. Im günstigen Fall ergeben sich hier netto etwa 60 € je Tonne CO2, in ungünstigen Fällen kommt man auf bis zu 400 € je Tonne.
- Das bestehende Abgabensystem in Deutschland – hierauf weist auch das Sondergutachten des Sachverständigenrates zum Klimaschutz hin – ist als unsystematisch und zu kompliziert zu charakterisieren. Benzin und Diesel werden mit rund 60 € pro Tonne belastet, hingegen bedeutet Heizen mit Erdöl für private Haushalte gerade einmal 8 € je Tonne CO2. Der Strom wiederum wird in Summe durch Stromsteuer, Emissionszertifikate und die Umlage für Erneuerbare Energien mit rund 200€ pro Tonne belastet. Wenn aber Strom aus Erneuerbaren Energien doch vernünftiger Weise künftig stärker als bisher im Verkehrssektor und bei der Wärmeerzeugung eingesetzt werde soll, dann sind die künstlich hohen Strompreisbelastungen unbedingt abzubauen. Wenn ab 2021 mehr als 50 % des Stroms aus Erneuerbaren Energien kommt, wäre es sonderbar, den Konsum von relativ klimafreundlichem Strom künstlich zu verteuern.

Insgesamt ist die CO2-Belastung beim Umbau des Wirtschaftssystems zu einem klimafreundlichen neuen System in überschaubaren Grenzen: Bei etwa 10 Tonnen CO2-Pro-Kopf-Emission ergibt sich bei einem CO2-Preis von 50 € dann eine Belastung von 500 € pro Jahr. Da aber durch die Klimaschutzpolitik der CO2-Ausstroß im Zeitablauf zurückgeht, sinkt dann auch die Belastung pro Jahr. In Schweden konnte zwischen 1991 und 2017 ein jährlicher Rückgang der CO2-Emissionen durch die Kombination von Emissionszertifikaten und CO2-Steuer von 1 % erreicht werden. Ein solcher Absenkungspfad ist allerdings noch deutlich zu gering, wenn man in Deutschland beziehungsweise in der EU bis 2050 CO2-Klimaneutralität erreichen will.

Literatur

EBRD (2017), Sustainability Report, European Bank for Reconstruction and Development, London: EBRD

HENNICKE, P.; WELFENS, P. J. J. (2012), Energiewende nach Fukushima: Deutscher Sonderweg oder weltweites Vorbild?, München: oekom Verlag

PITTEL, K.; HENNING, H. M. (2019), Klimapolitik: Energiewende erfolgreich steuern, Was uns die Energiewende wirklich kosten wird, Frankfurter Allgemeine Zeitung, FAZ Online edition, 12.07.19, https://www.faz.net/aktuell/wirtschaft/klimapolitik-energiewende-erfolgreich-steuern-16280130.html, letzter Zugriff am 22.07.2019

SVR – Sachverständigenrat zur Begutachten der gesamtwirtschaftlichen Entwicklung (2019), Aufbruch zu einer neuen Klimapolitik, Sondergutachten Juli 2019: Berlin

12
Fehler im Emissionszertifikatehandel?

Der Emissionszertifikatehandel ist aus ökonomischer Sicht die preiswerteste Methode, um Klimaschutz zu erreichen: Klimaschutzverbesserung zu den geringstmöglichen Kosten. Zu definieren ist der Umfang des Emissionshandels, der in der EU bescheidene 45 % umfasst – nämlich Energiesektor plus Industrie – und in Kalifornien in 2015 immerhin 85 %. Dabei wurden in Kalifornien kostenlose Zertifikate an die Energieversorger ausgegeben (100 %), in der EU vor allem an Unternehmen des Exportsektors. Ein zu gering dimensionierter Emissionshandel wie in der EU (vgl. Abbildung 25) ist eigentlich fehlerhaft, denn: Warum sollte Kalifornien 85 % Abdeckung realisieren können und die EU verpasst mögliche weitere 40 % der Emissionen? Da kommen dann andere Mittel zum Einsatz – wenn überhaupt – und die sind in jedem Fall teurer als die Anpassungskosten beim Emissionszertifikatehandel; die EU schwächt durch einen unterdimensionierten Zertifikatehandel die EU-Wachstumsdynamik.

Eine wichtige Frage beim Zertifikatehandel betrifft die Wirkungen eines Mindestpreises. Hierzu sind von BURMEISTER/PETERSON (2017) Überlegungen für Deutschland und die EU entwickelt worden, wonach ein Mindestpreis für CO_2-Emissionen in Höhe von etwa 37 € pro Tonne hilfreich sein könnte. Für die EU und auch für andere Zertifikate-Handelsräume liegt hier eine wichtige Frage, die man verstärkt untersuchen sollte. Vom Zertifikatepreis gehen Signale für Investoren aus und natürlich sind die Emissionszertifikate auch Teil der Bilanz von Unternehmen, sodass sich Schwankungen im Zertifikatepreis auf die Nettovermögensposition des Unternehmens auswirken werden.

Gewichtig ist der Befund, dass man bei Zuteilung von 20 % Gratiszertifikaten für Unternehmensemissionen eine Gewinnneutralität erreicht (BUSHNELL/CHONG/MANSUR, 2013). Wenn also tatsächlich 100 % kostenlos vom Staat an Firmen ausgegeben werden, so ist das ein großer wirtschaftspolitischer Fehler, weil so die Unternehmensgewinne künstlich erhöht werden: Es ist eine Umverteilung zugunsten des Produktionsfaktors Kapital beziehungsweise der Eigentümer der entsprechenden Unternehmen. Das kann aber nicht Sinn von Klimaschutzpolitik sein; sie soll nicht sehenden Auges für Umverteilung zwischen Arbeit und Kapital sorgen.

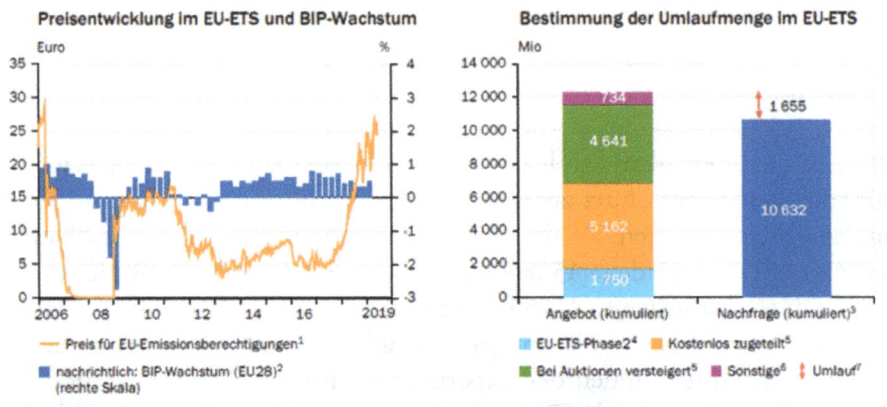

1 – Euro je Emissionsberechtigung für eine Tonne CO_2, Wochendurchschnitte. 2 – Bruttoinlandsprodukt (real): Quartale, saison- und arbeitstäglich bereinigt; Veränderung zum Vorquartal. 3 – Umfasst die gesamten geprüften Emissionen aus EU-ETS-Anlagen vom 1. Januar 2013 bis zum 31. Dezember 2018 und die im gleichen Zeitraum gelöschten Zertifikate. 4 – Im Zeitraum von 2008 bis 2012. 5 – Im Zeitraum vom 1. Januar 2013 bis 31. Dezember 2018. 6 – Von der Europäischen Investitionsbank (EIB) für die Zwecke des NER300-Programms monetisierte Zertifikate und Verwendungsrechte für internationale Gutschriften, die Anlagen bis zum 31. Dezember 2018 für Emissionen in Anspruch genommen haben. 7 – Berechnungen der Europäischen Kommission vom 14. Mai 2019.

Abb. 25 EU-Emissionshandelssystem (EU-ETS). (Quelle: SVR (2019), Aufbruch zu einer neuen Klimapolitik, Sachverständigenrat zur Begutachten der gesamtwirtschaftlichen Entwicklung, Sondergutachten 2019, S. 37)

Ein gewisses Problem beim Zertifikatehandel in der EU ebenso wie im US-Bundesstaat Kalifornien ist eine zeitweise sehr hohe Volatilität beim Zertifikatepreis. Aus ökonomischer Sicht soll der Zertifikatpreis die (Grenz-)Kosten der Minderung von CO2-Emissionen um eine Einheit darstellen. Es ist aber ziemlich unplausibel anzunehmen, dass an einem Tag dieses Kostenniveau bei 8 $/Tonne liegt und am nächsten bei 15 $/Tonne. Tatsächlich sind Emissionszertifikate natürlich Teil der Finanzmärkte geworden, deren zeitweise hohe Schwankungsintensität sich offenbar auf den Emissionszertifikatehandel überträgt. Die Effizienz des Zertifikate-Handelssystems wird durch eine hohe Preisschwankungsintensität beeinträchtigt. Von daher bleibt die Verbindung von Finanzmarktentwicklungen und Zertifikatmarkt weiterhin zu untersuchen. Ansonsten sollte es aus ökonomischer Sicht eigentlich keine Vorbehalte gegen eine sehr gewichtige Rolle des Zertifikatehandels geben. Man kann durchaus überlegen, ob man nicht durch Regulierung des Zertifikate-Handelssystems und der Finanzmärkte mehr Stabilität und Effizienz in beide Bereiche hineinbringt.

Der Zertifikatepreis in Kalifornien lag im März 2018 bei etwa 15 $ pro Tonne, in der EU bei über 20 €, also mehr als 22 $. Das ist ein Hinweis darauf, dass man in Kalifornien geringere Kosten der CO_2-Minderung hat als in der EU. Die Integration des EU-Zertifikate-Handelssystems – auch mit anderen Ländern – brächte daher Vorteile. Eine Integration EU-Kalifornien brächte eine Minderung des CO_2-Zertifikatepreises in der EU, was die Anpassungskosten mindert; aber die Gesamtanpassung EU+Kalifornien wird nicht vermindert, soweit man eine gemeinsame Emissionshöchstmenge festlegt. Eine solche Integrations-Klimaschutzpolitik ist mittelfristig wünschenswert, die EU sollte also entsprechende Gespräche mit Kalifornien, aber auch der Republik Korea und den dortigen relevanten Regionen sowie mit China aufnehmen.

Die empirische Analyse von DE HAAS/POPOV (2019) hat gezeigt, dass Länder bei gut ausgebauten Aktienmärkten – bei sonst vergleichbaren ökonomischen Kennziffern – geringere Pro-Kopf-Emissionen verzeichnen. Es gibt zwei wichtige Analysebefunde:

- Aktienmärkte entwickeln Druck bei Investitionsausgaben zugunsten von Sektoren mit relativ geringer CO_2-Emissionsintensität, wie die Autoren aus sektoralen Analysenbefunden herleiten können.
- Zudem erhöht sich in den CO_2-emissionsintensiven Industrien die grüne/nachhaltigkeitsorientierte Patentdynamik in Kontext mit einer Aktienmarktvertiefung.

In der Konsequenz kann man schlussfolgern: Finanzmarktmodernisierung in Europa und anderen Regionen der Welt kann daher für mehr Wachstum und bessere Emissionsentwicklung wichtig sein; an entsprechenden Weichenstellungen fehlt es in der Eurozone, während die USA und UK hier bekanntlich eine stärkere Aktienmarktorientierung der Finanzmärkte haben.

Hier kann der Staat durch ordnungspolitisch vernünftige Weichenstellungen und die Förderung einer Aktienkultur bei den Sparern für Vermögensbildung und Klimaschutz wichtige Akzente setzen.

Der Klimawandel, genauer die damit einhergehenden Extremwetter-Ereignisse, gefährden Leben und Eigentum in von Extremwettern getroffenen Regionen. REHSE ET AL. (2018) haben am US-Beispiel New York beim Hurricane Sandy (am 26. Oktober 2012) festgestellt, dass Immobilienzertifikate aus Desaster-Regionen relativ wenig gehandelt wurden und die Unterschiede zwischen Ankaufs- und Verkaufspreis hoch waren: Extremwetter beziehungsweise Klimawandel, an dem solches Wetter dran hängt, führt demnach zu weniger liquiden Immobilienmärkten. Demnach müsste die volkswirtschaftliche Geldnachfrage, so sei hier gefolgert, ansteigen, damit die gewünschte Gesamtliquidität erhalten bleibt. Diese Reaktion bei Portfolioinvestoren führt dann wohl zu einer Dämpfung des gesamtwirtschaftlichen Preisniveaus. Das ist nur ein Aspekte zum Zusammenhang von Klimaentwicklung – sowie Klimapolitik – und Finanzmarktdynamik.

Es gibt Sektoren in der EU, die Teil des Zertifikate-Handelsmarktes sind. Immer wieder aber gibt es zusätzliche Staatseingriffe, um die CO_2-Emissionen auf verschiedene Weise durch besondere politische Projekte herabzudrücken. Ein Übermaß an staatlichen Zusatzeingriffen zur CO_2-Minderung im Bereich eines Emissionshandelssektors kann die Marktsignale des Zertifikatemarkts schwächen und für Preisinstabilität bei den Zertifikatemärkten sorgen, die eigentlich sehr leistungsfähig als Mechanismus sein könnten, um eine CO_2-Minderung in der Wirtschaft herbeizuführen. BORENSTEIN ET AL. (2018) haben in einem Beitrag zum Emissionshandelssystem – mit Blick auf Kalifornien – darauf hingewiesen, dass staatliche Interventionen außerhalb des Emissionshandelssystems und die Unsicherheit über das Emissionsniveau in einem Zustand ohne Handelssystem dazu führen, dass es eine erhebliche Neigung zu entweder sehr niedrigen oder sehr hohen Zertifikatepreisen geben wird: Dass also – dies dürfte auch für den EU-Zertifikatehandel gelten – eine erhebliche Instabilität der Zertifikatepreise eintreten kann, und zwar zum Teil gerade durch Zusatzinterventionen des Staates. Hier kann man mit Blick auf die EU beziehungsweise Deutschland gerade auf die enorme Extra-Intervention der „Kohlekommission" hinweisen, die von Teilen der Deutschen Bundesregierung offenbar in Unkenntnis der relevanten Beiträge der Fachliteratur unterstützt werden. Das Zertifikatesystem kann unterschiedliche Gleichgewichtspunkte als Marktgleichgewicht herbeiführen – ein Gleichgewichtspunkt bei einem sehr hohen Preis, ein Gleichgewicht bei einem sehr niedrigen Preis und ein Gleichgewicht bei einem normalen Preis. Wenn die Politik mit radikalen Zusatzinterventionen den Zertifikatemarkt daran hindert, ein normales mittleres Preisniveau als Gleichgewichtspunkt zu finden, so kann der Zertifikatemarkt potenziell zwischen Phasen mit sehr hohen und sehr niedrigen Preisen instabil hin und her schwanken (technisch gesprochen: eine interne Gleichgewichtslösung wird dann nicht erreicht). Die Marktsignale für eine klimaschutzfreundliche Innovationsdynamik wären dann faktisch verwirrend und schwach, die gesellschaftliche Nützlichkeit des Zertifikate-Handelssystems, das CO_2-Minderung zu minimalen Kosten erreichen kann, wird womöglich zerstört. Man sollte Zusatzinterventionen des Staates im Zertifikatemarkt von daher aus Politiksicht klug begrenzen – nicht einfach wegen einer guten Presse- oder Internetschlagzeile, die wenige Tage extra Sympathien bringen mag, den Zertifikatemarkt unterminieren. Es ist zu prüfen, ob der UK-Zertifikatemarkt mit einem Mindestpreis für Emissionszertifikatepreise stabiler als die anderen EU-Teilmärkte war. Natürlich kann der Staat durch eine Reserve-Emissionstranche bei Zertifikaten ein Instrument schaffen, dass extreme Anstieg der Zertifikatepreise verhindern soll. Eine solche in Kalifornien und in der EU verfügbare Reserve-Emissionstranche dürfte die Markterwartungen außerhalb von Krisenperioden nach oben hin stabilisieren.

Der Sachverständigenrat (SVR, 2019) hat zum Thema kostenlose Zuteilung von Zertifikaten an die Unternehmen einige interessante Ausführungen vorgelegt (Ziff. 59–62), woraus sich allerdings auch ergibt, dass Verteilungsaspekte der Begünstigung vieler Unternehmen mit großen kostenlosen Zertifikatezuteilungen nicht gesehen werden, und zwar obwohl 5 162 Millionen Tonnen im Zeitraum 1. Januar 2013 bis 31. Dezember 2018 kostenlos zugeteilt wurden, was über 42 % der kumulierten Angebotsmenge ist. (Der Beitrag von BUSHNELL/CHONG/MANSUR, 2013, und die dort zitierte Literatur werden ausgeblendet; nur in Ziffer 189 wird unter Hinweis auf DE BRUYN ET AL., 2016, angesprochen, dass Unternehmen durch die Teilnahme am Zertifikatehandel sogar zusätzliche Gewinne entstehen können).

Der SVR Wirtschaft (2019, Ziff. 60 f.) schreibt:

Ursprünglich wurden sämtliche Zertifikate den Unternehmen kostenlos zugeteilt. Seit dem Jahr 2013 erhalten Stromerzeuger jedoch keine kostenlosen Zertifikate mehr, wobei Ausnahmen für einige weniger wohlhabende Mitgliedstaaten bestehen. In der dritten Handelsperiode (2013–2020) werden insgesamt 57 % der gesamten ausgegebenen Emissionsberechtigungen versteigert. Die Versteigerung neuer Berechtigungen (Primärmarkt) sowie der Handel von Zertifikaten (Sekundärmarkt) finden derzeit primär an den Börsen EEX (European Energy Exchange) und ICE (Intercontinental Exchange) statt, nur kleinere Volumina werden am Sekundärmarkt an anderen Börsen oder außerbörslich (OTC) gehandelt. Nahezu tägliche Auktionen sollen dazu führen, dass sich diese nahtlos in das Marktgeschehen einfügen und die bei den Auktionen erzielten Preise dem Niveau der Preise im Börsenhandel entsprechen.

Seit der zweiten Handelsperiode (2008–2012) können nicht genutzte Berechtigungen in die folgende Periode übertragen werden. Transaktionen mit Zertifikaten werden auf ein Konto beim EU-Emissionshandelsregister (Unionsregister) gebucht, das von der Europäischen Kommission betrieben wird. Alle am EU-ETS teilnehmenden Akteure, zu denen Banken und Handelshäuser zählen, besitzen ein solches Konto. Für Deutschland werden die Konten von der Deutschen Emissionshandelsstelle (DEHSt) verwaltet.

Der Preis im EU-ETS ist seit dem Jahr 2005 immer wieder sehr deutlich zurückgegangen. Neben der kostenlosen Zuteilung der Zertifikate in den ersten beiden Handelsperioden (2005–2012) dürften insbesondere wirtschaftliche Einbrüche wie die Rezession 2008/09 und der damit jeweils verbundene Rückgang der Industrieproduktion die Preise gedrückt haben. Außerdem war es Unternehmen möglich, internationale Gutschriften zur Erfüllung ihrer Verpflichtungen im Rahmen des EU-ETS zu verwenden. Nicht in Anspruch genommene Verwendungsrechte wurden auf Phase 3 (2013–2020) übertragen. Neben dem forcierten Ausbau Erneuerbarer Energien etwa in Deutschland führte all dies dazu, dass ein erheblicher Überschuss an Zertifikaten im EU-ETS entstand und der Zertifikatspreis lange unterhalb von 10 Euro je Tonne CO2 verharrte.

Die enorm hohen Mengen an kostenlos zugeteilten Zertifikaten deutet darauf hin, dass das Emissionshandelssystem erhebliche Umverteilungswirkungen zugunsten von großen Unternehmen mit sich brachte, die kostenlose Zertifikate in erheblichem Umfang erhalten haben. Zu den wichtigen Fragen gehört schließlich, wie denn Klimaschutzpolitik auf die gesamtwirtschaftliche Entwicklung einwirkt. Diese Frage kann man im Kern nur beantworten, wenn man in die bestehenden Makromodelle zumindest einen Energiesektor und einen Zertifikatemarkt mit einbaut. Das macht die Modelle komplizierter, aber die Simulationen mit den neuen Modellen sicherlich für Wirtschaft, Gesellschaft und Politik interessanter. Man versteht besser, welche Anpassungsprozesse zu erwarten sind – und wie dann auch die nationale oder internationale Politik einwirken kann.

Literatur

BORENSTEIN, S. ET AL. (2018), Expecting the Unexpected: Emissions Uncertainty and Environmental Market Design, Energy Institute at Haas, WP 274R, UC Berkeley

BURMEISTER, J.; PETERSON S. (2017), National Climate Policies in Times of the European Union Emission Trading System (EU ETS), Kiel Working Paper No. 2052, Institute for World Economics

BUSHNELL, J. B.; CHONG, H.; MANSUR, E. T. (2013), Profiting from Regulation: Evidence from the European Carbon Market, American Economic Journal: Economic Policy, Vol. 5, 78-106, http://dx.doi.org/10.1257/pol.5.4.78

DE BRUYN, S.; SCHEP, E.; CHERIF, S. (2016), Calculation of additional profits of sectors and firms from the EU ETS, Report 7.H44, CE DELFT – Committed to the Environment, Delft

DE HAAS, R.; POPOV, A. (2019), Finance and Carbon Emissions, ECB Working Paper (forthcoming)

REHSE, D.; RIORDAN, R.; ROTTKE, N.; ZIETZ, J. (2018), The Effects of Uncertainty on Market Liquidity: Evidence from Hurricane Sandy, ZEW Discussion Paper No. 18-024, ZEW, Mannheim

SVR – Sachverständigenrat zur Begutachten der gesamtwirtschaftlichen Entwicklung (2019), Aufbruch zu einer neuen Klimapolitik, Sondergutachten Juli 2019: Berlin

13
Makroökonomische Aspekte der CO2-Bepreisung

Die Effekte einer Bepreisung von CO2-Emissionen auf Wachstum, Beschäftigung und Einkommensverteilung kann in intertemporalen Gleichgewichtsmodellen untersucht werden. Grundsätzlich lassen CO2-Preise die (Grenz-)Kosten der Unternehmen ansteigen. Soweit eine CO2-Steuer eingeführt wird, kommt es zu erheblichen Einnahmen für den Staat, sofern nicht das Aufkommen aus der CO2-Steuer weitgehend an die Steuerzahler in Form von Transferzahlungen zurückgegeben wird. Daher gehen die Investitionen zurück, soweit Kapital – also Maschinen und Anlagen – und Energieeinsatz als komplementär gelten. Einige Studien mit Bezug auf die USA sowie die Niederlande beziffern den sich ergebenden Rückgang des langfristigen realen Einkommens auf 0,1 Prozentpunkte des Realeinkommens.

Natürlich ist es wesentlich für die Simulationsergebnisse, wie die Einnahmen aus CO2-Steuern oder Zertifikateauktionen durch den Staat verwendet werden. Mit Blick auf die Niederlande kann festgestellt werden, dass eine aufkommensneutrale Minderung der Körperschaftsteuer oder der Einkommenssteuer dem produktionsdämpfenden Effekt einer CO2-Bepreisung entgegenwirkt (HEBBINK ET AL., 2018); bei einer Senkung der Einkommenssteuer ist der Nettoeffekt für die Realeinkommensentwicklung sogar positiv. Es gibt andere Studien, die größere Expansionseffekte aus einer Verminderung der Körperschaftssteuersätze zeigen (JORGENSON/WILCOXEN, 1993; COGAN ET AL., 2013; GOULDER/HAFSTEAD, 2013).

Die Problematik einer makroökonomischen Modellierung ist allerdings etwas komplizierter als in den üblichen Ansätzen dargestellt und das Zusammenwürfeln von CO2-Steuern und CO2-Zertifikatehandel überzeugt nicht. Der Zertifikatehandel ist effizienter und in einem Zwei-Land-Makromodell mit den Ländern der EU und China wird man erwarten können, dass:

- CO_2-Emissions-Zertifikatehandel in der EU, bei Ausweitung auf zunächst 70 % der Emissionen, und parallelem Zertifikate-Handelssystem in China – mit erhöhter EU- Innovationsförderung – bringt geringe Wachstumsverluste in der EU und China, wobei ein Wachstumsverlust in China natürlich negativ auf die EU wirkt.
- Wenn zugleich beide Zertifikate-Handelssysteme – nach Ausweitung auf nationaler Ebene (möglichst auf 85 % der CO_2-Emissionen) – integriert werden, so werden die Wachstumsverluste für die EU und China geringer sein als im Fall zuvor. Ein Problem mit Blick auf China und Indien besteht darin, dass man bei G20-Gipfeln bislang die Thematik CO_2-Zertifikatehandel nicht breit in den Diskussionen angesprochen hat. Die EU oder auch führende EU-Länder wie Deutschland plus Frankreich plus Italien könnten durchaus versuchen, diese Thematik bei den G20-Gipfeln künftig voranzubringen.
- Wenn zudem eine CO_2-Steuer für 25 % der Restemissionen (30 %) eingeführt wird, die vom Aufkommen für die Staatskasse her zu einem Fünftel für höhere Innovationsförderung sowohl in der EU als auch in China verwendet wird – bei Rückgabe von 4/5 der CO_2-Steuer-Einnahmen an die privaten Haushalte – so dürfte sich kaum ein Wachstumsdämpfer für den kombinierten Wirtschaftsraum EU+China ergeben.
- Die Modellierung wird komplizierter, wenn man EU-USA-China betrachtet, wobei natürlich fortgesetzte USA-China-Handelskonflikte sowohl zu einem realen Einkommensdämpfungseffekt in China wie in der EU führen.
- Eine schwierige Frage betrifft die Rolle von internationalem Technologietransfer und – damit verbunden – der Rolle von Direktinvestitionen von multinationalen Unternehmen im Ausland. Wenn US-Firmen und EU-Firmen in China 100-%-Eigentum an Tochterfirmen in klimaschutzrelevanten Sektoren haben können, dann wird ein internationaler Technologietransfer Richtung China schneller und umfassender als unter Bedingungen beschränkter Eigentümerschaft von Tochterfirmen in China erfolgen. Die Frage der Rahmenbedingungen für Direktinvestitionen von Multis, die wesentliche Träger globaler Innovationsdynamik sind, sollte man nicht übersehen.
- Ein erheblicher Nachteil für die Klimaschutzdynamik besteht aus Sicht der westlichen OECD-Länder darin, dass Japan keinen umfassenden Emissionszertifikatehandel betreibt. Es ist ziemlich unverständlich, dass in den EU-Japan Freihandelsverhandlungen in 2018 das Thema zügige Ausweitung des japanischen Zertifikatehandels von den beiden Pilotregionen auf ganz Japan keine Rolle gespielt hat. Immerhin gut, dass es ein EU-Japan-Freihandelsabkommen gibt.

- Wenn zahlreiche große Länder CO2-Bepreisung einführen, geht die Nachfrage nach fossilen Energien zurück; damit verbunden dürfte eine steigende Nachfrage nach Realkapital einhergehen. Die global führenden Exporteure von Maschinen und Anlagen, also Deutschland, Korea, Japan, USA, Frankreich, Italien, Niederlande und Schweiz dürften davon profitieren; Effekte auf Leistungsbilanzpositionen dieser und anderer Länder sind mittelfristig zu erwarten, daher auch reale Wechselkurseffekte. Denkbar ist eine reale Aufwertung von Euro, Yen und Dollar. Zudem steigt in praktisch allen Ländern die Nachfrage nach qualifizierten Arbeitnehmern, was den Lohnvorsprung dieser Arbeitnehmergruppe gegenüber den Ungelernten erhöht.
- Mit zunehmender Annäherung an die Klimaneutralität weltweit werden sich die Unternehmen die Frage stellen, wie sich der Marktwert der Zertifikate entwickelt, die sie in ihren Bilanzen haben. Hier gibt es eine Art „Endphasen-Problem", da sehr viele Firmen in der Endphase, kurz vor Erreichen der Klimaneutralität ihre Zertifikate auf den Markt werfen werden. Das könnte zu starken Preissenkungen bei CO2-Zertifikaten und hoher Preisvolatilität bei den Zertifikaten führen; entweder in einzelnen Zertifikate-Handelsregionen, oder im Fall integrierter Welt-Zertifikatemärkte, zu globaler Preisvolatilität, die wiederum einen Störimpuls für die Aktienmärkte der Welt ergeben dürfte. Hier können sich negative Vermögenseffekte ergeben, zudem auch eine globale Rezession. Es wäre zu erwägen, in den Besteuerungsvorschriften eine standardisierte Abschreibungsmöglichkeit für Emissionszertifikate vorzusehen, wobei die Firmen zu einem bestimmten Stichtag für eine Dekade dann zu entscheiden hätten, ob sie die Emissionszertifikate gleichmäßig abschreiben möchten; oder aber eine Marktbewertungsmethode anwenden wollen. In jedem Fall ergeben sich negative Steuereinnahmeeffekte bei den Körperschaftssteuern, die sich über eine Dekade verteilen könnten.
- Der IWF könnte eingeschaltet werden, um armen Ländern, die gleichzeitig Zahlungsbilanzprobleme haben, in der Phase einer globalen Wachstumsverlangsamung zu helfen. Auch die OECD und die G20 könnten spezielle Wachstumsinitiativen zur Unterstützung der Transformation in der Schlussphase entwickeln, wobei der G20-Gipfel von Brisbane 2014 ein Vorbild sein kann; die G20 versprachen, bis 2019 das reale Wirtschaftswachstum um 2 % zu erhöhen – gegenüber dem normalen Wachstumspfad; und die OECD bot Hilfe an, um Politikoptionen für die beteiligten Länder zu modellieren, aber auch um die Zieleinlösungsfortschritte der G20-Länder zu ermitteln und zu dokumentieren.

Da Asien 60 % der Weltbevölkerung ausmacht und der größte Teil des Wirtschaftswachstums im 21. Jahrhundert wohl in Asien erfolgen wird, kommt den regionalen Entwicklungsbanken Asian Development Bank und der Asian Infrastructure Investment Bank (AIIB) – mit Sitz in Peking: orientiert auf die Finanzierung der neuen Seidenstraßen – eine große Rolle in der Phase verstärkter Klimaschutzpolitik zu. Hier wäre es wünschenswert, dass diese Regionalbanken Unterstützung auch bei Initiativen zur Einführung von Emissionszertifikate-Handelssystemen geben. Da die Asian Development Bank von Japan dominiert ist – und die USA ein großer Anteilseigner sind – könnte es dazu kommen, dass von der ADB eher wenig Impulse in diese Richtung kommen; jedenfalls solange nicht, bis Japan ein nationales Emissions-Handelssystem realisiert hat. Da hinter der AIIB wesentlich Chinas Wirtschaftsinteressen stehen, kann man erwarten, dass die Umsetzung eines nationalen chinesischen Emissions-Handelssystems in 2020 dann auch die Förderung ähnlicher Systeme in anderen Ländern Asiens oder auch in Osteuropa befördert. Denn die Seidenstraße reicht ja bis nach Ost-Europa und am Ende auch nach West-Europa (auch Nicht-EU-Länder umfassend) hin.

Was kostet globale Klimaneutralität?

Der Jahresausstoß von Kohlendioxid in der Welt lag 2017 bei 36 Milliarden Tonnen, bis 2050 wird man zeitweise wohl bis 48 Milliarden Tonne pro Jahr erreichen. Wenn nicht nur die EU, Korea, China, Kalifornien/Quebec plus Ontario und Japan (zwei Präfekturen) einen Zertifikatehandel hätten, sondern zumindest die G20-Länder für 90 % der Emissionen um 2030, dann kann man folgende Rechnung näherungsweise aufmachen – wenn der globale Zertifikatepreis (gegebenenfalls ein Durchschnitt der Zertifikatepreise) 40 €/Tonne beträgt und die G20-Länder 90 % der globalen Emissionen ausmachten:

- Da 40 €/Tonne Zertifikatepreis zugleich den (Grenz-)Kosten – unter bestimmten Annahmen auch den Durchschnittskosten – der Eliminierung einer Tonne CO_2 entspricht, ergäbe sich auf Basis der genannten Zahlen eine Jahresrechnung für 72 % Klimaschutzneutralität ein Betrag von 1 382,4 Milliarden €, das etwa 1 500 Milliarden $ entspricht. Hierbei ist angenommen, dass 48 Milliarden Tonnen CO_2-Emissionen in 2030 erreicht werden, was bei lahmer globaler Klimapolitik zu optimistisch sein dürfte. Bei einem Weltsozialprodukt von etwa 100 000 Milliarden $ (2030) sind das 1,5 % dieses Welteinkommens. Will man auf 95 % Klimaschutzneutralität kommen, dürfte die Größenordnung etwa 3 % des Welteinkommens in 2030 erreichen. Wenn die Weltwirtschaft also eine jährliche reale Wirtschaftswachstumsrate von 3 % erreichte, müsste man sich faktisch mit 1,5 % begnügen, wenn man von 3/4 Klimaneutralität ausgeht; d. h. für einen durchschnittlichen Haushalt, dass das Jahreseinkommen – hier mit 30 000 € niedrig angesetzt – nicht um 900 € im Jahr steigt (ohne CO_2-Minderungskosten), sondern um 450 €. Wenn man ein Jahreseinkommen von 60 000 € hat (wie in vielen Industrieländern), dann steigt das Einkommen nicht um 1 800 €, sondern um 900 €. Das ist eine beträchtliche Einkommensdämpfung, aber keine untragbare. Unterlässt man die CO_2-Emissionsminderung im geschilderten Ausmaß, hätte man aus Sicht der meisten Haushalte ein anderes Problem, das auch kostenträchtig ist: Die Versicherungen würden die Versicherungsprämien bei Gebäuden weltweit erhöhen, was die Mieten beziehungsweise Immobilienkosten entsprechend ansteigen lässt und Vermögensverluste bedeutet – insbesondere auch bei den Haushalten, die Immobilien in Regionen haben, für die Versicherungen wegen der erhöhten Überschwemmungs- und Sturmgefahren gar keine Versicherung mehr anbietet. Bei unzureichendem Klimaschutzfortschritt kommt es dann eben häufiger zu Überschwemmungen und Extremwetterereignissen, die zu Vermögensverlusten durch zerstörte Immobilien und wohl auch zu einer erhöhten Zahl von verletzten Menschen und Todesopfern führen. Zwischen 2030 und 2050 müsste man mit weiteren Schritten auf 90 % Klimaneutralität kommen. Entscheidend für die langfristige Belastung durch Klimaschutzpolitik wird der technischen Fortschritt sein, besonders der emissionssenkende Fortschritt. Wenn diese Fortschrittsrate hoch ist, so könnte der globale CO_2-Ausstoß 2040 nur noch 20 Milliarden Tonnen sein und der Preis müsste nicht notwendig deutlich höher als 40 €/Tonne (zu konstanten Preisen gerechnet) sein. Die Emissionskosten wären also nur noch bei etwa 0,5 % des Welteinkommens und 2050 könnten sie dann nochmals anteilsmäßig auf etwa 0,3 % gefallen sein.

- Falls es einen integrierten CO_2-Zertifikatemarkt um 2030 gäbe, so könnten Länder wie Indien, Russland und vermutlich auch die USA Exporteure von CO_2-Zertifikaten sein, während Japan, China und die EU Zertifikate importieren könnten. Die Frage, ob sich strukturelle Leistungsbilanzdefizitquoten von wichtigen Ländern in der Weltwirtschaft ändern, wird man sich ansehen müssen. Wenn die USA ein Netto-Exporteur von CO_2-Zertifikaten wären, dann wird sich die US-Leistungsbilanzposition verbessern und eine reale Aufwertung des Dollars wäre zu erwarten. Eine Netto-

Exportposition der USA bei CO2-Zertifikaten ist dann zu erwarten, wenn die ganze USA dem Beispiel Kaliforniens relativ früh folgt und CO2-effiziente Innovationen aus Kalifornien und anderen US-Bundesstaaten relativ schnell in den gesamten Vereinigten Staaten umgesetzt werden.

- Man muss davon ausgehen, dass die weltweiten Emissionsmengen in den 2030er Jahren und den 2040er Jahren längerfristig zurückgehen werden. Vor allem wenn bei Emissionshandels-Systemen jährlich ein Mengenrückgang bei der Emissionsobergrenze von – 5 % oder – 6 % oder gar – 7 % verlangt wird. Wenn CO2-vermeidende Innovationen bis 2030 und 2040 stark gefördert worden sind in der jeweiligen Vordekade, so sollten Größenordnungen von – 6 % oder – 7 % pro Jahr durchaus machbar sein. Ohne eine deutlich verstärkte globale Innovationsförderung in diesem Bereich – auch mehr Grundlagenforschung betreffend – wird man solche Größenordnungen allerdings nicht schaffen können. Wenn 2045 nur noch 10 Gigatonnen CO2 emittiert werden sollten und der CO2-Zertifikatepreis (in Preisen von 2020) bei womöglich 100 €/Tonne oder bei 150 €/Tonne liegt, dann ist in einem solchen Szenario damit dann angezeigt, dass die Kosten einer weiteren Verminderung einer Tonne CO2-Emission auch in der Tat relativ hoch sind.

- Geht man von einem deutlich höheren Emissionszertifikatepreis von 80 €/Tonne in 2030 aus, so kosten 72 % Klimaneutralität 3 % des Welt-Nationaleinkommens, also auch des durchschnittlichen Einkommens pro Kopf. Allerdings dürfte annähernde Klimaneutralität von 72 % gar kein schlechter Wert sein. Denn man kann durch globale Aufforstungsmaßnahmen und künstliche Senkung der Temperatur der Atmosphäre mit überschaubaren Kosten aufstocken auf einen von Seiten der Wissenschaft vermutlich als notwendig angesehenen Wert von 90 %.

- Die Höhe der CO2-Vermeidungskosten hängt natürlich – bei gegebenem Abdeckungsgrad der CO2-Emissionen – wesentlich von der Innovationsdynamik bei relevanten Technologien ab: Das Ausmaß von Nachhaltigkeits-Innovationen (ERDEM, 2015) und der entsprechenden staatlichen Innovationsförderung ist wichtig, aber auch die Rahmenbedingungen für nationale und internationale Diffusion. Wenn klimaschutzmindernde Innovationen sich schnell international ausbreiten können, wozu unter anderem multinationale Unternehmensaktivitäten und das Internet beitragen, ist auch das ein Beitrag zur Absenkung der globalen Durchschnittskosten der CO2-Minderung. Internationale Handelskonflikte sind solchen Diffusionseffekten sicherlich abträglich; von daher ist etwa Trumps Handelskonfliktpolitik auch klimapolitisch ein Problem.

Es gibt weitere einmalige Anpassungskosten, da man ja z. B. Ersatzkapazitäten bei der Stromerzeugung schaffen muss (auf Basis Erneuerbarer Energien), zudem sind zusätzliche Stromleitungen und Großbatterien zu installieren; auch energetische Gebäudesanierungskosten und zusätzliche Infrastrukturaufwendungen (z. B. Oberleitungssysteme für Hybrid-LKWs) sind notwendig. Mehr als 0,1–0,3 % des Bruttoinlandsprodukts dürfte das über 30 Jahre aber nicht ausmachen; in den modernen Volkswirtschaften wird man das als Teil des normalen Strukturwandels empfinden und man sollte im Gegenzug ein stabileres Klima mit weniger Risiken für alle bekommen. Dennoch ist umfassender Klimaschutz das Ende der Komfortzone, da sich für die Weltwirtschaft ein Anpassungsprozess über drei Jahrzehnte hintereinander ergibt oder ergeben soll. Das ist sehr ungewohnt, zumal auch noch verstärkte internationale Kooperation verlangt ist; insbesondere der westlichen Industrieländer mit Ländern in Asien. Vielleicht wird aus EU-Sicht der schwierigste Teil der Kooperation gar nicht die mit Asien, sondern die mit den USA. Wenn in den USA über längere Zeit Populisten an der Macht beziehungsweise im Weißen Haus wären, wird es zunehmend nicht nur Handels-Konflikte geben, sondern auch Klimaschutzkonflikte. Zumindest kann man hoffen, dass auf der Ebene der Zusammenarbeit von Wissenschaftlern aus aller Welt internationale Kooperation kein Problem darstellen sollte. Denkbar ist auch, dass mit sich verschärfendem Klimaproblem der Anteil der Populisten-Parteien in westlichen Ländern ab einem bestimmten Punkt wieder sinkt.

Für einen großen Pessimismus in Europa oder der Welt spricht von daher wenig, jedenfalls, wenn man davon ausgeht, dass es hinreichende internationale Kooperationsbereitschaft bei den G20-Ländern gibt, und zwar bei allen. Eine populistische US-Administration auf Dauer wäre ein globales Klimaschutzproblem; eine populistische indische Regierung, die Klimaschutzmaßnahmen umfassender Art ablehnt, sicher auch. Es gilt in jedem Fall auf Seiten der EU-Länder und verbündeter internationaler Akteure (gegebenenfalls EU27 plus UK plus Japan, Korea, Kalifornien, Kanada etc.) zu bedenken, dass man nicht klug beraten wäre, wenn man Klimaschutzprogramme aufsetzt, die mangels sinnvoller Begleitmaßnahmen den Populismus national und international stärken. Allerdings muss man auch vor naiven Annahmen warnen:

- Bis 2050 ist eine 90 % Klimaneutralität der Weltwirtschaft nicht möglich, wenn nicht bis 2030 alle G20-Staaten umfassende Emissionszertifikate-Handelssysteme eingeführt haben.

- Es bleibt möglicherweise ein ernstes US-Problem, soweit die USA weiter einen populistischen Präsidenten haben sollten, der die USA aus dem Pariser Klimaabkommen fernhält. Man kann wohl relativierend darauf verweisen, dass der Ex-Bürgermeister von New York, Michael Bloomberg, eine Initiative gegründet hat, die heißt We Are Still In (wir sind immer noch dabei) und über 2 500 Top-Manager und Dutzende Städte mit CO2-Reduktionsmaßnahmen an Bord geholt hat, was die Erfüllung der Hälfte der ursprünglichen US-Zusagen beim Pariser Klimagipfel 2015 ermöglichen dürfte (HSU/WEINFURTER, 2018). Aber der von Präsident Trump im Zeitablauf immer weiter betriebene Rückbau von Umweltregulierungen der Obama-Präsidentschaft, unterminiert die Basis für US-Beiträge zum Klimaschutz längerfristig erheblich; möglicherweise abgesehen von den Beiträgen aus Kalifornien und einem weiteren regionalen CO2-Zertifikate-Handelspakt in den USA. Präsident Trump schwächt damit wohl längerfristig die Innovationskraft der US-Wirtschaft und erhöht so indirekt auch das US-Leistungsbilanzdefizit, was den Dollar weiter schwächen könnte.

Dass man Klimaschutzpolitik, inklusive Emissions-Handelssysteme, gut verständlich für die ganze Wählerschaft entwickeln beziehungsweise von Seiten der Regierung darstellen sollte, ist von daher unerlässlich. Die Merkel-Regierungen haben an der Stelle in Teilen nicht geliefert. Wenn 2019 der Schülerschaft in Deutschland offenbar völlig unklar ist, dass Besetzungen im Rheinischen Braunkohlerevier mit Ziel vorzeitige Abschaltung von Kohlekraftwerken, dem Klima wenig hilft – da der Energiesektor zusammen mit der Industrie Teil des EU-Zertifikate-Handelssystems ist (mit EU-weiter Jahresobergrenze für die Emissionsmengen von Energiesektor plus Industrie zusammen genommen) –, dann zeigt das eben, dass Schülerschaft und offenbar auch viele Lehrer das seit 2005 angewandte EU-Zertifikate-Handelssystem nicht kennen oder nicht verstehen. Den Schülern kann man nicht wirklich einen Vorwurf machen; einfach deshalb nicht, weil die Bundesregierung und auch die EU sich über Jahrzehnte keine Mühe gegeben haben, das innovative EU-Zertifikate-Handelssystem zu erklären. Es hat im Übrigen auch früher schon gut funktioniert, etwa bei der Rückführung von Schwefelemissionen in den USA und in Europa.

Literatur

COGAN, J. F.; TAYLOR, J. B.; WIELAND, V.; WOLTERS, M. H. (2013), Fiscal consolidation strategy, *Journal of Economic Dynamics and Control*, Vol. 37(2), 404-421, https://doi.org/10.1016/j.jedc.2012.10.004

ERDEM, D. (2015), Foreign Direct Investments, Innovation Dynamics and Energy Efficiency, Hamburg: Verlag Dr. Kovač

GOULDER, L. H.; HAFSTEAD, M. A. C. (2013), Tax reform and environmental policy: Options for recycling revenue from a tax on carbon dioxide, Discussion Paper RFF DP 13-31, Resources for the Future: Washington DC

HEBBINK, G. ET AL. (2018), The price of transition: An analysis of the economic implications of carbon taxing, DNB Occasional Studies 1608, Netherlands Central Bank, Research Department, Amsterdam

HSU, A.; WEINFURTER, A. (2018), All Climate Politics is Local, Foreign Affairs, online edition, September 24, https://www.foreignaffairs.com/articles/united-states/2018-09-24/all-climate-politics-local

JORGENSON, D. W.; WILCOXEN, P. J. (1993), Reducing US carbon emissions: An econometric general equilibrium assessment, Resource and Energy Economics, Vol. 15(1), 7-25, https://doi.org/10.1016/0928-7655(93)90016-N

14
Finanzmarktaspekte der CO2-Zertifikatemärkte in der Europäischen Union

Wie wirkt der EU-Zertifikatehandel auf die Produktionsmengen und -gewinne der beteiligten Firmen? Also der Stromerzeuger, andere Energiefirmen und die Industrieunternehmen? Der Zertifikatehandel führt zu einem Zertifikatepreis, der die Produktionskosten der Unternehmen beeinflusst: Je höher der Zertifikatepreis für eine Tonne CO2-Emission, desto höher die Kosten der betreffenden Firma; in einem betrachteten Sektor (produziert wird Stahl) stellt sich noch die Frage, wie das auf die Kostenkurve der Konkurrenzfirmen wirkt und wie sich der neue Absatzpreis beziehungsweise der Gleichgewichtspreis auf dem Gütermarkt (dem Stahlmarkt) entwickelt.

BUSHNELL/CHONG/MANSUR (2013) haben auf Basis einer „Ereignis-Studie", nämlich den plötzlichen starken Fall des CO2-Zertifikatepreises Ende April 2006, untersucht, wie sich der Zertifikatepreis auf die Unternehmen auswirkt, die im EU-Zertifikatesystem eingebunden sind: die Unternehmen des Energiesektors und der Industrie. Der Wert der Zertifikate der Unternehmen gemäß Marktpreis betrug im Vorjahr noch etwa 60 Milliarden €, durch den Einbruch Ende April 2006 verminderte sich der Wert der Emissionszertifikate um 28 Milliarden €. Die Autoren untersuchen für 552 an der Börse in Europa notierte Unternehmen die Effekte der Halbierung des Zertifikatepreises Ende April 2006, wobei Unternehmen aus dem Stromsektor und der Industrie betrachtet wurden; in der Regel Firmen mit einem hohen Absatzanteil in der EU. Einerseits sinken die Produktions-Stückkosten in den Industrieunternehmen und den Stromerzeugerfirmen, andererseits sinken aber auch die Umsätze und der Effekt bei den Umsätzen ist stärker als bei den Kosten. Damit sinken die Renditen der Unternehmen, was die Aktienkurse sinken lässt. Steigende Zertifikatepreise dürften also umgekehrt zu steigenden Aktienkursen führen. Die Einführung eines Emissionszertifikatesystems hat von daher insgesamt keine negativen Auswirkungen für die EU in ökonomischer

Hinsicht gehabt. Auch in anderen Industrieländern sind von daher kaum negative ökonomische Effekte zu erwarten.

Es gibt eine Reihe von Simulationsstudien zur Ermittlung der Effekte eines Emissionshandelssystems für die USA und die EU (BOVENBERG/GOULDER, 2001; GOULDER/HAFSTEAD/DWORSKY, 2010; BURTRAW/PALMER, 2008, und SMALE ET AL., 2006), die mit der Annahme von Cournot-Wettbewerb arbeiten, also einem Oligopol, bei dem wenige Anbieter ihre Produktionsmengen in Abhängigkeit von den Konkurrenten festsetzen). Hauptbefund ist, dass die Einbeziehung von Unternehmen in ein Emissionshandelssystem die Gewinnsituation unverändert lässt, wenn ca. 20 % der Emissionsmenge mit kostenlosen Zertifikatszuteilungen durch den Staat verbunden ist. Von daher sind die in der EU in der Industrie oft viel großzügigeren Zuteilungen von kostenlosen Emissionszertifikaten an Firmen im Energiesektor oder im Exportsektor als staatliche Umverteilung zugunsten von Kapitaleignern beziehungsweise Aktionären einzustufen; in diesem Kontext sind mit Blick auf hohe Direktinvestitionsbestände von US-Investoren in Firmen in der EU große „EU-Geschenke" auch an US-Aktionäre erfolgt. Man muss eine solche EU-Politik nicht klug nennen; es wäre – wie nicht selten – der Europäischen Kommission anzuraten, sich eine bessere Beratung der Wirtschaftspolitik zu besorgen (und dabei auch auf führende Ökonomen aus Europa und den USA zu setzen). Es kann nicht Aufgabe der EU-Kommission sein, die Vermögens- und Einkommensunterschiede in der EU unnötig zu erhöhen. Dass sich die EU-Mitgliedsländer-Regierungen um diese Aspekte nicht wahrnehmbar kümmern, zeigt auch bei den Regierungen auf nationaler Politikebene einen bedenklichen Mangel an Wissen. Es ist einigermaßen sonderbar, dass auch in Korea kostenlose Emissionszertifikate in den ersten Handelsphasen in großen Mengen – bis zu über 90 % – an die Kraftwerke und Industrieunternehmen verschenkt worden sind. Diese Zertifikate-Verschenkaktionen in wichtigen Regionen der Weltwirtschaft dürften seit 2005 zu einem längerfristigen Aktienkursanstieg beigetragen haben (mit Unterbrechung für einige Jahre durch die Große Rezession 2008–2010). Das ist ein bislang nicht thematisierter Vorgang in der Weltwirtschaft.

Es sei darauf hingewiesen, dass die von REHSE ET AL. (2018) für die USA aufgezeigten Zusammenhänge auch für die Europäische Union gelten dürfen. Demnach werden Extremwetter-Regionen unter verminderter Liquidität von Immobilien-Finanzmarktprodukten (z. B. sogenannte „reits") leiden. Es wird aus Sicht der Europäischen Zentralbank und der Bankenaufsicht sowie des European Systemic Risk Boards (ESRB) interessant sein, sich diese Zusammenhänge näher anzusehen.

Literatur

BOVENBER, L. A.; GOULDER, L. H. (2001), Neutralizing the Adverse Industry Impacts of CO2 Abatement Policies: What Does It Cost?, in: Carraro, C; Metcalf, G. E. (Eds.), Behavioral and Distributional Effects of Environmental Policy, Chicago: University of Chicago Press, 45–85

BURTRAW, D.; PALMER, K. L. (2008), Compensation rules for climate policy in the electricity sector, *Journal of Policy Analysis and Management*, Vol. 27(4), 819–47, https://doi.org/10.1002/pam.20378

BUSHNELL, J. B.; CHONG, H.; MANSUR, E. T. (2013), Profiting from Regulation: Evidence from the European Carbon Market, American Economic Journal: Economic Policy, Vol. 5, 78-106, http://dx.doi.org/10.1257/pol.5.4.78

GOULDER, L. H.; HAFSTEAD, M. A. C.; DWORKSY, M. (2010), Impacts of alternative emissions allowance allocation methods under a federal cap-and-trade program, *Journal of Environmental Economics and Management*, Vol. 60(3), 161–81, https://doi.org/10.1016/j.jeem.2010.06.002

REHSE, D.; RIORDAN, R.; ROTTKE, N.; ZIETZ, J. (2018), The Effects of Uncertainty on Market Liquidity: Evidence from Hurricane Sandy, ZEW Discussion Paper No. 18-024, ZEW, Mannheim

SMALE, R.; HARTLEY, M.; HEPBURN, C.; WARD, J.; GRUBB, M. (2006), The impact of CO2 emissions trading on firm profits and market prices, *Climate Policy*, Vol. 6, 31-48

15
Wohnungswirtschaft und Verkehrssektor

In Deutschland brachten verschiedene Sektoren unterschiedlich hohe CO_2-Lasten in 2016: 343 Millionen Tonnen CO_2-Emissionen in der Energiewirtschaft, 188 Millionen Tonnen in der Industrie, 166 Millionen Tonnen der Verkehrssektor, 130 Millionen Tonnen die Gebäudewirtschaft, 72 Millionen Tonnen die Landwirtschaft, 10 Millionen Tonnen sonstige Sektoren. In den Bereichen Gebäude und Industrie waren die Rückgänge mit 1,8 % pro Jahr beziehungsweise 1,6 % pro Jahr relativ hoch im Zeitraum 1990–2016, aber deutlich höhere Rückgänge pro Jahr wären in 2016–2030 notwendig, um den laut Klimaschutzplan der Bundesregierung gewünschten Rückgang um 56 % gegenüber 1990 bis 2030 zu erreichen. Da die Gesamt-CO_2-Emissionen 909 Millionen Tonnen in Deutschland in 2016 betrugen und die Anteile von Energiewirtschaft, Industrie, Verkehr und Gebäude 37,7 %, 20,7 %, 18,3 % und 14,3 % betrugen, ist absehbar, dass in diesen vier Bereichen sowie auch in der Landwirtschaft besondere Anstrengungen bis 2030 beziehungsweise bis 2050 notwendig sein werden.

Es ist klar, dass ohne neue Ansätze und bessere Effizienz bei der CO_2-Minderung die zieltechnisch kaum erreichbar sind und zudem die Kostenbelastung – etwa mit Blick auf absehbare Mieterhöhung – sozial kaum verkraftbar sind. Eine wichtige Initiative wäre daher in der Wohnungswirtschaft eine Serie von Modellprojekten „klimaneutrales billiges Bauen" (mit Blick auf einen preiswerten IKEA-Klassiker bei den Bücherregalen braucht man sozusagen ein Billy-Modellhaus/Appartement für Jedermann).

In UK hat die Climate Change Commission (Klimawandel-Kommission), die Regierung und Parlament berät, vorgeschlagen, dass Großbritannien plus Nordirland bis 2050 klimaneutral werden. Das bedeutet, dass nicht alle CO_2-Emissionen auf Null bis zur Jahrhundertmitte zu reduzieren sind, sondern dass UK auch von der britischen Regierung finanzierte CO_2-Kompensationsmaßnahmen etwa in Entwicklungsländern – wenn dort z. B. mehr Waldflächen angelegt werden – anrechnen lassen will. Premier May hat im Juni 2019 erklärt, dass UK, das Industrie-Pionierland, mit einem Netto-Null-CO_2-Ziel in

2050 auch ein globaler Pionier im Klimaschutz werden wolle. Zwischen 2007 und 2018 sind die CO2-Emissionen in UK um immerhin schon 30 % zurückgegangen.

Zu den in Deutschland nicht von handelbaren Emissionszertifikaten erfassten wichtigen Sektoren gehören die Wohnungswirtschaft und der Verkehrssektor, wobei hier zum großen Teil auch private Haushalte beziehungsweise Individuen verantwortlich sind. Die Bundesregierung plant laut Eckpunktepapier vom Spätsommer 2019, über eine Art stufenweise CO2-Steuer, die bei 10 €/Tonne ab 2021 beginnen und bis 2025 ansteigen soll, Anreize zur CO2-Einsparung zu geben; danach soll ein nationaler CO2-Zertifikatehandel erfolgen. Zudem soll energetische Modernisierung von Immobilien steuerlich begünstigt werden. Die CO2-Steuer mit 10 €/Tonne zu beginnen, ist sonderbar niedrig, wo doch der Zertifikatepreis 2018/2019 um 25 €/Tonne lag. Methodisch ist eine Art „zeitprogressive" Stufensteuer vermutlich schwierig juristisch zu verankern. Zusatzeinnahmen will die Bundesregierung offenbar durch eine geringe Absenkung der Strompreise und die Erhöhung der steuerlichen Pendlerpauschale an die Haushalte zurück geben. Psychologisch bleibt allerdings das Problem, dass die Bürgerinnen und Bürger nicht eine Jahreserstattung – wie etwa in der Schweiz – als sichtbare Rückvergütung erhalten. Warum man bei der Gebäudenutzung nicht gleich mit Zertifikatehandel in 2020 einsteigt, ist mit Blick auf die Vorbildfälle Kalifornien (seit 2015) und Tokio (seit 2010) unverständlich. Die Klimapolitik-Debatte in Deutschland leidet bei der Politik darunter, dass man international kaum nach nützlichen Politikansätzen schaut. Das ist nicht vernünftig und sorgt für unnötig teure Klimapolitik.

In Deutschland wohnt die Mehrheit der Menschen in Mietwohnungen, sodass hier allerdings Wohnungsunternehmen besonders gefordert sind. Es käme hier beim Gesetzgeber darauf an, kluge Anreize zu setzen. Da klimafreundliche, CO2-mindernde Umbaumaßnahmen nicht zum Nulltarif zu haben sind, wäre über neue sinnvolle staatliche Anreize für vernünftiges Handeln bei den Wohnungsbaugesellschaften nachzudenken; entsprechende Gesetze sind nötig. Diese müssten bei den Wohnungsbaugesellschaften eine Abkehr bringen von dem traditionellen Grundsatz, dass der Vermieter – bis zu einer gewissen Grenze – jede Renovierungsausgabe auf die Mieter umlegen kann. Die Kernprobleme sind mit Blick auf eine sinnvolle Klimapolitik wie folgt:

- Die Wohnungsbaugesellschaften haben sehr wenig Anreize, sich um eine günstigstmögliche Maßnahme zur CO2-Emissionsminderung bei Wohnungen zu bemühen. Denn die Wohnungsbaugesellschaften können auch über sehr teure und ineffiziente Emissionsminderungsmaßnahmen bezie-

hungsweise Umbaukosten eine CO2-Minderung erreichen: Die Kosten werden zu 100 % an die Mieter weitergereicht. Das ist kein kluges Konzept.
- Es wären im Rahmen eines sinnvollen klimapolitischen Reformkonzeptes bestimmte Wohnungskategorien kommunal zu definieren (z. B. einfache Immobilienqualität V bis sehr hohe Immobilienqualität I), wobei durch einen unabhängigen Expertenausschuss die typischen Kosten einer standardisierten effizienten CO2-Minderungsmaßnahme festzulegen sind: für jede Immobilienqualität. Dann müsste der Gesetzgeber festlegen, dass vom Vermieter beziehungsweise Eigentümer effiziente Modernisierungsmaßnahmen zur CO2-Minderung auf die Miete umlegbar sind, und nur solche. Ineffiziente, also übertreuerte Modernisierungsmaßnahmen sind nur bis zu der Höhe umlagefähig, die einer effiziente Modernisierungsmaßnahme entsprechen; dazu käme noch ein Abschlag von 20 %, um Anreize zu setzen. Erst so ergäbe sich ein Anreiz für die Wohnungsunternehmen, gezielt auf effiziente CO2-Emissionsminderungsmaßnahmen zu setzen. Dies wäre zugleich ein Impuls zur Mietensteigerungsbegrenzung. Der Bund könnte hier kommunale Pilotprojekte unterstützen und auch in der Bundeshauptstadt Berlin besondere Projekte fördern. Im Übrigen hat die Telekomregulierung mit dem Konzept effizienter Leistungserbringung – in anderem Kontext – gute Erfahrungen gemacht (die Deutsche Telekom AG als marktmächtiger Anbieter musste ihre Leitungen bei der „letzten Meile", also dem Festnetz-Kundenzugang nicht einfach auf Kostenbasis konkurrierenden Anbietern zur Verfügung stellen, sondern auf Basis der Kosten effizienter Leistungsbereitstellung; das war und ist eine kluge Anreiz-Regulierung im Telekommunikationsgesetz). Denkbar ist auch, dass mit Blick auf die Gewinnermittlung bei großen Wohnungsbauunternehmen nur die Kosten der effizienten Leistungserstellung in die Gewinn- und Verlustrechnung eingebracht werden können.
- Soweit der Staat selbst neue Wohnungen im Bereich Sozialer Wohnungsbau errichtet oder errichten lässt, sind preiswerte langfristige Nachhaltigkeits-Bauansätze wesentlich. Zu den interessanten Vorzeigeprojekten gehören in Europa im Übrigen die Passivhäuser-Innovationen in Österreich. Dieses Land ist im Bereich Passivhäuser führend, allerdings sind die nationalen sowie bundesländerseitigen Bauvorschriften ausgesprochen hinderlich bei der Diffusion in der EU; d. h. in Österreich schon vorhandene Innovationsschritte beim Passivhausbau – hier entstehen Null CO2-Emissionen (oder gar negative, soweit selbsterzeugter Strom aus Erneuerbaren Energien ins öffentliche Netz netto eingespeist wird) – können nur unter großen Schwierigkeiten in Deutschland und anderen EU-Ländern realisiert

werden. Das ist ein unhaltbarer Zustand, der im Übrigen auch den Aufbau von Passivhäusern in der EU unnötig verteuert. Das ist besonders merkwürdig und ökonomisch-politisch unsinnig, da ein Teil der Passivhausfortschritte in Österreich auch mit EU-Forschungsgelder-Unterstützung erreicht wurde (DACHS/BUDDE, 2019).

- Moderne Hauskonzepte mit Passivhausstandards sind auch in Deutschland und anderen EU-Ländern entwickelt worden. Alle neuen Verwaltungs-, Schul- und Universitätsbauten ab 2025 sollten in Deutschland – längerfristig in allen G20-Ländern – effektiven Passivhausstandards entsprechen. Eine Solarstromerzeugung für Dritte sollte dabei bis zu 1/10 auf den 100 % Passivhausstandard kompensatorisch angerechnet werden (90 % Passivhausstandard reicht dann beim Gebäude selbst; effektiver Passivhausstandard ist hier definiert als Grad an Passivhausstandard plus Anteil Solarstromerzeugung für Dritte umgerechnet in Passivhausäquivalenzstandard). Das gibt mehr Flexibilität beim Bauen und setzt sinnvolle Anreize. Statt Solarstromerzeugung können auch andere Formen der Erneuerbaren Energien realisiert werden. Besonders wichtig dürfte es werden, dass im Bereich Sozialer Wohnungsbau moderne Passivhaus-Konzepte realisiert werden und der Staat einen Beitrag leistet, dass die Mieten nicht im Zuge der Klimaschutzpolitik stark ansteigen. Wenn die Stromkosten sinken beziehungsweise Stromerträge aus Stromverkauf an Dritte die Mietbelastung senken, ergibt sich ein sozialpolitisch wichtiger Vorteil aus dem vorgeschlagenen Effektiv-Passivhausansatz.

- Im Verkehrsbereich bestehen ähnliche Anreizprobleme wie in der Wohnungswirtschaft. Es gibt kaum sinnvolle Anreizstrukturen. Denn hier wäre ja zu fordern, dass einerseits gewissen Fixkosten der Automobilität durch eine KfZ-Steuer abgedeckt werden und ansonsten sollten Benzin, Diesel und Erdgas sowie Wasserstoff nach ihren CO_2-Emissionsintensitäten besteuert werden. Da ergäben sich wohl leicht erhöhte Gas- und Diesel- sowie Benzinpreise – übergangsweise könnte man für mindestens eine längere Frist von fünf bis zehn Jahren die KfZ-Steuer bei Privatfahrzeugen senken; und sie könnte natürlich auch grundsätzlich zeitweise negativ werden, was eine Subventionierung etwa für besonders klimaschutz-innovationsrelevante Fahrzeugtypen bedeutet.

- Alle Fluggesellschaften wären per Gesetz aufzufordern, bei Ticketpreisen eine CO_2-Abgabe zu erheben. Da die CO_2-Besteuerung beim Flugbenzin wohl in der EU anders wäre als in vielen Ländern Asiens oder in Kanada oder den USA, wäre zumindest auch auf dem Ticket aus Transparenzgründen auszuweisen, wie hoch die CO_2-Steuer im Vergleich zum OECD-

Durchschnitt im Flugverkehr ist; das wäre eine neue Infopolitik. Innereuropäische Tickets dürften sich um 10 € bis 20 € verteuern, was bei schrittweiser Einführung einer CO2-Besteuerung im Flugverkehr politisch realisierbar erscheint. Die Politik sollte allerdings auch regelmäßig die getroffenen Maßnahmen klar erklären. Für Länder aus anderen Weltregionen, die Flugverkehr nicht durch eine CO2-Abgabe mit vernünftigen Einsparanreizen versehen, entsteht durch die neue Infopolitik – auch im Internet kommunizierbar – ein langfristiger Druck, ebenfalls CO2-Bepreisung im Flugverkehr einzuführen. Die privaten CO2-Kompensationen, die man sich im Internet kaufen kann, müssten stärker differenziert werden und am besten auch staatlich zertifiziert sein. So war etwa 2019 ein Gabelflug Düsseldorf-Washington; New York-Düsseldorf (zwischen Washington DC und New York erfolgte eine ökologisch sinnvolle Zugreise) auf der Website Atmosfair im Frühjahr des Jahres nicht zu kaufen. Jedenfalls sollte künftig sichergestellt werden, dass erstens Fluggesellschaften regelmäßig eine Kompensationsoption beim Ticketkauf direkt anbieten und dass wiederum im Internet im Zeitablauf die Entwicklungstendenzen bei CO2-Kompensationsinstrumenten bei Fluggesellschaften sichtbar gemacht werden. Publikationspflichten wären hier mit Blick auf die Fluggesellschaften sinnvoll und ähnliches könnte natürlich auch für die Kreuzfahrtbranche gelten. Besser als CO2-Kompensationen wären allerdings langfristige CO2-Emissionsminderungsmaßnahmen gerade auch im Flug- und Schiffsverkehr. Beim Passagierschiffsverkehr gibt es hier mit dem Jahr 2023 eine wohl internationale regulierungsbedingte Verbesserung bei neuen Schiffen, womit dann das Verbrennen von bisher meist benutztem Schweröl, das schwefel- und NOX-sowie CO2-intensiv ist, eingeschränkt wird. Die international hier zuständige IMO-Organisation wird allerdings bis 2023 nicht unbedingt eine sinnvolle Problemlösung entwickelt haben. Vor ernsten Problemen infolge zunehmender wilder Anti-Kreuzfahrt-Proteste in der Öffentlichkeit – inklusive Blockade der Hafenausfahrt bestimmter Schiffe – stehen die Kreuzfahrtschiffe in Europa, längerfristig vermutlich auch in den USA. Kreuzfahrt-Urlaub wird als Luxusreise in weiten Teilen der Öffentlichkeit wahrgenommen, warum aber ausgerechnet die entsprechenden Kreuzfahrtschiffe den schmutzigsten Diesel als Treibstoff nutzen, der im Markt verfügbar ist, scheint kaum einzusehen. Einige Redereien haben begonnen, bei Neubauten auf Gasturbinen als Antrieb zu setzen, auch der Umbau des Antriebs im Schiffsbestand ist denkbar. Die bei solchen Maßnahmen sich ergebenden Erhöhungen der Transportkosten, vor allem im Bereich Güterverkehr, sind sicher tragbar, da sie über riesige Transportvolumina umgelegt werden müssten. Man wird sehen, wie die USA sich bei der IMO bei den entsprechenden Reformdiskussionen verhalten werden. Der Deutsche Bundestag hat vom WISSENSCHAFTLICHER DIENST (2018) zum Thema Schiffsemissionen eine Studie erstellen lassen, die in weiten Teilen sehr informativ ist. Dabei wird auch deutlich, dass der Zeithorizont 2023 relativ spät bei der IMO ist, ein Vorziehen von Maßnahmen ist dringend wünschenswert. Deutschland könnte vermutlich im Kontext der EU-Ratspräsidentschaft im zweiten Halbjahr 2020 – nachfolgend auch Portugal als Nachfolgeland bei der Ratspräsidentschaft – europäischen Druck erzeugen, um die IMO zu einem Vorziehen des Umstellungsjahres auf 2021 oder Mitte 2022 zu bewegen.

Man mag am Ende die Klimaproblematik als Teil einer größeren Herausforderung einordnen. Bei der Klimaproblematik geht es um ein Teilproblem einer größeren Umweltschutzproblematik, wobei Plastikabfälle und auch die Verschmutzung von Trinkwasser oder das Artensterben ebenfalls dazu gehören. Allerdings sollte man sich wohl auch fokussieren und nicht alle Probleme der Welt gleichzeitig zu lösen versuchen.

Literatur

DACHS, B.; BUDDE, B. (2019), Fallstudie Nachhaltiges Bauen und Lead Markets in Österreich, in: Welfens, P. J. J. (Hg.), EU-Strukturwandel, Leitmärkte und Technoglobalisierung, Oldenbourg: de Gruyter Verlag

WISSENSCHAFTLICHE DIENSTE (2018a), Maßnahmen zur Minderung von Emissionen in der Schifffahrt, Alternative Kraftstoffe und Antriebe, Sachstand, Deutscher Bundestag, WD 8-3000-032/18, Mai 2018

16
CO2-Steuer als vernünftiges Klimapolitik-Instrument

In Deutschland und anderen EU-Ländern gibt es eine konfuse Debatte über die Einführung einer CO2-Steuer. Einige Politiker lehnen eine „neue" Steuer ab: Man wolle keine weitere Steuer, es müsse doch ein besseres Klimaschutzinstrument geben; aber so einfach ist das nicht und um eine zusätzliche Gesamtsteuerbelastung geht es langfristig ohnehin nicht. Auch wenn man an die Ausweitung des CO2-Zertifikatehandels von 45 % der Emissionen auf 95 % denken könnte. Aber das kann kompliziert sein und wäre vermutlich nicht sinnvoll, wenn der Zertifikatepreis wieder auf wenige Euro fallen sollte.

Im Übrigen ist eine CO2-Steuer im Kern aufkommensneutral, da man seitens des Staates an der Lenkungswirkung interessiert ist, also andere Steuern eben kompensatorisch senken wird; womöglich für Geringeinkommensbezieher mehr als für Haushalte mit hohem Einkommen. Eine einfache CO2-Steuer kann zielgerecht wirken, erhebliche Einspar- und Innovationsreize geben. Schweden etwa hat seit 1991 eine CO2-Steuer, die zusammen mit der Teilnahme am Emissionszertifikatesystem der EU die Emissionen bis 2017 um 26 % sinken ließ. Parallel stieg das Realeinkommen um etwa 76 %. Wenn es anderen Ländern gelänge, die CO2-Emissionen zuverlässig und über eine längere Periode jährlich um 1 % zu senken, so wäre dies global gesehen ein guter Ansatzpunkt, um nachhaltigen Klimaschutz mittel- und langfristig zu erreichen. Laut IWF-Angaben von 2019 ist im Übrigen der durchschnittliche globale Emissionszertifikatepreis bei gerade 2 $/Tonne CO2.

Für die Unternehmen in Schweden war die CO2-Steuer anfänglich viel geringer als für die Haushalte, aber bis 2018 hat man die Höhe der Steuer für Unternehmen auf den höheren Wert bei den Privathaushalten angehoben. Die Erhebung der CO2-Steuer erfolgte nicht kompliziert bei einzelnen Haushalten, sondern indirekt, etwa über die entsprechende Besteuerung von Importfirmen oder Großhändlern – also waren die Steuererhebungskosten gering. Im Übrigen hat der Staat die CO2-Steuereinnahmen durch Senkung anderer

Steuern an die Steuerzahler zurückgegeben. Denkbar ist, dass zeitweise die Zusatzeinnahmen für eine höhere „grüne Innovationsförderung" eingesetzt werden; hier kann die Gesellschaft eine Art doppelte Dividende von mehr umweltfreundlichen Innovationsförderungen erwarten, dass nämlich intra- oder intersektorale Innovationsübertragungseffekte stattfinden und dass in Anwendung der umweltverbessernden Innovationen Umweltschäden vermindert werden. Aber auch hier gilt, dass in der Regel nach einer Legislaturperiode die CO2-Einnahmen durch Steuersenkungen an anderer Stelle vollständig kompensiert sein sollten. Um eine Steuererhöhung geht es bei der CO2-Steuer also letztlich nicht, wenn die Politik eine bürgerfreundliche, glaubwürdige Strategie haben will.

Auch die Schweiz hat eine CO2-Steuer, für die ein Höchstwert vorgegeben ist, zugleich ist ein Mechanismus verankert: Wenn die CO2-Emissionsmengen zu langsam im Vergleich zu einem zielbezogenen Referenzpfad sinken, erhöht sich die CO2-Steuer automatisch. Der politisch vorgegebene Höchstwert von 120 Schweizer Franken pro Tonne CO2 soll Planungssicherheit für die Unternehmen schaffen. Daher hat auch die CO2-Steuer in der Schweiz erhebliche Innovations- beziehungsweise Lenkungswirkungen. Auch in der Schweiz wird die CO2-Steuer an die privaten Haushalte zurückgezahlt, per Scheck der gesetzlichen Krankenkasse; da für alle der Rückzahlbetrag gleich hoch ist, erscheint die Rückseite der CO2-Steuereinnahmen-Rückzahlung wie ein Teil der Sozialpolitik. Ökonomisch entscheidend ist, dass der relative Preis für CO2-Emissionen ansteigt und zu emissionsmindernden Verhaltensweisen führt. Im Übrigen hat gerade in Frankreich die Macron-Regierung den Protest der Gelbwestler heraufbeschworen, indem man aus Umweltverbesserungsgründen die Dieselsteuer erhöht, aber die anfänglich vorgesehene Steuerrückerstattung dann bei den Parlamentsberatungen aus dem Gesetz gestrichen hat.

In der deutschen Gesetzgebungspraxis sind an einer klimaverbessernden CO2-Steuerpolitik zumindest drei Ministerien beteiligt, was die Sache nicht einfach macht: Umweltministerium, Finanzministerium und das Wirtschaftsministerium; letzteres sofern eine zeitweise Erhöhung umweltförderlicher grüner Innovationsförderung stattfinden soll. Allerdings sollte diese Kombination letztlich auch politisch tragfähig sein. Wenn alle Euro-Länder gleichzeitig eine CO2-Besteuerung einführen sollten, könnte man zumindest auch grenzübergreifende grüne Innovationsprojekte in der Eurozone anschieben; vermutlich eine gute Option, um auch Länder wie Spanien und Italien für eine CO2-Besteuerung zu gewinnen, wobei ein paralleler Ausbau von Stromkopplungsstellen an den Grenzen der EU beziehungsweise der Eurozone zu einem Mehr an Handel mit Strom – vor allem aus Erneuerbaren Energien – führen kann, was Deutschland und Österreich helfen könnte, zeitweise negative Strompreise zu vermeiden. Zugleich könnten koordinierte Batteriespeicher-Investitionen in der EU stattfinden; negative Strompreise bedeuten eine stillschweigende Nachfrage nach Speicherkapazitäten, die man demnächst relativ preiswert ausbauen kann, sobald von Kommunen oder anderen angeschaffte E-Busse in die Phase des Batterieaustausches kommen, also die zweite Verwertungsphase der Originalbatterien beginnt („second life battery"). Mit größeren Fortschritten in der Batterietechnologie und Investitionen in Strom-Speicherprojekten sind weitere Elemente für ein klimafreundliches Stromsystem zu nennen. Umfassende innovationsorientierte Beschaffungsprogramme für E-Busse in Deutschland und Europa sind wünschenswert, wobei die Forschungsministerien der EU-Länder hier mit beteiligt sein dürften; zudem auch EU-Innovationsmittel. Ein Vergleich der E-Bus-Mobilität in Europa und China zeigt wichtige Befunde für die Ansatzpunkte der Wirtschaftspolitik (WELFENS ET AL., 2018).

Einen großen Zusatznutzen im Rahmen des CO_2-Emissionszertifikatehandels kann man erzielen – ohne weitere Kosten –, wenn der EU-Zertifikatehandel mit dem CO_2-Zertifikatehandel in China und Nordamerika (insbesondere Kalifornien und dessen kanadische Partnerprovinzen Ontario und Quebec) verbunden werden könnte. Das brächte im Rahmen einer internationalen Preiskonvergenz erhebliche globale Effizienzgewinne. Die bisherigen großen internationalen Unterschiede etwa bei CO_2-Emissionszertifikatenpreisen (siehe Tabelle 5, IWF-Daten) bedeuten ebenso ökonomisch-ökologische Ineffizienzen wie Unterschiede zwischen dem Emissionszertifikatepreis und der CO_2-Steuerhöhe pro emittierter CO_2-Tonne. Die EU-Länder sollten einen Mechanismus aufsetzen, der ein Auseinanderdriften der beiden Größen in jedem Land und zwischen OECD-Ländern verhindert. Es ist erstaunlich, dass die internationalen CO_2-Emissionszertifikatepreise auch zwischen den Ländern unterschiedlich hoch über längere Zeit ausfallen; offenbar spielen dabei internationale Realeinkommensunterschiede nur eine begrenzte Rolle (siehe Tabelle 6 und Anhang 2). Der vom IWF (IMF, 2019) genannte globale Durchschnittpreis von 2018 für CO_2-Emissionszertifikate von 2 $ pro Tonne ist sicher unzureichend, um vernünftige Anpassungs- und Innovationsimpulse zu geben. Ein CO_2-Mindestpreis für Zertifikate – etwa 24 $ pro Tonne in UK – ist erwägenswert. Damit ergibt sich aus Investorsicht eine wichtige Untergrenze für emissionsvermindernde Anreize. Dabei ist auch aus Sicht ausländischer Investoren wichtig, dass man die mittel- und langfristige CO_2-Preisentwicklung in etwa abschätzen kann.

Tab. 5 CO2-Bepreisung in ausgewählten Ländern, 2018

Land/Region	Jahr der Einführung	Preis 2018, US$/Tonne CO_2	Abdeckungsgrad, % Klimagase
CO_2-Steuern			
Chile	2017	5	39
Kolumbien	2017	6	40
Dänemark	1992	29	40
Finnland	1990	77	38
Frankreich	2014	55	37
Island	2010	36	50
Irland	2010	25	48
Japan	2012	3	68
Mexiko	2014	1–3	47
Norwegen	1991	56	63
Portugal	2015	8	29
Republik Südafrika	2019	10	10
Schweden	1991	139	40
Schweiz	2008	101	35
ETS*			
Kalifornien	2012	15	85
China	erwartet 2020	Na	Na
EU	2005	16	45
Kasachstan	2013	2	50
Korea	2015	21	68
Neuseeland	2008	15	52
RGGI	2009	4	21
CO2-Mindestpreis			
Kanada	2016	8	70
Vereinigtes Königreich	2013	25	24

* Emissionshandelssystem; Na = nicht angebbar

Quelle: IMF (2019), Fiscal Policies For Paris Climate Strategies – From Principle To Practice, IMF Policy Paper, May 2019, International Monetary Fund: Washington DC, S. 11.

Tab. 6 Kennzahlen im internationalen Vergleich

Land	BIP (Millionen US$)	Pro-Kopf-BIP (US$)	Pro-Kopf-CO_2	Preis CO_2/Tonne (US$)	Geleistete Arbeitsstunden	Exportquote	Importquote
	2016	2016	2016	2018	2015	2016	2016
Argentinien	883 043	20 258	4,3	–	–	12,58	13,54
Australien	1 215 898	50 263	16	–	1 683	19,25	21,52
Brasilien	3 156 494	15 386	2	–	–	12,47	12,07
Kanada	1 628 880	44 917	14,9	8	1 711	31,19	33,64
China	21 411 542	15 485	6,6	–	–	19,66	17,38
EU	20 560 448	40 219	8,7	16	–	43,90	40,40
Frankreich	2 804 274	42 030	4,4	55	1 519	30,16	30,97
Deutschland	4 110 953	49 921	8,9	–	1 368	45,90	38,07
Indien	8 705 013	6 701	1,6	–	–	19,19	20,96
Indonesien	3 030 577	11 714	1,7	–	–	19,09	18,33
Italien	2 367 211	39 045	5,4	–	1 718	29,63	26,42
Japan	5 221 770	41 138	9	3	1 719	16,12	15,15
Mexiko	2 316 428	18 969	3,6	1–3	2 248	37,10	39,08
Korea	1 903 411	37 143	11,5	21	2 084	42,28	35,43
Russland	3 531 999	24 081	10	–	1 978	25,74	20,57
Saudi Arabien	1 755 110	54 379	16,3	–	–	31,14	30,72
Rep. Südafrika	743 730	13 372	7.4	10	–	30,70	30,09
Türkei	2 087 370	26 330	4,3	–	1 832	21,97	24,85
V. Königreich	2 819 116	42 943	5,7	25	1 531	28,28	29,85
Vereinigte Staaten	18 707 189	57 797	14,9	–	1 785	11,85	14,64

BIP = Bruttoinlandsprodukt, Export- und Importquote (Export und Import relative zum BIP), G20-Länder

Quelle: Eigene Darstellung; OECD Database, World Bank, IMF, Eurostat

Es sind darüber hinaus zumindest drei weitere Aspekte sehr wesentlich:

- Beim Flugverkehr ist darauf zu achten, dass private CO2-Kompensationskäufe ermutigt und in die statistische Erfassung und wirtschaftspolitische Bewertung eingerechnet werden. Im Übrigen: Wenn man etwa eine US-

Dienstreise abrechnen möchte, so erweist sich das „Mitabrechnen" des gekauften CO2-Zertifikats als unmöglich. Seitens der Bundes- wie der Landesbehörden sollte aber gerade eine solche Abrechnung ermutigt werden beziehungsweise es sind die gesetzgeberischen Voraussetzungen dafür zu schaffen.
- Da laut World Value Survey die von Bürgern geäußerten Umweltschutz-Präferenzen international divergieren, sollte man der Forschung zu dieser Thematik einige Aufmerksamkeit schenken; darüber hinaus im Internet digitale private CO2-Reduzierungsinnovation durch Einrichtung einer globalen Vernetzungsplattform fördern. Auf Basis des World Value Surveys kann man auch modellieren, wie Individuen in verschiedenen Ländern etwa einen Zielkonflikt mehr Umweltschutz oder mehr Wirtschaftswachstum einordnen (UDALOV, 2019).
- Zu den im wichtigen vorgeschlagenen Möglichkeiten gehört schließlich auch, dass unter Bezugnahme auf den Albedo-Effekt Kommunikationsnetzwerke weltweit gefördert werden, damit Dächer von Häusern, Autos, LKWs, Bahnen nach Möglichkeit weiß/hell lackiert werden. Das verursacht eigentlich keine Mehrkosten und hilft dem Klima auf einfache und zuverlässige Weise.

Die Analyse zeigt erhebliche Möglichkeiten für eine Optimierung der Klimapolitik in Deutschland, Europa und weltweit.

Literatur

IMF (2019), Fiscal Policies For Paris Climate Strategies – From Principle To Practice, IMF Policy Paper, May 2019, International Monetary Fund: Washington DC, https://www.imf.org/~/media/Files/Publications/PP/2019/PPEA2019010.ashx

UDALOV, V. (2019), Behavioural Economics of Climate Change, New Empirical Perspectives, SpringerBriefs in Climate Studies

WELFENS, P.J.J.; YU, N.; HANRAHAN, D.; SCHMÜLLING, B.; FECHTNER, H. (2018), Electrical Bus Mobility in the EU and China: Technological, Ecological and Economic Policy Perspectives, EIIW Discussion Paper No. 255, http://www.eiiw.eu/fileadmin/eiiw/Daten/Publikationen/Gelbe_Reihe/disbei255.pdf

Teil III
Multilateralismus als Lösungsbeitrag beim Klimaproblem

17
Internationale Perspektiven

Die Thematik des Klimaschutzes führt zu zahlreichen Protestbewegungen in Europa und weltweit. Im Frühjahr 2019 sorgten in Großbritannien Proteste der radikalen Gruppe Extinction Rebellion für ein nationales Presseecho. Das Britische Parlament rief einen Klimanotstand aus – was immer das genau bedeutet. Die Besorgnis über den Klimaschutz wächst in UK und in vielen anderen Ländern.

Es ist unklar, ob die Politik in Europa und anderen Regionen der Welt rechtzeitig Maßnahmen für einen umfassenden Klimaschutz beschließt und ob die Wissenschaft rechtzeitig eine hinreichende Zahl von Menschen mit Infos, Fakten und verständlichen Analysen versorgt, dass es eine kritisch intensive globale Klimadiskussion geben wird. Dabei muss man damit rechnen, dass Klimaschutzpolitik ohnehin nicht immer ganz oben auf der Aufmerksamkeitsskala der Menschen stehen wird: Mit jeder Rezession kommen wohl Einkommens- und Beschäftigungsinteressen als Nummer-1-Interessenpunkt auf den Aufmerksamkeitsradar. Erst im konjunkturellen Aufschwung interessieren sich viele Menschen für Fragen wie regionale Integration oder (internationaler) Klimaschutz. Ohne hinreichenden und rechtzeitigen Klimaschutz aber kann es zu erheblichen internationalen Wirtschaftskrisen kommen. Von daher ist das zeitweise Ausblenden von Klimaschutzpolitik auf Seiten der Wählerschaft vor allem ein Tribut an traditionelles Denken – an ein lineares historisches Problemverständnis von Wirtschaftsentwicklung.

Informationsdefizite als Herausforderung

Die Widersprüchlichkeit der Wirtschaftspolitik auf der Welt insgesamt ist ein Problem, wenn es um Nachhaltigkeit und Klimaschutz geht: Die jährlichen globalen Subventionen für fossile Energien liegen bei 6 % des Welteinkommens. Aber die Fähigkeit von Ländern, diese Subventionen zurückzuführen –

gegen harte Lobby-Interessen – ist offenbar gering. Es ist auch sonderbar, dass die betreffende Subventionszahl in praktisch keiner Nachrichtensendung in Deutschland und der Europäischen Union vorkommt. Die Kompetenz der öffentlich-rechtlichen TV-Nachrichtenredaktionen im Bereich Klimaschutz in Deutschland ist begrenzt; außer interessanten kompakten Umweltschutzsendungen ist in den deutschen TV-Programmen und bei ARTE (TV-Programm Deutschland/Frankreich) sowie der BBC und anderen TV-Kanälen zu Klimaschutzthemen wenig zu sehen; abgesehen von Berichten zur Gletscherschmelze – und in Deutschland gelegentlichen Interviews mit dem Klimaforscher Mojib Latif. Eine breite, ausgewogene Berichterstattung im TV fehlt eigentlich. Es gibt viel zu tun bei der wünschenswerte breiten und differenzierten Darstellung der verschiedenen Aspekte der Klimapolitik (im weiteren Sinn). Es wäre wohl sinnvoll, dass verschiedene Wissenschaftler-Gruppen selbst TV- und internetbasierte Streaming-Kanäle entwickeln könnten. Klimaschutzfragen wären dabei sicher nur ein Teil eines breiten Wissens-TVs; durchaus mit vielen breit verständlichen Beiträgen aus der Wissenschaft.

TV-Sendungen mit Erklärungen zur Rolle und zum Umfang des Emissions-Zertifikatehandels in der EU und weltweit gibt es praktisch nicht. Hier besteht ein enormes Informationsdefizit. Nicht einmal die Websites für eine Kompensation von CO_2-Emissionen bei Flügen sind mehr als 10 % der Bevölkerung in Deutschland bekannt. Das ist eigentlich erstaunlich angesichts der digitalen Netzwerke und des Internets insgesamt. Die Funktionsweise des Emissionszertifikate-Handelssystems dürfte in Deutschland und den anderen EU-Länder vermutlich 80 % der Bevölkerung unklar sein – das dürfte ähnlich schlecht aussehen in anderen Ländern, die ebenfalls ein solches Zertifikatesystem haben. Es ist eigentlich sehr erstaunlich und auch bedenklich, dass das wichtigste Instrument zum Überleben auf dem Planeten im 21. Jahrhundert der großen Mehrheit der Bevölkerung völlig unbekannt ist.

Ein größeres Thema dürften auch die Einnahmen aus CO_2-Steuern und dem Zertifikatehandel beziehungsweise dem staatlichen Verkauf von Emissionszertifikaten werden. Dass hier nur Einnahmen erzeugt werden, die der Staat an die Bürger dann direkt zurück fließen lässt, ist wohl eine Wunschvorstellung. Man könnte sich für Deutschland exemplarisch jedenfalls die Einnahmesituation des Bundes anschauen: Die staatlichen Einnahmewirkungen sind interessant. Bei etwa 900 Millionen Tonnen CO_2-Emissionen Deutschlands 2019 in einem Jahr und einem angenommenen Preis von 40 €/T CO_2 ergäben sich Einnahmen von 36 Milliarden €; das wären rund 10 % des Bundeshaushaltes. Aber der Zertifikatepreis lag 2017/18 nur bei gut 20 €/Tonne und es werden nur 45 % der Emissionen vom EU-Zertifikatehandel abgedeckt; wenn der

Staat einen Teil der Zertifikate verschenkt, so schmälert das obendrein die Einnahmen. Jedenfalls kann man bei einer breiteren Abdeckung der CO2-Emissionen durch den Zertifikatehandel und CO2-Steuern von durchaus erheblichen Einnahmen für den Staat ausgehen. Denn 10-%-Anteil solcher Einnahmen am Gesamtbudget des Bundes sind eine erhebliche Größe. Denkbar wären auch neue Fragen, nämlich inwieweit das genannte CO2-Steueraufkommen und die Erlöse aus dem Zertifikatehandel nicht zumindest zum Teil in die EU-Kasse fließen sollen. Schließlich wird der EU-Zertifikatehandel bislang von der EU organisiert und die EU leidet unter einer strukturellen Unterfinanzierung. Vermutlich wird die EU auch mittel- und langfristig stärker in internationalen Organisationen eine wichtige Rolle spielen, was den Finanzbedarf der EU – oder auch der Eurozone – ansteigen lässt.

Neue internationale Fakten und Perspektiven

Die Welthandelsorganisation WTO und die UN-Umweltorganisation haben im August 2019 einen wichtigen neuen Bericht (WTO/UNEP, 2019) zur Rolle des Welthandels für Umwelt- und Klimaschutz vorgelegt, in dem auf verschiedene wichtige Punkte hingewiesen wird:

- Könnte man die Fischerei-Subventionen – da ist auch die EU unrühmlich aktiv – weltweit deutlich zurückführen, dann könnte sich ein Anstieg der globalen Fischerei-Gewinne von 3 Milliarden $ auf 86 Milliarden $ erhöhen: Man muss allerdings zunächst ermöglichen, dass die Überfischung wichtiger Bestände zurückgeht. Der Fischfang muss mittelfristig zunächst bei bestimmten Fischarten sinken, ehe er nach Erholung der Bestände nachhaltig ansteigen kann.
- 2/3 der Neuinvestitionen im globalen Stromsektor betrafen in 2018 Erneuerbare Energien.
- 2016 war der Anteil des Stroms aus Erneuerbaren Energie auf 11 % gestiegen. Diese Zahl ist immer noch bescheiden. Man muss sich im Klaren sein, dass 2020 neu gebaute Kohlekraftwerke normalerweise 2050 noch Strom produzieren werden. Ob das ein überschaubares oder ein großes Problem fürs Klima ist, hängt unter anderem davon ab, wie modern diese Kraftwerke in Sachen Wirkungsgrad sind.
- Die Preise für Solarzellen lagen 2018 auf einem Niveau von 1/4 von 2009 und dürften bis 2040 nochmals um 67 % sinken. Windenergieanlagen zu Land haben sich 2009–2018 um 30 % verbilligt und dürften bis 2040

nochmals 47 % absinken. Hinzugefügt sei, dass die Preissenkungspotenziale bei Offshore-Windkraftanlagen – bei Betrieb im Meer sind die Windkraftanlagen relativ groß – noch höher sein dürften als bei Windstrom-Erzeugung an Land. Bestehende Importzölle für Windkraftanlagen sollten auf Null gesenkt werden, damit Erneuerbare Energien ihren Marktanteil bei der Stromerzeugung weltweit noch erhöhen können. Der Ehrgeiz von US-Präsident Trump in den USA die Kohleförderung und die Kohlestromerzeugung zu erhöhen, ist nicht zukunftsfähig, nicht vereinbar mit den langfristigen Interessen der Menschen in den Vereinigten Staaten und der Weltwirtschaft. Marktzugangsbeschränkungen bei Windkraftanlagen gibt es als Nicht-Zoll-Barrieren sichtbar in Japan: Chinas Windkraftanlagen-Produzenten haben erhebliche Marktanteile in den USA, aber praktisch Null in Japan. Dort werden einheimische Produzenten wie etwa Mitsubhishi offenbar von der Politik gegen ausländische Konkurrenz abgeschirmt; das ist für Japan nicht wirklich sinnvoll und für den globalen Klimaschutz auch nicht. Freihandel kann auch klimapolitisch relevante Probleme bringen, etwa, wenn in Brasilien Urwälder in großem Maße abgeholzt werden, um dort Rinderzucht zu betreiben – mit großem Rinderexport Richtung Europa, USA und Asien – oder um einen Maisanbau zu betreiben, wobei der Mais als Tierfutter weltweit exportiert wird. Wenn eine Tonne-Maisernte indirekt mit CO2-Emissionen einhergeht – in Spiegelbildsinn nämlich weniger CO2-Absorption durch Bäume, die man gefällt hat –, müsste man dem Exportwert einer Tonne Mais einen negativen Wert hinzuaddieren (folgt man dem Umweltbundesamt: 180 € Schaden pro Tonne CO2); wenn eine Tonne Mais geerntet wurde auf Basis 1/10 Tonne CO2-Erzeugung wären vom normalen Marktwert von ca. 150 € demnach 18 € abzuziehen. Die Frage stellt sich, wie viel Maisernte in Brasilien entfällt, wenn der „internalisierte Marktpreis" auf 132 € absinkt – eigentlich müsste Brasilien eine CO2-Steuer oder ein Emissionszertifikatesystem für 85–95 % seiner Emissionen einführen: Die EU sollte diese Thematik für Brasilien und andere Länder im Rahmen eines EU-Mercosur-Freihandelsabkommens ansprechen. Letztlich wird man auch aus Sicht jedes einzelnen Konsumenten auf der Welt die Frage selbst stellen müssen: Wie unverzichtbar ist für mich ein hoher Rindfleischkonsum? Hier könnte moderne Agrarwirtschaft hilfreich sein, indem sie nämlich Fleisch ohne Tierhaltung züchtet.

- Es ist aus Sicht der G20-Länder und letztlich aller Länder der Welt eine wichtige Frage, wie man ein Abkommen zur Erhaltung der Urwälder Brasiliens und der borealen Wälder Russlands erzielen kann. Sicherlich gibt es in jedem Land der Welt eine gewissen Naturstolz, der auch einheimische

Wälder vor großen Rodungen schützen mag. Aber Brasilien und Russland sowie einige andere Länder dürften doch von strategischem Weltinteresse sein, wenn es um die Aufnahme von CO2 durch sehr große Waldflächen geht.
- Die Wachstumsrate der OECD-Länder-Patente bei sauberen Energieformen ist in den Jahren 1999–2014 auf 9 % jährlich gestiegen, während in den anderen Bereichen die Wachstumsrate 6 % pro Jahr in den Industrieländern betrug. Dabei sind natürlich auch Patente außerhalb des Bereichs saubere Energieformen als Impuls für mehr Nachhaltigkeit und Klimaschutz zu sehen. Die Schumpetersche Innovationsdynamik in Form grüner Patente kann man kaum genug als Schlüssel für mehr Klimaschutz betonen. Ob es möglich wird, CO2-Emissionen in größerem Maß in nützliche Erdölersatzprodukte für die Chemie-Industrie umzuwandeln, bleibt abzuwarten. Solche schon ansatzweise vorhandenen und pioniermäßig genutzten Technologien (z. B. bei Covestro) könnten die CO2-Emissionsproblematik mittelfristig zu entschärfen helfen.
- Es ist zu beobachten, dass regionale Freihandelsabkommen zunehmend auch Umweltaspekte einbeziehen. 1997 waren es 8 %, 2017/2018 rund 16 %. Klimaschutzaspekte sinnvoll in regionale Freihandelsabkommen einzubeziehen wird eine große Herausforderung für Jahrzehnte bleiben. Es ist nicht einfach, hier widerspruchsfeie Freihandelsabkommen auszuhandeln. Natürlich besteht bei fortschreitendem Populismus die Gefahr, dass es zu einer Auflösung von Freihandelsabkommen kommt und neue Handelskonflikte entstehen – wie etwa zwischen Japan und Korea in 2019.
- Ergänzend ist anzumerken, dass die durch technischen Fortschritt eintretende Verbilligung umweltfreundlicher Produkte längerfristig zu einer erhöhten mengenmäßigen Nachfrage nach solchen Produkten führen, was den Umweltfortschritt dämpft (rebound effect/"Trampolin-Effekt"). Gleichwohl zeigen Modellierungen zur Nutzung umweltfreundlicher IKT-Technologien, dass sich Deutschland ein positiver Gesamtwirtschaftlicher Produktionseffekt einerseits ergibt. Andererseits sinkt der Ausstoß von Klimagasen (WELFENS/LUTZ, 2012).

Man sieht an diesen Zahlen, dass natürlich beim Ziel globale Klimaneutralität um 2050 tatsächlich eine globale Perspektive unabdingbar ist und man viele Einzelpunkte im Paket denken muss. Pragmatisch gesagt heißt es, dass zumindest die G20-Länder bei der Analyse im Fokus sein sollten und entsprechend ist über Politik-Kooperation nachzudenken. Bekannt ist, dass internationale Kooperation in kleinen Ländergruppen recht gut funktionieren kann; als historische Beispiele denke man an die Internationale Kommission zum Schutz des Rheins mit den sechs Partnerländern Österreich, Schweiz, Liechtenstein, Deutschland, Frankreich, Niederlande plus EU (Gründungsjahr: 1960), oder die Donau-Kommission – schon 1848 gegründet (von zunächst sieben Ländern), die 2019 elf Partnerländer aufweist, die auch durch den jeweiligen Fluss selbst gemeinsame Interessen haben: ungehinderte Schifffahrt und relativ sauberes Wasser, insbesondere für die Trinkwasserentnahme.

Je ähnlicher die Pro-Kopf-Einkommen – nach Kaufkraftparität gemessen – der Länder in einer Internationalen Organisation, desto eher ist mit Kompromissen beziehungsweise einem Konsens zu rechnen. Relativ kompakte Organisationen etwa aus dem Raum der Industrieländer müssten demnach gut zusammen arbeiten: Die G7 waren bis zum Amtsantritt des Populisten Trump in 2017 ein gutes Beispiel. Binnen drei Jahren Trump-Populismus ist die zweitgrößte Internationale Organisation, die Welthandelsorganisation WTO, nur noch wenig handlungsfähig. Die seit den 1970er Jahren erfolgreiche G5/G7 hat Trump in 2018/2019 ebenfalls stark geschwächt. Das von Präsident Trump gelebte Politikmuster betont Bilateralismus, was den USA Vorteile bringen soll, und Protektionismus, wovon sich der US-Präsident – langfristig zu Unrecht – ebenfalls besondere US-Vorteile erhofft. Zudem steht Trump für autoritäre Politik, die sich mit emotionalisierten Netzwerken Rückendeckung verschaffen will, nicht aber auf fundierte Argumente und ernsthafte öffentliche Diskussion setzt. Indem Trump das Trans-Pazifische-Handelsabkommen nicht ratifizieren ließ, hat er mit einem quasi negativen Federstrich die US-Kooperation mit elf Ländern im Pazifikraum vorenthalten und Japan in eine unerwartete Führungsrolle für ein Abkommen nur noch mit elf Ländern gedrückt. So viel Selbstzerstörung der USA in Sachen regionale Führungskraft wie bei Trump gab es seit dem 19. Jahrhundert nicht. Im Übrigen versucht Trump mit einer aggressiven Handelspolitik, inklusive massive Erhöhung von Rüstungsexporten, die eigentlich ökonomisch gesehen sinnvolle Gesundung der USA in Sachen hohe Leistungsbilanzdefizite zu überspielen: Wenn die Importwerte viel höher als die Exportwerte sind, dann verschulden sich die USA auf Dauer stärker im Ausland. Trump hat einige Impulse gegeben, damit die USA mehr US-Agrarprodukte, Flüssiggas und Rüstungsexporte in die ganze Welt verkaufen können. Notwendig wären aber Steueranreize für die privaten Haushalte, damit diese mehr sparen. Von solchen Maßnahmen ist bei Präsident Trump kaum etwas zu sehen.

Wenn Öl als Energieform für Mobilität nicht mehr länger besonders wichtig wäre, ergäbe sich teilweise eine Entspannung bei einigen Konflikten um die Sicherheit der Meeres-Transportwege. Denn dort geht es, wie etwa bei der

Straße von Hormuz, immer wieder um Konflikte für die freie Seeschifffahrt; also auch freien Transport für wirtschaftlich bislang sehr wichtige Ölimporte des Westens und Japans sowie Koreas. Solche Konflikte können aber auch – mit leichten geografischen Modifikationen – neu auftauchen, wenn Flüssiggas-Transporte in den nächsten Jahrzehnten stark an Bedeutung für die Energieversorgung zunehmen sollten. Große Verliererländer bei einem globalen schrittweisen Ausstieg aus der Kohle wären unter anderem Länder wie Australien, Indien, China, Russland und die USA. Die Problematik sollte allerdings überschaubar sein, wenn die betreffenden Länder verstärkt in die Weiterbildung der Arbeitnehmerschaft und regionale Programme zur Abfederung des Strukturwandels investieren (bei den USA ist davon allerdings fast Null zu sehen).

Im Übrigen hat auch Solarstromerzeugung eine sicherheitspolitische Perspektive. Das Anfang des 21. Jahrhunderts von Deutschland ins Auge gefasste Projekt Desertec – mit vielen Solarfarmen in Nordafrika, die Strom auch in die EU exportieren sollten – ist unter anderem wegen internen Streitigkeiten und der schwigrigen Sicherheitslage in einigen nordafrikanischen Ländern vorläufig gescheitert. Die von Gerhard Knies und anderen gegründete Desertec Stiftung mit Sitz in München hoffte zunächst, dass mit großen Solarinvestitionen in Nordafrika sehr viel Solarstrom zu gewinnen sei: 300 km × 300 km Solarpanel-Fläche in der Sahara sollte ausreichen, damit 17 % des Stroms der EU in 2050 aus dem Desertec-Projekt kämen; zusätzlich waren neue Stromkabel durchs Mittelmeer zu legen. Die Desertec Stiftung wollte das Projekt Desertec zusammen mit dem Club of Rome vorantreiben und arbeitete mit der Desertec Industrial Initiative (DII) zusammen. Aber diese Initiative mit diversen kommerziellen Partnern plus Banken und die Stiftung zerstritten sich, wobei eine der Fragen war, ob man nicht zunächst mit Solarstromanlagen die Bedarfe der rund 400 Millionen Menschen in Nordafrika abdecken sollte, und eine andere, ob wegen der neuen Investitionsrisiken nach Beginn des Arabischen Frühlings überhaupt rentable Projekte in Nordafrika und in Saudi-Arabien möglich seien. Die DII löste sich auf und es blieb übrig ein Beratungsgremium unter Beteiligung von Innogy aus Deutschland sowie Acwa Power aus Saudi-Arabien und der State Grid Corporation of China.

Tatsächlich werden in Saudi-Arabien, Tunesien und einigen anderen Ländern in Nordafrika große Solarstromprojekte vorangetrieben, wobei neue Solaranlagen etwa die Leistungsfähigkeit eines Atomkraftwerks haben. Längerfristig wird man wohl auch die Idee des Stromexportes Richtung Europa wieder aufnehmen. Dass die OPEC-Länder bei einem weitgehenden globalen Ausstieg aus dem Öl keine Gewinner-Gruppe sind ist klar, obwohl einige der

Hauptölförderländer auch Gas-Förderländer sind. Aber schon das Desertec-Projekt zeigt, dass es für die technologisch ehrgeizigen OPEC-Länder auch im Bereich der Erneuerbaren Energien große Investitionschancen gibt. China ist in Afrika sehr stark bei diversen Energieprojekten aktiv; hingegen nutzt Indien sein starkes Solarstrom-Know-how bislang wenig in Form von Afrika-Solar-Projekten. Die EU und Indien könnten dabei eigentlich gut zusammen arbeiten.

Es ist nicht schwierig zu berechnen, wie stark der CO_2-Ausstoß langfristig sinken müsste, damit man 2050 in etwa eine klimaneutrale Weltwirtschaft hätte. Dabei wird man davon ausgehen müssen, dass zunächst der globale CO_2-Ausstoß noch weiter steigt; womöglich bis um 2030. Denn relativ arme Länder wie Indien und China nehmen für sich in Anspruch, dass ihre Industrialisierung und ihr fossiler Energieverbrauch zunächst noch weiter expandieren soll; in Asien leben 60 % der Weltbevölkerung und auch der größte Teil des realen globalen Wirtschaftswachstums kommt (seit den 1990er Jahren) aus Asien. Währenddessen sollen westliche Industrieländer und Japan die CO_2-Emissionen schon deutlich zurückführen. Schon einige Jahre vor 2030 müssten dann die globalen Emissionen sinken, die CO_2-Emissionen aller G20-Länder müssten fallen. Das könnte aber wohl nur möglich werden, wenn der Westen und Japan einen Teil seiner klimaschutzverbessernden Technologien mit anderen G20-Ländern teilen wollten; zu einem eher symbolischen Preis. Immerhin könnte die EU Indien ein Freihandelsabkommen mit günstigen Konditionen anbieten, wenn Indiens Regierung die Expansion der Erneuerbaren Energien in Indien deutlich beschleunigt und mit der EU ein gemeinsames Solar-Technologie-Expansionsprojekt in Afrika durchführt. Alle G20-Länder sollten sich verpflichten, dass internationale Flugtickets (außerhalb des EU-Raumes, wo Intra-EU-Flüge Teil des EU-Zertifikatehandels sind) immer mit einer Kompensationsoption – mit Preisangabe – im Internet und bei allen digitalen Plattformen anzubieten sind. Das sollte eigentlich nicht schwer sein; allerdings müsste es sich um zertifizierte Anbieter für CO-Kompensationen handeln (z. B. Atmosfair). Für internationale Schiffsreisen sollte dasselbe gelten. Hier ließe sich sofort auch ein G20-CO_2-Zertifikateraum als Gemeinschaftssystem definieren, was hilft die CO_2-Zertifikatepreise niedrig zu halten: Das spiegelt wider, dass die global günstigsten Minderungsmöglichkeiten zur CO_2-Minderung bei Schiffsreisen gefunden werden.

G20-Klimaneutralitätsorganisation als neue Institution

Wenn man von einer Pro-Kopf-Emission von 5 Tonnen pro Kopf im Jahr im Durchschnitt der Weltwirtschaft auf knapp 1 Tonne in 2050 die Emissionen absenken will, dann hätte man als globalen Zielwert um die 9 Gigatonnen CO_2 in 2050. Durch Aufforstungsmaßnahmen und Maßnahmen zur Erdabkühlung müsste man dann effektiv auf unter 5 Gigatonnen CO_2 in 2050 kommen. Das ist durchaus ein realistisches Szenario. Im Grunde braucht man eine Weltkarte, auf der für jede Region die Ausgangslage verzeichnet ist und der Zwischenzielwert fünf Jahre später. Bei der G20 wäre sinnvoller Weise ein Klimaneutralitätssekretariat zu errichten – vielleicht mit dem Standort Rio (oder jedenfalls einer Stadt in Brasilien, dem strategische Bedeutung für erfolgreiche globale Kooperation zukommt) –, bei dem Zuarbeiten für die G20-Politik in Sachen Analyse, Innovationsförderung, Benchmarking und Technologietransfer stattfinden sollte. Eine solche G20-Klimaneutralitätsorganisation könnte entscheidende Weichen für rechtzeitige globale Klimaschutzfortschritte geben. Diese Organisation dürfte einige Tausend Mitarbeiterinnen und Mitarbeiter haben sowie ein Jahresbudget, das etwa einem Drittel der Weltbank entsprechen dürfte.

Negativszenario

Es ist jedoch keineswegs sicher, dass internationale Kooperation hinreichend gelingt. Ein mögliches Szenario sieht so aus, dass die USA und einige andere G20-Länder die CO_2-Minderungsziele ignorieren und auch nach 2030 weiter anhaltendes Wachstum mit steigenden CO_2-Zielen realisieren, während der größte Teil der G20-Länder CO_2-Emissionen zurück führt. Das 1,5-Grad-Ziel, das die UN-Klimakommission noch in 2019 als sehr wichtig für die Stabilisierung des Klimas und das Erreichen von Klimaneutralität in 2050 genannt hat, wird dann nicht erreicht. Es kann sogar das 2-Grad-Ziel verfehlt werden, es kann zu einem gefährlichen Umkipp-Punkt in der globalen Klimadynamik kommen, da etwa die Welternährung bei ansteigenden globalen Temperaturen nicht mehr gewährleistet werden kann. Ernste Gesundheitsprobleme in großen Teilen der Welt kämen als neue Probleme dazu, obendrein könnte es mehr als 60 Millionen Klimaflüchtlinge geben, die Richtung Nordamerika und Europa drängen dürften. Die Küstenregionen Nordamerikas und der EU leiden unter regelmäßigen Überschwemmungen, die zunehmend durch Abschmelzen der

Polkappen bedingt sind, bis dann nach mehr als einer Dekade neue Sperrwerke an den Küsten zu gigantischen Kosten fertig geworden sind. Arme Länder wie etwa Bangladesch und Indonesien werden sich die Kosten für riesige Sperrwerke nicht leisten können; Japan wird alle Atomkraftwerke auf der Pazifikseite seiner Hauptinseln abschalten müssen, da die Gefahren neuer Fukushima-Nuklear-Großunfälle viel zu groß sind.

Natürlich hätte man sich in Japan schon im späten 20. Jahrhundert überlegen können, dass wegen der Tsunami-Gefahr auf der Pazifikseite seiner Hauptinseln Atomkraftwerke dort nichts zu suchen haben und eben alle AKWs auf der Korea und China zugewandten Westseite der Hauptinseln Japans hätten errichtet werden sollen. Dass die Klimaschutzfrage völlig neue wirtschaftliche, soziale und militärische Konflikte in der Welt entstehen lassen könnte, liegt auf der Hand. Wenn die USA unter einem strukturellen Populismus – d. h. auch weiterer CO2-Anstieg auf Seiten der USA für eine Dekade und mehr (trotz vorbildlicher CO2-Minderung in Kalifornien und einigen vernetzten US-Regionen oder US-Städte-Netzwerken), dann ist klar, dass auch die NATO zerbrechen wird, da es bei einem längerfristigen Auseinanderdriften der Hauptwerte der EU-Länder und der USA kaum vorstellbar, dass die NATO als Verteidigungsbündnis halten wird. Es ist völlig unklar, ob die in Jahrzehnten gewachsenen internationalen Institutionen um 2030 oder 2040 noch handlungsfähig sein werden. Im Übrigen ist kaum vorstellbar, dass ein auf Klimaneutralität in 2050 ausgerichtetes Vereinigtes Königreich lange ein treuer Vasall einer längerfristig auf Populismus ausgerichteten USA sein könnte.

Wenn schon in 2019 erstmals ein G7-Gipfel – in Frankreich von Macron organisiert – ohne vorbereitete Gipfelerklärung endet, und zwar nicht zuletzt wegen der Meinungsverschiedenheiten zwischen den USA und Frankreich im Feld der Klimapolitik (Macron verübelt Präsident Trump den Rückzug aus dem Pariser Klimaabkommen sichtbar), dann kann man sich wohl vorstellen, dass die Kooperationsfähigkeit des Westens auf Jahre schwer beschädigt sein könnte wegen Uneinigkeit im Bereich der Klimaschutzpolitik. Das Klimaerwärmungsproblem könnten in Europa, den USA und vielen Ländern Asiens und Afrikas sowie Lateinamerikas zu einem inneren und äußeren Konfliktfeld werden – wobei die Fridays-for-Future-Bewegung sich global ausbreiten könnte. Australien könnte wie andere G-20-Länder mit einer wenig guten effektiven Emissionsbilanz mittelfristig erheblich an Ansehen verlieren. Die Australian Conversation Foundation hat in einem Bericht 2019 zum Australian Carbon Footprint – zu Australiens CO2-Fußabdruck – gezeigt, dass man einerseits regierungsseitig argumentiert, dass Australien mit seiner Produktion im Land nur für 1,4 % der weltweiten CO2-Emissionen stehen. Wenn man aber zusätzlich hohe Kohle- und Gasexporte Australiens betrachtet, die vor allem nach Asien gehen, dann steht Australien eigentlich für 5 % der globalen Emissionen. Wenn man die mittelfristige Entwicklung bis 2030 betrachtet, dann wird Australien unter Einbeziehung der Kohle- und Gasexporte schon bei effektiv 13 % an den Weltemissionen stehen.

Dabei stehen in Australien und anderen wichtigen Kohle-, Öl- und Gasexportländern auch die Interessen ausländischer Investoren auf dem Spiel, etwa die eines großes indischen Multis im Bereich des Kohlebergbaus in Australien. Wenn erst einmal riesige Kohlegruben neu eröffnet sind, so sind das milliardenschwere Investitionsprojekte, die man von Seiten der Investoren sicher nicht ohne massive Gegenwehr – und Entschädigungsforderungen – in einer Dekade wird plötzlich schließen wollen. Internationale Investitionsschutzabkommen haben von daher gelegentlich fragwürdige Konsequenzen; dass in Australien eine konservative Regierung einen wenig klimaschutzfreundlichen Politikkurs fährt, wirft eine Reihe kritischer Fragen auf und schafft letztlich auch neue internationale Konflikte. Australiens Regierung könnte sich auf die Position stellen, dass das Land im Rahmen seiner nationalen Autonomie ganz allein entscheiden kann, wie viel Kohle und Gas man fördern und exportieren will. Diese Sichtweise kann man allerdings kritisch sehen, denn Australiens Regierung ist ja völlig bewusst, dass die sehr hohen Kohle- und Gasexporte faktisch den Klimaschutz weltweit untergraben. Man kann auch nicht erkennen, dass Australiens Regierung besonders hohe Forschungsförderung für Erneuerbare Energien investiert hat.

Die entsprechenden Weichenstellungen der wiedergewählten Regierung Australiens in 2019 in Sachen Konzessionen für neue Kohlebergwerke sind daher fragwürdig. Die ernsten Sorgen von Milliarden Menschen im Westen um einen hinreichenden Klimaschutz wird die Frage der Kohle- und Gasexporte Australiens womöglich zu einem politischen internationalen Konfliktfall auf längere Sicht machen. Solche internationalen Konflikte sollte man durch eine Internationale Organisation angehen.

Man muss sich darüber im Klaren sein, dass Investitionen in Kohlegruben, Öl- und Gasfelder sowie Kraftwerke hohe Kapitalkosten darstellen und dass man über diese Themen auf sinnvollen Gesprächsforen – etwa OECD, G20 oder UN – wird debattieren müssen. Man kann riesige Kapitalinvestitionen im Übrigen nicht einfach stilllegen, da immer auch Entschädigungszahlungen zu leisten wären. Es ist von daher immer sinnvoll, über angemessen hohe CO_2-Steuern oder einen hinreichend hohen Preis von CO_2-Emissionszertifikaten ein marktbasiertes Ausscheiden CO_2-intensiver Produktion zu erreichen.

Gesellschaftsperspektiven

Das Thema Klimaschutz ist in vielen Industrie- und Schwellenländern ein Politikfeld, das emotionalisiert und natürlich auch geschäftliche Interessen mobilisiert. Bei der Deutschen Umwelthilfe kann man gelegentlich Zweifel haben, was deren Hauptinteresse ist. Im Sommer 2019 erstritt diese Organisation vor Gericht ein Verbot gegen private Neujahrsfeuerwerke zu Silvester für 38 Großstädte; angeblich geht es um die Feinstaubproblematik. Man kann das aber auch anders sehen, dass nämlich eine gesetzlich beziehungsweise steuerlich privilegierte Institution sich einen Spaß daraus macht, Menschen ihre Lebensfreude zu vermindern – und neue Spenden von den bestimmten Gruppen zu gewinnen. Ob das Parlament ein solches Geschäftsmodell laufen lassen soll, kann man bezweifeln.

Wenn in der Gesellschaft Lebensfreude, Zukunftsorientierung, Innovationskraft der Mitarbeiterschaft und Unternehmertum durch einflussreiche Organisationen bekämpft werden sollten, dann gibt es wohl keine Chance für ein nachhaltiges klimaschutzpolitisch erfolgreiches Politikhandeln. Von einer großen Gruppe Schlechtgelaunter ist wohl noch nie in der Geschichte ein vernünftiges Projekt für die Zukunftsfähigkeit der nächsten Generation entwickelt und vorangebracht worden. Es ist im Übrigen auch nicht auszuschließen, dass man in Teilen Europas und anderer Weltregionen den Weg hin zu einer Ökodiktatur einschlagen wird. Das wird man nicht vernünftig halten können. Es braucht für langfristige Klimaneutralität Demokratie, Klimaschutz, Marktwirtschaft und Rechtsstaat gleichermaßen – und einen Grundoptimismus von Gesellschaft und Politik. Vernünftige Signale an Kapitalmärkten müssen hinzu kommen.

Hilfreich könnte es bei dem wünschenswerten Wegsteuern von fossilen Brennstoffen mittelfristig sein, wenn große westliche Investorengruppen und Fonds nicht länger in fossile Brennstoffprojekte direkt oder indirekt investierten. Norwegens Staatsfonds hat hier schon wichtige Signale in dieser Richtung gegeben; Gasförderung könnte man vermutlich noch eine Reihe von Jahren für akzeptabel halten, sofern Erdgas eben Öl und Kohle mit ihren höheren spezifischen CO-Ausstößen ersetzt. Ob man einen Weg zu einer sicheren CO_2-Abscheidung und -Speicherung zügig finden könnte, was die ökologisch-ökonomische Lebenszeit von Öl und Gas vermutlich verlängern wird, bleibt abzuklären. Eine wilde unstrukturierte Diskussion bei Fridays for Future und in der Öffentlichkeit der Weltregionen wird wenig nützen, um rasch überzeugende Problemlösungen zu finden. Auf mehr technischen Fortschritt und grundsätzlich auf mehr zuverlässige internationale Kooperation zu setzen, dürfte eine wichtige Perspektive auf dem Weg zu globaler Klimaneutralität um 2050 sein.

Literatur

WELFENS, P. J. J.; LUTZ, C. (2012), Green ICT dynamics: key issues and findings for Germany, *Mineral Economics*, Vol. 24(2), 155-163

WTO/UNEP (2019), Making Trade Work for the Environment, Prosperity and Resilience, Genf

18
G20-Probleme bei der Klimaschutzpolitik

Internationale Organisationen gibt es in nennenswerter Zahl erst seit dem Zweiten Weltkrieg. Die ersten Organisationen dieser Art entstanden in den 1860er und 1870er Jahren, als es um Standardisierung bei Telegrafie und Post sowie Maßeinheiten (Meter) und die Frage des internationalen Patentschutzes in der neuen industrialisierten Gesellschaft westlicher Länder ging. 1899 wurde der Internationale Gerichtshof geschaffen, unter anderem auf Initiative Russlands, das hoffte, so den Rüstungswettlauf auf internationaler Ebene einzudämmen. Die internationalen Organisationen fehlten im Vorfeld des Ersten Weltkrieges, erst im Anschluss an diesen Krieg gründete man den Völkerbund; und erst nach dem Zweiten Weltkrieg gründete man dann mehr internationalen Organisationen, und zwar diesmal auch unter Mitwirkung der USA. In Sachen Klimaschutzpolitik besonders wichtig dürfte die G20-Gruppe werden.

Man kann die G20 als ideale Gruppe von Ländern ansehen, die in überschaubarem Rahmen die Weltwirtschaft repräsentieren: 81 % des Bruttoinlandsprodukts weltweit (Tabelle 7), fast 80 % der globalen CO_2-Emissionen und 60 % der Weltbevölkerung. Seit Ende 2008 ist die G20 aktiv, im November jenes Jahres war klar, dass die alte G7-Ländergruppe angesichts des drohenden westlichen Finanzmarkt-Einsturzes – nach dem Konkurs der US-Bank Lehman Brothers – zu klein war, um die Weltwirtschaft zu stabilisieren. Da waren die Chancen mit der größeren G20-Gruppe, in der unter anderem Indien, China, Indonesien, Russland, Saudi-Arabien und Brasilien an Bord sind, sicher besser, Maßnahmen zu entwickeln und zu koordinieren, um die Transatlantische Bankenkrise zu begrenzen. Die G20-Gipfel haben sich seither einmal jährlich immer wieder mit neuen internationalen Themen befasst; unter anderem haben sie beschlossen, die Energiesubventionierungen zurück zu fahren, was vor allem in Entwicklungs- und OPEC-Ländern ein Problem ist – allerdings auch in Deutschland. G20 ist von der Zusammensetzung der Länder her natürlich viel heterogener als die G7/G8-Gruppe, was das Erzielen von Kompromissen beziehungsweise Konsens erschwert. Langfristig könnten die

Unterschiede im Pro-Kopf-Einkommen im Übrigen sinken, weil relativ arme Länder im Zeitablauf gegenüber den USA und anderen westlichen Ländern plus Japan aufholen. Allerdings spielen nicht nur ökonomische Gegensätze die Rolle einer Barriere für Konsens, auch ideologische Unterschiede können eine wichtige Rolle spielen.

Tab. 7 G20-Länder: Bruttoinlandsprodukt (Kaufkraftparität, Dollar)

Land	BIP, KKP Millionen Current Intl. $
China	25 361 744
Europäische Union	22 731 988
Vereinigte Staaten	20 494 100
Indien	10 498 468
Japan	5 484 951
Deutschland	4 505 236
Russland	3 986 064
Indonesien	3 494 762
Brasilien	3 365 757
Vereinigtes Königreich	3 074 432
Frankreich	3 073 179
Italien	2 542 974
Mexiko	2 519 962
Türkei	2 372 087
Republik Korea	2 090 161
Saudi Arabien	1 857 538
Kanada	1 774 034
Australien	1 288 228
Argentinien	915 132
Republik Südafrika	789 349

Quelle: Eigene Darstellung, Daten von der World Bank, https://data.worldbank.org/indicator/ny.gdp.mktp.pp.cd

Seit dem Amtsantritt von Präsident Trump in den USA spielen ideologische Differenzen eine negative Rolle bei den G20; der US-Populismus, der auch für Nationalismus und Protektionismus steht, untergräbt die G20. Wenn allerdings die großen internationalen Organisationen der Weltwirtschaft zerfallen sollten, drohen international politisches Chaos und sinkendes Wirtschaftswachstum. Nicht nur aus westlicher und japanischer Sicht ist es wichtig, dass es Dialogforen führender Politiker zu internationalen Themen gibt. (Ich selbst habe vor Jahren mit Horst Siebert, IW Kiel, von deutscher Seite als Wissenschaftler beim InterAction Council-Meeting in Paris zum Thema Globalisierung mitgewirkt, wobei hier eine Gruppe ehemaliger Regierungschefs zusammentrifft.)

Die großen 20 Länder, die sich beim G20-Weltwirtschaftsgipfel in Osaka Ende Juni 2019 trafen, hatten erkennbar enorme Mühe, sich in den Bereichen Handelsliberalisierung beziehungsweise Freihandel – hier gibt es den USA-China-Handelskonflikt – und Klimaschutzpolitik auf eine gemeinsame Linie zuzubewegen. Nachdem 2018 in Brasilien der Populist Bolsonaro gewählt worden ist, der im Politikprogramm nahe an US-Präsident Trump ist, gibt es bei den G20-Gipfeln nicht mehr eine Isolierung der USA; zumal der offenbar gelegentlich auch Saudi-Arabien auf seine Seite ziehen kann, wie das G20-Treffen von Osaka zeigte. Präsident Trump lässt es also im Zweifelsfall auf einen Konflikt mit der Mehrheit der anderen G20-Ländern ankommen. Die Perspektiven für einen Konsens der G20-Länder sind mittelfristig schlecht, denn die Einkommensunterschiede – beim Pro-Kopf-Einkommen – und die Interessengegensätze sowie die ideologischen Differenzen sind erheblich.

Bei G20 sind nicht nur die USA, China, Japan und die EU wichtig. Wenn Brasilien unter Bolsonaro etwa auf die Idee käme, die riesigen Regenwaldgebiete zu roden, wäre das eine Katastrophe für den globalen Klimaschutz: Die Regenwaldgebiete in Brasilien und die riesigen Wälder Russlands absorbieren große CO_2-Mengen. Aber der erwartete Abschluss eines Freihandelsvertrags zwischen dem Mercosur (Brasilien, Chile, Paraguay, Uruguay, Argentinien – suspendiert in der Mitgliedschaft: Venezuela) und der EU in 2019 könnte den brasilianischen Präsidenten Bolsonaro immerhin davon abhalten, eine durchgehende Pro-Trump-Position einzunehmen. Die EU als Zollunion hat im Mercosur einen möglichen strategischen Partner, denn der Mercosur-Länderclub ist auch eine Zollunion; zumindest vorläufig noch, d. h., dass es gemeinschaftliche, also einheitliche Außenzollsätze gegenüber Drittländern gibt – und eben Freihandel im Innern des Integrationsclubs.

Man muss auch mit Blick auf die Europäische Union betonen, dass dies eine Zollunion ist, bei der eben nicht nur zollfreier Handel der EU-Länder untereinander besteht, sondern gegenüber Drittländern ein gemeinschaftlicher Außenzoll. Es ist etwas Seltenes, Bemerkenswertes, dass im Fall der EU – und von Mercosur – nationale Politik die Kompetenz für die Außenzölle und die Handelspolitik an eine supranationale Institution (in Brüssel: die EU-Kommission) abgegeben hat. Politische Souveränität mit anderen in einem Aktionsfeld teilen, um am Ende gemeinschaftlich Handelsinteressen besser durchzusetzen, als wenn es jeder Einzelne allein versucht hätte, das ist die Idee der Supranationalität an dieser Stelle. Eigentlich sollte sie überzeugend sein, aber der BREXIT zeigt, dass dies zumindest in Großbritannien wohl nicht der Fall war. Das Problem dabei ist zum Teil, dass EU-Integration in Schulen als Thema kaum je auf den Lehrplan gesetzt wurde. Wo das Verständnis für grundlegende Zusammenhänge regionaler Wirtschafts- und Politikkooperation in der Bevölkerung fehlt, da kann die regionale Integration auch wieder zerfallen. Das Beispiel zeigt: Wenn man Klimaschutzpolitik nicht erklärt, die Mechanismen etwa des EU-Zertifikatemarktes nicht im Schulunterricht bespricht, dann sollte man sich keinen technokratischen Hoffnungen hingeben, dass die intelligente Institution Zertifikatemarkt auf Dauer viel Gutes wird bewirken können.

Grundsätzlich könnte man erwarten, dass regionale Integrationsclubs miteinander gut kooperieren; also etwa EU-ASEAN oder EU-Mercosur. Das ist zum Teil der Fall, aber dieser Bereich der internationalen Kooperation ist ausbaufähig und gemeinsame Anstrengungen beim Klimaschutz sollten seit 2000 – seit dem Kyoto-Klimagipfel – eigentlich ein wichtiges Kooperationsfeld sein. Aber schon im EU-Mercosur-Freihandelsvertrag von 2019 sieht man, dass Klimaschutz kein großer Punkt ist; im Übrigen gilt das auch für den EU-Japan-Freihandelsvertrag von 2018.

Die G20-Länder haben immerhin im Laufe der Zeit einige Umweltthemen angepackt. So wurde z. B. vereinbart, die in einigen G20-Entwicklungsländern hohen Subventionen im Energiesektor, inklusive fossile Energien betreffend, abzubauen. Auch die Thematik des Plastikmüll-Problems in den Weltmeeren und die Notwendigkeit zu mehr Plastik-Recycling ist bei G20 schon angesprochen worden. In den Pressekommuniquées der Gipfel stehen oft große Ankündigungen, die Einhaltung der versprochenen Projekte ist aber häufig eher bescheiden. Eine gewisse Ausnahme stellt der Brisbane G20-Gipfel dar, als die Teilnehmerländer zusagten, bis 2018 2 % mehr Wirtschaftswachstum zu liefern als nach dem Normal-Wirtschaftsexpansionspfad zu erwarten wäre; dabei wurde die OECD als Beratungs- und Überwachungsorganisation in Sachen Zielerreichung einbezogen. Das gab der Zielstellung eine gewisse Verbindlichkeit.

Wenn das G20-Forum vor lauter Klimapolitik-Streitereien bei Gipfeln mittelfristig scheitern sollte, dann wird es fast unmöglich, das 2-Grad-Ziel des Pariser Klima-Abkommens zu erreichen und einzuhalten. Denn eine wichtige Funktion hat das G20-Gipfeltreffen in der Regel: In dieser überschaubaren „Kleingruppe" gibt es wechselseitigen Druck, bei Reformen und internationalen Großprojekten mitzuwirken. Wenn man hingegen bestimmte Klimaschutzprojekte via UN versucht, so sind die entsprechenden großen relevanten Ländernetzwerke kompliziert und der Anreiz zum Trittbrettfahrerverhalten für einzelne Länder ist höher als bei G20.

Natürlich gibt es nicht nur politikrelevanten internationalen Reformdruck. Länder mit hohem Kohleeinsatz in der Stromerzeugung, wie etwa China und Indien, dürften mittelfristig stärker Richtung Erneuerbare Energien gehen, denn die Luftqualität wird sich sonst in Ballungszentren der beiden Länder unerträglich verschlechtern. Für China sind Modernisierungsreformen naheliegend, da Chinas Wirtschaft sowohl bei Solar-Anlagen wie bei Windkraft-Anlagen mit hoher Patentzahl zu Buche steht und zudem in beiden Bereichen ein global großer Produzent ist. Japan, die EU und die USA sind ebenfalls engagierte Länder in diesen Bereichen.

19
Globaler EIIW-vita-Nachhaltigkeitsindex und Grüne Anleihen: Chancen und Probleme

Die Nachhaltigkeitsorientierung von Ländern, Unternehmen und Projekten zu erfassen, ist aus Sicht des Kapitalmarktes und auch der Klimapolitik wichtig. Für Investoren stehen bei allen Finanzprodukten Liquidität, Rentabilität – beides positiv – und Risiko (negativ) auf dem Beurteilungskatalog. Wenn sehr viel mehr nachhaltigkeitsorientierte Anleihen von Europäischer Investitionsbank, Weltbank und anderen Emittenten ab 2020 aufgelegt werden, dann verbessert sich die Liquidität. Ob die Erwartung vieler Investoren und mancher Experten richtig ist, dass grüne Anleihen weniger Volatilität beim Kurs – also ein geringeres Risiko als Standardanleihen – aufweise und in der Rentabilität zumindest gleich gut wie traditionelle Anleihen sind, bleibt abzuwarten. Empirische Untersuchungen an der ETH Zürich geben für die EU einige empirische Evidenz in dieser Richtung, für die USA gibt es hier weniger Belege für einen solchen Zusammenhang. Die weiteren Überlegungen zum EIIW-vita-Indikator geben einen wesentlichen Teil des EIIW-Diskussionspapier Nr. 231 (WELFENS/DEBES, 2018) wieder, der im Kern auf die Erfassung von Nachhaltigkeit der Wirtschaftsentwicklung von Ländern zielt.

Wenn alle Länder eine nachhaltige Wirtschaftsentwicklung anstreben, dann ist die globale Wirtschaftsentwicklung nachhaltig; Nachhaltigkeit heißt, dass künftige Generationen die Chance haben, einen ähnlich hohen Lebensstandard zu erreichen, wie die jetzige Generation. Klimapolitische Aspekte sind im EIIW-vita-Nachhaltigkeitsindikator doppelt vertreten, denn der Anteil der Erneuerbaren Energien ist eine Säule des Drei-Säulen-Indikators. Zudem wird die „grüne internationale Wettbewerbsfähigkeit" von Ländern ermittelt, wobei der Indikator zwischen −1 und +1 normiert ist. Es wird zudem auf die Sparquote – in einer breiten Weltbank-Definition – abgestellt, da Ersparnis die Basis von Akkumulation von Kapital (Maschinen und Anlagen) sowie von „Humankapital" (Bildungsinvestitionen) sind; hinzu kommt der Aspekt der

Naturkapitalerhaltung beziehungsweise bei vielen Ländern das Gegenteil, nämlich der Abbau natürlicher Ressourcen. Da kann das „Gesamtkapital" als Basis des aktuellen Wohlstandes womöglich für künftige Generationen nicht erhalten werden: wenn nämlich die echte Sparquote zu gering ist beziehungsweise fällt. Es dürfte kein Zufall sein, dass die echte Sparquote (nach Weltbank-Definition) bei Griechenland, Portugal und Spanien einige Jahre vor der Eurokrise schon deutlich verschlechtert aussah. Ob die echte Sparquote hier die Qualität eines wachstumspolitischen Frühindikators hat, bleibt zu untersuchen. Je besser der Indikatorwert beim EIIW-vita-Indikator, um so eher ist das betreffende Land ein interessantes Investitionsziel aus Sicht von Investoren mit einer Nachhaltigkeitsorientierung.

Nachhaltigkeit als Aufgabe

Nachhaltigkeit ist eine wichtige Dimension des Wirtschaftens in allen Ländern der Welt, zumal beim Klimawandel, der mit der KOP23-Konferenz (Klimaschutz-Konferenz der UN) in Bonn in 2017 erneut als Politikthema auf der internationalen Agenda stand. Dabei wurde allerdings erstmals deutlich, dass die USA – international isoliert – unter Präsident Trump bei der Klimapolitik nicht mehr mitwirken wollen und den Ausstieg aus dem globalen Pariser Klimaabkommen realisieren. Die Trump-Administration sieht im Treibhaus-Problem beziehungsweise der Erderwärmung kein wesentlich von Menschen gemachtes Problem, sondern – gemäß Trump Tweets – eher ein von verschiedenen Akteuren (inklusive China) aufgesetztes Wachstumshemmnis. Gegen diese Sichtweise spricht unverändert die Analyse der ganz großen Mehrheit der Klimaforscher in den USA, Europa und weltweit. Wie sich dieser Intra-US-Widerspruch längerfristig auflösen lässt, bleibt abzuwarten. Die USA sind als zweitgrößte Volkswirtschaft der Welt – gemessen am Bruttoinlandsprodukt zu Kaufkraftparitäten – unverändert wichtig für deutliche Fortschritte in der internationalen Klimapolitik. Wie man Nachhaltigkeit sinnvoll über Messkonzepte erfassen kann, bleibt unverändert eine Herausforderung.

Aus ökonomischer Sicht geht es zunächst um Substanzerhaltung des Produktionsapparates, was eine entsprechende Sparquote voraussetzt; die Reduzierung von Treibhausgasen durch hohe Anteile Erneuerbarer Energien ist ebenfalls zu betrachten sowie schließlich auch das Ausmaß an umweltfreundlicher Innovationsdynamik, wie sie sich insbesondere in der sektoralen Exportspezialisierung zeigt. Der EIIW-vita-Indikator setzt insbesondere an diesen analytischen Pfeilern an, wobei die Schumpetersche Innovationsperspektive auch wichtig als Impuls für Problemlösungsmöglichkeiten in Handelspartner-Ländern ist. Ein Land, das eine hohe relative Wettbewerbsfähigkeit bei umweltfreundlichen Gütern hat, wird einen hohen internationalen Marktanteil in diesen Produkten haben und im Ausland helfen Probleme zu lösen. Zugleich kann man von einem Export-Führungsland in diesem Feld erwarten, dass im Heimatmarkt die Exzellenz-Exportprodukte auch eingesetzt werden.

Nationale Politikakteure und auch Investoren suchen nach Indikatorkonzepten, die das Maß an nachhaltiger Orientierung und umweltfreundlichem Technologiefortschritt erfassen – etwa auch als Basis für länderbezogene Investitionsstrategien oder auf der Suche nach Best-Practice. Neben den vielen hochkomplexen Indikatoren, die auf zum Teil recht willkürliche Weise über 100 Einzelindikatoren zusammenfassen, gibt es ganz wenige Indikatoren, die den Anforderungen für zusammengesetzte Indikatoren der OECD entsprechen und dabei für die Mehrheit der Länder theoretisch fundiert und zugleich statistisch umsetzbar sind. Der EIIW-vita-Nachhaltigkeitsindikator ist hier ein langjährig verfügbarer Indikator, der neben Umweltaspekten auch internationale Wettbewerbsfähigkeitsperspektiven in die Betrachtung einbezieht: Für Wirtschaftspolitik und Investoren also wichtig ist. Indem man auf die echte Sparquote – nach Weltbank – als einen Teilindikator abstellt (hier wird zu Sparquote aus der Volkswirtschaftlichen Gesamtrechnung eine Reihe von Ergänzung vorgenommen: zusätzlich einbezogen Bildungsausgaben, abgezogen werden Abbau natürlicher Ressourcen als Quasi-Kapitalverzehr, Schäden durch Feinstaubemissionen), wird der ökonomische Gedanke der Substanzerhaltung des Kapitalbestandes als Basis für nachhaltiges Wirtschaften unmittelbar zum Ausdruck gebracht – nachfolgende Generationen sollen einen mindestens so hohen Lebensstandard haben wie die aktuelle Generation. Außerdem wird der Teilindikator Anteil Erneuerbarer Energien betrachtet: Steigt dieser Indikator an, so verbessert sich die Nachhaltigkeitssituation, da die globale Erwärmung der Erde tendenziell begrenzt wird. Schließlich wird der relative Anteil beziehungsweise der nationale Positionswert bei umweltfreundlichen Gütern betrachtet – eine relative Verbesserung der „grünen Exportposition" steht für einen umweltfreundlichen Problemlösungsbeitrag in anderen Ländern, wobei davon ausgegangen werden kann, dass hier exportstarke Länder die entsprechenden Produkte in der Regel auch im Inlandsmarkt – hier kann auch ein Leitmarkt sein – erfolgreich abgesetzt werden kann.

Da eine Verbesserung der internationalen Exportposition bei umweltfreundlichen Produkten in der Regel verbunden ist mit entsprechenden vorgelagerten Innovationsaktivitäten, reflektiert diese Indikatordimension eine Innovationsperspektive. Eine wichtige Dimension des Wirtschaftens in einer offenen Volkswirtschaft ist eben die internationale Wettbewerbsfähigkeit, wie sie in der relativen Spezialisierung von Ländern beziehungsweise den dort ansässigen Firmen zum Ausdruck kommt. Dabei bezieht sich die internationale Wettbewerbsfähigkeit auf die relative sektorale Export-Import-Relation in einem bestimmten Sektor – im Teilbereich der handelsfähigen Güter. Im Zuge der internationalen Konkurrenz spezialisieren sich Unternehmen beziehungsweise ein betrachtetes Land auf die Produktion insbesonderesolcher Güter, bei denen das betreffende Land einen Wettbewerbsvorteil hat. Das Konzept des Revealed Comparative Advantage (RCA: offenbarter Wettbewerbsvorteil) setzt dabei auf den Vergleich der sektoralen Export-Import-Relation relativ zur gesamtwirtschaftlichen Export-Import-Relation. Alternativ kann man die Relation der sektoralen Exporte (in Sektor i) relativ zu den Gesamtexporten eines Landes betrachten und diese Relation dividieren durch die entsprechenden sektoralen Weltexporte (in Sektor i) relativ zum Gesamtexport in der Welt; multipliziert man dieses Verhältnis mit den sektoralen Exporten des betrachteten Landes erhält man einen modifizierten RCA für den Sektor i.

> **Box 4: Offenbarter sektoraler internationaler „grüner Wettbewerbsvorteil" (RCA): Berechnungsansatz**
>
> Im Fall Deutschland ließe sich also schreiben:
>
> $$\frac{\left(\frac{\text{German Green Exports}}{\text{German Total Exports}}\right)}{\left(\frac{\text{World Green Exports}}{\text{World Total Exports}}\right)} = \text{Green RCA Indicator}$$
>
> Da sich der EIIW-vita Nachhaltigkeitsindikator jedoch aus dem Mittel dreier Indikatoren zusammensetzt, die alle zwischen −1 und +1 liegen, wird die Formel dahingehend modifiziert, dass die Ergebnisse mit Hilfe des Tangens Hyperbolikus in genau diesem Wertebereich liegen.
>
> Die modifizierte Formel lässt sich schreiben als:
>
> $$MRCA_{c,j} = \tanh\left[\ln\left(\frac{X_{c,j}}{\sum_{j=1}^{n} X_{c,j}}\right) - \ln\left(\frac{X_{I,j}}{\sum_{j=1}^{n} X_{I,j}}\right)\right]$$
>
> Die Liste der für diesen Indikator verwendeten Produkte lässt sich im Buch „Towards Global Sustainability" von Paul J. J. Welfens, Jens K. Perret, Evgeniya Yushkova und Tony Irawan (2015, gebundene Ausgabe) nachschlagen.
>
> Quelle: WELFENS/DEBES, 2018

Der Indikator, der die „grüne" internationale Wettbewerbsfähigkeit indiziert (später auch nur Green-RCA-Indikator genannt) und sich aus dem relativen Anteil „grüner" Exporte am Gesamtexportvolumen zusammensetzt, wird vom EIIW auf der Basis einer Liste der von der OECD als umweltfreundlich klassifizierten Produkte berechnet. Exakt errechnet er sich aus dem Verhältnis der „grünen Exporte" des jeweiligen Landes zu den Gesamtexporten des Landes im Verhältnis dazu, wie genau dieser Wert für die 123 im GSI erfassten Länder zusammen aussieht, multipliziert mit dem grünen Exportvolumen des jeweiligen Landes (vgl. Box 4).

Hier zu sehen sind die Ergebnisse der letzten Aktualisierung (Tabelle 8). Sie zeigen, ausgehend von den TOP-10- und BOTTOM-10-platzierten Ländern im RCA-Ranking von 2015, die Platzierung dieser Länder im Jahr 2000 mit der seitdem erfolgten absoluten und relativen Veränderung.

Tab. 8 Top- und Rangligaende – 10 RCA-Ranking-Länder (Führungsländer 2015: grünes Feld; Vergleich mit 2000)

Land	RCA Rang	2000	Rang	2015	Rang-änderung	Vergleich
Deutschland	2	0,70732064	1	0,95120817	1	0,24388753
China	129	−0,05422317	2	0,48314901	127	0,53737218
Italien	4	0,26478718	3	0,30370979	1	0,03892261
Japan	1	0,91144181	4	0,24871461	−3	−0,6627272
Mexiko	5	0,10790259	5	0,16448695	0	0,05658436
Österreich	9	0,01363652	6	0,04517463	3	0,03153811
Belgien	10	0,01201023	7	0,04213901	3	0,03012878
Ungarn	17	−0,00608793	8	0,03733938	9	0,04342731
Vereinigtes Königreich	119	−0,02500984	9	0,03401491	110	0,05902475
Frankreich	115	−0,01870704	10	0,03285886	105	0,0515659
Luxemburg	112	−0,01684421	134	−0,0238867	−22	−0,00704249
Philippinen	114	−0,01832516	135	−0,02481197	−21	−0,00648681
Kanada	143	−0,08429353	136	−0,0323785	7	0,05191503
Indonesien	122	−0,0286378	137	−0,03266894	−15	−0,00403115
Australien	124	−0,0331318	138	−0,03347561	−14	−0,00034382
Spanien	130	−0,0561603	139	−0,03439802	−9	0,02176228
Russland	128	−0,04572129	140	−0,04113308	−12	0,00458821
Singapur	131	−0,05880113	141	−0,0439934	−10	0,01480773
Irland	126	−0,03828724	142	−0,0442691	−16	−0,00598186
Indien	120	−0,02505041	143	−0,04879183	−23	−0,02374142

Quelle: Eigene Darstellung

Auf den ersten Blick zeigt sich sehr wenig (bis auf wenige, gleich gesondert genannte Ausnahmen) Schwankungsbreite im Zeitablauf. Im hier vorliegenden 15-jährigen Betrachtungszeitraum lässt sich erkennen, dass Länder, die 2000 schlecht abschnitten, dies 2015 mit hoher Wahrscheinlichkeit auch wieder taten. Die absolut schlechtesten Werte haben sich innerhalb der letzten 15 Jahre zwar etwas verbessert (+0,04 Punkte), die absolut besten Werte der beiden Jahrgänge (+0,04) allerdings auch.

Die Spitzengruppe ist sogar noch etwas beständiger als die Schlussgruppe. Ausnahmen sind hier die Länder Frankreich (+105 Plätze auf Platz 10), Großbritannien (+110 Plätze auf Platz 9) und China (+127 Plätze auf Platz 2) in der RCA-Indikatorwertung. Allerdings relativiert ein Blick auf die absoluten Werte die Leistung zweier Länder, da sie sich nur auf einem sehr geringen Anstieg der absoluten Wertung gründen. Das Vereinigte Königreich hat seine TOP-Platzierung lediglich einem Anstieg von fast +0,06 Punkten auf 0,05 Punkte zu verdanken, während Frankreich sich im gleichen Zeitraum um +0,05 auf 0,05 Punkte verbessern konnte. Es gibt sehr viele Länder die zwischen den Bewertungen von −0,05 bis +0,05 liegen und die man mit einem geringen Anstieg in den absoluten Werten so hinter sich lassen kann.

Wirft man von diesen sehr häufig vorkommenden Werten einen Blick nach oben hinaus, wird es sehr schnell dünn und auch die Bewertungen der TOP-10 sind in absoluten Zahlen sehr unterschiedlich. Auch die Spitzengruppe ist also offensichtlich nicht homogen; hier sichtbar als Abbildung, die die absoluten Werte des RCA-Indikators aus dem Jahr 2015 der TOP-10 darstellt (Abbildung 26).

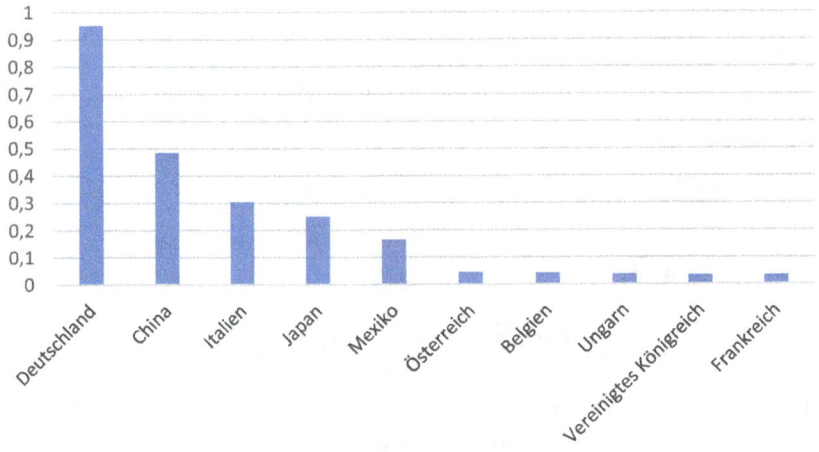

Abb. 26 Top-10-RCA-Indikator, 2015. (Quelle: Eigene Darstellung)

Am offensichtlichsten ist die Veränderung der Position Chinas. Einem absoluten Gewinn von +0,53 in den letzten 15 Jahren steht nun der 2. Platz gegenüber. Worauf gründet sich dieser Anstieg?

Nehmen wir ein paar einzelne Produkte aus dem RCA–Indikator heraus, bei denen China den Export drastisch steigern konnte. Den Mineralwasserexport (Commodity Code (CC)) 220110 konnte China seit 2012 verelffachen auf 33 Millionen US$ im Jahr 2015. Dieser Trend setzte sich 2016 mit 62 Millionen US$ fort. Dies entsprach 2016 einer Gesamtmenge von 284 Millionen Liter Wasser. Der Export von CC 283524 (Phosphaten, Phosphiten und Hypophosphiten) konnte sich seit 2009 verdreifachen auf nun 125 Millionen US$. Im Jahr 2016 ging dieser Wert allerdings wieder um 6 Millionen US$ zurück. Einen sehr starken Anstieg hat auch CC 283536 (Polyphosphate) erfahren, der Export stieg von 37 Millionen US$ im Jahr 2010 auf 114 Millionen US$ 2015.

Auch der Export von Haushaltswaren CC 392490 (Tisch-, Küchen oder Haushaltswaren (aus Plastik)) konnte sich auf 3,33 Milliarden US$-$ verdreifachen. Auch dieser Wert verschlechterte sich 2016 auf 2,87 Milliarden US$ wobei allerdings die absolute Menge in Kilogramm weiter anstieg. Auch andere Plastikprodukte (CC 392690) hat China im Wert von 10 Milliarden US$ im Jahr 2015 exportiert. 2009 waren es noch 3 Milliarden US$. Hier stagnierte der Wert der exportierten Güter 2016 im Vergleich zum Jahr 2015, auch wenn China, wenn man das Gewicht der exportierten Waren betrachtet, um etwa 6 % im Vergleich zum Vorjahreswert zulegen konnte.

Auch der Export von technischen Produkten, wie Pumpen oder Zentrifugen für Flüssigkeiten (CC 841990), konnte sich in den letzten fünf Jahren verdoppeln auf nun 1,2 Milliarden US$. Der Export von Maschinen, z. B. zur Metallbehandlung, aber auch mit anderen individuellen Funktionen (CC 847989) hat sich in den letzten sechs Jahren vor 2015 von 95 Millionen US$ auf 210 Millionen US$ verdoppelt. Genauso der Export von Zulieferwaren für Handwerker, wie Wasserhähne, Ventile, Tanks oder Fässer, Druckminderer oder thermostatisch gesteuerte Ventile (CC 848180), der sich auf 10 Milliarden US$ verdoppeln konnte. Beachtenswert hierbei ist, dass die Summe dieser Exportwaren 2016 nur noch ein Drittel der gesamten Exportwaren von 2012 wog, trotzdem ein Ergebnis einbrachte was 2 Milliarden US$ über dem von 2012 lag. So lässt sich kein alleiniges „grünes" Produkt finden, das China immer häufiger exportiert, es scheint sich eher um eine branchenübergreifende Entwicklung Chinas zu handeln.

G20

Ein Blick auf die Platzierungen der G20 Länder im Green-RCA-Indikator zeigt große Differenzen auf (Abbildung 27). So ist gleichzeitig das best- und das am schlechtesten platzierte Land im Green-RCA-Indikator Mitglied der G20. Indien lag 2015 auf dem letzten Platz. Sieben (schlechte Rangplätze in Rot) Länder der G20 befinden sich in den TOP-15 und sieben Länder der G20 befinden sich innerhalb der schlechtesten zwölf Länder.

Land	Wert	Rang
Deutschland	0.95120817	1
China	0.48314901	2
Italien	0.30370979	3
Japan	0.24871461	4
Mexiko	0.16448695	5
Vereinigtes Königreich	0.03401491	9
Frankreich	0.03285886	10
Südafrika	0.00827002	14
Türkei	-0.01471914	23
Korea, Rep.	-0.01731244	47
Vereinigten Staaten	-0.01731244	65
Argentinen	-0.02287844	131
Saudiarabien	-0.02308696	132
Brasilien	-0.02386237	133
Kanada	-0.0323785	136
Indonesien	-0.03266894	137
Australien	-0.03347561	138
Russland	-0.04113308	140
Indien	-0.04879183	143

Abb. 27 RCA-Indikator G20 umweltfreundliche Produkte. (Quelle: Eigene Darstellung)

EIIW-vita Nachhaltigkeitsindikator: OECD-kompatibler Ansatz

Alle Teilindikatoren sind im Wertebereich −1 bis +1 für jedes Land und können als Teil- wie als Gesamtindikator auch zu einem Welt-Indikator-Nachhaltigkeitswert zusammengerechnet werden. Der Gesamtindikator kann für jedes Land ermittelt werden, zu dem Daten vorliegen – fehlende Daten für einzelne

Jahre werden am EIIW durch Interpolation ermittelt. Der EIIW-vita-Nachhaltigkeitsindikator ist, anders als sehr viele andere zusammengesetzte Nachhaltigkeitsindikatoren aus der Fachliteratur, kompatibel mit den OECD-Vorgaben für einen „composite indicator". Das ist deshalb wichtig, weil nur solche Indikatorkonstruktionen widerspruchsfreie Investor- und Politiksignale liefern. Wie die Gewichtung der Teilindikatoren realisiert werden (z. B. politisch festgelegte Gewichtung, seitens der Investoren festgelegtes Wägungschema oder auf Basis der Faktorenanalyse oder von Umfragewerten bestimmte Gewichtung sei an dieser Stelle nicht weiter diskutiert).

Der sich zu je einem Drittel aus den Indikatoren für

1. für die umweltfreundlichen („grünen") Exporte,
2. für nachhaltige Energieproduktion und
3. echte Sparquote

ergebende Gesamtindikator enthält die eben bereits vorgestellten Ergebnisse, während er gleichzeitig eine größere Übersicht über die Nachhaltigkeitsentwicklung der einzelnen Nationen geben kann, als dies ein einzelner der drei Einzelindikatoren könnte.

Die Länder, die besonders gut im Ranking von 2008 abgeschnitten haben, fanden sich auch in der Spitzengruppe von 2015. Deutschland, Nepal und Norwegen konnten absolut ein klein wenig zulegen, während Namibia etwas nachgegeben hat. Tadschikistan, Äthiopien und Paraguay konnten sich verbessern. Neueinsteiger sind Island und Costa Rica.

Genau wie die Spitzengruppe sich absolut etwas verbessern konnte, haben die letzten Plätze sich absolut verschlechtert. Auch gibt es auf den hinteren Plätzen eine höhere Volatilität im Vergleich zur Spitzengruppe, dies zeigen fünf neue Staaten auf den „Bottom-10"-Plätzen im Vergleich zum Ranking 2008. Traurige Neueinsteiger bei den schlechtesten zehn Ländern im Vergleich zu 2008 sind St. Vincent, die Republik Kongo, Benin, Tunesien und die Ukraine. Trinidad und Tobago hat sich relativ zu 2008 leicht verschlechtert, auffällig ist aber die starke Verschlechterung im Vergleich zum Ranking von 2011. Dies ist innerhalb der Schlussgruppe ein sichtbarer Ausreißer.

Wenn wir nun übergehen zum 15-jährigen Betrachtungszeitraum werden diese Entwicklungen noch deutlicher sichtbar. Hier zu sehen ist eine Weltkarte des Gesamtindikators von 2000 (vgl. Abbildung 28).

Es ergeben sich als Langzeitveränderungen in der TOP- und BOTTOM-Gruppe (vgl. Tabelle 9).

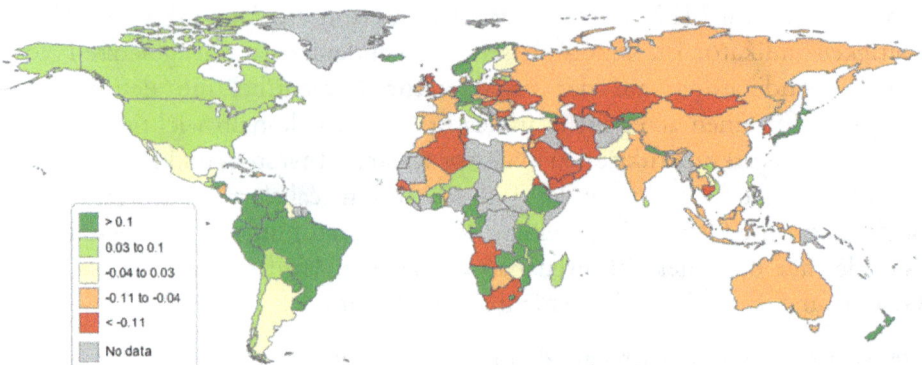

Abb. 28 Welt-Nachhaltigkeits-Indikatorpositionen, 2000 (grün = führend). (Quelle: Welfens, P. J. J.; Perret, J. K.; Yushkova, E.; Irawan, T. (2015), Towards Global Sustainability. Issues, New Indicators and Economic Policy, S. 131)

Tab. 9 Langzeitveränderungen Top- und Schluss-Gruppe

Rang-position	2000		2005		2010		2015	
TOP 10								
1	Namibia	0,2340	Namibia	0,2654	Nepal	0,2907	Deutschland	0,2937
2	Japan	0,2250	Nepal	0,2631	Deutschland	0,2630	Nepal	0,2837
3	Nepal	0,2229	Deutschland	0,2411	Äthiopien	0,2292	Norwegen	0,2402
4	Costa Rica	0,2167	Norwegen	0,2339	Namibia	0,2275	Tadschikistan	0,2370
5	Albanien	0,2143	Costa Rica	0,2282	Norwegen	0,2192	Namibia	0,2282
6	Norwegen	0,2140	Paraguay	0,2209	Costa Rica	0,2189	Paraguay	0,2136
7	Island	0,2135	Albanien	0,2096	Sambia	0,2056	Äthiopien	0,2089
8	Paraguay	0,2114	Island	0,2095	Paraguay	0,2026	Mosambik	0,2082
9	Mosambik	0,2054	Äthiopien	0,1900	Albanien	0,1973	Island	0,2052
10	Äthiopien	0,1985	Georgien	0,1873	China	0,1956	Costa Rica	0,2007
BOTTOM 10								
134	Trinidad und Tobago	-0,1317	Usbekistan	-0,1325	Irland	-0,1467	Simbabwe	-0,0591
135	Saudi Arabien	-0,1392	Libanon	-0,1326	Polen	-0,1470	Vietnam	-0,0576
136	Bahrain	-0,1410	Trinidad und Tobago	-0,1400	Kanada	-0,1523	Sambia	-0,0566
137	Libanon	-0,1501	Syrische Arabische Rep.	-0,1515	Kirgisistan	-0,1549	Jemen, Rep.	-0,0581
138	Oman	-0,1513	Eritrea	-0,1544	Vanuatu	-0,1555	Venezuela, RB	-0,0513
139	Brunei Darussalam	-0,1602	Brunei Darussalam	-0,1661	Mongolei	-0,1722	Usbekistan	-0,0419
140	Eritrea	-0,1607	Oman	-0,1722	Sudan	-0,1770	Uruguay	-0,0464
141	Aserbaidschan	-0,1697	Kasachstan	-0,1737	Lettland	-0,1783	Vanuatu	-0,0424
142	Angola	-0,1937	Solomon Inseln	-0,1749	Oman	-0,1794	Ukraine	-0,0356
143	Jemen, Rep.	-0,2016	Jemen, Rep.	-0,2358	Saudi Arabien	-0,2028	Verein. Staaten	0,0294

Quelle: Eigene Berechnungen

In den letzten 15 Jahren konnte die Spitzengruppe absolut noch etwas zulegen, Deutschland konnte mit einem absoluten Zuwachs von 0,15 Punkten im Gesamtindikator 20 Länder vor sich auf hintere Plätze verweisen und sich so vom 21. auf den 1. Platz verbessern. Nepal kann sich seit dem Jahr 2000 in den TOP-3 halten, auch Costa Rica und Paraguay sind seit 15 Jahren in den TOP-10.

Japan hat vor diesem Hintergrund eine sehr interessante Entwicklung vorzuweisen: Im Jahr 2000 hat die Nation mit absoluten 0,225 Punkten noch Platz 2 belegt und ist bis zum Jahr 2015 um 62 Plätze gefallen (absolut −0,22 auf einen Wert von 0). Für weitere Informationen siehe Anhang.

Ein besonderes Augenmerk soll hier an dieser Stelle noch auf China gelegt werden. China befand sich im Jahr 2000 bei einem Wert von −0,05, das entsprach zu diesem Zeitpunkt fast genau dem Durchschnitt aller Länder, die in diesem Indikator aufgeführt werden und damit dem Welt-Durchschnitt. Das entsprach einem 80. Platz. Bis zum Jahr 2015 konnte China sich absolut um fast 0,25 Punkte verbessern und befand sich 2015 auf Platz 12. Zum Vergleich: Der Sieger des 2015er Rankings, Deutschland, schloss mit absoluten 0,29 Punkten ab, also nur noch 0,09 Punkte höher als China.

Die sehr gute Entwicklung Chinas lässt sich auch im Vergleich zur Bundesrepublik und dem Welt-Durchschnitt zeigen (vgl. Abbildung 29).

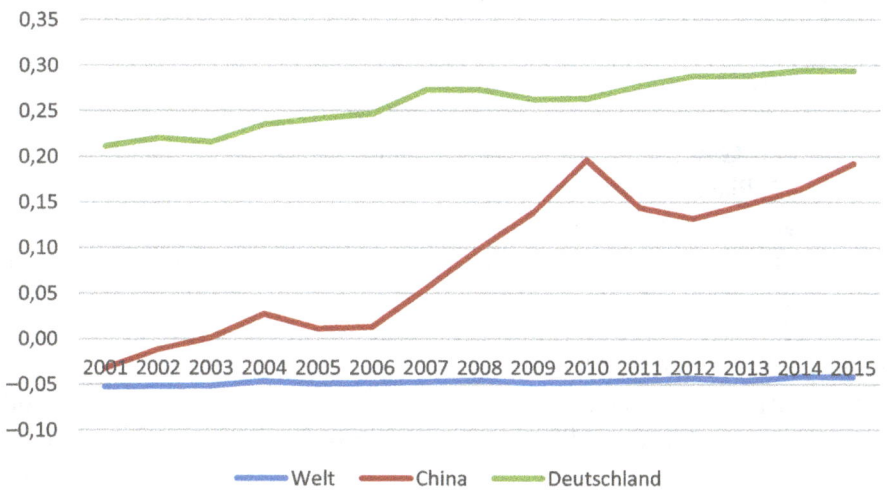

Abb. 29 EIIW-vita-Indikator 2000–2015 Welt, China, Deutschland. (Quelle: Basiert auf WELFENS/DEBES (2018), Abb. 4, S. 8)

Die starke Entwicklung Chinas ließ sich schon anhand des Green-RCA-Indikators zeigen.

Interessant ist die Platzierung zweier TOP-10-Nationen und auch zweier BOTTOM-10-Länder im Vergleich zu China in den restlichen zwei Unterindikatoren an (vgl. Tabelle 10).

Tab. 10 Gegenüberstellung, „Savings indicator = Sparindikator"; „Renewables indicator/Anteil Erneuerbare Energien" und „RCA indicator/internationale grüne Wettbewerbsfähigkeit" (Rangpositionen in Farbe)

Land	Sparindikator	Rangposition	Anteil Erneuerbare Energien	Rangposition	Internationale grüne Wettbewerbsfähigkeit	Rangposition
China	0,25777206	3	−0,166286326	83	0,48314901	2
Deutschland	0,05582001	44	−0,125950928	76	0,95120817	1
Norwegen	0,12916926	13	0,612060122	9	−0,02077765	127
Trinidad und Tobago	−0,33903209	141	−0,366697498	142	−0,01731244	64
Vereinigte Staaten	−0,00913849	80	−0,241445099	99	−0,01731244	65

Quelle: Eigene Berechnungen

Im Nettoersparnis-Indikator hat China den 3. Platz belegt, ähnlich gut wie im Green-RCA-Indikator (internationale Wettbewerbsfähigkeit bei umweltfreundlichen Gütern). Im Erneuerbare-Energien-Indikator schloss China nur auf dem 83. Platz ab. Ein ähnliches Phänomen, allerdings nicht so stark ausgeprägt, zeigt sich auch in Deutschland. Auch hier ist die Renewables-Indikator-Platzierung die schwächste unter den drei. Im Fall Deutschland ist auch sichtbar, dass Deutschland seine TOP-Platzierung fast ausschließlich dem Green-RCA-Teilindikator verdankt, mit dem weiter oben schon erwähnten fast perfekten absoluten Wert. Norwegen, das sich im EIIW-vita Gesamtindikator auch im 2015er Ranking unter den TOP-3 befand, zeigt ein spezifisches anderes Verhalten in Unterindikatoren. Die schlechteste Bewertung stammt hier aus dem Green-RCA-Indikator.

Politikperspektiven

Dass große Länder wie China, die USA, die EU – und hier speziell Deutschland, Frankreich, Italien und UK – eine wichtige Rolle für die globale Nachhaltigkeitsperspektive haben, kann man nicht übersehen. Gerade auch China als wachstums- und technologiedynamisches Land hat hier eine besondere Rolle; zunächst als Belastungstreiber beziehungsweise größter Emittent von klimaschädlichen Gasen im Kontext von rapide steigender Produktion und Konsum, aber auch als zunehmend gewichtiger Produzent und Exporteur von umweltfreundlichen Technologien. Die Entkopplung von Wirtschaftswachstum und Emissionsbelastung beziehungsweise Klimagaszunahme kann langfristig ohne mehr umweltfreundliche Technologieentwicklung nicht geleistet werden. Diese Technologieentwicklung könnte man in ihren Komponenten – etwa Produktinnovationen und Prozessinnovationen – im Einzelnen untersuchen und auch die Gründerdynamik im Bereich umweltfreundlicher Produkte, die hier mit relevant ist.

Bei für Umwelt- beziehungsweise Klimaschutz relevanten Innovationen besteht eine Rivalität der führenden Unternehmen, was man auch in der Patentstatistik international ablesen kann. Allerdings gibt es auch eine Technoglobalisierung, die die international verteilte Innovationsdynamik in multinationalen Unternehmen – also vernetzte Forschung im Konzern und damit Wissensgenerierung und -bündelung über Grenzen hinweg – und die von einzelnen Firmen beziehungsweise Multis aus verschiedenen Ländern in Kooperation vorangetriebene Innovationsdynamik meint. Diese Technoglobalisierung (JUNGMITTAG 2017; DACHS, 2017), die bis etwa 2005 unter den OECD-Ländern voranschritt, hat sich seither verlangsamt – möglicherweise, weil Technologiefelder „ausgeschöpft" sind oder weil das Vordringen neuer Anbieter aus China und anderen Ländern die erwarteten Renditen bei internationalisierter Forschung & Entwicklung vermindert hat. Wenn man die Relation von Prozess- und Produktinnovationen als eine Art Reifegradmesser von Technologiefeldern nimmt, dann kann man mit Blick auf entsprechende Indikatoren zumindest für EU-Länder – dort werden beide Innovationsarten durch statistische Erhebungen abgedeckt – auch eine Abschätzung zum Ausmaß an grüner Innovationsdynamik vornehmen. Da neue Märkte vor allem über Produktinnovationen entwickelt werden und im fortgeschrittenen Marktprozess dann die kostensenkenden Prozessinnovationen immer wichtiger werden, kann man die Relation Prozess- zu Produktinnovationen allgemein als einen Indikator für die Marktausreifung nehmen. Hier ist unter allen

Technologiefeldern in der EU immerhin der Bereich der Informations- und Kommunikationstechnologie (IKT) unverändert durch eine relativ hohe Produktinnovationsdynamik geprägt, was wiederum für die Höhe des technischen Fortschritts beziehungsweise der Produktivitätswachstumsrate mittelfristig sehr wichtig ist. Umso wichtiger wäre es, die Ansätze im Bereich von Digital Sustainability (Digitale Nachhaltigkeit) stärker zu thematisieren. Dabei gilt es, vorhandene Industrieinitiativen – wie bei den führenden Telekomfirmen in den OECD-Ländern – zu betrachten und zugleich die Forschungsschwerpunkte von Industrie- und Schwellenländern im Bereich der Grundlagenforschung zur Informations- und Kommunikationstechnologie. Mit Industrie4.0 sind in Deutschland – aber auch in anderen Ländern, etwa China – wichtige neue Felder der Forschungsförderung angesprochen, wobei auch die Europäische Kommission hier Förderschwerpunkte setzen will. Für umweltfreundliche internationale Wettbewerbsfähigkeit können hier natürlich wesentliche Zukunftsimpulse entstehen. Da in einigen IKT-Feldern first-mover-Vorteile (Vorteil der Pionierfirmen) ganz erheblicher Art bestehen – oft nur eine Handvoll Firmen auf über 90 % Marktanteil kommen –, dürfte die in der alten „Industriewelt" so wichtige Betonung von Diffusionsdynamik gegenüber der Innovationsdynamik im engeren Sinn an Bedeutung verlieren.

Auch Umfrageergebnisse zu den Nachfragepräferenzen für umweltfreundliche Güter sind als strategisch wichtig einzuschätzen (UDALOV/PERRET/VASSEUR 2017; UDALOV/WELFENS, 2017). Wegen der Aufnahme eines nationalen Emissionshandelssystems in China – nach Abschluss der Pilotphase mit einigen Regionen (WELFENS/YU/HANRAHAN/GENG, 2017) – werden sich ab 2020 die Perspektiven zur Verbesserung der Luftqualität in China verbessern. China hält, anders als die USA unter Präsident Trump, am Pariser Klimaschutzabkommen der UN fest. Denkbar ist, dass in der Dekade ab 2020 auch ein Emissionshandel zwischen China und Europa sowie Teilen der USA (dort wirken einige Bundesstaaten eigenständig beim System handelbarer Emissionszertifikate mit) und Kanada (Québec als Region ist hier aktiv) zustande kommt. Nicht ohne Weiteres sinnvoll ist eine isolierte Verteuerung der Emissionsrechte, die die EU-Kommission für die Europäische Union plant, sofern die Preisunterschiede zwischen der EU und China stark auseinanderlaufen. Längerfristig kann man von einem globalen Emissionsrechtehandel einen positiven Beitrag zum Klimaschutz erwarten, wobei ein effizientes System einen global einheitlichen Preis haben wird. In einer Übergangsphase wird China sein neues Emissionshandelssystem (ETS) nutzen, um zunächst die bisherigen regionalen Preisunterschiede innerhalb des Landes anzugleichen und alle

Regionen in das ETS einzubeziehen – die Anreizeffekte für einen effizienten Strukturwandel werden sich nach einigen Jahren in China zeigen.

Dass einige Regionen Chinas im Rahmen innerchinesischen Handels (inzidenzmäßig) für emissionsintensive Vorprodukte aus anderen Regionen Chinas stehen, ist untersucht worden (DU, 2017) und könnte zu innerchinesischen Ausgleichszahlungen zulasten emissionsintensiver Regionen mit emissionsintensiver Vorprodukt-Produktion führen. Dabei dürfte der Import energie- und emissionseffizienter Vorprodukte und Maschinen zeitweise zunehmen, was wiederum gute Chancen für Länder mit internationalen Wettbewerbsvorteilen bei umweltfreundlichen Produkten bietet: Für Deutschland bieten sich hier weiterhin besondere Chancen, etwa auch im Kontext von Industrie4.0. Da China sich unter anderem wegen zunehmender Produktion von Solar- und Windkraftanlagen und energieeffizienter Maschinen und Anlagen seit etwa 2010 zunehmend positiv bei solchen Produkten spezialisiert hat, wird China national und international diese Spezialisierungsvorteile im Strukturwandel zunehmend entwickeln können. Eine Analyse der verschiedenen Politikoptionen in der Umweltpolitik Chinas zeigt, dass Emissionsbesteuerung und Emissionshandelssysteme erhebliche Fortschritte bringen können (PARRY ET AL., 2016).

Zu den G20-Ländern, die ihr Potenzial im Bereich umweltfreundlicher Produkte entwickeln sollten, gehört Indien, wo eine entsprechende Innovationspolitik offenbar fehlt. Allerdings kann man argumentieren, dass die Expansion des digitalen Software-Sektors einen Ansatz bietet, beim Thema nachhaltige IKT-Dynamik eine internationale Führungsposition zu entwickeln. Gezielte Innovationsanreize fehlen allerdings bislang und die Beteiligung indischer Telekomfirmen an globalen grünen Industrieprojekten im Bereich Informations- und Kommunikationstechnologie fehlt noch. Mehr Forschungskooperation zwischen der EU, den USA und China sowie Indien könnten ein G20-Impuls für globale Nachhaltigkeitsfortschritte sein. Ebenso ist darauf zu verweisen, dass verstärkte Gründungsförderung etwa bei Green ICT ein nationaler und internationaler Modernisierungsimpuls sein kann, der bislang zu wenig genutzt wird. Was die Patentdynamik angeht, so kann man aus der Relation Produktinnovationen zu Prozessinnovationen Informationen über die Reife des Technologiezyklus entnehmen – eine hohe Relation von Produkt- zu Prozessinnovationen spricht für einen frühen Zyklus. Daten hierzu gibt es immerhin auf EU-Ebene durch die Community Innovation Surveys. Hier besteht weiterer Forschungsbedarf.

Nachhaltigkeitsorientiertes EIIW-vita Staatsanleihen-Musterdepot

Wenn man aus Sicht eines nachhaltigkeitsorientierten Investors Anlagen in langfristigen Staatspapieren in den Jahren 2000 bis 2015 vorgenommen hätte – dabei werden Laos sowie Trinidad und Tobago außen vorgelassen wegen Datenproblemen –, und zwar mit Fokus auf den 10 Top-Nachhaltigkeitsindikator-Ländern, so hätte man die nachfolgende Renditeentwicklung (Tabelle 11) erlebt: Dabei ist die zeitliche Renditeentwicklung für die modifizierte Top-10-Liste im Portfolio mit je 1/10 der Investitionssumme pro Land angenommen, zudem wird zur Ausblendung der Problematik hoher Wechselkursschwankungen bei Mexiko noch eine Top-9-Linie (ohne Mexiko) dargestellt. Die tatsächliche Rendite aus Sicht eines US-Anlegers wäre zu ermitteln erst nach Bereinigung um die bilateralen Wechselkursänderungssätze; und natürlich sähe die Portfoliorendite aus Sicht eines Eurozonen-Anlegers, also etwa aus Deutschland oder Frankreich, nochmals anders aus, da ja auch hier dann die bilateralen Wechselkursänderungssätze noch zu berücksichtigen wären. Da allerdings alle betrachteten neun Länder Niedriginflationsländer im Betrachtungszeitraum waren, kann man die Neun-Länder-Zinsentwicklung durchaus als eine sinnvolle Darstellung für einen international nachhaltig orientierten Investor betrachten.

Wenn man davon ausgeht, dass einerseits die Wirtschaftspolitik bei der Konkurrenz um Wählerstimmen an einer Verbesserung der nationalen Nachhaltigkeitspositionierung – gemessen am EIIW-vita-Index – interessiert ist und andererseits nachhaltigkeitsorientierte Investmentfonds beziehungsweise Investitionsstrategien für umweltfreundliche Impulse via Kapitalmarkt sorgen können, so hat man zwei wichtige Dimensionen einer positiven Wirkung (national und global) für den EIIW-vita-Nachhaltigkeitsindex. Hiervon können also sehr erhebliche globale Nachhaltigkeitsimpulse ausgehen: auf eine breite und zügige Umsetzung kommt es hier mit an.

In Abbildung 30 ist die Zinsentwicklung der TOP-10- und Top-9-Länder der Tabelle 11 der vorhergehenden Seite als Zeitverlauf dargestellt.

Die Länder-Gewichtung könnte im Übrigen aus Anlegersicht mit Blick auf die globalen Anteilswerte der Länder am Welteinkommen erfolgen; zudem wäre aus portfoliotheoretischer Sicht noch die Volatilität der Länder-Zinssätze – oder der Wechselkurse – zu betrachten; die Zinsvarianz kann als geeignetes Risikomaß betrachtet werden. Exemplarisch sind die Zinsentwicklungen für die USA, die Eurozone und China nachfolgend graphisch auf Basis von Tageswerten dargestellt, und zwar für zehnjährige Anleihen (und zum Vergleich auch für einjährige Staatsanleihen).

Tab. 11 EIIW-vita Nachhaltigkeitsindikator basiertes globales Staatsanleihen-Musterdepot 2000–2015 (SABIS-Strategie; EIIW-Berechnungen), 10-year Government Bonds der erfolgreichsten 10 Länder des RCA-Indikators

	2000		2001		2002		2003		2004		2005		2006		2007	
Japan	1,74	Deutschland	4,80	Deutschland	4,78	Deutschland	4,07	Deutschland	4,04	Deutschland	3,35	Deutschland	3,76	Deutschland	4,22
Deutschland	5,26	Japan	1,32	Japan	1,26	Japan	1,00	Japan	1,49	Japan	1,35	Japan	1,74	Japan	1,67
US	6,03	US	5,02	Italien	4,61	Italien	4,30	Italien	4,26	Italien	3,56	Italien	4,05	Italien	4,49
Italien	5,58	Italien	5,19	US	5,03	US	4,02	US	4,27	US	4,29	US	4,79	US	4,63
Mexiko	10,76	Mexiko	10,13	Mexiko	10,13	Mexiko	8,98	Mexiko	9,54	Mexiko	9,42	Mexiko	8,39	Mexiko	7,79
Schweiz	3,93	Dänemark	5,09	Dänemark	5,06	Dänemark	4,31	Dänemark	4,30	Dänemark	3,40	Dänemark	3,80	China	4,05
Dänemark	5,66	Schweiz	3,38	Tschechien	4,88	Tschechien	4,12	Tschechien	4,82	Österreich	3,39	Österreich	3,80	Tschechien	4,30
Belgien	5,56	Belgien	5,13	Schweiz	3,20	Schweiz	2,66	Österreich	2,74	Mexiko	9,42	Ungarn	7,12	Österreich	4,30
Österreich	5,59	Österreich	5,08	Schweden	5,30	Frankreich	4,13	Österreich	4,13	Tschechien	3,54	Korea, Rep.	5,15	Ungarn	6,74
Tschechien	6,31	Rep. Südafrika	11,41	Österreich	4,96	Österreich	4,14	Frankreich	3,64	Schweiz	2,10	Dänemark	3,81	Dänemark	4,29
	5,64		5,65		4,92		4,17		4,32		4,38		4,64		4,65
Ohne Mexiko	5,07		5,16		4,94		3,64		3,74		3,82		4,22		4,30
Varianz	5,01		8,82		4,86		3,95		4,28		7,72		3,57		2,68
Standardabweichung	2,24		2,97		2,20		1,99		2,07		2,78		1,89		1,64

	2008		2009		2010		2011		2012		2013		2014		2015	
Deutschland	3,98	Deutschland	3,22	Deutschland	2,74	Deutschland	2,61	Deutschland	1,50	Deutschland	1,57	Deutschland	1,16	Deutschland	0,50
Japan	1,47	Japan	1,33	Japan	1,15	Japan	1,10	China	0,84	China	3,85	China	4,13	China	3,36
Italien	4,68	Italien	4,31	China	3,50	China	3,86	Italien	3,49	Italien	4,32	Italien	2,89	Italien	1,71
China	3,91	China	3,37	Italien	4,04	Italien	5,42	Japan	5,49	Japan	0,69	Japan	0,52	Japan	0,35
US	3,67	US	3,26	US	3,21	US	2,79	Mexiko	5,60	Mexiko	5,68	Mexiko	6,01	Mexiko	5,93
Mexiko	8,31	Mexiko	7,96	Mexiko	6,90	Mexiko	6,67	Belgien	3,00	Frankreich	2,41	Frankreich	1,67	Österreich	0,75
Tschechien	4,63	Tschechien	4,84	Ungarn	7,28	Belgien	7,64	Frankreich	2,54	Belgien	2,20	Belgien	1,71	Belgien	0,84
Österreich	4,36	Dänemark	3,59	Niederlande	3,88	Ungarn	2,99	Österreich	7,89	Österreich	2,01	Österreich	1,49	Ungarn	3,43
Ungarn	8,24	Ungarn	9,12	Tschechien	2,93	Südafrika	3,71	Ungarn	7,90	Ungarn	5,92	Ungarn	4,81	UK	1,90
Dänemark	4,28	Korea, Rep.	3,94	Korea, Rep.	4,42	Österreich	4,20	Polen	2,37	UK	4,03	UK	2,57	Frankreich	0,84
	4,75		4,49		4,01		4,10		4,06		3,27		2,70		1,96
ohne Mexiko	4,36		4,11		3,68		3,81		3,89		3,00		2,33		1,52
Varianz	4,28		5,46		3,46		3,92		6,38		3,10		3,13		3,18
Standardabweichung	2,07		2,34		1,86		1,98		2,53		1,76		1,77		1,78

Daten von OECD (Stand: 20.12.2017); Daten für China von https://investing.com/rates-bonds/china-10-year-bond-yield-historical-data; für Mexiko: Federal Reserve Bank St. Louis; EIIW-vita Indikator TOP 10 (ohne Trinidad & Tobago & Lao PDR). Quelle: Eigene Berechnungen

Abb. 30 Ökologisch strukturierte Renditeentwicklung (Top-10- beziehungsweise Top-9-Sustainability-Länder). (Quelle: Basiert auf WELFENS/DEBES (2018), Abb. 5, S. 14)

Nachhaltigkeitsorientierte Anleihen spielen seit der Transatlantischen Bankenkrise eine gewisse Rolle im Anleihenmarkt. Die Vorstellung vieler Anleger ist, dass die Finanzierung von langfristig orientierten Projekten, die die Umweltqualität fördern, höhere oder stabilere Renditen bringt als traditionelle Anleihen. Die Projekte beziehungsweise Unternehmen, die solche Anleihen platzieren wollen, lassen sich in der Regel ein entsprechendes „grünes Rating" – etwa bei der Börse in New York beziehungsweise von Dow Jones – bescheinigen. In Europa ist Luxemburg ein wichtiger Finanzplatz für grüne Anleihen geworden. Eine erste grüne Anleihe legte die Europäische Investitionsbank in 2007 auf, und zwar wurde die Anleihe in Luxemburg gelistet. „Green Bonds" (grüne Anleihen) werden mittelfristig verstärkt in Luxemburg gelistet; die Weltbank will noch mit weiteren 174 nachhaltig orientierten Anleihen dazukommen.

Das Bestandsvolumen grüner Anleihen liegt wohl mittelfristig in Luxemburg bei 200 Milliarden €. Aber das wäre weniger als 1/50 des Bondvolumens, das man wohl bräuchte, um die Transformation hin zu einer nachhaltigen, klimaneutralen Welt zu erreichen. Luxemburgs Finanzminister Pierre Gramegna, der 2020 eine auslaufende Luxemburg-Anleihe durch eine neue ersetzen muss, plant im Übrigen eine grüne Staatsanleihe aufzulegen. Auch die Niederlande, die ein aktiver Fondshandelsplatz in der Eurozone sind, haben schon grüne Staatsanleihen aufgelegt, wobei Luxemburg wie die Niederlande Top-Ratings AAA haben; also bei fast Null Risiko von den führenden Rating-Agenturen eingestuft werden. Was allerdings genau eine grüne Anleihe sein soll, ist einigermaß unklar, solange es nicht einen in der Politik und Wirtschaft breit akzeptierten Kriterienkatalog dafür gibt. So gilt Kernenergie in Frankreich als klimaneutral, während es wegen der Endlagerprobleme aus Sicht der Deutschen Bundesregierung nicht als nachhaltig eingestuft wird.

Die Schweizerische Bundesregierung (BAFU, 2018, S. 23) hat die Erwartung geäußert, dass der Finanzmarkt Schweiz auf freiwilliger Basis zu einer klimaverträglichen Entwicklung beitragen wird. Die Schweizerische Bundesregierung schreibt: „Andere Staaten, z. B. Frankreich und Schweden, haben bereits Verpflichtungen oder Empfehlungen zur Offenlegung klimabedingter Finanzrisiken erlassen, um eine Anpassung des Investitionsverhaltens zu begünstigen."

In Deutschland haben die Bundesregierung und einige Landesregierungen durchblicken lassen, dass man bestimmte staatliche Anlagegelder – etwa Sparbeträge für Beamtenpensionen – künftig ausdrücklich nicht mehr in klimaschädlichen Aktien anlegen will. Auch die Schweizerische Notenbank, die große Währungsreservebestände verwaltet – darunter auch ausländische Aktien – ist offenbar 2018 dazu übergegangen, Anlagen in klimaschädlichen Sektoren anteilsmäßig hinunterzufahren. Ähnlich gilt dies auch für Norwegens staatlichen Vermögensfonds. Vermutlich wird man die Investition in Gasförderprojekte noch eine Reihe von Jahren als (relativ) umweltfreundlich ansehen können, da die spezifischen CO_2-Emissionen viel geringer sind als etwa bei Kohle und Öl.

Länder mit im Zeitablauf schlechterem Nachhaltigkeitsindikator könnten einen geringeren Kapitalzufluss und höhere Kapitalabflüsse erleben, was mittelfristig einen höheren Realzinssatz und damit geringeres Wirtschaftswachstum bringt. Brasilien ist hier ein Land, das unter Präsident Bolsonaro, einem Populisten, eine fragwürdige Politik betreibt: Der Amazonas-Wald soll verstärkt gerodet werden, damit die Landwirtschaft expandieren kann. Dabei ist dieser Wald für das Weltklima sehr wichtig. Einige europäische Länder, angeführt von Norwegen, tragen zu einem Amazonas-Fonds bei, der sich für den Regenwaldschutz in Brasilien einsetzt und hierbei nennenswerte Investitionsbeträge bereit stellt. Als das brasilianische Institut INPE auf Basis eines Frühwarnsystems – satelliten-basiert – im August meldete, dass die Abholzungsfläche im Amazonas im Juli 2019 viermal so hoch wie im Vorjahr war (2 254 Quadratkilometer), wurde der Leiter der INPE, Ricardo Galvao, von Staatspräsident Bolsonaro entlassen. Bolsonaro zieht die Satellitdaten wie die Hypothese vom Klimawandel in Zweifel. Bolsonaro steht wohl wie viele Populisten im Westen für Klimawunschdenken. Das ist für eine rationale Wirtschaftspolitik im Bereich der Klimaschutzpolitik problematisch. Daher ist die Auseinandersetzung mit dem Populismus eine einer besseren Klimaschutzpolitik notwendig vorhergehende politische und wissenschaftliche Aufgabe. Es ist eine Aufgabe für die Wissenschaft insofern, als empirische und wirtschaftspolitische Forschung faktenbasiert ist, also eine natürliche Basis zur Argumentation gegen politisches Wunschdenken jeder Art bietet.

Literatur

BAFU (2018), Klimapolitik der Schweiz – Umsetzung des Übereinkommens von Paris, Umwelt-Info 2018, Bundesamt für Umwelt, Schweizerische Eidgenossenschaft, BAFU: Bern

DACHS, B. (2017), Techno-Globalisierung als Motor des Aufholprozesses im österreichischen Innovationssystem, EIIW Discussion Paper No. 222, http://www.eiiw.eu/fileadmin/eiiw/Daten/Publikationen/Gelbe_Reihe/disbei222.pdf

DU, H. (2017), Mapping Carbon Emissions Embodied in Inter-Regional Trade of China. Presentation at the EIIW in Wuppertal at 8th of November 2017

JUNGMITTAG, A. (2017), Techno-Globalisierung, EIIW Discussion Paper No. 221, http://www.eiiw.eu/fileadmin/eiiw/Daten/Publikationen/Gelbe_Reihe/disbei221.pdf

PARRY, I.; SHANG, B.; WINGENDER, P.; VERNON, N.; NARASIMHAN, T. (2016), Climate Mitigation in China: Which Policies Are Most Effective? IMF Working Paper WP/16/148

UDALOV, V.; PERRET, J. K.; VASSEUR, V. (2017), Environmental Motivations behind Individual's Energy Efficiency Investments and Daily Energy Saving Behaviour: Evidence from Germany, the Netherlands and Belgium, *International Economics and Economic Policy*, Vol. 14(3) 481–499

UDALOV, V.; WELFENS, P. J. J. (2017), Digital and Competing Information Sources: Impact on Environmental Concern und Prospects for Cooperation, IZA Discussion Paper, 10684

WELFENS, P. J. J.; DEBES, C. (2018), Globale Nachhaltigkeit 2017: Ergebnisse zum EIIW-vita Nachhaltigkeitsindikator, EIIW Discussion Paper No. 231, http://www.eiiw.eu/fileadmin/eiiw/Daten/Publikationen/Gelbe_Reihe/disbei231.pdf

WELFENS, P. J. J.; YU, N.; HANRAHAN, D. GENG, Y. (2017), The ETS in China and Europe: dy-namics, policy options and global sustainability perspectives, *International Economics and Economic Policy*, Vol. 14(3): 517–535, https://doi.org/10.1007/s10368-017-0392-4

20
Schwachpunkte des EU-Emissionshandelssystems und Perspektiven zur Verbindung von Emissionshandelssystemen und WTO-Weiterentwicklung

Das EU-Emissionshandelssystem hat sich relativ gut entwickelt im Zeitablauf und unter anderem hat die EU hier auch weitere Länder und Regionen – etwa China und Kalifornien – offenbar inspiriert. Zu den Schwachpunkten des EU-Systems gehören allerdings insbesondere folgende Punkte:

1. Das EU-Emissions-Handelssystem hätte längst ausgeweitet werden können auf mehr als die anfänglichen 45 % der Emissionen; binnen weniger Jahr hat man in Kalifornien schrittweise einen Anteil von 85 % in 2015 erreicht. Unter der neuen Von-der-Leyen-Kommission sind hier für die EU wohl Verbreiterungs- und auch neue internationale Kooperationsansätze denkbar.
2. Der jährliche Absenkungsprozentsatz bei der Emissionsobergrenze ist zu gering, um bis 2050 auch nur annähernd eine Absenkung auf 90 % des CO_2-Niveaus von 1990 zu erreichen; –5 % ab 2025 wäre eine Größenordnung, die sinnvoll und machbar erscheint, der CO_2-Zertifikatepreis dürfte dann auf etwa 40 € pro Tonne ansteigen. Je mehr klimaschutzfreundliche Innovationsprojekte mittelfristig gelingen beziehungsweise erwartet werden, desto geringer der Preisauftrieb im CO_2-Zertifikatemarket. Mit entsprechenden Mehrausgaben in der Innovationspolitik lange zu warten – und auch neue Schwerpunktsetzungen Richtung klimafreundliche Forschungs- und Entwicklungsprojekte zu blockieren –, wird man von daher nicht als vernünftig ansehen können.
3. Die angepeilte 40-%-Vergabe kostenloser EU-CO_2-Zertifikate für die Periode 2021–2030 ist viel zu hoch; sie schafft erhebliche Umverteilungseffekte zugunsten des Faktors Kapital (20 % können als verteilungsneutral gelten).

Die erwarteten Auktionseinnahmen von verkauften Zertifikaten seitens des Staates liegen bei 250–330 Milliarden € in der vierten Handelsperiode 2012–2030. Das sind hohe Beträge, von denen man mindestens 1/4 in mehr nationale und supranationale Klimaschutz-Innovationsprojekte stecken könnte. Möglicherweise könnte ein weiteres Viertel zu einer neuen Eigenmittelsäule der EU oder der Eurozone werden – ein Betrag von 7 bis 8 Milliarden € ist da überschaubar und könnte für klimaschutzförderliche Infrastrukturprojekte verwendet werden.
4. Die europaseitig entwickelten Forschungsprojekte zur Analyse des EU-Emissionshandels lesen sich bisweilen sonderbar, nämlich unkritisch und ohne Vorschläge zur Verbesserung des EU-Emissionshandels. Ein Beispiel hierfür ist die Studie Exploring the EU ETS Beyond 2020 (I4CE/ENERDATA, 2015; im COPEC Research Programm – die Studie bietet durchaus interessante Einsichten zu vielen Einzelpunkten). Man kann aber wohl auch wenig kritische Analyse erwarten, wenn die Finanzierung – wie bei der genannten Studie – übernommen wird von privaten Firmen aus Frankreich, der französischen Regierung und der EU. Eine Mischung von solchen Auftraggebern ist selten für die Qualität der Forschung förderlich, da es keine klaren Verantwortlichen auf der Seite der Projektvergabe gibt. Ohne kritische Analyse kann man aber das EU-Emissionszertifikatesystem nicht sinnvoll weiterentwickeln.
5. Die EU selbst und auch ihre Mitgliedsländer sehen offenbar in Teilen das EU-Emissions-Handelssystem als eine Art isoliertes regionales Projekt. Das ist unangemessen. Denn es gäbe enormen Zusatznutzen, wenn man die verschiedenen weltweit bestehenden CO_2-Zertifikate-Handelssysteme (ETS) integriert und hierfür gemeinsame Regeln und Prinzipien hätte. Weichenstellungen für eine solche ETS-Handelssysteme-Integration fehlen, die EU sollte die Initiative übernehmen.

Das Thema CO_2-Leakage-Problem wird zwar angesprochen – etwa in der obigen Studie. Aber das Thema, dass CO_2-Bepreisung in der EU zur Verlagerung CO_2-intensiver Produktionsschritte und der Produktion CO_2-intensiv hergestellter Güter in andere Länder führt, ist analytisch Teil einer größeren Herausforderung. Denkbar wären hier Ausgleichszölle der EU (Transport & Environment and the Trade Justice Movement, 2017; hier werden auch zu bestimmten Direktinvestitionsprojekten im Bereich fossile Energien besondere Steuern vorgeschlagen, was jedoch zu einem internationalen Wildwuchs führen könnte), die in vielen Fällen wohl problematisch mit Blick auf die Regeln der Welthandelsorganisation wären und vermutlich neue transatlantische EU-

USA-Konflikte brächten. Zumindest ist es notwendig, verstärkt zu Fragen von Import-Ausgleichszöllen zu forschen und zu überlegen, ob man nicht in der Welthandelsorganisation ein einfaches Prinzip einführen kann: Industrie- und Schwellenländer, die mindestens 60 % der Emissionen mit Emissionszertifikate-Handelssystemen abdecken und mindestens 3 % Jahresminderungssatz bei der Emissionsobergrenze haben, können ohne CO_2-Ausgleichszölle exportieren. Das wäre ein guter Anreiz für sehr viele Länder, Emissionzertifikate-Handelssysteme einzuführen; und es schüfe enorme Möglichkeiten für eine langfristige globale kostensenkende Vernetzung von Emissionszertifikatesystemen. Jedes einzelne WTO-Land wäre frei zu entscheiden, welche Sektoren unter die 60-%-Grenze fallen sollen, sodass für länderseitig gewünschte Flexibilität Sorge getragen wäre. Natürlich ist nicht ausgeschlossen, dass etwa OECD-Länder die Vorgaben für Emissions-Handelssysteme bei Handelspartnern mit protektionistischen Absätzen einführen, aber hier könnte man mit neuen Prüfverfahren bei der Welthandelsorganisation WTO entgegenwirken. Da die G7-Länder und die G20-Länder ohnehin die WTO Richtung Reform schieben wollen, gibt es einen guten Zeitpunkt, um hier auch Klimaschutzfragen einzubeziehen. Dass die USA unter Präsident Trump besondere Schwierigkeiten machen könnten, ist anzunehmen. Aber die EU hat ihrerseits im Rahmen ihres Netzwerkes von Handelsverträgen mit über 70 Ländern gute Möglichkeiten, im Rahmen einer Netzwerk-Politik die hier angesprochene Verbindung von Emissions-Handelssystemen und Freihandel aufzunehmen. Es wäre im Übrigen interessant, im QUEST-Makromodell die angesprochenen Klimaschutzaspekte einzubauen, damit die Politik sich über entsprechende konjunkturelle und wachstumspolitische Simulationsanalysen einen breiten Eindruck der zu erwartenden ökonomischen Wirkungen alternativen Politik-Maßnahmen beziehungsweise Szenarios verschaffen könnte.

Da Klimaschutz ein sehr wichtiges globales Kollektivgut ist, wird es wohl notwendig sein, dieses Politikfeld möglichst konsistent mit der Welthandelsorganisation zu verbinden. Es ist immerhin bemerkenswerterweise lange Zeit her, dass die WTO sich selbst mit der Analyse der Verbindung von Handel und Umweltschutz befasste (WTO, 1999).

Hier besteht also offenbar bei der WTO selbst seit einer Reihe von Jahren eine Analyselücke. Aber man wird hoffen können, dass interne und externe Forschungsarbeiten die entstandene Lücke zügig schließen können. Auch bei anderen internationalen Organisationen sind weitere ähnliche Forschungsprojekte notwendig. Die Analyse des IWF (2019) ist zwar in vielen Feldern nützlich, aber es fehlt zum Teil an einer sinnvollen Systematik und es ist auch wenig angebracht, Emissionszertifikate-Preismodelle und CO2-Steueransätze relativ krude zusammenzumixen.

Für die weitere internationale Forschung bleiben jedenfalls große Herausforderungen und natürlich sind bislang vorliegende Pionierstudien sehr nützlich. Ein Teil der notwendigen neuen Ideen und Ansätze zur Problemlösung sind hier entwickelt und vorgelegt worden. Sie mögen die internationale und nationale Debatte befördern und ein Impuls für effektive Nachhaltigkeits-Problemlösungen sein.

Internationaler Klimazertifikatefonds IKF

Die Politik in der EU wie in anderen Ländern ist daran interessiert, dass die Entwicklung der Emissionszertifikatepreise keinen sehr starken Schwankungen unterliegt und dass erst recht nicht sehr starke kurzfristige Preiserhöhungen zustande kommen; diese könnten dann auch Auswirkungen auf anderen Finanzmärkten haben. Dahingehend muss man die EU allerdings kritisieren, weil der Senkungspfad bei der Emissionsobergrenze bei EU-Zertifikatehandel ja 2021–2030 zu gering mit Blick auf die jährliche Emissionsminderung von 2,2 % dimensioniert ist, um einen sehr starken Preisanstieg 2031–2050 – bei Zielsetzung von 2050 Klimaneutralität – zu vermeiden. Es liegt aber an der EU, eine Art Zertifikate-Interventionsfonds aufzustellen, der bei drohenden starken Preisspitzen mit der Ausgabe von neuen Zertifikaten preisdämpfend wirken kann (damit wird der Klimaschutz dann zeitweise abgeschwächt, allerdings hoffentlich durchaus mit gutem Grund). Eine solche Interventionsbehörde sollte von Experten unterstützt werden, wobei im Fall sehr niedriger Preise auch der Ankauf von Zertifikaten durch einen Zertifikate-Interventionsfonds erwägenswert ist. Basierend auf der Arbeit des Zertifikate-Investitionsfonds werden sich dann erwartete Preisuntergrenzen und Preisobergrenzen ergeben, die für die Investitionsentscheidungen der Unternehmen handlungsleitend sind. Aus Sicht der Politik ist es jedenfalls möglich, das Risiko kurzfristiger Preisspitzen gering zu halten, was natürlich bei Ausweitung des Abdeckungsgrades von CO2-Emissionen beziehungsweise des Ausbaus von Emissionszertifikaten sehr wichtig ist. Im Übrigen hat das Beispiel des Zertifikatehandels in Tokio gezeigt, dass auch erhebliche jährliche Rückgänge bei den Emissionen von kommerziellen Immobilien möglich sind.

Die Frage nach Preisobergrenzen – gegebenenfalls auch nach Preisuntergrenzen – wird sich aber noch viel stärker stellen, wenn man eine Integration von Zertifikate-Handelsräumen international vornimmt: etwa zwischen EU-Kalifornien-China-Korea. Die Gründung eines Internationalen Klimazertifikatefonds (IKF) durch die beteiligten Länder ist zu empfehlen. Ein solcher IKF muss nach bestimmten Grundsätzen intervenieren und sollte dabei extreme Preisspitzen ebenso zu vermeiden helfen wie Phasen mit sehr geringen Preisen für CO_2-Emissionszertifikate. Offensichtlich wird man entscheiden müssen über Statuten, Budget und Standort einer solchen Interventionsbehörde. Mit Gründung eines solchen IKF sollte auf Seiten der beteiligten Länder der politische Mut zunehmen, einen recht großen Anteil der CO_2-Emissionen in ein (integriertes) Zertifikate-Handelssystem einzubringen.

Das wiederum ist sehr wichtig, um einen effizienten Pfad zur Erreichung von Klimaneutralität zu realisieren. Von Seiten Deutschlands, Frankreichs und anderer EU-Länder sollten Politikinitiativen zu einem IKF in diesem Bereich entwickelt werden. Die für die beteiligten Länder entstehenden Nettokosten sollten sich längerfristig in einem recht überschaubaren Rahmen halten. Dabei muss klar sein, dass IKF sich auch über die Ausgabe von eigenen Anleihen am internationalen Kapitalmarkt zum Teil wird finanzieren können. Wenn man hinreichend institutionelle Modernisierungen zügig, energisch und hinreichend international vernetzt vornimmt, wird es ohne ernste Probleme möglich sein, Klimaneutralität bis 2050 zu erreichen. Dass die G20-Länder dabei darauf achten sollten, untereinander gute Beziehungen zu pflegen, ist offensichtlich.

Literatur

I4CE/ENERDATA (2015), Exploring the EU ETS Beyond 2020, COPEC Research Program: the COordination of EU Policies on Energy and CO2 with the EU ETS by 2030, A first assessment of the EU Commission's proposal for Phase IV of the EU ETS (2021-2030), Institute for Climate Economics/Enerdata, November 2015

IMF (2019), Fiscal Policies For Paris Climate Strategies – From Principle To Practice, IMF Policy Paper, May 2019, International Monetary Fund: Washington DC, https://www.imf.org/~/media/Files/Publications/PP/2019/PPEA2019010.ashx

TRANSPORT & ENVIRONMENT AND THE TRADE JUSTICE NETWORK (2017), Can trade and investment policy support ambitious climate action? November 2017 https://www.transportenvironment.org/sites/te/files/publications/2017_11_trade_and_climate_report_final.pdf

WTO (1999), Trade and Environment, Special Studies 4, https://www.wto.org/english/tratop_e/envir_e/environment.pdf

Teil IV
Konzepte und praktische Felder für mehr Nachhaltigkeit

21
Klimapolitikprobleme: Konzept einer Nachhaltigen Sozialen Marktwirtschaft

Der Umbau der Wirtschaftssysteme zu Produktion und Konsum mit sehr geringem CO_2-Ausstoß ist eine große Herausforderung. Zu vollziehen ist dieser Umbau nach zwei Jahrhunderten Industrialisierung, die bis etwa 1980 ohne kritische Nachfragen der Wissenschaft mit Blick auf die Verbrennung fossiler Brennstoffe oder die Nutzung von Kohle/Kokskohle in der Stahlindustrie blieb. Wenn eine Wirtschaft ohne Kohlenstoff entstehen und funktionieren soll, ist das eine historische Aufgabe, die sehr anspruchsvoll ist. Die Kreativität, die Innovationsdynamik der Menschen und Unternehmen zu mobilisieren, wird in allen Ländern der Weltwirtschaft eine große Aufgabe sein; im Bereich umweltfreundlicher Innovationsdynamik ist der internationale Wettbewerb in vielen Bereichen wirksam und in der EU kann man sinnvolle Ansätze zu einer umweltfreundlichen Industriepolitik entwickeln (WALZ, 2015). Die Rahmenbedingungen der Wirtschaft sind von daher angemessen zu ändern, damit die Anreize Richtung CO_2-leichtes Wirtschaften und Konsumieren gehen. Ein regelmäßiges internationales Benchmarking kann den Ehrgeiz der Wirtschaftspolitik beflügeln, wo zudem neue Instrumente zu prüfen sind.

Dass Brasilien und Kanada bei den Erneuerbaren Energien unter den G20-Ländern vorne sind, ist bemerkenswert; natürlich auch, dass viele Länder der Welt binnen zwei Jahrzehnten große Fortschritte bei den Erneuerbaren Energien gemacht haben. Wenn hier die Nachfrage in vielen Ländern der Welt gleichzeitig bei Wind- und Solarstrom ansteigt, dann erleichtert dies, Massenproduktionsvorteile bei Wind- und Solaranlagen optimal zu nutzen. Wenn die Investitionskosten von Wind- und Solarstrom unter die variablen Kosten der Kohlestromerzeugung fallen, dann dürften bald keine neuen Kohlekraftwerke mehr gebaut werden. Energieproduktion gilt als langfristige Weichenstellung. Denn die Kapitalintensität dieser Produktion ist hoch.

Wenn eine Soziale Marktwirtschaft in Richtung Klimaneutralität umgebaut wird, dann sollte das Ergebnis eine Nachhaltige Soziale Marktwirtschaft sein. Das bedeutet, dass man weiterhin hohe Produktivität und Wirtschaftswachstum hat, dass der Staat eine gewisse Umverteilungs- und Sozialpolitik finanzieren kann sowie die Umweltqualität hoch und der CO_2-Ausstoß langfristig sehr niedrig ist. Das bedeutet ein Mehr an Lebensqualität und Gesundheit, auch eine höhere Lebenserwartung, was natürlich in den Sozialsystemen zu Herausforderungen führen wird.

Angesichts der anhaltenden Klimaprobleme – also der drohenden Erwärmung der Erde Richtung mehr als +2 Grad bis 2050 gegenüber dem Industrialisierungsstart um 1850 – kommen Politik und Wirtschaft in Deutschland und der EU und bei G20 stärker unter Druck. Natürlich auch wegen der absehbaren Ziel-Untererfüllungen in Deutschland und anderen Ländern sowie wegen der internationalen Fridays-for-Future-Protestbewegung der Schüler. Bei der Debatte über die Einführung von CO_2-Steuern steht Deutschlands Bundesregierung gegenüber Schweden vor einer um drei Jahrzehnte verspäteten Debatte, gegenüber der Schweiz liegt man eine Dekade zurück.

Da der CO_2-Emissionszertifikatehandel – für sich genommen ein gutes Instrument – in Deutschland nur 45 % der Emissionen abdeckt, muss man wohl für den Rest der Produktion und damit der Emissionen eine größere Abdeckung durch Zertifikatehandel angehen; beim Rest ist an die Option CO_2-Steuer zügig heranzugehen (davon wollten Teile der Bundesregierung vor den Europa-Wahlen 2019 nichts hören). Aber nach den hohen Stimmengewinnen der Grünen-Partei bei diesen Wahlen, ist das Erschrecken groß genug, sodass die Große Koalition die aus ökonomischer Sicht sinnvolle CO_2-Steuer-Option in Teilen der Wirtschaft erwägen dürfte. Ob man die Klimaschutzpolitik hinreichend als Verbindung von Zertifikatehandel und CO_2-Steuer ausgestaltet und auch die G20-Perspektiven betont, bleibt abzuwarten. Doch die bisherige Diskussion übersieht einige wichtige Punkte beim Gesamtkomplex Klima- und Wirtschaftspolitik: Strukturwandel und Ungleichheitsdynamik sind die Stichworte.

Während Umweltpolitiker gern eine engagiertere Klimapolitik fordern, werden die wirtschaftspolitischen Zusatzaspekte des verstärkten Klimaschutzes sonderbarerweise ausgeblendet. Der Hauptpunkt ist einfach zu verstehen, dass nämlich ein Strukturwandel hin zu mehr klimafreundlichen, also emissionsarmen Produkten, die Nachfrage nach qualifizierten Arbeitnehmern erhöht – einzige Ausnahme ist vermutlich der Bereich der Elektromobilität. Denn Elektrofahrzeuge sind baubedingt einfacher, nämlich ohne komplexes Getriebe, zu produzieren als Benzin- oder Dieselfahrzeuge. Es ist anzunehmen, dass durch Einführung von CO_2-Steuern in Deutschland und anderen EU-Ländern die Nachfrage nach klimafreundlichen Gütern einen Schub erhält und daher der Relativpreis von solchen Gütern ansteigt. Die Folge für die qualifizierten Arbeitnehmer gemäß einem bekannten ökonomischen Theorem (nach Stolper-Samuelson) ist, dass deren relativer Lohnsatz – gegenüber Ungelernten – ansteigt. Da die Produktion emissionsarmer Produkte relativ qualifikationsintensiv ist, entsteht in Deutschland und anderen EU-Ländern eine noch größere Facharbeiterlücke als bisher und zugleich erhöht sich hierdurch in Westeuropa die ökonomische Ungleichheit noch weiter. Der Lohnvorsprung der Qualifizierten steigt an, womit die Populisten bei den Ungelernten und Geringqualifizierten dann künftig mehr Stimmen erreichen könnten. Klimapolitik bei politischer Systemdestabilisierung wäre unsinnig.

Die Politik der Parteien der Mitte wäre daher gut beraten, eine echte Doppelstrategie zu realisieren und dabei die Bildungsherausforderung mindestens so ernst zu nehmen wie die Klimapolitik. Es sind stärkere Anreize für Bildung und Weiterbildung notwendig. Gerade auch Ungelernte sollten ermutigt werden, in Weiterbildung zu investieren. Studienergebnisse aus den Niederlanden zeigen interessanterweise, dass die Bildungsrendite für Qualifizierte und Ungelernte gleich hoch ist. Aber Ungelernte sind schlechter motiviert für Weiterbildung als Qualifizierte. Diese Herausforderung dürfte für alle G20-Länder gelten.

Hierbei sind im Politiksystem Deutschlands Bund und Bundesländer gemeinsam gefordert – auch im Dialog mit Arbeitgeberverbänden und Gewerkschaften –, bessere Weichen für mehr Weiterbildung zu stellen; gerade bei den Ungelernten. Das Vertrauen gegenüber einigen Bundesländern wird dabei nicht sehr hoch sein, da diese schon klar überfordert zu sein scheinen, bei der Lehrerbildung die Hausaufgaben für die eigenen Universitäten beziehungsweise Planungen vernünftig zu bewältigen. Wenn etwa in Nordrhein-Westfalen als bevölkerungsmäßig größtem Bundesland Deutschlands 7 000 Lehrer in 2019 fehlen, ist das eine Schockzahl, die wenig Vertrauen in entsprechende verantwortliche Ministerien schafft.

Der deutsche und globale Nachfrageschub zugunsten von klimafreundlichen Produkten wird, folgt man etwa dem Institut der Deutschen Wirtschaft mit seinen Befunden für Deutschland, sehr erheblich sein. Nimmt man die Emissionsminderung 1990 – 2016 als Bezugspunkt, dann müsste Deutschland mit Blick auf die Ziele für 2030 einen dreifach so starken Rückgang der CO_2-Emissionen in 2016 – 2030 realisieren. Das kann bei einem massiven Strukturwandel zugunsten von emissionsarmen Produkten und Produktionsverfahren wohl gelingen, aber das ist unabdingbar verbunden mit einem starken Anstieg der Lohnrelation der Qualifizierten. Die Weiterbildungs-Herausforderung für die Politik ist also beträchtlich. Die einfachste Möglichkeit für Deutschland und die EU27, mehr Fachkräfte ins Land zu holen, ist, neben einer klugen allgemeinen Einwanderungspolitik und neuen Weiterbildungsanreizen, durch eine klare Initiative rückwanderungswillige EU-Bürger aus dem BREXIT-geplagten UK anzulocken. Diese sind in der Regel als qualifizierte Arbeitnehmer zu kennzeichnen und von den gut 2,5 Millionen EU-Arbeitnehmern in UK könnte man wohl bei engagierter Politik rund eine Million nach Deutschland, Frankreich, Niederlande etc. holen. Allerdings bedeutet auch diese Immigrationspolitik – hier einem weiteren Theorem der Außenwirtschaft folgend (das Rybczynski-Theorem ist zu nennen) –, dass die Produktion qualifikationsintensiver Güter weiter ansteigen wird. Die notwendige Weiterbildungsoffensive bleibt also auch dann unerlässlich.

Man kann gelegentlich staunen, wie wenig die Wirtschaftspolitik in Westeuropa wichtige Standard-Lehrsätze der Ökonomik aufnimmt. Das ist zum Schaden Deutschlands und der EU und letztlich der Lösung des globalen Klimaproblems. In Richtung USA unter Präsident Trump kann man mindestens dasselbe sagen. Aber dort ist immerhin der Vorsitzende des US-Wirtschaftssachverständigenrates, Kevin Hassett, Mitte 2019 zurückgetreten. Dass Hassett die Wirtschaftspolitik von Trump sinnvoll fand, hat man nach dem Frühjahr 2019 nicht gehört. Trumps Wirtschaftspolitik ist ein wachstumspolitisches Feuerwerk, das zugleich die Einkommensunterschiede in den USA weiter verstärkt.

Wenn Präsident Trump in den USA die Umweltregulierung entschärft, heißt das ein Weniger an Lebensqualität für viele US-Bürger auf lange Sicht. Ein wenig mehr an Wirtschaftswachstum auf kurze Sicht als politischer Vorteil wird Trump längerfristig nur wenig nützen. Trumps Politik im Energiebereich – zurück zur Kohle – bedeutet, dass die Innovationsimpulse für Erneuerbare Energien in den USA geschwächt werden. Wenn die USA bei klimaschutzrelevanten Gütern bald Marktanteile verlieren sollten, dann wird sich das US-Leistungsbilanzdefizit (vereinfacht: Güterimporte minus Güterexporte) weiter erhöhen. Trump müsste über Steueranreize die US-Sparquote erhöhen, um mittelfristig die Leistungsbilanzdefizite der USA – relativ zum Nationaleinkommen – zu vermindern. Verstärkte Forschungsförderung bei umweltfreundlichen Innovationen wären für die USA auch von Vorteil. Eine Trumpsche US-Politik, die vor allem durch mehr Öl- und Gas- plus Waffenexporte das Leistungsbilanzdefizit vermindern will, ist kein vernünftiger Beitrag für eine klimaneutrale friedliche Welt.

Es versteht sich, dass die CO2-Steuereinnahmen zum allergrößten Teil an die privaten Haushalte zurückgegeben werden sollten. Wenn man für fünf Jahre 1/5 der Einnahmen zusätzlich nähme, um mehr „grüne Innovationsforschungsförderung" in Deutschland und der EU zu unterstützen, so wäre das vernünftig, da man so eine doppelte Internalisierung für einige Zeit erreicht: Erstens ist von Innovationsförderung die Internalisierung positiver Wissensübertragungseffekte zu erwarten. Die privaten Innovationsanreize werden so sinnvoll gefördert. Der gesellschaftliche Zusatznutzen privater Innovationen – er kann national oder international sein – wird hinreichend vergütet, man kann eine optimale Innovationsintensität erwarten. Zweitens kann man aus der Verwertung klimafreundlicher Innovationen erwarten, dass die Klimaschäden schneller als bisher erhofft – im STERN-Bericht bei schwacher Klimapolitik auf 10–15 % des Welteinkommens angesetzt – eingegrenzt oder auch vermieden werden. Also das Zwei-Grad-Begrenzungsziel zuverlässiger langfristig erreicht wird. Ein CO_2-Steueraufkommen, das teilweise für CO_2-Minderungsinnovations-Projektförderung verwendet wird, hat also einen doppelten Vorteil: Schädliche CO_2-Emissionen werden über die Verteuerung von CO_2-intensiver Produktion vermindert, die erhöhte Förderung von „Klimaschutz-Innovationen" schafft Zusatz-Innovationsnutzen in einem für langfristige ökologisch-ökonomische Stabilität wichtigen Bereich.

Immerhin ist in der bisherigen Diskussion zur Klimapolitik und zur CO_2-Steuer-Option wohl klargeworden, dass man wenigstens Schweden und der Schweiz insofern folgen sollte, als die Steuer-Rückerstattungen gerade auch zugunsten ärmerer Haushalte betont werden sollten. Wenn man es allerdings wirklich gut machen will, sollte immerhin ein Teil der Rückzahlung als Weiterbildungsgutschein für Geringqualifizierte erfolgen. Im Sinn des „Anstubsens" der Geringqualifizierten in die richtige Aktivität, nämlich Weiterbildung, wäre das schon ein gutes und kluges Signal einer nachhaltigen Sozialen Marktwirtschaft Westeuropas, auf die es im neuen globalen Systemwettbewerb ankommt. Klimaschutzpolitik und eine veränderte Sozial- und Steuerpolitik gilt es sinnvoll miteinander zu verbinden.

Man wird sehen, ob die neue EU-Kommission die Thematik CO_2-Steuer in vernünftiger Weise aufnimmt. Für Europa besteht eine großartige Möglichkeit, beim CO_2-Emissionszertifikatehandel demnächst mit China zusammenzuarbeiten, das bis 2020 einen nationalen Zertifikatehandel haben wird; zudem kann man dabei auch Kalifornien – bislang beim Zertifikatehandel mit den kanadischen Provinzen Ontario und Quebec aktiv – einbeziehen. Eine internationale Angleichung der CO_2-Zertifikatepreise wäre global effizienzförderlich und brächte von daher kostenminimale Klimastabilisierungsfortschritte. Mehr globale nachhaltige Marktwirtschaft ist hier notwendig und sinnvoll. Wenn Trump die USA insgesamt dabei außen vorhielte, so wäre das ein US-Politikfehler, der auch innovationsbezogen grünen US-Rückstand verheißt.

Im Übrigen ist der globale CO2-Zertifikate-Durchschnittspreis von 1,8 €/Tonne CO2 in 2018 viel zu niedrig gewesen. In der EU liegt der Zertifikatepreis Anfang 2019 bei rund 25 €/Tonne. Eine sinnvolle CO2-Steuer wäre nahe am Zertifikatepreis, zudem anfänglich für die Wirtschaft geringer als für die Haushalte, wenn man dem Beispiel Schweden folgte. Wenn die Politik in der EU und andernorts im Übrigen die Zertifikatepreise – durch Verminderung der Zertifikatsmengen – nicht deutlich anhebt, werden wohl einige Regierungen im Westen das Risiko haben, von Fridays-for-Future-Bewegungen aus dem Amt gehoben zu werden.

Ohne einen neuartigen Politikmix wird man Klimafortschritt und politisch-ökonomische Stabilität nicht erreichen können. Dabei sollte man seitens der Politik zugleich stärker als bisher darauf hinweisen, wie gering die Arbeitslosenquoten in der EU und auch in der Schweiz sind; in allen EU-Ländern werden sie – ebenso wie in der Schweiz – um mehr als das Doppelte in Umfragen überschätzt. Sich um eingebildete Probleme Sorgen zu machen, lenkt hier die meisten Menschen ab, bei den wirklich wichtigen Problemfeldern erfolgreiche Lösungen rechtzeitig zu entwickeln. Politische Fehldebatten sind im Übrigen auch nicht sinnvoll, sondern eine Verschwendung von knappem politischen Gestaltungs- und Konsenskapital. In den sozialen Netzen ist eine neue digitale Infopolitik der Regierungen nötig.

Mehr klimafreundliches Wirtschaftswachstum ist ein wichtiges Ziel der Wirtschaftspolitik in Deutschland und anderen Ländern. Das Stabilitäts- und Wachstumsgesetz sollte man in diese Richtung unbedingt ändern und dabei in Deutschland auch das seit Gründung der Eurozone fragwürdige Ziel einer ausgeglichenen Zahlungsbilanz anpassen – es wäre im Kern auf die Eurozone anzuwenden. Eine stärkere Kooperation in EU-Steuerfragen könnte sich bei der CO2-Steuerpolitik anbieten; dabei wären auch die auf dem G20-Gipfel der Finanzminister und Notenbankgouverneure im Juni 2019 angesprochenen Ansätze zu mehr internationaler Kooperation in der Steuerpolitik europabezogen beziehungsweise kooperativ sinnvoll aufzunehmen. Mit der deutschen Ratspräsidentschaft im zweiten Halbjahr 2020 ergibt sich für die deutsche Steuer- und Wirtschaftspolitik eine einzigartige Möglichkeit, national und EU-weit sowie global kluge Akzente zu setzen. Die Erneuerbare-Energien-Umlage für die Haushalte, die den Strompreis treibt, könnte man senken. Geringere Strompreise schon in 2023 bei über 50 % grüner Stromerzeugung sollen die Nachfrage nach klimafreundlicher Energie erhöhen.

Nachhaltige Soziale EU-Marktwirtschaft ist ein neues wichtiges Konzept, das marktgesteuertes Wachstum, Klimapolitik, sozialen Ausgleich und internationale Politikkooperation konsistent verbindet. Da Klimaschutz ein globales öffentliches Gut betrifft, ist auch die Soziale Marktwirtschaft im 21. Jahrhundert mehr noch als bisher mit Blick auf die Weltmärkte und -politik zu sehen. Deutschland kann für die G7-Gipfel, die EU und die G20-Gipfel wichtige Impulse in der Steuer-, Klima-, Wachstumspolitik und bei der Weiterbildungspolitik sowie den Euro-Reformen geben. Das Umweltsteueraufkommen in den Niederlanden, der Türkei, Italien, Slowenien, Lettland und Dänemark lag 2016 bei fast 5 % des Bruttoinlandsprodukts, in Deutschland nur bei 2 % (vgl. Abbildung 31).

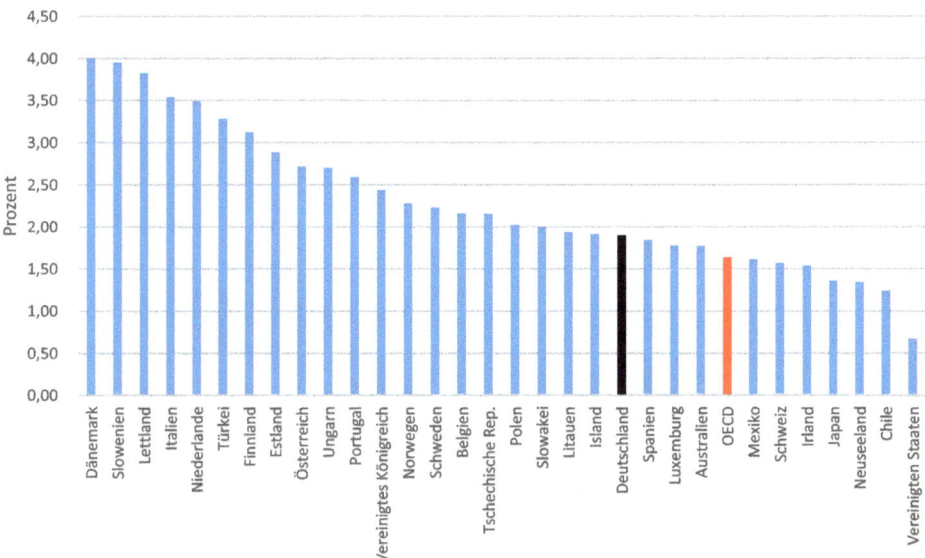

Abb. 31 Umweltsteueraufkommen relativ zur Wirtschaftsleistung (Bruttoinlandsprodukt), 2016. (Quelle: Eigene Darstellung; OECDStat „Environmentally-related tax revenue", Jahresaufkommen 2016, https://stats.oecd.org/Index.aspx?DataSetCode=ENV_ENVPOLICY)

Höhere Umweltsteuern und Emissionszertifikatepreise sind gerade in Deutschland sinnvoll, andere Steuern – auch für Investoren und für Weiterbildungseffekte beziehungsweise mittlere Einkommen – sind deutlich zu senken. Mehr nachhaltigkeitsorientierte Kapitalmarktprodukte global zu fördern ist wichtig, wobei auch klimagerechte Infrastruktur- und Batterieprojekte wichtig sind; nützlich auch für die Planungen in einer modernen neuen Konjunkturpolitik.

Literatur

WALZ, R. (2015), Green Industrial Policy, in: Mazzucato, M., Cimoli, M., Dosi, G., Stiglitz, J., Landesmann, M., Pianta, M., Walz, R. and Page, T. (2015). Which Industrial Policy Does Europe Need? Intereconomics, 50(3), pp.120-155. DOI: 10.1007/s10272-015-0535-1

22
Wirtschaftspolitik-Konsequenzen: Innovations- und Mobilitätspolitik sowie globale Kooperation

Zunächst ist es sinnvoll, bewährte Innovationsförderung auch im Bereich des Klimaschutzes von Seiten des Staates aufzusetzen. Dies sollte auch ein durchdachter Ansatz bei der neuen EU-Kommission sein, die nach den Europa-Wahlen 2019 gewählt werden wird. Auch die EU-Mitgliedsländer sind gefordert und internationale Kooperation ist hierbei regional und global wesentlich. Erwägenswert könnte auch sein, dass Innovatoren – dem Beispiel von Elon Musk vom US-Elektroautokonzern Tesla folgend – nachhaltigkeitsrelevante Patente zur weltweiten Nutzung in einigen Feldern offenlegen, wobei man ein gewisses Maß an Reziprozität bei Nordamerika-Europa-Asien aufbringen müsste. Sehr gewichtig wird die Frage der globalen Diffusion von „grünen Innovationen" sein, sodass man auch in diesem Bereich besondere Aktivitäten von Seiten der UN oder der G20 entfalten könnte.

Bei aller Förderung der Innovationsdynamik im Bereich Nachhaltigkeit wäre zudem ergänzend ein internationaler Vertrag notwendig, der die Pflege und gegebenenfalls weitere Aufforstung der großen Wälder auf der Erde – sie sind wichtig als Reduzierer für CO_2-Emissionen – sichert. Dies dürfte eine schwierige Herausforderung sein, da hier strategisches Verhalten von Ländern eine Rolle spielen kann. Die G20 könnten hier ein relevanter Ansatzpunkt sein. Dass man dabei wesentliche positive Ergebnisse erzielen kann, solange die USA von einem populistischen Präsidenten regiert werden, mit Fokus auf Nationalismus, Bilateralismus und Protektionismus, ist allerdings kaum anzunehmen. Für die EU stellen sich damit schwierige Herausforderungen; im Fall BREXIT wird es wohl auch zu einem Streit mit UK über gewichtige Fragen bei G20 kommen, denn die USA unter Präsident Trump werden sicherlich versuchen, UK unter Druck zu setzen, um eine weitere Schwächung der EU zu erreichen. Die EU ist nach einem BREXIT ökonomisch beziehungsweise im globalen Verhandlungsgewicht geschwächt. Mehr grüne Innovationsdynamik gezielt zu fördern, wird im Übrigen nicht einfach sein, da häufig bei der Innovationsförderung beziehungsweise bei bestimmten Projekten am Anfang gar nicht absehbar ist, dass hier klimaschutzrelevante Produkt- und Prozessinnovationen anfallen werden.

Es stellt sich die Frage, wie man eine erhöhte klima- und umweltfreundliche Innovationsdynamik – gegebenenfalls als Teil einer allgemein verbesserten Innovationsförderung – strategisch fördern kann. Dabei ist hier eine Studie von BELL AT AL. (2019) für die USA zu beachten. Diese Studie zeigt einerseits starke Einkommenskonzentrationseffekte unter US-Innovatoren, zugleich verdeutlicht sie andererseits eine eher geringe Bedeutung niedriger Einkommens-Steuersätze und eine große Rolle von Innovationsvorbildern – gegebenenfalls innovationsförderliches Mentoren-Programm – schon in der Jugend. Diese Befunde für die USA könnten wohl auch in anderen OECD-Ländern relevant sein, allerdings bleibt dies und auch die Anwendbarkeit in Schwellenländern noch zu untersuchen.

Was die Innovationsförderung angeht, so ist auf Basis der neuen gewichtigen Studie aus den USA (BELL ET AL., 2019) zu folgern, dass die Höhe der Steuersätze für eine hohe Innovationsdynamik nicht entscheidend wichtig ist – jedenfalls auf Basis von US-Untersuchungen. Vielmehr kommt es auf gute Innovationsvorbilder und gegebenenfalls auch staatlich geförderte Innovations-Mentorenprogramme an; wenn man dies (gegebenenfalls mit Vorbehalten zur Übertragbarkeit) auf Europa überträgt, so ergeben sich entsprechende Schlussfolgerungen auch zur Förderung der Innovationsdynamik in der EU beziehungsweise in Deutschland. Sofern man klimafreundliche Innovationsdynamik fördern will, sollte man Erfolgsprojekte deutlich kommunizieren und ein entsprechendes Mentorenprogramm gerade auch für junge Menschen in der EU aufsetzen, und zwar auch in Verbindung mit Cluster-Ansätzen, Leitmarktprojekten und Benchmarking. Dass man hier geduldig auf mittel- und langfristige Innovationserfolge wird setzen müssen, dürfte offensichtlich sein. Nicht ausgeschlossen ist, dass auch ein spielerisches Heranführen an Wissenschaft und Innovation über eine Junior-Universität – wie etwa an der Bergischen Universität Wuppertal – hier Früchte tragen könnte.

Die vorliegende Analyse zeigt erhebliche Möglichkeiten für eine Optimierung der Steuer- und Klimapolitik in Deutschland, Europa und weltweit auf.

Digitalisierung und Konsum

Zur Frage, wie Digitalisierung den Konsum verändert, hat das UBA (2018) in seiner Studie Konsum 4.0 keine eindeutigen Schlussfolgerungen anzubieten. Durch Mehrbestellungen im Internet fallen z. B. verstärkte Zulieferungsfahrten – inklusive solche für Retouren – an, zugleich entfällt dann die entsprechende Fahrt des Konsumenten in die Stadt zum Einkaufen. Wenn die professionalisierte Lieferlogistik in der Internetgesellschaft besser als die der substituierten Eigeneinkäufe durch Konsumenten in der Stadt (Kauf im realen Geschäft) ist, könnte an dieser Stelle, so kann man argumentieren, Digitalisierung den Konsum umweltfreundlicher machen. Das digitale Zeitungslesen erspart die gedruckte Zeitung, was für sich ein positiver Umwelteffekt mit Blick auf eingespartes Papier ist, allerdings nimmt die Masse der konsumierten Infos zu Konsumzwecken laufend zu; und das Internet selbst ist stromintensiv. Das bedeutet also hier erst dann eine wesentliche umweltmäßige Entwarnung, wenn Strom aus erneuerbaren Quellen zu einem sehr hohen Prozentsatz (langfristig 100 %) kommt. Ein neues Problem kann das von Internet-Werbung stimulierte Spontan-Shopping sein, wodurch Haushalte mehr einkaufen könnten als sonst. Dass sie wirklich am Ende mengenmäßig mehr kaufen, bleibt zu prüfen, denn die Budgetrestriktion des Haushaltes gilt auch in der digitalen Wirtschaft und Gesellschaft. In der digitalen Weltwirtschaft gilt für private Haushalte wie früher in der „Old Economy" auch, dass die Ausgaben für Konsum plus Ersparnis plus Steuerzahlung nicht höher als das Einkommen der Haushalte sein kann.

Denkbar ist, dass mehr Umweltbewusstsein in der Digitalen Welt entsteht, da das Internet – möglicherweise auch „grüne Apps" – für eine Diffusion umweltfreundlichen Wissens und Verhaltens gezielt genutzt werden kann und wird. Da im Internet und als „Influencer" vor allem junge Menschen aktiv sind, gilt es hier entsprechende Analysen voranzutreiben. Zudem sind auch die Veränderungen der Einstellungen von Menschen in Sachen Umwelt und Klimaschutz weiter zu untersuchen, wobei hier der World Value Survey zahlreiche neue Einsichten liefert.

Nicht auszuschließen ist, dass der effektive Preis bei Interneteinkäufen im Durchschnitt gegenüber den Einkäufen in der analogen Welt sinkt, will nämlich in der analogen Welt der jeweilige Mehrwertsteuersatz vom Staat auf die entsprechenden Konsumgüter stärker durchgesetzt werden konnte als in der digitalisierten Konsumwelt. Es hat sich jedenfalls gezeigt, dass bei der Durchsetzung der Mehrwertsteuer in der Internetwirtschaft eine Reihe von Problemen auftreten (GOOLSBEE, 2000; JONES/BASU, 2010; AGRAWAL/ FOX, 2017). Wenn dadurch der relative Preis der Konsumgüter fällt, so wird die Konsumquote steigen, die Sparquote sinken, was in einem um Mehrwertsteueraspekte erweiterten Standard-Wachstumsmodell zu einem Sinken des Niveaus des Wachstumspfades beim Pro-Kopf-Realeinkommen führt. Dies wiederum hätte eine langfristige Verminderung des Emissionsniveaus pro Kopf zur Folge, soweit der Energieverbrauch proportional zum Bruttoinlandsprodukt ist. Diese Thematik hat das Umweltbundesamt in seiner Studie nicht betrachtet, obwohl natürlich langfristige Umwelt- und Konsumfragen immer auch in einem Wachstumsmodell analysiert werden sollten. Beim vom UBA genannten Forschungsbedarf wiederum findet sich auch kein Hinweis auf erweiterte Wachstumsmodelle.

Als Schlussfolgerung schreibt das UBA in seiner Studie (UBA, 2018, S. 78–79):

Welche Konsumauswirkungen hat die zusätzliche Zeit, die wir in der digitalen Welt haben werden? Die Diskussion zum Instant Shopping hat deutlich aufgezeigt, dass ein wesentlicher Effekt der crowth darin besteht, wenig geschätzte, eher störende Aktivitäten einzusparen oder zeitlich deutlich zu reduzieren. Damit stellt sich unmittelbar die Frage, wozu die hinzugewonnene Zeit genutzt wird. Die zusätzlich zur Verfügung stehende Zeit kann in mehr Fazit, Forschungsbedarf und Handlungsempfehlungen Arbeitszeit fließen oder für Freizeitaktivitäten genutzt werden. Zusätzliches Arbeitseinkommen könnte über den Umweg von vermehrtem Konsum zu zusätzlichen Umweltbelastungen führen. Zusätzliche Freizeitaktivitäten können je nach Ausprägung unmittelbar umweltbelastend sein. Gleichzeitig ergeben sich mit der Digitalisierung diverse neue Freizeitmöglichkeiten, die relativ wenige Umwelt-auswirkungen haben. Hier schließt sich also unmittelbar die Frage an: Wie wird künftig die Freizeitgestaltung aussehen?

Wie weit werden die Möglichkeiten der Konsumentenbeeinflussung gehen? Und inwiefern können sie auch von der Umweltpolitik genutzt werden? Wie aufgezeigt wurde, ergeben sich mit der Digitalisierung des Konsums erhebliche neue Möglichkeiten der Konsumentenbeeinflussung. Zu klären ist, wie weit private Konsumenten bereit sind, umfangreiche Konsumentenbeeinflussung seitens der verschiedenen Anbieter dauerhaft zu akzeptieren. Diese Fragestellung geht natürlich über umweltpolitische Aspekte weit hinaus, sie spielt aber im Zusammenhang mit der Konzeption einer nachhaltigen Konsumpolitik eine wichtige Rolle.

Ebenso ist die Fragestellung von großer Bedeutung, inwieweit die Umweltpolitik ihrerseits die neu entstehenden Kanäle zur Information, aber auch zur Beeinflussung der Konsumenten nutzen kann und möchte, um für einen nachhaltigen Konsum zu werben. Ein spezieller Aspekt ist dabei auch der Einsatz von „Influen-

cern", um das Thema nachhaltiger Konsum zu transportieren. Auch wäre relevant zu untersuchen, inwieweit ein gesellschaftlicher oder kultureller Wandel hin zu mehr Nachhaltigkeit im Konsum durch eine derartige Beeinflussung möglich wäre. Konkreter und aktueller Forschungsbedarf besteht ferner bezüglich der Frage, inwieweit Produktbewertungen und -platzierungen auf Plattformen wie Amazon, Ebay etc. die Nachhaltigkeit des Konsums positiv oder negativ beeinflussen. Den Einfluss dieser Plattformen, die resultierenden Umweltauswirkungen und mögliche Ansatzpunkte für die Umweltpolitik gilt es hier zu untersuchen.

Kernforschungsfragen: Welche Faktoren bestimmen die Akzeptanzgrenzen bei der Beeinflussung über das Internet? Können diese durch die Umweltpolitik beeinflusst werden? Wie sehen die umweltpolitischen Gestaltungsspielräume aus? Welche konkreten Ansatzpunkte kann die Umweltpolitik nutzen, um bestehende Wege der Konsumentenbeeinflussung selbst zur Förderung eines nachhaltigen Konsums zu nutzen? Inwiefern werden nachhaltige Produkte und nachhaltiger Konsum durch die aktuellen Bewertungssysteme der einschlägigen großen Plattformen gehemmt? *Umsetzungsmöglichkeiten:* Studie zu Entwicklungen im Bereich der Konsumentenbeeinflussung, mit einem Fokus auf umweltpolitische Ansatzpunkte. Workshop zu Akzeptanzfragen mit potentiellen grünen „Influencern" und anderen Experten.

Inwieweit ist in der Zukunft ein digitaler „Grüner Berater" möglich und umsetzbar? Diese Fragestellung knüpft an die vorherige Fragestellung an. Bei der Beantwortung der Frage spielen verschiedene weitere Aspekte eine Rolle, z. B. unter welchen Voraussetzungen ein solches Instrument mit Aussicht auf Erfolg entwickelt und eingeführt werden kann und wie ein „Grüner Berater" institutionell aufgehangen/abgesichert werden müsste. Um sicherzustellen, dass sich ein solches Instrument dauerhaft am Markt platzieren kann, ist es erforderlich, die Erfolgsfaktoren vorab genau zu kennen. Auch die technologischen Entwicklungen, auf denen ein solches Instrument basieren würde, müssten genauer analysiert werden. Die umfangreichen Beratungsleistungen dieses Werkzeuges entlang der gesamten Customer Journey erfordern komplexe und umfassende digitalisierte Vorgänge, die in ihren Einzelheiten eine gründliche Untersuchung ihrer Umsetzungsmöglichkeiten erfordern. Auch ist zu überlegen, wie die Unabhängigkeit eines solchen Instruments dauerhaft sichergestellt werden kann. Als Gegengewicht gegenüber einer zunehmenden kommerziellen Kundenbeeinflussung wäre ein solcher Ansatz sicherlich wertvoll und würde für die Umweltpolitik erhebliche Anknüpfungspunkte bieten.

Kernforschungsfragen: Welche Aspekte Grüner Apps waren bisher interessant/erfolgreich? Wie können diese Aspekte gebündelt werden (technisch/institutionell etc.)? Welche laufenden Entwicklungen gibt es in dem Bereich der Grünen Apps? Wie können diese gebündelt werden?

Man kann hier darauf verweisen, dass es seitens der großen Telekom-Unternehmen der Welt wichtige Initiativen für umweltfreundliche Informations- und Kommunikationstechnologie gibt. Eine effektive G20-Arbeitsgruppe in diesem Feld gibt es indes nicht. Da der Staat in vielen Ländern Haupt- oder Minderheitenaktionär bei Telekommunikationsunternehmen ist, wäre hier in der Tat ein wichtiger Ansatzpunkt für klimafreundliche IKT-Dynamik; und auch die ITU als internationale Organisation in diesem Feld, mit eigener Nachhaltigkeitskompetenz, sollte stärker mobilisiert werden. Auch im Bereich des Bahnverkehrs, wo der Staat in EU-Ländern und vielen Regionen der Welt ein wichtiger Akteur ist – oft wird in der Debatte um den Klimaschutz positiv auf die geringen CO2-Emissionen des Bahnverkehrs verwiesen – ist der Staat gefordert. Eine einfache Aufforderung, mehr Bahn zu fahren, wird man aber in Deutschland kaum als guten Lösungsbeitrag zum Klimaschutz ansehen können, da an vielen Tagen und Stunden das Bahnsystem in Deutschland dysfunktional ist, und zwar strukturell. In der Schweiz ist Bahnfahren eine gut vertaktete Methode von Mobilität, in Deutschland sieht das ganz anders aus.

Aspekte zu Japans Zertifikate-Handelssystem und zu globaler Zertifikate-Marktintegration

Die Stadt Tokio und die Nachbarpräfektur Saitama haben regionale Zertifikate-Handelssysteme in 2010 beziehungsweise 2011 aufgesetzt, wobei Saitama für Unternehmen eine freiwillige Mitwirkung vorsieht (ARIMURA, 2018). Die Zertifikatesysteme wurden 2011 integriert. In Tokio ist die Mitwirkung der großen Unternehmen und auch von Firmen mit großen Gebäuden zwingend, wobei die Anfangsausstattung mit Zertifikaten kostenlos war. Industriefirmen und Gebäude müssen ihre Emissionen nach jährlichen Minderungsvorgaben bei den Emissionen reduzieren. Wenn die Vorgaben nicht erfüllt werden, sind Strafzahlungen fällig. Der jährliche geforderte Rückgang der Emissionen in der ersten Handelsperiode betrug, bezogen auf ein Referenzjahr –8 % bei Wirtschaftsimmobilien beziehungsweise –6 % bei Industrieanlagen. Damit entsteht nicht nur in der Industrie Druck hin zur Nutzung von energiesparenden Technologien, sondern bei den Nutzern von großen Immobilien auch ein Anreiz zu Optimierungen bei der Wärmenutzung, die in der Regel mit CO2-Emissionen einhergeht. Die Errichtung eines nationalen Zertifikatesystems in Japan scheiterte bislang am Widerstand der Wirtschaft – man hat bislang nur eine geringe CO2-Steuer eingeführt, der man kaum eine Lenkungswirkung zuschreiben kann.

Da der Zertifikatepreis in Japan (in der Präfektur Tokyo) relativ hoch ist, kann man eine Integration des Zertifikatesystems mit dem in China, der EU und gegebenenfalls den USA betrachten, was aus Sicht Japans perspektivisch auf eine Senkung des Zertifikatepreises in einem international integrierten halbglobalen System hinweist. Japan könnte dann CO2-Zertifikate etwa in China günstig kaufen. Finanzinvestoren sind vorläufig beim Handel von Zertifikaten in Japan nicht zugelassen. Vielmehr sind bilaterale Transaktionen zwischen Unternehmen vorgesehen. Befürchtungen in Sachen erhöhte Schwankungsbreite gibt es auch mit Blick auf den Zertifikatehandel in Korea und in der EU (KIM, 2014).

Wenn man nationale Zertifikatesysteme zusammenschaltet (EU, US, Kanada, China, Japan: mit einheitlichem Zertifikatepreis), so ergibt sich in Simulationsanalysen nach TAKEDA ET AL. (2015) ein geschätzter Wohlfahrtsgewinn für Japan von 0,4 % des Nationaleinkommens. Da die (Grenz-)Vermeidungskosten für Japan – in einem anderen Modell (AKIMOTO ET AL., 2015) mit 380 $ pro Tonne CO2 als deutlich höher eingeschätzt werden als in der EU mit 60–68 $ –, ist davon auszugehen: Der Wohlfahrtsgewinn eines globalen Zertifikatesystems für die EU wäre geringer als im Fall Japan; vermutlich etwa 0,2 % des Nationaleinkommens. Das wären mit Blick auf 2030 mit erwarteten 20 000 € Jahres-Bruttoinlandsprodukt der EU also 40 Milliarden €. Tatsächlich dürften die EU-Wohlfahrtsgewinne Japans und der EU etwas höher sein als hier angegeben, da etwa ein positiver EU-Einkommenseffekt durch globale Zertifikatemarktintegration einen positiven internationalen Übertragungseffekt beim Realeinkommen in Japan, China, USA, Kanada zur Folge hat. Davon geht ein positiver Rückwirkungseffekt auf die EU aus. Bei Japan gelten ähnliche Überlegungen. Für Japan könnten daher 0,6 % des Realeinkommens als Wohlfahrtsgewinn und für die EU 0,3 % bis 0,4 % Einkommensgewinn am Ende durch globale Zertifikate-Marktintegration langfristig stehen. Das wären 60–80 Milliarden €, also bis zu 150 € pro Kopf in der EU. Die globalen Wohlfahrtsgewinne eines G20Plus-Zertifikatehandels dürften weltweit größenordnungsmäßig bei etwa 400 Milliarden € liegen. Diesen Effizienzgewinnen sind potenziell gegenzurechnen Finanzmarktrisiken, die sich bei fehlender Regulierung der globalen Finanzmarktrisiken zusätzlich beziehungsweise neu ergeben könnten. Von daher ist, dies sei hier betont, eine Integration der Zertifikatesysteme der G20Plus-Länder (G20 plus Nigeria) anzuraten und hierfür müssten: 1) die EU, Japan und China sowie andere Länder Weichen stellen und 2) die beteiligten Länder eine Kooperation im Bereich der

Finanzmarktregulierung realisieren. Wenn man nicht beide Herausforderungen bewältigt, könnte eine globale Integration der Zertifikatemärkte am Ende einen negativen Wohlstandseffekt verursachen. Das gilt es natürlich zu vermeiden. Da die EU und Japan bereits ein Freihandelsabkommen in 2019 unterzeichnet haben, wäre es sinnvoll, ergänzend einen Vertrag über die Integration der Zertifikate-Handelssysteme vorzunehmen. Wünschenswert wäre allerdings, dass Japan zuvor einen nationalen CO2-Zertifikate-Handelsmarkt realisiert. Diese Kooperation sollte vernünftiger Weise so aussehen, dass sie offen ist, um andere G20-Länder mittelfristig auch zu integrieren in ein global angelegtes Zertifikate-Handelssystem; und natürlich wäre die Frage einer Kooperation in der Finanzmarktregulierung im Kontext der Integration der Zertifikate-Handelsmärkte zu betrachten. Damit kommt die Frage der Kooperation der Finanzmarkt- und Bankenaufseher auf internationaler Ebene in den Fokus der Klimaschutzpolitik-Analyse.

Literatur

AGRAWAL, D. R.; FOX, W. F. (2017), Taxes in an e-commerce generation, *International Tax and Public Finance*, Vol. 24(5), 903-926, https://doi.org/10.1007/s10797-016-9422-3

AKIMOTO, K.; TEHRANI, B.; SANO, F.; ODA, J.; KAINUMA, M.; MASUI, T.; OSHIRO (2015), MILES (Modelling and Informing Low Emissions Strategies) Project—Japan Policy Paper: A Joint Analysis of Japan's INDC

ARIMURA, T. (2018), The Potential of Carbon Market Linkage between Japan and China, in: ASIA SOCIETY POLICY INSTITUTE, Carbon Market Cooperation in Northeast Asia

BELL, A.; CHETTY, R.; JAVAREL, X.; PETKOVA, N.; VAN REENAN, J. (2019), Do tax cuts produce more Einsteins? The impacts of financial incentives versus exposure to innovation on the supply of inventors, Joseph A. Schumpeter Lecture 2017, Journal of the European Economic Association, Vol. 17(3), 651–677, https://doi.org/10.1093/jeea/jvz013

GOOLSBEE, A. (2000), In a world without borders: The impact of taxes on Internet commerce, *Quarterly Journal of Economics*, Vol. 115(2), 561–576

JONES, R.; BASU, S. (2002), Taxation of Electronic Commerce: A Developing Problem, International Review of Law, Computers & Technology, Vol. 16(1), 35-51, https://doi.org/10.1080/13600860220136093

KIM, E. S. (2014), Imagining Future Korean Carbon Markets: Coproduction of Carbon Markets, Product Markets, and the Government, *Journal of Environmental Policy & Planning*, 16, 459–477.

TAKEDA, S.; ARIMURA, T.; SUGINO, M. (2015), Labor Market Distortions and Welfare-Decreasing International Emissions Trading, WINPEC Working Paper Series No. E1422, March 2015, www.waseda.jp/fpse/winpec/assets/uploads/2015/06/ No.E1422Takeda_Arimura_Sugino.pdf

UBA (2018), Konsum 4.0: Wie Digitalisierung den Konsum verändert, Umweltbundesamt, Berlin, https://www.umweltbundesamt.de/sites/default/files/medien/1410/publikationen/fachbroschuere_konsum_4.0_barrierefrei_190322.pdf

23
Mobilitätspolitik

Bahn-Politik als Problem in Deutschland und anderen Ländern

Der Transport steht in vielen Ländern für 10–15 % der CO_2-Emissionen. In Deutschland und anderen EU-Ländern gilt Bahnverkehr als umweltfreundlich; eigentlich kommt dem Bahntransport mit Blick auf den Klimaschutz also eine strategische Rolle zu. Aber liefert die Bahn, was sie soll? Was braucht es, dass man in EU-Ländern die Servicequalität der pünktlichen Schweizerischen SBB bekommt? Hochgeschwindigkeitszüge in vielen Ländern der Welt sind ein wichtiger Teil der Infrastruktur. Wenn Züge mit 100 % Strom aus Erneuerbaren Energie fahren, dann ist Bahnfahren sehr umweltfreundlich. Neben dem Fernverkehr muss allerdings auch der Nahverkehr bei der Bahn betrachtet werden. Gute Vernetzung, hohe Pünktlichkeit und guter Service – inklusive funktionierender Toiletten – sind aus Kundensicht unverzichtbar. Bahnsysteme sind komplex, sie funktionieren unterschiedlich gut. In China und der EU sowie in Russland gibt es ausgebaute Bahnsysteme. In Deutschland gilt der Bahn-Personenverkehr als erfolgreich, aber in Wahrheit hat er erhebliche Schwächen – neben den sicher vorhandenen Pluspunkten.

Die Deutsche Bahn AG ist Teil der öffentlichen Verkehrsmittel und bei einer klimafreundlichen Neuorientierung des Personentransportes könnte der Bahnverkehr für Millionen Menschen eine wichtige Rolle spielen. Die Bahnleistungen werden aber mit Blick auf die Pünktlichkeitsqualität immer schlechter oder verharren auf miserablem Niveau. Dabei liegt Deutschlands Bahnverkehr viel schlechter als die vorbildliche Schweiz. Das kleinere Netz der Schweiz mag leichter zu managen sein als das große in Deutschland, aber nur eine etwas erhöhte Verspätungshäufigkeit wäre so zu erklären. Während in der Schweiz in 2017 nur etwa 3 % der Kunden mehr als drei Minuten verspätet in der Ankunft waren, dürften die Zahlen für die Deutsche Bahn AG bei knapp 20 % liegen.

Ausgefallene Züge werden in Deutschland von der Pünktlichkeitsstatistik dabei ohnehin nicht vernünftig erfasst. Unter diesen Umständen kann die Bahn keine bevorzugte Transportmöglichkeit für viele Millionen Menschen sein. Im Regionalverkehr sind ausgefallene Züge, völlig verkehrte Durchsagen auf den Gleisen von Großbahnhöfen (laut Fahrplan soll z. B. in Köln ein Zug auf Gleis 9 Richtung Krefeld abfahren, angezeigt wird Verspätung und Gleis 8, dann Durchsage für Abfahrt auf Gleis 7 – und dann werden alle Bahnreisenden von Gleis 7 per Durchsage wieder auf 9 zurück dirigiert; das ist eine Zumutung und für Mütter oder Eltern mit kleinen Kindern einfach ein Bahn-Elend; am 23. Juni 2018 fiel der Zug um 19:24 zum Flughafen Köln-Bonn aus).

Dass die Bahn wiederum auch von Streiks immer wieder betroffen ist – dabei werden Strecken zu einem Flughafen nicht ausgenommen –, erscheint nicht akzeptabel. Einen Kernbetrieb der Bahn sollte man auf Basis von Beamten organisieren, dann hat man wenigstens hohe Zuverlässigkeit beim Bahnbetrieb. Es liegt am Gesetzgeber, auch für Bahnlinien zu Flughäfen 100 % Ausfallsicherheit zu gewährleisten.

Bahnprobleme in Deutschland

Die Deutsche Bahn AG ist, wie millionenfache Nutzer aus dem Alltagsbetrieb bestätigen können, ein im Bereich Personenverkehr in Teilen schlecht geführtes Unternehmen. Seit Jahren werden keine täglichen regelmäßigen Pünktlichkeitsstatistiken veröffentlicht; die Güterbahn, die eigentlich mehr Güterverkehr von der Straße im Wettbewerb übernehmen soll, ist in vielen Bereichen ebenfalls ein trauriges Kapitel. Ein Unternehmer aus dem Westerwald, der Ton zur Verarbeitung in die Niederlande über die Bahn schickte, wusste zu berichten, dass mal zu wenig Wagons von der DB bereitgestellt wurden, mal gar keine. Ergebnis schlechten Managements bei der Güterbahn ist an dieser Stelle, dass der Unternehmer von der Bahn schweren Herzens auf den Straßentransportweg wechselte; die umweltfreundliche Bahn nimmt sich hier im Wettbewerb mit dem LKW-Transport selbst von der Schiene.

Die Schweizerische SBB hat wegen der häufigen beträchtlichen Verspätungen deutscher ICE-Züge auf dem Transitweg durch die Schweiz nach Oberitalien in Basel einen Ersatz-ICE, damit der Fahrplan in der Schweiz nicht zu sehr aus dem Takt gerät. Sicherlich gibt es Störereignisse beim Bahnfahren, die unvermeidlich zu Verspätungen oder auch Zugausfällen führen, aber dass sich die

Verspätungsstatistik der Deutschen Bahn AG so viel schlechter darstellt als die der Bahn in der Schweiz (SBB), ist weitgehend unakzeptabel.

Die französischen Hochgeschwindigkeitszüge nehmen nur Passagiere mit, die eine Reservierung haben, in Deutschlands ICEs ist das nicht der Fall – auch ohne Reservierung kann jeder mitfahren. Das führt an manchen Tagen zu Überfüllung und chaotischen Verhältnissen, vor allem, wenn ein eigentlich als Doppelte-Zugeinheit vorgesehener Zug im Bahnhof München, Köln, Berlin, Hamburg oder Leipzig mal wieder nur mit einer Zugeinheit antritt. Der Bahn sind solche Probleme offenbar alle ziemlich egal. Als Zugreisender hat man auch keinen Fahrkartenerstattungsanspruch, wenn man dann stehend in einem völlig überfüllten Zug reisen muss. Die Bahn AG ist im Vergleich zur Schweizer SBB sicherlich unterfinanziert, aber auch da, wo sie liefern könnte, ist die Qualität einfach schlecht und sie wird absehbar immer schlechter. Denn die Politik will immer mehr Menschen auf die umweltfreundliche Bahn locken. Das ist aber eine unmögliche, unakzeptable Politik, die zudem auch fehler- und unfallträchtig ist; unter anderem wegen völlig überfüllter Gleise auf bestimmten Bahnhöfen (Köln, Hannover, Berlin). Unter der Überschrift, „Die Bahn muss immer mehr entschädigen", berichtete die Frankfurter Allgemeine am 5. August 2019, dass sich die Verspätungszahlungen an Bahnkunden seit 2014 auf 55 Millionen € verdoppelt hätten. Der Verspätungsschaden – inklusive nicht entschädigte Schäden im Regionalverkehr – der Deutschen Bahn AG beträgt einige Milliarden Euro. 2018 war 75 % der ICE- und IC-Züge pünktlich, d. h. Verspätung von weniger als sechs Minuten. Es gibt 150 Millionen Reisende im Fernverkehr, im Fernverkehr fielen nach DB-Angaben 3 500 Züge im Jahr ganz aus. Der Bund müsste die Deutsche Bahn finanziell besser und sicherer ausstatten, damit die Bahn ein besseres Angebot leisten könnte.

Nach 60 Minuten Verspätung hat man gemäß EU-Regeln (im Fernverkehr) Anspruch auf 25 % Ersatz des Fahrkartenpreises, nach 120 Minuten 50 %, wobei das Erstattungsverfahren kompliziert ist. Insgesamt hat in Deutschland die Bahn im Jahr 2,5 Milliarden Reisende – die Mehrzahl im Nahverkehr –, wobei man in einer exemplarischen Rechnung davon ausgehen kann, dass jeder zweite Reisende im Jahr eine Stunde Verspätung hat und der Wert einer Stunde mit 20 € angesetzt sei. Die negative Wertschöpfung der Bahn ist daher in diesem Fall 25 Milliarden € beziehungsweise etwa 20 Milliarden €, wenn man Fremdanbietern auf dem DB-Schienennetz 1/5 der Verspätungen zuordnen will. Personen- und Güterbahnverkehr bringen 44 Milliarden Umsatz für die Deutsche Bahn AG; ob die Netto-Wertschöpfung im Personenverkehr positiv ist, bleibt abzuklären. Kundenzufriedenheitsbefragungen finden kaum statt. Hochgeschwindigkeitszüge könnten – wie in Spanien – aus Sicherheitsgründen über weite Strecken eingezäunt sein. Die Pünktlichkeitsquote im Fernverkehr könnte wie in Japan oder der Schweiz sein, wenn die Bahn im Management umgebaut wird und auch mehr in die Bahn investiert wird. Bei der Bahnnutzung kann es nicht nur um die Frage gehen, wie umweltfreundlich die Bahn ist oder ob sie 100 % Strom aus Erneuerbaren Energien verwendet, sondern Bahnfahren beinhaltet das Ziel, sicher und in der Regel pünktlich von A nach B zu kommen. Man kann die Politik nur warnen, den Bahnverkehr ohne sinnvolle Strukturänderungen und hinreichende Investitionen stark ausbauen zu wollen. Das wäre keine nachhaltige Politik.

Wenn die Bahn eine zentrale Position für modernen Transport haben soll, dann ist eine Rückkehr zur Bahn mit Beschäftigten im Beamtenstatus in Kernbereichen zu untersuchen: zumindest im gesamten Infrastrukturbereich. Zudem wäre per Gesetz sicherzustellen, dass Flughafenverbindungen nicht bestreikt werden können. Es sei im Übrigen erwähnt, dass in meiner Zeit als Hochschullehrer an der Universität Münster mein Kollege Ewers, im Bereich Verkehrswirtschaft in Forschung und Lehre aktiv, dank einer Preisauslobung der Deutsche Bahn AG die besten Abschlussarbeiten im Verkehrs- und Bahnbereich mit einer Prämie belobigen konnte. Die entsprechenden preisgekrönten Arbeiten gingen an die Deutsche Bahn AG. Berichtet wurde mir, dass ein Universitätsabsolvent einer deutschen Hochschule bei der Bahn eine Arbeitsstelle erhielt und die Zuweisung eines Dienstzimmers folgte: Er öffnete am ersten Tag im neuen Dienstzimmer einen Schrank und fand einen hohen Stapel ungeöffneter Post von der Universität Münster – mit den preisgekrönten Abschlussarbeiten. Das mag ein schlechter Zufall sein und man wird der Deutsche Bahn AG zugestehen müssen, dass sie ihre eigene Sicht zu Qualitäts- und Produktivitätsfragen der Öffentlichkeit in Deutschland und der EU vorlegen kann; die jetzige Deutsche Bahn AG ist in einer Krisensituation und sie ist ohne erkennbare überzeugende Modernisierungsstrategie. Es wäre sicher sehr vernünftig, wenn von Seiten der EU vergleichende Statistiken regelmäßig zu den Bahnunternehmen aller EU-Länder präsentiert werden könnten und auch vernünftige Standards im Bereich der Hochgeschwindigkeitszüge festgelegt werden könnten.

Elektroautos als Systemproblem in Deutschland und Europa

Der Staat ist ein wichtiger Akteur bei der Mobilität, nicht nur, weil staatliche Investitionen in die Infrastruktur offenbar eine große Rolle in fast allen Ländern der Welt spielen. Die Institution Staat ist als lokaler Akteur, als Stadt, natürlich gelegentlich in Sachen Klimaschutz so wichtig wie die nationale Politikperspektive. Bei den Städten denke man nur an das Problem der E-Busse, die 2019 in der niederländischen Provinz Limburg schon gut ein Drittel der öffentlichen Bustransporte darstellten (im Umfeld der Stadt Maastricht: 95 E-Busse, bis 2026 dann 260), aber in den meisten anderen Städten der EU kaum 1 %. China hat immerhin eine Stadt (13 Millionen Einwohner), wo gleich 12 000 E-Busse unterwegs sind. Wenn die Ruhrbahn-Busse von Essen/Mülheim E-Busse wären, so brächte das laut Ebusplan, einem Aachener Beratungsunternehmen, mindestens 25 500 Tonnen weniger Kohlendioxid, 9,5 Tonnen weniger Stickoxide und 200 Kilo Feinstaub-Verminderung (WAZ, 12.08.2019 Bei E-Bussen fehlt das Tempo). Die Umstellung einer Bus-Flotte in einer Großstadt verlangt allerdings lokale politische Weichenstellungen, geht zudem auch mit einer hohen Investition einher, verlangt das Vorhandensein größerer Betriebshöfe und verlangt natürlich auch Investitionen in die Ladeinfrastruktur. Es gibt in einigen europäischen und asiatischen Städte Busverkehre mit Oberleitung; solche Systeme könnten eine neue Zukunft haben, wenn denn der Strom aus Erneuerbaren Energien kommt und vernünftige Modernisierungskonzepte entwickelt werden. Der Ausbau der Erneuerbaren Energien im Strombereich auf 80 % bis 2040 wird in Deutschland und vielen anderen Ländern ohne einen Ausbau der Windenergie plus Leitungsausbau nicht möglich sein; die Widerstände beim Leitungsausbau in vielen Regionen sind erheblich, Landwirte in Deutschland erhalten bei Verlegung von Erdkabeln hohe Entschädigungen (die Stromunternehmen verhandeln preislich nicht mit einzelnen betroffenen Landwirten, sondern mit dem Bauernverband, was man als kartellrechtlich sonderbar einstufen könnte). Im Übrigen fehlt es in der EU unverändert an Stromexport- und Stromimportmöglichkeiten, weil im Grenzbereich vieler Länder unzureichende Investitionen im Stromnetz erfolgt sind. In Kalifornien gibt es Busflotten, die immerhin Erdgas nutzen und zudem auch E-Busflotten, wobei deren Aufladen durch induktive Technik erfolgt – also kabellos. Im Bereich des Individualverkehrs ist der Übergang auf E-Autos in Europa eine besondere Herausforderung – hierauf wird im Weiteren der Fokus gesetzt.

Die Deutsche Bundesregierung wollte 1 Million Elektroautos in 2020 im Verkehr haben, aber die Ist-Zahl wird bei gerade 100 000 solcher Autos liegen; 100 000 bei einem Bestand von 46 Millionen PKWs. Das ist eine Zielabweichung von 90 %, das kann man nur als eine Blamage für Teile der Bundesregierung und sicher auch die Klimapolitik bezeichnen. Mit staatlichen Kaufprämien von 2 000 € sind die Anreize für E-Fahrzeuge bislang gering (2 000 € angebliche Kaufprämie der Hersteller oben drauf bedeuten nichts, denn die Autohersteller erhöhen in der Regel einfach die Preise vorher um 2 000 € – warum sich der Gesetzgeber so einen Unfug wie der einer von der Autoindustrie gezahlten Kaufprämie ausgedacht hat, bleibt unerfindlich). Es gibt keine sinnvolle Vorstellung bei weiten Teilen der Regierung, was ein Systemwechsel zur Elektromobilität bedeutet und verlangt. In vielen Regierungsgebäuden hat man mit Blick auf Klimaschutz bislang nicht realisiert, dass man die alte Komfortzone verlassen muss. Der Satz eines hohen Beamten im Finanzministerium in Berlin in 2018, in einer unruhigen Weltwirtschaft sei es am besten, wenn man in Deutschland alles lässt, wie es war, steht für eine gefährliche Illusion. Es besteht kein Grund zur Panik, aber im Sitzen einfach nur traditionell weiterzumachen, ist ein echtes Risiko für die Gesellschaft, die Welt. Wenn man die Welt bewahren will, dann müssen wir alle uns verändern; und viele Prozesse, Produkte und Institutionen sind zu verändern.

Es ist in Deutschland bei den Merkel-Regierungen in Sachen Elektro-Mobilität etwa so, als hätten die USA eine Mondlandung angekündigt, wären aber auf dem Mars gelandet. Wie kann eine solche Fehl-Verkehrspolitik und Unterinnovation in einem der global führenden Auto- und Innovationsländer entstehen? Die Antwort hierzu liegt bei einer zeitweise bräsigen Groko-Verkehrs- und Wirtschaftspolitik, der Blockadehaltung mancher Autokonzerne via VDA und dem fehlenden Politikverständnis für Elektromobilität als systemische Herausforderung – speziell wenn es um einen Systemwechsel in einem föderalen Staat geht. Bei einem Systemwechsel ist zumindest die anfängliche Umstellungsphase nicht geeignet, als Paradeplatz föderalistischer Kleinstaaterei zu dienen. Vielmehr käme es für eine vier- oder fünfjährige Zeit darauf an, gemeinsam den Systemwechsel effizient anzugehen und die bei Elektroautos – inklusive Batterieproduktion – möglichen und notwendigen Massenproduktionsvorteile durch starkes Hochlaufen der E-Auto-Absatzzahlen zu befördern und damit Elektroautos auch zugleich preiswert zu machen. Massenproduktionsvorteile in der Autoindustrie gibt es unter 100 000 Einheiten kaum und die über fünf Jahre akkumulierte Gesamtzahl von E-Autos gerade in dieser Höhe zeigt bisher ein gefährliches Skalierungsproblem.

Die Kanzlerin hat auf den Ex-SAP-Co-Chef Kagermann in Sachen Organisation der Elektromobilität gesetzt, der sich in der digitalen Wirtschaft bestens auskennt, aber nicht die besten Kontakte in die Autoindustrie hat. Dass einige Autochefs Großautos mit Plug-in und am besten oberhalb 50 000 € Absatzpreis verkaufen wollen – mit guter Rendite – ist im frühen 21. Jahrhundert, bei der Klimawende, ein naiver und gedankenloser Traum, den man sich in Peking nicht besser für den Rivalen Deutschland erträumen könnte. E-Autos können ihre Stärke zunächst im Stadtverkehr ausspielen und das können auch E-Autos mit einem Preisschild von unter 30 000 €, aber in diesem mittleren Preissegment haben nur Renault und Nissan sowie koreanische Anbieter Elektroautos im Angebot in 2019. Die beiden deutschen Bushersteller haben das Thema Elektromobilität gleich ganz verschlafen. Die Städte in Deutschland, die E-Busse einsetzen wollen, kaufen vor allem Busse aus Belgien/Niederlande, Polen, Schweden und China.

Im Übrigen sind die Batteriepreise für E-Autos viel schneller gefallen als dies die traditionellen Autohersteller in Deutschland erwartet haben. Es fehlen Elektroautos und E-Ladestationen. Die vom Politik-VDA-Gipfel im Juni 2019 erwogene Ladesäulenbau-Initiative wiederum ist viel zu groß angelegt und führt zu einer Riesenzahl von defizitären Ladesäulen und damit einer unvertretbaren Subventionserfordernis.

Dem Alptraum von Elektroautokäufern, man könnte liegenbleiben ohne Strom, kann man aus ökonomischer Sicht nicht wirklich klug durch teure überdimensionierte Zahlen bei den teuren Ladestationen entgegenwirken; eine vernünftige Dimensionierung der Ladestationen ist natürlich wichtig, aber wichtiger wäre ein Drohnen-Notladeexpress vom ADAC oder anderen Organisationen oder eben Autoherstellern selbst, wobei eine standardisierte Reservebatterie für alle Automarken vorzusehen wäre. Ein solcher Drohnen-Pannendienst sollte nicht öfter genutzt werden müssen, als traditionelle Autos Batterie- oder Kraftstoffprobleme zum Anlass für den Anruf beim Pannendienst nehmen. Die Bundesregierung sollte einen solchen Pannendienst auf EU-Ebene während der EU-Ratspräsidentschaft EU-weit als Standard vorschlagen.

Wenn man schon beim Systemwechsel unterwegs ist, so sollte man mindestens einen Modellversuch in Deutschland wagen: Erwägenswert wäre ein auf fünf Jahre befristetes großzügiges Tempolimit auf Autobahnen von 160 km pro Stunde. Das wäre aus Sicht der Unfallforschung ein Segen für die Autofahrerinnen und Autofahrer; nämlich geringere Verletzten- und Totenzahlen im Autoverkehr – und es entzöge sonderbaren Kommentaren in Auto-Testzeitschriften den Boden, wo es heißt: Das Auto X wurde wegen der geringen

Höchstgeschwindigkeit von 180 km/h beim Test abgewertet. Für ambitionierte Gerne-Schnellfahrer kann noch ein Nürburgring II gebaut werden, womöglich ganz im Süden der Republik, wo es nichts Vergleichbares für sonnige Wochenenden gibt.

Die Bundesregierung ist lange bei der Standardisierung der Ladevorgänge, auch abrechnungstechnisch gesehen, untätig geblieben, obwohl hier das Thema Systemwechsel – wie von Links- auf Rechtsverkehr – entschiedene Standardisierung als Staatsaufgabe verlangt. Dass es keine hohen Bußgeldbescheide für Blockier-Diesel und Blockier-Benziner gibt, die E-Ladepunkte zustellen, ist ein Fehler; das Fehlen von für Sanktionieren von Blockadeparkern nötigen Kameras an Ladesäulen ist erst recht unverständlich. All das zeigt faktisch den Unwillen der deutschen Verkehrspolitik, das Thema E-Mobilität ernst zu nehmen. Der Verkehrsminister will mit seiner traditionalistischen Politik vermutlich BMW und Audi einen Gefallen tun, aber es ist nur ein Bärendienst, da hier der notwendige Systemwechsel entmutigt wirkt.

Indem man jede Ladesäule mit einer Kamera kombiniert, könnte man den Respekt vor E-Ladesäulen sicher gut erhöhen. Dass die Politik im Übrigen bei den eigenen Dienstwagen nicht massiv auf E-Automobile umgestellt hat, ist gerade in Berlin eine Politik-Fehlleistung. Es hätte der Bundesregierung gut angestanden, ein E-Mobilitätsprojekt anzuschieben, bei dem etwa IKEA – oder eine andere Kette – in Kombination mit einem Elektro-Auto-Leasing-Paket oder einem Elektro-Auto-Probekauf flächendeckend mit dem Signal der eigenen Marke Zukunftsmobilitätskonzepte fördert. Wenn Elektroautos fast nur als Luxusautos daherkommen, kann man die Autogesellschaften in Europa nicht zügig klimafreundlich umbauen; in Deutschland schon gar nicht. Die Fridays-for-Future-Schüler-Protestbewegung stellt zu Recht die Frage, warum die Regierung 1 Million E-Autos für 2020 versprochen hat und nur bei 10 % dieses Zielwertes kümmerlich ankommt. Wieso sollte man der Großen Koalition bei Zielankündigungen für 2030 Glauben schenken, wenn die Glaubwürdigkeit wichtiger Berliner Ministerien ultraniedrig geworden ist? Die Bedenkenträger in Sachen Automobilität, die darauf verweisen, dass nur 40 % des Stroms aus Erneuerbaren Energien kommt, haben keine guten Argumente, da schon 2020 der Anteil bei nahe 50 % liegen könnte und 2025 bei 70 %.

Im Übrigen krankt die Mobilitätspolitik der Deutschen Bundesregierung an Mängeln konzeptioneller Art. Wer mehr klimafreundliche Mobilität will, der kann unmöglich die Deutsche Bahn AG mit ihrer beeindruckenden Verspätungs-, Ausfall- und Defektzugserie wollen. Das Management sollte man für einige Jahre als Geschäftsbesorgungsauftrag an die Schweizerische Nationalbahn oder eine andere Gesellschaft abgeben, die zusagt – unter Akzeptanz einer möglichen Strafzahlung – die effektiven geringen Verspätungsquoten der SNB, nämlich 3 % im Personenverkehr, in etwa zu realisieren. Wegen des größeren deutschen Netzes, das komplexer zu managen ist als das der Schweiz, könnte man auch mit 7 % Verspätungsquote leben. Jedenfalls nicht mit der effektiven Verspätungsquote von etwa 15 %, wie sie die Deutsche Bahn liefert. Die Aufforderung an die Menschen, mehr Öffentlichen Personennahverkehr zu nutzen, ist zum Teil eine Zumutung, wenn man eine so pannenreiche und zudem oft schlecht informierende Diensteanbieterin wie die Deutsche Bahn nutzen soll.

Wenn Deutschlands Autobauer dem Ansatz von VW-Chef Diess nicht folgen, zügig preiswerte E-Autos zu produzieren und natürlich auch E-Busse oder zumindest gasbetriebene Busse – wie man sie in Kalifornien schon lange einsetzt –, dann könnte einer der wichtigsten traditionellen Industriesektoren bald vor einem dramatischen Schrumpfungsprozess stehen. Es ist bislang nur den Logistik- und Produktionsfehlern von Elon Musk und seinen Fabriken in den USA und China zu danken, dass Deutschlands traditionelle Autofirmen noch gute Marktchancen bei konventionellen Fahrzeugen und im Bereich E-Autos haben. Die Autoindustrie, die 4 % der Wertschöpfung ausmacht und mit Multiplikatoreffekten noch einen deutlich höheren Beitrag für das Bruttoinlandsprodukt repräsentiert, wird als Führungssektor in Deutschland nicht überleben, wenn man in Teilen des Automobilsektors weiterhin hofft, mit Tricks bei Emissionswerten oder mit einer Mauerstrategie bei kleinen und Mittelklasse-E-Autos noch Jahre zurecht zu kommen.

Es bleibt am Ende die Frage in dieser Studie, was denn nun die Schlussfolgerungen aus der Beschreibung und Analyse der Weltwirtschaft mit Blick auf die Herausforderung Klimaschutz im 21. Jahrhundert sind. Darauf gibt der nächste Abschnitt eine Antwort und man wird sagen können, dass sich das ganz Wichtige auf wenigen Seiten (und in einer Abbildung) zusammenfassen lässt – dabei muss man mit allen Denkstrukturen brechen und das Vernünftige in vielen Ländern gleichzeitig und nach Möglichkeit koordiniert unternehmen. Dann kann man das Ziel Klimaneutralität bis 2050 erreichen.

24
Fazit: Internationale Kooperation und Klimaschutzkonzept

Die G20 haben noch wenig in Sachen Klimaschutzinitiativen vorzuweisen. Immerhin konnte das G20-Format für ein Umweltminister-Treffen schon realisiert werden. Eine Senkung der globalen Subventionen bei fossilen Brennstoffen (Infostand: 2017) konnte man aber bei der Konferenz in Japan 2019 gegenüber den Vorjahren nicht vorweisen. Das Bundesministerium für Umwelt, Berlin, schreibt auf seiner Website (https://www.bmu.de/themen/nachhaltigkeit-internationales/int-umweltpolitik/g7-und-g20/g20/, letzter Zugriff am 06.09.2019):

Am 15. und 16. Juni 2019 fand in Karuizawa (Japan) das erste gemeinsame Energie- und Umweltministertreffen im G20-Format statt. Die Umwelt- und Energieministerinnen und -minister der G20-Staaten verabschiedeten ein Kommuniqué zu Klimaschutz, Energiewende, Meeresmüll und Ressourceneffizienz. In der gemeinsamen Abschlusserklärung bekräftigen alle G20-Staaten, außer den USA, ihr Engagement zur Umsetzung des Übereinkommens von Paris zum Klimaschutz. Außerdem wurde eine gemeinsame "G20 Action Agenda" zur Klimaanpassung verabschiedet. Daneben einigten sich alle G20-Staaten beim Kampf gegen Meeresvermüllung auf eine gemeinsame Strategie, wonach unter anderem Einträge von Plastik und anderen Abfällen besser überwacht und der Wissensaustausch bei der Abfallentsorgung und Recycling verbessert werden soll.

Dem Umwelt- und Energieministertreffen folgen am 28. und 29. Juni 2019 der G20 Gipfel der Staats- und Regierungschefinnen und -chefs im japanischen Osaka. Erwartungsgemäß stand bei den Staats- und Regierungsoberhäuptern das Thema Klimaschutz neben handels- und wirtschaftspolitischen Themen im Mittelpunkt. Daneben beschäftigte sich der Gipfel unter anderem auch mit der Meeresvermüllung insbesondere durch Plastik und Fragen der Ressourceneffizienz.

Dass die G20-Länder schon einen vorzeigbaren, realistischen Ansatz für Klimaschutzpolitik haben, wird man kaum behaupten können – und die USA unter Präsident Trump stehen ohnehin abseits. Zum G20-Gipfel in Japan gab es die üblichen „Policy Briefs", also Kurzstudien zu Politikfragen; auch zum Klimaschutz, wobei Infrastrukturprojekte und diverse Finanzierungsansätze (inklusive green bonds, also Staatsanleihen zur Finanzierung von Umweltprojekten) besonders betont wurden. Eine kritische Bestandsaufnahme und Analyse zur globalen Klimapolitik fehlt allerdings, obwohl von der UNEP jährlich Berichte zu den „CO_2-Klimaverbesserungslücken" (Carbon Gap) vorgelegt werden, die immer wieder global strukturelle erhebliche Probleme erkennen lassen.

Was ist zu tun?

Wenn man die bisherige Analyse zusammenfasst und die Schlussfolgerungen zieht, dann gibt es einige ungeklärte „Baustellen" und im Übrigen eine Reihe von klaren Schlussfolgerungen. Der Hauptbefund ist, dass ein G20Plus-Ansatz für umfassende CO_2-Emissionszertifikate-Handelssysteme funktionieren könnte, sofern man in allen G20-Ländern solche Handelssysteme realisiert, oder zumindest in G19Plus. Die Integration von Zertifikatesystemen von verschiedenen Ländern und Regionen wird nur dann vernünftig sein, wenn der Abdeckungsgrad jeweils in etwa gleich hoch ist und wenn die jährlichen prozentualen Senkungen bei der jährlichen CO_2-Mengenobergrenze ziemlich ähnlich sind (TIETENBERG (2010) hat in einem Paper „Cap-and-Trade: The Evolution of an Economic Idea" auf diese Punkte hingewiesen). Bevor man Zertifikatesysteme integriert, braucht man also eine strukturelle Konvergenzphase von Ländern oder Regionen, die Zertifikate-Handelsintegration wollen.

Es ist denkbar, dass die OECD-G20-Länder zunächst Zertifikate-Handelssysteme integrieren und dass etwa Indien, Brasilien, Russland und China plus Indonesien eine längere Phase der Konvergenz und Kooperation realisieren. Wenn es hier ideologische Kooperationsbarrieren gibt, so wird man die Kooperationsräume womöglich anders schneiden müssen. Grundsätzlich können Elemente aus dem Kyoto-Protokoll zur Zusammenarbeit von Nord und Süd weiterhin nützlich sein (etwa Clean Development Mechanism CDM und Joint Implementation; Letzteres heißt, dass etwa ein OECD-Land in einem Entwicklungsland – beide Länder haben gemäß Kyoto-Protokoll offizielle

Reduktionsziele – ein Klimaschutzprojekt finanziert, wobei das Industrieland sich den Effekt auf sein Reduktionsziel bei CO2 anrechnen lassen kann; bei CDM ist es ähnlich wie bei Joint Implementation, nur dass das betreffende Entwicklungsland keine Reduktionsverpflichtung hat).

Bevor die Schlussfolgerungen betrachtet werden können, ist noch zu ermitteln, welche Widersprüchlichkeiten in einigen Feldern der Klimaschutzpolitik grundlegend bestehen, also welche Konsistenzerfordernisse es zu betrachten gilt. Dabei wird sichtbar werden, dass weiterer Forschungsbedarf besteht und dass Klimaneutralität bis 2050 eine ernste Herausforderung ist; aber machbar ist sie schon, wobei man in Sachen Emissionsreduktion nicht mehr als etwa 80 % oder 90 % gegenüber 1990 anstreben sollte, denn die letzten 10 bis 0 % bei der Emissionsreduktion dürften enorm teuer sein. Ergänzungsmaßnahmen zur Klimaabkühlung und zur CO2-Speicherung zuzüglich andere Handlungsmöglichkeiten können in Summe dann effektive Klimaneutralität im umfassenden Sinn erreichen. Klar ist auch, dass gute Absichten allein nichts bewirken werden und dass man eine gewisse Klugheit bei der Reihenfolge der nationalen und internationalen Schritte braucht; zudem ein Risikomanagement, das es erlaubt, mit unerwarteten Blockadeproblemen oder ökonomischen oder politischen Schocks vernünftig umzugehen. So wie es seit 2010 eine makroprudenzielle Analyse in der Europäischen Union gibt, bei der eine spezialisierte Institution (ESRB) versucht, ein Bild der Gesamtrisikolage des Wirtschaftssystems zu entwickeln, und dann Vorschläge vorlegt, wie man Risiken sinnvoll begrenzen kann, so wird man vernünftigerweise eine ähnliche Behörde beim globalen Klimaschutz aufsetzen: bei der internationalen Klimaschutzpolitik.

Emissionszertifikate, Schaden einer Tonne CO2, CO2-Steuersatz und Innovation

Die Preise für Emissionszertifikate, die Höhe der CO2-Steuer und die (Grenz-)Kosten der CO2-Minderung sollten eigentlich einer gewissen Logik folgen, wobei zudem der Preis der Emissionszertifikate im Inland derselbe wie der Preis im Ausland sein sollte:

- Aus einer einfachen ökonomischen Sicht ergibt sich ein gewisses Problem aus der Logik des Emissionszertifikatehandels. Wenn der Marktpreis eines CO2-Zertifikats 25 €/Tonne in der EU (bei einer Abdeckung von 45 % der

Emissionen) ist, dann heißt das, dass es für ein innovatives Unternehmen möglich ist, zu diesem Preis eine Tonne CO_2 durch Innovationsmaßnahmen oder bestimmte Investitionen zu vermeiden. In Kalifornien liegt der CO_2-Zertifikatepreis bei etwa 15 €/Tonne. Der internationale Preisunterschied besteht, solange die beiden Zertifikatemärkte nicht integriert sind. Eine Integration ist möglich auf Basis entsprechender Politikentscheidungen.

- Im Marktgleichgewicht sollte der Zertifikate-Marktpreis gleich dem (Grenz-)Schaden einer Tonne CO_2 sein: Hier sagt das Umweltbundesamt in einer Studie, dass dieser Schaden 180 € pro Tonne im Jahr 2018 beträgt; die UBA-Studie von 2013 „Schätzung der Umweltkosten in den Bereichen Energie und Verkehr" gibt CO_2-Kosten von 80 € pro Tonne im Jahr 2010, 145 € im Jahr 2030 und 260 € im Jahr 2050 als mittlere Schätzgröße an; und zwar auf Basis geschätzter Vermeidungs- oder Schadenskosten. Wie hoch sind CO_2-Schadenskosten in der Schweiz, in Österreich, Frankreich oder den USA, wie hoch in Indien, China, Russland und anderen G20-Staaten? 180 € pro Tonne CO_2 erscheint als ein relativ hoher Betrag für Deutschland im Jahr 2018. Man wird erwarten können, dass der Widerspruch zwischen den Werten von 25 € und 180 € sich auflösen lässt. Man kann sich die Frage stellen, wie hoch der Zertifikatepreis in der EU wäre, wenn 85 % der Emissionen – oder auch 90 % der Emissionen – im Jahr 2025 abgedeckt wären.
- 2018 betrug die Höhe der CO_2-Steuer in der Schweiz um die 90 €/Tonne. In Schweden, wo die CO_2-Steuer schon lange besteht – länger als in der Schweiz –, lag sie bei etwa 110 €/Tonne. Wenn man alle Zertifikatemärkte aller Länder integrierte, dann gäbe es nur einen Zertifikatemarkt. EU-Firmen hätten dann offenbar einen Anreiz, in Kalifornien Emissionszertifikate anzukaufen. Wenn man also die Zertifikate-Handelsmärkte von Kalifornien und der EU verbindet, dann ergäbe sich wohl ein gemeinsamer Gleichgewichtspreis von etwa 21 €/Tonne; wenn auch die EU auf 85 % Abdeckungsgrad bei den Emissionen käme, wäre man vermutlich eher bei 24 €/Tonne. Wenn zugleich die Regierungen in den EU-Ländern und der Bundesstaat Kalifornien verstärkt Innovationsförderung bei Emissionsminderungs-Technologien betreiben, dann wird das Einsparen einer Tonne CO_2 für alle Firmen leichter und preiswerter. Es ist nicht einfach zu verstehen, warum Schweden als EU-Land eine so hohe CO_2-Steuer hat – die außerhalb des kombinierten Sektors Energie & Industrie 2019 bei Unternehmen und Haushalten in gleicher Höhe erhoben wird –, wenn doch der Zertifikatepreis nur bei 25 €/Tonne liegt.

- Es wäre für Schweden also sinnvoll, in der Europäischen Union darauf zu dringen, dass man zügig den Abdeckungsgrad bei den Emissionen auf 90 % verdoppelt. Dann wird man einen Anstieg des CO2-Zertifikatepreises im breiteren Zertifikate-Handelsraum erwarten können. Vielleicht wird der Zertifikatepreis auf 60 €/Tonne ansteigen, dann könnte man möglicherweise den CO2-Steuersatz (in einem kleineren Besteuerungssektor) absenken.
- Der Zertifikatepreis wird relativ schnell ansteigen, wenn die jährliche erlaubte Höchstmenge mit größerer Geschwindigkeit abgesenkt wird; also z. B. nicht um 2,2 % pro Jahr ab 2021, sondern etwa um 5 % oder 6 % oder gar 7 %.
- Das Anpassungsrätsel – die Notwendigkeit, eine Optimallösung herbeizuführen gemäß Zertifikatepreis = Schaden einer weiteren Tonne CO2 – löst man in etwa wie folgt: Man gehe auf einen Abdeckungsgrad der Emissionen von 85 % in möglichst vielen G20-Ländern, wobei man alle Zertifikate-Handelsräume schrittweise nach einem angekündigten Fahrplan miteinander integriert. Die G20-Länder, die keine Zertifikate-Handelssysteme haben, werden aufgefordert, solche Zertifikatesysteme zu entwickeln. Da Länder mit breiten Zertifikatesystemen eine relativ gute ökonomische Entwicklung erwarten lassen, dürften die Bonitätsnoten dieser Länder für Staats- und Unternehmensanleihen relativ gut sein. Es fließen diesen Ländern also hohe Kapitalzuflüsse aus dem Ausland zu. Die Währungen der Länder ohne Zertifikatehandel werten ab, das erzeugt Druck in den Nicht-Zertifikate-Handelsländern, auch Zertifikate-Handelssysteme einzuführen. Der Kapitalmarkt hat also eine wichtige Funktion für Fortschritte auf dem Weg zu einem G20-Zertifikate-Handelssystem. Es ist denkbar, dass die Aktienkursindizes von Ländern mit breitem Zertifikatehandel ansteigen; insbesondere dann, wenn die Innovationsdynamik auf der Absatzseite die Preise stärker ansteigen lässt, als auf die Kostenseite nach oben zieht.
- CO2-Zertifikate werden in der Regel zwischen Unternehmen gehandelt; im Fall Japan wurde ausdrücklich zunächst das Handeln mit Zertifikaten durch Dritte, Banken und andere Finanzmarktakteure, untersagt. Unter bestimmten Bedingungen könnten man einen breiteren Zertifikatehandel zulassen und einige Länder werden dies im Zeitablauf auch machen. Man sollte seitens der Regierungen Vorsorge dafür tragen, dass der Zertifikatehandel nicht zu einem Spielball wilder unregulierter Finanzmärkte wird. Hier gibt es eine Aufgabe der Finanzmarkt-Regulierung mit Blick auf den Zertifikatehandel, die hier vermutlich wenig ausrichten kann, wenn die Finanzmärkte nicht insgesamt sinnvoll reguliert werden. Mit dem BREXIT und der

Trump-Wirtschaftspolitik-Position, die beide auf eine neue Deregulierungswelle hinauslaufen, wird den Perspektiven eines globalen Zertifikatehandels geschadet. Damit gibt es auch eine erhebliche Widersprüchlichkeit in der UK-Klimaschutzpolitik, die bislang nicht diskutiert wird. Wenn die USA und Großbritannien einen breiten unregulierten Zertifikatehandel bei sich zuließen, so wäre das aus Sicht der EU und Chinas ein Grund, keine Integration der eigenen Zertifikatemärkte mit denen in den USA und Großbritannien (als Nicht-EU-Land) durchzuführen. Eine neue Banken- und Finanzmarktkrise – wie in 2008/09 – kann die Weltwirtschaft nicht brauchen.

- Es ist offenbar nicht sinnvoll, einfach der Zahl 180 €/Tonne Schaden durch CO_2 vom Umweltbundesamt in Deutschland blind zu folgen. Die UBA-Methodik scheint verbesserungsbedürftig zu sein, die Zahlen für die Schweiz sind offenbar deutlich niedriger (um 60 €/Tonne), obwohl ja das Preisniveau und das Pro-Kopf-Einkommen der Schweiz – in Kaufkraftparitäten gemessen – höher als in Deutschland sind. Die Hauptpunkte für globale Fortschritte Richtung Klimaneutralität sind die oben erwähnten Punkte: Beharrlichkeit, Pragmatismus, Transparenz. Wissenschaftliche Untersuchungen und Debatten sind daher Teil einer vernünftigen neuen G20-Kooperation.
- Ob man beim Handel CO2-Ausgleichssteuern auf der Importseite gegenüber Ländern erheben sollte, die keinerlei CO2-Emissions-Handelszertifikatesystem oder CO2-Steuern haben, ist erwägenswert. Mit einer solchen CO2-Ausgleichssteuer sollte man vorsichtig sein, um nicht das Welthandelssystem in ernste Konflikte zu stürzen. Da 80 % der CO2-Emissionen von den G20plus-Ländern (G20-Länder inklusive aller EU-Länder) stammen, ist diese Thematik auf der Ebene der G20-Länder sinnvoll zu diskutieren, sofern die EU-Kommissionschefin hier ein entsprechendes Verhandlungsmandat erhält.

Wenn man die genannten Zusammenhänge nicht beachtet, werden die Kosten der Klimaneutralität unnötig hoch und vielleicht erreicht man dann – und deswegen – Klimaneutralität nicht rechtzeitig. Man könnte bei der G20-Gruppe zu langsam sein, um Klima und Weltwirtschaftsentwicklung effizient und zuverlässig zu stabilisieren. Natürlich sind alle Länder des Pariser Abkommens aufgefordert, an einem vernünftigen Gesamtsystem mitzuwirken. Zur Höhe des Schadens einer Tonne CO2 sind weitere Untersuchungen notwendig. Handels-, Klima- und Verteilungspolitik sind drei Pfeiler einer historischen Brücke hin zu einer Welt der Klimaneutralität. Es dürfte bei Verweigerung internationaler Kooperation aufseiten der G20-Länder wohl nicht möglich sein, rechtzeitig Klimaneutralität zu erreichen. So sehr das Internet im Übrigen hilfreich für die Darstellung von Fakten und die Verbreitung wissenschaftlicher Studien ist, so sehr stellt es vermutlich ein politisches Problem dar: Indem es das Sich-Einnisten von Millionen Nutzern in „Echokammern" begünstigt, wo man allein die eigene Sichtweise findet, und indem es einen rüden Ton von sehr vielen Nutzerinnen und Nutzern und damit auch eine Polarisierung von politischen Positionen fördert, wird der politische Konsens national erschwert. Da eine ähnliche Logik auch international gilt, könnte es dazu kommen, dass die internationale Konsensfindung erschwert wird. Sofern das Internet in wichtigen Ländern den Populismus befördert, unterminiert es indirekt Freihandel und internationale Kooperation. Denn Populismus ist nationalistisch und protektionistisch.

Betrachtet man die große Klimaschutzherausforderung, bis 2050 die Weltwirtschaft in etwa klimaneutral zu machen, dann wird es angebracht sein, ein klares Gedankenfundament mit relevanten Kennziffern zu haben:

- Echter Klimaschutzerfolg ist nur möglich, wenn die G20plus-Länder – definiert als G20 inklusive aller EU-Länder (also nicht nur die großen) – kooperieren; die G20plus-Länder standen 2017 für 81 % der globalen Klimagas-Emissionen, 80 % des Welteinkommens (in Kaufkraftparitäten gerechnet) und 63 % der Weltbevölkerung. Man kann an dieser Stelle darauf hinweisen, dass die EU in Form des Kommissionspräsidenten bei G20-Treffen vertreten ist. Es spricht nichts dagegen, die Länder der Pariser Klimakonvention längerfristig zu aktivieren, aber aus praktischen Gründen sollte man zunächst den Fokus auf G20plus legen. Das ist übersichtlicher, geht schneller und kann eine Basis dafür sein, dass die anderen Länder allmählich hinzutreten. Man könnte G20plus im Übrigen auch so erweitern, dass die Kommissionspräsidenten von Mercosur und von ASEAN sowie ECOWAS (in Afrika) mit vertreten sind. Das wäre dann hinsichtlich der Teilnehmerzahl an den Beratungen „G25", was immer noch relativ geringe Transaktionskosten mit sich bringt und eher wenig Trittbrettfahrerprobleme.
- Klimafreundliche Mobilität ist ein großes Thema für viele Jahre. E-Mobilität wird Teil einer schwierigen Umstellung werden. E-Autos haben eine begrenzte Reichweite, ohne Schnell-Ladestationen dauert das Aufladen auf 80 % der Batterieleistung lange und zuhause ist eine Wand-Ladebox notwendig, die etwa 1 500 € kosten dürfte. Solange der Gesetzgeber hier nicht für neue Standards sorgt und auch steuerliche Vorteile gewährt, wird es

vonseiten eines Teils der potenziellen Käuferschaft ein Vertrauensproblem geben und obendrein ein Preisproblem. Die E-Autofirmen müssten zudem eine Garantie für eine Austausch-Autobatterie unter 4 000 € anbieten, damit diese schwer zu kalkulierende Kostenposition aus Käufersicht überschaubar bleibt; darüber hinaus ist eine lange Garantie für die Erst-Batterie notwendig und die Weiterverwertung von Batterien („Second-Life-Ansätze") müsste weitgehend geregelt sein. Der CO_2-Rucksack jeder Autobatterie – die Herstellung der Batterie betreffend – ist erheblich und ein CO_2-Vorteil von E-Autos wird erst nach etwa zehn Jahren Laufzeit entstehen, wie Studien des Fraunhofer-Institutes zeigen. Etwas sonderbar sind die Erprobungen von E-Lastwagen in Deutschland auf sehr kurzen Autobahnabschnitten von 5 bis 6 Kilometern mit Oberleitung; Hybrid-LKWs könnten jedenfalls Stromabschnitte auf Autobahnen nutzen und im Lokalbereich mit Diesel fahren. E-Mobilität hat allerdings zusätzliche Vorteile in Verbindung mit digitaler, umfassender Kommunikation, da Stauzeiten durch die Internet-basierte Vernetzung aller Kraftfahrzeuge längerfristig deutlich sinken könnten. Die notwendigen Investitionen in die Infrastruktur sind aber in Deutschland zu gering. Der Fokus der Finanzpolitik auf einer schwarzen Null in Zeiten anhaltenden Wachstums ist nicht sinnvoll. Es gibt in Deutschland eine öffentliche strukturelle Unterinvestition in den Bereichen Verkehr, Bildung, Digitale Netze. Die seit einigen Jahren im Grundgesetz festgelegte zu ehrgeizige Obergrenze von 0,35 % Defizitquote für den Staat (inklusive Sozialversicherung) läuft – bei 1,5 % Trendwachstumsrate des realen Bruttoinlandsprodukts – auf eine langfristige Schuldenquote von 23,3 % hinaus. Das ist erstaunlich niedrig und wird die Bonität der Eurozone verschlechtern und damit den Realzins der Eurozone langfristig – zunächst in den Partnerländern Deutschlands – erhöhen, in der Euro18-Zone (Eurozone ohne Deutschland) dämpfen und damit auch Deutschlands Wirtschaftswachstum mindern. Die Deutsche Bundesregierung wollte anderen Ländern der EU durch Überehrgeiz bei der Defizitquoten-Begrenzung zeigen, wie „gut" man sein kann. Aber das war eine klare Fehlweichenstellung, die auch beim Klimaschutz nicht hilfreich ist. Es wird an Mitteln für große klimafreundliche Infrastrukturprojekte unnötigerweise fehlen; um etwa auf der rechten Spur von Autobahnen Oberleitungen für LKWs zu bauen – in der Annahme, dass dies ein ökonomisch-ökologisches Mobilitätsmodell ist, das zukunftsfähig ist. Die Fridays-for-Future-Bewegung wird sich vermutlich langfristig auch mit solchen Themen auseinandersetzen müssen. Ob sie das sachkundig kann, bleibt abzuwarten.

- Deutliche CO2-Emissionsminderung ist in manchen Sektoren erkennbar schwierig. Deutschlands Industrie wird nach einer Studie der LBBW (Landesbank Baden-Württemberg, 2019) große Probleme haben, die selbst gesetzten Emissionssenkungsziele für 2030 zu erreichen. Dabei ist immerhin die CO-Emissionsmenge von 283 000 Tonnen im Jahr 1990 bis 2018 auf 200 000 Tonnen gefallen; die Emissionssenkung betrug etwa 2,3 % pro Jahr im Zeitraum 2007–2017. Im Zeitraum 2007–2017 erreichte man jahresdurchschnittlich einen Rückgang von 0,3 % bei den CO2-Emissionen der Industrie. Danach gab es 2012–2017 einen starken Wiederanstieg, nämlich +2 % pro Jahr. Ein Rückgang von 1,7 % pro Jahr – das ist die jährliche Absenkung der Emissionshöchstmenge in der EU im Emissionssektor Energie & Industrie – gilt so gesehen für die Industrie als relativ anspruchsvoll. Deutlich besser zu werden, also etwa die EU-weite Reduktionszahl von –2,2 % ab 2021 (bis 2030) zu erreichen, kann man daher nicht ohne Weiteres erwarten. Wenn aber eine Größenordnung von jährlich 5 % Rückgang an Emissionen notwendig ist, was man im Durchschnitt bis 2050 in der EU braucht, um eine klimaneutrale EU bis 2050 zu erreichen, dann muss sich die große Mehrzahl der Industrieunternehmen deutlich mehr auf das Thema CO2-Minderung fokussieren. Natürlich könnte es sein, dass der Maschinenbausektor unterdurchschnittlich reduzieren wird, andere Sektoren aber überdurchschnittlich. Das alles fällt leichter, wenn es mehr CO2-mindernde innovative Herstellungsverfahren oder entsprechende neuartige Produkte gibt. Wenn die Zielmarke der Industrie von 140 Millionen Tonnen CO2-Emissionen im Jahr 2030 erreicht werden soll, dann sind die Kohlendioxid-Emissionen Jahr für Jahr um durchschnittlich 2,6 % zu vermindern; wenn man nicht schon vor 2030 auf nahe –5 % kommt, dann braucht man 2030–2050 tendenziell sehr hohe Reduzierungsprozente pro Jahr: Das könnte ein krisenhafter Transformationsprozess werden, der zu spät eingeleitet wurde.
- Wie man an eine Größenordnung von –5 % bis –6 % zumindest in einem Teil der deutschen Industrie – international in der Innovationsdynamik mit führend – herankommen könnte, ist vorläufig unklar. Sicher könnte es helfen, wenn der CO2-Emissionszertifikatepreis auf 40 € pro Tonne und mittelfristig auf 60–80 € pro Tonne steigen könnte; und wenn zugleich die staatliche Förderung klimaschutzförderlicher Innovationen sich in den OECD-Ländern verstärken ließe.
- Das Ziel der EU-Klimaneutralität kann bis 2050 nicht erreicht werden, wenn die Anstrengungen zur CO2-Minderung nicht deutlich vor 2030 wirklich viel ehrgeiziger werden als bisher in der EU geplant. Das wird im

Übrigen auch als eine Art Gedankenexperiment nicht gut im Rahmen der marktwirtschaftlichen Ordnung gehen, wenn man mehr Atomkraftwerke nutzte. AKWs sind keine wirkliche marktkonforme Form der Stromerzeugung, da eine umfassende Haftpflichtversicherung im privaten Versicherungsmarkt für AKWs gar nicht zu bekommen ist. Aus einer marktwirtschaftlichen Sicht kann man AKWs vorläufig nicht in eine rationale Stromversorgung sicher integrieren. Warum gegenteilige Behauptungen – ohne jede Betrachtung der Versicherungsfragen – immer wieder in der Presse auftauchen, ist eine interessante Frage. Am 31. Juli 2019 gab es gar einen Leitartikel in einer überregionalen Zeitung, in dem der Autor die Sicht präsentierte, wonach Atomkraftwerke in einer Übergangszeit zu erhöhtem Klimaschutz eine besondere Rolle im Rahmen eines marktwirtschaftlichen Klimaschutzansatzes spielen sollen. Dabei werden aber die wichtigen Fragen einer ausreichenden Haftpflichtversicherung für Atomkraftwerke bequem ausgeblendet – als ob die Minizahl 2,5 Milliarden € Minimum-Haftpflichtsumme eine nennenswerte Größe sei, wo man doch bei einem Größten Anzunehmenden Unfall mit bis zu 6 000 Milliarden € Versicherungsschaden zu rechnen hat (Details nachzulesen bei HENNICKE/WELFENS, 2012). AKWs stehen für die höchste verdeckte Subvention einer Energieform in OECD-Ländern, für Mega-Schattensubventionen, die den Erneuerbaren Energien Luft und Licht zu einer fairen Expansion im Wettbewerb in der Marktwirtschaft über Jahrzehnte genommen haben.

- Es bleibt die grundlegende Einsicht, dass man mit umfassenden Emissionszertifikate-Handelssystemen für die G20-Länder und einem hinreichenden jährlichen Rückgang der Emissionsobergrenze das Ziel Klimaneutralität in der Welt bis 2050 zuverlässig erreichen kann. Man wird aber vor der enormen Herausforderung stehen, unter anderem Länder wie Indonesien, Brasilien, Mexiko, Indien, Südafrika und Russland sowie die Türkei in den Zertifikatehandel einzubeziehen. Dabei ist zunächst denkbar, dass die EU die Türkei, Indien und Südafrika in den EU-Zertifikatehandel einzubeziehen sucht; besondere Freihandelsangebote der EU könnten Teil des Koordinations-Ansatzes sein. Australien, Argentinien, Brasilien, Indonesien und Mexiko könnten mit Russland womöglich als Gruppe von Ressourcenförderländern beim Zertifikatehandel kooperieren. Natürlich müssen die entsprechenden Länder sich selbst zu einer Kooperationsgruppe zusammenfinden: Gemeinsame Interessen sind dafür notwendig; und nicht ausgeschlossen ist natürlich, dass etwa die USA – unter einem populistischen Präsidenten – aus speziellen Interessen die Entwicklung solcher Gruppen verhindern möchten. Nicht ganz auszuschließen ist auch, dass bei der Transformation zu einer klimaneutralen Weltwirtschaft neue Ängste bei vielen gesellschaftlichen Gruppen in vielen Ländern geschürt werden: vor wachsender Unsicherheit, vor wachsender Ungleichheit, vor immer neu verspäteten Politikansätzen. Subjektive Wahrnehmung und objektive Entwicklungen sollten nicht weit auseinanderlaufen, mag man hoffen; und die Wissenschaft hat hierbei eine große Verantwortung. Eine wichtige Herausforderung ist dabei auch: Verständlichkeit. In der digitalen Welt sollten Wissenschaftler sich um mehr Verständlichkeit als bisher bemühen und es vermeiden, mit sehr vielen unverständlichen Abkürzungen und Fremdwörtern den Menschen den Zugang zu Wissen und Problemverständnis zu verbauen. Jede Form von Demokratie wird die Einbeziehung vieler Menschen in die öffentliche Debatte schätzen; es ist wichtig, bei grundlegenden Veränderungen in Gesellschaft, Politik und Wirtschaft die Menschen durch verständliche Studien und Analysen mitzunehmen. Wenn man große international integrierte Zertifikate-Handelssysteme schafft, dann wird man sich mit Fragen einer vernünftigen und widerspruchsfreien Regulierung sorgfältig befassen müssen (offenbar sind einige Fragepunkte ähnlich wie bei traditionellen Finanzmärkten). Ob man tatsächlich einen globalen Emissionszertifikatemarkt realisieren soll, bleibt zu überlegen. Im Hinblick auf Risikokontrolle und Stabilitätsperspektiven könnte es vorziehenswert sein, mehrere regional integrierte Emissionszertifikatemärkte zu haben.

- Was die Fridays-for-Future-Bewegung angeht, so hat diese Klimaschutzgruppe ein hohes emotionales Momentum; und FFF betont, dass viele Tausende Wissenschaftler hinter der Protestbewegung stehen. Verständlicherweise beflügelt das die protestierenden Schülergruppen, beschleunigt viele neue Aktivitäten. Es gibt sicher viele interessante Diskussionen und Aktivitäten. Aber man sollte auch bedenken: Übertreibung hilft beim Klimaschutz selten und kann der Sache selbst schaden. Da wäre es gut, wenn die vielen klugen Köpfe bei der Fridays-for-Future-Bewegung das Gesamtbild des Problems Klimaschutz in den Blick nehmen könnten; mit notwendiger Horizonterweiterung und Differenzierung, da lässt sich einiges lernen über kostenminimalen Klimaschutz durch Emissionszertifikatehandel. Es bleibt das historische Verdienst der FFF, die unzureichend aktive Klimaschutzpolitik in sehr vielen Ländern mobilisiert zu haben. Ob die Fridays-for-Future-Bewegung ihrer erheblichen Macht auch verantwortungsvoll gerecht werden wird, bleibt abzuwarten. Nicht wünschenswert sind Panik-Verbreitung und Angst-Verbreitung, das hat noch bei keiner Problemlösung wirklich geholfen.

- Eine große Herausforderung ist gutes Lehrmaterial in Schulen zum Thema Nachhaltigkeit. Hier gibt es eine Reihe innovativer Ansätze und Materialien, die auch in der Realität erprobt sind (z. B. LIEDTKE/WELFENS, 2008).

Es bedarf erhöhter CO_2-Minderungsanstrengung im Kontext von Forschung & Entwicklung im Energiesektor, in der Industrie, im Transportwesen und im Gebäudesektor sowie der Landwirtschaft in der EU und in den OECD-Ländern sowie im Kontext von G20plus. Die Mobilisierung der G20 zu einer echten effektiven Klimaschutz-Aktionsgruppe wird eine große Herausforderung werden; gerade auch wenn die Schülerschaft in allen Ländern und die Wissenschaftler in fast allen Ländern ein großes Erkenntnis- und Problemlösungsinteresse beim nationalen und globalen Klimaschutz haben. G20-Städtepartnerschaften und G20-Hochschulkooperationen könnten hier hilfreich sein, den vernetzten Klimaschutz international voranzubringen. Nicht alle Vernetzungen müssen auf der großen G20-Politikebene erfolgen, auf der Bürgerebene können auch wichtige Vernetzungen von unten erfolgen. Am wenigsten Chancen für rechtzeitigen globalen Klimaschutz bestehen, wenn viele Länder dem Populismus anheimfallen sollten.

Ein ernstes Problem wird in der G20 entstehen, wenn wichtige Länder wie die USA, Russland oder Indien an einem vernetzten CO_2-Emissionszertifikate-Handelssystem nicht teilnehmen wollten. Das vorläufig größte Problem sind die USA, deren Populismus sich erklären lässt durch den längerfristigen Anstieg der Einkommensungleichheit in den Vereinigten Staaten in Verbindung mit mangelnden staatlichen Weiterbildungsbudgets und einem relativ ineffizienten Gesundheitssystem – bei lokalen, natürlich weltbekannten Qualitätspfeilern im Gesundheitssektor – sowie unzureichender Einkommensumverteilung. Dabei dürften die Treiber der zunehmenden Einkommensungleichheit, nämlich Digitalisierung, Finanzglobalisierung und Chinas Exportdynamik beziehungsweise technologischer Aufholprozess, weiter anhalten; die global verstärkte Klimaschutzdynamik kommt dann insofern hinzu, als die Lohnprämien der qualifizierten Arbeitnehmer in den USA (und vielen weiteren Ländern) zunehmen werden. Eine Auffanglösung könnte nur in Maßen ein Netzwerk von klimaschutzfreundlichen Bundesstaaten und Städten in den USA sein. Die deutschen transatlantischen Politikbeziehungen Richtung USA sind unter Präsident Trump schlechter als unter der Carter-Präsidentschaft, als Bundeskanzler Helmut Schmidt in Washington DC gelegentlich die Friedrich-Ebert-Stiftung nutzte, um über inoffizielle Politikkanäle nach Verständigungsmöglichkeiten zu suchen. Es ist nicht auszuschließen, dass die Trump-

Administration einen langen Weg ins Abseits brauchen wird, bei dem der enorme Aderlass an qualifizierten Beratern und Ministern – Männern und Frauen – in den ersten drei Präsidentschaftsjahren zu einer immer schlechteren Führungs- und Problemlösungsqualität führt; erst in einer wirtschaftlichen US-Stresssituation wird dies für die US-Öffentlichkeit sichtbar werden und dürfte dann zu einem deutlichen Popularitätsverlust von Präsident Trump führen. Mein Eindruck von nicht wenigen Universitäten in den USA ist, dass sich die Wirtschaftswissenschaftler, aber auch Klimawissenschaftler, nicht immer gut zu organisieren wissen. Die Trump-Sprache und die Polarisierungsneigung sind dem US-Wissenschaftsbetrieb sehr fremd. Vielleicht werden erst mittelfristig zunehmende Extremwetterereignisse und Überschwemmungen in den USA den Populismus deutlich zurückdrängen; oder es gelingt der Fridays-for-Future-Bewegung noch 2019/2020, auch in den USA breit Fuß zu fassen. Die etwas exquisite Anreise von Greta Thunberg per Segelyacht nach New York zum Vortrag bei der UN könnte in den USA durchaus hohe Medienaufmerksamkeit finden und ein sichtbarer Startpunkt für eine Pro-Klimaschutz-Jugendbewegung in den Vereinigten Staaten werden. Beim Europa-Meeting in Lausanne findet man im Sommer 2019 auf der Website eine Ankündigung, die Selbstbewusstsein zeigt und auf Vertreter aus immerhin 37 Ländern für das Sommer-Treffen in Lausanne verweist (FRIDAYS FOR FUTURE, 2019):

The Fridays for Future movement is reaching an unprecedented scale with strikes all around the world... members from more than 37 countries have decided to meet for a one week meeting, the Summer Meeting in Lausanne Europe.
(Die Fridays-for-Future-Bewegung erreicht eine bislang neue Größe durch Streikaktionen überall auf der Welt... Vertreter von mehr als 37 Ländern haben entschieden, sich für eine Woche zu treffen, beim Sommer-Treffen in Lausanne, Europa.)

Es kamen 450 Aktivisten aus 38 Ländern zusammen, die Klimagerechtigkeit und -gleichheit forderten; zudem solle der globale Anstieg der globalen Durchschnittstemperatur auf 1,5 Grad gegenüber dem Beginn der Industrialisierung begrenzt werden. Und man solle, so besagte die Abschlusserklärung, auf die besten vereinten Klimaforscher hören. Im Zusammenhang mit der UN-Klima-Versammlung Mitte September sind globale Demonstrationen von Schülern und Studierenden durchgeführt worden. Die Fridays-for-Future-Bewegung ist einflussreich.

Man kann mit Blick auf Ökonomen beziehungsweise Klimawissenschaftler nur hoffen, dass man eine sinnvolle Rollenverteilung beibehält: möglichst fundierte unparteiische wissenschaftliche Analyse, die die Debatte und die Politik weltweit voranbringt – hin zu effizienten und rationalen Lösungen. Ob einzelne Wissenschaftlerinnen und Wissenschaftler sich selbst in Politik begeben und damit versuchen, rationale Klimapolitik voranzubringen, wird man sehen. Unvernünftig wäre es, wenn Wissenschaftler ihre privaten Politikansichten als normative Perspektiven in Gutachten für Regierungen oder Parlamente einbrächten. Es braucht eine verantwortliche Rollen- und Arbeitsteilung, sonst könnte Klimaschutzpolitik in einem Chaos enden.

Die Gesamtproblematik bei globalem Klimaschutz bleibt einerseits überschaubar, andererseits insgesamt auch kompliziert. Ohne internationale Kooperation kann Klimaneutralität weltweit nicht erreicht werden. Eine durchdachte Strategie und die Nutzung der bisherigen marktwirtschaftlichen, technologischen und sozialen Erfolgsansätze bei der CO_2-Minderung bleiben unabdingbar – zum Pessimismus besteht kein Anlass. Die Kreativität vernetzter Individuen, unternehmerische Innovationsdynamik, inklusive Open-Innovation-Ansätzen, und die gezielte Mobilisierung von Forschung und Entwicklung in allen Unternehmen und Forschungseinrichtungen gilt es in den Blick zu nehmen.

Sofern man innerhalb der Gruppe der OECD-Länder ein international integriertes Emissionszertifikatesystem aufsetzt, wäre eine effektive politische Kontrolle wichtig. Da alle OECD-Länder Demokratien sind, ist an die Errichtung einer besonderen Klimaschutzorganisation für Länder mit Emissionshandel zu denken und an eine zugeordnete Parlamentsinstitution sowie eine Art OECD-Ministerrat. Klimaschutz ist ein internationales und letztlich globales Kollektivgut. Es wäre sehr wünschenswert, die westliche Tradition modernen politischen Denkens hier weiterzuentwickeln und auch außereuropäische Ideen aufzunehmen; internationaler Klimaschutz sollte in besonderer Weise durch eine international repräsentative Demokratie abgesichert werden – das schließt nicht aus, dass auch internationale Volksbefragungselemente in der Zeit des modernen Internets zu bestimmten Fragen einbezogen werden. Die Internationale Demokratie gilt es hier sinnvoll weiterzuentwickeln und dabei auch die Frage nach einer globalen Demokratie als Institution – letztlich ein Parlament – längerfristig zu erwägen.

Bei der modernen Demokratie geht es um die Sicherung von Freiheit und die Bindung von politischer Macht an Verfassung und Gesetz; und zwar in einer repräsentativen Demokratie (siehe unter anderem VORLÄNDER, 2019). Die Welt des 21. Jahrhunderts ist kein Athen und keine italienische oder Schweizer Stadt, die mit einer Bürgerversammlung politische Willensbildung organisierten; die Antwort auf die alte moderne Frage, wie man Demokratie in einem großen Land organisieren kann, lautet wohl – trotz Internet: durch eine repräsentative Demokratie für die G20 oder eine noch größere Gruppe. G20 wäre jedenfalls überschaubar in der Zahl der beteiligten Länder. Der Westen müsste sich langfristig in diesem Fall auch mit großen Ländern Asiens auseinandersetzen und dabei kooperativ sein; bereit zu einer neuen Stufe von Multilateralismus. Das könnte auch ein Versuch werden, dem Populismus entgegenzuwirken, denn dieser ist nicht auf internationale Kooperation ausgerichtet. Auch bei einer internationalen Klimademokratie braucht es Regeln, Gewaltenteilung und Transparenz in Sachen Machtausübung, wenn man den Ideen etwa von Thomas Jefferson, Kant und Montesquieu folgen will. Natürlich hat in Sachen Klimaschutz ein Ausdruck aus der historischen US-Verfassung von 1787 „We the People" (Wir, das Volk) eine neue internationale Anwendung, wenn Menschen aus OECD-Ländern oder der G20 sich für demokratische Ansätze in der Klimaschutzpolitik entscheiden wollen. Es versteht sich von selbst, dass dabei nicht nur westliche Ansätze eine globale Demokratieebene prägen werden, wenn man China hinzunimmt.

Es wäre wichtig, vor allem die fünf Akteure EU, Kalifornien, China, Japan, Korea und Indien für ein kombiniertes Emissionszertifikatesystem zu gewinnen. Der CO2-Emissionszertifikatehandel umfasst anteilsmäßig bezogen auf das nationale (beziehungsweise regionale) Emissionsvolumen im Jahr 2020:

- EU: 45 % (Energiesektor plus Industrie; relativ gut entwickeltes System; seit 2005)
- Korea: 68 % (System ist in einer frühen Phase, kaum Vergabe von Zertifikaten über Auktionen von Staatsseite)
- Japan: ca. 20 % in den zwei aktiven Präfekturen
- China: 20 % bis 30 % (nur Energiesektor; national ab 2020)
- Kalifornien: 85 % (gut entwickeltes System, unter Einschluss von Ontario und Quebec in Kanada)
- Indien: 0 % (es gibt einen Pilotversuch regional zu CO2-Zertifikatehandel; mehrere Pilotprojekte zu Zertifikatehandel bei Schadstoffen, darunter SO2 und NOx).

Man sollte versuchen, stufenweise die Abdeckung auf 85 % bei denen ersten fünf genannten Akteuren zu erhöhen und Indien darin zu bestärken, bis 2030 in Stufen ein solches System über regionale Pilotversuche oder ein nationales Projekt zu etablieren. Die EU, Japan und Korea könnten direkt oder indirekt hierzu Hilfestellung geben, wobei auch die Asiatische Entwicklungsbank Kredite und technisches Wissen einbringen könnte; Technologietransfer und zeitweise Finanzhilfen sowie technische Expertise auch von EU-Ländern sind möglich – die Thematik ist wichtig für den EU-Indien-Politikdialog. Es wäre empfehlenswert, dass die EU27 mit UK im Fall eines BREXIT auf dem Feld des CO2-Zertifikatehandels weiter zusammenarbeitet und gegebenenfalls auch mit Blick auf Indien und andere Länder entsprechende neue Projekte gemeinsam unterstützt.

In den Bereichen, die vom Zertifikatehandel nicht abgedeckt sind, braucht man eine CO2-Steuer – also vermutlich für etwa 15 % der Emissionen. Die jährliche Reduktion muss mit Blick auf die Höchstmenge (Cap) anspruchsvoller werden: Sie müsste schon eine Größenordnung von nahe 6 % haben, wenn man von einem Emissionsniveau von 70 ausgeht (1990 = 100) und 2050 bei etwa 10 sein will. Kostenlose Zertifikatezuteilungen von deutlich mehr als 20 % sollte man vermeiden, da diese erhebliche unnötige Umverteilungseffekte für den Faktor Kapital bringen. Die Integration der verschiedenen Zertifikate-Handelssysteme verschiedener Länder wird sicherlich schwierig werden; es müssten unbedingt alle G20-Länder an Bord sein, wobei Indien eine besonders wichtige Herausforderung darstellt. Denn hier ist die Kohle-Lobby sehr stark. Die Ausweitung und Integration der Zertifikate-Handelssysteme müssen unbedingt ergänzt werden durch eine breitere und bessere Förderung von klimaschutzfreundlichen Innovationen. Zudem ist es notwendig, eine Qualifizierungspolitik für Ungelernte und Geringqualifizierte schrittweise auszubauen, da sonst die Einkommensungleichheit auf dem Weg zur klimaneutralen Gesellschaft kritische Größen übersteigen könnte. Wenn man diesen Dreiklang strategischer Aspekte realisiert, gibt es gute Chancen, bis 2050 eine klimaneutrale Weltwirtschaft zu erreichen. Die Hauptaspekte bei den Politikaufgaben sind in der Abbildung 32 dargestellt.

Selbst ein supranational-globales G20-Budget ist denkbar, wobei jede Art von CO2-Steuer möglicherweise in einem globalen Parlament zu beschließen wäre; ebenso Entscheidungen über die Verwendung eines Aufkommens aus der Veräußerung von CO2-Zertifikaten. Es gibt grundsätzlich ein zweites Politikfeld, das tatsächlich auch global ist, nämlich das Internet. Regeln für digitale Märkte zu verabschieden, könnte Aufgabe eines G20-Parlaments sein und einer vom Parlament gewählten Exekutive, einer G20-Kommission. Dass zu den Gesprächsthemen auch digitale Abrüstung und Rüstungskontrolle gehören sollten, kann man sich wohl vorstellen.

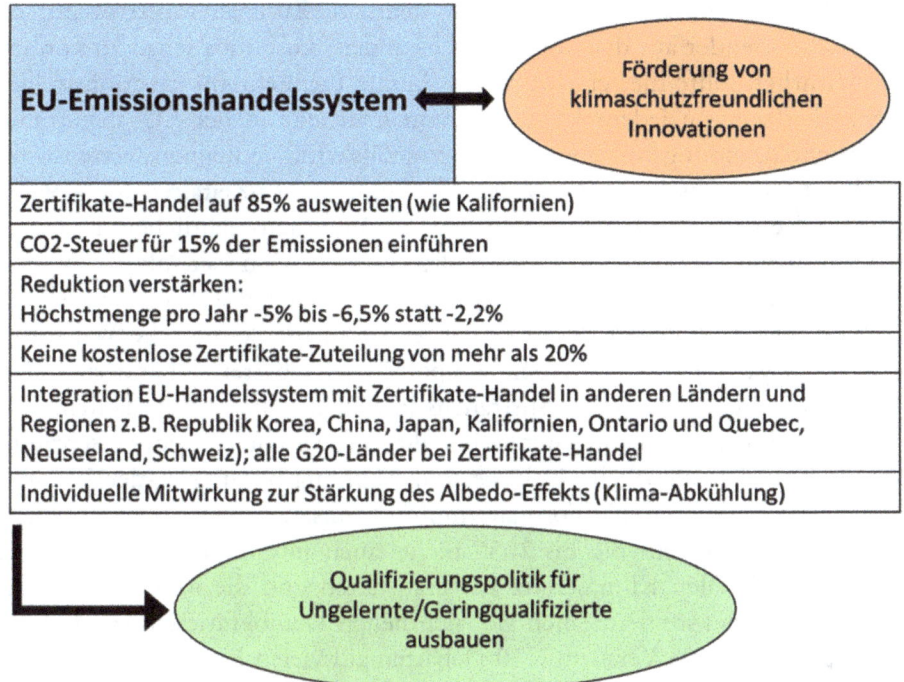

Abb. 32 Herausforderungen: Klimaschutz-Politikaufgaben. (Quelle: Eigene Darstellung)

Debatten im Internet, auch von Bürgerinnen und Bürgern aus allen beteiligten Ländern, wären sicher erwünscht. Allerdings müsste es auch digitale „Kommunikationsstandards" geben, wozu Toleranz und Höflichkeit gehören sollten – in der Sache selbst kann man immer verschiedene Argumente pro & contra austauschen. Demokratie soll nicht eine Ausprägung von politischer Entscheidungsfindung bedeuten, die Aristoteles einst in der Möglichkeit einer Pöbelherrschaft sah, eine Form roher und tyrannischer Herrschaft, bei der nicht ein Einzelner die Herrschaft hat, sondern die Gesamtheit der Wählerschaft. Eine Digitale Pöbelherrschaft in den Zeiten des Internets kann man national und international vorläufig nicht ausschließen – gewissermaßen eine Ausprägung von digitalem Populismus –, aber man könnte durch eine internationale Verfassung dem entgegenzutreten versuchen. Da die Mehrheit der Menschen im 21. Jahrhundert in Asien lebt, wird eine globale Demokratieebene vernünftigerweise wichtige Elemente von Denkern aus Asien enthalten.

Was die internationale Kommunikation angeht, so ist es ein ziemliches Unding etwa mit Blick auf die EU-Länder, dass nationale staatliche TV-Sender im Ausland gegen Geld vermarktet werden; so kann natürlich keine EU-

Öffentlichkeit entstehen. Es wäre für deutsche Zuschauer interessant, die Nachrichtensender aus den anderen EU-Ländern kostenlos sehen zu können, und natürlich sollte hier ein reziproker Ansatz für mehr Informationsfreiheit vorhanden sein: In jedem EU-Land kann man jede in der EU abgestrahlte Nachrichtensendung kostenlos empfangen; falls wirklich nennenswerte Kosten anfallen für das Abstrahlen im „Ausland" – im Internet-Zeitalter wenig plausibel –, sollte man eine EU-Freischaltung der öffentlich-rechtlichen TV-Angebote gegen eine preiswerte Flatrate erhalten können. Den Gedanken kann man durchaus auf alle staatlichen TV-Nachrichtensendungen weltweit ausdehnen. Das Internet ist global. Es kann von Interesse für demokratische Willensbildung im Westen sein, zu verstehen, wie politische Debatten in Ländern Asiens, Afrikas, Lateinamerikas oder Australiens in Sachen Klimaschutz laufen. Und natürlich kann es für die Menschen in außereuropäischen Regionen sehr interessant sein, die öffentliche Debatte und Meinungsbildung in der EU über Info- und Nachrichten-TV-Formate zumindest ansatzweise nachzuvollziehen.

Es wäre daher sinnvoll, bis 2050 nicht einen internationalen politischen Kampf um globalen Klimaschutz zu veranstalten und die westliche Welt in Panik zu stürzen, sondern einen globalen neuen Demokratieschritt zu entwickeln; auch mit dem Versuch, G20-Debatten auf vielen Ebenen und zu vielen Themen bei digitaler Öffentlichkeit voranzubringen. Bei den Diskussionen sind Beiträge von vielen Menschen aus den jüngeren Generationen sicher von besonderem Wert. Es ist im Übrigen klar, dass Länder, die sich dem Unilateralismus dauerhaft verschreiben, wohl kaum in einem G20-Parlament mitwirken werden.

Indien als wichtiges Land bei G20 und global verstärkter Klimaschutzpolitik

Ein sehr wichtiges Land in Sachen Emissionshandel im globalen Kontext ist – auch als G20-Land – Indien. Fast 80 % der Stromerzeugung in Indien im Jahr 2018 war kohlebasiert, die Hälfte des Umsatzes der indischen Güterbahn basiert auf Kohletransporten von den Kohleabbau-Regionen zu den oft weit entfernten staatlichen Kohlekraftwerken. Der Staat auf regionaler, nationaler und lokaler Ebene ist oft ein Förderer von Kohleverstromung, und die Kohleminen und Kohlekraftwerke sind mit lokalen Wohltaten – etwa Straßenbau – positiv sichtbar und lobbymäßig bestens vernetzt. Die größte Kohlemine ist staatlich, die Kohlekraftwerke sind staatlich. Immerhin, Regierungschef Modi will längerfristig deutlich auf die Expansion von Solarstrom und Windkraft in der Energiewirtschaft setzen (lesenswert hierzu: THE ECONOMIST, 2. August 2018, India shows how hard it is to move beyond fossil fuels).

Das Stromleitungsnetz in Indien ist oft überlastet, sodass Strom aus Erneuerbaren Energien ein zusätzlicher Stressfaktor für das Netz ist. Stromausfälle sind in manchen Regionen häufig. Kohle ist der CO_2-intensivste fossile Energieträger, der Ausbau Erneuerbarer Energien erfolgt zeitweise mit hohen Wachstumsraten seit 2010. Indien als 2030 bevölkerungsreichstes Land der Welt ist ein Schwergewicht in jeder Hinsicht, zumal auf Jahrzehnte Wachstumsraten des realen Nationaleinkommens und damit im Kern auch der Produktion von 4 bis 8 % jährlich erwartet werden.

Wenn Indien weiter in neue Kohlekraftwerke investiert, so sind das voraussichtlich für Jahrzehnte vorgenommene Investitionen, die lobbymäßig und politisch für enormen Widerstand gegen den umfassenden Ausbau Erneuerbarer Energien sorgen – selbst wenn die Kosten für Solar- und Windenergie pro Kilowatt Strom nahe bei den variablen Kosten von Kohlestrom sind. Indiens Energiepolitik versucht seit etwa 2010 die Rolle Erneuerbarer Energien strategisch zu stärken, und immerhin kann Indien hier vor allem bei der Solarenergie auf einige Erfolge verweisen (NITI AAYOG, 2015).

Indien hat in vielen Gesprächen zu Klimafragen darauf hingewiesen, dass Länder wie UK und Deutschland ihren industriellen Wirtschaftsaufbau seit 1850 ungestört vollziehen konnten, Indien aber erst jetzt in einer Aufholphase ist: Man habe auch das Recht auf Wachstum und eine eigene Stromwirtschaft, Kritik des Westens am dominanten Kohlestrom in Indien sei „Kohlenstoffimperialismus". Hier gibt es ein sehr ernstes Problem und mit jedem neuen Kohlekraftwerk in Indien wird es faktisch größer. Es wäre für die Entwicklung der Erneuerbaren Energien wichtig, wenn Indien verstärkt Solarkraftanlagen exportieren könnte; gegebenenfalls längerfristig auch Windkraftanlagen; den politischen Lobbyismus-Interessen der Kohleindustrie gilt es aus polit-ökonomischer Sicht etwas Positives entgegenzusetzen. Die EU könnte mit Indien kooperieren, um dem Land auch einen besseren Zugang zu EU-Märkten über ein Freihandelsabkommen zu erleichtern und um verstärkt in Afrika die Expansion Erneuerbarer Energien voranzubringen.

Zu bedenken ist im Übrigen auch, dass das Zurückdrängen von Kohlestrom in Indien vermutlich mit einem Ausbau von Atomkraftwerken einhergehen wird. Dabei wäre Russlands AKW-Produzent Rosatom, der führende Exporteur von Atomkraftwerken zu Beginn des 21. Jahrhunderts, ein Hauptgewinner. Manche Klimaexperten sehen Atomstrom als CO_2-neutralen willkommenen Beitrag für mehr Klimaschutz. Das übersieht allerdings die Fragen nach der Haftpflichtversicherung von Atomkraftwerken. Wer AKWs baut, setzt auf eine grundsätzlich relativ riskante Stromerzeugungsform; eine, für die es im Versicherungsmarkt keine umfassende Versicherungspolice gibt und die nach marktwirtschaftlichen Grundsätzen daher nicht vernünftig ist (ethische und verteidigungspolitische Aspekte kommen dazu).

Es ist offensichtlich nicht gegen herrschende Gesetze, wenn die Deutsche Bundesregierung Mega-Kommissionen einsetzt, wie dies beim Atomausstieg und bei der Kohlekommission der Fall war. Solche Mega-Kommissionen verstoßen aber gegen den Geist der repräsentativen Demokratie – alle großen politischen Fragen sollen in der Öffentlichkeit und im Parlament kontrovers ausdiskutiert werden, damit man im Wettbewerb der Ideen und in Kenntnis relevanter Fakten eine vernünftige Mehrheitsentscheidung treffen kann. Die Methode der Merkel-Regierungen, gerade große strittige Fragen in solche Mega-Kommissionen abzuschieben, ist womöglich – ungewollt – ein stiller Schritt hin zur Förderung autoritärer Politikstrukturen; auch wenn die entsprechenden Regierungen solche Absichten offenbar nicht hatten. Im Anhang ist nochmals aufgeführt, welche majestätischen Zusammensetzungen die Ethik-Kommission beim Atomausstieg und die Kohlekommission hatten. Es sollte doch möglich sein, gerade auch die großen Fragen für mehr Klimaschutz im Geist der repräsentativen Demokratie zu debattieren und hierbei vernünftige Ansätze weiterzuentwickeln. Natürlich ist es für die Politik relativ bequem, Entscheidungen zu großen strittigen Themen in Mega-Kommissionen faktisch fällen zu lassen, indem man sehr viele gesellschaftliche Gruppen in eine Mega-Kommission einlädt. Will man wirklich eine Schwächung der Demokratie fördern?

Was die Widersprüchlichkeit der Klimaschutzpolitik Deutschlands beziehungsweise der EU angeht, so ist abschließend ein kritischer Blick auf das Zeitfenster 2020–2050 zu werfen. 2050 will die EU Klimaneutralität erreichen, definiert als CO2-Emissionsniveau von 10 % des Jahres 1990 (= 100). Da die EU für 2021–2030 einen Rückgang der Emissionsobergrenze von 2,2 % pro Jahr vorgegeben hat, stellt sich die Frage, ob damit und mit sinnvollen Senkungsparametern der CO2-Emissionen für 2030–2050 das Ziel 10 im Jahr 2050 zu erreichen ist. Die Antwort ist ein klares Nein, und es ist sehr schwer zu verstehen, was sich die relevanten Ministerien der Großen Koalition denken, da der gefährliche Widerspruch der programmierten Politik für jedermann offensichtlich ist, wie die Abbildung 33 mit Kurzanalyse zeigt.

Enorme Widersprüchlichkeit des EU-Anpassungspfades in der Klimapolitik

Die EU will bis 2030 die Emissionen gegenüber 1990 (Ausgangsniveau 100) um 43 % senken und ist hierbei, auf Basis von Zahlen für 2020 (erwartet: − 27 %), auf einem gutem Weg. Klimaneutralität soll bis 2050 erreicht werden, was für die EU bedeutet, dass man im Jahr 2050 bei den CO2-Emissionen auf 10 % des Niveaus von 1990 herabgegangen sein müsste. Die EU hat wegen der Festlegung einer jährlichen Absenkung der EU-Emissionsgrenze um nur 2,2 % 2021–2030 keinen plausiblen Anpassungspfad: Wenn man 2030 tatsächlich bei −43 % gegenüber 1990 angelangt wäre, so wird das Emissionsniveau bei 57 liegen. In der logarithmischen Darstellung in Abbildung 33 werden verschiedene Zeitpfade zwischen 2030 und 2050 aufgezeigt, jeweils mit gleichmäßigem jährlichen Sinken der Emissionsobergrenze: Bei −7 % wäre man im Jahr 2054 auf dem Wunschniveau von 10 (in kontinuierlicher Zeitbetrachtung; mit diskreten Jahreszeitpunkten wie im EU-Ansatz kommen noch etwa zwei weitere Jahre hinzu); wenn man ernsthaft auf 2050 als Zielpunkt abzielt, müsste man − 8,3 % pro Jahr schaffen. Das wäre selbst bei energischer neuer Innovationspolitik sehr anspruchsvoll (siehe Abbildung 33). Dabei wird hier davon ausgegangen, dass spätestens 2025 die EU den Emissionshandelsbereich auf 85 % der Emissionen ausgeweitet hat. In den neuen Feldern Verkehr, Wohnungswirtschaft und Landwirtschaft wäre bei einem Rückgang der Emissionen von 100 im Jahr 2025 auf 15 im Jahr 2050 ein jährlicher Rückgang von 7,3 % notwendig (bei 10 als Zielgröße: mehr als 8 %), was sicherlich besondere Anstrengungen verlangen wird. Im Bereich der Wohnungswirtschaft könnte das besonders schwierig werden, da große Bestände an Immobilien vorhanden sind. Ökonomisch macht es keinen Sinn, aus einem 1980 errichteten Wohnhaus im Nachhinein ein Passivhaus zu machen.

Es sind ökonomisch sehr riskante Perspektiven, die die EU-Länder mit ihren Beschlüssen verabschiedet haben; schockartige Anpassungspfade kann die Politik selbst ja wohl nicht wollen. Wären die stillschweigend vorgegebenen Anpassungspfade womöglich gar nicht Ernst gemeint, dann wäre die ganze EU-Klimapolitik unglaubwürdig. Hier droht nun ohne Politikanpassungen bei der EU beziehungsweise den EU-Ländern, dass entweder eine ökonomische Krise oder aber eine politische Glaubwürdigkeitskrise eintritt.

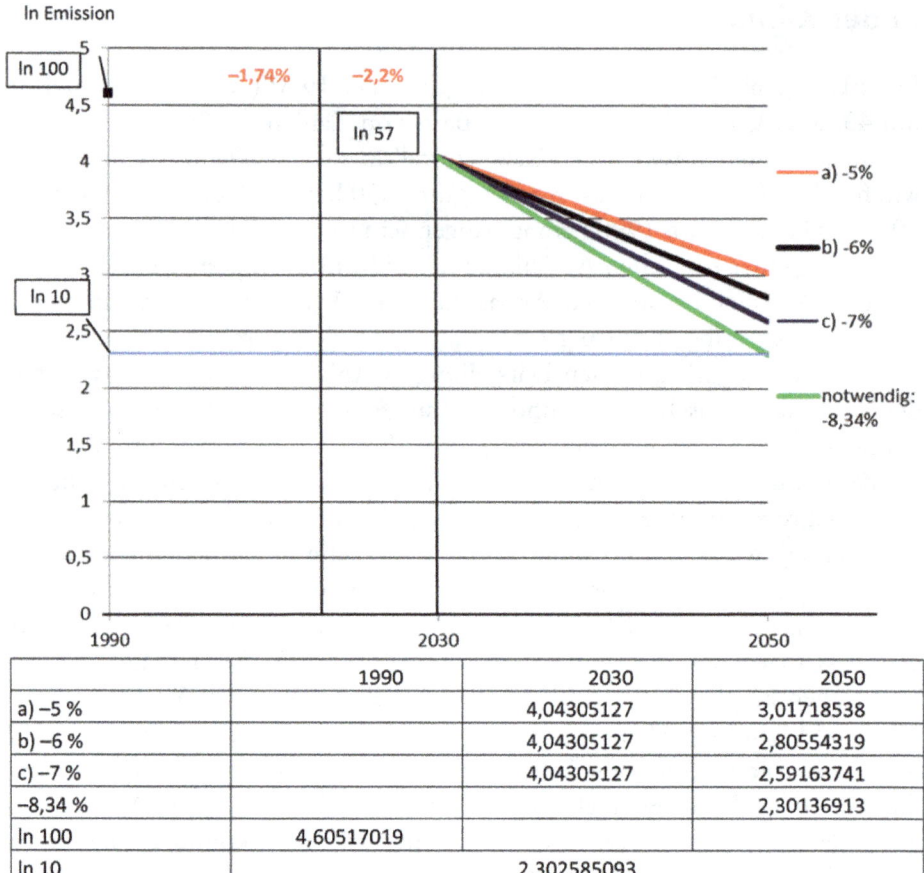

Abb. 33 Widersprüchlichkeit der EU-Planungen zur Klimaschutzpolitik. (Quelle: Eigene Darstellung)

Denn wenn man Mitte 2019 bei etwa 27 € pro Tonne CO2 als Zertifikatepreis steht, wobei schon viele deutsche, französische, niederländische etc. Unternehmen gewünschte Zertifikatmengen Jahre auf Vorrat gekauft haben – und −2,2 % als jährliche Absenkungszahl bei der EU-Obergrenze für 2021–2030 kennen –, so kann man sich leicht vorstellen, was ein Übergehen auf −7 % oder gar −8 % für die Jahre 2031–2050 bedeuten wird: nämlich einen sehr starken Anstieg der Emissionszertifikatepreise, vermutlich zeitweise auf deutlich über 100 €/Tonne. Das könnte wie ein politisch organisierter Quasi-Ölpreisschock auf die ganze Wirtschaft wirken und zu Stagnation und einer schweren Rezession in der EU führen.

Die EU-Länder haben aber noch die Möglichkeit, den Anpassungspfad weniger wachstumsdämpfend beziehungsweise weniger schockartig auszugestalten (rückwirkend wird man keine Änderungen einführen können): Man könnte daran denken, die jährliche Obergrenzen-Absenkungsrate zwischen 2022 und 2030 schrittweise auf 6 % zu erhöhen, was bei einer Absenkungsrate knapp unter 7 % dann 2031 bis 2050 das Zielniveau 10 zu erreichen erlaubt. Allerdings sollten ab 2024 dann auch 85 % der CO2-Emissionen in der EU abgedeckt werden, wobei man in etwa dem Modell Kaliforniens – seinerseits auf dem EU-Modell von 2005 basierend – folgen könnte. Zur Vermeidung eines starken Zertifikate-Preisanstiegs auf nahe 100 € pro Tonne sollte man ab 2025 oder 2026 dann die Zertifikatemärkte der EU und Kaliforniens (inklusive der kanadischen Provinzen Quebec und Ontario) miteinander integrieren, nach Möglichkeit einige Jahre später auch den Zertifikate-Handelsmarkt Chinas, der 2020 mit einer Abdeckung der CO2-Emissionen von gut 20 % startet. Auch Korea, die Schweiz und Neuseeland haben Zertifikatemärkte, die man mittelfristig im Interesse einer globalen Minimierung der CO2-Minderungskosten einbeziehen sollte. Zudem wäre es wünschenswert, dass bis 2030 alle G20-Länder Zertifikate-Handelssysteme etabliert hätten, die man dann im Zeitablauf miteinander integrieren kann. G20Plus als Gruppe – hier definiert als G20 inklusive aller EU-Länder – steht für 80 % der globalen Emissionen. Für große integrierte Zertifikate-Handelsmärkte braucht man eine gewisse Regulierung, die sinnvollerweise in Verbindung mit Finanzmarktregulierung stehen sollte. Zudem ist beachtenswert, dass man aus ökonomischer Sicht vonseiten des Staates nicht mehr als 20 % Gratiszertifikate an Unternehmen ausgeben sollte, da sonst eine staatliche Umverteilung zugunsten des Faktors Kapital erfolgt.

Wenn man die vorgeschlagenen Schritte realisieren kann und für einen nicht vom Zertifikatehandel abgedeckten Bereich von 15 % zu zwei Dritteln eine CO2-Steuer einführt, so kann man bis 2050 Klimaneutralität ohne große wirtschaftliche Störungen erreichen und dabei einen hohen weltwirtschaftlichen nachhaltigen Nutzenzuwachs erzielen, da man den im STERN-Bericht berechneten drohenden globalen Einkommensverlust von etwa 10 % bei Übersteigen der 2-Grad-Grenze (Zunahme der globalen Oberflächentemperatur auf der Erde) vermeidet.

Wie hoch werden die CO2-Preise um 2030 oder 2040 sein? Geht man davon aus, dass der Zertifikatepreis P'' sich gemäß einer einfachen Formel ergibt, bei der das reale Pro-Kopf-Einkommen (y) zu einem erhöhten Zertifikatepreis

(Nachfrageeffekt) – relativ zum allgemeinen Güterpreisniveau P – führt, so sollte der langfristige Relativpreis P''/P proportional zum Pro-Kopf-Einkommen sein (p'':= P''/P und es gelte p''(t) = by + b'dp''/dt; b und b' – b' ist Parameter zur Absenkung der Emissionsobergrenze – sind positive Parameter, t ist der Zeitindex: Also ist der langfristige Relativpreis p''# = by, falls das Pro-Kopf-Einkommen y zur Vereinfachung konstant ist; man kann die Gleichung auch so lesen: dp''/dt – p''/(b'y) = –b/b'). Das ist deshalb wichtig, weil in einem regional beziehungsweise national isolierten Zertifikatemarkt der Relativpreis in den OECD-Ländern mit ihren hohen Pro-Kopf-Einkommen höher ausfiele als in Ländern mit geringem Pro-Kopf-Einkommen. Entsprechend führt die Integration von Zertifikatemärkten zu einem Weltmarkt dazu, dass die relativen Zertifikatepreise in den Industrieländern (mit hohem Pro-Kopf-Einkommen) fallen, in den Entwicklungs- und Schwellenländern (mit niedrigem Pro-Kopf-Einkommen) ansteigen, sofern der Parameter b im Norden nicht deutlich niedriger als im Süden der Weltwirtschaft ist.

Simulationen: Höhe des Vorteils global integrierter CO2-Zertifikate-Handelssysteme

Die Autoren QI/WENG (2016) haben untersucht, wie sich die Zertifikatepreise für 2030 entwickelt hätten, wenn es eine große internationale Integration der Zertifikatesysteme wichtiger Länder geben würde: Der Befund lautet, dass die Zertifikatepreise für die USA, die EU und China niedriger wären, als wenn die Länder nur jeweils isolierte nationale Zertifikatesysteme hätten; in einigen anderen G20-Ländern wäre der CO2-Zertifikatepreis im Fall der Integration höher als bei nationalem Zertifikate-Handelssystem. Die Analyse im sogenannten Berechenbaren Allgemeinen Gleichgewichtsmodell erfolgt für den Fall der Integration der Zertifikatesysteme einerseits; andererseits werden im Modell Berechnungen gemacht für den Fall, dass nationale Zertifikate-Handelssysteme unverbunden nebeneinanderstünden. Die Simulationsergebnisse zeigen, was man vor dem Hintergrund theoretischer Überlegung auch erwarten wird: Es gibt eine globale Verbilligung des Preises der Weltgesellschaft für Klimaschutz und damit längerfristig auch für das Erreichen der Klimaneutralität.

Im Fall einer Integration ergibt sich nach den Berechnungen der Autoren ein Zertifikate-Weltmarktpreis von 30 $ pro Tonne CO2, was deutlich geringer ist als 45 $/Tonne CO2 in den USA, 41 $/Tonne CO2 in der EU und

37 $/Tonne CO2 in China – aber höher als 8 $/Tonne CO2 im Fall von Indien und 4 $/Tonne CO2 im Fall von Russland, und zwar bei jeweils national organisiertem Zertifikatemarkt. Länder wie Indien und Russland werden demnach bei einem integrierten Welt-Zertifikatemarkt Emissionsrechte an die USA, die EU und China verkaufen können, was in Indien und Russland zu einem Rückgang CO2-intensiver beziehungsweise emissionsintensiver Güter führt; hingegen kann die Produktion emissionsintensiver Güter in den USA, der EU und China bei integriertem Zertifikatesystem mehr expandieren als bei national isolierten Zertifikate-Handelssystemen. Aus dem Verkauf von Zertifikaten im Ausland ergeben sich positive Einnahmeeffekte für Unternehmen oder Haushalte und daher auch positive Impulse für Investitionen und Konsum, der Welteinkommenseffekt ist eindeutig positiv – so die beiden obigen Autoren Tianyu Qi und Yuyan Weng (aus unbekannten Gründen wurde der Zeitschriftenartikel der beiden Autoren 2018 von der Elsevier-Zeitschrift Energy zurückgezogen: Er ist zum Herunterladen im Internet nicht mehr verfügbar).

Das wiederum bedeutet – so sei hier ergänzt – für den volkswirtschaftlichen Geldmarkt, dass der Zertifikatehandel möglicherweise zu einer Liquiditätsabsorption im Geldmarkt führt, was eine Auswirkung auf das gesamtwirtschaftliche Preisniveau hat. Der positive Realeinkommenseffekt ist hier wichtig, denn höheres Einkommen bedeutet eine höhere Geldnachfrage von Unternehmen und Haushalten. Wichtig ist zudem das Sinken des Preisniveaus der Güter im Durchschnitt. Letzterer Effekt wiederum ergibt sich daraus, dass ein sinkender Zertifikatepreis in den führenden OECD-Ländern zu verminderten Preisniveaus in verschiedenen Sektoren dieser Länder und damit zu einem Sinken des Gesamt-Preisniveaus führen wird. Da ein geringeres Preisniveau die Nachfrage nach Geld vonseiten der Unternehmen und Haushalte mindert, während ein positiver Realeinkommenseffekt die Geldnachfrage der Haushalte erhöht, könnte der Gesamteffekt bei der volkswirtschaftlichen Geldnachfrage in etwa neutral sein. Hier sind allerdings noch genauere Untersuchungen notwendig.

Möglichkeit zur Minderung der CO2-Kostenbelastung für die Industrie

Man kann einzelne Industrieländer (plus China) und die Weltwirtschaft also unter der Annahme betrachten, dass nationale Zertifikate-Handelssysteme isoliert bestehen, was internationale Preisunterschiede bei CO2-Zertifikaten bedeutet. Oder man geht von einem integrierten globalen CO_2-Zertifikate-Handelssystem aus (dann gibt es nur einen einzigen Weltmarktpreis, so wie auch bei Öl). Die Unterschiede sind mit Blick auf die Gesamtbelastung der Unternehmen in den westlichen Industrieländern, Japan, Korea und China enorm. Wenn etwa im Jahr 2020 die Zertifikaterechnung für ein Stahlunternehmen für ein Jahr bei 100 Millionen € liegt, so ist das ein erheblicher Betrag, der zunächst zu einem asymmetrischen Vorteil für Stahlanbieter aus Ländern ohne CO_2-Zertifikatemarkt führt, nämlich künstlich deren Wettbewerbsfähigkeit international verstärkt. Umso wichtiger ist es, dass zunächst alle G20-Länder und auch andere Länder überhaupt Zertifikatemärkte haben (oder äquivalente CO_2-Steuern einführen). Bei einer Integration der Zertifikatemärkte aller G20-Länder sinkt der durchschnittliche CO_2-Zertifikatepreis in Industrieländern und in China um etwa ein Drittel. Das ist für die Industrie in EU-Ländern wie Deutschland, Frankreich, Italien, Spanien, UK, Niederlande, Belgien, Polen etc. natürlich sehr wichtig; auch für die Arbeitsplätze in der dortigen Industrie. Es gibt also wesentliche Argumente dafür, dass sich die EU-Länder, China und andere Länder für G20-weit integrierte Zertifikatemärkte – etwa ab 2030 – einsetzen.

Geht man davon aus, dass von den hier genannten G20-Ländern 40 Milliarden Tonnen CO_2 gehandelt werden und der Unterschied des „G20-globalen" Durchschnittspreises im Fall der Handelssysteme-Integration bei 37 $/Tonne CO_2 liegt – gegenüber 32 $/Tonne CO_2 ansonsten (der genannte Preis ist dann ein gewichteter Durchschnitt der betrachteten G20-Länder) –, so entsteht ein globaler Einspareffekt für die Unternehmen und Haushalte von 200 Milliarden $ in einem Jahr. In den 20 Jahren zwischen 2030 und 2050 ergeben sich daher summierte Einspareffekte von 4 000 Milliarden $, was in etwa dem deutschen Bruttoinlandsprodukt im Jahr 2030 entsprechen dürfte und für circa 3 % des Welteinkommens steht. Wenn der Preisunterschied für CO_2-Zertifikate im Fall der Integration der Handelssysteme gegenüber einer Weltwirtschaft mit unverbundenen Handelssystemen 10 $ statt 5 $ betrüge, so könnte die Weltwirtschaft durch die Integration der Handelssysteme bis 2030 in den darauf folgenden Jahren etwa 8 000 Milliarden $ einsparen, also 6 % des Welteinkommens, immerhin fast 0,25 % des Welt-Bruttoinlandsprodukts pro Jahr im Zeitraum 2030–2050 – bezogen auf jeden Erdenbürger geht es um einen Einkommensgewinn von gut 1 000 $ im Zeitraum 2030–2050. In Wahrheit sind die Gewinne durch integrierte Zertifikate-Handelssysteme insofern noch größer als hier zunächst beziffert, da die Annahme von QI/WENG, dass alle betrachteten G20-Länder Zertifikate-Handelssysteme haben, ja nicht zutrifft.

Im Übrigen gibt es eine besondere Aufgabe der Entwicklungshilfepolitik, wenn Länder im Süden der Weltwirtschaft – also etwa in Südafrika, Nigeria oder Indonesien – Emissionszertifikatehandel einführen und dann ihre Handelssysteme in ein integriertes G20Plus-System einbringen. So wäre es angemessen, wenn die reichen OECD-Länder und auch China den Ländern im Süden der Weltwirtschaft für etwa eine Dekade Anpassungstransfers zahlen, damit der Übergang auf einen höheren globalen Zertifikatepreis (Perspektive der Länder im Süden ist ein Anstieg des Zertifikatepreises) abgefedert werden kann. Diese Transfers an Entwicklungsländer müssten additiv zu den bestehenden Entwicklungshilfe-Zahlungen sein. Erwägenswert ist auch ein besonderer Nord-Süd-Technologietransfer bei CO_2-leichten Technologien für eine Übergangszeit. Die Belastung für die Staatshaushalte der OECD-Länder ist relativ gering, der Nutzen für beide Seiten erheblich. Denn die Industrieländer profitieren ja von niedrigeren Zertifikatepreisen als sonst. Die Entwicklungsländer erhalten einen technologischen Modernisierungsimpuls und Transfers aus dem Norden, die beispielsweise für höhere Bildungsausgaben und Infrastrukturprojekte genutzt werden könnten.

Schon der Übergang zu nationalen Zertifikate-Handelssystemen bringt gegenüber dem vorigen Zustand ohne CO_2-Bepreisung (oder mit CO_2-Steuern) für die betrachteten G20Plus-Länder in der Regel sehr erhebliche ökonomische und ökologische Vorteile. Der Wohlfahrtsgewinn in der Weltwirtschaft läge demnach bis 2050 wohl insgesamt bei 10 000 Milliarden $ oder mehr. Es wäre daher ein Mega-Fehler, wenn die Länder der Welt – zumindest die G20-Länder – nicht eine Integration der Zertifikate-Handelssysteme erreichen könnten. Die G20-Länder, die noch gar keine CO_2-Zertifikate-Handelssysteme haben, müssten allerdings erst einmal dazu gebracht werden, bis 2030 solche Systeme einzuführen, wie auch die Abbildung 34 zeigt.

Der Abdeckungsgrad – z. B. 45 % der Emissionen wie in der EU oder 65 % wie in Korea oder 85 % wie in Kalifornien – ist festzulegen. Die Zertifikatesysteme sollten bis 2025 in einer Versuchsphase in den G20Plus-Ländern starten, die noch keine Zertifikatesysteme haben. Binnen fünf Jahren wären die Zertifikatesysteme, so ein denkbares Szenario, zu harmonisieren; der Abdeckungsgrad wäre weitgehend anzugleichen. Danach erfolgt – etwa ab 2030 – die Errichtung eines Integrierten G20Plus-Systems. Nicht zu vergessen ist die Notwendigkeit, Finanzmärkte inklusive CO_2-Zertifikatemärkten angemessen auch mit Blick auf Finanzmarktstabilität zu regulieren.

Man muss sich darüber im Klaren sein, dass die Schritte zu einem integrierten G20Plus-Zertifikatesystem diskutiert und sorgfältig geplant sowie umgesetzt werden müssen: So wie hier vorgeschlagen, sind sie vom Standpunkt des

Jahres 2020 aus fast eine Utopie, aber die Vorteile des vorgeschlagenen Systems sind so enorm, dass wissenschaftlicher und öffentlicher Druck wohl in einer kritischen Mindestzahl von Ländern Impulse zu dem vorgeschlagenen System bringen werden. Ein funktionsfähiges G20Plus-Zertifikatesystem wäre ein globaler Kooperationsansatz, der einen enormen globalen Nutzen brächte: ökonomisch und für das Klima, letztlich für nachhaltigen Wohlstand, Klimaschutz und Stabilität.

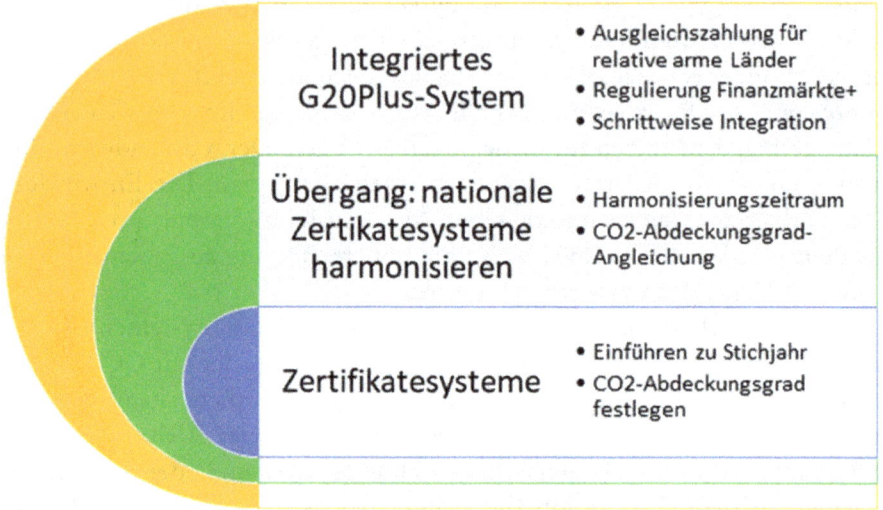

Abb. 34 Schritte zu einem integrierten G20Plus-Zertifikatesystem. (Quelle: Eigene Darstellung)

Was Energie, Industrie, Transport und Wohnen angeht, kann man alle diese Bereiche in den Zertifikatehandel einbeziehen; bei der Landwirtschaft speziell auch die Viehwirtschaft, die den größten Teil der CO_2-Emissionen in der Landwirtschaft verursacht. Ein Bauer, der für ein Rind beziehungsweise eine Kuh eine Menge X an Zertifikaten pro Jahr kaufen muss, wird einen Anreiz haben, die Futterauswahl stärker Richtung weniger methanlastige Futtermittel umzustellen, und natürlich wird wegen der relativ hohen Mengen an notwendigen Zertifikaten für die Rinder/Kuh-Haltung die Haltung von Geflügel, Schweinen oder Fischen attraktiver. Da die Preise für Rindfleisch weltweit relativ ansteigen, wird die Nachfrage nach Rindfleisch zurückgehen. Im Ergebnis wird die Landwirtschaft nach einigen Jahren einen deutlich verminderten CO_2-Ausstoß haben und kann dann stolz zur Klimaneutralität beitragen. Es wäre sinnvoll, anfänglich mit einem relativ geringen Zertifikatspreis der Landwirtschaft die Integration in den Zertifikatehandel zu erleichtern.

Was den Marktpreis für CO_2-Zertifikate in der EU, in Kalifornien, Korea und China angeht, so wird man sich näher mit der Frage befassen müssen, ob es negative externe Effekte der CO_2-Emissionen gibt (diese Frage kann man natürlich für alle Länder stellen). Dann müsste man nämlich zunächst über eine sektorale Pigou-Steuer diese negativen externen Effekte internalisieren. Wenn es solche nationalen und internationalen negativen externen Effekte gibt (z. B. Kohleverstromung sorgt für Imageschaden in nahen Erholungsorten, was dort den Umsatz in der Tourismusbranche drückt), dann ist die Produktion der betreffenden Firmen – ohne Pigou-Steuer – zu hoch und die Nachfrage nach CO_2-Zertifikaten künstlich überhöht. Das führt zu einem höheren CO_2-Preis als im Fall einer Internalisierung, d. h. im Fall mit Pigou-Steuer zwecks Erhöhung der Produktionskosten der betreffenden Firmen – also Anreizen zur Produktionsminderung. Der erhöhte Zertifikatepreis vermindert über höhere Produktionskosten in allen Sektoren das Volumen an rentabler Produktion, was natürlich eine Verzerrung ist. Diese ist nicht wünschenswert.

Befunde zur Kosten-Nutzen-Analyse beim CPB

In den Niederlanden hat die Forschungsinstitution CPB 2016 eine Studie zur Kosten-Nutzen-Analyse der CO_2-Minderung vorgelegt, wobei einer der betrachteten Fälle – 60 % CO_2-Ausstoß in der EU bis 2050 ist; ein weiterer Simulationsfall untersucht 80 % CO_2-Minderung, was die Einhaltung des 2-Grad-Ziels erlaubt. Zudem werden einige Innovationsaspekte betrachtet. Wichtig ist die Unterscheidung zwischen CO_2-Zertifikate-Marktpreis und dem, was die Autoren der Studie (CPB/PBL, 2016) „effiziente Preise" nennen. Ein effizienter Preis spiegelt auch die externen Effekte etwa der Emissionsminderung im Emissionshandelssektor Energie+Industrie wider. Für 2015 wird beim Szenario 60 % Rückgang der Emissionen bis 2050 der effiziente Zertifikatepreis mit 48 € pro Tonne CO_2 angesetzt, während der Marktpreis 5 € betrug; der Marktpreis war allerdings Mitte 2019 bei gut 25 € angekommen. Für einen Emissionsrückgang um 60 % bis 2050 kommen die Autoren auf 80 €/Tonne CO_2 im Jahr 2030 und 160 €/Tonne CO_2 im Jahr 2050. Für 80 % Rückgang gehen sie von 200–1 000 €/Tonne CO_2 aus. Je stärker die Innovationsfortschritte bei CO_2-leichten Technologien sind, desto eher wird man als Größenordnung für 2050 bei rund 200 €/Tonne ankommen; bei geringer Innovationsdynamik ist der zu erwartende effiziente Zertifikatepreis deutlich höher.

Auch im CPB-Dokument gibt es im Übrigen keine Anhaltspunkte dafür, dass die Höhe des Grenzschadens einer Tonne CO2 – also die CO2-Schadenkosten – ohne Weiteres bei 180 €/Tonne CO2 in der EU (die Zahl 180 € kommt von UBA in Deutschland) liegen könnte. Für den Fall Einhaltung der 2-Grad-Grenze, also 80 % Rückgang der CO2-Emissionen bis 2050, werden als Größenordnung 60–300 € für 2015 genannt. Nicht ganz überzeugend ist die Art, wie in der Studie der für 2050 erwartete CO2-Preis auf frühere Jahre zurückgerechnet wird, nämlich über die Anwendung der sogenannten einfachen Hotelling-Regel. Das macht nämlich nicht wirklich Sinn, wenn es zu Prozessinnovationen im Zeitablauf kommt, die Kosten der Ressourcengewinnung im Zeitablauf also sinken. Das ist aber gerade beim Übergangsprozess bis 2050 für die EU und die G20-Länder sehr wichtig, da ja klimafreundliche Innovationen in vielen Ländern besonders gefördert werden.

Jedenfalls kann man am Ende auch hier feststellen, dass die Probleme in fast allen wichtigen Bereichen analysierbar sind, wenn es darum geht, bis 2050 Klimaneutralität zu erreichen. Dass die Niederlande ein besonderes Interesse daran haben, weil eine starke Erderwärmung das zum Teil unter dem Meeresspiegel liegende Land mit Überschwemmungsszenarien konfrontieren dürfte, ist offensichtlich. Natürlich kann man davon ausgehen, dass die Regierung der Niederlande durch Schutz-Investitionen bei Dämmen am Meer auch das Risiko solcher Überschwemmungen begrenzen wird. Es dürfte sehr nützlich sein, die Analysen aus den Niederlanden in den G20Plus-Analysen einzubeziehen. Die ökonomischen und ökologischen Analysen vieler Forschungsinstitute und Forscher/-innen aus den Niederlanden können im Klimabereich als besonders hochwertig gelten.

Selbst in den Niederlanden, die bei Wind- und Solarenergie fortgeschritten sind, gibt es weitere Expansionsmöglichkeiten. Das gilt erst recht für viele andere Länder, die trotz guter klimatischer Bedingungen diese beiden Arten von Erneuerbarer Energie oder auch Wasser-Kraftwerke und Bioenergie- sowie Geothermie-Kraftwerke noch unzureichend nutzen. Die globale Nutzung Erneuerbarer Energien wurde 2017 um 5 % gegenüber dem Vorjahr gesteigert, wobei Wasserkraft für einen Anteil von 65 %, Wind für 18 %, Bioenergie für 8 %, Solar für 7 % und Geothermische Energie für den restlichen Anteil stand. Alle diese Energieerzeugungsformen können absolut expandieren, wobei Wind, Bioenergie und Solar längerfristig deutlich erhöhte Anteile verzeichnen dürften.

Neuansätze und kritische Summe von Einzelmaßnahmen unerlässlich

Während im Transportbereich mit dem Fokus Elektromobilität in vielen Ländern der Welt neue Ansätze entwickelt werden, ist im Immobilienbereich, der in den OECD-Ländern wertmäßig rund 40 % des Kapitalbestandes darstellen dürfte, noch sehr viel zu tun. Die in einigen EU-Ländern vorhandenen sehr innovativen Passiv-Häuser-Ansätze sollten ein wichtiges Thema weltweit werden. Es sollte gerade in Europa, China, Japan, Korea, den USA und anderen G20-Ländern ein neuer Baustandard werden, dass Passiv-Häuser mittelfristig die Norm werden; die Entwicklungen im Pionier-Land Österreich gilt es besonders zu beachten. Preiswertes Bauen sollte dabei aber kein Widerspruch zur Klimafreundlichkeit werden, denn Klimaneutralität soll ja ein globales Projekt für alle Menschen sein. In den Niederlanden kann man viele gelungene Beispiele zum Thema solides, preiswertes Bauen finden. Wenn preiswert geringe Qualität hieße, wäre natürlich gerade beim Thema Nachhaltigkeit niemandem auf Dauer wirklich geholfen. Dass in der EU beim Thema Bauen nationale und regionale Bauvorschriften – Regulierungen – die Diffusion von klimafreundlichen Bauinnovationen verhindern, also die Ausbreitung guter Projekte und neuer Bauansätze, kann man nicht oft genug betonen. Dies ist eigentlich ein Skandal und auch ein Unterminieren des EU-Binnenmarktes, der hier seine Vorteile wegen politischer Barrieren von EU-Mitgliedsländern nicht liefern kann. Das ist für die Klimawende ein großes Thema und die EU und die EU-Länder sollten sich endlich ernsthaft damit beschäftigen; zumal ja ein Teil der Innovationsdynamik in Österreich bei Passiv-Häusern auch von der EU geförderten Projekten zu verdanken ist. Mehr Widerspruch in der EU-Politik geht kaum.

Breitband-Internet-Zugang via mehr Infrastrukturinvestitionen sollte in Deutschland und den anderen EU-Ländern zügig umgesetzt werden (in den Niederlanden ist es bereits weitgehend realisiert), und zwar flächendeckend; in der Praxis mag das heißen: 99 % der Fläche. Sonst kann autonomes Fahren nicht realisiert werden. Wenn autonomes Fahren Standard wird, dürfte die private Fahrzeugflotte in OECD-Ländern deutlich schrumpfen. Denn wenn man sich via Handy in wenigen Minuten das gewünschte Auto kommen lassen kann – mal ein kleines für eine Fahrt in der Stadt, mal ein größeres, weil man mit der Familie in den Urlaub fahren will –, dann braucht man kein eigenes Auto mehr. Autofahren wird eine digitale Dienstleistung, die man von verschiedenen Anbietern im Abo beziehen kann. Das wiederum wäre ein wesentlicher Beitrag zur CO2-Minderung.

Bei den in der Dekade nach 2019 absehbar sehr niedrigen Realzinssätzen für den Staat kann man in der Eurozone sicherlich ein großes Infrastruktur- und Forschungszusatzprogramm finanzieren (mit Forschung deutlicher als bisher bei klimafreundlichen Innovationsprojekten verankert). Einzelne Euro-Länder könnten hier eine Initiative für vernetzte Infrastrukturprojekte ergreifen. Für Deutschland kann man sich für eine Dekade in etwa eine Größenordnung von 350 Milliarden € vorstellen, wobei für mehr berufliche Weiterbildung rund ein Zehntel reserviert sein sollte, damit die Einkommensunterschiede zwischen Qualifizierten und Ungelernten nicht im Zuge der globalen Klimapolitik weiter stark zunehmen. Man wird sehen, ob die Bahn etwa im Schwarzwald – dort ist der letzte Neubau eines Bahnkilometers auf 1912 datiert, nicht einmal St. Blasien hat Bahnanschluss – oder in wichtigen Urlaubsregionen Ostdeutschlands neue Schienen legt.

Ähnliche Infrastruktur-Programme sollten auch andere EU-Länder und weitere Länder aus dem G20-Kreis konzipieren. Der Ausbau der Eisenbahnsysteme wäre für viele Länder ökonomisch und ökologisch sinnvoll, allerdings gilt es Kosten und Preise – bei verbesserter Qualität – im Blick zu halten. Wenn die G20Plus-Länder nicht zu umfassender, verbesserter Klimapolitik auf Basis effizienter Konzepte kommen, dann kann die Erde bis 2050 in vielen Gebieten ein schwieriger Ort werden. Erderwärmung heißt in vielen Regionen noch mehr Hitze plus obendrein schlechtere Luftqualität, dadurch entsteht aber auch massiver Wanderungsdruck. Wenn eine stabile Weltwirtschaft erhalten werden soll, muss der Klimawandel als strategisches Problem sehr ernst genommen und zugleich als positive Innovations-Herausforderung angenommen werden. Bislang ist das in den G20-Ländern kaum der Fall – jenseits vieler guter Einzelprojekte und mancher kluger neuer Ansätze bei Unternehmen, Staaten und auch bei Millionen Einzelpersonen. Dass man in der Finanzpolitik nicht nur konjunkturell über Fiskalpolitik nachdenken sollte, sondern auch strukturell für eine Dekade oder mehr eine expansive Fiskalpolitik im Bereich Klimapolitik konzipieren könnte, sei hier ausdrücklich befürwortet.

Die Geldpolitik in der Eurozone sollte innerhalb einer Dekade schrittweise den Zinssatz auf vernünftige nominale Werte erhöhen. Eine solche ungewöhnliche Kombination von struktureller expansiver Fiskalpolitik und allmählich weniger expansiver Geldpolitik könnte ein Ansatz sein, bis 2030 auch zu einer Normalisierung der Situation auf den Finanzmärkten zu kommen. Dass man im Übrigen auch bei antizyklischer Fiskalpolitik stärker als bisher auf Nachhaltigkeitsprojekte setzen sollte, versteht sich eigentlich von selbst. Bislang sind hier bei den OECD-Ländern kaum Ansätze zu sehen; die OECD könnte die Thematik auch mit Blick auf G20-Länder wie Brasilien, Indien und China über das OECD Development Center angehen. Was das Thema Steuerpolitik angeht, so kann man grundsätzlich empfehlen, Dänemark und den Niederlanden zu folgen, die etwa 4 % des Nationaleinkommens in Form von Umweltsteuern haben. Deutschland, Frankreich, Italien, Spanien, Polen und viele andere EU-Länder könnten ihre Umweltsteuern angemessen erhöhen, zugleich über Senkungen der Einkommens- und Körperschaftssteuersätze für mehr nachhaltiges Wachstum sorgen.

Wenn man in diesen Ländern Umweltsteuern schrittweise erhöht und zugleich die Einkommenssteuersätze senkt, dürfte das die Akzeptanz für eine stärker nachhaltigkeitsorientierte Steuerpolitik beziehungsweise eine engagierte Klimapolitik erhöhen. Schließlich kann der Staat auch über Regulierungsvorgaben bei Versicherungen Impulse geben; indem etwa Versicherungen vorgeschrieben wird, mindestens 10 % der Versicherungsgelder in nachhaltigkeitszertifizierte oder klimaschutzzertifizierte Anlagen zu investieren, die als Bonität mindestens A aufweisen. Hierdurch könnte auch der Markt der „green bonds", der grünen Anleihen, eine Vertiefung erfahren. Zugleich ist es nicht sinnvoll – wie in den USA etwa zu sehen –, dass Immobilienbesitzer in stark überschwemmungsgefährdeten Gegenden zu besonders niedrigen Versicherungstarifen eine Immobilienversicherung erhalten können. In allen OECD- und G20Plus-Ländern wäre sinnvollerweise darauf zu achten, dass Marktsignale für die Bepreisung von Klimarisiken gestärkt und nicht etwa durch Markteingriffe des Staates quasi abgedunkelt werden. Langfristige Überschwemmungsrisiken dürfte man vonseiten der wohlhabenden OECD-Länder mit Damm-Verstärkungsmaßnahmen und neuen Baustandards für Gebäude sowie Infrastrukturen entgegenwirken können. Den ärmeren Ländern sollte man seitens der OECD-Länder für eine Übergangszeit gezielt helfen und ihnen auch Zugang zu neuartigen Hochwasserschutz-Technologien unter bestimmten Bedingungen gewähren. Am Ende wird Klimaneutralität nicht ohne Kosten erreichbar sein – wie könnte eine große historische Strukturänderung in der Weltwirtschaft sonst realisiert werden –, aber bei rechtzeitigen vernünftigen Weichenstellungen kann man die Herausforderungen wohl bewältigen, jedenfalls sofern man den Fokus auf Effizienz einerseits und die Verbindung zu einer angemessenen Sozialpolitik andererseits im Blick behält.

Dass Forschungsergebnisse und Simulationsstudien einen gewissen Unsicherheitsspielraum enthalten – wie immer in der Wissenschaft (sie hat dennoch gewaltige Fortschritte bei Medizin, Produktion, Transport, Energiewirtschaft und dem Sektor Informations- und Kommunikationstechnologie gebracht) –, bedeutet nicht, dass Politiker einen Freibrief hätten, ideologische Märchen von einem nicht vorhandenen Erderwärmungsproblem zu verbreiten. Ein besonders dummes Argument ist gelegentlich zu hören, wonach die Wissenschaft trotz empirischer Analysen und Simulationsstudien gar keine sinnvollen Prognosen machen könnte – wer Simulationsergebnisse vorstelle und diese für realitätsrelevant halte, der stehe für eine Anmaßung von Wissen (in Deutschland vertritt ein Teil der AfD-Spitze diese Position, die man vor dem Hintergrund moderner empirischer Forschung für sonderbar halten kann). Das ist Unfug, es ist aber bei Analyseergebnissen aus empirischen Studien oder Simulationsstudien darauf hinzuweisen, dass es eine bestimmte Fehlermarge bei Prognosewerten gibt. Trotz solcher Probleme in der Wissenschaft hat aber die NASA es sehr wohl geschafft, US-Astronauten zum Mond zu bringen; und beispielsweise italienische, skandinavische, US-amerikanische, britische, deutsche, koreanische, russische, französische und japanische Ingenieure haben es geschafft, großartige Autos und LKWs zu bauen; und ähnliche Erfolge können auch die bei der Weltraumerforschung daueraktiven Länder Russland, USA, Indien, Japan, die EU und China vorzeigen. Die USA, Russland, China, die EU, Japan und viele andere Länder bauen auf die Forschungsergebnisse der Wissenschaft in vielen Feldern; in der Regel aus gutem Grund. Man kann durchaus mit einem vorläufig gesicherten Wissen sehr gute Fortschritte in Innovation und Produktion erzielen.

Fridays-for-Future ist in diesem Kontext aus Sicht von Wissenschaftlern ein wichtiger möglicher Verbündeter, um das Verständnis in der Öffentlichkeit zu erhöhen, dass wissenschaftliche Forschung ein unerlässlicher Pfeiler bei der Bewältigung von Zukunftsproblemen ist. Wissenschaftliche Analysen sind für die Gesellschaft selten wichtig in der Form einer einzigen Arbeit eines Wissenschaftlers oder einer Wissenschaftlerin. Es geht im Kern eher darum, wie der wissenschaftliche Konsens im Fach ist; das bedeutet nicht, dass nicht auch Außenseiterpositionen in einzelnen Forschungsfeldern sehr gut aufgestellt sein können. Aber ideologische Machtansprüche mit Wissenschaft zu verwechseln, ist kein Fortschritt. Neben der Wissenschaft braucht Klimaneutralität auch andere Pfeiler. Eine große Mehrheit der Menschen beim Projekt Klimaneutralität mitzunehmen und sich in der öffentlichen Debatte um verständliche Erklärung zu bemühen, ist wünschenswert – es ist eine der Aufgaben von Wissenschaft und Politik.

Vier Punkte zum Schluss

Einen vernünftigen Anreiz für private Haushalte, gezielt mehr für Emissionsminderung zu unternehmen, gilt es in Europa und weltweit zu schaffen:

- Der Staat sollte vorschreiben, dass Versicherungen ab einer bestimmten Größe „Bedingte Gebäudeversicherungstarife" an private Haushalte (und Unternehmen) für 30 Jahre in Abhängigkeit vom erwarteten Welt-CO_2-Emissionsniveau anbieten müssen. Grundsätzlich müsste sich ja ergeben, dass bei einem deutlichen Absenken (Fall a) der globalen CO_2-Emissionen bis 2050 die über drei Jahrzehnte zu zahlenden Prämien geringer ausfallen als im Fall einer schwachen Minderung der Weltemissionen (Fall b) bis 2050. Bei einem geringen Diskontfaktor künftiger Zahlungen von beispielsweise 1 % – sinnvoll beim gegenwärtig geringen globalen Zinssatz – ergibt sich ein erheblicher Unterschied im Gegenwartswert der Versicherungszahlungen über dreißig Jahre im Fall b) gegenüber Fall a). Nehmen wir an, dass der Unterschied 10 000 € beträgt, so ist dies ein indirekter Anreiz, selbst mehr Klimaschutzpolitik zu betreiben. Ob Fall a) oder eher b) als relevant zu gelten hat, sollte sich auf Basis eines standardisierten G20Plus-Indikatorwertes beim Klimaschutz ergeben.
- Das Problem bei privaten CO_2-Minderungsaktivitäten ist, dass der Einzelne nur einen kleinen Anteil an den Weltemissionen hat und nicht klar ist, ob andere Wirtschaftssubjekte auf der Welt sich ähnlich engagiert bei CO_2-Minderungsmaßnahmen einbringen (gibt es genügend engagierte CO-Minderer weltweit, so landet man im gewünschten Fall a). Hier kann das Internet mit Blick auch auf eine globale Privatinitiative pro Klimaschutz helfen, da sich über das Internet tatsächlich alle 7,7 Milliarden Einwohner der Welt zu einem Pro-Klima-Netzwerk verbinden könnten. Es muss nicht wirklich eine einzige Gruppe der Vernetzung sein, da man ja auch eine Vernetzung von vernetzten Gruppen bilden könnte. Die Aussicht auf einen Fall a) wird den Mietsteigerungsdruck mindern, denn Vermieter werden Versicherungskosten auf die Mieten umlegen; hingegen wird der Fall b) zu Mietpreissteigerungen beitragen.
- Die Errichtung einer ProGlobalClimate-Gruppe ist daher erwägenswert. Bei den privaten Haushalten wären insbesondere Maßnahmen wichtig, die in Bereiche außerhalb des Emissionszertifikatesystems fallen. Die Teilgruppen auf lokaler, regionaler und nationaler Ebene müssten jeweils für ihre Aktionen eine Zertifizierung von einer Institution (z. B. einer Stiftung) be-

kommen, da man sich sonst nicht auf die ehrliche Erbringung von privaten Klimaschutzleistungen verlassen kann. Große Telekom-Netzbetreiber könnten sich in eine solche Kampagne einbringen. Von Wissenschaftlern zur Verfügung gestellt werden müssten CO2-Minderungsrechner – sie existieren teilweise im Internet unter der Überschrift „CO2-Fußabdruck-Rechner" (oft wenig differenziert im Bereich der möglichen/erfassten Aktivitäten) –, die nach einer global akzeptierten Methodik funktionieren sollten.

- Was grüne Staatsanleihen angeht, die zur Finanzierung von klimaschutzfreundlichen Aktivitäten dienen sollen, so könnte der Staat die Beliebtheit solcher Anleihen erhöhen, indem er für diese Anleiheart einen Mindestrückkaufswert von 50 % des Emissionskurses zu jedem Zeitpunkt der Laufzeit (in der Regel 30 Jahre) garantiert. Damit diese Garantie glaubwürdig ist, sollte der Staat wiederum die Anleihen mit Staatsvermögen in Höhe von mindestens einem Drittel des Emissionswertes besichern.

Dies sind vier mögliche praktische Elemente zur Unterstützung des Weges hin zur Klimaneutralität. Auch hier sieht man, dass es Wege gibt, aus der Komfortzone traditioneller Wirtschaftspolitik-Ansätze herauszutreten. Klimaschutzpolitik für alle kann unter bestimmten Umständen funktionieren. Ein einfaches Warten darauf, dass traditionalistische Politikakteure innovativ und energisch handeln, wäre indes nicht klug.

Es bleibt am Ende die Überlegung, die schon im ersten Kapitel angesprochen wurde, dass G20(Plus)-Diplomatie enorm wichtig für das Erreichen von Klimaneutralität ist. Wirtschafts- und Klimapolitik der G20Plus-Länder werden ihre Beiträge zur Klimaneutralität nicht vernünftig liefern können, wenn es nicht gelingt, die Kooperation dieser Länder auf eine zuverlässige Basis zu stellen. Es fehlt nicht an ökonomischen Ratschlägen, wie man Nachhaltigkeits- und Klimaschutzpolitik ausgestalten sollte – siehe etwa SACHS (2015) und WELFENS/BLEISCHWITZ/GENG (2017).

Was bislang nicht vorhanden ist, sind konzeptionelle Ansätze zu einer effizienten Vernetzung der G20Plus für eine klug vernetzte Klimaschutzpolitik. Die Fridays-for-Future-Bewegung dürfte hierbei wohl weltweit ein wichtiger Druckfaktor für mehr politische Vernunft und energische, durchdachte Klimaschutzpolitik sein. Das Engagement der Jugendlichen ist in so manchem Bereich sehr begrüßenswert; aus deren Energien und Kreativität rationale globale Klimaschutzpolitik zu machen, ist eine enorme Aufgabe. Grund für Pessimismus gibt es nicht.

Literatur

BMU (2019), G20 – Die Gruppe der Zwanzig, Bundesministerium für Umwelt, Naturschutz und nukleare Sicherheit, https://www.bmu.de/themen/nachhaltigkeit-internationales/int-umweltpolitik/g7-und-g20/g20/, letzer Zugriff am 06.09.2019)

CPB/PBL (2016), Valuation of CO2 Emissions in CBA, The Hague

FRIDAYS FOR FUTURE (2019), Summer Meeting in Lausanne Europe (SMiLE), August 5th to 9th, 2019, https://smileforfuture.eu/

HENNICKE, P.; WELFENS, P. J. J. (2012), Energiewende nach Fukushima: Deutscher Sonderweg oder weltweites Vorbild?, München: oekom Verlag

LBBW (2019), LBBW Corporates: Chancen und Risiken der CO2-Regulatorik für Industrieunternehmen, Stuttgart, https://www.lbbw.de/konzern/news-and-services/medien-center/presseinfos/2019/20190730_lbbw_blickpunkt_chancen_und_risiken_der_co2-regulatorik_fuer_industrieunternehmen_m.pdf, letzter Zugriff am 15.08.2019

LIEDTKE, C, WELFENS, M. J. (2008): Mut zur Nachhaltigkeit. Vom Wissen zum Handeln, Didaktische Module, Wuppertal Institut für Forum für Verantwortung, WI, ASKO-EUROPA-Stiftung

NITI AAYOG (2015), Report on India's Renewable Energy Roadmap 2030, Toward Accelerated Renewable Electricity Deployment, National Institute for Transforming India, Government of India, New Delhi

QI, T; WENG, Y. (2016), Economic Impacts of An International Carbon Market in Achieving the INDC Targets, *Journal of Energy*, https://doi.org/10.1016/j.energy.2016.05.081

SACHS, J. (2015), The Age of Sustainable Development, New York: Columbia University Press

STERN, N. (2006) The Stern Review on the Economics of Climate Change, commissioned by Her Majesty's Government of the United Kingdom, London: October 2006

THE ECONOMIST (2018), India shows how hard it is to move beyond fossil fuels – A renewable-energy revolution is neither imminent nor pain-free, online edition August 2, 2018 https://www.economist.com/briefing/2018/08/02/india-shows-how-hard-it-is-to-move-beyond-fossil-fuels

TIETENBERG, T. (2010), Cap-and-Trade: The Evolution of an Economic Idea, *Agricultural and Resource Economics Review*, Vol. 39, Issue 3, s. 359-367

UBA (2013), Schätzung der Umweltkosten in den Bereichen Energie und Verkehr, Empfehlungen des Umweltbundesamtes, August 2013, https://www.umweltbundesamt.de/sites/default/files/medien/378/publikationen/hgp_umweltkosten_0.pdf

VORLÄNDER, H. (2019), Demokratie, 3. Aufl., München: Beck

WELFENS, P.; BLEISCHWITZ, R.; GENG, Y. (2017), Resource efficiency, circular economy and sustainability dynamics in China and OECD countries. *International Economics and Economic Policy*, 14(3), S. 377-382

Anhang

Anhang 1: Klimapolitikinfo zu Kalifornien

ETS EU und Kalifornien im Vergleich

California ETS	EU ETS
Coverage ca. 85 % of California's total GHG emissions (<500 firms)	Coverage ca. 40 % of EU28 (plus Norway, Iceland and Liechtenstein) total GHG emissions (ca. 11,000 firms)
GHGs covered: CO_2, CH_4, N_2O, SF_6, HFCs, PFCs, NF_3, and other fluorinated GHGs	GHGs covered: CO_2, N_2O, PFC from aluminium production
Sectors: Large industrial facilities (including cement, glass, hydrogen, iron and steel, lead, lime manufacturing, nitric acid, petroleum and natural gas systems, petroleum refining, pulp and paper manufacturing, including cogeneration facilities co-owned/operated at any of these facilities), electricity generation, electricity imports, other stationary combustion, and CO_2 suppliers, suppliers of natural gas, suppliers of reformulated blendstock for oxygenate blending and distillate fuel oil, suppliers of liquid petroleum gas in California, and suppliers of liquefied natural gas.	Sectors: Energy intensive industries, including power stations and other combustion plants, with ≥20MW thermal rated input (except hazardous or municipal waste installations), oil refineries, coke ovens, iron and steel, cement clinker, glass, lime, bricks, ceramics, pulp, paper and board, aluminium, petrochemicals, ammonia, nitric, adipic, glyoxal and glyoxylic acid production, CO_2 capture, transport in pipelines and geological storage of CO_2.
	Aviation: The aviation activities within the initial scope of the EU ETS included all flights from or to an aerodrome situated in the territory of a Member State to which the Treaty applies, with some exceptions. Since 2012, only applicable to flights within EEA.
Quelle: ICAP (2019), USA – California Cap-and-Trade Program, https://icapcarbonaction.com/en/?option=com_etsmap&task=export&format=pdf&layout=list&systems[]=45	Quelle: European Commission (2016), The EU Emissions Trading System, Factsheet, https://ec.europa.eu/clima/sites/clima/files/factsheet_ets_en.pdf ICAP (2019), EU Emissions Trading System, https://icapcarbonaction.com/en/?option=com_etsmap&task=export&format=pdf&layout=list&systems %5B %5D=43

Cap-and-Trade Sytem Kaliforniens (auf Basis Websiteinfo 2019 www.C2ES. org: Center for Climate and Energy Solutions; Courtesy, Center for Climate and Energy Solutions; Info übersetzt mit www.DeepL.com/Translator)

„Das kalifornische Cap-and-Trade-Programm, das 2013 gestartet wurde, ist eine der wichtigsten Maßnahmen des Staates zur Senkung seiner Treibhausgasemissionen. Das kalifornische Programm ist nach den Cap-and-Trade-Programmen der Europäischen Union, der Republik Korea und der chinesischen Provinz Guangdong das viertgrößte der Welt. Neben der Senkung der Emissionen in einer der größten Volkswirtschaften der Welt bietet das kalifornische Programm wichtige Erfahrungen bei der Schaffung und Verwaltung eines landesweiten Cap-and-Trade-Systems.

Es wird erwartet, dass das kalifornische Emissionshandelssystem die Treibhausgasemissionen von regulierten Unternehmen zwischen 2013 und 2020 um mehr als 16 % und bis 2030 um weitere 40 % reduzieren wird. Es ist ein zentraler Bestandteil der umfassenderen Strategie des Staates, die gesamten Treibhausgasemissionen bis 2020 auf das Niveau von 1990 und bis 2030 um 40 % unter das Niveau von 1990 zu senken.

Die Cap-and-Trade-Regel gilt für große Kraftwerke, große Industrieanlagen und Brennstoffverteiler (z. B. Erdgas und Erdöl). Rund 450 Unternehmen, die für rund 85 % der gesamten kalifornischen Treibhausgasemissionen verantwortlich sind, müssen sich daran halten. Kalifornien hat sein Programm mit ähnlichen Programmen in den kanadischen Provinzen Ontario und Quebec verknüpft, was bedeutet, dass Unternehmen in einem Land Emissionszertifikate (oder Kompensationen), die von einem der anderen Unternehmen ausgegeben wurden, zur Einhaltung verwenden können. Dadurch wird die Zahl der Unternehmen im Rahmen der Obergrenze erweitert, was zu zusätzlichen wirtschaftlichen Effizienzsteigerungen führt. Die nachstehende Grafik zeigt die Klimagas-Emissionen (CO_2-Äquivalente) in prozentualer Aufteilung nach Sektor, wobei Transport, Industrie und Strom vorne liegen.

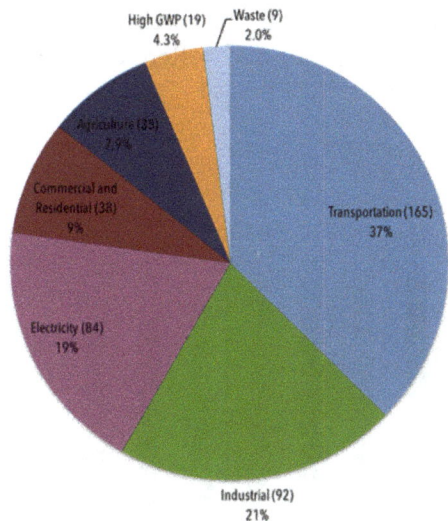

Kalifornien Emissionen nach Sektor in 2015. (Quelle: Greenhouse Gas Inventory Data (CARB, 2015); Courtesy, Center for Climate and Energy Solutions)

Kalifornische Cap-and-Trade-Details

Das kalifornische Programm ist das erste sektorübergreifende Cap-and-Trade-Programm in Nordamerika. Aufbauend auf den Erfahrungen aus der Nordost-Regionalen Treibhausgasinitiative (RGGI) und dem Emissionshandelssystem der Europäischen Union (EU ETS) verbindet das kalifornische Programm bewährte Marktelemente mit eigenen politischen Innovationen.

Das California Air Resources Board (CARB) implementiert und setzt das Programm um. Die Cap-and-Trade-Regeln galten erstmals für Kraftwerke und Industrieanlagen, die 25 000 Tonnen Kohlendioxidäquivalente pro Jahr oder mehr emittieren. Ab 2015 wurde das Programm auf Kraftstoffverteiler ausgeweitet, die die Schwelle von 25 000 Tonnen erreichen. Die Gesamtmenge der Treibhausgasemissionsobergrenze des Programms sinkt von 2015 bis 2020 jährlich um 3 % und von 2021 bis 2030 schneller (Details werden noch festgelegt).

Die Verteilung der Emissionszertifikate erfolgt durch eine Mischung aus kostenloser Zuteilung und vierteljährlichen Auktionen. Der Anteil der Emissionen, die durch kostenlose Zertifikate abgedeckt werden, variiert je nach Branche und der Effizienz der einzelnen Anlagen im Vergleich zu Branchenbenchmarks. Diese Richtlinienelemente und andere relevante Details des kalifornischen Cap-and-Trade-Programms sind in nachstehenden Tabelle zusammengefasst; die nachstehende Abbildung zeigt in Grün das maximal für Kalifornien erlaubte Emissionsvolumen (rote Linie = Referenz-Normalszenario; ohne aktuelle Politikimpulse).

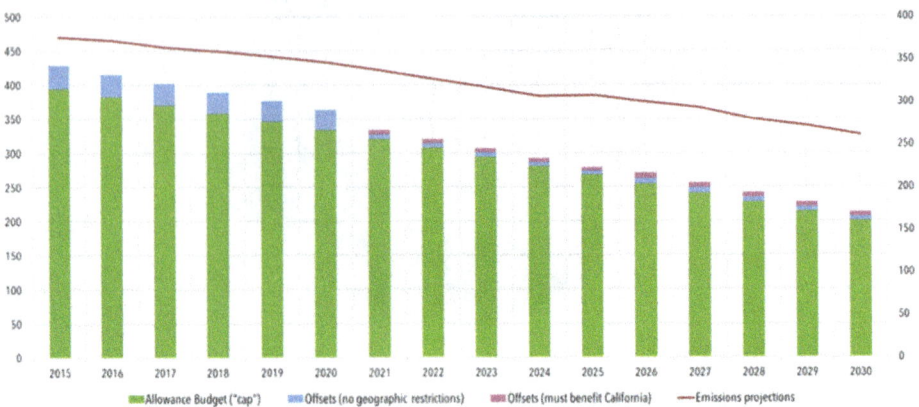

Emissionsobergrenze Kaliforniens und „business-as-usual" Prognosen. (Quelle: 2020 Business-as-Usual (BAU) Emissions Projection 2014 Edition (CARB, 2017); Courtesy, Center for Climate and Energy Solutions)

Kalifornien Cap-and-Trade-Angaben

Issue	Details and Discussion
Status of Regulation	
Legal Status	California Air Resources Board (CARB) adopted final regulations on October 20, 2011. The regulation has been amended periodically since then. The legislature authorized an extension of the program through 2030 in 2017.
Regulation Coverage	
Threshold of Coverage	Sources that emit at least 25,000 metric tons CO2e/year are subject to regulation, including importers of electricity to the state.
Gases Covered	The six gases covered by the Kyoto Protocol (CO2, CH4, N2O, HFCs, PFCs, SF6), plus NF3 and other fluorinated greenhouse gases.
Sectors Covered: Phase 1 (2013-2014)	Electricity generation, including imports Industrial sources
Sectors Covered: Phase 2 (2015-onward)	Includes sectors covered in Phase 1, plus: Distributors of petroleum Distributors of natural gas

Issue	Details and Discussion
Point of Regulation	Electricity generators (within California) Electricity importers Industrial facility operators Fuel distributors
Allowance Allocation	
Distribution Method	Free allocation for electric utilities, industrial facilities and natural gas utilities (investor-owned utilities must sell free allowances and redistribute funds to customers) Free allocation to utilities declines over time Other allowances must be purchased at auction or via trade
Allocation Methodology	Industry: Based on output and sector-specific emissions intensity benchmark that rewards efficient facilities Electricity: Based on long-term procurement plans Natural gas: Based on 2011 sales
Auction	Quarterly, single round, sealed bid, uniform price Price minimum: Began at $10 in 2012 and increases 5 % annually over inflation Price maximum: Additional allowances are available for sale when prices reach an upper threshold, set at $40 in 2012, increasing 5 % annually over inflation. Beginning in 2021 a hard price ceiling will be set, and an unlimited supply of allowances will be available at this price. Investor-owned utilities must consign their free allowances to be sold at auction; must use proceeds for ratepayer benefit Additional information, including auction results, can be found here
Emission Targets / Allowance Budget	162.8 MMT in 2013 (electricity and industry) 394.5 MMT in 2015 (includes all covered sectors) 334.2 MMT in 2020 200.5 MMT in 2030 (See Figure 2 below)
Compliance Flexibility	
Banking	A participating entity may bank allowances for future use and these allowances will not expire. However, regulated entities are subject to holding limits, restricting the maximum number of allowances that an entity may bank at any time. The holding limit quantity is based on a multiple of the entity's annual allowance budget.
Borrowing	Borrowing of allowances from future years is not allowed.
Offsets: Quantity	Allowed for 8 % of total compliance obligation

Issue	Details and Discussion
	through 2020; 4 % between 2021 and 2025; 6 % between 2026 and 2030. Beginning in 2021 at least half the offsets used for compliance must come from projects that directly benefit California.
Offsets: Protocols	Offsets must comply with CARB-approved protocols. Protocols currently exist for: forestry (including urban forestry), dairy digesters, ozone depleting substances projects, mine methane capture, and rice cultivation. Offset projects may be located anywhere in the U.S. All offset projects developed under a CARB Compliance Offset Protocol must be listed with an ARB approved Offset Project Registry.
Strategic Reserve	A percentage of allowances is held in a strategic reserve by CARB in three tiers with different prices: $40, $45, $50 in 2013, rising 5 % annually over inflation. The strategic reserve will help constrain compliance costs by adding supply to the market when prices would otherwise be above the tiers.
Compliance Period	3-year compliance periods (following 2-year Phase 1), with a partial surrender obligation due each year.
Emissions Reporting and Verifiycation	
Reporting	Covered entities must report annually (as required since 2008).
Registration	Covered entities and other participants must register with CARB to participate in allowance auctions.
Verification	Reported emissions must be verified by a third party.
Compliance and Enforcement	
Annual Obligation	Entities must provide allowances and/or offsets for 30 % of their previous year's emissions each year.
Compliance Period Obligation	At the end of every multi-year compliance period, entities must provide allowances and/or offsets for the balance of emissions from the entire compliance period.
Noncompliance	If a deadline is missed or there is a shortfall, four allowances must be surrendered for every metric ton not covered in time.
Trading and Enforcement	The regulation expressly prohibits any trading involving a manipulative device, a corner of or an attempt to corner the market, fraud, attempted fraud, or false or inaccurate reports. Violations of the regulations can result in civil or criminal penalties. Perjury statutes apply. The program includes mechanisms to monitor for and prevent market manipulation.

Issue	Details and Discussion
Linking	
Direct linkages	California's program is directly linked with similar programs in Québec (as of January 1, 2014) and Ontario (as of January 1, 2018). Offsets and allowances can be traded across jurisdictions. The linked jurisdictions hold joint auctions together.
Indirect linkages	California has a Memorandum of Understanding with the Mexican state of Chiapas and the Brazilian state of Acre to develop sector-based offsets from projects that reduce emissions from deforestation and land degradation (REDD). A working group submitted recommendations for REDD protocols, though no REDD compliance protocols have been approved by CARB.
	Washington state's Clean Air Rule accepts allowances from out-of-state programs for a facility's compliance obligation. Washington's Department of Ecology is working to identify which carbon market(s)'s allowances would be eligible, and California is one possibility. If out-of-state buyers entered the market for California allowances, it could affect prices for California entities through an indirect linkage.

Kalifornisches Gesamtprogramm zum Klimawandel

Das kalifornische Cap-and-Trade-Programm ist nur ein Element seiner breit angelegten Klimaschutzinitiative, die im California Global Warming Solutions Act von 2006 (AB 32) und im Verlängerungsgesetz SB 32 für 2016 genehmigt wurde. AB 32 setzt eine landesweite CO2-Grenze für 2020, während SB 32 eine landesweite Grenze für 2030 festlegt. AB 32 strebt danach, den Klimawandel durch ein umfassendes Programm zur Reduzierung der Treibhausgasemissionen aus praktisch allen Quellen im ganzen Land zu bremsen.

AB 32 und andere staatliche Gesetze erfordern auch eine Vielzahl von Maßnahmen, die darauf abzielen, die Auswirkungen des Staates auf das Klima zu verringern, wie z. B. einen Renewable Portfolio Standard, einen Low Carbon Fuel Standard und eine Vielzahl von Landnutzungs- und Energieeffizienzstandards und -anreizen. Das kalifornische Cap-and-Trade-Programm fungiert als Backstop, um sicherzustellen, dass das globale Treibhausgasziel erreicht wird, unabhängig von der Leistung dieser ergänzenden Maßnahmen. Die folgende Abbildung zeigt die Programme, die CARB implementiert, um die Ziele von AB 32 und die prognostizierten Auswirkungen der einzelnen Programme zu erreichen. Weitere Informationen über die Maßnahmen, die CARB als

Reaktion auf AB 32 ergriffen hat, finden Sie auf der Seite AB 32 Scoping Plan mit den neuesten Informationen von CARB darüber, wie der Staat seine Treibhausgasminderungsziele erreicht.

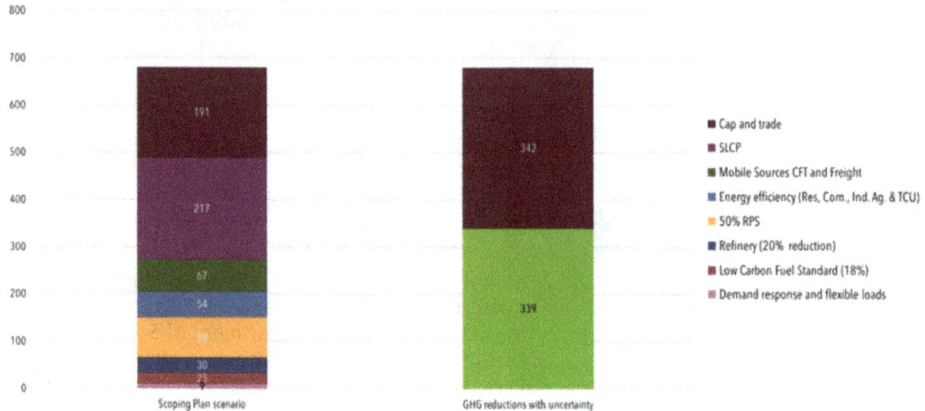

Projected Reductions (in MMT CO2e) Caused by AB 32 Measures by 2020 and Share of Total. (Quelle: California Greenhouse Gas Emission Inventory Program (CARB, 2017); Courtesy, Center for Climate and Energy Solutions)

Auktionserlöse

Obwohl im Rahmen des kalifornischen Programms eine beträchtliche Anzahl von Emissionszertifikaten frei zugeteilt wird, werden viele davon auch versteigert. Das erste Jahr der Auktionen brachte dem Staat mehr als 525 Millionen Dollar ein. Der Staat geht davon aus, dass die jährlichen Auktionserlöse im Laufe der Zeit steigen werden. Ein Paar Gesetze aus dem Jahr 2012 haben Richtlinien festgelegt, wie dieser Jahresumsatz ausgezahlt wird. Die beiden Gesetze identifizieren keine spezifischen Programme, die von den Einnahmen profitieren würden, aber sie bieten einen Rahmen dafür, wie der Staat Cap-and-Trade-Einnahmen in lokale Projekte investiert.

Das erste Gesetz, AB 1532, schreibt vor, dass die Einnahmen aus der Versteigerung für Umweltzwecke verwendet werden müssen, wobei der Schwerpunkt auf der Verbesserung der Luftqualität liegt. Die zweite, SB 535, verlangt, dass mindestens 25 % der Einnahmen für Programme zugunsten benachteiligter Gemeinschaften ausgegeben werden, die in der Regel überproportional unter der Luftverschmutzung leiden. Die California Environmental Protection Agency identifiziert benachteiligte Gemeinden für Investitionsmöglichkeiten, während das Finanzministerium des Bundesstaates die Ausgaben für diese Einnahmen überwacht, um die direkten gesundheitlichen Auswirkungen des Klimawandels abzumildern. AB 398, die Gouverneur Jerry Brown am 25. Juli 2017 unterzeichnet hat, präzisiert die Prioritäten für Investitionen wie folgt:

- Reduzierung von Luftschadstoffen und Kriterien für Luftschadstoffe
- Förderung des kohlenstoffarmen und -freien Transports
- Nachhaltige Landwirtschaft
- Gesunde Wälder und städtische Grünanlagen
- Reduzierung kurzlebiger Klimaschadstoffe
- Förderung der Klimaanpassung und der Widerstandsfähigkeit des Klimas
- Unterstützung der Forschung im Bereich Klima und saubere Energie".

Anhang 2: CO2-Emissionen im Makromodell der geschlossenen Volkswirtschaft: Weltwirtschaft

(aus Welfens EIIW Working Paper 260)

Ein einfaches mittelfristiges neues Makromodell der Weltwirtschaft (geschlossene Volkswirtschaft) ist für die Betrachtung der Problematik der CO2-Emissionseffekte und notweniger Klimaschutzforschungsausgaben unmittelbar nützlich. In der modifizierten Verwendungsgleichung für das reale Bruttoinlandsprodukt Y (Gleichung 1) beziehungsweise in der Gütermarkt-Gleichgewichtsbedingung werden betrachtet auf der rechten Seite des Gleichheitszeichens (also als Teile der gesamtwirtschaftlichen Nachfrage): Konsum C, die unternehmensseitigen Investitionen $[b(ßY/K - r)(1 - v''P'/P)]$, reale Forschungsausgaben für Klimaschutz $R'(P'/P)$, wobei P' der CO2-Zertifikatepreis und P das Güterpreisniveau und G der Staatsverbrauch ist; R' ist ein exogener Forschungsausgabeparameter im System. Die gesamtwirtschaftliche Produktionsfunktion sei $Y = (1 - H'P'/P)K^ß(AL)^{(1-ß)}$, wobei K Realkapital, A Wissen und L Arbeit sei; $0<ß<1$; es gelte $H'>0$ und $0 < H'P'/P$ wobei der Term $H'P'/P$ einen klimaproblembedingten Verlustfaktor darstellt, der letztlich entsprechende Überschwemmungen und Extremwetterereignisse wiederspiegelt. Das Grenzprodukt des Kapitals ist also $ßY/K$ und die Investitionsfunktion nutzt einen positiven Parameter b (und die Differenz zwischen Grenzprodukt des Kapitals und Realzins r) sowie eine Klimaschutzinvestition $b'v''P'/P$ ($b'>0$ ist ein Unternehmensparameter, v'' ein positiver Politikparameter), der einem Subventionszuschlag des Staates (mit $v''>0$) abbildet, der proportional zum realen CO2-Zertifikatepreis ist. Die Forschungsausgaben für Klimaschutz betragen $R'(P'/P)$, wobei man R' im einfachsten Fall als staatlichen Forschungssubventionsbetrag betrachten kann.

$$(1)\ Y = c(1 - \tau)(1 - v'P'/P)Y + [b(ßY/K - r) + b'v''(P'/P)] + R'(P'/P) + G$$

Die Steigung im Y-(P'/P-Diagramm) ergibt sich aus Gleichung (1). Aus dieser Gleichgewichtsbedingung kann für konstantes r die Gleichgewichtslinie des Gütermarktes in Y-(P'/P)-Diagramm dargestellt werden. Die Differenzierung der obigen Gleichung ergibt die Steigung der ISP'-Kurve. Die nächste Gleichgewichtsbedingung zeigt nominales Geldangebot M = nominale Geldnachfrage – für die Situation einer erwarteten Inflationsrate von 0 (Parameter V' und h jeweils positiv). Das effektive Preisniveau ist das Güterpreisniveau plus ein Zuschlagsfaktor für die Höhe des CO2-Emissionszertifikatepreises. Der Zertifikatemarkt sei im Gleichgewicht durch die Gleichung (3) implizit bestimmt, wobei der Relativpreis P'/P positiv von Y abhängt und negativ von den effektiven Forschungsaufwendungen R'(P'/P):

(2) $M = P(1+V'P')Y/(hr)$
(3) $P'/P = n'Y - n''(1+R'(P'/P))$

Endogen sind hier die Variablen Y, r ,P' (oder P'/P); als Multiplikatoren für dieses mittelfristige einfache Modell sind zu betrachten:

$dY/dM, dY/dG, dY/dR', dY/d\tau$
$dr/dM, dr/dG, dr/dR', dr/d\tau$
$dP'/dM, dP'/dG, dP'/dR', dY/d\tau$

Eigentlich ist auch zu betrachten, dass die Investitionssubventionen den Einkommenssteuersatz erhöhen, da die Steuereinnahmen ausreichen müssen, um den Staatsverbrauch und die realen Investitionssubventionen zu finanzieren. Die Wohlfahrtseffekte könnten durch eine Funktion H(Y, P'/P) abgebildet werden, wobei die partielle Ableitung in Bezug auf P'/P positiv ist, da eine hohe P'/P-Preisrelation eine geringe Menge an CO_2-Emissionen bedeutet und letztlich quasi auf ein erhöhtes Konsumrisiko (bei mehr Überschwemmungen und Extremwetterereignissen) hinausläuft. Tatsächlich ließe sich ein erweitertes stochastisches Makromodell entwickeln und auch empirisch implementieren.

Ein langfristiges Wachstumsmodell – als endogenes Wachstumsmodell – wäre in Ergänzung für langfristige Analyse notwendig. Es kann allerdings auf umfassende neue Modellierungen hier schon verwiesen werden: BRETSCHGER (2019).

Literatur

BRETSCHGER, L. (2019), Malthus in the Light of Climate Change, CER-ETH – Center of Economic Research at ETH Zurich Working Paper 19/320

WELFENS, P. J. J. (2019c), Macroeconomic Model with CO2 Emissions and An Emission Certificate Trading Market, EIIW Discussion Paper No. 260, www.eiiw.eu, EIIW at the University of Wuppertal

Anhang 3: Welt-Hitzekarte Juli 2019 (University of California at Berkeley)

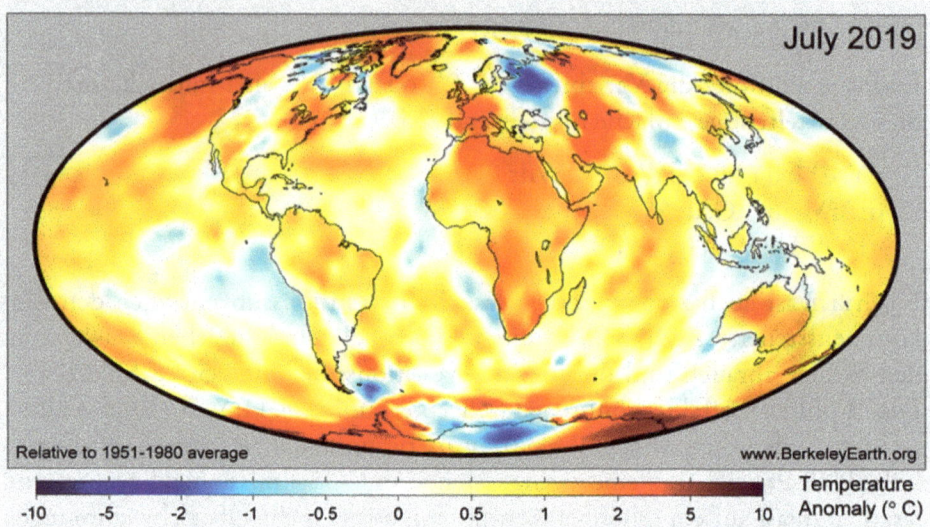

Quelle: ROHDE (2019), https://twitter.com/RARohde/status/1162011232095920128 Robert Rohde, Lead Scientist at BerkeleyEarth.org

Anhang 4: Sustainability Development Goals

Die UN hat eine Reihe von Sustainability Development Goals verabschiedet (siehe Übersicht), die häufig in der Politik einzeln adressiert werden. Das ist allerdings aus analytischer Sicht nicht wirklich überzeigend, da einige der Ziele inhaltlich miteinander verbunden sind. So ist etwa – wie gezeigt – das Thema Klimaschutzpolitik indirekt verknüpft mit der Aufgabe, größere Ungleichheit zu begrenzen. Bei dieser Thematik besteht umfassender weiterer Forschungsbedarf.

Anhang 5: Mitglieder der „Kohle-Kommission" (Vorsitzende und weitere Mitglieder der Kommission für Wachstum, Strukturwandel und Arbeitsplätze)

Vier Vorsitzende:
Brandenburgs Ex-Regierungschef Matthias Platzeck, Ex-Kanzleramtschef Ronald Pofalla (DB-Bahnvorstand), Professorin Barbara Praetorius und Sachsens Ex-Ministerpräsident Stanislaw Tillich

Weitere Mitglieder:
Prof. Dr. h.c. Jutta Allmendinger, Präsidentin des Wissenschaftszentrums Berlin für Sozialforschung
Antje Grothus, Bürgerinitiative Buirer für Buir und Koordinatorin Kohlepolitik NRW bei der Klima-Allianz Deutschland
Gerda Hasselfeldt, Präsidentin des Deutschen Roten Kreuzes (DRK) e.V.
Christine Herntier, Bürgermeisterin Spremberg, Sprecherin für die Brandenburger Kommunen der Lausitzrunde
Martin Kaiser, Geschäftsführer Greenpeace
Steffen Kampeter, Hauptgeschäftsführer der Bundesvereinigung der Deutschen Arbeitgeberverbände (BDA)
Stefan Kapferer, Vorsitzender der Hauptgeschäftsführung des Bundesverbandes der Energie und Wasserwirtschaft (BDEW) e.V.
Prof. Dieter Kempf, Präsident des Bundesverbandes der Deutschen Industrie (BDI) e.V.
Stefan Körzell, Mitglied im geschäftsführenden Bundesvorstand des Deutschen Gewerkschaftsbundes (DGB)
Michael Kreuzberg, Landrat des Rhein-Erft-Kreises
Dr. Felix Matthes, Forschungskoordinator Energie und Klimapolitik des Ökoinstituts e.V.
Claudia Nemat, Mitglied des Vorstands der Deutschen Telekom AG
Prof. Dr. Kai Niebert, Leiter des Lehrstuhls Didaktik der Naturwissenschaften und der Nachhaltigkeitsforscher an der Universität Zürich sowie Gastprofessor an der Fakultät Nachhaltigkeit der Leuphana Universität Lüneburg
Prof. Dr. Annekatrin Niebuhr, Professorin für Arbeitsmarkt- und Regionalforschung an der Christian-Albrechts-Universität zu Kiel und wissenschaftliche Mitarbeiterin im IAB Nord

Reiner Priggen, Vorstandsvorsitzender des Landesverbandes Erneuerbare Energien NRW e.V.
Katherina Reiche, Hauptgeschäftsführerin des Verbandes kommunaler Unternehmen (VKU) e.V.
Gunda Röstel, Geschäftsführerin der Stadtentwässerung Dresden GmbH und Prokuristin bei Gelsenwasser AG
Andreas Scheidt, Mitglied im Bundesvorstand der Gewerkschaft ver.di
Prof. Dr. Hans Joachim Schellnhuber, Direktor, Potsdam-Institut für Klimafolgenforschung (PIK)
Dr. Eric Schweitzer, Präsident des Deutschen Industrie- und Handelskammertages (DIHK)
Michael Vassiliadis, Vorsitzender der Industriegewerkschaft Bergbau, Chemie, Energie (IGBCE)
Prof. Dr. Ralf B. Wehrspohn, Leiter des Fraunhofer-Instituts für Mikrostruktur von Werkstoffen und Systemen (IMWS)
Hubert Weiger, Vorsitzender des Bunds für Umwelt und Naturschutz Deutschland (BUND) e.V.
Hannelore Wodtke, Vorsitzende der Wählergruppe „Grüne Zukunft Welzow"

Mitglieder des Deutschen Bundestages, die als Personen mit Rede-, aber ohne Stimmrecht an den Sitzungen der Kommission teilnehmen:
Andreas G. Lämmel, MdB
Dr. Andreas Lenz, MdB
Dr. Matthias Miersch, MdB

Anhang 6: Mitglieder der Ethik-Kommission zum Atomausstieg

Nach dem Fukushima-Atomkraftwerksunglück in Japan in 2011 hat die Deutsche Bundesregierung eine Kommission zur Frage eines möglichen Atomausstieges in Deutschland eingesetzt (17 Mitglieder, nachfolgende Liste aus der Seite der Bundesregierung (https://www.bundesregierung.de/breg-de/suche/schnell-und-gruendlich-arbeiten-335528, letzter Zugriff am 10.09.2019) und Wikipedia (https://de.wikipedia.org/wiki/Ethikkommission_f%C3%BCr_eine_sichere_Energieversorgung, letzter Zugriff am 10.09.2019).

Die Leitung der Kommission lag bei zwei Personen:
- Klaus Töpfer (CDU), ehemals deutscher Bundesumweltminister und ehemaliger Exekutivdirektor des Umweltprogramms der Vereinten Nationen (UNEP)
- Matthias Kleiner, Präsident der DFG (Deutschen Forschungsgemeinschaft)

Weitere Mitglieder der Kommission:
- Ulrich Beck, ehemaliger Soziologieprofessor an der Ludwig-Maximilians-Universität München
- Klaus von Dohnanyi (SPD), früherer Bundesbildungsminister
- Ulrich Fischer, Landesbischof der Evangelischen Landeskirche in Baden
- Alois Glück (CSU), Präsident des Zentralkomitees deutscher Katholiken
- Jörg Hacker, Präsident der Deutschen Akademie der Naturforscher Leopoldina
- Jürgen Hambrecht, Vorstandsvorsitzender der BASF
- Volker Hauff (SPD), ehemaliger Bundesminister für Forschung und Technologie
- Walter Hirche (FDP), Präsident der Deutschen UNESCO-Kommission
- Reinhard Hüttl, Vorstandsvorsitzender des Deutschen GeoForschungs-Zentrums Potsdam und Präsident der Deutschen Akademie der Technikwissenschaften
- Weyma Lübbe, Philosophin, Mitglied im Deutschen Ethikrat
- Reinhard Marx, Erzbischof von München und Freising
- Lucia Reisch, Wirtschaftswissenschaftlerin, Professorin an der Copenhagen Business School, Mitglied im Rat für Nachhaltige Entwicklung (RNE)

- Ortwin Renn, Risikoforscher, Soziologieprofessor an der Universität Stuttgart, Vorsitzender des Nachhaltigkeitsbeirats von Baden-Württemberg
- Miranda Schreurs, Politikwissenschaftlerin, Leiterin des Forschungszentrums für Umweltpolitik an der Freien Universität Berlin
- Michael Vassiliadis (SPD), Vorsitzender der IG Bergbau, Chemie, Energie

Auch dies ist eine Liste von Persönlichkeiten und repräsentierten Gruppen, gegen deren Empfehlung man wegen der für jedermann sichtbaren Majestäthaftigkeit der Zusammensetzung der Kommission eigentlich nichts sagen kann – sie ist ein Ersatzparlament; das kann aber nicht der Sinn der Demokratie sein. Die Politik mag argumentieren, dass man alle gesellschaftlichen Gruppen einbeziehen wollte, tatsächlich wird aber durch solche Mega-Kommissionen – ohne Schwerpunkt auf Experten, sondern Fokus auf einflussreichen Gruppen in der Gesellschaft beziehungsweise der Politik – eine quasi-autoritäre Vorgabe gemacht; die Empfehlungen der Kommission sind quasi unumstößlich.

Die eigentlich notwendige öffentliche Diskussion zu einem sehr wichtigen Thema, nämlich dem Atomausstieg, wurde in die Kommission gezwängt. Ein solches Vorgehen schadet der Demokratie. Man kann zwar ansatzweise verstehen, dass die Bundesregierung via Einsetzung einer solchen Mega-Kommission einer schwierigen öffentlichen Diskussion aus Bequemlichkeitsgründen entziehen will, aber diese Vorgehensweise ist gerade nicht kompatibel mit dem Modell der westlichen Demokratie. Die Bezeichnung „Ethikkommission für eine sichere Energieversorgung" klingt dazu noch besonders andächtig, denn welcher normale Bürger, welche Abgeordneten möchten sich denn zu einem Teilgebiet der Philosophie, der Ethik, äußern.

Anhang 7: G20+Plus

G20Plus Zahlen (Mt = Megatonnen)

Länder	Emissionen in MtCO2	Bevölkerung	CO2 pro Kopf in kg	BIP, KKP (in Milliarden mit 2011 verkette internationale Dollar)	Anteil des weltweiten CO2 in %
Argentinien	204,3234	44 044 811	4 638,989	834,435	0,565 %
Australien	413,0927	24 601 860	16 791,117	1 104,329	1,143 %
Belgien	100,116	11 375 158	8 801,284	486,641	0,277 %
Brasilien	476,0668	207 833 831	2290,613	2 958,726	1,317 %
Bulgarien	49,0712	7 075 947	6 934,930	131,657	0,136 %
China	9 838,754	1 386 395 000	7 096,646	21 148,060	27,214 %
Dänemark	34,5501	5 764 980	5 993,100	272,509	0,096 %
Deutschland	799,3732	82 657 002	9 670,968	3 757,755	2,211 %
Estland	19,8093	1 317 384	15 036,846	39,411	0,055 %
Finnland	45,956	5 508 214	8 343,176	225,936	0,127 %
Frankreich	356,3007	66 865 144	5 328,646	2 604,787	0,986 %
Griechenland	76,0004	10 754 679	7 066,729	264,583	0,210 %
Indien	2 466,7654	1 338 658 835	1 842,714	8 722,932	6,823 %
Indonesien	486,8438	264 645 886	1 839,605	2 953,718	1,347 %
Irland	39,7384	4 807 388	8 266,110	320,193	0,110 %
Italien	355,4542	60 536 709	5 871,713	2 141,375	0,983 %
Japan	1 205,0612	126 785 797	9 504,702	4 932,902	3,333 %
Kanada	572,7826	36 540 268	15 675,380	1 602,379	1,584 %
Korea, Rep.	616,0967	51 466 201	11 970,899	1 849,612	1,704 %
Kroatien	17,1816	4 124 531	4 165,710	94,183	0,048 %
Lettland	7,1668	1 942 248	3 689,951	48,614	0,020 %
Litauen	13,3939	2 828 403	4 735,499	83,732	0,037 %
Luxemburg	9,2947	596 336	15 586,347	55,520	0,026 %
Malta	1,4445	467 999	3 086,545	17,311	0,004 %
Mexiko	490,2946	124 777 324	3 929,357	2 239,631	1,356 %
Niederlande	164,0459	17 131 296	9 575,802	835,821	0,454 %
Nigeria	107,3009	190 873 311	562,158	1 021,447	0,297 %

Länder	Emissionen in MtCO2	Bevölkerung	CO2 pro Kopf in kg	BIP, KKP (in Milliarden mit 2011 verkette internationale Dollar)	Anteil des weltweiten CO2 in %
Österreich	69,9418	8 797 566	7 950,131	400,228	0,193 %
Polen	326,6045	37 974 826	8 600,553	1 038,470	0,903 %
Portugal	54,8636	10 300 300	5 326,408	288,765	0,152 %
Rumänien	79,9955	19 587 491	4 084,010	459,162	0,221 %
Russland	1 692,7948	144 496 740	11 715,107	3 680,186	4,682 %
Saudi Arabien	635,0111	33 099 147	19 185,120	1 615,369	1,756 %
Schweden	41,5015	10 057 698	4 126,342	469,505	0,115 %
Slowakische Republik	35,3862	5 439 232	6 505,735	163,900	0,098 %
Slowenien	14,6096	2 066 388	7 070,115	64,784	0,040 %
Spanien	281,422	46 593 236	6 039,975	1 596,709	0,778 %
Südafrika	456,3252	57 000 451	8 005,642	697,308	1,262 %
Tschechische Republik	107,8958	10 594 438	10 184,193	345,069	0,298 %
Türkei	447,8972	81 101 892	5 522,648	2 029,495	1,239 %
Ungarn	50,3447	9 787 966	5 143,530	262,910	0,139 %
Vereinigte Staaten	5 269,5295	325 147 121	16 206,601	17 711,023	14,576 %
Vereinigtes Königreich	384,7068	66 058 859	5 823,697	2633,261	1,064 %
Zypern	7,5147	1 179 680	6 370,117	28,470	0,021 %
Summe	**28 922,6235**	**4 949 659 573**	**Ø 7 152**	**94 232,815**	
Welt	36 153	7 510 990 456		116 746,257	
EU/Welt	9,80 %	6,82 %		16,39 %	
G20/Welt	79,70 %	63,36 %		79,84 %	
G20+/Welt	80,00 %	65,90 %		80,72 %	

Quelle: Eigene Darstellung

Anhang 8: Optimale Emissionsminderung

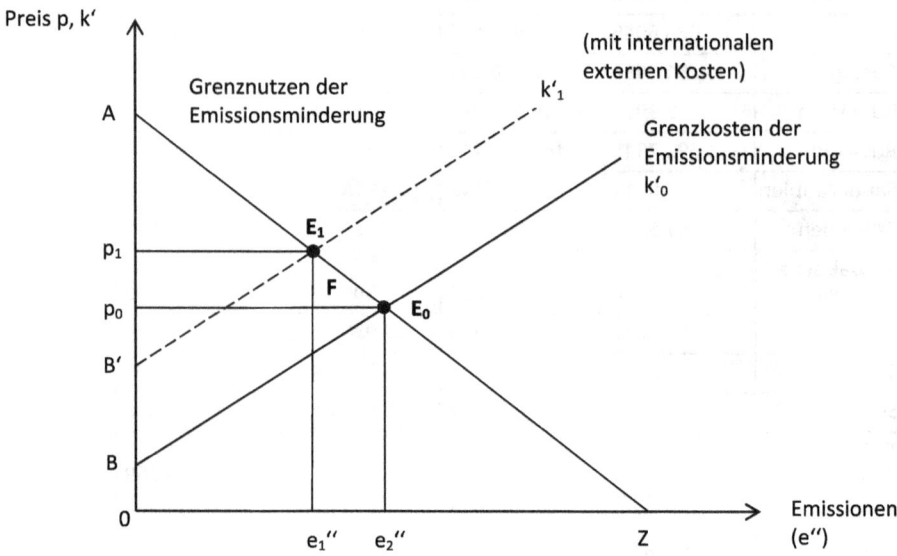

In einem stilisierten Modell kann man das optimale Emissionsniveau (e″) bestimmen, wobei nur eine nationale Perspektive auf eine hohe Emissionsmenge e''_2 führt; betrachtet man auf der Kostenseite zusätzlich die internationalen externen Grenzkosten – die von privaten Anbietern auf Märkten im betrachteten Land 1 ignorierten „Zusatzkosten" im Ausland für dort lebende Menschen –, dann wird die optimale Marktlösung bei einer verminderten Emissionsmenge e_1 liegen; der Gleichgewichtspunkt ist E_1 und nicht wie anfänglich E_0. Das Marktpreisniveau (Zertifikatepreis) liegt bei p_1.

Anhang 9: Statistik der Treibhausgasemissionen – Emissionskataster

Gesamte Treibhausgasemissionen (einschließlich des internationalen Luftverkehrs und des indirekten CO_2, ohne LULUCF) Trend, EU-28, 1990–2017 (Index 1990 =100)

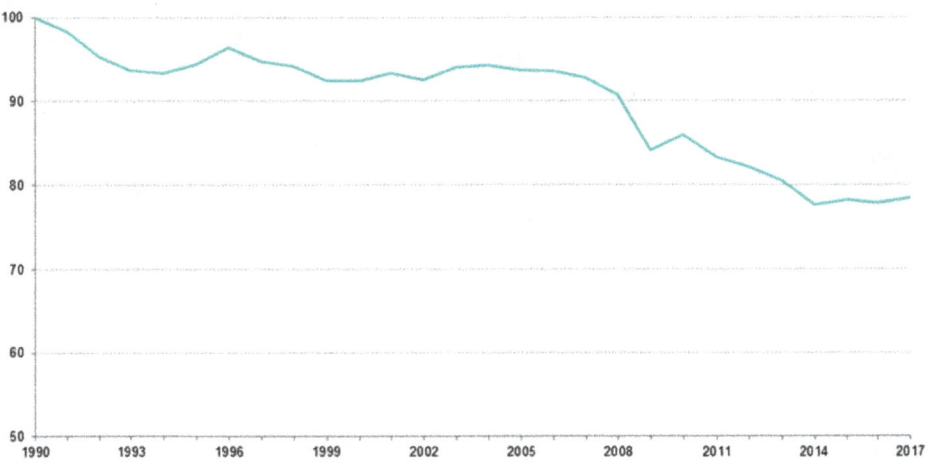

Quelle: Eurostat (env_air_gge), Europäische Umweltagentur, https://ec.europa.eu/eurostat/statistics-explained/index.php/Greenhouse_gas_emission_statistics

Gesamte Treibhausgasemissionen (einschließlich internationaler Luftfahrt und indirektem CO2, ohne LULUCF), nach Ländern, 1990–2017 (Millionen Tonnen CO2-Äquivalente)

	1990	1995	2000	2005	2010	2015	2017	Share in EU-28*
EU-28	5 722.9	5 397.8	5 287.2	5 362.0	4 917.5	4 470.3	4 483.1	100.0%
Belgium	149.7	157.6	154.5	148.9	137.1	121.6	119.4	2.7%
Bulgaria	102.6	75.5	59.8	64.5	61.1	62.2	62.1	1.4%
Czechia	199.8	158.7	151.1	149.5	141.7	129.5	130.5	2.9%
Denmark	72.1	80.1	73.2	68.8	65.5	50.8	50.8	1.1%
Germany	1 263.2	1 138.1	1 064.7	1 016.5	967.0	931.8	936.0	20.9%
Estonia	40.5	20.3	17.4	19.3	21.3	18.3	21.1	0.5%
Ireland	56.5	60.3	70.3	72.0	63.4	61.7	63.8	1.4%
Greece	105.6	111.8	128.9	138.9	121.0	98.2	98.9	2.2%
Spain	293.3	335.3	397.1	452.6	370.1	351.8	357.3	8.0%
France	556.6	553.8	567.0	570.7	528.0	477.3	482.0	10.8%
Croatia	32.4	23.2	26.1	30.3	28.4	24.6	25.5	0.6%
Italy	522.1	538.3	562.1	589.2	514.7	443.7	439.0	9.8%
Cyprus	6.4	7.9	9.2	10.2	10.3	9.1	10.0	0.2%
Latvia	26.5	13.0	10.6	11.6	12.7	11.6	11.8	0.3%
Lithuania	48.6	22.5	19.6	23.0	20.9	20.5	20.7	0.5%
Luxembourg	13.1	10.7	10.6	14.3	13.4	11.6	11.9	0.3%
Hungary	94.2	75.9	73.9	76.2	65.7	61.3	64.5	1.4%
Malta	2.3	3.0	3.1	3.2	3.2	2.5	2.6	0.1%
Netherlands	226.4	239.3	229.8	225.8	224.1	207.5	205.8	4.6%
Austria	79.6	80.9	82.1	94.5	86.8	81.0	84.5	1.9%
Poland	475.0	445.7	396.3	404.3	413.1	392.3	416.3	9.3%
Portugal	60.8	70.8	84.3	88.1	71.7	71.1	74.6	1.7%
Romania	248.9	187.8	143.6	151.7	124.4	117.2	114.8	2.6%
Slovenia	18.7	18.8	19.1	20.6	19.7	16.9	17.5	0.4%
Slovakia	73.4	53.3	49.2	51.3	46.4	41.8	43.5	1.0%
Finland	72.3	72.8	71.3	71.2	77.4	57.2	57.5	1.3%
Sweden	72.7	74.7	70.4	68.6	66.4	55.7	55.5	1.2%
United Kingdom	809.9	767.6	741.9	726.2	642.1	541.5	505.4	11.3%
Iceland	3.8	3.7	4.4	4.4	5.2	5.4	5.9	0.1%
Lichtenstein	0.2	0.2	0.2	0.3	0.2	0.2	0.2	0.0%
Norway	51.9	51.8	55.7	56.3	56.8	56.1	54.4	1.2%
Switzerland	56.7	56.1	57.2	58.3	58.5	52.9	52.6	1.2%
Turkey	219.8	248.4	300.5	340.6	404.6	483.4	537.4	12.0%

*Share in EU-28 total in year 2017

Quelle: Eurostat (env_air_gge), Europäische Umweltagentur, https://ec.europa.eu/eurostat/statistics-explained/index.php/Greenhouse_gas_emission_statistics#Trends_in_greenhouse_gas_emissions

Gesamte Treibhausgasemissionen (einschließlich internationaler Luftfahrt und indirektem CO2, ohne LULUCF), nach Ländern, 2017 (Index 1990 = 100)

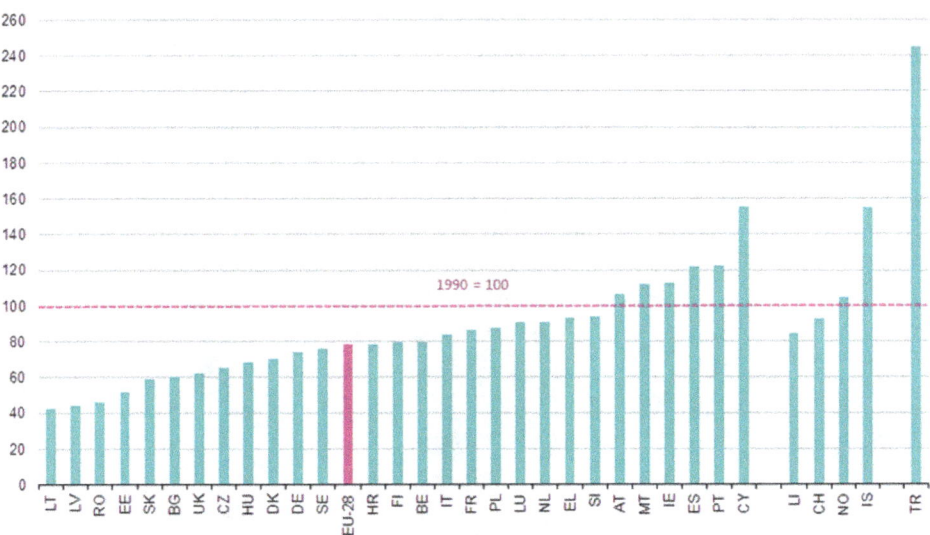

Quelle: Eurostat (env_air_gge), Europäische Umweltagentur, https://ec.europa.eu/eurostat/statistics-explained/index.php/Greenhouse_gas_emission_statistics#Trends_in_greenhouse_gas_emissions

Treibhausgasemissionen nach Quellensektor, EU-28, 1990 und 2017 (Prozentsatz der gesamten)

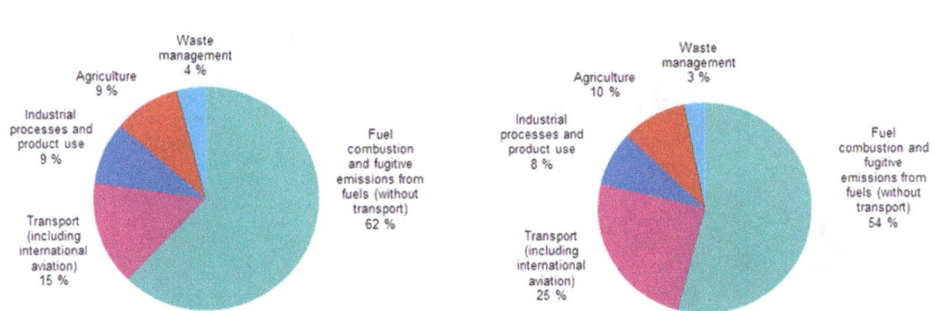

Quelle: Eurostat (env_air_gge), Europäische Umweltagentur, https://ec.europa.eu/eurostat/statistics-explained/index.php/Greenhouse_gas_emission_statistics#Trends_in_greenhouse_gas_emissions

Literaturverzeichnis

Agrawal, D. R.; Fox, W. F. (2017), Taxes in an e-commerce generation, *International Tax and Public Finance*, Vol. 24(5), 903-926, https://doi.org/10.1007/s10797-016-9422-3

Akimoto, K.; Tehrani, B.; Sano, F.; Oda, J.; Kainuma, M.; Masui, T.; Oshiro, K. (2015), MILES (Modelling and Informing Low Emissions Strategies) Project—Japan Policy Paper: A Joint Analysis of Japan's INDC

Arimura, T. (2018), The Potential of Carbon Market Linkage between Japan and China, in: ASIA SOCIETY POLICY INSTITUTE, Carbon Market Cooperation in Northeast Asia

Aswathy, V. N.; Boucher, O.; Quaas, M.; Niemeier, U.; Muri, H.; Mülmenstädt, J., and Quaas, J. (2015), Climate extremes in multi-model simulations of stratospheric aerosol and marine cloud brightening climate engineering, *Atmospheric Chemistry and Physics*, 15, 9593–9610, https://doi.org/10.5194/acp-15-9593-2015

BAFU (2018), Klimapolitik der Schweiz – Umsetzung des Übereinkommens von Paris, Umwelt-Info 2018, Bundesamt für Umwelt, Schweizerische Eidgenossenschaft, BAFU: Bern

Bastin, J. F. et al. (2019), The global tree restoration potential, Science, Vol. 365(6448), 76-79, http://dx.doi.org/10.1126/science.aax0848

BCG/Prognos (2019), Pfade zum Klimaschutz, Studie für BDI, Januar 2018, https://www.prognos.com/uploads/tx_atwpubdb/20180118_BDI_Studie_Klimapfade_fuer_Deutschland_01.pdf

Bell, A.; Chetty, R.; Javarel, X.; Petkova, N.; Van Reenan, J. (2019), Do tax cuts produce more Einsteins? The impacts of financial incentives versus exposure to innovation on the supply of inventors, Joseph A. Schumpeter Lecture 2017, Journal of the European Economic Association, Vol. 17(3), 651–677, https://doi.org/10.1093/jeea/jvz013

BMU (2018), Klimaschutz in Zahlen – Fakten, Trends und Impulse deutscher Klimapolitik, Ausgabe 2018, Bundesministerium für Umwelt, Naturschutz und nukleare Sicherheit: Berlin, https://www.bmu.de/fileadmin/Daten_BMU/Pools/Broschueren/klimaschutz_in_zahlen_2018_bf.pdf

BMU (2019), G20 – Die Gruppe der Zwanzig, Bundesministerium für Umwelt, Naturschutz und nukleare Sicherheit, https://www.bmu.de/themen/nachhaltigkeit-internationales/int-umweltpolitik/g7-und-g20/g20/ (letzter Zugriff am 06.09.2019)

Borenstein, S. et al. (2018), Expecting the Unexpected: Emissions Uncertainty and Environmental Market Design, Energy Institute at Haas, WP 274R, UC Berkeley

Bovenberg, L. A.; Goulder, L. H. (2001), Neutralizing the Adverse Industry Impacts of CO2 Abatement Policies: What Does It Cost?, in: Carraro, C; Metcalf, G.E. (Eds.), Behavioral and Distributional Effects of Environmental Policy, Chicago: University of Chicago Press, 45–85

Bretschger, L. (2019), Malthus in the Light of Climate Change, CER-ETH – Center of Economic Research at ETH Zurich, Working Paper 19/320

Burmeister, J.; Peterson S. (2017), National Climate Policies in Times of the European Union Emission Trading System (EU ETS), Kiel Working Paper No. 2052, Institute for World Economics

Burtraw, D.; Palmer, K. L. (2008), Compensation rules for climate policy in the electricity sector, *Journal of Policy Analysis and Management*, Vol. 27(4), 819–47, https://doi.org/10.1002/pam.20378

Bushnell, J. B.; Chong, H.; Mansur, E. T. (2013), Profiting from Regulation: Evidence from the European Carbon Market, *American Economic Journal: Economic Policy*, Vol. 5, 78-106, http://dx.doi.org/10.1257/pol.5.4.78

Coady, D. et al. (2015), How Large Are Global Energy Subsidies?, IMF Working Paper, Washington DC

Coady, D. et al. (2019), Global Fossil Fuel Subsidies Remin Large: An Update Based on Country-Level Estimates, IMF Working Paper, Washington DC

Cogan, J. F.; Taylor, J. B.; Wieland, V.; Wolters, M.H. (2013), Fiscal consolidation strategy, *Journal of Economic Dynamics and Control*, Vol. 37(2), 404-421, https://doi.org/10.1016/j.jedc.2012.10.004

CPB/PBL (2016), Valuation of CO2 Emissions in CBA, The Hague

Dachs, B. (2017), Techno-Globalisierung als Motor des Aufholprozesses im österreichischen Innovationssystem, EIIW Discussion Paper No. 222, http://www.eiiw.eu/fileadmin/eiiw/Daten/Publikationen/Gelbe_Reihe/disbei222.pdf

Dachs, B. (2019), Techno-Globalisierung als Motor des Aufholprozesses in österreichischen Innovationssystem, in: Welfens, P. J. J. (Hg.), EU-Strukturwandel, Leitmärkte und Technoglobalisierung, Oldenbourg: de Gruyter

Dachs, B.; Budde, B. (2019), Fallstudie Nachhaltiges Bauen und Lead Markets in Österreich, in: Welfens, P. J. J. (Hg.), EU-Strukturwandel, Leitmärkte und Technoglobalisierung, Oldenbourg: de Gruyter Verlag

De Bruyn, S.; Schep, E.; Cherif, S. (2016), Calculation of additional profits of sectors and firms from the EU ETS, Report 7.H44, CE DELFT – Committed to the Environment, Delft

De Haas, R.; Popov, A. (2019), Finance and Carbon Emissions, ECB Working Paper (forthcoming)

Du, H. (2017), Mapping Carbon Emissions Embodied in Inter-Regional Trade of China. Presentation at the EIIW in Wuppertal at 8th of November 2017

EBRD (2017), Sustainability Report, European Bank for Reconstruction and Development, London: EBRD

Erdem, D. (2015), Foreign Direct Investments, Innovation Dynamics and Energy Efficiency, Hamburg: Verlag Dr. Kovač

EUROSTAT (2019), Greenhouse gas emission statistics – emission inventories, statistics explained, https://ec.europa.eu/eurostat/statistics-explained/pdfscache/1180.pdf

Flauger, J.; Stratmann, K. (2011), Die wahren Kosten der Kernkraft, Handelsblatt 24.03.2011, S. 1

Fouarge, D.; Schils, T.; De Grip, A. (2013), Why Do Low-Educated Workers Invest Less in Further Training?, *Applied Economics*, Vol. 45(18), 2587-2601

FRIDAYS FOR FUTURE (2019), Summer Meeting in Lausanne Europe (SMiLE), August 5th to 9th, 2019, https://smileforfuture.eu/ Frühauf, M. (2019), Finanzplatz Luxemburg plant nur noch grün, Frankfurter Allgemeine Zeitung, FAZ Online edition, 27.06.19, https://www.faz.net/aktuell/finanzen/finanzmarkt/luxemburgs-finanzminister-stellt-nachhaltigkeit-in-den-mittelpunkt-16255531.html, letzter Zugriff am 22.07.2019

Goolsbee, A. (2000), In a world without borders: The impact of taxes on Internet commerce, *Quarterly Journal of Economics*, Vol. 115(2), 561–576

Goulder, L. H.; Hafstead, M. A. C. (2013), Tax reform and environmental policy: Options for recycling revenue from a tax on carbon dioxide, Discussion Paper RFF DP 13-31, Resources for the Future: Washington DC

Goulder, L. H.; Hafstead, M. A. C.; Dworsky, M. (2010), Impacts of alternative emissions allowance allocation methods under a federal cap-and-trade program, *Journal of Environmental Economics and Management*, Vol. 60(3), 161–81, https://doi.org/10.1016/j.jeem.2010.06.002

Häring, N. (2019), Experten-Kommission hält Klimarettung aus der Portokasse für möglich, Handelsblatt Online Edition, 28.04.19, https://www.handelsblatt.com/politik/deutschland/umweltpolitik-experten-kommission-haelt-klimarettung-aus-der-portokasse-fuer-moeglich/24260878.html?ticket=ST-U7otBXQIoXKfZMeEqHWN-ap3, letzter Zugriff am 17.07.2019

Hebbink, G. et al. (2018), The price of transition: An analysis of the economic implications of carbon taxing, DNB Occasional Studies 1608, Netherlands Central Bank, Research Department, Amsterdam

Hennicke, P.; Welfens, P. J. J. (2012), Energiewende nach Fukushima: Deutscher Sonderweg oder weltweites Vorbild?, München: oekom Verlag

Hsu, A.; Weinfurter, A. (2018), All Climate Politics is Local, Foreign Affairs, online edition, September 24, https://www.foreignaffairs.com/articles/united-states/2018-09-24/all-climate-politics-local

I4CE/ENERDATA (2015), Exploring the EU ETS Beyond 2020, COPEC Research Program: the COordination of EU Policies on Energy and CO2 with the EU ETS by 2030, A first assessment of the EU Commission's proposal for Phase IV of the EU ETS (2021-2030), Institute for Climate Economics/Enerdata, November 2015

IMF (2019), Fiscal Policies For Paris Climate Strategies – From Principle To Practice, IMF Policy Paper, May 2019, International Monetary Fund: Washington DC, https://www.imf.org/~/media/Files/Publications/PP/2019/PPEA2019010.ashx

IRENA (2019), Renewable Capacity Statistics 2019, International Renewable Energy Agency, IRENA, Abu Dhabi

ITU (2019), Turning digital technology innovation into climate action, International Telecommunication Union, Geneva

Jaumotte, F.; Lall, S.; Papageorgiou, C. (2008), Rising Income Inequality: Technology, or Trade and Financial Globalization, IMF Working Paper WP/08/185, Washington DC

Jerger, J.; Mullineux, A.; Welfens, P. J. J. (Hg.) (2019), Institutional Changes and Economic Dynamics of International Capital Markets in the Context of Brexit, *International Economics and Economic Policy*, Vol. 16(1), Springer Berlin Heidelberg

Jones, R.; Basu, S. (2002), Taxation of Electronic Commerce: A Developing Problem, *International Review of Law, Computers & Technology*, Vol. 16(1), 35-51, https://doi.org/10.1080/13600860220136093

Jorgenson, D. W.; Wilcoxen, P. J. (1993), Reducing US carbon emissions: An econometric general equilibrium assessment, *Resource and Energy Economics*, Vol. 15(1), 7-25, https://doi.org/10.1016/0928-7655(93)90016-N

Jungmittag, A. (2017), Techno-Globalisierung, EIIW Discussion Paper No. 221, http://www.eiiw.eu/fileadmin/eiiw/Daten/Publikationen/Gelbe_Reihe/disbei221.pdf

Kearney, I. (2018), The macroeconomic effects of a carbon tax in the Netherlands, 13. September 2018, https://www.dnb.nl/binaries/appendix3_tcm46-379582.pdfKeohane, R.; Victor, D. (2010), The Regime Complex for Climate Change, The Harvard Project on International Climate Agreements, Harvard Kennedy School, Discussion Paper 10-33, January

Kim, E. S. (2014), Imagining Future Korean Carbon Markets: Coproduction of Carbon Markets, Product Markets, and the Government, Journal of Environmental Policy & Planning, 16, 459–477

Korus, A. (2019), Erneuerbare Energien und Leitmärkte in der EU und Deutschland, in: Welfens, P. J. J. (Hg.) (2019), EU-Strukturwandel, Leitmärkte und Techno-Globalisierung, Oldenbourg, De Gruyter

Latif, M. (2007), Bringen wir das Klima aus dem Takt? Hintergründe und Prognosen, Frankfurt a. M.: Fischer Taschenbuch Verlag

LBBW (2019), LBBW Corporates: Chancen und Risiken der CO2-Regulatorik fur Industrieunternehmen, Stuttgart, https://www.lbbw.de/konzern/news-and-services/medien-center/presseinfos/2019/20190730_lbbw_blickpunkt_chancen_und_risiken_der_co2-regulatorik_fuer_industrieunternehmen_m.pdf, letzter Zugriff am 15.08.2019

Lenton T. M.; Vaughan, N. E. (2009), The radiative forcing potential of different climate geoengineering options, Atmospheric Chemistry and Physics Discussions 9, 2559–2608

Lesch, H.; Zaun, H. (2008), Die kürzeste Geschichte allen Lebens, München: Piper

Liedtke, C.; Welfens, M. J. (2008): Mut zur Nachhaltigkeit. Vom Wissen zum Handeln, Didaktische Module, Wuppertal Institut für Forum für Verantwortung, WI, ASKO-EUROPA-Stiftung

Lundberg, J. (2017), The Laffer curve for high incomes, LIS Working papers 711, LIS Cross-National Data Center in Luxembourg

Menges, R.; Untiedt, G. (2016), Ökostromförderung in Schleswig-Holstein: Empirische Analyse der regionalen Verteilungswirkungen der EEG-Zahlungsströme, Studie im Auftrag der KSH-Gesellschaft für Energie- und Klimaschutz Schleswig-Holstein GmbH, Kiel, GEFRA, Münster

Moore, F.; Diaz, D. B. (2015), Temperature impacts on economic growth warrant stringent mitigation policy, *Nature Climate Change*, Vol. 5, 127–131, https://www.nature.com/articles/nclimate2481

NITI Aayog (2015), Report on India's Renewable Energy Roadmap 2030, Toward Accelerated Renewable Electricity Deployment, National Institute for Transforming India, Government of India, New Delhi

Nordhaus, W. D. (2016), Revisiting the social costs of carbon, PNAS, www.pnas.org/cgi/doi/10.1073/pnas.1609244114

OECD (2017), OECD Economic Surveys: United Kingdom, October 2017, OECD Publishing: Paris, https://read.oecd-ilibrary.org/economics/oecd-economic-surveys-united-kingdom-2017_eco_surveys-gbr-2017-en#page1

Olivier, J. G. J.; Peters, J. A. H. W. (2018), Trends in Global CO2 and Total Greenhouse Gas Emissions: 2018 Report, PBL Netherlands Environmental Assessment Agency, The Hague

Parry, I.; Shang, B.; Wingender, P.; Vernon, N.; Narasimhan, T. (2016), Climate Mitigation in China: Which Policies Are Most Effective? IMF Working Paper WP/16/148

Pennekamp, J. (2019), Regierungsberater: Mehr Macht für das Umweltministerium, Vetorecht für Umweltministerium und Generationenrat, Frankfurter Allgemeine Zeitung, FAZ Online edition, 27.06.19, https://www.faz.net/aktuell/wirtschaft/regierungsberater-mehr-macht-fuer-das-umweltministerium-16257225.html, letzter Zugriff am 22.07.2019

Peters, G. P.; Minx, J. C.; Weber C. L.; Edenhofer, O. (2011), Growth in emission transfers via international trade from 1990 to 2008, Proceedings of the National Academy of the Sciences of the United States of America, Vol. 108(21), 8903-8908, https://doi.org/10.1073/pnas.1006388108

Pittel, K.; Henning, H. M. (2019), Klimapolitik: Energiewende erfolgreich steuern, Was uns die Energiewende wirklich kosten wird, Frankfurter Allgemeine Zeitung, FAZ Online edition, 12.07.2019, https://www.faz.net/aktuell/wirtschaft/klimapolitik-energiewende-erfolgreich-steuern-16280130.html, letzter Zugriff am 22.07.2019

Qi, T; Weng, Y. (2016), Economic Impacts of An International Carbon Market in Achieving the INDC Targets, *Journal of Energy*, https://doi.org/10.1016/j.energy.2016.05.081, since 2018 article can no longer be downloaded – for unclear reasons

Rehse, D.; Riordan, R.; Rottke, N.; Zietz, J. (2018), The Effects of Uncertainty on Market Liquidity: Evidence from Hurricane Sandy, ZEW Discussion Paper No. 18-024, ZEW, Mannheim

ROYAL SOCIETY (2009), Geoengineering the climate – Science, governance and uncertainty, The Royal Society, RS Policy Document 10/09, September, London

Sachs, J. (2015), The Age of Sustainable Development, New York: Columbia University Press

Sauga, M. (2019), Unheilige Allianz, DER SPIEGEL, Nr. 30, 20.07.2019

Smale, R.; Hartley, M.; Hepburn, C.; Ward, J.; Grubb, M. (2006), The impact of CO2 emissions trading on firm profits and market prices, *Climate Policy*, Vol. 6(1), 31-48

SRU – Sachverständigenrat für Umweltfragen (2013): Den Strommarkt der Zukunft gestalten, Sondergutachten, Berlin: Erich Schmidt

SRU – Sachverständigenrat für Umweltfragen (2017): Umsteuern erforderlich: Klimaschutz im Verkehrssektor, Sondergutachten, SRU: Berlin

SRU – Sachverständigenrat für Umweltfragen (2019), Demokratisch regieren in ökologischen Grenzen – Zur Legitimation von Umweltpolitik, Sondergutachten Juni 2019, SRU: Berlin

Stern, N. (2006) The Stern Review on the Economics of Climate Change, commissioned by Her Majesty's Government of the United Kingdom, published October 2006

SVR – Sachverständigenrat zur Begutachten der gesamtwirtschaftlichen Entwicklung (2016), Zeit für Reformen, Jahresgutachten 2016/17, November 2016: Berlin

SVR – Sachverständigenrat zur Begutachten der gesamtwirtschaftlichen Entwicklung (2019), Aufbruch zu einer neuen Klimapolitik, Sondergutachten Juli 2019: Berlin

Takeda, S.; Arimura, T.; Sugino, M. (2015), Labor Market Distortions and Welfare-Decreasing International Emissions Trading, WINPEC Working Paper Series No. E1422, March 2015, www.waseda.jp/fpse/winpec/assets/uploads/2015/06/No.E1422Takeda_Arimura_Sugino.pdf

THE ECONOMIST (2018), India shows how hard it is to move beyond fossil fuels – A renewable-energy revolution is neither imminent nor pain-free, online edition August 2, 2018, https://www.economist.com/briefing/2018/08/02/india-shows-how-hard-it-is-to-move-beyond-fossil-fuels

Tietenberg, T. (2010), Cap-and-Trade: The Evolution of an Economic Idea, *Agricultural and Resource Economics Review*, Vol. 39, Issue 3, s. 359-367

Transport & Environment and the Trade Justice Network (2017), Can trade and investment policy support ambitious climate action? November 2017, https://www.transport environment.org/sites/te/files/publications/2017_11_trade_and_climate_report_final.pdf

UBA (2018), Konsum 4.0: Wie Digitalisierung den Konsum verändert, Umweltbundesamt, Berlin, https://www.umweltbundesamt.de/sites/default/files/medien/1410/publikationen/fachbroschuere_konsum_4.0_barrierefrei_190322.pdf

Udalov, V. (2019), Behavioural Economics of Climate Change, New Empirical Perspectives, SpringerBriefs in Climate Studies

Udalov, V.; Perret, J. K.; Vasseur, V. (2017), Environmental Motivations behind Individual's Energy Efficiency Investments and Daily Energy Saving Behaviour: Evidence from Germany, the Netherlands and Belgium, *International Economics and Economic Policy*, Vol. 14(3) 481–499

Udalov, V.; Welfens, P. J. J. (2017), Digital and Competing Information Sources: Impact on Environmental Concern und Prospects for Cooperation, IZA Discussion Paper, 10684

UN (2018), Emissions Gap Report 2018, United Nations Environment Programme, November 2018, UN environment: Nairobi, Kenya, https://www.unenvironment.org/resources/emissions-gap-report-2018

Vorländer, H. (2019), Demokratie, 3. Aufl., München: Beck

Walz, R. (2015), Green Industrial Policy, in: Mazzucato, M., Cimoli, M., Dosi, G., Stiglitz, J., Landesmann, M., Pianta, M., Walz, R. and Page, T. (2015). Which Industrial Policy Does Europe Need?. Intereconomics, 50(3), pp. 120-155. DOI: 10.1007/s10272-015-0535-1

WBGU – Wissenschaftlicher Beirat der Bundesregierung Globale Umweltveränderungen, (2019), Unsere gemeinsame digitale Zukunft, Zusammenfassung, Berlin: WBGU, https://www.wbgu.de/de/publikationen/publikation/unsere-gemeinsame-digitale-zukunft#sektion-1

Weimann, J. (2019), Der Ausstieg aus der Kohle: alternativlos oder verantwortungslos?, Perspektiven der Wirtschaftspolitik, de Gruyter, Vol. 20(1), 14-22, https://www.degruyter.com/downloadpdf/j/pwp.2019.20.issue-1/pwp-2019-0011/pwp-2019-0011.pdf

Welfens, P. J. J. (2011), Atomstrom ist extrem teuer, Handelsblatt, 24.03.2011, S. 9

Welfens, P. J. J. (2012), Die Zukunft des Euro, Berlin: Nicolai Verlag

Welfens, P. J. J. (2019), The Global Trump – Structural US Populism and Economic Conflicts with Europe and Asia, Palgrave Macmillan: London

Welfens, P. J. J.; Bleischwitz, R.; Geng, Y. (2017), Resource efficiency, circular economy and sustainability dynamics in China and OECD countries. *International Economics and Economic Policy*, 14(3), S. 377-382

Welfens, P. J. J.; Debes, C. (2018), Globale Nachhaltigkeit 2017: Ergebnisse zum EIIW-vita Nachhaltigkeitsindikator, EIIW Discussion Paper No. 231, http://www.eiiw.eu/fileadmin/eiiw/Daten/Publikationen/Gelbe_Reihe/disbei231.pdf

Welfens, P. J. J.; Lutz, C. (2012), Green ICT dynamics: key issues and findings for Germany, *Mineral Economics*, Vol. 24(2), 155-163

Welfens, P. J. J.; Perret, J. K.; Yushkova, E.; Irawan, T. (2015), Towards Global Sustainability. Issues, New Indicators and Economic Policy, Heidelberg u. a.: Springer

Welfens, P. J. J.; Yu, N.; Hanrahan, D. Geng, Y. (2017), The ETS in China and Europe: dynamics, policy options and global sustainability perspectives, *International Economics and Economic Policy*, Vol. 14(3): 517–535, https://doi.org/10.1007/s10368-017-0392-4

Welfens, P. J. J.; Yu, N.; Hanrahan, D.; Schmülling, B.; Fechtner, H. (2018), Electrical Bus Mobility in the EU and China: Technological, Ecological and Economic Policy Perspectives, EIIW Discussion Paper No. 255, http://www.eiiw.eu/fileadmin/eiiw/Daten/Publikationen/Gelbe_Reihe/disbei255.pdf

WISSENSCHAFTLICHE DIENSTE (2018a), Maßnahmen zur Minderung von Emissionen in der Schifffahrt, Alternative Kraftstoffe und Antriebe, Sachstand, Deutscher Bundestag, WD 8-3000-032/18. Mai 2018

WISSENSCHAFTLICHE DIENSTE (2018b), Die CO2-Abgabe in der Schweiz, Frankreich und Großbritannien, Mögliche Modelle einer CO2-Abgabe für Deutschland, Sachstand, Deutscher Bundestag, WD 8-3000-027/18, April 2018

WTO (1999), Trade and Environment, Special Studies 4, https://www.wto.org/english/tratop_e/envir_e/environment.pdf

WTO/UNEP (2019), Making Trade Work for the Environment, Prosperity and Resilience, Genf

GPSR Compliance

The European Union's (EU) General Product Safety Regulation (GPSR) is a set of rules that requires consumer products to be safe and our obligations to ensure this.

If you have any concerns about our products, you can contact us on

ProductSafety@springernature.com

In case Publisher is established outside the EU, the EU authorized representative is:

Springer Nature Customer Service Center GmbH
Europaplatz 3
69115 Heidelberg, Germany

www.ingramcontent.com/pod-product-compliance
Lightning Source LLC
LaVergne TN
LVHW020327260326
834688LV00037B/892